발터 벤야민의 문예이론

譯者의 머리말

발터 벤야민은 우리나라 독자들에게도 이미 여러 차례 번역·소개된 바 있다. 그러나 그의 문예비평과 이론을 보다 깊이 공부하고자 하는 독자들을 위해, 보다 본격적인 벤야민 이론의 번역과 소개가 요구되어 왔다. 이 책은 이러한 요구에 부응하기 위해 만들어졌다. 하지만 벤야민의 텍스트가 대체로 난해한 데다가 그가 남긴 저술과 논문의 분량이 많아서 정작 그의 이론을 개괄할 수 있는 한 권의 選集을 편집하고 번역하는 데는 많은 시간과 노력이 필요하였다. 무릇 한 이론가의 저술이 대체로 그러한 것처럼 벤야민의 경우에도 그의 글은, 서로 긴밀한 상관관계를 맺고 있기 때문에 어떤 엄격한 기준에 의해 분류하기란 원칙적으로 불가능하다. 그러나 역자는 독자들의 이해를 돕기 위해 편의상 4부로 나누어 보았다.

제 1 부는 벤야민의 개인적·자전적 면모를 말해 주는 글들을 실었다. 비교적 구체적인 그의 자전적 사실들과 그의 지식인으로서 특징을 말해 주고 있기 때문에 처음으로 벤야민에 접근하는 독자들에게 도움이 될 수 있을 것이다. 제 2 부에서는 벤야민의 대표적 문예비평으로 널리 인정되고 있는 브레히트, 카프카, 프루스트, 보들레르에 관한 비평이 실려 있다. 제 3 부는 주로 1930년 이후에 씌어진 벤야민의 예술이론에 관한 논문들을 모은 것이다. 「기술복제시대의 예술작품」 등을 위시한 대부분의 논문이 우리나라에서 이미 소개되었지만, 그래도 벤야민의 예술이론을 이해하는 데는 가장 중요한 논문들이기 때문에 중복을 무릅쓰고 다시

수록하였다. 제4부는 벤야민 예술비평과 이론의 근간을 이루는 그의 언어철학과 역사철학을 실었다. 벤야민 특유의 신학적 사고와 秘義的 문체로 인해 가장 난해하다는 평을 받고 있는 이 글들은 벤야민 예술이론의 핵심을 파악하는 데 빠뜨릴 수 없는 글들이다. 이 책의 마지막에는 벤야민의 연보와 중요 저작과 논문, 그리고 그에 관한 중요 연구문헌 및 역자의 해설논문을 싣고 있다. 저자의 註는 원전을 일일이 명기하는 식이 아니라 본문의 이해를 돕는 데 필요하다고 생각되는 비교적 긴 註만을 다는 방식을 취하였다. 역자의 주가 필요하다고 생각되는 부분에는 *표를 하여 약간의 설명을 첨가하였다.

벤야민의 텍스트는 그의 秘義的 문체 이외에도 너무나도 촘촘한 이미지의 연결을 보여주고 있기 때문에 번역에 완벽을 기하기란 역자의 능력으로서는 거의 불가능하였다. 최선을 다하기 위해 독일어 원본(벤야민전집) 이외에도 이미 이루어진 몇 편의 우리말 번역과 영역본(*Illuminations* 와 *Reflections*)을 참작하였지만 그래도 잘못 옮겨졌거나 미흡하게 옮겨진 부분이 있을 것이다. 다음 기회에 바로잡을 것을 약속드리면서, 이 선집이 벤야민의 문예이론을 보다 본격적으로 공부하고자 하는 문학도들에게 하나의 길잡이가 되었으면 하는 바램 간절하다.

1983 봄
역 자

발터 벤야민의 文藝理論

역자의 머리말 ——————————— 4

1 자전적 프로필

1. 나의 이력서 ——————————— 11
   베를린의 유년시절 ————————— 14
   性에 눈뜰 때 ——————————— 18
   거지와 창녀 ——————————— 20
   병과 인내심 ——————————— 23
   산딸기 오믈레트 ————————— 24
   글을 잘 쓴다는 것 ———————— 26
   파괴적 성격 ——————————— 27
2. 나의 서재 공개 —————————— 30
3. 브레히트와의 대화 ———————— 40

2 문예비평

서사극이란 무엇인가 ————————— 53
프란츠 카프카 ————————————— 62
좌절한 자의 순수성과 아름다움 ———— 97
프루스트의 이미지 —————————— 102
보들레르의 몇 가지 모티브에 관해서 —— 119
얘기꾼과 소설가 ——————————— 165

3 문예이론
技術複製時代의 예술작품 ─────── 197
사진의 작은 역사 ─────────── 232
생산자로서의 작가 ────────── 253
수집가와 역사가로서의 푹스 ──── 272

4 언어철학과 역사철학
언어의 모방적 성격 ───────── 315
번역가의 과제 ──────────── 319
운명과 성격 ───────────── 334
역사철학데제 ──────────── 343

해설
발터 벤야민의 비평개념과 예술개념 ─── 357

벤야민의 주요 저술과 논문 ─────── 389
중요 연구문헌 ──────────── 392
벤야민 연보 ──────────── 393

1
자전적 프로필

나의 이력서*

나는 1892년 6월 15일 상인 에밀 벤야민의 아들로 베를린에서 출생하였다. 나는 인문고등학교를 다녔고 1912년 대학입학자격 시험의 합격과 더불어 이 학교를 졸업하였다. 나는 프라이부르크와 뮌헨 및 베를린대학에서 철학, 독문학, 심리학을 전공하였다. 1917년에는 스위스로 가서 그곳의 베른대학에서 나의 학업을 계속하였다.

대학 시절 나에게 결정적 자극을 준 것은 나의 본래의 전공분야와는 좀 거리가 먼 일련의 저술이었다. 리글 Alois Riegl의 『후기 로마의 미술산업』, 보르하르트 Rudolf Borchard의 『별장 Villa』, 페촐트 Ernst Petzold의 횔덜린 詩「빵과 포도주」의 분석 등이 그러한 저술이었다. 나에게 오랫동안 깊은 인상을 남긴 것은 뮌헨대학의 철학교수 모리츠 가이거의 강의와 베를린대학의 핀란드어와 헝가리어 교수인 에른스트 레비의 강의였다. 특히 레비 교수가 행한 훔볼트의 〈여러 민족의 언어구조〉에 대한 강의와 그 자신의 「후기 괴테의 언어」에서 전개된 생각은 나의 철학적 관심을 일깨워 주었다. 1919년 나는 베른대학에서 가장 우수한 성적 summa cum laude으로 학위논문과 시험에 합격하였다. 나의 박사학위논문은 그후 『독일낭만주의 예술비평의 개념』(1920)이라는 제목으로 출간되었다.

---

* 이 이력서는 연구비 신청을 위해 벤야민이 덴마크의 어느 장학재단에 제출한(1938) 것이다. 일종의 학문적 이력서라고 할 수 있는 이 글을 통해 우리는 직접 그의 지적 발전 과정과 관심분야를 개관할 수 있다.

독일로 다시 돌아온 후 처음 출간된 저서는 보들레르의 『파리풍경 Tableaux Parisiens』의 번역이었다. 이 책의 서문에 「번역가의 과제」라는 논문이 실려 있는데, 이 논문은 나의 언어이론적 성찰의 첫번째 결과였다. 처음부터 나는 예술이론적 문제와 더불어 언어철학에 깊은 관심을 가졌었다. 이러한 관심은 뮌헨대학시절 나로 하여금 멕시코학에 흥미를 갖도록 했는데, 이러한 흥미를 갖게 된 데에는 1915년 역시 멕시코어를 공부하고 있었던 릴케와의 교분이 크게 작용을 하였다. 언어철학적 관심은 또한 불란서문학에 대한 나의 증대하는 관심에 큰 역할을 하였다. 불란서문학에서 제일 먼저 나를 매료시켰던 것은, 말라르메의 작품에 나타나는 일련의 언어이론들이었다.

일차세계대전이 끝난 후 첫 몇해 동안 나는 주로 독일문학공부에 전념하였다. 이 분야의 첫 연구결과로서 나온 것은 나의 논문 「괴테의 친화력」(1924)이었다. 이 논문을 통해 나는 호프만슈탈 Hugo von Hofmannsthal 과 교분을 맺게 되었다. 그는 이 논문을 그가 발행하는 잡지 《新독일寄稿 Neue Deutsche Beiträge》에 발표하였다. 호프만슈탈은 나의 다음 번 저서, 즉 『독일비극의 원천』(1928)에 대해서도 매우 적극적인 관심을 보여 주었다. 이 책은 17세기의 독일연극에 새로운 견해를 부여하려고 하였다. 이 책은 17세기 독일의 비극 Trauerspiel을 희랍의 비극 Tragödie과 비교해서 그 차이점을 밝혀내려고 하였고 또 17세기 독일비극의 문학적 형식과 알레고리의 예술적 형식 사이에 존재하는 유사성을 제시하고자 하였다.

1927년 나는 어느 독일 출판사로부터 마르셀 프루스트의 대하소설을 번역해 달라는 부탁을 받았다. 이미 1919년 나의 스위스시절에 이 소설의 첫번째 몇권을 관심과 정열을 가지고 읽었던 터였으므로 나는 이 제안을 수락하였다. 이 작업은 여러 차례에 걸친 나의 불란서 체제의 계기를 마련해 주었다. 나의 첫 불란서 체제는 1913년이었다. 1923년에 나는 재차 그곳에 머물렀다. 1927~1933년 사이에는 한해도 거르지 않고 적어도 일년에 몇 개월씩은 파리에서 보냈다. 그러는 사이에 나는 불란서 문학계에서 주도적 역할을 하는 일련의 작가들과 교분을 맺게 되었다. 이들 중에는 앙드레 지드, 쥘 로맹, 피에르 쟝 쥬브, 줄리앙 그린, 쟝 까쑤, 마르셀 쥬한오, 루이 아라공 등이 포함된다. 파리에서 나는 릴케의 자취와 만나게 되었고 그리고 릴케의 번역가인 모리스 베츠의 서클과도 접촉하게 되었다. 또한 이 시기를 즈음해서 《프랑크푸르트紙

Frankfurt Zeitung》와 《문학세계 Literarische Welt》에 정기적으로 발표된 나의 기고를 통해서 독일독자들에게 불란서의 정신계를 알리려고 노력하였다. 나의 프루스트 번역 중에서 히틀러의 권력장악 이전까지 4권이 출간될 수 있었다(1928년과 1931년).

일차세계대전과 이차세계대전 사이의 기간은 나의 경우에도 1933년 이전의 시기와 1933년 이후의 두 시기로 나뉘어진다. 1933년 이전의 시기 동안 나는 비교적 긴 여행을 통하여 스칸디나비아 제국, 러시아 및 스페인을 알 기회를 가졌다. 이 기간 동안의 작업의 성과는, 위에서 언급한 저술 이외에도 현대의 주요작가의 작품에 나타난 특징을 연구한 일련의 비평논문들이다. 이에 속하는 것으로서는 칼 크라우스, 프란츠 카프카, 브레히트, 마르셀 프루스트, 쥴리앙 그린, 초현실주의 작가들에 관한 연구가 있다. 잠언형식의 글을 모은 에세이집인 『일방통로 Einbahnstraße』(1928) 역시 이 시기에 씌어졌다. 이와 병행해서 나는 또 문헌학적인 작업도 하였다. 위촉에 의해 나는 리히텐베르크 Lichtenberg의 저술과 그에 관한 참고서적의 완벽한 書誌를 작성하였는데, 이 서지는 그후 출판되지 않았다.

1933년 3월 나는 독일을 떠났다. 그 후의 나의 주요 연구논문은 모두 〈사회문제연구소 Institute for Social Research〉의 기관지에 발표되었다. 「언어사회학의 제문제」라는 논문은 언어철학적 여러 이론에 관한 현재의 연구상황을 비판적으로 개관한 논문이다. 「칼 구스타프 요흐만」이라는 에세이는 독문학사에 관한 나의 연구의 일단을 보여준다. (이러한 유에 속하는 것으로서는 1937년에 내가 편집·출판한『19세기 독일편지선집』이 있다) 오늘날의 불란서문학에 관한 연구서로서는 「현대 불란서 작가의 사회적 위치」라는 논문이 있다. 「기술복제시대의 예술작품」과 「수집가와 역사가로서의 푹스」라는 논문은 조형예술의 사회학에 관한 試論이다. 「기술복제시대의 예술작품」이라는 논문은 일정한 예술형식, 특히 영화를 사회적 발전과정 속에서의 예술의 기능변화라는 관점에서 파악하려고 하였다. (문학적 영역에서 이와 유사한 문제를 추적한 것은 「얘기꾼과 소설가」라는 논문이다) 나의 마지막 논문인 「보들레르의 몇가지 모티브에 관해서」는 19세기의 문학을, 19세기에 관한 비판적 인식을 획득하기 위한 수단으로 삼는 것을 그 과제로 하는 일련의 연구작업 중의 단편적 결과이다.

베를린의 유년시절*

　내 양친의 살림이 바탕하고 있었던 경제적 기초는 나의 유년시절과 소년시절이 훨씬 지나도록 깊은 비밀에 감싸여 있었다. 그것은 아마 장남이었던 나에게만 해당되었던 것이 아니라 나의 어머니에게도 해당되던 것 같다. 이러한 사정은 유태인 가정에 공통된 하나의 관습이었고 또 많은 기독교가정에서도 대체로 대동소이했을 것이다. 그런데 이보다 더 이상스러운 사실은 돈을 쓰는 것까지도 일종의 신비의 베일에 가려 있어서 돈이 어떻게 벌리고 또 어떻게 재산이 모이는지 도무지 알 수가 없었다는 점이다. 아뭏든 내가 기억하는 것은, 어떤 물품공급자가 새로 생기게 되면 언제나 마치 개업식이나 하듯 엄숙하게 그 공급자의 이름이 거론되었다는 사실이다. 그런데 거기에는 여러 등급이 있었다. 일상의 생활필수품을 공급해 주는 상인들은, 오래 전부터 명성을 누리고 있던 베를린의 상점 주인들과는 달리 이러한 비밀서클에 끼지 못하였다. 나의 어머니는 나와 나의 어린 동생들을 데리고 이들 유명한 상점이 있는 베를린의 중심가를 방문하곤 하였다. 이때 우리는 으례 우리의 옷은 아놀드 뮐러 가게에서, 신발은 스틸러 가게에서, 손가방은 메들러 가게에서

---

* 벤야민은 1920년대 중반부터 19세기 말을 전후한 그의 베를린의 유년시절을 회상하는 글을 쓰기 시작하였다. 『베를린의 年代記』『一方通路』『19세기 베를린의 유년시절』 등의 에세이집은 모두 이러한 부류에 속하는 글이다. 여기에 소개되는 글은 이러한 일련의 에세이의 초기형태라고 할 수 있는 『베를린의 연대기』에서 발췌한 것이다. 어린 눈에 비친 아버지의 직업, 당시의 유태인 가정의 분위기 및 베를린의 사정 등이 현재적 시각에서 묘사되고 있다.

샀고, 그리고 이 일이 모두 끝난 후에는 크림이 있는 따끈한 초콜렛우유를 힐브리히 가게에서 시켜서 먹었다. 이러한 상점들은 아버지가 책임의 일부를 지고 있는 거래상점들과 달리 옛날부터 이미 그 위치가 엄격히 정해져 있었다. 근본적으로 나의 아버지는, 그의 얌전함만이 아니라 시민적 미덕에서 비롯하는 상당할 정도의 자제력과 함께 기업가적 체질을 가지고 있었다. 그러나 그는 주위 사람의 불리한 충고를 받아들여 그가 하는 사업에서 일찍부터 손을 떼었다. 그가 했던 사업은 그가 동업자로 참가했던 어떤 미술품 경매사업이었는데, 이 사업은 그의 능력에 그렇게 부적합한 것은 아니었다. 이 사업에서 손을 떼고 난 후 그는 점점 더 그의 자본을 투자하는 데 관심을 기울였다. 그래서 그가 이때부터 집안살림과 관계되는 거래처에 더 강한 관심을 갖게 된 것이 나에겐 조금도 놀라운 일이 아니었다. 이때부터 그가 거래를 맺게 되었던 공급자들은 간접적으로는 모두 그의 투자와 관계를 맺고 있었음이 분명했다. 어머니의 쇼핑 나들이로부터는 전통적이고 공적인 베를린 상업계의 이미지가 부각되었다면, 아버지가 하는 암시나 지시를 통해서는 도무지 알 수 없는, 그리고 약간은 미심쩍은 상업계의 이미지가 떠올랐다. 이들 상업계의 권위는, 가족식탁에서 상점들 이름이 거론되면서 울려 퍼지는 권위주의적 반향으로부터 생겨나기도 했지만 이에 못지 않게 내가 한번도 이들 상점들을 직접 본 일이 없었기 때문에 생겨나기도 하였다. 이들 상점들의 맨 위에는 레프케 미술경매상이 있었다. 아버지는 이 경매상과 사업적으로 거래만 있었던 것이 아니라 이 경매상으로부터 직접 물건을 사가지고 오기도 하였다. 그러나 그는 이 사업을 통해 크게 재미를 보지는 못한 것처럼 보인다. 그런데 단 한가지 예외가 있었다면 그것은 양탄자를 사들이는 일이었다. 임종 직전 그는 엄지발가락의 감촉만 가지고도 양탄자 털의 질을 식별할 수 있었다고 말한 적이 있다. 그러나 어린 시절에 나에게 가장 깊은 인상을 주었던 것은 아버지가 경매가 있을 때마다 가지고 다니는 경매용 망치를 어떻게 칠까 하고 상상해 보는 일이었다. 레프케 경매상에서 손을 떼고 난 뒤에도 그는 언제나 이 망치를 그의 책상 위에 놓아 두곤 했었다. 비록 이 망치 소리는 한번도 듣지는 못했지만 아버지의 힘과 위엄의 이미지와 불가분의 관계를 맺고 있는 또 하나의 소리가 있었다. 이 다른 소리란 아버지가 아침에 나가면서 들고 나가는 말아놓은 두루마리를 어머니가 칼로써 멸칠 때 나는 소리였다. 아버지의 하루 일과를 알리는 이 신호는, 훗날 내가 극장에서 들었던 공연을 알리는 벨소리 못지 않게 나의 마음을 설레게 하였다. 이러한 것 말고도 아버지의 직업을 말해주는 진정한 표적은 우리집 방안에 세워져 있었던 실물크기의 흑인상 조각이었다. 이 조각은 13분의 1정도 크기의 곤돌라 위에 놓여 있었고 한 손에는 노를 다른 손에는 금으로 된 잔을 들고 있었다. 이 미술품은 나무로 만들어 졌고, 또 왁스칠이 되어 있었던 곤돌라는 여러가지 색깔을 발하고 있었다. 그러나 이들 미술품들은 전체적으로 너무나 조화를 이루고 있었기 때문에, 오늘날에도 내가 믿고 있는 두번째 흑인상이 실제로 존재했었는지 아니면 단지 내 상상력의 소산인지 분간하기가 힘들 정도이다. 래프케의 미술품 경매상에 대해서는 이쯤 해두자. 그 밖에도 미술품을 조달하는 또 하나의 상회가 있었는데, 그것은 그라덴백 상회였다. 아버지가 이 상회를 택한 것도 모르긴 해도 사업상의 친분 때문이었을 것이다. 또 아버지는 오랫동안 알트겔트라는 사람하고 거래를 하였지만, 이 경우에도 어떻게 거래가 이루어지는지 어린 나로서는 도저히 알 수가 없었다. 단지 지금 기억나는 것은 아버지가 이 사람과 무수히 전화를 하였다는 점이다. 식사때 하는 대화를 제외하고는 장사와 사업의 알 수 없는 세계에 접할 수 있었던 것은 바로 이러한 전화의 대화내용을 통해서였다. 겉으로 보기에는 평소 정중하고 유화적이었던 아버지였지만 일단 전화를 하게 되면 한때 커다란 재산을 모았던 사람답게 단호한 태도를 취하였다. 이들 상인들과 얘기를 나누면서 취하는 그의 이러한 태도는 점점 더 정력적인 토운을 띠었고, 나의 아버지의 사업 속에 구현되고 있던 〈삶의 심각한 면〉은 전화교환수와의 말다툼 속에서 그 진정한 심볼을 찾았던 것이다. 전화가 처음 등장한 것은 나의 유년시절이었다. 내가 어린 시절 알고 있었던 전화는 복도의 한 구석에 고정되어 있었다. 어둠을 뚫고 날카로운 전화의 벨소리가 반쯤 불이 켜진 어두컴컴한 식당방에서 침대로 이어지는 끝없는 복도로 울려 퍼질 때면, 그 벨소리는 우리 베를린 집안의 어둠과 전율을 한층 더 증가시켰다. 더구나 나의 학교친구가 전화통화가 금지된 시간인 2시와 4시 사이에 전화를 걸 때면 전화는 그야말로 생지옥과 다를 바 없는 끔찍한 기계였다. 하지만 나의 아버지는 신비에 휩싸인 그의 사업상의 거래를 전화로만 처리하지는 않았다. 일찍부터 그는 집안에 필요한 물건을 조달하는 상점에 개별적으로 편지를 쓰는 습관도 가지고 있었다. 그래서 그는 시골, 특히 함부르크 근처의 상점과 연락을 취하였고 때로는 직접 그곳을 방문하기도 하였다. 이렇게 해서 집안에는 언제나 홀슈타인지방産 버터가 정기적으로 배달되었고 가을에는 오리고기도 배달되었다. 반면 포도주는 베를린상회에서 조달되었는데, 아버지는 이 상회의 소유권의 일부를 갖고 있었다. 이 상회는 포도주 중앙공급상이었는데, 당시 이 상회는 포도주의 새로운 유통과정을 모색하고 있었다. 이러한 상회의 정체가 밝혀졌으니까 이제는 당시 베를린의 증산층의 전통에서 빼놓을 수 없는 두개의 이름이 거론되어야겠다. 그 중의 하나는 오버댁이라는 공증인이었고 다른 하나는 댄스교습을 담당한 크뵈리취라는 사람이었다. 그리고 우리 집의 주치의는 레버라는 사람이었고 또 우리집의 은행 일을 담당한 사람은 골드슈미트라는 사람이었다. 그리고 마지막으로 나의 어린 시절에 깊은 인상을 남겼던 것은, 나의 아버지가 어느날 저녁 나를 데리고 아이스 쇼 구경을 갔던 일이다. 임시로 가설된 이 아이스 무대는 베를린에서는 처음 생겨난 아이스 무대였을 뿐만 아니라 일종의 나이트 클럽 같은 사교장이었다. 그런데 이날 저녁 나는 우연히도 무대에서 펼쳐지는 쇼보다는 관중석에 앉아 있는 환영에 더 관심이 끌렸다. 관중석 속에는 몸에 꼭 달라붙는, 水兵의 옷을 입은 어떤 창녀가 앉아 있었다. 이 창녀의 모습은——비록 내가 그녀와 한마디의 말도 나누지 않았지만——앞으로의 나의 성적 상상력을 결정짓게 되었다.

性에 눈뜰 때*

　어느날 나는 밤중에 산보를 하면서 끝없이 배회하던 어느 거리에서 갑자기 性에 눈을 뜨게 되었는데, 이 사건은 나를 무척 놀라게 하였다. 이 사건은 매우 특별한 상황 속에서 일어났다. 그것은 유대교의 新年 축제일 날 밤의 일이었다.
　부모님들은 어떤 예배에 나를 데리고 가려고 채비를 서둘렀다. 우리가 참가할 예배는 나의 어머니가 가족전통에 의해 평소 호의를 가지고 있었던 개혁유대교에서 행해질 예배였다. 나의 아버지 집안은 전통적으로 정통유대교의 儀式에 친숙해 있었다. 그러나 나의 아버지는 어머니 집안 쪽의 의식을 따랐던 것처럼 보인다.
　이 예배를 위해 부모님들은 나에게 우리의 먼 친척뻘 되는 사람을 모셔 오라고 명령을 내렸다. 그러나 어찌된 영문인지——내가 그 사람 집의 주소를 잊어먹었든지 아니면 그가 사는 거리를 잘 몰라서 그랬든지 모르지만——밤은 점점 더 깊어갔고 나의 헤맴은 점점 더 가망이 없을

---

* 이 에세이는 『19세기 베를린의 유년시절』에서 발췌한 것이다. 과거의 추억과 현재의 의식이 초현실주의적인 시각에 의해 교묘하게 오버랩되고 있는 이 에세이집은 그의 중요한 성격적 특징과 모티브를 보여주고 있다. 小品的 에세이의 大家라고 할 수 있는 벤야민은 어떤 사물의 한 측면을 이를테면 인상학적으로 조명함으로써 그 사물의 핵심적 면모를 부각시킨다. 그의 짧은 에세이에 나타나는 이러한 인상학적 프로필은 벤야민 자신의 면모는 물론이고 그의 사고의 주요 모티브와 사물의 접근방법을 이해하는 데에도 도움을 준다. 다음에 소개될 「거지와 창녀」, 「병과 인내심」등과 함께 이들 에세이에서는 성과 시민적 삶과의 관계, 성적 방황과 도시의 迷路가 갖는 연관성, 거지와 창녀에 대한 사회적 인식, 인내심과 기다림의 의미 등이 잘 묘사되고 있다.

지경에 이르렀다.
　나 혼자서 시나고그(유대교회)로 찾아간다는 것은 도저히 생각할 수도 없었는데, 왜냐하면 내 보호자들이 시나고그의 입장권을 가지고 있었기 때문이었다. 나에게 이러한 불운을 가져다 준 것은 무엇보다도 내가 거의 알지도 못하는 그 친척에 대한 혐오감과 나를 당황스럽게 만들 종교적 의식에 대한 불신이었다.
　이러한 속수무책의 상황 속에서 나를 엄습한 것은 처음에는 너무 늦어 시나고그에 참석하지 못할 것이라는 불안의 뜨거운 감정의 물결이었고, 또 이 감정이 미처 사라지기도 전에 아니 사라지려는 바로 그 찰나에 밀려든 두번째 것은 〈될 대로 돼라, 그것이 나에게 무슨 상관이냐〉는 식의 일종의 완전히 철면피한 감정의 물결이었다.
　이 두 감정의 물결은 間斷없이 한데 어울려 하나의 커다란 쾌락의 감정이 되었다. 이 쾌락의 감정 속에는 신년축제일을 모독한다는 감정과 거리의 투쟁이적 감정이 함께 뒤섞여 있었다. 이날 저녁 여기에서 나는 처음으로 나의 성적 충동에 도시의 거리가 무엇을 해 줄 수 있는 것인가를 어렴풋이 감지할 수가 있었다.

거지와 창녀

어린 시절의 나는 新서부지역과 舊서부지역(베를린의 부르죠아지 거주지역)에 갇혀 사는 죄수와 다를 바가 없었다. 나의 가족과 친척들은 당시 이 양지역에서 악착스러움과 자존심이 뒤섞인 태도를 가지고 살았다. 그럼으로써 그들은 이러한 삶의 태도로부터 일종의 게토 Ghetto (유대인 거주지역)의 상황을 만들어 내어 이 게토를 그들의 세습봉토처럼 생각하였다.

나는 이 중산층의 거주영역에서 갇혀 지내면서 도시의 다른 거주영역에 사는 사람들에 대해서는 전혀 알지 못하였다. 내 나이 또래의 부자집 아이들이 생각하는 가난한 사람들이라고는 거리의 거지 정도가 고작이었다. 훗날 내가 한 일에 대해 형편없는 보수를 받는 치욕 속에서 가난이 무엇인가를 비로소 처음으로 어렴풋이 감지하게 된 것은 인식의 위대한 발전이었다.

순전히 혼자의 힘으로 내가 제일 먼저 쓴 글은 조그만 에세이였다. 이 글은 팜플레트를 나누어 주는 어떤 남자와 이 사람이 팜플레트에 아무런 관심을 보이지 않는 사람들로부터 받는 모욕에 관한 글이었다. 그래서 나는 이 글을, 이 가난한 사람이 자기가 나누어 주어야 할 몫의 팜플레트를 몰래 처치해 버리는 것으로 끝을 맺었다.

이 가난한 사람의 이러한 상황을 이런 식으로 끝맺은 것은 두말할 나위 없이 매우 비생산적인 결말이었다. 그러나 그 당시에는 나로선 이러한 사보타지형식 이외에는 반항의 다른 형식이 머리에 떠오르지 않았다.

물론 이것은 나의 직접적 체험에서 나온 사보타지형식이었다. 내가 어머니로부터 벗어나고자 했을 때에도 나는 바로 이러한 사보타지형식을 취하였다. 그것도 나의 어머니가 나를 〈보살펴 주는 일〉을 할 때 이런 사보타지의 행동을 취하기를 가장 좋아하였다. 나의 고집불통의 이러한 행동은 가끔 나의 어머니를 절망하도록 만들었다. 이를테면 나는 언제나 반 발자국씩 뒤로 물러서서 일정한 간격을 유지하는 습관을 갖게 되었다. 이러한 행동은 어떤 일이 있더라도——그것이 비록 나의 어머니와 관계있는 일이라고 하더라도——나는 공동전선을 취하지 않겠다는 태도와 비슷하였다.

마치 꿈을 꾸는 듯한 이러한 저항을 내가 계속 유지할 수 있었던 것이, 모든 계층의 사람이 다 이용하는 도시를 가로지르는 수많은 거리에 힘입고 있다는 것을 알게 된 것은 한참 후의 일이다. 나는 이러한 사실을 迷路와 같은 도시의 거리에서 나의 성욕이 눈뜰 때 알게 되었던 것이다.

그러나 성욕은 그 첫 접촉을 육체에서 찾았던 것이 아니라 완전히 타락한 정신에서 찾았다. 다시 말해 완전히 타락한 정신의 날개는 윤락가의 가스등의 희미한 불빛 속에서, 아니 그러한 정신이 감추어져 있던 창녀의 모피외투 속에서 아직도 펼쳐지지 않은 채 잠자고 있었다. 성욕은 바로 이러한 정신 속에서 일깨워졌던 것이다.

실제로는 육체와 정신을 포함하고 있었던 성욕에서 제3의 어떤 요소를 보지 못하였던 이러한 시각은 나에게 도움이 되었다. 그 당시 이미 나의 어머니는 부글부글 끓어 오르는 나의 반항심과 나의 얼떤 거리배회를 꾸짖었는데, 이때 나는 잘 알지도 못하는 도시의 거리들과 동맹을 맺음으로써 언젠가는 어머니의 지배로부터 벗어날 수 있으리라는 가능성을 어렴풋하게 감지하였다.

아뭏든 어머니와 어머니가 속한 계급, 그리고 나 자신이 속한 계급을 거부하고자 하는 감정——유감스럽게도 이러한 감정은 따지고 보면 그런 척하는 감정이었지만——은 어느 거리에서 창녀에게 말을 거는, 그 어떤 것에도 비견될 수 없는 매력에 빠져드는 원인이 되었음이 분명하다. 그러나 정작 그렇게 되기까지는 오랜 시간이 걸렸다. 그런데 이때 내가 느꼈던 섬뜩한 감정은, 한 마디 입만 떼면 움직여지는 어떤 자동기계가 주는 그런 섬뜩한 감정과 동일하였다.

그래서 나는 마치 자동기계의 구멍에 동전을 넣듯이 나의 목소리를 창녀의 膣 속에 넣었다. 그러자 나의 귓속에서는 피가 용솟음치는 소리가 들렸다. 그리고 나는 이러한 경황 속에서 진하게 화장한 창녀의 입으로부터 나오는 소리를 주워 들을 수가 없었다. 그래서 나는 밤을 채 넘기지도 않고 도망치듯 그곳을 빠져나왔고, 그후도──그것도 자주──그 용감무쌍한 시도를 되풀이하였다. 동이 트는 새벽녘 사창가의 입구에 서 있을 때면 이따금 나는 영락없이 도시의 아스팔트거리에 빠져든 나 자신을 발견하곤 하였다. 그러나 나를 자유롭게 만들었던 이러한 행동이 흠잡을 데 없이 깨끗한 것이었다고 말할 수는 없는 것이었다.

병과 인내심

어렸을 적 나는 병치레를 자주 하였다. 남들이 나에게서 인내심이라고 부르는, 그러나 사실은 미덕과는 아무런 상관도 없는 이러한 성격은 아마도 이러한 어렸을 적의 잦은 병치레에서 연유할 것이다.

마치 병상에서 시간이 멀리서 한 발자국씩 점차 다가오듯이, 나는 내가 마음에 두고 있는 일이 멀리서부터 나에게 점차 가까이 다가오는 것을 보기를 좋아하였다. 예를 들면 여행을 할 때에도 역에서 오랫동안 기차를 기다린다는 기대감 같은 것이 없으면 여행의 가장 큰 즐거움은 사라져 버린다. 그리고 선물하는 것이 나에게 하나의 정열이 된 것도 이러한 사정에서 연유하는데, 왜냐하면 남을 깜짝 놀라게 할 선물을 하는 데에도 나는 선물을 줄 사람으로서 오랜 기간 동안 준비를 하기 때문이다.

마치 등 뒤에 베개를 괴고 병실에 들어서는 사람을 기다리는 환자처럼 누군가를 인내심을 가지고 기다리고자 하는 내면의 욕구는 훗날 나로 하여금 내가 어떤 여인을 오랫동안 기다리면 기다릴수록 그 여인이 더 아름답게 보이도록 하였다.

산딸기 오믈레트*

옛날 옛적에 한 왕이 살았는데, 그는 이 지구상의 모든 권력과 금은 보화를 자기 것으로 만들었음에도 불구하고 명랑해지기는커녕 해가 갈수록 점점 더 침울해져갔다. 그러던 어느날 그는 자기의 궁정요리사를 오게 해서는 그에게 다음과 같이 말하였다.

『그대는 오랫동안 충직하게 짐을 섬겨왔고 짐의 식탁을 가장 훌륭한 요리로 가득 채웠다. 그러나 이제 짐은 그대의 요리솜씨를 마지막으로 한번 시험해 보고 싶다. 그대는 짐에게, 짐이 50여년 전 내 나이 한창일 젊은 시절에 시식해 보았던 산딸기 오믈레트 요리를 만들어야 하네. 50여년 전 그때 짐의 先王은 동쪽에 있는 나쁜 이웃 왕과 전쟁을 했었지. 그때 그 왕이 싸움에 이겨 우리들은 도망을 쳐야만 했어. 그래서 우리는 밤낮을 가리지 않고 도망을 쳐 드디어 어느날 어느 어두컴컴한 숲속에 들어가게 되었는데, 그때 우리는 숲속에서 길을 잃어 허기와 피로에 지쳐 거의 기진맥진한 상태에서 어느 조그만 오두막을 발견하게 되었지.

그 오두막 집에는 한 노파가 살고 있었는데, 그 노파는 뛰어나와 우리를 반기면서 손수 부엌에 나가서 곧 무엇을 들고 나왔는데 그것이 바

---

* 벤야민은 美食家이다. 그는 음식과 요리에 관해서 많은 에세이를 남겼다. 이 글은 이러한 에세이의 대표적 예이다. 특히 이 글에서는 요리를 둘러싼 특유한 분위기와 체험을 묘사하고 있기 때문에 벤야민 예술이론의 중심개념인 〈아우라〉를 이해하는 데도 도움이 된다.

로 산딸기 오믈레트였어. 내가 이 오믈레트를 한입 입에 넣자마자 나에겐 기적처럼 힘이 되살아나는 것 같았고 또 새로운 희망이 샘솟는 것 같았어.

그때만 해도 짐은 미성년의 소년이었고 또 너무 젊었기 때문에 이 맛있는 요리가 얼마나 좋은 것이었던가를 오랫동안 생각해 보지 않았어. 그러나 짐이 훗날 이 요리가 생각이 나서 짐의 전 제국을 뒤져 그 노파를 찾아 보게 했지만 그 노파는 물론이고 그 노파의 산딸기 오믈레트를 요리해 줄 만한 사람을 찾을 수가 없었어. 그대가 만약 짐의 이 마지막 소원을 성취시켜 준다면 짐은 그대를 짐의 사위로 삼아 이 제국의 후계자로 만들걸세. 그러나 만약 나의 기대를 만족시켜 주지 못하면 그대는 죽어야만 하네.』

이 말을 듣자 궁정요리사는 다음과 같이 대답하였다.

『폐하! 정 그러시다면 교수형리를 곧장 불러주십시오. 물론 저는 산딸기 오믈레트 요리법과 하찮은 냉이에서 시작해서 고상한 티미안 향료에까지 이르는 모든 양념을 훤히 잘 알고 있읍니다. 그리고 그 오믈레트를 만들 때 어떻게 저어야 마지막 제 맛이 나는지도 잘 알고 있읍니다. 하지만, 폐하! 저는 죽지 않으면 안됩니다. 이 모든 것에도 불구하고 제가 만든 오믈레트는 폐하의 입에 맞지 않을 것입니다. 왜냐하면 폐하께서 그 당시 드셨던 모든 養料를 제가 어떻게 마련하겠읍니까. 전쟁의 위험, 쫓기는 자의 주의력, 부엌의 따뜻한 온기, 뛰어 나오면서 반겨주는 온정, 어찌 될지도 모르는 현재의 시간과 어두운 미래――이 모든 분위기는 제가 도저히 마련하지 못하겠읍니다.』

궁정요리사가 이렇게 말끝을 맺자 왕은 한참동안 묵묵부답이다가 곧 그에게 선물을 가득 챙겨 주고는 그를 그의 직책으로부터 파면시켰다고 한다.

글을 잘 쓴다는 것*

훌륭한 작가는 그가 생각하는 것 이상은 더 말하지 않는다. 말한다는 것은 이를테면 표현하는 것만이 아니라 동시에 사고의 실현을 뜻하는 것이다. 따라서 걷는다는 것도 어떤 목적에 도달하고자 하는 욕망의 표현일 뿐만 아니라 그러한 욕구의 실현인 것이다. 그러나 그 실현이 어떤 식으로 이루어질지는──그것이 목적에 맞추어 정확하게 이루어지든 아니면 마음내키는 대로 부정확하게 이루어져 소기의 목적에서 벗어나든──길을 가는 사람의 평소 훈련이 어떠한가에 달려 있다. 그가 자제력이 강하면 강할수록 또 불필요하게 샛길로 어슬렁거리는 움직임을 피하면 피할수록 그의 행동 하나하나는 충분히 제 구실을 하게 되고 또 그의 일거수 일투족은 목적에 더 부합하게 되는 것이다.

나쁜 작가에게는 많은 생각이 떠오르는 법이다. 그는 이러한 많은 아이디어 속에서 마치 훈련을 받지 못한 조악한 주자가 스윙이 큰 암팡지지 않은 육신의 동작 속에서 허우적대듯 자기 자신의 정력을 탕진해 버린다.

바로 이런 이유 때문에 그는 그가 생각하는 바를 한번도 냉철하게 얘기할 수가 없는 것이다. 훌륭한 작가의 재능이란, 그의 사고에 정신적으로 철저하게 훈련된 어떤 육체가 제공하는 연기와 그 연기의 스타일을 부여하는 일이다. 그는 그가 생각했던 것 이상을 절대로 말하지 않는다. 따라서 글을 쓰는 행위는 그 자신에게가 아니라 다만 그가 얘기하고자 하는 것에만 도움을 주게 되는 것이다.

---

* 벤야민은 보기 드문 스타일리스트이다. 사물의 핵심을 향하는 단도직입적 접근방법과 이미지의 긴밀성은 벤야민 문체의 두드러진 특징이다. 특히 후기저작에 보여지는 문체의 간결성은 브레히트에 힘입은 바가 크다. 표현방식에 관한 벤야민의 관심은 그의 저술 곳곳에 나타나고 있다. 특히 「얘기꾼과 소설가」에 인용되고 있는 헤로도투스의 역사 서술방법은 그의 서술방법과 문체를 이해하는 하나의 구체적인 예이다.

파괴적 성격*

　자신의 생애를 되돌아보면서 어떤 사람은 다음과 같은 인식을 하게 될 수도 있을 것이다. 즉 그가 살아오면서 참고 견뎠던 거의 모든 구속들이, 누구나 그들의 파괴적 성격에 대해 의견을 같이하는 사람들로부터 비롯하고 있다는 인식이 바로 그것이다. 어느날 그는 그것도 아마 우연한 기회에 이러한 사실에 부딪히게 될 것이다. 그리고 이때 그가 받게 되는 쇼크가 가혹하면 할수록 파괴적 성격이 무엇인가를 묘사할 수 있는 그의 가능성은 더 커질 것이다.

　파괴적 성격은 단 하나의 구호만을 알고 있는데, 그것은 공간을 만드는 일이다. 그리고 파괴적 성격은 단 하나의 행동만을 알고 있는데, 그것은 공간을 없애는 일이다. 맑은 공기와 자유로운 공간에 대한 그의 욕구는 어떠한 증오보다도 강하다.

　파괴적 성격은 젊고 쾌활하다. 왜냐하면 파괴한다는 것은 우리들 본래의 나이의 흔적을 없애 버리는 것이기 때문이다. 파괴한다는 것은 사람을 쾌활하게 하는데, 왜냐하면 모든 것을 없애버리는 것은 파괴하는 자에게는 자기 자신이 처한 상황의 완전한 환원, 아니 자기 자신이 처한 상황의 말살을 의미하기 때문이다. 이와같은 아폴로적인 파괴자의 이미지를 이해하는 데 가장 큰 도움을 주는 것은, 만약 세상이 어느 정

---

* 성격은 인상학(관상학)과 더불어 벤야민의 주요 관심사이다. 이 글은 「성격과 운명」과 함께 거듭해서 반복되는 한 인간의 성격적 특징과 운명과의 상관관계, 그리고 언제나 동일한 모습을 하고 되풀이되는 인류역사의 신화적 모티브에 관한 벤야민의 관심을 말해 주는 대표적인 글이다.

도 파괴할 가치가 있는가 하는 점에서 검토되어진다면 세상은 엄청나게 단순해질 수 있다는 사실에 대한 인식이다. 이러한 인식은 현존하고 있는 세상의 모든 것을 포괄해서 하나로 묶는 커다란 끈이다. 이러한 인식은 또한 파괴적 성격에 깊은 조화의 스펙터클을 제공해 주는 하나의 시야이다.

파괴적 성격은 일을 할 때에 언제나 싱싱하다. 파괴적 성격의 템포를 결정하는 것은——적어도 간접적으로는——자연 그 자체인데, 왜냐하면 파괴적 성격은 자연에 앞서서 선수를 치지 않으면 안되기 때문이다. 그렇지 않으면 자연 스스로가 파괴하는 일을 떠맡게 될 것이다.

파괴적 성격은 어떠한 비견도 가지고 있지 않다. 더우기나 파괴적 성격은 파괴된 것 자리에 무엇이 대신 들어설 것인가에 대해서는 추호도 알고 싶어하지 않는다. 적어도 한순간 동안 그가 원하는 것은, 빈 공간 다시 말해 사물이 서 있었고 또 희생자들이 살았던 장소이다. 그러한 빈 공간을 채우지 않고서도 그러한 빈 공간을 필요로 하는 누군가는 틀림없이 있게 될 것이다.

파괴적 성격은 그의 일을 행하지만, 창조적 일만은 기피한다. 마치 창조주가 고독을 찾듯이 파괴하는 자는 끊임없이 그의 활동의 증인이 될 사람들에 의해 둘러싸여 있지 않으면 안된다.

파괴적 성격은 하나의 신호이다. 마치 삼각형의 깃발이 바람의 방향에 자신을 드러내어 보이듯 파괴적 성격은 사방의 소문에 자신을 내맡기고 있다. 이러한 소문으로부터 그를 보호한다는 것은 부질없는 일이다.

파괴적 성격은 남으로부터 이해를 받는 일에는 일말의 관심도 가지고 있지 않다. 이러한 방향에서 노력하는 것을 그는 천박한 것이라고 생각한다. 오해를 받는다는 것은 그에겐 아무런 해가 되지 않는다. 이와 반대로 그는, 마치 고대국가의 파괴적 제도인 신탁이 그러한 것처럼 그러한 오해를 도전적으로 불러 일으킨다. 모든 현상 중에서 가장 소시민적인 현상인 험담과 뒷공론은 사람들이 오해를 받지 않고 싶어하기 때문에 생겨날 따름이다. 파괴적 성격은 오해되어지는 것을 허용한다. 파괴적 성격은 험담이나 뒷공론을 조장하지 않는다.

파괴적 성격은 지식인의 적이다. 지식인들은 안일을 찾는다. 그리고 이러한 안일의 핵심은 그들이 살고 있는 집이다. 이 집의 내부는 그가 이 세상 위에 찍어낸 우단으로 만든 혼적이다. 파괴적 성격은 심지어 파괴의 혼적까지도 지워 없앤다.

파괴적 성격은 전통주의자의 전위대열에 서 있다. 어떤 사람들은 사물을 범접하지 못하도록 하고 또 보존함으로써 사물을 전수하지만, 또 어떤 사람들은 사물을 쓸모있게 만들고 또 없애버림으로써 상황을 전수한다. 파괴적 성격은 후자를 두고 일컫는 것이다.

파괴적 성격은 역사적 인간의 의식을 가지고 있다. 역사적 인간의 가장 깊은 감정은 세상사의 진행에 대한 극복할 수 없는 불신과 세상사가 잘못될 수도 있다는 것을 순순히 받아들일 수 있는 마음의 자세이다. 파괴적 성격이 가장 신빙성을 갖는 이유는 바로 여기에 있다.

파괴적 성격은 지속적인 것을 전혀 알지 못한다. 그러나 바로 이러한 이유 때문에 그는 어느 곳에서나 길을 보게 된다. 다른 사람들이 벽이나 산과 마주치는 곳에서 그는 하나의 길을 본다. 그러나 이처럼 그가 어디에서나 하나의 길을 보기 때문에 그는 길로부터 비켜나지 않으면 안된다. 이때 그는 언제나 조야한 폭력을 가지고 길로부터 비켜나는 것이 아니라 때로는 매우 세련된 폭력으로 길로부터 비켜난다.

또 그는 어디에서나 길을 보기 때문에 그 자신은 언제나 교차로에 서 있다. 어떤 순간에도 그는 다음의 순간이 무엇을 가져다 줄지에 대해 알지 못한다. 현존하는 것을 그는 파편으로 만드는데, 그것은 파편 그 자체를 위해서가 아니라, 그 파편을 통해 이어지는 길을 위해서다.

파괴적 성격은 인생이 살 값어치가 있다는 감정에서 사는 것이 아니라 자살할 만한 값어치가 없다는 감정에서 살아가는 것이다.

나의 서재 공개
──수집에 관한 한 강연

　오늘 나는 여러분들에게 나의 서재를 한번 펼쳐 보이고자 한다. 그러나 내가 펼쳐 보이고자 하는 서재는 좀 지루한 느낌을 줄 정도로 질서정연하게 서가가 꽂혀 있는 그런 서재가 아니다. 또 나는 강연을 듣고 있는 여러분들 앞에서 마치 사열을 하듯 서가 앞을 지나면서 책을 보여드릴 수도 없는 입장이다. 이 점에 대해서는 여러분들은 걱정할 필요가 없을 것이다. 그대신 여러분들이 나와 함께 열려 젖혀진 나무상자의 무질서, 톱밥냄새로 가득찬 공기, 찢겨진 파지로 덮인 바닥으로 가서 2년 동안이나 어둠 속에 묻혀 있었던 책의 더미가 다시 햇빛을 보게 되는 그런 상황에 한번 처해 보자는 것이다. 그러면 여러분은 이러한 책들이 진정한 책수집가에게 불러일으키는 기분(물론 이때 느끼는 기분은 감상적인 기분이 아니라 기대의 기분이다)의 약간을 나와 함께 나눌 수 있을 것이다. 왜냐하면 여러분을 향해 얘기하고 있는 사람이 그런 수집가이고, 또 그는 사실상 그 자신에 대해 말을 하고 있기 때문이다. 그런데 여기서 내가 짐짓 객관성을 주장하면서 어떤 서재에 꽂혀 있는 중요한 책의 목록이나 이 책의 생성연대기 아니면 책들이 한 작가에 대해 갖는 유용성 등을 열거한다면 좀 주제넘은 일이 될 것이다. 따라서 나는 다음에서 무언가 좀더 분명하고 구체적인 것을 얘기하고자 한다. 다시 말해 나는 여러분들에게 어떤 수집가가 그의 장서에 대해 갖는 관계, 그러니까 어떤 수집의 내용보다는 수집하는 일 자체가 어떠한가를 한번 보여 주고 싶다. 그런데 여기서 내가 수집하는 일을 책을 구입하는 여러

가지 종류의 방법이라는 문제와 결부시켜 고찰한다면 그것은 전혀 자의적인 것이 될 터인데, 왜냐하면 수집하는 일을 책을 구입하는 이런저런 방법이라는 식으로 파악하는 것은, 자신이 소유한 장서를 바라볼 때 밀려드는 모든 수집가에 공통된 기억의 밀물을 막아버리는 결과가 되기 때문이다. 일체의 정열이란 혼돈과 접하고 있기 마련이지만, 수집하는 정열은 여러 기억의 혼돈과 접하고 있다. 아니 나는 한걸음 더 나아가 다음과 같이 말하고 싶다. 즉 나의 눈앞을 스쳐 지나가는 과거의 일들을 온통 물들이고 있는 우연과 운명은 바로 이러한 책들의 혼란 속에서 그 구체적 모습을 드러낸다고 얘기하고 싶은 것이다. 그 까닭은 책을 수집한다는 것은 혼돈 이외의 그 아무 것도 아니기 때문이고 또 그것이 질서로 보여지는 것은 다만 습관이 그렇게 보이도록 만들었기 때문이다. 이미 여러분은 자기 책을 잃고 병이 났거나 아니면 자기 책을 구입하기 위하여 범인이 된 경우를 들었을 것이다. 이러한 경우, 질서란 모두 예외없이 깊이를 알 수 없는 심연 위에 놓여 있는 불안정한 架橋나 다를 바가 없다. 아나톨 프랑스는 언젠가 〈우리가 책에 대해 정확하게 알고 있는 유일한 지식은 책의 출판년도와 책의 크기뿐〉이라고 말한 바 있다. 그러나 이러한 혼돈과 정반대되는 면이 있음도 부인하기 힘든데 그것은 책목록의 질서이다.

따라서 수집가의 삶에는 무질서와 질서의 변증법적 긴장관계가 자리잡고 있다. 물론 수집가의 삶은 그밖의 다른 것과도 관계를 맺고 있다. 우선 그는 소유에 대해 수수께끼같은 관계를 갖고 있다. 여기에 대해서는 앞으로도 좀더 얘기가 될 것이다. 다음으로 수집가는 사물들과 일정한 관계를 맺는다. 물론 이때 그가 맺는 사물과의 관계는 그 사물들이 지닌 기능가치, 즉 그것들의 실용성 내지 쓰임새를 전면에 내세우지 않고, 그 사물들을 그것들이 갖는 운명의 무대로서 연구하고 사랑하는 그런 관계이다. 수집가의 마음을 사로잡는 가장 큰 매력은 하나하나의 사물들을 어떤 마력적 범주에 가두어 두는 일이다. 이렇게 되면 각각의 사물들은, 그것이 구입되는 순간 이러한 마력적 범주에서 꼼짝달싹할 수 없는 상태가 되는 것이다. 기억되고 생각되어지며 의식되어지는 모든 것은 수집가의 소유재산의 초석이 되고 액자가 되고 원주가 되고 또 자물쇠가 되는 것이다. 시대, 지역, 손재주, 前 所有主──사물의 이러한 배경들은 서로 합쳐져서 수집가에게는 하나의 마력적 백과사전이 된다. 그리고 이러한 마력적 백과사전의 핵심이 바로 수집가가 소유하는 대상물의 운명이다. 그러니까 이미 그 테두리가 정해진 운명의 영역 속에서 우리는 어떻게 해서 위대한 人相學者가——수집가는 사물세계의 인상학자이다——운명의 해석자가 되는가를 짐작할 수 있을 것이다. 어떤 수집가를 보기만 해도 우리는 어떻게 그가 유리 진열장 속에 있는 대상들을 다루고 있는가를 당장 알 수 있다. 그는 그 대상들을 손에 잡자 말자, 마치 영감이나 받은 것처럼 그것들의 먼 곳을 바라보고 있는 것처럼 보인다. 수집가가 지니고 있는 마력적인 면——아니 나는 그러한 면을 수집가가 가지고 있는 해묵은 이미지라고 부르고 싶다——에 대해서는 이쯤 얘기해 두자.

〈모든 책은 제각기 자신의 운명을 가지고 있다. Habenta sua fata libelli〉라는 말은 책 일반을 두고 한 말일 것이다. 이를테면 『신곡』이나 스피노자의 『倫理學』아니면 『종의 기원』도 각각 자기 나름의 운명을 가지고 있다. 그러나 수집가는 이러한 라틴어 속담을 달리 해석하고 있다. 그의 눈에는 책 그 자체보다는 각각의 낱권이 운명을 갖는 것이다. 책 한권이 갖는 가장 중요한 운명은, 그 책이 수집가와 마주친다는 점이다. 진정한 수집가에 있어서는 어떤 古本을 얻는 것은 그 고본의 재탄생에 맞먹는다고 말해도 결코 지나친 말은 아니다. 늙은이같은 면을 가지고 있는 수집가를 관통하고 있는 어린애 같은 면은 바로 이러한 데에 있다. 잘 알다시피 어린애들은 존재의 재생을 수백가지 방식으로 척척 해낼 수 있다. 어린애들에게 있어서 수집한다는 것은 재생의 단 한가지 방법에 불과하다. 대상을 그리는 일, 자르는 일, 종이에 그린 그림을 다른 물건에 붙이는 일, 그리고 물건을 손으로 잡는 일에서 시작해서 이름을 붙이는 일에까지 이르는 일련의 어린이들의 사물 파악방식은 그들에겐 재생의 또 다른 하나의 방식인 것이다. 해묵은 세계를 새롭게 하는 일, 바로 이것이 수집가의 소망 속에 깃들어 있는 가장 깊은 충동이다. 고서적을 모으는 수집가가 화려한 장정의 신간서적을 사모으는 데에 관심을 갖는 사람들보다 수집의 원천에 더 가까이 서 있는 까닭은 바로 여기에 있다. 그러면 우리는 여기서 수집하는 일 자체에 대해서는 이쯤 말해 두고, 이제는 책이 어떻게 수집의 영역을 넘어서 어떤 수집가의 소유가 되는가에 대해 알아 볼 차례이다. 다음에 언급될 얘기는 책의 구입에 관한 얘기이다.

책을 구입하는 여러 가지 방법 중에서 가장 바람직한 방법은 자신이 직접 그 책을 쓰는 일이다. 이렇게 말하면 여러분들 중의 대다수는, 장

파울의 여주인공인 부츠라는 가난한 여교사가 책을 살 돈이 없어서 책의 도서목록에서 그녀의 마음에 드는 모든 책을 한권 한권씩 써서 마련한 큰 서재를 기억할 것이다. 작가들이란 책을 사지 못할 만큼 가난하기 때문에 책을 쓰는 사람들이 아니라, 살 수는 있어도 그들의 마음에 들지 않는 책에 대한 불만 때문에 책을 쓰는 사람들이다. 이렇게 말하면 여러분들은 아마도 이것이 작가에 대한 좀 별난 정의라고 생각할지도 모른다. 그러나 진정한 수집가의 시각에서 말해지는 것은 모두 별난 면을 지니기 마련이다. 우리가 흔히 잘 알고 있는 일반적인 책 구입방법 중에서 수집가에게 가장 좋은 방법은 책을 빌어서는 되돌려주지 않는 일이다. 여기서 우리가 말하고 있는 스케일이 큰, 책을 비는 자가 골수 수집가가 되는 것은 단지 그가 이를테면 빈 보물을 온갖 정성을 다하여 지키고 또 일상적인 법적 독촉장이나 경고장을 들은 척도 하지 않고 무시하기 때문에 그렇게 되는 것은 아니다. 그가 골수 수집가가 되는 것은 이보다는 오히려 그가 책을 읽지 않기 때문에 그렇게 되는 것이다. 여러분들은 아마 책을 읽지 않는 것이 어떻게 수집가의 특성이 될 수 있을까 하고 의아하게 생각할 것이다. 〈이건 나에겐 금시초문인데〉라고 말할지도 모르지만, 그러나 이 사실은 전혀 새로운 것이 못된다. 이 방면에 조예가 있는 사람은, 이러한 것이 옛날부터 있어온 해묵은 일이라는 것을 증명해 줄 것이다. 다시 아나톨 프랑스의 말을 인용해 보자. 어느날 그는 그의 서재를 보고 감탄하고는 의례 의무적으로 하는 물음, 즉 『당신은 이 책을 모두 읽었읍니까?』라는 어느 속물의 물음에 대해 다음과 같이 대답하였다. 『아닙니다. 십분의 일도 읽지 못했읍니다. 혹시 당신은 매일같이 세브르 도자기로 식사를 합니까?』

 그런데 나는 이러한 태도의 타당성을 두고 이와 반대되는 태도를 실험해 본 적이 있다. 수년동안――적어도 내 서재가 생기고 난 후 10여년 동안――나의 서재는 다만 두세 개의 선반으로만 되어 있었는데, 이 선반은 매년 몇 센티미터씩만 커졌다. 이 시기는 내 서재의 전투적 시기라고 할 수 있는데, 왜냐하면 내가 한번이라도 읽지 않은 책 말고는 어떤 책도 이 선반에 꽂힐 수가 없었기 때문이다. 만약 그간에 인플레이션이 없었더라면 나는 서재라고 불리워질 수 있는 규모의 서재를 한번도 갖지 못했을 것이다. 그런데 갑자기 사정이 일변하였다. 책은 돈이 되는 물건이 되거나 아니면 좀처럼 구입하기가 힘들게 되었다. 적어도 내가 마지막 대학시절을 보내었던 스위스에서의 사정은 그런 것처럼 보였다. 실제로 나는 그곳에서 바야흐로 책이 비싸지려는 마지막 순간에 나의 첫 중요한 책을 주문하였고 그래서 독일낭만주의 시집 『푸른 기사』 와 바하오펜 Bachoffen의 『탕길의 전설』――이 책들은 당시만 해도 출판업자로부터 구입할 수가 있었다――과 같은 그 어떤 책과도 바꿀 수 없는 값진 책들을 건져낼 수가 있었다.

 여러분들은 이와같은 여러 우회로를 거쳐 드디어 책 구입, 즉 책을 매입하는 넓은 대로에 들어서게 되었다고 생각할 것이다. 물론 책을 매입하는 것은 넓은 길이기는 하다. 그렇지만 그것은 결코 쾌적한 길은 아니다. 수집가가 책을 매입하는 일은, 학생이 책방에서 교과서를 마련하거나, 세상물정에 밝은 남자가 그의 부인을 위해 선물을 사거나 아니면 사업가가 기차 여행 시간을 줄이기 위하여 기차를 기다리면서 책방에서 하는 행동 따위와는 아무런 공통점도 가지고 있지 않다. 나는 나의 가장 일상적인 책매입을 여행 도중, 그러니까 어느 한곳에 잠깐 머무는 여행객으로서 하였다. 재산과 소유는 전술적 영역에 속하는 것이다. 수집가는 전술적 본능을 지닌 사람들이다. 그들은 경험을 통해, 언제 그들이 어떤 낯선 도시를 정복해야 하고, 아무리 적은 골동품 가게라도 그것이 성곽이 되며, 아무리 외진 곳에 있는 문방구라도 그것이 결정적인 위치를 차지할 수 있다는 사실을 아는 것이다. 책을 정복하기 위해 나선 나의 행진 속에서 얼마나 많은 도시들이 그 본연의 모습을 드러내었던가?

 책방주인을 통해 책을 사는 일은 책을 매입하는 가장 중요한 방법의 일부에 지나지 않는다. 이보다 더 큰 역할을 하는 것은 도서목록이다. 비록 책구입자가 도서목록으로부터 주문하는 책에 대해 잘 알고 있다 하더라도, 그 책의 한부 한부는 언제나 하나의 놀라움이고, 또 주문하는 일에는 도박과 같은 우연이 뒤따른다. 거기엔 말못할 실망감과 함께 커다란 행복감도 뒤따른다. 예를 하나 들자면 나는 한번 나의 오래된 아동도서의 수집을 위하여 그림이 들어있는 책을 주문한 바 있다. 그런데 이때 나는 단지 그 책이 그림 Grimm의 동화를 싣고 있고 또 투링그지방의 그리마라는 곳에서 출판되었다는 사실 때문에 그 책을 주문하였다. 이 그리마라는 곳은 위에 말한 그림에 의해 편찬된 우화가 출간된 곳이기도 하였다. 내가 소유하고 있는 판인 16개의 그림으로 되어 있는 그림의 이 우화책은, 19세기 중엽에 함부르크에서 생존했던 위대한 독일의 삽화가 리저 Lyser의 초기작품을 말해주는 유일하게 남아 있는 책이었다. 들리는 이름이 비슷한 데서 힌트를 얻어 나는 책을 주문하였는데, 나의 예상은 적중하였다. 왜냐하면 이를 통해 리저의 작품, 즉 『리나의 동화책』을 발견하게 되었기 때문이었다. 그의 연구가들에 의해 그 때까지 알려지지 않은 채로 있었던 이 리저의 작품은 내가 소개한 첫번째 책보다 더 상세하게 언급되어질 가치가 있는 책이다.

  책을 구입하는 일이란 결코 돈의 문제이거나 아니면 전문적 지식만의 문제는 아니다. 그렇다고 이 두 요소가 구비된다고 해서 진정한 서재가 성립하는 것도 아니다. 진정한 의미의 서재에는 언제나 무언가 투시될 수 없고 또 동시에 그 어떤 것과도 바꿀 수 없는 독특한 것이 있다. 도서목록으로부터 책을 사는 사람은 누구든지 내가 조금 전에 언급한 그러한 〈특성 외에도〉 직감적인 안목과 감식력을 가지고 있어야만 한다. 출판년도, 출판장소의 이름, 크기, 전 소유주, 장정 등과 같은 모든 세부적 사항은 그에게 많은 힌트를 줄 것임에 틀림없다. 물론 이때 이러한 것들을 그 자체로서만 삭막하게 서로 떼어놓고 생각하지 말고, 이러한 것들이 함께 어울려 내는 하모니와 이 하모니의 질과 강도에 따라서 그것이 자기 자신에 속할 성질의 것인가 아닌가를 식별하지 않으면 안된다. 이밖에도 경매할 때 수집가는 또 다른 능력을 가지고 있어야만 한다. 도서경매목록을 읽는 사람은 책 그 자체를 통해서나 아니면 그 책의 前 소유주를 통해서 그 책에 대해 무언가를 알고 있지 않으면 안된다. 경매에 참석하고자 하는 사람은 책에만 관심을 쏟을 것이 아니라 그 경쟁자들에 대해서도 주목하지 않으면 안된다. 그리고 또 그는 언제나 냉정한 머리를 가지고 경쟁의 소용돌이에 휩쓸려서는 안된다. 흔히 일어나는 일이지만 어떤 사람은 경매에서 남을 앞지르기 위해 필요 이상으로 높은 입찰가격에 걸리는 수가 있다. 다른 한편으로 보통때는 꿈도 꿀 수 없는 원하고 원하던 책을 구하는 즐거운 순간도 있는데, 왜냐하면 그가 원하던 책이 다른 사람의 아무런 주목도 받지 못한 채 시장의 한 구석에 거의 버려지다시피 방치되는 경우도 있기 때문이다. 이때 그는 이 책을 우연히 발견해서는, 마치 아라비안나이트의 동화에 나오는 왕자가 아름다운 여자노예를 사는 것처럼, 그 책에 자유를 부여하게 되는 것이다. 책수집가의 눈에서 보면 그의 서가의 어딘가에는 이를테면 모든 책의 진정한 자유가 도사리고 있는 것이다.

  내가 지금까지 체험한 경매의 가장 생생한 추억을 말해주는 기념비적인 작품이 하나 있는데, 그것은 나의 서재에 있는 일련의 불란서 책 중에서 우뚝 솟아 있는 발자크의 『상어의 가죽 Peau de chagrin』이다. 이 책을 구입하게 된 것은 1915년 고서전문가의 한 사람이자 가장 저명한 서적상의 한 사람이었던 에밀 히르쉬에 의한 뤼만경매장에서였다. 문제가 된 이 판은 1838년 파리의 증권가 Place de la Bourse에서 출판되었다. 이 판을 손에 쥐었던 바로 그 순간에 나는 그 책에서 뤼만경매장의 경매번 호뿐만 아니라, 이 책의 첫 소유주가 오늘날 시세의 약 80분의 1밖에 되지 않는 값으로 사들인 서점의 이름, 즉 〈프라나우 문방구〉라는 이름도 알게 되었다. 이 시절은 호시절이었다고 할 수 있는데 왜냐하면 당시에는 사람들이 이처럼 근사한 장정의 책을——이 책은 당시의 일급의 불란서 삽화가와 조각가에 의해 호화판으로 장정이 되어 있다——그러한 문방구에서 살 수 있던 시절이었기 때문이다. 아뭏든 나는 어떻게 해서 이 책을 구입하게 되었던가를 얘기하고자 한다. 우선 나는 미리 점검을 하기 위해 히르쉬의 경매장으로 일단 가서는 40권 내지 50권의 책을 대강 정리해 놓았다. 이때 발자크의 이 책만은 무슨 일이 있어도 놓쳐서는 안되겠다는 욕망이 나를 엄습하였다. 경매날이 왔다. 그런데 우연스럽게도 정작 발자크의 『상어의 가죽』이 경매에 붙여지기에 앞서 인도지에 인쇄가 된 이 책의 삽화전집이 경매되었다. 나의 맞은 편 비스듬이에는 뮌헨의 유명한 수집가인 시몰린백작이 온 신경을 눈에 집중시킨 채 이 삽화전집에 곧 불리워질 최초의 경매가격을 기다리고 있었다. 그는 이 전집에 크게 관심을 가지고 있었고, 또 몇몇의 경쟁자들도 함께 있었다. 아뭏든 열띤 경합이 붙게 되었고, 이 결과로 삼천마르크가 훨씬 넘는, 이날의 전경매에서 가장 비싼 경매가격이 불리워졌다. 어느 누구도 그렇게 높은 경매가격을 예상하지 못했기 때문에 경매에 참석했던 사람들은 자못 흥분하였다. 그러나 에밀 히르쉬는 여기에는 아랑곳하지 않고——그가 시간을 절약하기 위해 그랬는지 아니면 딴 이유가 있어서 그랬는지는 알 수 없지만——다음의 경매로 넘어갔다. 그런데 이 때의 경매품에는 어느 누구도 관심을 기울이지 않았다. 그는 경매가격을 불렀다. 나의 가슴은 방망이질하듯 두근거렸고, 또 나는 이때 높은 가격을 주고는 이 대경매자들과 도저히 경합을 벌일 수 없다는 것을 너무나도 분명히 알고 있었다. 그런데 이들은 이 책에 아무런 관심을 기울이지 않았고, 경매자는 예의 절차대로 〈더 이상 없읍니까?〉라고 말하고는 방망이를 세번 치고는 다음으로 넘어갔다. 그러나 이 첫번 경매가격은 당시의 나의 학생신분으로도 여전히 비싼 것이었다. 다음날 아침 내가 전당포에 간 일에 대해서는 구태여 여기서 말할 필요가 없을 것이다. 그

대신 나는 여기서 경매의 부정적인 면이라고 부를 수 있는 어떤 다른 사건에 관해 얘기하고자 한다. 그것은 지난 해에 있었던 베를린의 경매에서 일어난 일이다. 경매에 나온 책들은 그 질이나 내용에 있어서 잡다한 종류가 함께 뒤섞인 것들이었다. 그중에서도 흥미의 대상이 될 수 있는 책이라곤 몇몇의 신비주의적이고도 자연철학적인 분야의 책들이 고작이었다. 나는 이들 책의 몇몇 권에 값을 불렀지만, 그때마다 나는 앞줄에 어떤 신사가 앉아서 내가 부른 경매가격을 기다렸다는 듯이 나보다 더 많은 값을 불러 어떤 책이라도 구입할 태세를 갖추고 있음을 알았다. 이런 일이 여러번 되풀이되자 나는 곧 내가 그날 가장 마음에 두고 있었던 책을 구입하는 것을 포기해버렸다. 이 책은 『어떤 젊은 物理學者의 유고집 斷片』이라는 요한 빌헬름 리터에 의해 1801년 하이델베르히에서 2권으로 출간된 책이었다. 이 책은 두번 다시 再版된 적이 없는 책이었지만 나는 항상 이 책의 서문을——이 서문에서 저자이자 편집자인 리터는 그와 동일인이라고 할 수 있는 어떤 이름도 없는 죽은 친구를 가정, 이 친구의 추도문의 형식을 빌어 그 자신의 생애를 얘기하고 있다——독일 낭만주의의 가장 중요한 개인적 산문으로 간주하고 있었다. 이 책의 경매가격이 불려지는 순간 나에겐 어떤 영감 비슷한 생각이 떠올랐다. 내가 부르는 값으로는 그 책이 다른 사람에게 넘어갈 것이 너무나도 뻔했기 때문에 나는 아예 값을 부르지 않았다. 나는 애써 아무 말도 하지 않고 조용히 앉아 있었다. 그러자 내가 기대해 마지 않았던 일이 일어났다. 아무도 그 책에 관심을 보이지 않고 값도 부르지 않은 채 옆으로 밀쳐졌다. 나는 며칠 동안의 시간적 여유를 두는 것이 현명하다고 생각하였고, 그래서 일주일이 경과한 어느날 그 책을 고서점에서 다시 발견할 수 있었다. 이 경우는 아무도 관심을 보이지 않음으로 해서 책을 구입할 수 있었던 경우라고 할 수 있다.

산더미같은 책상자에 다가가서 그로부터 책을 발굴해서는 이를 낮의 불빛 속에——아니 이를 밤의 불빛이라고 말하는 것이 더 옳을 것이다——펼쳐내어 놓을 때면 얼마나 많은 기억의 무리들이 우리들에게 밀려오는가? 도저히 막을 수 없는 이러한 기억의 활동——아마 이 활동만큼 책을 펼칠 때의 매력을 단적으로 말해 주는 것도 없을 것이다. 한때 나는 정오에 책상자를 풀어보는 일을 시작해서 그날 밤 자정에 이르러서 마지막 책상자에 손을 댈 수 있었던 경험이 있었다. 그런 때 이 자정의 마지막 순간에 나는 두꺼운 마분지로 된 두 권의 책을 손에 쥐게 되었다.

이 책은 엄격한 의미에서는 책상자에 속하는 것도 아니었다. 그것은 나의 어머니가 어린 시절 오려 붙였던 봉함지에 싸인 두 권의 앨범이었다. 나는 이 책을 어머니로부터 물려받았었다. 이 책들은 내가 모아온 아동도서의 수집의 맹아와 같은 것으로서 오늘날까지도 계속 자라고 있다. (물론 그것이 이제는 더 이상 어린 시절의 정원에서 자라고 있지는 않고 있지만.) 생생하게 살아 있는 서재에는 어느 구석엔가는 책과 비슷한 것들이 많이 들어 있는 것이 보통이다. 그러한 종류의 책들은 꼭 봉함지로 된 앨범이나 가족앨범, 傳記類의 책, 좌우명이나 종교적 내용이 들어있는 서류철과 같은 것일 필요는 없다. 어떤 사람들은 팜플레트나 신간서적안내서에 연연하고, 또 어떤 사람들은 좀처럼 구하기 힘든 책의 수고본 복사나 타이프로 친 원고의 복사에 연연하기도 한다. 물론 여기에는 잡지가 들어 있어야만 진정한 서재의 구색이 갖추어지고 또 서재의 프리즘에 의해 분해된 빛과 같은 뉘앙스가 드러나게 된다. 그런데 다시 위에서 언급한 앨범으로 되돌아가서 얘기하면 어떤 수집을 가장 확실히 할 수 있는 방법은 두말할 나위도 없이 유산이다. 왜냐하면 어떤 수집가가 자신이 소유하고 있는 수집품에 대해 갖는 태도는 그가 지닌 소유물에 대한 책임감에서 비롯하기 때문이다. 다시 말해 수집가의 자기 소장품에 대한 태도는 유산상속자의 태도와 전혀 다를 바가 없는 것이다. 그렇기 때문에 어떤 수집의 가장 두드러진 특징은 그것이 언제나 양도되어질 수 있다는 점에 있다. 내가 이렇게 수집과 결부된 정신적 상황을 얘기하면 여러분은 이러한 類의 수집정열이 시대적 상황에 걸맞지 않다고 생각할 것이고 이러한 유의 수집가에 대한 불신을 표명하게 될 것이다. 그것은 당연한 생각이자 불신이다. 따라서 나는 수집의 상속자적 태도에 대한 여러분의 생각이나 불신감을 뒤흔들어 놓을 생각은 추호도 없다. 다만 한가지 여러분에게 말해두고 싶은 것은 수집이라는 현상은, 만약 그것이 그 주인을 잃게 되면 그 의미를 상실하게 된다는 점이다. 비록 공적인 수집이 사적인 수집보다 사회적으로 문제성이 적고 또 학문적으로 더 이용도가 높은 것은 사실이지만, 수집의 대상이 제 몫을 하게 되는 것은 개인적 수집에서이다. 물론 나는, 여기서 내가 여러분 앞에서 약간은 전문가의 입장에서 제시한 개인적 타입의 수집가시대가 바야흐로 그 종국에 이르고 있다는 사실을 잘 알고 있다. 그러나 〈어둠이 깔려야 비로소 미네르바의 부엉이는 飛翔을 시작한다〉는 헤겔의 말처럼 수집가도 소멸되어 가는 역사적 단계에서 비로소 파악되어질 수 있을 것이다.

이로써 나는 정오부터 시작한 나의 책상자를 거의 다 비우고 자정에 다다르고 있다. 지금까지 얘기한 것 말고도 수집과 결부되는 다른 기억들이 나를 엄습하고 있다. 그것은 이미지나 기억 등과 같은 생각들이 아니라 내가 수많은 수집품을 발견하였던 도시들 예컨대, 나폴리, 뮌헨, 단찌히, 모스크바, 플로렌스, 바젤, 파리 등의 도시들에 대한 기억이다. 뮌헨의 화려한 로젠탈의 건물, 이미 죽은 한스 라우가 살던 집인 단찌히의 탑식건물, 곰팡내 나는 북베를린의 취센구트의 도서창고, 이들 책이 쌓여 있던 방들, 뮌헨 학생시절의 하숙방의 기억, 스위스 베른 학생시절의 방, 브리겐즈 호수가에 위치한 이젤트 숲의 고독, 그리고 수천권으로 불어나기 시작한 책중에서 삼사천권이 소장되어 있는 나의 베를린의 어린 시절의 방——이러한 모든 것들이 수집과 결부된 내가 살던 도시에 대한 기억의 내용을 이루고 있다. 아! 이러한 기억은 수집가의 커다란 기쁨이자 한 개인의 더할나위 없는 행복이 아닌가? 〈책벌레〉라는 이름의 가명을 쓰고 미심적은 삶을 살아가는 사람만큼 별볼일 없는 사람도 없지만, 그러나 다른 한편 그 사람만큼 쾌적한 삶을 누리는 사람도 찾아보기가 힘든 것이다. 왜냐하면 이러한 사람들의 마음 속에는 어떤 알 수 없는 정신이 깊이 도사리고 있어서, 이 정신에 의해 이 수집가는——여기서 내가 뜻하는 수집가는 진정한 의미의 수집가, 다시 말해 응당 그래야 할 수집가이다——사물에 대해 갖는 가장 깊은 관계라는 의미에서의 소유개념을 갖고 있기 때문이다. 다시 말해 이러한 수집가에 있어서는 사물이 그의 속에서 살아 움직이고 있는 것이 아니라 그 자신이 바로 그 사물 속에서 살고 있는 것이다. 따라서 나는 이상에서 집을 짓는 돌로서의 책을 가지고 수집가가 살고 있는 집을 여러분들 앞에서 하나 세워보았다. 그래서 그는 이제 그가 세워 놓은 집 속으로 사라지려 한다. 그리고 이는 마땅히 그가 해야 할 일이기도 하다.

브레히트와의 대화

1934년 6월 4일

　어제 스벤드보르그에서 병상에 있는 브레히트와 장시간 대화를 나누었다. 대화는 나의 논문 「생산자로서의 작가」를 중심으로 이루어졌다. 브레히트는 여기에 전개된 나의 이론, 즉 문학의 혁명적 기능을 판별하는 하나의 결정적 기준은 예술형식의 기능변화와 이를 통한 정신적인 생산수단의 기능변화가 가져다 주는 기술적 진보가 어느 수준에 이르고 있느냐에 따라 결정된다는 이론은 다만 대부르죠아지 작가에게만——브레히트는 자신도 여기에 속한다고 말하였다——해당될 수 있는 것이라고 말하였다. 『대부르죠아지 작가는 실제로 한가지 점에서 프롤레타리아트와 공통의 이해관계를 갖고 있읍니다. 즉 그들이 지닌 생산수단의 지속적인 발전이라는 점에서 그렇습니다. 다시 말해 생산수단의 지속적 발전이라는 면에서 대부르죠아지작가는 생산자로서 프롤레타리아트화, 그것도 완전히 프롤레타리아트화하였읍니다. 바로 이러한 점에서의 철저한 프롤레타리아트화로 인해 대부르죠아지 작가는 프롤레타리아트와 하나의 공동전선을 형성할 수 밖에 없지요.』라고 브레히트는 말하였다. 베혀 Becher와 같은 타입의 프롤레타리아트 작가에 대한 나의 비판은 너무 추상적이라고 브레히트는 말하였다. 프롤레타리아트의 문학기관지에 실린 베혀의 「터놓고 말하면」이라는 시를 예로 들어 이를 분석하면서 그는 프롤레타리아트 작가에 대한 나의 비판을 교정하려고 하였다. 그는 베혀의 시를 그가 여배우 칼로라 네어의 연극기술을 위해 썼던 교훈시와 비교하면서 『나는 네어에게 여러가지 사실을 가르쳐 주었다.』라고 말하였다. 『그녀는 연기하는 법만을 배운 것이 아니라, 이를테면 나에게서 어떻게 세수를 하는가를 배웠다. 다시 말해 그녀가 지금까지는 더이상 더러워지지 않기 위해서 세수를 하였다면 이번에는 그녀에게 어떻게 얼굴을 씻는가를 가르쳐 주었다. 그러자 그녀는 이 세수하는 법을 너무나 완벽할 정도로 마스터하였다. 그래서 나는 그녀의 세수하는 장면을 영화로 촬영하려고 하였다. 그러나 이 일은 성사가 되지 않았는데, 왜냐하면 나는 그때 영화를 촬영할 생각이 없었고 또 그녀도 다른 누구 앞에서도 그렇게 하고 싶어하지 않았기 때문이다. 이러한 교훈시는 하나의 모델이었다. 초심자들은 〈자기〉를 전면에 내세우려고 하기 마련이다. 베혀가 〈나〉라고 말할 때 그는, 독일 프롤레타리아트 작가동맹의 위원장으로서 스스로를 대표적 인물이라고 간주하고 있다. 그런데 문제는 어느 누구도 그를 대표적 인물로 간주해서 그의 뒤를 따를 생각이 없다는 데 있다.』 이에 덧붙여서 브레히트는, 오래 전부터 그는 여러가지 직업을 위한 모델시, 예컨대 기술자를 위한 시, 작가를 위한 시를 쓸 의향을 가지고 있었노라고 말하였다. 다른 한편 브레히트는 베혀의 시를 랭보의 시와 비교하기도 하였다. 또 그는 만약 마르크스와 레닌이 랭보의 시를 읽었다면, 그 속에 표현된 위대한 역사적 움직임을 찾아낼 수 있었을 것이라고 말하였다. 그들은 랭보의 시에서 어떤 남자의 괴팍스러운 산보가 아니라 상업적 이익을 위해 이국적 세계를 개척한(이는 크리미아전쟁과 멕시코 탐험으로 시작되었다) 부르죠아계급의 한계를 더 이상 참을 수가 없었던 어떤 인간의 도피와 방랑을 읽을 수 있을 것이라고 말하였다. 물론 랭보에서 보이는 것처럼 자신의 일을 우연에 내맡기고 또 사회에 등을 돌리는 방랑자의 자유분방한 몸짓을 프롤레타리아트의 투사를 묘사하는 모델적 시에 수용한다는 것은 도저히 있을 수 없는 일이라고 그는 덧붙여 말했다.

6월 6일

어제 대화 도중에 브레히트는 다음과 같이 말했다. 『나는 이따금 심판대에 서서 심문을 받고 있는 나 자신을 상상합니다. 〈어떻소, 당신은 실제로 그것을 심각하게 생각합니까?〉 이런 질문을 받을 경우 나는 실제로는 그처럼 심각하게 생각하고 있지 않다는 점을 인정하지 않을 수가 없읍니다. 나는 연극에 도움이 되는 기술적인 면을 너무도 많이 생각합니다. 따라서 나는 그렇게 심각해질 수가 없읍니다. 내가 하는 일에 대해 그렇게 심각하게 생각하지 않는다고 대답은 했지만, 그러나 나는 이에 덧붙여 보다 중요한 주장을 하나 해야겠읍니다. 즉 내가 심각한 체 행동하는 것은 그럴 만한 이유가 있기 때문입니다.』 물론 이러한 발언은 대화가 한참 진행되고 난 후에 나왔다. 처음에는 브레히트는 그의 무대처리방법의 효과에 대해서만 의문을 표시했을 뿐 그 타당성에 대해서는 의문을 표시하지 않았다. G. 하우프트만을 두고 쓴 나의 글을 인용하면서 브레히트는 이따금 『나는 무엇인가를 해낼 수 있는 사람은 이른바 實體가 있는 작가 Substanz-Dichter들뿐이 아닐까 하고 미를 자문해 봅니다.』라고 말하였다. 실체가 있는 작가를 브레히트는 매우 심각한(=진지한) 작가로 이해하였다. 그것이 구체적으로 무엇을 뜻하는지를 설명하기 위해 브레히트는 하나의 허구적 사실로부터 출발하였다. 『가령 공자가 비극을, 레닌이 소설을 썼다고 가정해 봅시다. 그러면 사람들은 도저히 그럴 수 없는 일이라고 느끼게 될 것이고 또 그들에 걸맞지 않는 행동이라고 생각하게 될 것입니다.』 『또 예컨대 우리가 뛰어난 정치소설을 한 권 읽고난 후 그것이 레닌에 의해 씌어졌다고 상정해 봅시다. 그러면 우리는 지금까지 우리가 그들에 대해 가지고 있던 생각을 달리 하게 될 것입니다. 그것도 그들에게 불리하게 말입니다. 공자는 결코 유리피데스의 희극을 쓸 수 없을 것입니다. 그리고 그것은 그의 지체에 맞지도 않을 것입니다. 그러나 그의 우화는 그렇지 않을 것입니다.』 요컨대 브레히트가 이러한 발언을 통해 말하고자 했던 바는 두 가지 문학유형의 차이점에 관해서였다. 그 중의 하나는 심각한 비젼을 가진 사람에 관해서이고, 다른 하나는 그렇게 심각하지 않지만 생각이 깊은 사람에 관해서였다. 여기에서 나는 카프카의 문제를 거론하였다. 그는 도대체 이 양자 중에 어느 유형에 속하는가? 나는 이 의문이 일방적으로 해답될 수 없는 성질의 것임을 알고 있었다. 그러나 브레히트의 입장에서 보면, 바로 이처럼 결정하기 곤란한 점이 카프카가——그는 카프카를 위대한 작가로 간주하였다——클라이스트, 그라베, 뷔흐너의 경우처럼 좌절한 사람이라는 단적인 표현이었다. 카프카의 출발점은 실제로 우화, 비유이다. 우화는 이성에 대해 책임을 지고 있다. 그렇기 때문에 우화는 액면 그대로 보자면 이성에 대해서 완전히 심각해질 수는 없는 것이다. 하지만 이러한 우화는 그럼에도 불구하고 기술적 형상화에 종속되어 있다. 이 기술적 형상화가 점점 커져서 하나의 소설이 되는 것이다. 엄격히 말하면 이 기술적 형상화는 처음부터 소설이 될 맹아를 그 자체 속에 지니고 있었던 셈이다. 그리고 이 기술적 형상화는 한번도 투명한 성격을 띤 적이 없었다고 말할 수 있다. 브레히트는 만약 도스토예프스키의 『카라마죠프 형제』에 나오는 대심판관이나 聖스타레츠의 시체가 썩어가는 장면이 나오는 그밖의 다른 우화가 없었더라면 카프카는 도저히 자기의 고유한 형식을 찾지 못했을 것이라고 힘주어 말했다. 다시 말해 카프카에 있어서는 우화적인 요소와 비젼적 요소가 서로 뒤섞여 각축전을 벌이고 있는 것이다. 비젼적 작가로서의 카프카는 다가올 미래를——물론 그것이 무엇인지를 알지 못하면서——미리 내다보았다. 브레히트는 나를 포함한 그 이전의 어느 누구보다도 더 분명히 카프카의 작품에 나타나고 있는 예언적 면을 강조하였다. 『카프카는 단 하나의 문제를 가지고 있었는데, 그것은 조직의 문제였다. 그를 사로잡았던 것은 개미집과 같은 국가라는 조직체에 대한 불안이었다. 그리고 인간이 그들의 공동체적 삶의 여러 조직형태 속에서 스스로 어떻게 소외되어 가고 있는가 하는 문제였다. 그는 이러한 소외의 몇몇 형태, 예컨대 소련비밀경찰 GPU의 조직형태를 미리 예견하였다. 그러나 그는 아무런 해결책도 발견하지 못하였고 또 그의 불안의 꿈으로부터 벗어나지 못하였다. 카프카 문학의 정확성이란 어떤 부정확한 것, 즉 꿈꾸는 자의 정확성이다』라고 브레히트는 말하였다.

6월 23일

어제 모스크바 여행에서 갓돌아온 여배우 카린 미카엘리스가 브레히트를 방문하였다. 그녀는 그녀의 여행에 열광하였고, 브레히트는 S. 트레챠코브가 안내해 주었던 그의 모스크바 여행을 회상하였다. 『트레챠코브는 나에게 모스크바의 이것저것에 대해 자랑스럽게 얘기했지요. 그가 한 행동을 나쁘다고 할 수는 없읍니다. 그는 그러한 것들이 자기 것임을 보여주었으니까요. 그러나 다른 나라 사람이 가진 것에 대해서 자부심을 느낄 필요는 없지요』라고 말하고 난 한참 뒤 브레히트는 『그런데 나중에 가서는 나는 좀 진력이 났지요. 나는 모든 것을 경탄할 수도 없었을 뿐더러 또 그렇게 하고 싶지도 않았읍니다. 그가 말한 것은 그의 군인들이었고, 그의 짐차였을 뿐 나의 것은 아니었기 때문입니다.』

6월 24일

브레히트 서재의 천정을 떠받치고 있는 대들보 위에는 다음과 같은 말이 씌어 있었다. 〈진실은 구체적이다.〉 창가에는 나무로 만든 조그만 당나귀가 서서는 그 말에 맞장구라도 치듯 고개를 끄덕이고 있었다. 그러자 브레히트는 그 푯말을 뒤집어서는 그 위에 다음과 같이 썼다. 〈나 역시 또한 이 말을 이해하지 않으면 안된다.〉

8월 5일

삼 주 전에 나는 브레히트에게 내가 쓴 카프카에 관한 논문을 주었다. 그 논문을 이미 읽었음 직한데도 그는 그것에 대해 한마디도 언급하려 들지 않았다. 두 번이나 내가 그 논문에 대해 얘기를 하려고 했으나 그 때마다 이에 대한 대답을 회피하였다. 드디어 나는 아무 말도 하지 않고 그 원고를 다시 가져와 버렸다. 그런데 어제 저녁 그는 갑자기 이 논문에 대해 언급하였다. 좀 느닷없이 얘기가 전개된 것은 나에게도 책임이 있었는데, 브레히트는 나의 스타일이 니체 식의 일기형식으로 씌어졌다는 비판을 면하기 힘들다고 말하였다. 예컨대 나의 카프카 논문은——브레히트는 카프카를 단순히 현상적인 측면에서만 고찰하였다——카프카의 작품을 상관관계라는 측면과는 일체 유리된 채, 또 심지어는 작가와도 관계없이 자생적으로 자라난 그 어떤 것으로 간주하고 있다고 말하였다. 『내가 궁극적으로 관심을 갖는 것은 항상 본질 Wesen에 관한 문제인데, 사물의 파악을 그런 식으로 해도 될 것인가? 오히려 카프카에 있어서는 그가 무엇을 하고 있으며 또 어떻게 행동하고 있는가 하는 의문을 가지고 그에게 접근해야 하지 않을까』하고 그는 말하였다. 다시 말해 특수한 것보다는 일반적인 것이 무엇이냐를 검토하는 것이 더 중요하다는 것이다. 그러면서 브레히트는 계속 다음과 같이 말하였다. 카프카는 프라하에서 신문기자와 잘난 체하는 문인들로 둘러싸인 나쁜 환경 속에서 살았다. 이러한 환경 속에서 문학은 비록 유일한 현실이었다고는 할 수 없지만 가장 중요한 현실이었다. 카프카의 장점과 약점, 즉 그의 예술적 가치와 또 그의 개성은 문학적 현실을 가장 중요한 현실로 간주하는 이러한 태도와 밀접한 관련을 맺고 있다. 카프카는 볼품없이 삐쩍 마른 유대소년이고——이에 반대되는 개념으로 우리는 아리안소년이라는 개념을 생각해 볼 수도 있을 것이다——또 프라하라는 영롱한 문화의 늪에서 생겨난 하나의 비누방울 이외의 아무것도 아닐 것이다. 이러한 면에도 불구하고 카프카의 문학은 매우 흥미있는 측면을 가지고 있으며, 또 우리는 이러한 면을 전면에 부각시킬 수도 있을 것이다. 우리는 이러한 흥미있는 면을 노자와 카프카라는 제자와의 대화의 형식을 통해 한번 상상해 볼 수도 있다. 老子는 다음과 같이 말할 것이다. 『자네, 카프카君! 자네는 자네가 살고 있는 조직들, 법적·경제적 형식들에 대해 불안을 느끼고 있지?——그렇습니다.——이제 자네는 이러한 조직들에 어떻게 대처해 나가야 할지 속수무책이지?——그렇습니다.——자네가 가진 株式에 대해서도 불안을 느끼지?——그렇습니다.——만약 그렇다면 자네는, 자네가 믿고 기댈 수 있는 한 사람의 지도자를 요구하고 있네.』이러한 상황은 타기할 만한 상황이라고 말하면서 브레히트는 카프카를 거부하였다. 그리고나서 그는 〈쓰임새의 고통〉이라는 어떤 중국 철학자의 비유에 대해 언급하였다. 〈숲에는 여러 가지 종류의 나무들이 있었다. 제일 굵은 나무로부터는 배를 만들기 위한 대들보감이 베어졌고, 좀 덜 굵은 그런 대로 쓸 만한 나무로부터는 상자 뚜껑이나 관이 만들어졌으며, 가장 가는 나무로부터는 회초리가 만들어졌다. 그러나 잘못 자란 구부러진 나무로부터는 아무것도 만들어지지 않았다. 이들 잡목은 쓰임새의 고통에서 벗어났던 것이다. 카프카가 쓴 작품을 볼 때도 우리는 위의 숲에서처럼 사방을 둘러보지 않으면 안된다. 이같은 시각으로 보면 그의 작품에서 꽤 쓸 만한 것을 다수 발견할 수 있을 것이다. 카프카의 이미지는 대단히 훌륭하다. 그러나 그 밖의 것은 비밀의 잡동사니이다. 그것은 정말 별볼일 없는 것들이다. 그러한 것들은 도외시하지 않으면 안된다. 깊이를 가지고는 한 발자국도 앞으로 더 나아갈 수 없다. 깊이는 그 자체만으로서는 하나의 차원이 될 수 있다. 그러나 깊이 속에서는 어떠한 것도 전면에 부각되지 않는다.〉 마지막으로 나는 브레히트에게 내가 깊이에 들어가는 것은 정반대의 입장에 들어가기 위한 나의 방식이라고 설명하였다. 예컨대 칼 크라우스에 관한 논문에서 나는 실제로 그러한 반대입장에 이르렀지만 카프카 논문에서는 칼 크라우스에 관한 논문에서처럼 그렇게 성공하지 못했노라고 말하였다. 그리고 나의 카프카 논문이 니체의 일기식의 서술이 되고 있다는 비난에 대해서는 아무런 반박도 할 수가 없었다. 실제로 내가 관심을 갖는 것은, 칼 크라우스와 카프카를 특징짓는 한계영역 속에서의 논쟁이라고 말하면서, 결론적으로 나는 카프카의 경우에는 이 한계영역을 아직도 밝혀내지 못하고 있다고 설명하였다. 카프카의 작품에는 실제로 상당한 양의 쓸모없는 찌꺼기들과 비밀의 잡동사니가 들어있다는 것은 나에게도 분명하였다. 그러나 보다 결정적인 것은 다른 면이고, 내가 논문에서 다루었던 것도 바로 이러한 다른 면이었다. 브레히트가 이렇게 제기한 물음에 대해 결국은 작품 하나하나의 해설을 통하여 입증하지 않으면 안 될 것이다. 이를 위해 나는 카프카의 「이웃 마을」이라는 짧은 단편을 예로 들었다. 나의 이러한 제안에 브레히트는 약간의 당혹감과 갈등을 느끼는 듯했다. 이 얘기는 〈아무런 가치가 없다〉는 H. 아이슬러의 주장을 그는 완강히 거부하였다. 그러나 이 얘기의 가치를 그에게 주지시키는 데에도 실패하였다. 『좀더 자세히 검토해 보아야겠지요.』라고 그는 말하였다. 이로써 대화는 끝이 났다. 이미 밤 10시가 되었고 이때 비인으로부터 라디오 뉴스가 흘러나왔다.

8월 31일

그저께 나의 카프카 논문을 두고 다시 장시간에 걸친 열띤 논쟁이 있었다. 이 논쟁의 주요 쟁점은 〈카프카는 유대적 파시즘을 돕는 일을 했다〉는 브레히트의 비난이었다. 나의 카프카 논문은 카프카라는 인물을 둘러싼 어둠을 쫓아버리는 대신 그 어둠을 증가시켰다는 비난이었다. 이에 반해 중요한 것은 카프카의 얘기로부터 실제적인 제안을 제시함으로써 카프카를 둘러싼 어둠을 밝혀야 한다는 것이었다. 그의 작품으로부터 그러한 실제적인 제안을 추출할 수 있을지의 여부는 확실히 알 수 없는 노릇이지만, 만약 그것이 가능하다면 그것은 이들 얘기가 취하고 있는 조용한 관조적 태도 덕분이라는 것이다. 그러나 이러한 제안은 오늘날의 인류에 해를 끼치고 있는 일반적 부정과 부패에서 찾아져야 할 것이라고 말하면서 브레히트는 이러한 일반적 부정과 부패의 흔적을 카프카의 작품을 통해 보여주려고 하였다. 그는 주로 『심판』에 한정해서 얘기하였다. 이 작품 속에는 무엇보다도 끝없이 또 간단없이 커져가는 도시의 성장에 대한 불안이 도사리고 있다고 그는 말하였다. 자신의 체험에서 이러한 현상이 인류에 미치는 가공할 중압감을 알고 있노라고 말하였다. 그 전체 윤곽을 파악할 수 없는 무수한 사회의 매개형식, 의존관계, 얽히고 설킨 이해관계——오늘날의 인류가 처한 삶의 결과로서 생겨난 이러한 제형식은 이러한 도시들에서 그 표현을 얻고 있다. 다른 한편 이러한 삶의 제형식은 〈지도자 Führer〉에 대한 여망이 되기도 하는데, 각자가 다른 사람에게 문의할 수 있고 또 그 사람에게서 달아날 수도 있게 된 세계에서 소시민들은 이러한 지도자에게 그들의 불행의 책임을 전가하려고 한다. 브레히트는 『심판』을 하나의 예언서라고 명명하였다. 〈소련비밀경찰 Tscheka가 그후 어떻게 되었는가를 알기 위해서는 게슈타포 Gestapo를 보면 알 수 있을 것이다.〉 카프카는 타락해가는 인간의 앞날을 내다보았다. 그것이 카프카의 전망이었다. 이러한 그의 전망을 단적으로 말해주는 예가 오드라데크이다. 이 家長의 걱정거리를 브레히트는 한 집 관리인으로 해석하였다. 이 소시민에겐 모든 일이 빗나갈 수 밖에 없었다. 그가 처한 상황은 카프카의 상황이기도 하다. 오늘날 흔히 볼 수 있는 소시민 타입, 즉 파시스트가 이러한 상황에 직면하여 자신의 강철같은 의지를 끈질기게 관철시키려고 하고 있다면 카프카는 이러한 상황에 거의 저항을 하지 않고 있다. 카프카는 그러니까 현명하다고 할 수 있다. 파시스트들이 영웅주의로 대처하고 있다면 카프카는 의문을 제시하고 있다. 그는 그가 처한 상황을 보증해 줄 근거가 무엇인가를 조심스레 묻고 있는 것이다. 그러나 그가 묻고 있는 상황의 보증이란 일체의 이성적 차원을 넘어서고 있는 그런 보증이다. 보험회사의 관리였던 사람에겐 일체의 보증이란 아무짝에도 쓸모가 없다는 것만큼 더 확실한 것이 없었다는 사실은 진정 카프카적 아이러니가 아닐 수 없다. 게다가 카프카의 끝없는 페시미즘에는 운명이라는 일체의 비극적 감정이 배제되어 있다. 왜냐하면 불행에 대한 기대는 카프카에 있어서는 단지 구체적 사실에만 바탕하고 있고 또 그는 마지막 성공의 기준을 사업상 여행을 하는 상인의 방문이나 아니면 관청에 문의를 하는 식의 비근하고 하찮은 일에서 찾고 있기 때문이다. 대화는 한동안 「이웃마을」이라는 작품에 집중되었다. 브레히트는 이 작품을 아킬레스의 얘기나 거북이 얘기와 정반대되는 것이라고 설명하였다. 말을 타고 간다는 전체행위를 말을 타고 한 발자국씩 나아가는 세부적 행동의 총화로 생각하는 사람은——중간에 일어나는 모든 일은 도외시하고——결코 이웃 마을에 도달하지 못할 것이다. 그렇게 하기에는 인생은 너무 짧다. 그러나 〈잘못〉은 그렇게 생각하는 〈그 누군가〉에 있다. 왜냐하면 말타는 행위를 그렇게 세분해서 생각한다는 것은 결국은 말타는 사람 자체를 세분해서 생각한다는 얘기가 되기 때문이다. 그리하며 삶의 통일성이 사라져 버리면 삶의 짧음 또한 사라져 버릴 것이기 때문이다. 삶은 매우 짧을 수도 있다. 그러나 그것은 아무런 문제가 되지 않는데, 왜냐하면 말을 타고 길을 떠난 그 사람이 아닌 다른 사람이 그 마을에 도착할 것이기 때문이다. 브레히트의 이러한 설명에 대해 나는 다음과 같은 해석을 시도하였다. 삶의 진정한 척도는 기억이다. 기억만이 뒤를 되돌아보면서 마치 섬광처럼 삶을 한번 쭉 훑어볼 수가 있다. 재빨리 몇 페이지를 거꾸로 펼쳐보면 볼수록 기억은 그 이웃 마을에서, 말을 탄 사람이 처음 길을 떠나고자 작정했던 바로 그 장소에 다시 도달할 수가 있는 것이다. 삶이 글자로 탈바꿈을 하고 나타나는 사람만이 마치 고대의 사람들처럼 거꾸로 그가 쓴 글을 읽을 수가 있을 것이다. 오로지 이렇게 해서만이 그는 그 자신과 마주칠 수 있고, 또 그렇게 해서만이 현재로부터의 도피 속에서 그의 삶은 이해될 수 있을 것이다.

1938년 6월 28일

나는 계단으로 된 어떤 미로에 서 있었다. 이 미로는 그 어느 곳이고 지붕이 덮여지지 않은 상태였다. 나는 이 계단을 올라갔다. 이때 다른 계단들은 아래로 향하고 있었다. 어떤 층계마루에 이르러 문득 나는 내가 어떤 정상에 서 있음을 알게 되었다. 사방을 멀리 바라볼 수 있는 시계가 열렸다. 나는 다른 사람들도 다른 정상에 서 있는 것을 보았다. 그런데 이들 다른 정상들 중의 하나가 갑자기 현기증을 일으키더니 아래로 떨어졌다. 이 현기증은 옆 사람들에게도 파급되었고, 이에 따라 다른 사람들도 정상에서 심연의 밑바닥으로 떨어졌다. 나도 또한 이 현기증에 사로잡혀 잠이 깨었다.

7월 22일

나는 브레히트 집에 도착하였다. 브레히트는 할머니로부터 물려받은 자신의 뿌리깊은 속물승직자에 대한 증오에 관해 말하였다. 그는, 마르크스의 이론적 원칙을 자기에게 적합하게 수용해서 이를 사용하고 있는 사람들은, 일종의 속물승직자적인 저질집단을 형성하고 있다는 점을 넌

지시 암시하였다. 마르크시즘은 너무 쉽사리 〈해석〉되어질 소지를 지니고 있다. 이것은 이미 백년의 역사를 가지고 있고, 또 그 사이에 밝혀진 사실은…(여기에서 우리의 얘기는 중단되었다)『국가는 소멸될 것이다. 누가 이 말을 했는가? 국가가 말했다.』(여기에서 그가 말한 국가는 바로 소비에트공화국을 의미했다.) 브레히트는 내가 앉아 있던 안락의자 앞으로 나오면서 배우의 제스쳐로써 〈국가〉의 흉내를 내어 보였다. 그리고 나서 그가 상상하는 소송의뢰인을 실눈으로 비스듬히 쳐다보면서 『그렇지요. 내가 사라지지 않으면 안된다는 것을 나는 잘 알고 있읍니다』라고 말하였다.

소비에트의 새로운 소설문학에 대해 대화를 나누었다. 이 분야의 상황이 어떻게 진전되고 있는지 더 이상 추적할 수가 없었다. 그리고나서는 서정시와 《말 Das Wort》이라는 기관지에 실린 여러나라 말로 된 소비에트 서정시의 번역에 얘기가 미쳤다. 브레히트는 소비에트의 작가들은 어려운 시기를 맞이하고 있다고 말하면서 『시에 스탈린의 이름이 나타나지 않으면 이미 무슨 다른 의도가 있어서 그런 줄 알고 의심을 받고 있다』고 말하였다.

7월 25일

저녁에 브레히트는 내가 정원에서 『자본론』을 읽고 있는 것을 보았다. 『당신이 이제 와서야 마르크스를 읽고 있다는 것은 참 좋은 일입니다. 더구나 사람들이 점점 더 그를 거론하지 않는 이 마당에서 말입니다.』 이 말에 대해 나는, 『많이 거론된 책은 그것이 일단 유행이 지나간 후에 읽기를 좋아합니다.』라고 대답하였다. 이어서 우리는 러시아의 문학정책에 관해서 얘기하였다. 루카치, 가보르, 쿠렐라에 언급하면서 나는 『이 사람들과는 국가를 만들 수 없을 것입니다.』라고 말하였다. 이 말에 브레히트는 『아니 단 하나의 국가는 만들 수 있읍니다. 그러나 공동체는 만들 수 없지요.』라고 말하였다. 『그들은 한마디로 생산의 적대자들입니다. 생산은 그들을 불안하게 하지요. 생산은 믿을 수가 없지요. 생산은 예측할 수가 없으니까요. 그리고 그들은 스스로 생산하려고도 하지 않습니다. 그들은 관료의 역할을 하고 싶어하고 또 남을 통제하려고 합니다. 그들이 하는 비평에는 예외없이 위협이 들어 있읍니다.』

드디어 우리는──어떻게 해서 그렇게 됐는지는 모르지만──괴테의 소설에 얘기가 미치게 되었다. 괴테 소설에 대해 브레히트가 아는 것이라곤 〈친화력〉뿐이었다. 그는 이 소설에서 젊은이의 우아함에 경탄했었노라고 말하였다. 내가 괴테는 이 소설을 그의 나이 60에 썼다고 말하자 그는 매우 놀라는 눈치였다. 이 책에는 속물적인 데가 전혀 없고 또 엄청난 업적이라고 말하였다. 『이 책에 대해 나는 칭찬을 아끼고 싶지 않은데, 왜냐하면 독일의 드라마는 제 아무리 훌륭한 작품이라도 속물적 흔적을 지니고 있기 때문입니다.』라고 그는 말하였다. 친화력의 수용 또한 그에 상응해서 비참하기 이를 데 없었다고 말하자 그는 다음과 같이 말했다. 『그 소리를 들으니 기쁘군요. 독일국민은 개똥같은 국민입니다. 히틀러라는 현상을 두고 독일국민이 어떻다는 결론을 내릴 수 없다고 말합니다만 그것은 말도 안됩니다. 나를 두고 보더라도 나의 독일적인 것은 모두 나쁜 것들입니다. 독일인들에게서 도저히 참을 수 없는 것은 그들의 고루한 독자성입니다. 신성로마제국의 자유도시, 예컨대 나의 고향 아우그스부르크와 같은 개똥같은 도시는 이 세상 어느 곳에도 없습니다. 리용은 한번도 자유도시가 된 적이 없습니다. 르네상스의 독자적 도시들도 도시국가였읍니다. 루카치는 선택해서 독일인이 된 사람입니다. 그는 여유라곤 털끝만치도 없는 사람입니다.』

7월 26일

어제 저녁 브레히트가 한 말——〈의심할 여지 없이 분명한 사실——이데올로기에 대한 싸움 자체가 하나의 새로운 이데올로기가 되어 버렸다는 점.〉

8월 25일

좋은 옛날 것 위에 건설하지 말고 나쁜 새로운 것 위에 건설하라.
——브레히트의 좌우명

2
문예비평

서사극이란 무엇인가?

1. 이완된 관객

　〈소파에 누워 소설을 읽는 것보다 더 즐거운 일은 없다〉라고 전 세기의 어떤 작가가 말한 바 있다. 이 말은 곧 한 독자가 어떤 이야기 책을 읽고 얼마나 많이 긴장을 풀며 휴식을 취할 수 있는가 하는 점을 시사해 주고 있다. 한편 연극을 관람하는 사람을 두고 볼 때는 사정은 이와는 정반대라고 할 수 있다. 이러한 점은 신경을 곤두세우고 긴장해서 연극의 진행과정을 추적하고 있는 사람을 생각해 보면 곧 알 수 있을 것이다. 敍事劇이라는 개념(이론가로서의 브레히트는 자신의 실제적인 창작활동으로부터 이 개념을 만들어냈다)이 우선 암시해 주는 것은 서사극은 긴장을 풀고서 이완된 상태에서 사건의 진행과정을 쫓아가는 관객을 원한다는 사실이다. 이 경우의 관객은 물론 항상 집단으로서 등장하게 될 것이고 그리고 바로 이 점이 이들 관객을 혼자서 텍스트에 접하는 독자와 구별짓게 한다. 또한 집단으로서의 이들 관객은 대체로 즉각적으로 견해를 표명하지 않으면 안된다는 점을 알게 될 것이다. 하지만 이러한 견해표명은 충분한 숙고를 거침으로써, 긴장이 풀린(弛緩된) 상태에서의 견해표명, 요컨대 관심과 흥미를 가진 자들의 견해표명이어야 한다고 브레히트는 생각하고 있는 것이다. 그들의 관심을 모으기 위해서는 두개의 대상이 마련된다. 첫째는 사건의 진행과정이다. 이 진행과정은 관중이 그들의 경험에 비추어 보아 결정적인 대목에서 통제할 수 있는 성질의 것이어야 한다. 둘째로는 상연이다. 상연에 소모되는 예술적 장비에 따라 그 상연은 훤히 들여다 볼 수 있도록 형상화되어야 한다 (이러한 형상화는 〈꾸밈없는 태도〉와는 정반대되는 것이다. 실제로 이 형상화는 무대감독의 예술이해도와 통찰력을 전제로 하는 것이다). 서사극은 〈아무런 근거 없이는 사고를 하지 않는〉 사람들을 겨냥한다. 브레히트는 이러한 공식이 적용될 수 있는 대중들, 즉 근거가 주어져야만 비로소 사고하는 대중들을 염두에 두고 있다. 자신의 관객을 전문적이면서도, 단순한 교양에 이르는 방법을 통해서가 아닌 방법으로 연극에 관심을 갖도록 유도하는 노력에는 어떤 정치적인 의지가 관철되고 있다.

2. 얘기 줄거리

서사극은 무대로부터 소재적인 면에서의 센세이셔널한 면을 제거하려고 한다. 그렇기 때문에 어떤 해묵은 이야기는 종종 어떤 새로운 이야기보다 서사극을 위해 더 많은 것을 수행하게 되는 것이다. 브레히트는 서사극이 보여 주는 사건들은 이미 알려진 것이어야만 되지 않을까 하는 물음을 제시하였다. 서사극이 줄거리에 대해 갖는 관계는 발레 선생이 발레를 배우는 생도에 대해 갖는 관계와 같다고 한다. 발레 선생이 가르쳐야 할 첫번째 과제는 생도로 하여금 가능한 한도까지 관절조직을 느슨하게 하는 일일 것이다. (중국에서는 실제로 연극에서 그러한 일이 이루어진다. 브레히트는 「중국의 네번째 성벽 The Forth Wall of China」이라는 논문에서 자신이 중국 연극에서 힘입었던 바를 서술하고 있다.) 연극이 기존의 알려진 사건들을 찾는다면 〈우선 역사적인 사건들이 가장 적합할 것이다.〉 그러한 사건들을 연기의 방법, 플래카드, 표제를 다는 일 등을 통하여 서사적으로 전개시키는 것은 그러한 사건들로부터 센세이셔널한 성격을 제거하기 위함이다.

브레히트는 그의 마지막 작품인 갈릴레이의 생애를 바로 그와 같은 방식으로 형상화하였다. 브레히트는 우선 갈릴레이를 위대한 선생으로 묘사한다. 갈릴레이는 새로운 물리학을 가르칠 뿐만 아니라 또 그것을 새로운 방식으로 가르친다. 실험은 그의 손에서 학문의 한 업적이 될 뿐만 아니라 교육의 수단이 되기도 한다. 이 작품의 중점은 갈릴레이가 자기 학설을 철회하는 데 있는 것이 아니다. 오히려 실제의 서사적 사건은 바로 마지막에서 두번째에 나오는 다음과 같은 표제 속에서 찾아 볼 수 있다. 〈1633—1642년까지 갈릴레이는 종교재판의 기결수로서 그가 죽을 때까지 학문연구를 계속한다. 그는 자신의 주저서들을 이탈리아에서 몰래 빼내오는 데 성공한다.〉

서사극에서는 비극과는 전혀 다른 방식으로 시간이 진행된다. 긴장을 야기시키는 것이 결말이 아니고 세부적인 사건들이기 때문에, 서사극은 얼마든지 긴 시간 속에서 펼쳐질 수가 있는 것이다. (이와 비슷한 예는 일찌기 종교극에서도 찾아 볼 수 있다. 『오이디푸스』나 『물오리』 등의 연극술은 서사적인 연극술과는 정반대의 양상을 보여준다.)

3. 非비극적 주인공

프랑스의 고전극은 연기자들 사이에 상류계층의 고관들에게 자리를 마련함으로써 그들이 공개무대에서 안락의자 위에 앉아 있을 수 있게 되어 있었다. 우리들에겐 이것은 부적당한 것처럼 보인다. 우리가 흔히 알고 있는 〈연극적인 것〉이라는 개념에 비추어 볼 때 연극과 관계가 없는 어떤 제삼자를 냉철한 관찰자로서, 또 〈사고하는 자〉로서 무대 위에 동참시키는 것 역시 앞서와 비슷하게 부적당한 것처럼 보인다. 브레히트가 자주 염두에 두고 있었던 것도 이와 비슷한 것이었다. 심지어 우리는 브레히트가 사고하는 자, 아니 현자를 드라마의 주인공으로 만들려고 시도했다고 말할 수 있을 것이다. 우리는 바로 이 점에서부터 그의 연극을 서사적인 연극이라고 정의할 수 있을 것이다. 이러한 시도는 짐꾼인 갤리 게이 Galy Gay 라는 인물에서 가장 대담하게 이루어졌다. 『남자는 남자다』라는 작품의 주인공인 갤리 게이는 다름아닌 우리 사회를 구성하고 있는 모순들의 표본이다. 이 현자를 사회적 모순이 갖는 변증법의 완벽한 표본이라고 칭하더라도 그것은 브레히트적인 의미에서는 그다지 지나친 말은 아닐 것이다. 어쨌든 갤리 게이는 한사람의 현자이다. 일찌기 플라톤도 至高의 인간인 현자가 지니는 비연극적인 요소를 간파한 바 있다. 그는 자신의 대화 속에서 현자를 연극의 한계에까지 끌어가고 있다. 즉 그는 『파이돈』에서 현자를 受難劇의 한계에까지 끌고 가고 있는 것이다. 우리가 중세의 敎父들에게서 볼 수 있듯이 현자들을 대표하는 중세의 그리스도는 가장 대표적인 非비극적 주인공이다. 하지만 서구의 세속극에서도 역시 非비극적인 주인공을 찾으려는 노력은 결코 중단되지 않았다. 이러한 연극은 종종 연극이론가들과 마찰을 일으키면서도 비극의 진정한 형태, 즉 그리이스적인 형태에 대비되어 항상 새로운 방식으로 부각되어 왔던 것이다. 이렇듯 중요하지만 그러나 그 윤곽이 뚜렷하지 못한 이러한 세속극의 면면한 전통의 街路는 중세에서는 흐로스비타 Hroswitha 와 종교극을 거쳐 펼쳐지고 있고, 그리고 바로크 시대에서는 그뤼피우스 Gryphius 와 칼데론 Calderon 으로 이어지고 있다. 그 후 그 길은 렌츠 Lenz 와 그라베 Grabbe 에게서 그리고 마지막으로는 스트린드베리 Strindberg 에서 두드러지게 나타나고 있다. 셰익스피어의 등장은 이 면면한 가로의 가장자리에 기념비처럼 서 있으며, 괴테는 『파우스트』 제2부에서 그 가로를 가로지르고 있다. 그것은 유럽적인 가로이며 또한 독일의 가로이기도 하다. 물론 하나의 커다란 가로를 두고 말할 때 그렇다는 것이고, 우리에게 중세와 바로크의 드라마의 유산이 전달된 통로였던 어떤 샛길이나 옆길을 두고 말하면 사정은 다른 것이다. 거칠고 황폐한 모습으로나마 오늘날 브레히트의 드라마를 통해 빛을 보게 된 것은 바로 이러한 샛길인 것이다.

4. 중단

브레히트는 서사적인 연극을 아리스토텔레스에 의해 이론화된 좁은 의미에서의 드라마적인 극과 구분하고 있다. 따라서 브레히트는 마치 리이만 Riemann 이 非유우클리드 기하학을 도입하였던 것과 마찬가지로 非아리스토텔레스적인 그의 연극론을 도입하였다. 이러한 유사성에 비추어 보면 우리는 여기에서 문제가 되고 있는 것은 무대형식들 사이의 어떤 경쟁관계가 아님을 알 수 있을 것이다. 리이만의 경우에는 평행축이라는 것이 제거된다. 브레히트의 연극에서 제거되는 것은 바로 아리스토텔레스적인 카타르시스, 즉 주인공의 운명에 感情移入을 함으로써 생겨나는 감정의 표출이다.

서사극의 연출이 의도하는 관중의 이완된 관심이 지니는 특이한 점은 바로 관객의 감정이입 능력에 호소하는 일이 거의 없다는 점이다. 오히려 서사극의 기법은 감정이입 대신에 놀라움을 불러일으키는 데에 있다. 공식화해서 표현하자면 다음과 같다. 즉 주인공에 자신의 감정을 이입하는 대신(주인공의 마음이 되어 보는 대신), 오히려 그 주인공을 감싸고 있는 상황에 대한 놀라움을 가르쳐야만 한다는 것이다.

브레히트의 생각에 의하면 서사극은 줄거리를 전개시키기보다는 상황을 드러내 주어야 한다. 그러나 여기서 드러낸다는 것은 자연주의적인 이론가들이 의미하는 바의 상황의 재현과는 다르다. 우선 여기서 중요한 것은 상황을 처음으로 발견하는 일이다. (우리는 그것을 그러한 상황을 〈疎外시킨다 verfremden〉고 표현할 수도 있을 것이다.) 이처럼 상황을 발견하는 일은(소외시키는 일은) 드라마의 진행을 중단하는 수법을 통해 이루어진다. 가장 비근한 예를 들어보자. 어느 가정을 묘사한 장면이 있다. 갑자기 어떤 낯선 사람이 등장한다. 부인은 딸이 있는 쪽으로 던지기 위해 청동식기를 집어들 찰나에 있다. 아버지는 창문을 열고 바야흐로 경찰을 부르려고 하고 있다. 이러한 순간에 문쪽에서 낯선 사람이 나타난 것이다. 『이런, 야단났군』——1900년 경에 사람들은 놀라움을 이렇게 표현하곤 했었다. 다시 말해서 그 이방인은 그러한 상황, 이를테면 일그러진 표정들, 열린 창문, 흩어져 있는 가구와 대치하고 있는 셈이다. 그러나 여기에는 이보다 더 친숙한 일상적 시민생활의 장면들이라 할지라도 그다지 크게 다르게 보이지 않는 하나의 시선이 있다.

5. 인용 가능한 제스쳐

브레히트의 연극론을 말해 주는 어느 교훈시에는 다음과 같은 귀절이 나온다. 〈모든 문장은 그 효과가 나타날 때까지 기다려졌고, 그리고 나서 밝혀졌다. 그리고 이 기다림은 군중이 그 문장들을 신중하게 재어 볼 때까지 계속되었다.〉 간단히 말해 극이 중단된 것이다. 이를 좀 더 진전시켜 생각해 보면 우리는 중단이라는 것은 모든 형식의 기초적 수법들 가운데 하나라는 점을 알게 될 것이다. 중단이라는 수법은 예술의 영역을 훨씬 넘어서고 있다. 단 한가지 예를 든다면 중단은 인용의 기초이다. 하나의 텍스트를 인용한다는 것은 그 텍스트의 상관관계를 중단시킨다는 뜻을 내포하고 있다. 이를 미루어 우리는 중단하는 일에 바탕하고 있는 서사극은 특수한 의미에 있어서 인용이 가능한 하나의 연극이라는 점을 알 수 있을 것이다. 서사극의 텍스트를 인용할 수 있다는 것은 특별한 의미가 없을지도 모른다. 그러나 연극의 진행과정을 나타내는 데에 적합한 제스쳐에 관한 한 사정은 다르다.

〈제스쳐를 인용 가능하게 만든다〉는 것은 서사극의 중요한 업적 가운데 하나이다. 배우는 식자공이 활자들을 떼어놓듯이 자신의 행동들을 떼어놓을 줄 알아야 한다. 이러한 효과는 이를테면 어떤 장면에서 배우가 자신의 제스쳐를 스스로 인용함으로써 거둘 수 있다. 따라서 우리는 『해피 엔드』라는 작품에서 구세군의 중사로 분장한 여배우 카롤라 비헤어가 개종을 목적으로 선원들이 출입하는 한 술집에서 어떻게 노래를 부르고(이 노래는 교회에서보다는 오히려 이러한 술집에서 부르는 것이 더 어울린다) 그리고 나서는 구세군의 어떤 회합에서 이 노래와 제스쳐를 어떻게 인용하는가를 엿볼 수 있다. 이와 유사하게『조처 Maßnahme』에 나오는 黨재판에서도 공산주의자들의 보고만 행해지고 있을 뿐만 아니라 그들에 의해 비판을 당하는 동료당원들의 일련의 제스쳐도 그들의 연기를 통하여 연출되고 있다. 서사극 일반에서 가장 교묘한 예술수단이 되고 있는 것이 교훈극 Lehrstück이라는 특수한 경우에는 가장 직접적인 목적 중의 하나가 된다. 어쨌든 서사극이란 그 定義상 제스쳐적인 연극이다. 왜냐하면 연기를 하는 자를 중단시키는 빈도수가 많으면 많을수록 그만큼 더 많은 제스쳐가 생겨나기 때문이다.

6. 교훈극

서사극은 어떤 경우에라도 관객들에 못지않게 배우들을 염두에 둔다. 교훈극이 특수한 경우로서 부각되는 것은 근본적으로 교훈극의 다음과 같은 점을 통해서이다. 즉 교훈극은 무대장치의 각별한 빈곤 때문에 관객과 연기자, 연기자와 관객 사이의 상호교환을 용이하게 만들고 또 그렇게 하도록 유도한다는 점이다. 관중은 모두 연기자로서 동참할 수 있게 된다. 그리고 실제에 있어서도 〈주인공〉의 역할을 하기보다는 〈교사〉의 역할을 하기가 더 쉬운 것이다.

한 잡지에 실렸던『린드버그의 비행』의 초판에서는 비행사는 아직도 주인공으로 扮하고 있었다. 이 작품의 초판은 이 비행사를 찬양할 목적으로 쓰여졌다. 많은 것을 시사해 주고 있는 이 작품의 제2판은 브레히트 자신의 수정에 힘입어 생겨났다. 이 비행이 성공한 직후 두 대륙에서 그 열광은 대단한 것이었다. 그러나 그것은 한때의 센세이션으로 쉬 사라져 버렸다. 브레히트는『린드버그의 비행』에서 〈체험〉의 스펙트럼을 분석하려고 부심하였는데, 그것은 그 스펙트럼에서 〈경험〉의 색조를 얻어내기 위해서였다. 그 경험은 관객의 흥분으로부터가 아니라 오로지 린드버그 자신의 작업으로부터만 얻어질 수 있는 성질의 것이었으며 또 그것은 〈린드버그〉에게 되돌려 주어야 할 성질의 경험이었다.

『지혜의 일곱 기둥』의 저자인 T. E. 로렌스는 자신이 공군부대에 지원해 갈 때 로버트 그레이브스에게 쓴 편지에서 자신의 그러한 지원행위는 오늘날의 사람들에게는 마치 중세 사람들에게 있어서 수도원에 들어가는 일과 같은 것이라고 말한 바 있다. 이러한 말 속에서 우리는 『린드버그의 비행』 및 그 뒤의 교훈극들에서도 볼 수 있는 것과 같은 긴장을 다시 발견하게 된다. 일종의 중세의 성직자적인 엄격성이 어떤 근대적인 기술 속에서의 가르침에 그대로 활용되고 있다. 이러한 엄격성은 처음에는 비행기 기술 속의 가르침에 활용되고 있지만 나중에는 계급투쟁의 가르침에 활용되고 있다. 이 두번째의 활용(즉 계급투쟁 속의 가르침)은 『어머니 Mutter Courage und ihre Kinder』(1941)라는 연극에서 가장 포괄적으로 이루어지고 있다. 어떤 사회연극을 감정이입이 수반하는 효과와 또 관객이 너무나도 잘 알고 있는 효과로부터 격리시키는 것은 너무 대담한 시도였다.

브레히트는 이 점을 잘 알고 있었고, 그래서 그는 그 작품 『어머니』의 뉴욕공연에 즈음하여 그곳의 노동자 무대에 보낸 한 書翰詩에서 이 점을 명백히 밝히고 있다. 〈우리에게 던져진 두서너 가지의 물음이 있다. 노동자는 그대들을 이해하게 될까? 과연 노동자는 그가 익히 알고 있는 마약, 즉 타인의 격분에, 타인의 상승에 정신적으로 동참하는 일을 끊어버릴 수 있을까? 그리고 그는 그를 두 시간 동안 흥분시킨 뒤 모호한 기억과 모호한 희망으로 가득 채운 채 한층 더 기진맥진한 상태로 만들어 버리는 일체의 환상을 포기하게 될까?〉

7. 배우

서사극은 영화필름의 상들처럼 단속적인 움직임 속에서 진행된다. 서사극의 기본형태는 충격이다. 서로 분명히 구분되는 각각의 상황들은 바로 이러한 충격에 의해 서로 충돌한다. 노래, 표제, 관습적 제스쳐들은 한 상황을 다른 상황으로부터 뚜렷하게 구분짓게 한다. 이렇게 해서 관객의 환상을 오히려 침해하는 인터벌이라는 것이 생겨나게 된다. 이러한 인터벌은 감정이입을 하고자 하는 관객의 마음가짐을 마비시킨다. 이러한 인터벌들은 배우들의 연기와 이러한 연기가 행해지는 방식에 대해 관객이 비판적 입장을 취할 수 있게 해 준다. 연기하는 방식을 두고 말하면, 서사극에서 배우가 행해야 할 과제는 자신이 냉정한 정신상태를 유지하고 있다는 것을 자신의 연기 속에서 보여주는 일이다. 배우에게도 감정이입은 역시 거의 쓸모가 없다. 이러한 종류의 연기를 위해서는 드라마적인 연극〈배우〉라 할지라도 항상 충분히 준비가 되어 있는 것은 아닌 것이다. 서사극에 가장 편견없이 접근할 수 있는 길은 아마도 우리가 일상적으로 말하는 〈연기를 한다〉는 생각을 통해서일 것이다.

브레히트는 다음과 같이 말한다. 『배우는 어떤 사실을 보여주어야 하고, 또 자신을 보여주어야 한다. 물론 그는 자신을 보여줌으로써 그 사실을 보여주고 또 사실을 보여줌으로써 그 자신을 보여준다. 하지만 이것이 비록 합치된다고 할지라도 이들 양자가 지니는 과제 사이의 차이가 사라지게 되는 식으로 합치되어서는 안된다.』 달리 말하자면 배우는 기술적으로 역할에서 빠져나올 수 있는 가능성을 스스로 간직하고 있어야 한다는 말이다. 배우는 그때그때의 적절한 순간에 그가 자신의 역할에 대해 심사숙고하는 자라는 것을 계속 보여주지 않으면 안된다. 그러나 이러한 순간에 우리가 예컨대 『장화를 신은 고양이』에서 티이크 Tiek가 구사하는 것과 같은 낭만적인 아이러니 romantische Ironie를 상기한다면 그것은 잘못이다. 낭만적인 아이러니는 교육적 목적을 가지고 있지 않다. 그러니까 낭만적인 아이러니는 근본적으로 작품을 쓰면서 세계는 결국 어쩌면 하나의 연극무대일지도 모른다는 생각을 항상 하고 있는 작가의 현학적 지식을 보여 주고 있을 따름이다.

서사극에서 행해지는 연기방식을 보면 우리는 이 영역에서 예술적인 관심과 정치적인 관심이 어느 정도 일치되고 있는가를 자연스럽게 알 수 있게 된다. 브레히트의 연작인 『제3제국의 공포와 불안』을 생각해 보자. 여기에서 우리는 망명중에 있는 독일 배우에게 부과된 어떤 친위대원이나 나치국민재판소의 멤버 역할을 해내는 일은 한 선량한 가장이 몰리에르의 돈 환의 역을 해내는 것과는 근본적으로 다른 어떤 의미를 지녀야 할 것이라는 점을 쉽게 간파할 수 있다. 전자, 즉 망명 중의 독일 배우에게는 감정이입이 적절한 수법이라고 보기는 힘들 터인데, 왜냐하면 자신의 동료를 죽이는 살인자와 자신을 동일시한다는 것은(감정이입을 통해) 그로서는 있을 수 없는 일이기 때문이다. 이러한 경우 어떤 색다른, 즉 일정한 거리를 유지하면서 연기하는 방식이 타당하고 적절할 것이며 또 어쩌면 특히 성공적이 될지도 모른다. 서사적 연기방식이란 아마도 이를 두고 일컫는 말일 것이다.

8. 壇(Podium)의 극장

　서사극의 목적은 어떤 새로운 드라마의 개념에 의해서보다는 무대의 개념에 의해서 더 쉽게 정의될 수 있다. 서사극은 지금까지 사람들이 별로 주목하지 않았던 어떤 상황에 주목한다. 그러한 상황을 우리는 오케스트라석을 메워 없애버리는 일이라고 규정할 수 있을 것이다. 죽은 자를 살아있는 자로부터 구별하듯이 배우를 관객으로부터 구별지었던 심연, 침묵을 통해 연극에서 숭고함을 고조시키고 또 울림을 통해 오페라에서 도취를 고조시키는 심연, 다시 말해 무대의 제요소 가운데 무대의 근원이 儀式的인 데 있다는 지워버릴 수 없는 흔적을 가장 많이 보존하고 있는 그러한 심연은 날이 갈수록 그 의미를 상실해 왔다. 아직도 무대는 높은 곳에 위치하고 있다. 그렇지만 그 무대는 더 이상 어떤 헤아릴 수 없는 심연으로부터 솟아 올라오고 있지는 않다. 즉 무대는 壇 Podium이 되어버린 것이다. 교훈극과 서사극은 바로 이러한 壇 위에서 그 위치를 잡으려는 하나의 시도이다.

프란츠 카프카

빠촘킨

　다음과 같은 이야기가 전해지고 있다. 빠촘킨은 거의 정기적으로 재발되어 때로는 좀 길게 때로는 좀 짧게 계속되는 우울증을 앓았다. 그럴 때에는 아무도 그에게 접근해서는 안되었고 그의 방을 출입하는 일도 엄격하게 금지되었다. 궁정에서는 아무도 빠촘킨의 우울증에 대해 이야기하지 않았으며, 특히 사람들은 그것에 대해 넌지시 이야기만 해도 카타리나 여왕의 노여움을 사게 된다는 것을 알고 있었다. 그런데 한번은 빠촘킨 재상의 우울증이 이례적으로 오래 계속된 적이 있었다. 그 결과 심각한 폐단들이 생겨나게 되었다. 서류함에는 서류들이 쌓였다. 그런데 여왕이 처리하도록 요구한 그 서류들은 빠촘킨의 서명이 없으면 처리될 수 없는 것들이었다. 고관들은 도무지 어찌해야 좋을지를 몰랐다. 그때 우연히 슈발킨이라고 불리우는 하급 서기관이 재상의 관방으로 통하는 대기실에 들어오게 되었는데, 거기서는 추밀원 고문관들이 여느 때처럼 탄식과 불평을 늘어놓으면서 회의를 하고 있었다. 『각하, 무슨 일이옵니까? 제가 도와 드릴 일이 있읍니까?』하고 이 충직한 슈발킨이 물었다. 그들은 그에게 사정을 설명하고 유감스럽게도 그가 도와줄 수 없는 성질의 일이라고 말했다. 그러자 슈발킨은 다음과 같이 대답했다. 『그 정도의 일이라면 저에게 그 서류들을 제발 맡겨 주십시오.』라고 간청하였다. 잃어 버릴 것이 아무 것도 없다고 생각한 고문관들은 드디어 거기에 동의

하게 되었고, 그리하여 슈발킨은 서류뭉치를 팔에 끼고서 회랑과 복도를 지나 빠촘킨의 침실로 걸어 갔다. 그는 노크도 하지 않고, 또 조금도 머뭇거리지 않고 곧장 방문의 손잡이를 돌렸다. 문은 잠겨 있지 않았다. 빠촘킨은 닳아 해어진 잠옷을 입고서 어두컴컴한 침대 위에서 손톱을 씹으면서 앉아 있었다. 슈발킨은 성큼 책상 쪽으로 다가가서 펜을 잉크에 담갔다가 한마디 말도 없이 그 펜을 빠촘킨의 손에 쥐어 주었다. 그리고 첫번째 서류를 그의 무릎 위에 들이밀었다. 한참 동안 뜻밖의 침입자를 넋나간 시선으로 쳐다본 뒤 빠촘킨은 마치 잠결에서처럼 그 서류에 서명을 하기 시작했다. 그리고 두번째 서류에도 서명을 했고 계속해서 나머지 서류에도 서명을 했다. 마지막 서류까지 서명이 끝나자 슈발킨은 그가 들어왔을 때처럼 아무런 거리낌 없이 서류뭉치를 팔에 끼고서 그 방을 나왔다. 그는 의기양양하게 서류들을 흔들어 보이면서 판방의 대기실로 들어왔다. 그를 보자 고문관들은 그에게 달려들어 그의 손에서 서류들을 빼앗아 갔다. 그들은 숨을 죽이며 그것들을 내려다 보았다. 아무도 말이 없었다. 그들은 마비된 것처럼 보였다. 그러자 슈발킨은 다시 다가와서 그들이 당황해 하는 이유를 물었다. 이 순간 그의 시선도 서명란에 멈추었다. 모든 서류들이 한결같이 슈발킨, 슈발킨, 슈발킨……이라고 서명되어 있었다.

 이 이야기는 카프카의 작품을 200년이나 미리 앞지르고 있는 전주곡처럼 보인다. 이 이야기를 뒤덮고 있는 수수께끼는 카프카의 수수께끼이다. 곰팡내가 나고 낡고 어두운 판방의 세계, 관료들과 서류함의 세계는 카프카의 세계이다. 모든 것을 대수롭지 않게 생각하고 마지막에 가서는 빈손으로 남게 되는 충직한 슈발킨은 카프카의 작품에 나오는 K이다. 그리고 출입이 금지된 격리된 방에서 반수상태로 또 단정치 못한 모습을 하고 점차 사위어가고 있는 빠촘킨은 카프카의 경우 다락방 속의 판사나 아니면 성안에 거주하는 서기관과 같은 권력를 쥐고 있는 자들의 선조인 셈이다. 그리고 그들은 아무리 높은 지위에 있다고 할지라도 이미 전락해 버렸거나 아니면 전락하고 있는 자들이다. 그렇지만 그들은 가장 지위가 낮거나 가장 초라한 자들——예컨대 수위들이나 노쇠한 관리들——에게 느닷없이 나타나서 그들이 지닌 권력을 휘두를 수 있는 자들이기도 하다. 그들은 무엇 때문에 점점 사위어가고 있는 것일까? 그들은 양어깨로 지구를 떠받치고 있는 거인족의 후예들은 아닐까? 그렇기 때문에 그들은 초상화 속의 성주나 아니면 홀로 있을 때의

프란츠 카프카 63

클람처럼 〈사람들이 좀처럼 그의 눈을 들여다보지 못하도록 그들의 머리를 가슴 속 깊숙이 파묻고〉 있는 것이 아닐까? 그러나 그들이 떠받치고 있는 것은 지구가 아니다. 다만 가장 일상적인 것들이 지구와 같은 무게를 갖고 있을 따름이다. 즉 〈그의 피로는 결투 후의 검투사의 피로이다. 그가 하는 일은 관청의 사무실 한구석에 흰 칠을 하는 것이었다.〉——게오르그 루카치 Lukács는 언젠가 오늘날 그런대로 쓸 만한 탁자 하나를 만들려면 우리는 모름지기 미켈란젤로의 건축술적인 천재를 갖지 않으면 안된다고 말한 바 있다. 루카치가 시대적 관점에서 그렇게 생각하고 있다면, 카프카는 우주적 시대라는 관점에서 그렇게 생각한다. 우리는 칠을 하면서도 그러한 우주적 시대를 비록 아무리 보잘것없는 동작에서일지라도 움직이지 않으면 안된다. 카프카의 인물들은 자주, 그것도 종종 괴상한 동기에서 손뼉을 친다. 하지만 이들 손들은 그가 지나가는 말로 언급한 것처럼 〈실제로는 증기 망치〉인 것이다.

우리는, 끊임없이 그리고 서서히 움직이고 있는——그것이 상승이든 아니면 하강이든간에——이들 권력가들과 마주치게 된다. 그러나 그들이 가장 끔찍할 때는 그들이 가장 깊은 영락 상태, 즉 아버지들의 세계로부터 浮上할 때이다. 둔감하고 노약한 부친에게 방금 부드러운 잠자리를 펴드리고 난 아들이 부친을 안심시킨다.

『안심하세요. 이불은 잘 덮였으니까요.』——『아니야!』하고 아버지는 잘라 대답을 하고는 이불이 한순간 공중에서 날아가듯 펼쳐질 정도로 강하게 걷어 찼다. 그리고 나서는 침대 위에 곧바로 섰다. 단지 한쪽 손만을 천정에 살짝 기댄 채 몸을 가누고 있었다. 『너는 나에게 이불을 덮어주려고 했지. 그건 나도 알아. 이 녀석아. 그렇지만 아직 이불이 덮여지지는 않았어. 너야 있는 힘을 다했겠지. 그만하면 됐어. 네겐 무리일 정도지!…다행스럽게도 아버지는 아들의 마음을 꿰뚫어보는 법을 배울 필요가 없지.』…그리고서 그는 아무것에도 의지하지 않은 채 두 다리로 펄쩍 뛰었다. 그의 얼굴은 통찰의 희열로 빛났다.『이제서야 겨우 너는 너 이외에도 이 세상에 무엇이 있다는 것을 알았을 게다. 지금까지는 넌 너 자신만 알고 있었지. 너는 원래 순진한 아이였지만 더 깊이 따지고 보면 흉악한 놈이었다.』

이불이라는 짐을 걷어차는 부친은 이불과 함께 세상의 짐을 걷어차고 있는 것이다. 그는 옛부터의 해묵은 부자관계를 생생하게 또 의미있는 것으로 만들기 위해 우주적 시대를 움직이지 않으면 안된다. 그렇지만 그 결과는 얼마나 엄청난 것인가! 그는 아들에게 익사하라는 사형선고를 내리는 것이다. 부친은 형벌을 내리는 자다. 법원관리들의 경우처럼 죄가 그의 마음을 끄는 것이다. 많은 부문이 관리들의 세계와 부친들의 세계가 카프카에게는 동일한 세계라는 점을 암시해 주고 있다. 그들의 유사성은 명예스러운 것이 못된다. 둔감, 타락, 더러움이 이 유사성의 내용이다. 부친의 제복은 온통 얼룩투성이다. 그의 내의는 더럽다. 더러움은 관리들의 생활의 일부이다.

　　소송당사자들을 위한 면회시간이 도대체 무엇 때문에 있는 것인지 그녀는 이해할 수가 없었다. 『집 앞의 계단을 더럽히기 위해서죠.』라고 언젠가 한 관리가 그녀의 물음에 대해 말했다. 아마 화가 나서 한 말이었겠지만 그러나 그의 말은 그녀에겐 충분히 납득이 가는 말이었다.

더러움은 너무나도 관리들의 속성이 되었기 때문에 사람들은 관리들을 거대한 기생충들이라고 여길 정도이다. 물론 그것은 경제적인 연관들을 두고 한 말이 아니라 이들 족속들이 그것에 의해 그들의 생명을 연명하고 있는 이성이나 인간성의 힘들을 두고 한 말이다. 카프카의 작품에 등장하는 이상스러운 가정들에 있어서 아버지 또한 아들의 부양으로 연명해 가고 있으며 무서운 기생충처럼 아들에게 의존하고 있는 것이다. 아버지는 아들의 힘만을 등쳐먹고 있는 것이 아니라 아들의 생존권마저도 갉아먹고 있다. 형벌을 내리는 자인 아버지는 동시에 고소인이기도 하다. 아버지가 아들에게 문책하는 죄는 일종의 원죄인 것처럼 보인다. 카프카가 내리고 있는 원죄의 정의는 다른 누구보다도 아들에게 적용된다. 다시 말하면 〈원죄, 즉 인간에 의해 저질러진 태고의 不義라는 것은, 그가 어떤 불의의 희생물이고 또 원죄의 희생물이라는 것을 스스로가 끊임없이 비난하고 있는 사실에 있다.〉 그러나 아버지가 아들에 의해 문책당하지 않는다면 과연 누가 이 원죄, 즉 죄의 상속자를 만들었다는 이 원죄에 대해 문책을 당할 것인가? 따라서 죄인은 아들이 될 수밖에 없을 것이다. 그렇지만 카프카의 문장으로부터 그 문책은, 그것이 허위이기 때문에 죄가 된다는 결론을 내려서는 안된다. 그 문책이 부당하게 행해지고 있는 귀절은 카프카의 작품 어느 곳에서도 찾아볼 수가 없다. 여기에 걸려 있는 소송은 끊임없이 계속되는 소송이다. 그리고 아버지가 소송을 위해 이들 관리들과 법원서기들의 연대적 도움을 동원하고 있는 것처럼 나쁘게 보이는 것도 없다. 하지만 그 관리들에겐 어떤 무한한 부패가능성이 그들의 가장 나쁜 점은 아니다. 왜냐하면 그들이 지닌 속성인 매수 가능성은 인류가 그들과 대면했을 때 품을 수 있는 유일한 희망이기 때문이다. 물론 법정은 그들이 마음대로 이용할 수 있는 법전을 가지고 있다. 그러나 사람들은 그 법전을 보아서는 안된다. 〈죄가 없는데도 심판을 받을 뿐만 아니라 무지하기 때문에 심판을 받는다는 것도 이러한 재판제도의 특징이다.〉라고 K는 추측한다. 법률과 일정한 규범들은 선사시대에는 불문율로 남아 있었다. 사람들은 영문도 모른 채 불문율들을 범할 수가 있고, 그러면 죄를 짓게 된다. 그렇지만 그 죄가 아무 영문도 모르는 자에게 아무리 불행하게 닥칠지라도 그것을 범하는 것은 법이라는 의미에서 볼 때에는 우연이 아닌 운명, 즉 여기서 그 성격이 애매모호하게 나타나고 있는 운명인 것이다. 일찌기 헤르만 코헨 Cohen은 고대의 운명관을 잠깐 고찰하는 가운데 운명을 〈어떤 불가피한 통찰, 즉 운명의 법칙들을 어기고 파괴시키는 것을 유발하고 야기시키는 듯이 보이는〉 운명의 법칙 그 자체라고 불렀다. K를 심판하고 있는 재판권도 이와 같다. 이 심판권은 선사시대의 첫 승리의 하나를 기록하고 있는 성문법인 12동판법이 제정되던 시대 훨씬 이전의 선사시대로까지 거슬러 올라간다. 카프카의 경우 성문법은 법전 속에 명시되어 있기는 하지만 그 법은 비밀이다. 선사시대는 그러한 비밀법전들에 근거를 둠으로써 그 지배권을 한층 더 무자비하게 행사하고 있는 것이다.

카프카에 있어서 관청과 가정에서의 상황들은 여러 면에서 서로 접촉한다. 성이 있는 산기슭의 마을에 사는 사람들은 그 점을 잘 말해 주는 말투를 사용하고 있다.

『이곳에서는 당신도 알고 계실 테지만 독특한 말투가 있어요. 관청에서 이루어진 결정들은 어린 소녀들처럼 수줍답니다.』『그것 참 잘 관찰했군요.』라고 K가 말했다. 『관청에서 이루어진 결정들이 소녀와 닮은 점은 그것 말고도 더 있을지도 모르죠.』

관청과 소녀가 공통으로 지니는 가장 두드러진 특징이 있다면 그것은 K가 『城』과 『소송』에서 만나는 수줍은 소녀들처럼 모든 것에 대해 순순히 자신을 내맡기는 일일 것이다. 즉 이들 소녀들은 마치 침대에서 그렇게 하듯 그들 가정의 품안에서 不倫에 몸을 맡기는 것이다. 그는 가는 곳마다 그러한 소녀들을 만나게 된다. 그 다음에 하는 일은 술집 여자를 정복하는 일만큼이나 손쉬운 일이다.

그들은 서로를 껴안았다. 여자의 작은 몸은 K의 품 안에서 불타고 있었다. 그들은 무의식의 상태로 얼마쯤 굴러갔다. K는 그런 상태에서 벗어나려고 끊임없이 노력했지만 허사였다. 드디어 그들은 몇 발자국 떨어진 거리에 있는 클람의 문까지 굴러가서 그 문에 둔중하게 부딪치고 난 후 다시 맥주가 고인 웅덩이들과 그 밖에 바닥 위에 널려 있던 쓰레기더미 위에 드러누웠다. 거기서 몇 시간이 흘렀다. …그 동안 K는 줄곧 자신이 길을 잃고 헤매거나 멀리 떨어진 낯선 곳에 와 있다는 느낌이 들었다. 그는 마치 자기 앞에는 어떤 사람도 와보지 않은 타향, 공기조차도 고향에서와는 전혀 다른 성분을 지니고 있으며 낯선 나머지 질식할 것만 같은 타향, 그렇지만 어처구없는 유혹에 휘말려 계속 걸음을 옮길 수 밖에 없고 계속 길을 잃고 헤맬 도리밖에 없는 그러한 타향에 와 있다는 느낌이었다.

이 낯선 곳에 대해서는 나중에도 계속 이야기될 것이다. 그런데 주목할 만한 것은 그러한 창녀같은 여자들이 한번도 아름답게 나타나고 있지 않다는 점이다. 오히려 카프카의 세계에서 아름다움은 전혀 사람들 눈에 잘 띄지 않는 숨겨진 곳에서만 나타나고 있다. 예컨대 피고들에게서 나타난다.

물론 그것은 어떤 이상한, 이를테면 자연과학적 현상이다. …그 피고들을 아름답게 보이도록 만드는 것은 죄일 수가 없다. …또한 미리부터 그들을 아름답게 보이도록 만드는 것은 정당한 형벌일 수도 없다. …그러니까 그것은 어떠한 형태로이든 그들을 따라다니는, 그들에게 제기되고 있는 소송 때문임에 틀림없다.

이러한 소송이 피고들에게는 대체로 절망적이라는 것을 우리는 『소송』이라는 작품을 통해 알 수 있을 것이다. 소송이란 비록 그들이 무죄판결을 받을 희망이 있다고 할지라도 절망적이다. 독특한 카프카적 인물이라고 할 수 있는 그들에게서 아름다움이 나타나도록 하는 것은 바로 그러한 무희망성인지도 모른다. 적어도 그것은 막스 브로트에 의해 전해지고 있는 다음과 같은 단편적인 대화의 내용과도 잘 일치하고 있는

프란츠 카프카 67

듯하다. 그는 다음과 같이 쓰고 있다.

나는 오늘날의 유럽과 인류의 몰락에 대해서부터 이야기가 시작된 카프카와의 대화를 기억한다. 그는 말했다. 『우리는 신의 머리에 떠오른 허무주의적 사고들이자, 자살적 사고들이야.』이 말은 처음에 나에게 그노시스 Gnosis의 세계상, 즉 신을 사악한 조물주로 또 세계를 그 신의 타락으로 보는 신비적 세계관을 상기시켰다. 『아니, 그게 아니라』라고 그가 말했다. 『우리가 사는 세계는 신의 언짢은 기분, 기분이 나쁜 날일 따름이야.』──『그렇다면 우리가 알고 있는 세계인 이러한 현상계 외부에는 희망이 존재하고 있을까?』──그는 미소를 지었다. 『암, 희망은 충분히, 무한히 많이 있지. ──다만 우리를 위한 희망이 아닐 뿐이지.』

이러한 말들은, 카프카의 작품에 등장하는 가장 특이한 인물들, 즉 유일하게 가정의 품을 벗어났고 그렇기 때문에 어쩌면 그들에게 희망이 있을지도 모르는 그러한 인물들로 나아갈 수 있는 징검다리의 역할을 해 준다. 이 이상한 인물들은 동물들이 아니다. 더구나 반은 고양이이고 반은 양인 잡종도 아니고 오드라데크와 같은 架空의 동물도 아니다. 오히려 이러한 인물들은 모두 아직도 가정의 영향권 안에서 살고 있는 것들이다. 그레고르 잠자가 바로 양친의 집에서 해충으로 깨어나고, 아버지로부터 물려받은 상속물이 반은 양이고 반은 고양이인 괴상한 동물이며 또 오드라데크가 家長의 걱정거리가 되고 있는 것도 그나름의 까닭이 있는 것이다. 그렇지만 〈助手〉들은 이러한 서클로부터 떨어져 나온 존재들이다.

이러한 조수들은 카프카의 전 작품에 두루 나타나고 있는 인물군에 속한다. 「관찰」에서 그 정체가 드러나는 아둔한 사기꾼, 밤이 되면 발코니에 나타나는 칼 로스만의 이웃에 사는 대학생, 남쪽의 도시에 살고 있고 또 피로할 줄을 모르는 바보들도 물론 그러한 족속에 속한다. 그들의 존재에 비추이는 어슴푸레한 빛은 로버트 발저 Walser──발저는 『조수』라는 소설의 저자인데, 카프카는 그 작품을 좋아했다──의 단편들에서 등장하는 인물들을 비추는 흔들거리는 불빛을 연상시킨다. 인도의 전설에 의하면 간다르바 Ghandarve라는 아직도 미완성 상태의 존재인 미숙한 피조물이 있다. 카프카의 조수들도 이와같은 성격을 띤 존재들이다. 그들은 다른 어느 인물군에도 속하지 않으면서 누구한테도 낯설지 않다. 그들은 이를테면 여러 인물군들 사이에서 바삐 움직이고 있는 使者들이다. 카프카가 말하고 있는 대로 그들은 使者인 바나바 Barnabas와 비슷하다. 그들은 아직도 자연의 모태로부터 완전히 벗어나지 않았으며, 그렇기 때문에 〈그들은 마룻바닥 한쪽 구석에 헌 여인의 스커트 두 벌을 깔고 잠자리를 마련하였다. …가능한 한 공간을 적게 차지하고자 하는 것이 그들의 속셈이었다. 이를 위해 그들은 팔다리를 끼기도 하고 서로 쪼그리고 앉는 (물론 언제나 속삭이고 킬킬거리면서)등의 여러가지 시도를 하였다. 어스름녘에는 그들이 있는 구석엔 단지 커다란 실뭉치 하나만이 보였다.〉 바로 이와같은 사람, 즉 미숙하고 서투른 인간들을 위해 희망이라는 것은 존재하는 것이다.

 이 사자들의 활동에서 별다른 무리없이 살짝 드러나고 있는 것은 이 전체 피조물들의 세계를 답답하고 음울하게 지배하고 있는 법칙이다. 그 어느 것도 확고한 지위나 대치될 수 없는 확고한 윤곽을 갖고 있지 않다. 그들은 모두 상승하거나 전락할 찰나에 있다. 또 그들은 모두 그들의 적이나 이웃과 교체될 수가 있다. 나이가 찼으면서도 그들은 모두 성숙하지 못한 채로 있다. 완전히 기진맥진한 상태에 처해 있으면서도 이제야 비로소 오랜 존재의 출발점에 있는 것처럼 보인다. 어떤 질서나 위계질서에 관해 논한다는 것은 여기서는 불가능하다. 이러한 것들이 암시해 주고 있는 신화의 세계는 신화에 의해 구원이 이미 약속되고 있는 카프카의 세계와는 비교도 할 수 없을 정도로 젊다. 그러나 우리가 한 가지 사실을 알고 있다면 그것은 다음과 같은 것이다. 즉 카프카는 신화의 유혹에 굴복하지 않았다는 점이다. 현대판 오딧세이로서의 카프카는 〈먼 곳을 응시하는 그의 시선〉에 의해 사이렌들의 유혹을 뿌리쳤던 것이다. 〈사이렌들은 이를테면 그의 결심 앞에서 사라졌다. 그리고 그가 그들에 가장 가까이 다가간 순간 그는 더 이상 그들을 알아보지 못하였다.〉 고대세계에서 카프카가 가지고 있는 선조들, 즉 우리가 나중에 만나게 될 유태인과 중국인의 선조들 가운데에서도 이 희랍의 선조는 결코 잊을 수 없는 선조다. 『오딧세이』는 그야말로 신화와 동화를 갈라놓는 문턱에 서있다. 이성과 간계는 신화 속에 술책을 집어넣었다. 이로써 신화는 그 무적의 힘을 상실하게 된 셈이다. 동화는 바로 이러한 신화의 위력들을 이겨낸 승리에 관한 전래된 얘기이다. 그리고 카프카가 전설에 관해 쓰려고 했을 때 그가 썼던 것은 변증가들을 위한 동화였다. 그는 그 전설들 속에 조그만 트릭(책략)을 삽입하였다. 그리고 나서 그는 이 트릭들을 다음과 같은 사실, 즉 〈불충분하고 심지어 유치

한 수단들이라고 할지라도 구제에 도움이 될 수 있다〉는 사실의 증거로 이용하였다. 이와 같은 말들을 서두로 하여 그는 「사이렌들의 침묵」이라는 단편을 쓰고 있다. 카프카에 있어서는 사이렌들은 이를테면 침묵한다. 그들은 〈노래보다도 더 무서운 무기, ……즉 침묵〉을 갖고 있다. 이러한 침묵을 그들은 오딧세이에 대해서 사용해 보았던 것이다. 그러나 카프카가 전하고 있는 바에 의하면 오딧세이는 〈피가 많고 여우처럼 교활하였기〉때문에 운명의 여신조차도 그의 내면 가장 깊숙한 곳을 파고들어 갈 수가 없었다. 아마도 오딧세이는――비록 그것이 인간 오성으로서는 파악할 수 없는 성질의 것이었지만――사이렌들이 침묵하고 있었고 또 그 요정들이 이를테면 단순히 일종의 방패로서 전승된 거짓 구실을 그들과 신들에게 제시하고 있었다는 사실을 실제로 눈치채고 있었을 것이다.

카프카의 사이렌들은 침묵하고 있다. 그 이유는 아마도 카프카의 경우 음악과 노래는 탈출의 표현이거나 아니면 적어도 탈출의 보증, 다시 말해 조수들이 자기집처럼 살고 있는, 저 미숙하면서도 일상적이고, 또 위안을 주면서도 어리석은 중간세계로부터 우리에게 주어지고 있는 희망에 대한 보증을 뜻하기 때문이다. 카프카는 두려움이 무엇인가를 배우기 위해 길을 떠나는 소년과 같다. 그는 빠춈킨의 궁전으로 들어가게 되었고, 그래서 결국은 그 궁전 지하실 구석에서 노래하는 생쥐 요제피네를 만나게 되었는데 그는 그녀가 부르는 노래를 다음과 같이 묘사하고 있다.

그녀가 부르는 노래 곡조 속에는 무언가 가난하고 짧았던 어린 시절, 다시 찾을 수는 없는 잃어버린 행복이 깃들어 있다. 그러나 또한 활동적인 오늘날의 삶과 같은 요소, 사소하고 이해할 수 없으면서도 엄연히 존재하여 결코 지울 수가 없는 쾌활함이 깃들어 있다.

어린 시절의 사진

카프카의 어린 시절의 사진이 하나 있는데, 〈가련하고 짧았던 어린 시절〉이 이처럼 감동적으로 묘사된 사진도 드물 것이다. 이 사진은 아마 19세기의 사진 아틀리에에서 찍은 것같은데, 이 아틀리에에는 휘장과 종려나무, 수를 넣은 장식용 직물과 畫架 등으로 이루어졌기 때문에 그곳이 고문실인지 아니면 알현실인지 분간하기가 힘들다. 거기에 여섯 살쯤 들어보이는 장식용 레이스를 잔뜩 단 소년이 버릇을 좀 잡아 주자는 식으로 꼭 끼이는 아동복을 입고 겨울정원 풍경 비슷한 배경 앞에 서 있다. 배경에 종려나무 가지들이 움직이지 않고 고정되어 있는 것이 보인다. 마치 이 박제화된 열대풍경을 좀 더 답답하고 무겁게 해야만 직성이 풀리기라도 하듯 모델이 된 소년의 왼손에는 스페인 사람들이 쓰고 다니는 것과 같은 터무니없이 커다란 챙넓은 모자가 들려 있다. 한없는 슬픔을 품은 눈이 미리 장치해 놓은 그 인위적 풍경을 지배하고 있고 또 소년의 커다란 귀의 귓바퀴가 그 풍경의 소리에 귀를 기울이고 있는 듯하다.

〈인디언이 되고 싶은〉 열렬한 소망이 한때 이 커다란 슬픔을 삼켜 버렸는지도 모른다. 〈인디언이 된다면 언제나 달리는 말에 올라타고, 비스듬히 바람을 가르며 진동하는 대지 위에서 짧은 전율을 느끼면서, 마침내는 박차도 내던지고, 왜냐하면 박차따윈 있지도 않았으니까, 또 말고삐도 내던지고, 왜냐하면 말고삐같은 것은 있지도 않았으니까, 드디어는 대지가 매끈하게 깎아 놓은 황야처럼 보이자 마자 이미 말의 목덜미도 말의 머리도 보이지 않으리라.〉——이러한 소망 속에는 많은 것들이 포함되어 있다. 소망이 실현되면 그 소망의 비밀이 드러나게 된다. 그는 『아메리카』에서 그 소망을 실현하고 있다. 『아메리카』가 하나의 특수한 경우라는 점은 주인공의 이름에 의해서 시사되고 있다. 이전의 소설들에서는 작가가 한결같이 얼버무리는 첫 글자를 가지고 이야기를 시작하였던 데 반해 여기에서 작가는 완전한 이름을 갖고서 이 신대륙에서 새로운 탄생을 체험하고 있는 것이다. 이 새로운 탄생의 체험은 오클러호머의 자연극장에서 이루어진다.

칼은 어느 거리 모퉁이에서 다음과 같은 내용이 실린 포스터를 보았다. 〈오늘 아침 여섯 시부터 자정에 이르는 사이에 클레이튼 경마장에서 오클러호머 극장단원을 모집한다! 오클러호머의 대극장은 여러분을 부른다! 오늘 하루 뿐이고 모집은 단 한 번뿐이다! 이 기회를 놓치면 영원히 챤스를 놓치게 될 것이다! 자신의 앞날을 생각하는 사람이라면 우리에게로 오라! 누구나 다 환영한다! 예술가가 되고자 하는 사람은 신청하라! 우리 극장은 모든 사람을 필요로 하고 각자를 적재적소에서 쓰고자 한다! 우리들과 뜻을 같이 하고 참가하기를 결심한 사람에게 지금 당장 축하를 보내는 바이다! 그러나 자정까지 여기 올 수 있도록 빨리 서둘러야 한다! 밤 열두시가 되면 문들은 모두 닫히고 열리지 않을 것이다. 우리를 믿지 않는 자에게 저주가 있을지어다!

자아 어서 클래이톤으로!〉

이 공고를 읽은 사람은 칼 로스만이다. 그는 카프카의 소설 주인공인 K의 제3의 화신으로서 K보다 더 운이 좋은 자이다. 행운이 오클러호머의 자연극장에서 그를 기다리고 있는 것이다. 그 극장은, 마치 그가 〈경마장에서처럼〉 뛰어다녔던 그의 방의 좁다란 양탄자에서 한때 〈불행〉이 그를 엄습하였던 것과 같은 그런 실제의 경마장이다. 카프카가 그의 「경마기수들을 위한 사색」을 쓴 이래로, 「새 변호사」로 하여금 다리를 높이 쳐들고서 대리석이 소리가 나게 종종걸음으로 법정의 계단을 오르게 한 이래로, 그리고 「시골길의 아이들」로 하여금 서로 팔짱을 끼고서 큰 걸음으로 시골길을 달리게 한 이래로, 競走路라는 상징은 그와 친숙한 것이었다. 그래서 실제 칼 로스만의 경우에도 〈졸음 때문에 산란한 마음으로 너무 높이 뛰다 보니 시간만 허비하는 쓸모없는 도약〉을 하는 일이 종종 일어날 수 있는 것이다. 따라서 그가 그의 소망의 목표에 도달하는 길은 경주로밖에 없는 것이다.

이 경주로는 동시에 극장이기도 한데, 바로 그 점이 하나의 수수께끼를 제공해 준다. 그러나 그 신비스러운 장소와 전혀 신비롭지도 않고 투명하며 또 순수한 칼 로스만의 모습은 서로 일치하고 있다. 칼 로스만이 투명하고, 순수하며, 이를테면 아무런 성격도 없는 인물이라는 말의 의미는 프란츠 로젠쯔바이크 Franz Rosenzweig가 그의 『구원의 별』이라는 저서에서 중국에서는 내적인 인간은 〈이를테면 아무런 성격도 없다〉고 말할 때의 의미와 같다. 즉 〈공자가…고전적으로 체현해 주고 있는 현자라는 개념은 성격이 가질 수 있는 일체의 個性을 지우고 있는 것이다. 현자란 진정으로 아무런 성격도 없는 사람, 즉 평범한 사람을 가리킨다. …중국인들을 특징짓고 있는 것은 성격이라는 것과는 전혀 다른 어떤 것, 즉 감정의 매우 원초적인 순수성이다.〉 사람들이 그것을 어떻게 개념적으로 표현하든——이러한 감정의 순수성이라는 것은 어쩌면 제스쳐적인 행동을 가늠하는 정교하기 이를데 없는 척도인지도 모른다——아뭏든 오클러호머의 자연극장은 제스쳐적 연극인 중국의 연극으로 거슬러 올라간다. 이러한 자연극장의 가장 중요한 기능들 가운데 하나는 사건을 제스쳐적인 것으로 해체시키는 데에 있다. 한걸음 더 나아가 우리들은 다음과 같이 말해도 좋을 것이다. 즉 상당한 수효에 달하는 카프카의 小考와 이야기들은, 그것들을 이를테면 오클러호머의 자연극장 위에서 벌어지는 연기동작들로 옮겨 놓고 보아야만 비로소 그 전모가 분명하게 드러나게 된다는 것이다. 그때서야 비로소 사람들은 카프카의 전 작품이 제스쳐들의 암호로 구성되어 있다는 사실을 분명히 인식하게 될 것이다. 그런데 이들 제스쳐들은 처음부터 작가에게 어떤 확실한 상징적 의미를 지녔던 것이 아니라, 오히려 작자가 이들 제스쳐로부터 끊임없이 연관관계들을 변화시키고 실험적인 배치를 하면서 그러한 의미를 찾아내려고 노력했던 것이다. 그 극장은 그러한 실험적인 배치들이 이루어지고 있는 주어진 장소이다. 「형제살인」이라는 카프카 작품에 대한 미공개된 어느 해설에서 베르너 크라프트 Werner Kraft는 그 작은 이야기가 다루고 있는 사건이 하나의 연극장면에서 벌어지는 사건과 동일하다는 사실을 예리하게 간파해 내었다.

연극은 바야흐로 시작되려고 하고 있고 실제로 그 시작은 벨 소리에 의해 알려지고 있다. 이것은 베제가 그의 사무실이 있는 건물을 나섬으로써 자연스럽게 이루어진다. 그러나 분명히 묘사되고 있는 것처럼 그 도어벨 소리는 〈도어벨치고는 너무 크게 울리고, 그 소리는 온 도시를 넘어서 하늘에까지 울려 퍼지고 있다.

도어벨 소리치고는 너무 큰 이 종소리가 하늘에까지 울려 퍼지는 것처럼 카프카적인 인물들의 제스쳐는 일상적 주위세계에 대해서는 너무 강력하며 보다 넓은 어떤 세계로 뚫고 나가고 있는 것이다. 카프카의 대가다운 노련한 면모가 드러날수록 그만큼 그는 그러한 동작들을 일상적인 상황에 적응시키거나 아니면 그 동작들을 설명하는 일을 더 자주 피하고 있는 것이다. 『변신』에 다음과 같은 귀절이 나온다. 〈책상 위에 올라 앉아서 아래를 내려다 보면서 社員과 말을 한다든지, 나아가서는 그 사원이 사장의 귀가 잘 들리지 않는다는 이유로 바짝 가까이 다가가야만 하는 것은 이상한 행동이다.〉 이처럼 이유를 대는 일도 『소송』에 와서는 벌써 사라지게 된다. 작품 『소송』의 끝에서부터 두번째 장에서 K는 성당의 제일 앞줄 벤치에서 걸음을 멈추었는데, 〈신부는 그래도 거리가 너무 멀다고 느꼈고 그래서 그는 손을 뻗쳐 집게손가락을 날카롭게 아래로 구부려 설교단의 바로 앞에 있는 장소를 가리켰다. K도 그가 하라는 대로 지시에 따랐는데, 그는 신부를 보기 위해서 상당히 고개를 뒤로 젖히지 않으면 안되었다.〉

막스 브로트는 〈카프카에게 중요했던 사실들의 세계는 不可視한 것이었다.〉라고 말하고 있다. 카프카에 있어 가장 보여지지가 않던 것은 분명 제스쳐였다. 각각의 제스쳐는 모두 하나의 사건, 아니 일종의 드라마 그 자체라고 말할 수도 있다. 이러한 드라마가 펼쳐지는 무대는 하늘을 향해 열려있는 세계라는 극장이다. 그러나 다른 면에서 보면 이 하늘은 단지 배경에 지나지 않는다. 이 하늘을 그 자체의 고유한 법칙에 따라 탐구한다는 것은 마치 그려진 무대의 배경을 액자에 끼워서 어떤 화랑에 걸어 놓는 일과 같다고 할 수 있을 것이다. 카프카는 엘 그레코 El Greco처럼 모든 제스쳐의 배후에 있는 하늘을 활짝 열어 젖힌다. 그러나 표현주의자들의 수호신이라고 할 수 있는 엘 그레코에서처럼 결정적인 것, 즉 사건의 중심은 어디까지나 제스쳐이다. 영주 저택의 문을 두드린 데 대해 책임을 져야 한다고 생각하고 있는 사람들은 겁에 질려 허리를 구부리며 걷는다. 중국배우라면 공포를 그렇게 묘사할 테지만, 그렇다고 어느 누구도 공포에 질려 주춤거리지는 않을 것이다. 다른 귀절에서는 K자신이 연기를 하기도 한다. 완전히 그것을 의식하지 못하면서 그는 〈조심스레 눈을 위쪽으로 치켜드면서 책상으로부터 서류들 중의 한 장을 들여다보지도 않는 채 집어들었다. 그리고 그것을 손바닥 위에 놓고서 스스로 일어나면서 그것을 여러 사람들 앞에 서서히 쳐들어 보였다. 이 때 그는 별다른 목적이 있어서 그런 생각을 한 것이 아니라 단지 그 자신의 무죄를 완전히 입증해 줄 대청원서를 다 작성하였을 때에는 그렇게 행동하지 않으면 안될 것이라는 느낌에서 그렇게 해보였을 뿐이다.〉 이러한 동물적인 제스쳐는 극단적인 신비성을 극단적인 단순성과 결합시키고 있다. 우리는 카프카의 동물 이야기들을 그것이 사람을 두고 하는 이야기가 아니라는 점을 전혀 눈치채지 못하고 한참 동안이나 읽어 나갈 수 있다. 그리고 나서 그 동물들의 이름, 이를테면 원숭이, 개 혹은 생쥐 등의 이름과 마주치게 되면 우리는 놀란 나머지 눈이 휘둥그래져서, 우리가 인간의 대륙으로부터 멀리 떨어져 있다는 것을 알게 된다. 하지만 카프카의 세계는 항상 이러하다. 그는 인간의 몸짓으로부터 전통적 토대를 탈취해서는 그 토대에서 끝을 모르는 성찰의 대상을 취한다.

 그러나 이상하게도 그러한 성찰들은 철학적 의미를 지닌 카프카의 이야기들로부터 출발하고 있다고 할지라도 역시 그 끝이 없다. 「법 앞에서」라는 우화를 생각해 보자. 「시골의사」에서 우화와 마주친 독자라면 아마도 그 우화 내부에 있는, 안개에 휩싸인 듯한 애매모호한 귀절과 마주치게 될 것이다. 하지만 카프카가 그것에 대한 해석을 시도하고 있는 비유로부터 생겨나는 일련의 끝날 줄 모르는 성찰들을 독자는 행하였을까? 카프카의 비유에 대한 해석은 『소송』에서는 성직자를 통해 이루어지며, 그것도 사람들이 그 소설은 전개된 우화에 지나지 않는다고 생각할 수 있을 정도의 의미심장한 대목에서 행해진다. 하지만 〈전개된〉이라는 말은 여기에서 이중적 의미를 지닌다. 봉오리가 꽃으로 개화할 때의 전개가 있는가 하면, 사람들이 아이들에게 가르쳐 주는, 종이로 접어서 만든 종이배가 편편하게 펼쳐질 때의 전개가 있다. 실제로 우화에 어울리는 것은 후자의 전개이다. 〈전개〉, 즉 이 전개방식은 우화를 편편하게 펼쳐보임으로써 그 우화의 의미가 손바닥에 드러날 때 독자들이 갖는 즐거움과 잘 어울리는 것이다. 하지만 카프카의 우화들은 첫번째 의미에서 전개된다. 다시 말해 봉오리가 꽃으로 피어나는 식의 전개이다. 그렇기 때문에 그 우화들이 갖는 효과는 시와 유사한 것이다. 그렇다고 그의 단편작품들이 전적으로 서구의 전통적인 산문형식에 속한다는 것을 의미하지 않는다. 오히려 그의 단편들이 어떤 教理에 대해 갖는 관계는 하가다 Hagadah가 할라차 Halacha에 대해 갖는 관계와 비슷하다.[1] 그의 단편들은 비유가 아니며 또한 액면 그대로 받아들여지는 것을 원치 않는다. 그의 단편들은 사람들이 그것들을 인용할 수 있고 또 설명을 위해 이야기할 수 있는 성질의 것들이다. 그렇지만 우리는 카프카의 비유들을 해명해 주고 또 K의 제스처나 그의 작품에 등장하는 동물들의 거동을 해명해 주는 어떤 교리를 소유하고 있을까? 그러한 교리란 없다. 기껏해야 우리는 이러저러한 것이 그러한 교리를 암시해 주고 있다고 말할 수 있을 따름이다. 어쩌면 카프카는 그러한 것들은 저 교리를 전해주는 유물이라고 말했을지도 모른다. 하지만 우리는 동시에 그러한 것들은 저 교리를 준비하는 선구자들이라고 말할 수 있을 것이다. 어쨌든 여기서 문제가 되고 있는 것은 인간사회에 있어서 삶과 노동이 어떻게 조직되어 있는가 하는 물음이다. 카프카는 그 조직이 그에게 불투명하게 보이면 보일수록 한층 더 끈질기게 그것에 몰두하였다. 에르푸르트에서 있었던 괴테와의 유명한 대화에서 나폴레옹이 운명이라

---

1) 할라차와 하가다는 전통적인 유대인 정신생활의 양대 지주이다. 法이라는 의미를 갖는 할라차는 유대교의 종교적 율법을 뜻하고 전설이라는 의미의 하가다는 유대인의 민중적 설화를 뜻한다. 카발라를 위시한 유대교의 여러 유파는 때로는 할라차를 때로는 하가다를 중시하지만 전체적으로 보면 이 두 전통은 서로 상보적인 역할을 한다.

는 자리에 정치를 대신 설정하였다면, 이 말을 변형시켜 보자면 카프카는 조직이라는 것을 운명으로 정의할 수도 있었을 것이다. 그리고 그는 그러한 운명으로서의 조직을 『소송』이나 『성』에서의 광범위한 관료의 위계질서 속에서뿐만 아니라, 더 구체적으로는 복잡하고 개관할 수 없는 건축 계획들——이러한 건축 계획의 훌륭한 표본을 그는 「중국의 만리장성」에서 다루었다——속에서 마주 대하고 있는 것이다.

성벽은 수세기에 걸쳐 방어의 역할을 해야만 했다. 주도면밀한 공사, 지금까지의 모든 시대와 민족을 망라한 건축 기술의 이용, 공사에 종사하는 사람 개개인의 지속적인 책임감 등은 이 작업을 위한 필수불가결한 전제조건이었다. 밑바닥작업을 위해 민중으로부터 나온 무지한 날품팔이꾼과 돈벌이라면 자신을 제공하겠다는 남녀노소를 모두 동원할 수가 있었다. 그러나 4명의 날품팔이꾼을 통솔하는 데에는 적어도 한명 꼴로 시공기술에 숙달된 사람이 필요하였다. …우리는——나는 여기서 여러 사람을 지칭하여 우리라고 말하는 것이지만——최고위 지도층에서 내려오는 명령을 면밀하게 검토하기 전까지는 우리 자신이 누구인가를 알지 못했으며 또 지도층이 없었다면 학교에서 배운 우리의 지식이나 우리의 오성만 가지고서는 우리가 거대한 작업 속에서 분담하고 있는 사소한 직무를 충분히 해낼 수 없음을 알게 되었다.

이러한 조직은 운명과 비슷하다. 이러한 조직을 자신의 유명한 저서 『문명과 역사의 커다란 흐름들』에서 개관하였던 메취니코프 Metschnikoff 의 언어는 카프카의 언어일 수도 있다. 그는 다음과 같이 쓰고 있다.

양자강의 운하와 황하의 제방들은 십중팔구 수세대에 걸친 정교하게 조직된 공동작업의 소산이다. 운하를 파거나 어떤 댐에 버팀목을 대면서 발생하는 아무리 경미한 부주의라고 할지라도, 그리고 공동의 수자원을 보존하는 일에 있어서 어떤 개인이나 집단에서 행해지는 아무리 사소한 태만이나 이기주의적 태도라고 할지라도 그것은 그와 같은 비상한 상황 하에서는 사회악의 근원이 되고 더 나아가 사회 전체에 깊은 영향을 끼치는 불행의 근원이 된다. 따라서 治水者는 때로는 서로 낯설고 심지어 적대적이기조차 한 백성들 사이의 긴밀하고 지속적인 유대관계를 유지하기 위하여 사형의 위협수단까지 동원한다. 그는 모든 사람에게 그러한 노동을 하도록 선고하며, 이러한 노동은 시간이 지나야만 비로소 그 결실을 보게 된다. 그래서 그러한 노동의 계획은 평범한 사람에게는 전혀 이해되지 않은 채 그대로 수행되는 경우가 허다했다.

카프카는 평범한 사람들 축에 속하고자 하였다. 그는 이해의 한계에 도달할 때까지 한발한발씩 자신을 밀고 나갔다. 그리고 또한 그는 다른 사람들도 그러한 이해의 한계에 도달하도록 하는 것을 좋아하였다. 때때로 그는 마치 도스토예프스키의 종교 재판장과 이야기하고 있는 듯한 느낌을 주기도 한다.

따라서 우리는 우리가 이해할 수 없는 어떤 신비를 우리들 앞에서 보고 있다. 그리고 그것은 바로 하나의 수수께끼이기 때문에 우리는 그것을 설교할 권리를 갖는 것이다. 또 우리는 중요한 것은 자유나 사랑이 아니라 사람들이 그 앞에서 고개를 숙이지 않으면 안되는 수수께끼, 비밀, 신비라고 그들에게 가르칠 권리가 있는 것이다. 그것도 아무런 성찰 없이, 그리고 그들의 양심에 거슬리면서까지도.

카프카는 신비주의의 유혹들을 항상 회피하지는 않았다. 루돌프 슈타이너 Rudolf Steiner와의 만남을 얘기하고 있는 카프카의 일기가 있지만 지금까지 출판된 일기내용 속에는 그에 대한 카프카의 입장이 표명되어 있지 않다. 그는 그러한 것에 대한 자신의 입장을 밝히기를 꺼려했을까? 작품을 쓰는 그의 방식으로 미루어 보면 그럴 가능성을 전혀 배제할 수는 없을 것이다. 카프카는 자기자신을 위한 비유를 창작해 내는 보기 드물 정도의 능력을 소유하고 있었다. 하지만 그의 비유들은 설명이 가능한 것에 의해서 완전히 해명되는 것은 아니다. 오히려 그는 그와는 반대로 그의 작품해석에 방해가 되는, 생각해 낼 수 있는 모든 예비조치를 강구하였다. 우리는 그의 작품의 내부를 신중하고 조심스럽게, 또 의심하는 태도를 취하면서 한발자국씩 앞으로 나아가야만 한다. 우리는 카프카가 이미 언급한 우화를 해석하면서 사용하고 있는 것과 같은 카프카 특유의 읽는 방식을 유념해야만 한다. 그의 유언은 이러한 점을 말해주는 또 다른 하나의 예이다. 자신의 유고들을 소각시켜 달라고 한 카프카의 지시는 전후사정을 두고 보더라도 그 이유를 설명하기가 힘들 뿐만 아니라 법 앞에 서 있는 문지기의 답변들처럼 조심스럽게 따져보아야만 한다. 매일매일의 삶이 가져다 주는 풀기 어려운 행동방식과 해명하기 힘든 발언 앞에 서 있었던 카프카는 어쩌면 죽음을 통하여 적어도 자신의 동시대인들도 그와 동일한 어려움을 맛보도록 하고 싶었는지도 모른다.

카프카의 세계는 세계라는 하나의 극장이다. 그에게 있어 인간은 태어날 때부터 무대 위에 서 있는 존재이다. 이를 단적으로 증명해 주는 것은 누구나 오클러호머의 자연극장에로의 입단이 허용된다는 사실이다. 어떤 기준에 의해 채용이 이루어지는가는 풀려질 수 없는 문제이다. 우선 생각할 수 있는 기준인 연극적 재능은 아무런 역할도 하지 못하는 것처럼 보인다. 이를 달리 표현하면 응모자에게 기대되어지는 것은 다름아닌 자기 자신을 연기하는 능력이라고 말할 수도 있을 것이다. 사정이 절박하면 그들이 요구하는 바대로 될 수도 있다는 가능성은 배제되고 있다. 그들은 마치 피란델로의 드라마에서 6명의 단원들이 작가를 찾아나서는 것과 같이 그들의 역할을 가지고 일자리를 찾고 있는 것이다. 카프카의 인물들이나 피란델로의 인물들의 경우 이러한 장소는 마지막 도피처이다. 또 바로 이러한 사실이 그 장소가 구원의 장소라는 사실을 배제하지 않고 있다. 구원이라는 것은 현존재에 덧붙여지는 프레미엄이 아니라 오히려 카프카가 말하고 있듯이 〈그 자신의 앞이마의 뼈에 의해 길이 차단되고 있는〉 어떤 한 인간의 마지막 출구인 것이다. 그리고 이러한 극장의 법칙은 「어느 학술원에 드리는 보고」속에 나오는 한 문장이 시사해 주고 있다. 〈나는 바로 출구를 찾고 있기 때문에 모방한다. 다른 이유는 없는 것이다.〉 K에게는 그의 소송이 끝나기 직전에 이러한 것들에 대한 예감이 떠오르고 있는 듯이 보인다. 그는 그를 데려가려고 온 실크모자를 쓴 두 사람에게 갑자기 몸을 돌려 물었다. 〈『어느 극장에서 연기를 하십니까?』『극장이라니?』 한 사람이 입언저리를 셀룩거리면서 다른 사람에게 조언을 구하면서 물었다. 그러자 다른 사람은, 잘 말을 듣지 않는 육신과 싸우는 벙어리와 같은 몸짓을 해보였다.〉 그 사람들은 그 물음에 답을 하지 않고 있다. 그러나 그들이 그 질문에 당황하고 있다는 것은 많은 점을 미루어 짐작할 수가 있다.

흰 천으로 덮인 긴 벤치 위에서 이제부터 자연극장의 단원이 된 사람들이 모두 대접을 받고 있다. 〈그들은 모두 즐거웠고 흥분되어 있었다.〉 축하를 하기 위해 단역들이 천사로 분장하고 있다. 그들은 늘어뜨린 옷감으로 덮여 있고 또 그 내부에 하나의 계단을 가지고 있는 높은 받침돌 위에 서 있다. 그것은 마치 시골의 성당 축성기념일에 서는 큰 대목장을 위한 채비같기도 하고 아니면 우리가 위에서 말했던 장식물이 달린 꼭 끼는 옷을 입은 소년의 시선에서 볼 수 있는 것과 같은 슬픔을 지워 버릴 수도 있는 어린애들의 축제같기도 하다. 만약 그 천사들의 날개가 오려붙인 날개가 아니었다면 그 천사들은 어쩌면 진짜 천사들인지도 모른다. 이들 천사들은 카프카의 다른 작품에서 이미 그 선구자를 가지고 있다. 그들 가운데 한 사람이 흥행주인데, 그는 〈첫 슬픔〉이 엄습한 그네 타는 광대가 있는 열차의 그물선반쪽으로 올라가 그를 쓰다듬어 주고 또 자신의 얼굴을 광대의 얼굴에 부벼대자, 그의 얼굴도 온통 곡예사의 눈물로 적셔지게 되었다. 수호 천사 내지 수호의 남자라고 할 수 있는 또 다른 한 사람은 〈형제살인〉이 있은 뒤 살인자인 슈마르를 떠맡아서는 그를 연행해 가는데, 이때 그는 〈그 경찰관의 어깨에 자신의 입을 지긋이 누른 채〉 가벼운 걸음으로 그와 함께 그 현장을 떠나고 있는 것이다. 카프카의 마지막 소설인 『아메리카』는 오클러호머의 전원적 儀式과 함께 끝난다. 소마 모르겐슈테른 Soma Morgenstern은 다음과 같이 말한 바 있다. 즉 〈카프카에 있어서는 모든 위대한 종교의 창시자들에게서 보여지는 바와 같은 마을의 공기가 감돌고 있다.〉 여기에서는 老子가 말하는 경건성이 한층 더 적절히 나타나고 있는데, 왜냐하면 카프카는 「이웃 마을」에서 시골의 공기를 가장 완벽하게 묘사하고 있기 때문이다. 즉 〈이웃 나라들은 눈이 미치는 가까운 거리에 있기 때문에 닭과 개가 짖는 소리를 멀리서도 서로 들을 수가 있다. 그렇지만 사람들은 매우 늙은 나이에 이르도록 서로 왔다갔다해 보지도 못한 채 죽었다고들 한다.〉 여기까지는 노자와 일맥상통한다. 카프카 역시 우화작가였다. 그러나 어떤 종교의 창시자는 아니었던 것이다.

K가 토지측량사로서 채용되었다고 하는 사실이 매우 신비스럽게 또 느닷없이 확인되어지는 성이 있는 산기슭의 마을을 고찰해 보기로 하자. 막스 브로트의 이 소설에 대한 後記에 의하면, 카프카는 성이 있는 산기슭의 그 마을을 묘사할 때 특정한 장소, 즉 에르쯔 Erz 산맥에 있는 쮜라우 Zürau를 염두에 두었다고 한다. 그러나 우리는 그 산맥 속에서 또 다른 마을을 발견할 수도 있을 것이다. 그것은 탈무드의 전설에 나오는 마을이다. 랍비는 왜 유대인들이 금요일 저녁에 향연을 벌이는가라는 물음에 대한 대답으로서 이 전설을 들려 준다. 그것은 한 공주에 관한 이야기이다. 그 공주는 고향사람들로부터 멀리 떨어져 유배의 길을 떠나다가 한 마을에 이르게 되는데, 그 마을의 언어를 알아듣지도 못하는 그녀는 유배의 고통에 시달리게 된다. 이 공주에게 어느날 한 통의 편지가 날아온다. 그 편지는 그녀를 아직 잊지 않고 있다는 그녀의 약혼자로부터 온 것이었다. 그 약혼자는 그녀를 뒤따라 길을 떠났

으며 그녀에게로 오고 있는 중이라고 했다. 랍비의 말에 의하면, 그 약혼자는 메시아이고 그 공주는 영혼이며 그녀가 유배되어 있는 마을은 육체라고 한다. 그리고 그녀는 자기가 쓰는 언어를 알아 듣지 못하는 마을에 대해 그녀 자신의 기쁨을 달리 전달해 줄 수 없기 때문에 마을에 향연을 베풀어 주는 것이다. 탈무드에 나오는 이 마을과 함께 우리는 바로 카프카의 세계의 한가운데에 있는 셈인데, 왜냐하면 마치 K가 성이 있는 산기슭의 마을에 살고 있듯이 현대인은 자신의 육신 속에 갇혀 살기 때문이다. 그 육체는 현대인으로부터 벗어나 있고, 또 현대인에 대해 적대적이다. 그래서 한 사람이 어느날 아침 잠에서 깨어나 자신이 갑충으로 변신해 있는 것을 보게 되는 일이 일어날 수가 있는 것이다. 타향——그것은 그의 타향이다——이 그를 지배하는 주인이 되었다. 바로 이러한 마을의 공기가 카프카를 감돌고 있고, 그렇기 때문에 그는 어떤 종교의 창시자가 되고자 하는 유혹에 빠지지 않고 있다. 시골의사가 타고 갈 말이 나오는 마굿간, 클람이 시가를 입에 물고서 한 잔의 맥주 앞에 앉아 있는 숨막힐 것만 같은 뒷방, 두드리면 파멸을 몰고 오는 저택의 문, 이러한 것들은 모두 이러한 마을에 속하는 것들이다. 이 마을의 공기 속에는 완성되지 않은 것들과 너무 익어버린 것들이 뒤섞여 고약한 냄새를 풍기고 있다. 카프카는 이러한 공기를 그의 생애 내내 마시지 않으면 안되었다. 그는 점술가도 아니고 종교의 창시자도 아니다. 그는 어떻게 이러한 공기를 견디어 낼 수 있었을까?

작은 꼽추

오래 전의 이야기이긴 하지만 크누트 함순 Knut Hamsun은 그가 그 근교에 살고 있는 작은 도시에서 발간되는 지방신문의 독자란에 이따금씩 투고하는 버릇이 있었다. 그 도시에서 수년 전에 자신의 갓난아이를 죽인 하녀에 대한 배심재판이 있었다. 그녀는 금고형을 선고받았다. 이 일이 있고 난 후 곧 지방지에는 함순의 투고가 실렸다. 그는 자신의 갓난아이를 죽인 어머니에게 극형이 선고되지 않는 도시라면 차라리 그곳을 등지겠다고 말했다. 교수형이 아니라면 종신형에라도 처해져야 한다는 것이 그의 주장이었다. 그 후 몇년이 흘렀다. 그의 작품『대지의 축복』이 출간되었는데, 그 속에는 그와 똑같은 범죄를 저지르고 똑같은 형벌을 받은 어느 하녀에 대한 이야기가 담겨 있었다. 독자는 그 하녀가 더

중한 형벌을 받지 않았음을 분명하게 알 수 있었다.

카프카의 사후에 출간된 「중국의 만리장성」이라는 작품 속에 포함되어 있는 카프카의 성찰들은 앞서 말한 얘기를 연상하게 한다. 이 유작이 출간되자마자 그의 성찰들에 근거를 둔 카프카 해석이 나왔는데, 그 해석은 카프카의 성찰들에 대한 해석에 너무 치중한 나머지 그의 작품들 자체를 그만큼 더 소홀하게 다루게 되었다. 카프카의 저작을 근본적으로 잘못 해석해 버리는 두가지 방법이 있다. 자연적인 해석방법이 그 하나요, 초자연적인 해석방법이 다른 하나다. 두가지 해석방법, 즉 심리분석적 방법과 신학적 방법은 모두 똑같이 본질적인 면을 스쳐 지나가고 있다. 첫번째의 심리분석적 해석의 대표자는 헬무트 카이저 Hellmuth Kaiser이다. 그리고 두번째의 신학적 해석을 대표하는 자는 이미 그 수효가 많은데, 예컨대 쇕스 H.J. Schoeps, 베른하르트 랑 Bernhard Rang, 그뢰튀젠 Groethuysen 같은 사람들이 여기에 속한다. 빌리 하스 Willy Haas도 후자에 속한다고 볼 수 있다. 그는 물론 우리가 나중에 다루게 될 다른 상관관계 속에서 카프카에 관한 많은 중요한 시사점을 제공하고 있지만, 그럼에도 불구하고 그러한 시사점은 카프카의 전 작품을 일종의 틀에 박힌 듯한 신학적 도식으로 해석하는 것을 저지시키지는 못하였다. 그는 카프카에 대해 다음과 같이 쓰고 있다.

> 카프카는 그의 위대한 소설 『성』에서는 천상의 힘, 은총의 영역을 묘사하였고 또 마찬가지로 위대한 그의 소설 『소송』에서는 지하의 힘, 심판과 저주의 영역을 묘사하였다. 그리고 이 두 영역 사이에 있는 지상, 즉 지상적 운명과 이 지상적 운명의 어려운 요구들을 그는 그의 세번째 소설인 『아메리카』에서 엄격한 양식으로 나타내려고 시도하였다.

이러한 해석의 처음 삼분의 일에 해당하는 천상에 대한 해석은 브로트 이래로 카프카 해석의 공동재산이 되었다고 할 수 있다. 이러한 의미에서 이를테면 베른하르트 랑은 다음과 같이 쓰고 있다.

> 우리가 성을 은총이 자리잡고 있는 곳으로 보아도 좋다면, 바로 이러한 부질없는 노력과 시도는, 신학적으로 말한다면 신의 은총이 인간의 의지나 자의에 의해 억지로 얻어질 수 없다는 것을 의미한다. 불안과 초조는 신적인 것의 숭고한 평온을 단지 방해하고 어지럽힐 따름이다.

이러한 해석은 매우 편리한 하나의 해석이다. 이러한 해석은 더 진전되면 될수록 그만큼 더 근거가 박약한 해석이라는 것이 더 분명하게 드러난다. 이러한 점이 가장 분명하게 나타나는 것은 아마도 빌리 하스의 다음과 같은 발언에서일 것이다.

> 카프카는…키에르케고르와 파스칼에 소급한다. 우리는 어쩌면 그를 키에르케고르와 파스칼의 유일한 합법적 상속자라고 부를 수 있을 것이다. 세 사람 모두 인간은 신 앞에서 항상 잘못이라는 무자비할 정도로 확고부동한 종교적 근본 모티브를 갖고 있다. …카프카가 사는 세계, 즉 예측할 수 없고, 편협하며 복잡하게 얽혀 있고 탐욕적인 관료조직을 가진 이른바 『성』과 이 성의 이상한 하늘은 인간들과 끔찍한 게임을 하고 있다. …그렇지만 인간은 이러한 신 앞에서조차 지극히 잘못된 존재인 것이다.

이러한 신학은 멀리 캔터베리의 대주교인 안셀무스 Anselm의, 일견 카프카적인 텍스트의 내용과 전혀 부합되지 않는 것처럼 생각되는 야만적인 사변으로 이루어진 교리옹호론에까지 거슬러 올라간다. 『성』에는 바로 다음과 같은 귀절이 있다.

> 도대체 관리 일개인이 용서를 해 줄 수 있단 말인가? 용서라는 것은 기껏해야 관청 전체나 할 수 있는 일이다. 그러나 이 전체관청도 어쩌면 용서할 수는 없고 단지 판결만을 내릴 수 있을 따름이다.

이렇게 내디뎠던 길은 곧장 막다른 골목에 다다르고 있다. 드니 드 루즈몽 Denis de Rougemont은 말한다. 〈그 모든 것은 신 없는 인간의 비참한 상태가 아니라, 그리스도를 모르기 때문에 자신도 알지 못하는 어떤 신에 얽매여 있는 인간의 비참한 상태이다.〉

카프카의 단편과 장편소설에 나타나는 여러 모티브들 가운데 하나만이라도 철저히 규명하는 일보다는 그의 유고인 비망록에서 사변적인 결론을 추론해 내는 일이 더 쉽기는 하다. 그러나 작품에 나타나는 모티브들만이 카프카의 창작을 지배하였던 前世的 vorweltlich 힘들을 이해하는 관건을 제공한다. 이들 前世的 힘들은 물론 오늘날 우리 시대의 세속적인 힘들로 보아도 무방할 것이다. 그러나 그 힘들이 카프카 자신에게 어떠한 이름을 가지고서 나타났는지를 말해 줄 사람은 아무도 없다. 이것만은 확실하다. 즉 그는 그 힘들의 정체를 몰랐고 또 그러한 힘들 속에서 어떻게 처신해야 할지를 몰랐다는 점이다. 그는 단지 前世 Vorwelt가 죄라는 형태로 그에게 내미는 거울 속에서만 재판의 형태로 나타나는 미래를 보았을 뿐이다. 그러나, 그는 그것이 어떤 것인지에 대해서는 말하지 않았다. 그것은 최후의 심판일까? 재판관을 피고로 만드는 재판일까? 그 소송 자체가 형벌이 아닐까? 여기에 대해 카프카는 아무런 대답도 하지 않았다. 그는 이러한 대답으로부터 무엇인가를 기대하였을까? 아니면 오히려 그런 대답을 미루려는 것이 그의 의도가 아니었을까? 그가 우리에게 남겨준 이야기들 속에서 서사성이 그 의미를 다시 획득하는 것은 미래를 연기시킨다는 세헤라자데의 입을 통해서이다. 『소송』에서는 연기한다는 것은, 만약 심리가 점차 판결로 넘어가지만 않는다면 피고의 희망이다. 이러한 지연은, 비록 그가 그것 때문에 전통 속에서 그가 차지하는 지위를 내놓아야 할지라도 家長에게까지도 도움이 될 것이다.

나는 또다른 아브라함을 생각해 볼 수도 있다. 그는 家長은 물론이고 헌옷장수도 되지 못할 그런 위인이다. 그는 제물을 바치라는 요구에 부응하기 위해 마치 웨이터처럼 즉각 그리고 기꺼이 준비태세를 갖출 것이다. 그렇지만 그는 제물을 바치지는 못할 터인데, 왜냐하면 그는 집에서 떠날 수 없고 또 그는 없어서는 안될 존재이기 때문이다. 가계가 그를 필요로 하고 있고 또 아직도 집안에는 손을 써야 할 일이 남아 있다. 집안일은 완료되지 않았다. 그는 집안일이 완료되지 않은 채로 함부로 떠날 수는 없다. 성경도 그 점을 통찰하고 있는데, 왜냐하면 성경에도 〈그는 가사를 정리하였다〉라고 말하고 있기 때문이다.

이 아브라함은 〈웨이터처럼 준비태세를 갖춘〉 자로서 나타난다. 카프카는 사물을 항상 제스쳐라는 형식을 통해서만 파악할 수 있었다. 그리고 그가 이해하지 못했던 이러한 제스쳐가 우화들의 모호한 부분을 이루고 있다. 카프카의 작품은 그러한 제스쳐로부터 나오고 있다. 그가 어떻게 자신의 작품을 보류했었던가는 잘 알려진 사실이다. 그의 유언은 자신의 작품을 소각해 줄 것을 요청하고 있다. 카프카를 다룸에 있어 빠뜨릴 수 없는 이 유언은 그의 작품이 그를 만족시키지 못했으며, 자신의 노력이 실패한 것이라고 여겼고, 자신을 좌절하지 않을 수 없었던 작가들 중의 하나로 여겼음을 말해 주고 있는 것이다. 문학을 교리로 전환시키고 또 우화로서의 문학에 견고성과 꾸밈없는 성격——그는

이러한 성격을 이성에 적합한 문학의 유일한 속성이라고 생각하였다
——을 되돌려 주려고 한 그의 웅대한 시도는 좌절되었다. 그 어떤 작
가도 〈우상을 섬기지 말라〉는 계명을 그보다 더 엄격하게 지키지는 못
했을 것이다. 〈수치감은 그가 죽은 뒤에도 계속 남아 있을 것처럼 보
였다.〉『소송』은 이러한 말로 끝난다. 그에게 있어 〈감정의 원초적인
순수성〉에 상응하는 수치감은 카프카의 가장 강한 제스처이다. 그러나
이 수치감은 이중의 얼굴을 가지고 있다. 수치감은 인간의 은밀한 내
적 반응이면서 동시에 그것은 사회적 요구를 지니고 있다. 수치감은 타
인 앞에서의 수치감일 뿐만 아니라 그 타인에 대해 느끼는 수치감이기
도 한 것이다. 따라서 카프카의 수치감은 그 수치감을 지배하고 있고
또 그가 다음과 같이 말하고 있는 바의 삶과 사고, 즉 〈그는 자기의 사
적인 생활을 위해 살고 있지 않다. 그는 자신의 개인적인 사고를 위해
사고하지는 않는다. 그는 가족의 강요하에서 생활하고 사고하는 것처
럼 보인다.…이 미지의 가족 때문에…그는 직장을 그만둘 수 없는 것
이다〉라고 말하고 있는 바의 삶과 사고보다도 더 사적인 성격을 띠고
있지는 않다. 우리는 이 미지의 가족이——사람과 동물로 이루어진——
어떻게 구성되어져 있는지를 알지 못한다. 단지 확실한 것이 있다면 카
프카로 하여금 글을 쓰게 함으로써 우주적 시대를 움직이도록 강요하고
있는 것이 바로 그 미지의 가족이라는 사실이다. 이 가족의 명령에 따
라서 그는 마치 시지프스가 돌을 굴리듯 역사적 사건의 덩어리를 굴리
고 있는 것이다. 이 때 그 덩어리의 밑부분이 드러나게 되는데, 그것은
결코 유쾌한 광경이 못된다. 그렇지만 카프카는 그 광경을 견디어 낼
능력이 있다. 〈진보를 믿는다는 것은 어떤 진보가 이미 이루어졌다는 것
을 믿는다는 것을 뜻하진 않는다. 그렇다면 그것은 믿음이 못될 터이니
까.〉카프카는 그가 살고 있는 시대를 인류 태초의 시간을 넘어서는 진
보라고 생각하지는 않았다. 그의 소설들이 움직이고 있는 곳은 늪의 세
계이다. 카프카에 있어서 창조물들은 바하오펜 Bachoffen[2]이 창녀적인

---

2) 바하오펜 Jacob Bachoffen은 19세기 중엽에 활동한 스위스의 법률학자이자 고대 연구
가이다. 『母權法 Mutterrecht』라는 저서로 유명한 이 학자는 法의 기원을 추적하면서
고대의 모권사회를 연구하기에 이르렀다. 그는 일련의 저술을 통하여 질서·지배·전쟁
으로 규정되는 오늘날의 부권적 사회에 대비해서 평화·화해·사랑이 지배한 고대(선사
시대)의 모권적 사회의 기원과 발전 그리고 모권사회의 여러 상징체계를 서술하고 있
다. (보수주의적·문화사적 입장에서 씌어진 바하오펜의 고대연구는 모건의 「고대사회」
와 함께 나중에 엥겔스의 「가족의 기원」에 관한 유물론적 테제를 입증하는 자료로 사용

단계라고 규정했던 단계에서 나타나고 있다. 이 단계가 망각되어 있다고 해서 그 단계가 현재에 미치지 않고 있다는 것을 뜻하지는 않는다. 오히려 그 단계는 그러한 망각에 의해 현실성을 획득하고 있는 것이다. 평범한 시민의 경험보다 더 깊은 어떤 경험에 의해 우리는 그러한 단계와 접할 수 있다. 카프카의 초기 수기들 가운데 하나에는 다음과 같은 말이 쓰여 있다. 〈나는 경험을 갖고 있다. 그리고 그 경험이 내가 탄탄한 육지에서 배멀미를 느낀 경험이라고 말할 때에도 그것은 농담으로 그러는 게 아니다.〉『관찰』의 첫부분이 그네 이야기로 시작하고 있는 것은 그나름의 까닭이 있다. 그리고 카프카는 경험들이 지니는 흔들림의 본성을 끊임없이 표현하고 있다. 개개의 경험은 모두 해이해져서는 그와 반대되는 경험과 뒤섞인다. 「저택의 문두드림」이라는 단편은 다음과 같이 시작된다.

여름이었다. 무더운 날이었다. 나는 내 누이동생과 함께 귀가하는 길에 어느 저택의 문 앞을 지나게 되었다. 누이동생이 장난삼아 문을 두드렸는지 아니면 방심해서 그랬는지 아니면 단지 주먹으로 한번 치는 시늉만 했을 뿐 전혀 두드리지 않았는지 나는 모른다.

마지막 대목에서 언급되고 있는 행위의 가능성이 처음에는 악의없이 여겨졌던 처음 두 가능성을 다른 각도에서 보게 만든다. 카프카적인 여인들이 나타나는 곳은 바로 그러한 경험의 늪에서이다. 그녀들은 늪에서 사는 생물들이다. 가령 〈오른손의 가운데 손가락과 새끼 손가락〉을 펼쳐서 〈그 사이의 연결막이 짧은 손가락의 거의 맨 위 관절까지〉이르도록 하는 레니가 그렇다. ──『아름다운 시절이었어요.』양면적 성격을 지닌 프리다가 그녀의 전생을 회상한다. 『당신은 한번도 저의 과거에 대해 물어보지 않으셨지요.』그녀의 과거는 다음과 같은 성적 결합, 즉 바하오펜의 말을 빌자면, 〈천상적 빛의 순수한 힘들이 증오하고 있고 또 아르노비우스 Arnobius가 사용하였던 더러운 욕망이라는 표현이 정당할 정도로 무절제한 성적 음란성〉이 지배하는 어두운 심연의 모태로까

─────
되기도 하였다.) 벤야민은 일찍부터 이 연구가의 저술에 주목하였고 30년대에는 불어로 「요한 야콥 바하오펜」이라는 논문을 발표하기도 하였다. 바하오펜의 이러한 영향이 가장 두드러지게 나타나고 있는 「카프카論」에서 벤야민은 바하오펜의 개념과 이미지를 사용하고 있다. 특히 前世 내지 前史 Vorwelt라는 개념은 우리가 일반적으로 사용하는 〈역사〉와 대비되는 개념으로서 인류의 원초적 상황 내지 신화적 역사라는 의미를 지닌다. 이 개념은 벤야민의 신학적·신화적 역사개념과도 밀접한 관련을 맺고 있다.

지 거슬러 올라간다.
 이러한 관점에 의해 우리는 소설가로서의 카프카가 가지고 있는 기술을 비로소 파악할 수 있다. 소설 속의 다른 인물들이 K에게 무엇인가를 얘기할 것이 있을 경우 그 인물들은 그 얘기가 지극히 중요하거나 놀라운 내용이라고 할지라도 지나가는 말로 얘기하며, 마치 그가 그것을 오래 전부터 줄곧 알고 있어야 했던 것처럼 얘기한다. 그리고 마치 새로운 내용은 아무 것도 없다는 듯이, 또 잊어 버렸던 것을 기억해 내도록 주인공에게 슬쩍 요구하는 것처럼 얘기한다. 빌리 하스가 『소송』의 과정을 이러한 의미에서 이해하고자 했고 또 다음과 같이 말한 것은 정당하다. 〈소송의 대상, 즉 이 믿기 어려운 책의 진정한 주인공은 망각이다. …자기자신을 망각한다는 것이 이 책의 주요 특성이다. …그 망각이 여기서는 피고라는 인물을 통해 말이 없는 형상이 되고 있다. 그것도 가장 강렬한 내적 심도를 지닌 인물로.〉 〈이 신비스러운 중심이…유태교에서〉 나왔다는 가능성은 좀처럼 부인하기가 힘들 것이다. 여기서 기억은 경건성으로서 매우 신비스러운 역할을 수행하고 있다. 여호아가 회상한다는 사실, 정확한 기억을 〈제 삼대, 제 사대까지〉, 심지어 〈제 백대〉까지 간직한다는 사실은 그의 가장 심오한 특성이다. 儀式이라는 가장 성스러운 행위는 기억이라는 책으로부터 죄를 지워버리는 일인 것이다.
 망각된 것은――이것을 인식함으로써 우리는 카프카의 작품의 문턱에 한 걸음 더 다가서게 된다――결코 단지 개인적으로 망각된 것만은 아니다. 망각된 일체의 것은 전세에서 망각된 것과 혼합되고 또 그것은 불확실하며 변하기도 하는 수많은 결합물을 형성하면서 항상 새로운 것들을 만들어낸다. 망각은 카프카에 있어서 하나의 저장창고이다. 바로 이 창고로부터 그의 이야기들 속에 등장하는 무진장한 중간세계가 밝은 바깥세계로 다투어 나오고 있는 것이다.

 그에게는 바로 충만된 세계 전체가 유일하게 현실적인 것으로 여겨진다. 모든 정신은 그 위치와 존재이유를 획득하기 위해서는 구체적이 되어야만 하고 또 개별화되어야만 한다. 정신적인 것은, 그것이 여전히 어떤 역할을 수행하고 있는 한에는 유령이 된다. 이들 유령들은 개성이 있는 개체들이 되며 독자적 이름을 갖고 있고 또 존경하는 자의 이름과 특별한 결합을 하게 된다. 세계는 의심할 나위없이 이들 유령들이 가득차게 됨에 따라 더욱 과잉상태가 된다. …유령들의 무리는 이에는 아랑곳하지 않고 점점 더 많이 몰려든다. …새로운 유령들이 끊임없이 기존의 옛 유령들에게 합세하게 되는데, 이 때 이들 유령은 독자적 이름을 가짐으로써 다른 유령들과 구별된다.

물론 여기에서 거론되고 있는 이야기는 카프카에 해당되는 것이 아니라 중국에 해당된다. 프란츠 로렌쯔바이크가 『구원의 별』에서 중국의 조상숭배를 이처럼 묘사하고 있는 것이다. 그러나 카프카에게는 사실성의 세계도 중요하지만 그의 조상들의 세계 또한 헤아리기 힘든 세계였다. 그리고 확실한 또 하나의 사실은 카프카에게는 그의 조상들의 세계는 원시인들이 숭배하던 토템 기둥들처럼 동물들의 세계로 내려가고 있다는 점이다. 그런데 동물들이 망각되어진 것의 보관창고가 되고 있는 것은 비단 카프카의 경우에만 한하는 것은 아니다. 티이크 Tieck의 의미심장한 단편 「금발의 에크베르트」에서는 스트로미라는 한강아지의 잊혀진 이름이 어떤 수수께끼같은 죄의 암호로 나타나고 있다. 따라서 이제 우리는 카프카가 지칠 줄 모르게 망각된 것을 동물들에게서 엿들으려고 했다는 사실을 이해할 수 있을 것이다. 물론 동물들 자체가 목표는 아니다. 그렇지만 그러한 동물들이 없이는 되지 않는다. 「단식광대」를 한번 생각해 보더라도, 그는 〈엄격히 따져 보면 마굿간으로 가는 길의 거추장스러운 장애에 불과했던 것이다.〉 우리는 「소굴」이나 「거대한 두더쥐」에 등장하는 동물들이 땅을 파면서 골똘히 생각하는 모습을 볼 수 있지 않은가? 그렇지만 다른 한편으로 이러한 생각은 지극히 산만한 것이다. 이러한 생각은 한 걱정에서 또 다른 걱정으로 부단히 흔들리고, 모든 불안을 맛보며 또 절망의 변덕과 같은 면을 지니고 있다. 그래서 카프카에서는 나비도 등장한다. 자신의 죄를 인정하기를 거부하는 죄를 진 〈사냥꾼 그라쿠스〉는 〈한 마리의 나비가 되었다.〉 〈웃지 마십시오〉라고 사냥꾼 그라쿠스는 말하고 있다. 어쨌든 카프카의 작품에 등장하는 모든 생물들 가운데 동물들이 가장 사색을 많이 하고 있다는 점만은 확실하다. 법 속에 부패가 있듯이 이들 동물들의 사고 속에는 불안이 있다. 불안이 상황을 망치지만 그 불안이야말로 그러한 상황에서 유일한 희망인 것이다. 그러나 가장 완전히 잊혀진 낯선 곳이 우리 자신의 육체이기 때문에, 우리는 왜 카프카가 자신의 내부에서 터져 나오는 기침을 〈동물〉이라고 불렀던가를 이해할 수가 있다. 그 기침은 커다란 가축떼의 전초기지였다.

카프카에 있어 前世가 죄를 짓고서 만들어낸 가장 이상한 잡종이 「어

프란츠 카프카 87

면 家長의 근심」에 나오는 오드라데크이다.

언뜻 보기에 그것은 납작한 별모양의 실패처럼 보인다. 그리고 정말 그것은 실로 덮여 있는 것 같다. 확실히 그것은 낡아서 끊어진 것을 연결하고 있고 또 엉켜있기도 한, 여러 종류의 색깔의 실뭉치들인지도 모른다. 그러나 실패인 것만은 아니다. 별의 한 가운데에서 조그마한 막대가 가로질러 튀어 나와 있고 또 오른쪽 구석에서 나온 또 하나의 작은 막대가 바로 이 조그마한 막대와 서로 접합되어 있다. 이 두번째 막대가 한쪽 편에서, 그리고 별의 발산하는 불빛이 다른 한쪽 편에 있기 때문에 이것들의 도움으로 전체는 마치 두 다리로 서 있는 것처럼 곧추 서 있을 수 있게 된다.

오드라데크는 〈다락방, 층계, 복도, 현관 등에서 번갈아 가며 머문다.〉 그러니까 그것은 죄를 추적하는 법정처럼 동일한 장소들을 더 좋아한다. 다락방은 폐기되고 망각된 가재도구들이 쌓여 있는 장소이다. 법정에 출두해야 한다는 강박감은 어쩌면 수년 동안 버려져 있던 다락방 속의 궤 곁으로 가야 한다는 강박감과 비슷한 느낌을 불러일으킬지도 모른다. K가 그의 변론서를 〈은퇴한 연후에 언젠가 노망한 정신을 몰두시키기에〉 적합한 대상으로 여기고 있는 것과 마찬가지로 우리는 이러한 귀찮은 일들을 마지막 날까지 연기하고 싶을 것이다.

오드라데크는 사물들이 망각된 상태 속에서 갖게 되는 형태이다. 그 사물들은 흉하게 일그러져 있다. 아무도 그 근심의 정체를 모르는 〈어떤 가장의 근심〉과 우리가 그것이 그레고르 잠자라는 것을 너무나도 잘 알고 있는 갑충도 흉하게 일그러져 있다. 어쩌면 〈푸주한의 칼이 구원〉이 될지도 모를, 반은 양이고 반은 고양이인 그런 커다란 동물 또한 흉하다. 이러한 카프카의 인물들은, 일련의 형상들을 길게 늘어 놓으면 결국 그러한 기형의 원형이라고 할 수 있는 꼽추와 연결된다. 카프카의 단편들에 나오는 제스쳐들 가운데 머리를 가슴 깊숙이 파묻고 있는 남자의 제스쳐만큼 자주 나타나는 것은 없다. 법관들은 피로하기 때문에, 호텔의 수위는 소음 때문에, 미술관 관람객들은 낮은 천정 때문에 그러는 것이다. 그러나 「유형지」에서는 권력가들은 매우 오래된 구식 기계를 사용하는데, 이 기계는 죄인의 등에 나선형의 문자를 새기고 또 바늘로 계속 등을 찔러 문자장식을 쌓아 나감으로써 나중에는 죄인의 등이 훤히 보이게 되고, 그래서 그 자신도 알지 못하는 죄명을 해독해 낼 수 있다. 그러니까 부담이 지워지는 것은 등이다. 카프카에 있어서는 예전부터 이런 식으로 등에 부담이 지워져 왔다. 그래서 초기의 일기에는 다음과 같은 것이 기록되어 있다.

　　나는 가능한 한 무거워지기 위해――나는 이것을 잠들기 위한 좋은 방법이라고 생각한다――두 팔을 교차시켜 서로 반대편 어깨 위에 얹었고 그래서 등에 짐을 진 군인처럼 누워 있을 수 있었다.

여기서 짐을 지고 있다는 것이 망각, 즉 잠자는 사람의 망각과 일치된다는 것은 너무나도 명백하다. 이와 동일한 상징이 〈작은 꼽추〉라는 민요에서도 나타나고 있다. 이 꼽추는 일그러진 생활 속에서 삶을 영위하는 자이다. 그는 메시아가 오면 사라질 것이다. 어느 위대한 랍비가 말했던 것처럼, 폭력으로서 세계를 변경시키려고 하지 않고, 다만 세계를 조금 바로 잡게 될 그런 메시아가 오면 꼽추는 사라지게 될 것이다.

　　내가 나의 작은 침실로 가서,
　　잠자리를 펴려고 하면,
　　거기서 한 작은 꼽추가 서서,
　　웃기 시작한다.

이것은 오드라데크의 웃음인데, 이 웃음은 〈낙엽 속에서의 바스락거림〉과 같은 소리를 낸다고 묘사되어 있다.

　　내가 내 작은 의자위에 무릎을
　　꿇고서,
　　기도를 좀 드리려는데,
　　거기 한 작은 꼽추가 서서,
　　말을 하기 시작한다 :
　　귀여운 애야, 부탁한다,
　　이 작은 꼽추를 위해 함께 기도해다오.

민요는 이렇게 끝난다. 카프카는 자신의 깊은 내면 속에서, 〈신화적인 예시〉도 〈실존적 신학〉도 그에게 부여해 주지 못하는 밑뿌리와 접하고 있다. 그것은 독일적 민중 전통의 밑뿌리이기도 하고 유태적 민중전통의 밑뿌리이기도 하다. 비록 카프카가 기도를 드리지 않았다고 할자라도――그것은 우리가 알 수 없는 것이긴 하지만――그는 여전히 말르브랑쉬 Malebranche가 〈영혼의 자연적인 기도〉라고 일컬었던 것, 즉 주의력 Aufmerksamkeit을 최고도로 소유하고 있었던 것이다. 그리하여 그는 모든 피조물들을, 마치 성인들이 그들의 기도 속에 그렇게 하듯이, 이러한 주의력 속에 포용하였던 것이다.

산초 판사

다음과 같은 이야기가 전해진다.

어느 마을에 있는 초라한 주막 안에 안식일 저녁 무렵 유대인들이 앉아 있었다. 한 사람만 제외하고는 모두가 그 마을 사람들이었다. 그 사람은 그 고장에 뜨내기로서 아주 남루한 차림을 하고서 구석의 어두컴컴한 곳에 웅크리고 앉아 있었다. 이런저런 이야기가 오고갔다. 그 때 한 사람이 제안하기를 만일 한가지씩만 소원이 허락된다면 제각기 무엇을 바라는지 이야기해 보자고 했다. 어떤 사람은 돈을, 어떤 사람은 사위를, 또 다른 사람은 목수의 작업대를 얻고 싶다고 했다. 이렇게 빙 돌아가면서 이야기를 했다. 모두가 자기 소원을 이야기하고 나자 어두운 구석에 있는 걸인 한 명만이 남게 되었다. 그는 마지못하듯 머뭇거리면서 그 질문에 대답하였다. 『난 내가 한 강력한 힘을 가진 왕이 되었으면 싶소. 그리하여 넓은 땅덩어리를 통치하면서 밤이 되면 누워 내 궁전에서 잠을 자고 있는데, 국경을 넘어 적들이 침입해 와서, 날이 채 새기도 전에 기마병들이 내 성 앞까지 쳐들어 왔는데, 이때 아무런 저항도 없이 나는 잠에서 소스라치게 놀라 깨어나 옷을 입을 시간도 없이, 단지 내의차림으로 도주길에 올라 산을 넘고 계곡을 따라 숲과 언덕을 넘으면서 쉬임없이 밤낮으로 쫓기면서, 결국 여기 당신네들이 있는 구석의 벤취 위까지 안전하게 도착하였으면 하오. 내가 바라는 것은 그것이외다.』 그 이야기를 듣던 사람들은 어리둥절한 표정으로 서로를 쳐다 보았다.――『그러면 당신은 그런 소원에서 무엇을 바라는 것이오?』라고 한 사람이 물었다.――『내의 한 벌이오.』이것이 그 대답이었다.

이 이야기는 카프카의 세계 깊숙이까지 우리를 이끌어간다. 어느 누구도, 언젠가는 메시아가 바로 잡아 주게 될 畸形들이 단지 우리가 사는 공간의 기형들일 뿐이라고는 말하지 않고 있다. 하지만 그 기형들은 분명 우리 시대의 기형들이다. 카프카는 그렇게 생각했음에 틀림없다. 바로 이러한 확실성에서 그는 「이웃 마을」에서 그의 할아버지로 하여금 다음과 같은 말을 하게 한다. 즉,

인생이란 놀라울 정도로 짧은 것이다. 회고해 보면 인생은 나에게 너무 짧게 느껴지기 때문에 나는 가령 어떻게 한 젊은이가 행복하게 지나가는 평범한 인생의 시간만 가지고서는 그렇게 말을 타고 가는 것이 불충분하다는 생각을 하지도 않은 채 이웃 마을로 말을 타고 떠날 결심을 하게 되었는지를 좀처럼 이해할 수가 없다.

이렇게 말하는 노인의 형제는 걸인인데, 그는 자신의 〈행복하게 지나가는 평범한〉 인생 속에서 한번도 어떤 소망을 이룰 시간을 발견하지 못하고 있는 것이다. 그렇지만 그는 비정상적이고 불행한 삶 속에서, 다시 말해 그가 이야기 속에서 시도하고 있는 도주 속에서 그러한 소망으로부터 벗어나고 있으며, 또 그러한 소망을 그것이 실현된 상태와 맞바꾸고 있는 것이다.

카프카의 인물들 중에는 독특한 방식으로 인생의 짧음을 염두에 두고 있는 일군의 인물들이 있다. 그들은 남쪽 지방의 도시 출신인데, ……그 도시에 대해서는 다음과 같은 말이 전해지고 있다. ……『거기 사람들은 잠을 자지 않는대.』──『그건 또 왜?』──『고단하질 않으니까 그렇겠지.』──『왜 그럴까?』──『바보들이니까 그렇지 뭐.』──『바보들은 고단하지도 않은가?』──『바보가 어째서 고단하단 말야?』

우리는 이 바보들이 결코 지칠 줄을 모르는 조수들과 비슷하다는 것을 알 수 있다. 그러나 이들 일군의 인물들에서는 더 많은 점을 발견할 수 있다. 어디에선가 지나가는 말로 그 조수들의 얼굴에 대해 언급한 부분이 있다. 즉 그들은 〈성인, 아니 학생들과 거의 닮았다〉는 것이다. 그리고 실제로 카프카에 있어서 가장 특이한 장소에서 나타나고 있는 학생이란 존재는 그러한 인물들을 통치하고 대변하는 자들이다. 『그렇다면 당신은 언제 잠을 잡니까?』라고 칼은 물으면서 그 학생을 놀란 듯한 표정으로 쳐다보았다. 『네, 잡니다.』라고 학생이 말했다. 『난 내 공부가 끝나면 잠을 잘 것입니다.』 이 말은 잠자리에 들기를 싫어하는 어린아이들의 투정을 연상시키는데, 그것은 그들이 자고 있는 동안에 그들이 요구하는 무엇인가가 나타날지도 모르기 때문이다. 〈가장 좋은 것을 잊지

말아라!〉라는 수없이 많은 아리송한 옛날 이야기 속에 나오는 이 말은 (물론 이러한 말은 어쩌면 어떤 이야기 속에서도 나오지 않을 수도 있지만) 우리가 익히 아는 말이다. 그렇지만 잊는다는 것은 항상 가장 좋은 것을 내포하고 있는데, 왜냐하면 그것은 구원의 가능성을 내포하고 있기 때문이다.

『저를 도와주고 싶다는 생각은』하고 쉼없이 떠돌아 다니는 사냥꾼 그라쿠스의 유령이 아이러니컬하게 말했다. 『……그런 생각은 일종의 병이고, 그 치유를 위해서는 침대요양을 필요로 합니다.』

공부를 하고 있는 동안 학생들은 깨어 있다. 그리고 어쩌면 그들을 깨어 있게 하는 것이 바로 그러한 공부가 갖는 가장 좋은 점인지도 모른다. 단식광대는 단식을 하고, 문지기는 침묵을 지키며, 학생들은 깨어 있다. 이처럼 카프카에 있어서는 금욕의 커다란 규율들이 은밀하게 작용하고 있는 것이다.

이러한 규율들이 성취하는 최대의 성과가 공부이다. 카프카는 경건한 마음으로 자신의 아득한 소년시절로부터 그것을 이끌어내고 있다.

벌써 오래 전 평소와 거의 다를 바 없이 칼은 집에서 양친의 식탁에 앉아 식사를 했고 학교 숙제들을 끝마쳤다. 한편 아버지는 신문을 읽거나 장부를 정리하고 어떤 협회에 보낼 서한을 작성하고 있었고 어머니는 바느질에 몰두하시거나 옷감에서 실을 높이 쳐들어 뽑아내시고 있었다. 아버지께 방해를 끼치지 않기 위해 칼은 노우트와 필기도구만을 책상 위에 놓고서 다른 한편으로 필요한 책들을 긴 의자 위에서 오른쪽과 왼쪽에 정렬하곤 했다. 그곳은 얼마나 조용했던가! 그 방에는 낯선 사람이라곤 거의 들어오지 않아 얼마나 좋았던가!

아마도 이러한 공부는 아무 것도 아니었을 것이다. 그러나 그러한 공부들은 무엇인가를 유용한 것으로 만들 수 있는 無에 아주 가까운 것이다. 다시 말해 道에 가까운 것이다. 카프카는

책상 하나를 정확하기 이를데 없는 기술을 가지고 정성들여 망치질을 하면서도 동시에 아무 일도 하고 싶지 않다는 소망을 가지고 그 도를 추구하였다. 그것도 사람들이 『그에게는 망치질은 아무 것도 아니다』라고 말할 수도 있는 식으로가 아니라, 『그에게는 망치질은 정말 망치질인 동시에 무이기도 하다』

라고 말하는 식으로 그렇게 하였다. 그렇게 되면 실로 그 망치질은 더 대담하고, 더 단호하며, 더 현실적인 것으로 되며, 그대가 바란다면 더 미친 짓이 될 수 있을지도 모른다.

학생들이 공부를 할 적에 보이는 단호하고 광신적인 제스쳐가 바로 이러한 제스쳐이다. 이러한 제스쳐보다 더 기이하게 보이는 제스쳐는 생각해 낼 수가 없을 것이다. 글을 쓰는 작가나 학생들은 숨을 헐떡인다. 그들은 이런 식으로 달리기만 할 뿐이다.

이따끔 그 관리는 너무 나지막한 소리로 구술하기 때문에 받아 쓰는 사람은 앉은 채로 그 말을 전혀 알아 들을 수가 없어 구술된 것을 붙잡기 위하여 항상 벌떡 일어서지 않으면 안된다. 그러다가 다시 재빨리 앉아서 그것을 기록하다가 다시 일어서야 하며, 이러한 동작을 되풀이한다. 이 얼마나 괴상한 짓인가! 그것은 거의 상상조차 할 수 없는 일이 아닌가!

그러나 이러한 것은 어쩌면 자연극장의 배우들을 다시 한번 돌이켜 생각해보면 더 잘 이해될 수 있을 것이다. 배우들은 전광석화처럼 빠르게 자신의 큐우 cue를 포착하지 않으면 안된다. 또 그들은 그 밖의 다른 점에서도 이들 부지런한 사람들과 비슷하다. 실로 그들에게는 〈망치질은 실제의 망치질이면서 동시에 하나의 무이기도 한 것이다.〉 물론 그들이 맡은 역할 중에서 어떤 대사나 제스쳐를 잊어버리는 배우가 있다면 그 배우는 훌륭한 배우가 못될 것이다. 그러나 오클러호머 극단의 단원들에게 있어서는 그 역할은 그들보다 앞서 간 지나간 생애이다. 그렇기 때문에 자연극장에는 〈자연 Natur〉이라는 말이 있는 것이다. 자연극장의 배우들은 구원되었다. 하지만 칼이 밤이 되면 발코니에서 말없이 바라보는 그 학생, 〈책장을 넘기고, 종종 무엇인가를 찾기 위해 다른 책을 항상 전광석화처럼 재빨리 집어오기도 하고, 때로는 노우트에 무엇인가를 기입해 넣기도 하며, 그럴 때는 항상 얼굴을 갑자기 노우트 속에 깊이 파묻기도 하는〉 그 학생은 아직 구원되지 않고 있다.

지칠 줄 모르게 카프카는 제스쳐를 그런 식으로 그려내고 있다. 그렇지만 그는 그것을 항상 경탄의 마음을 가지고 묘사하였다. K는 적절하게도 〈선량한 군인 슈바이크〉와 비교되었다. 한 사람은 모든 것에 경악하고 다른 한 사람은 아무 것에도 놀라지 않는 것이다. 인간들 상호간의 소외감이 최고조에 이른 시대, 불투명해진 관계가 인간의 유일한 관계가 되어 버린 시대에 영화와 축음기가 발명되었다. 영화 속에서 사람들은 자신의 움직임을 알아보지 못하며, 축음기 속에서는 자신의 음성을 알아듣지 못한다. 이것은 실험이 증명하고 있는 바다. 이러한 실험들 속에서 실험대상이 되고 있는 인간의 상황이 카프카의 상황이다. 이러한 상황이 바로 그로 하여금 공부를 하도록 지시하고 있는 것이다. 어쩌면 그는 공부를 하면서, 여전히 역할의 상관관계 속에 있는 자신의 현존재의 단편과 마주치게 될지도 모른다. 그는 마치 페터 슐레밀 Peter Schleimihl이 자신이 팔았던 그림자를 되찾았던 것처럼 잃어버린 제스처를 붙잡을 수 있을지도 모른다. 그는 자신을 이해하게 될지도 모르지만 그러기 위해서는 얼마나 엄청난 노력이 필요할 것인가! 망각의 땅으로부터 불어오는 것은 폭풍이고, 공부라는 것은 그 폭풍을 막아내려는 騎兵의 전진이다. 구석진 의자 위에 앉아 있던 걸인도 도망치는 왕의 모습 속에서 자기자신을 포착하기 위해 자신의 과거를 거슬러 말을 타고 가고 있는 것이다. 하나의 인생에 비해 너무나 긴, 이 말타고 가는 행위는, 말을 타고 가기에는 너무나 짧은 인생과 서로 상응한다.

…마침내는 박차도 내던지고, 왜냐하면 박차따윈 있지도 않았으니까, 또 말고삐도 내던지고, 왜냐하면 말고삐같은 것은 있지도 않았으니까, 드디어는 대지가 매끈하게 깎아 놓은 황야처럼 보이자마자 이미 말의 목덜미도 말의 머리도 보이지 않으리라.

이 순간은 홀가분하고 유쾌하게 여행을 하면서 과거를 향해 내달리고 또 질주하는 말에게는 그가 더 이상 짐이 되지 않는 행복한 기수를 두고 한 상상력이 실현되는 순간이다. 그러나 미래의 목적지를 설정하고 있기 때문에 자신을 피폐한 말에 붙들어 맨 기수는 불행하다. 그 목적지가 석탄창고처럼 아무리 가까이 있는 것이라고 할지라도 말이다. 동물 역시 불행하다. 석탄을 싣고 가는 통과 기수도 모두 불행하다.

석탄통에 올라탄 기수로서, 손으로 간단하게 생긴 손잡이를 고삐삼아 잡고서 나는 가까스로 계단을 내려온다. 그런데 아래에서는 나의 석탄통이 근사하게, 정말 근사하게 올라오고 있다. 바닥에 납작하게 엎드려 있다가 주인의 막대기 아래서 몸을 흔들면서 일어서는 낙타도 이보다 더 근사하게 일어서지는 못할 것이다.

석탄통에 올라탄 기수가 영원히 시야에서 사라지게 될 〈빙산지대〉보다 더 절망적으로 펼쳐지고 있는 지대는 없다. 〈죽음의 가장 밑바닥 지대들〉로부터 그에게 유익한 바람이 불어오고 있다. 그 바람은 카프카에 있어서 흔히 前世 Vorwelt로부터 불어오는 그런 바람이며, 그 바람에 의해 사냥꾼 그라쿠스의 거룻배도 나아가고 있는 것이다. 플루타르크는 〈희랍인들 사이에서나 야만인들 사이에서는 密儀행사나 제물을 바칠 때 다음과 같은 점이 지침이 되었다〉고 말하고 있다. 즉 〈두 개의 특수한 본질적 요소와 서로 대립되는 두 개의 힘이 있어야만 하는데, 그 가운데 하나는 오른쪽으로 똑바로 나아가고, 다른 하나는 방향을 딴 곳으로 돌리거나 다시 되돌아오게 하는 역할을 하게 된다.〉 되돌리는 것이 현존재를 글자로 변형시키는 공부의 방향이다. 그러한 방향을 지도하는 스승은 〈새 변호사〉인 부세팔루스인데, 그는 막강한 힘을 가진 알렉산더 없이——다시 말해 계속 앞으로 전진해 가는 정복자 없이——길을 되돌리는 것이다.

　　기사의 허벅지에 의해 하등의 방해도 받지 않고 그의 양쪽을 자유롭게 해서 그는 알렉산더 전투의 아우성소리를 멀리 한 조용한 등불 아래에서 우리들의 오래된 책들의 책장을 넘기면서 읽고 있다.

　　베르너 크라프트 Werner Kraft는 이 이야기에 대한 해석을 시도하였다. 그는 그 이야기의 세세한 부분까지 면밀하게 해석을 하고 난 뒤에 다음과 같이 언급하였다. 〈문학에 있어서 여기에서만큼 신화 전체에 대한 강력하고도 결정적인 비판이 광범위하게 이루어진 적은 없다.〉 크라프트에 의하면 카프카는 〈正義〉라는 단어를 사용하고 있지 않다. 그럼에도 불구하고 신화에 대한 비판이 이루어지는 출발점은 정의이다. 그러나 우리가 여기에서 멈추어 버린다면 카프카를 그르칠 위험에 빠지게 된다. 신화에 대적될 수 있는 것이 정말 정의라는 이름의 법일까? 아니다. 법학자로서 부세팔루스는 자신의 근원에 계속 충실한 것이다. 다만 그는 개업하고 있지 않은 듯이 보일 따름이다. 바로 여기에 카프카적 의미에서 볼 때 부세팔루스와 변호사직에 있어서의 어떤 새로운 점이 있는지도 모른다. 단지 연구되기만 하고 더 이상 실행되지 않은 법, 바로 이 법이 정의로 나아가는 문이다.

　　정의로 나아가는 문이 공부이다. 그렇지만 카프카는 감히 이러한 공부에, 전통이 토라 Torah의 공부에 첨가시켰던 약속들을 첨가하려 하지 않는다. 그의 조수들은 기도장소를 잃어버린 교회의 머슴들이고, 그의 학생들은 성서를 잃어버린 생도들이다. 이제 그들이 〈홀가분하고, 즐거운 여행〉을 떠날 때 그들을 지탱해 줄 것이라고는 아무 것도 없다. 그러나 카프카는 그 자신의 여행의 법칙을 적어도 단 한번은 발견하였는데, 그것도 그가 숨막힐 듯이 빠른 속도의 여행을, 평생을 두고 그가 추구하였을지도 모르는 서사적인 느릿느릿한 보조와 일치시키는 데 성공하였을 때이다. 그는 이러한 법칙을 한 조그만 산문 단편에서 표현하였는데, 이 작품이 카프카의 가장 완벽한 창작물이 되었던 것은 단지 그것이 하나의 해석을 시도하고 있다는 이유 때문만은 아닐 것이다.

그 사실을 한번도 자랑하는 일이 없이 산초 판사는 해가 거듭되는 동안에, 그가 나중에 동 키호테라는 이름을 붙여 준 그의 악마에게 저녁시간과 밤시간을 위해 기사소설과 모험소설들을 잔뜩 갖다 바침으로써 그를 악마에 대한 생각으로부터 딴 데로 관심을 돌리게 하는 데 성공하였다. 그러고나서도 그의 악마는 계속 미친 짓들을 연출하였지만, 그 미친 짓들은 어떤 미리 정해진 대상 ——산초 판사 자신이 그 대상으로 생각되었다—— 이 없었기 때문에 아무에게도 해를 끼치지 않았다. 자유로운 몸이 된 산초 판사는 침착하게, 그리고 어쩌면 일종의 책임감 때문에 동 키호테가 출정하는 곳을 뒤따라 갔으며 거기에서 유익하고 큰 즐거움을 그의 말년에 이르기까지 누렸던 것이다.

차분한 바보이고 서투른 조수였던 산초 판사는 자기의 주인을 자기보다 먼저 떠나 보냈다. 부세팔루스는 그의 주위사람들보다 더 오래 살았다. 단지 등에서 짐만 벗겨진다면 짐이 벗겨진 그 등이 사람의 등이냐 말의 등이냐 하는 물음은 그다지 중요한 것이 아니다.

좌절한 자의 순수성과 아름다움*
──카프카에 관한 몇 가지 고찰

    카프카의 작품은 멀리 떨어진 두 개의 촛점이 있는 타원과 같다. 그 초점들 가운데 하나는 무엇보다도 우선 전통에 관한 경험이라고 할 수 있는 신화적인 경험이고, 다른 하나는 현대의 대도시인의 경험이다. 현대의 대도시인의 경험에 관한 한 나는 그것을 여러 각도에서 파악하고 있다. 우선 나는 하나의 거대한 관료장치에 자신이 내맡겨지고 있다는 것을 알고 있는 현대의 시민들에 대해 생각해 보고자 한다. 그런데 관료정치의 기능은, 실행기관들 자체와 이러한 실행기관들과 관계하고 있는 사람들에게 불확실한 채로 존재하고 있는 장치들에 의해 조종되고 있다. (잘 알다시피 그의 소설들, 특히 『소송』이 지니는 의미층은 그러한 범주 속에 집어넣을 수 있다.) 현대의 대도시인들 가운데서 나는 다른 한편으로 현대물리학자들의 동시대인들에 대해 말하고자 한다. 우리가 에딩톤 Eddington의 「물리적 세계의 본성 The Nature of the Physical World」에서 나오는 다음 귀절을 읽어 보면 우리는 카프카가 이야기하고 있는 것처럼 느끼게 될 것이다.

---

* 이 글은 벤야민이 게르솜 숄렘에게 보내는 1938년 6월 12일자 편지로부터 발췌한 것이다. 막스 브로트 Brod의 카프카 해석에 대한 비판으로부터 시작되고 있는 이 편지에서 벤야민은 카프카에 관한 그의 견해를 〈원근법적으로 축소된〉 형태로 피력하고 있다. 카프카에 관한 그의 최종적 표현이라고 할 수 있는 이 글은 카프카의 이미지를 집약적으로 보여주고 있다는 점에서뿐만 아니라 그의 말년의 상황을 카프카를 통해 암시하고 있다는 점에서도 매우 주목할 만하다. 「좌절한 자의 순수성과 아름다움」이라는 제목은 이 편지의 한 표현으로부터 역자가 따내어 붙인 것이다.

나는 문지방 위에 서서 바야흐로 내 방으로 들어가려고 하고 있다. 그것은 복잡한 일이다. 첫째로 나는 내 몸에 대해 1평방 인치당 14파운드의 힘으로 압박하고 있는 공기의 저항을 뚫고 나가야 한다. 그밖에도 나는 1초에 30킬로미터의 속도로 태양 둘레를 도는 방바닥 위에 안전하게 착륙하여야 한다. 일초의 단 몇분의 일만이라도 일찍 혹은 늦게 내려서면 방바닥은 몇 킬로미터나 멀어져 버리게 될 것이다. 그리고 나는 머리를 바깥쪽, 즉 방안으로 들이밀고서 둥근 혹성에 매달려 있는 동안 이 일을 해내야 한다. 그때 아무도 모르는 강한 속도로 내 몸의 모든 기공을 뚫고 불고 있는 에테르의 기류도 있다. 또한 방바닥은 결코 단단한 물질이 아니다. 그곳을 밟고 들어간다는 것은 파리떼 속을 내디디는 것과 같다. 나는 미끄러져 넘어지지 않을까? 그렇지 않을 것이다. 만일 내가 모험을 감행하여 그곳을 내딛는다면 파리들 가운데 한 마리가 나에게 부딪쳐 올 것이고 나를 위로 떠밀어 올릴 것이다. 나는 다시 넘어질 것이고 그때 또 다른 파리 한마리가 나를 위로 올려칠 것이며, 이런 일은 되풀이될 것이다. 따라서 전체적인 결과를 두고 볼 때 나는 대략 똑같은 높이에서 머무르게 될 것이라는 점을 믿어도 좋을 것이다. 그렇지만 불행하게도 내가 땅바닥에 넘어지거나 아니면 천정까지 날아오를 정도로 격렬하게 위로 쳐올려지는 경우를 생각해 본다면 그러한 사고는 결코 자연의 법칙들이 깨뜨려진 현상이 아니라 단지 우연들이 합쳐져 이루어진 매우 비개연적인 현상에 지나지 않을 것이다. ……확실히 낙타가 바늘구멍 속에 들어가는 일은 한 물리학자가 문지방을 넘어서는 일보다 더 쉽다. 그것이 곡물창고 문이든 아니면 교회 문이든간에 과학적으로 아무런 異論의 여지가 없이 들어가는 것과 결부된 모든 난점들이 해결될 때까지 기다리느니보다는 평범한 사람처럼 행동하는 데 만족해서 그냥 걸어 들어가는 것이 더 현명할 것이다.

나는 이 귀절보다 더 적절하게 카프카의 제스처를 지시해 주고 있는 문헌을 알지 못한다. 우리는 이 물리학적인 난제들의 어느 귀절들이라도 카프카의 산문작품에서 나오는 문장들과 힘들이지 않고 대응시킬 수 있을 것이다. 또한 그러한 점은 이에 못지 않게 가장 〈이해하기 어려운〉 귀절들이 많이 내포되어 있다는 사실을 말해주고 있는 것이다. 그러므로 내가 방금 지적한 것처럼 누군가가 그와 같은 물리학적 측면에 상응하는 카프카의 경험들이 그의 신비주의적인 경험들과 강한 긴장관계를 유지하고 있다고 말한다면, 그 사람은 진실의 절반 밖에 말하지 않고 있는 셈이다. 그런데 카프카에 있어서 본래적이고 또 엄밀한 의미에서 놀라운 점은 이러한 최근의 경험들이 카프카에 있어서는 바로 신비적인 전통을 통해 그에게 전해졌다는 사실이다. 그것은 물론 이러한 전통 내부에서 파괴적인 사건들(이것들에 대해서는 앞으로 곧 언급하겠지만)이 일어나지 않고서는 불가능한 일이었다. 이 문제의 전모를 다시 말하면 우리의 현실로서 이론적으로 이를테면 현대물리학 속에, 그리고 전쟁기술 속에 실제로 투영되어지는 그러한 현실에 한 개인(프란츠 카프카라고 불리어졌던)이 마주치게 되는 경우 그로서는 그와 같은 전통이 지니는 힘들에 호소할 수밖에 다른 도리가 없었던 것이다. 이로써 내가 말하고자 하는 것은 이러한 현실은 한 사람의 개인으로서는 더 이상 경험할 수 없는 것이 되었다는 점이고 또 천사들의 영향을 받고 있는 매우 명랑한 카프카의 세계는, 이 지구상에 살고 있는 자들을 대량으로 제거해 버리려고 하고 있는 그의 시대의 정확한 보완물이라는 점이다. 개인적 인간 카프카의 경험에 상응하는 이러한 경험을 거대한 대중들은 아마도 그들이 제거되는 경우에 처해야만 비로소 획득할 수 있을지도 모른다.

카프카는 어떤 보완적인 세계에 살고 있다. (이 점에 있어서 그는 클레 P. Klee와 비슷한데, 회화부분에서의 그의 작품은 문학이라는 영역에서의 카프카의 작품이 그러하듯 본질적으로 고립되어 존재하고 있다.) 카프카는 그를 둘러싸고 있는 것을 알아차리지 못한 채 그러한 보완물을 인지하였다. 누군가가 카프카는 오늘날의 상황이 어떤 것인지를 알아차리지 않은 채 다가올 미래의 것을 인지하였다고 말한다면, 여기에서 우리가 말해두어야 할 것은 그래도 그가 다가올 파국적 미래를 본질적으로 자신에게 해당하는 개별적인 것으로서 인지하였다는 점이다. 놀라움을 나타내는 그의 제스처에 도움을 주고 있는 것은 미래의 파국도 제시해 주지 못할 카프카 특유의 탁월한 여백(가능성)이다. 그러나 카프카의 경험의 근저에 놓여 있었던 것은 오로지 그가 심취하고 있는 전통뿐이었다. 그의 경험의 근저에는 어떤 천리안적인 투시력이나 〈예언적인 능력〉 따위는 없었다. 카프카는 전통에 귀를 기울였다. 그리고 힘들게 귀를 기울여 엿듣고 있는 자에게는 아무 것도 보이지 않는 법이다.

이렇듯 귀를 기울여 엿듣는 행위가 힘든 이유는 무엇보다도 엿듣는 자에게 불분명한 것들만이 들려오기 때문이다. 거기엔 사람들이 배울 아무런 교리도, 사람들이 간직할 만한 아무런 지식도 없다. 휙 스쳐 지나가면서 포착되어지기를 원하는 사물이 있다면, 그것은 그 어떤 사람의 귀를 위해서도 존재하지 않는 사물이다. 그것은 카프카의 작품을 부정적인 측면에서 엄격하게 특징지어 주고 있는 하나의 내용을 내포하고 있다. (여기서 그의 부정적인 특징은 긍정적인 특징보다 훨씬 더 많은

좌절한 자의 순수성과 아름다움 99

것을 얘기해 줄 것이다.) 카프카의 작품은 전통이 병들어 있음을 나타내고 있다. 사람들은 종종 지혜를 진리가 지니는 서사적인 측면으로 정의하려고 하였다. 이로써 지혜는 일종의 전통적 재산으로 규정되고 있다. 지혜는 하가다 Hagada적인 일관성을 지니는 진리인 것이다.

진리의 이러한 일관성은 사라져 버렸다. 물론 카프카는 이러한 상황에 직면하였던 최초의 사람은 결코 아니었다. 이미 많은 사람들이 진리나 혹은 진리라고 때때로 여겨지곤 하던 것을 지표로 삼기로 했고 또 붙잡으려고 했었다. 그러나 그들은 침울한 기분으로 혹은 보다 가벼운 마음으로 그러한 진리의 傳承가능성을 포기하고 있었던 것이다. 카프카 특유의 천재적인 면은 그가 전혀 새로운 어떤 것을 실험해 보았다는 사실이다. 다시 말해 그는 진리의 전승 가능성, 즉 진리의 하가다적인 요소를 붙들기 위해 진리 자체를 단념하였던 것이다. 카프카의 작품들은 처음부터 비유들이다. 그러나 그 작품들이 비유 이상의 것이 되지 않을 수 없었다는 점이 그의 문학의 불행이고 그의 문학의 아름다움이다. 그 비유들은 하가다가 할라차 Halacha에 굴복하듯이 교리 앞에 간단히 무릎을 꿇지는 않는다. 그 비유들이 숨을 죽이고 순종하고 있는 듯이 보이는 때에도 그것들은 알지 못하는 사이에 이미 육중한 앞발을 그 교리 앞에 내밀고 있는 것이다.

그렇기 때문에 카프카에 있어서는 지혜에 관해서는 더 이상 거론되고 있지 않다. 다만 지혜의 붕괴된 잔해만이 남아 있을 뿐이다. 그 잔해들 가운데 하나는 진실한 사물들에 관한 소문이다.(그것은, 악평과 진부한 것이 얘기되고 있는 일종의 신학적 유언비어이다.) 다른 하나는 어리석음, 즉 지혜가 지니고 있는 내용을 깡그리 탕진하고 있지만, 그러나 그 대신 소문이 한결같이 결하고 있는 호의와 태연함을 보존하고 있는 그런 어리석음이다. 이 어리석음이 카프카가 좋아하는 인물, 즉 동키호테로부터 助手들을 거쳐 동료들에 이르는 카프카적 인물들의 본질이다. (동물적 존재란 그에게는 어쩌면 일종의 수치감 때문에 인간이라는 형상과 인간의 지혜를 포기하였음을 뜻하였는지도 모른다. 그것은 마치 우연히 어떤 깨끗하지 못한 술집에 들어갔다가 수치감 때문에 자기의 잔에 묻은 먼지를 닦아 내기를 단념하는 어떤 신사와 같은 것이다.) 카프카에게는 적어도 다음의 것들은 분명하였다. 첫째로 도와주기 위해서 누군가 한 사람은 바보가 되어야 한다는 점이다. 둘째로 어떤 바보의 도움만이 진정한 의미의 도움이라는 점이다. 분명치 않은 것은 다만 그러한 도움이 사람에게도 효력을 미칠 수 있을 것인가 하는 점이다. 오히려 그러한 도움은 어쩌면 천사들에게로 향하는 것인지도 모른다. 그런데 천사들은 그런 도움 없이도 해 나갈 수가 있는 것이다. 그래서 카프카가 말했던 것처럼 무한히 많은 희망이 있지만 단지 그것은 우리를 위한 희망이 아닌 것이다. 이 문장엔 참으로 카프카의 희망이 담겨 있다. 그것이 그의 빛나는 명랑성의 원천인 것이다.

    자네에게 위험한 방식으로 원근법적으로 축소된 이러한 이미지를 전하지만, 만일 자네가 *Jüdische Rundschau*誌에서 내가 다른 각도에서 나의 카프카 연구를 전개시켰던 견해들을 통해서 이러한 이미지를 보다 분명하게 이해할 수 있다면 한층 더 마음이 놓이겠네. 그러나 그때 실렸던 내 연구가 지금 내 마음에 걸리는 것은 그 연구들에 내재되어 있는 변호적인 기본성격일세. 카프카라는 인물이 지녔던 순수성과 그 독특한 아름다움에 대해 공평해지기 위해 우리는 한가지 점은 분명히 유념해야 될 줄로 아네. 그것은 좌절한 자의 순수성과 아름다움이네. 이러한 좌절의 원인은 복잡하지. 그러나 우리는 이렇게 말할 수 있을지도 모를걸세. 즉 그가 궁극적으로 좌절할 것이라는 점을 일단 확인하자 도중의 모든 일은 꿈 속에서처럼 그에게 이루어졌다고. 카프카가 자신의 실패를 강조했던 열정보다 더 기억할 만한 것은 없을 걸세…

프루스트의 이미지

1

마르셀 프루스트의 13권으로 된 소설 『잃어버린 시간을 찾아서』는 구성하기 힘든 어떤 종합의 결과이다. 여기에는 신비주의자의 침잠과 산문작가의 기량 및 풍자가의 열광, 그리고 학자의 폭넓은 지식과 편집광의 일방적 자의식이 한데 어울려 하나의 자전적 작품을 이루고 있다. 으레 하는 얘기지만, 모든 위대한 문학적 작품들은 하나의 장르를 정립하기도 하고 해체하기도 한다. 다시 말해 이들 작품은 특수한 경우인 것이다. 그러나 프루스트의 경우는 가장 파악하기가 힘든 경우 중의 하나이다. 허구적 얘기와 自傳的 사실, 그리고 해설이 하나가 되어 있는 구조에서 시작해서 끝을 모르는 문장의 구문에 이르기까지(여기에 넘쳐 흐르고 있는 말의 나일강은 점차 넓은 진실의 영역으로 나아가면서 이 지역을 비옥하게 만든다) 모든 것이 규범을 벗어나고 있는 것이다. 우선 관찰자의 눈에 들어오는 첫번째의 중요한 인식은, 문학 분야에서의 이 위대한 특수 경우가 동시에 지난 수십년 동안에 이루어진 가장 위대한 업적이라는 점이고, 또 이 업적이 이루어진 제반조건은 이루 말할 수 없을 정도로 불건강했다는 점이다. 이상스러운 병과 엄청난 부, 그리고 비정상적인 성벽이 바로 이러한 불건강한 조건들이었다. 이러한 삶에 나타나는 모든 것들이 전형적인 것이라고는 말할 수 없지만 아뭏든 징표적인 것임에는 틀림없다. 이러한 사실은 이 뛰어난 작가적 업적이 불가능의 중심부에서, 또 모든 위험의 중심부——이러한 위험의 중심부는 동시에 모든 위험에 대한 무관심이기도 하다——에서 이루어지고 있음을 말해주고 있으며, 나아가서는 이 〈필생의 업적〉의 위대한 실현이 앞으로도 오랫동안 하나의 마지막 실현으로 남게 될 것이라는 점을 명백히 보여 주고 있다. 프루스트의 이미지는, 시와 삶 사이에 걷잡을 수 없이 커가고 있는 간극이 획득할 수 있었던 最大의 人相學的 표현이다. 그의 이미지를 떠올리고자 하는 시도를 정당화시키는 윤리적 가치는 바로 이러한 점에 있다고 하겠다.

잘 알다시피 프루스트는 그의 작품에서 실제로 일어났던 삶이 아니라 삶을 체험했던 사람이 바로 그 삶을 기억하는 방식으로 삶을 기술하였다. 그러나 이러한 설명은 아직도 부정확하고 매우 엉성하다고 할 수밖에 없는데, 그 이유는 여기에서 기억하는 작가에게 가장 중요한 역할을 하는 것은 그가 체험한 내용이 아니라 그러한 체험의 기억을 짜는 일, 다시 말해서 회상 Eingedenken하는 일이기 때문이다. 아니 이보다 더 적합한 표현은 기억을 짜는 일이 아니라 망각을 짜는 일이라고 말할 수도 있을 것이다. 프루스트가 무의지적 기억 mémoire involontaire이라고 부르는 무의지적 회상은 흔히 기억이라고 불리워지는 것보다는 오히려 망각에 훨씬 더 가까운 것이 아닐까? 기억이 씨줄이고 망각이 날줄이 되고 있는 이러한 무의지적 회상이라는 작업은 회상하는 일이라기보다는 오히려 회상하는 일의 반대가 아닐까? 왜냐하면 여기에서는 밤이 짰던 것을 낮이 풀고 있기 때문이다. 매일 아침 잠에서 깨어나게 되면 우리는 대부분 약하고 느슨한 몇몇의 조각 속에서 망각이 우리들 속에서 짰던 이미 체험한 삶의 양탄자를 갖게 된다. 그러나 낮이 시작되면 우리는 언제나 목적과 결부된 행동을 하게 되고 또 그 위에 목적에 맞게 기억을 하게 됨으로써 망각이 밤새 짰던 직물과 장식은 해체된다. 그렇기 때문에 프루스트는 마지막에 가서는 인공적으로 불을 밝힌 방안에서 그의 모든 시간을 아무런 방해 없이 작품을 쓰는 데 이용하였고, 또 이를 위해 시간이 만드는 정교한 상감조각을 하나도 놓치지 않으려고 낮을 밤으로 바꾸었던 것이다.

로마인들이 텍스트 Textum라는 단어를 직물처럼 짜여진 어떤 것으로 이해했다는 점을 두고 보면 마르셀 프루스트의 텍스트만큼 촘촘히 짜여진 텍스트도 없을 것이다. 그의 눈에는 세상의 어떠한 것도 그의 성에 찰 만큼 촘촘하고 지속적으로 짜여져 있지 않았다. 그의 저작의 발행자인 갈리마가 전하는 얘기에 따르면 교정을 보는 프루스트의 습관은 문선공을 거의 절망하도록 만들었다고 한다. 교정지는 언제나 여백 가득히 쐬어져서 되돌아왔다. 그러나 오식은 하나도 고쳐지지 않았고, 활용할 수 있는 공간은 온통 새로운 텍스트로 채워졌다. 이렇게 해서 기억의 법칙성은 작품의 전체 범위 내에서까지 그 영향력을 미쳤던 것이다. 그 이유는 체험되어진 어떤 사건은 유한한 데 비해 기억되어지는 사건은 그 사건의 전과 후에 일어난 모든 일들을 풀어 주는 열쇠구실을 함으로써 무한하기 때문이다. 그리고 기억에 의한 사건의 짜임새에 규칙을 부여하는 것도 바로 이러한 기억이다. 다시 말해 텍스트의 통일성을 형성하는 것은 오로지 기억이라는 순수행위 actus purus 그 자체일 뿐, 작가도 아니며 또 얘기의 줄거리는 더욱 더 아닌 것이다. 심지어 우리는 작가의 개입과 얘기줄거리에 의해 생겨나는 중단은 다만 기억이라는 연속성의 또 다른 면, 이를테면 양탄자 뒷면의 무늬에 불과하다고 말할 수도 있을 것이다. 프루스트가 그의 전 작품을 일체의 段을 두지 않고 행을 두 칸 띄운 채 한 권의 책 속에 모두 담으려고 했던 것도 이러한 의미에서 이해하지 않으면 안될 것이다.

 프루스트가 그렇게 열광적으로 찾고자 했던 것은 무엇일까? 이러한 그의 끝없는 노력의 저변에 가로놓여 있는 것은 무엇일까? 또 여기서 문제가 되고 있는 모든 삶과 작품 및 행동들이란 다름아닌 현재적 삶 속에서 일어나는 가장 진부하고 가장 덧없으며, 또 가장 감상적이고 가장 약한 시간의 일사불란한 전개에 불과할 따름이라고 말해도 좋을 것인가? 우리들에게 너무나 잘 알려진 어느 대목에서 프루스트가 그의 이러한 가장 본래적인 시간을 묘사했을 때, 그는 우리들 누구나가 이러한 시간을 자기자신의 현재적 삶 속에서 다시 발견할 수 있도록 묘사하였다. 따라서 우리는 이러한 본래적 시간을 하나의 일상적 시간이라고 불러도 무방할 것이다. 이러한 시간은 밤과 더불어, 열려진 창문의 난간에서 불어오는 바람결과 새들의 잃어버린 지저귐과 함께 온다. 만약 우리가 그다지 잠을 자고 싶은 생각이 없다고 한다면, 우리는 어떠한 만남들이 우리를 기다리고 있는가를 예측할 수가 없을 것이다. 프루스트는 잠에 순순히 빠져들지 않았다. 그럼에도 불구하고——아니면 바로 그렇기 때문에 더욱 그렇겠지만——쟝 콕토는, 한 아름다운 에세이에서 프루스트 목소리의 억양을 두고 그것은 밤과 꿀의 법칙을 따르고 있었다고 말할 수 있었던 것이다. 이러한 법칙에 순응하였기 때문에 그는 그의 내부에서 구제할 길 없는 슬픔——그는 한때 이러한 슬픔을 현재 순간의 본질 속에 존재하는 고칠 수 없는 불완전성이라고 불렀다——을 정복하였고 또 기억의 벌집으로부터는 사고의 벌떼를 위해 그의 집을 지었던 것이다. 콕토는 프루스트 독자의 최대의 관심의 대상이 될 수 있는 것이 무엇인가를 알고 있었다. 즉 그는 프루스트라는 인간 속에서 맹목적이고 무의미한, 편집광적인 행복에 대한 동경을 보았던 것이다. 행복에 대한 이러한 동경은 프루스트의 눈에서 빛나고 있었으나, 그 눈은 행복한 눈빛이 아니었다. 하지만 그 눈 속에는 도박이나 사랑 속에 빠져 있을 때 볼 수 있는 것과 같은 행복이 도사리고 있었다. 또 왜 프루스트의 작품을 관류하는, 가슴을 멎게 하고 뒤흔드는 행복의 의지가 그의 독자들 가슴 속에는 좀처럼 파고 들지 못하는가에 대해 답하는 것도 그리 어렵지 않다. 여러 대목에서 프루스트 자신도 그의 독자들이 이 작품 전체를 체념과 영웅주의 및 금욕주의라는 해묵은 안이한 관점에 의해 바라보도록 하는 데에도 一助하였다. 아뭏든 인생의 모범생에게는 위대한 업적이란 다름아닌 노력과 비탄, 그리고 환멸의 결과라는 사실만큼 더 분명한 사실은 없는 법이다. 아름다움에는 행복도 한몫을 차지할 수 있다는 생각은 너무 과분한 것이고 또 그들 모범생들의 반감은 결코 그러한 생각을 너그러이 보아 주지 않을 것이다.

그러나 행복을 향한 의지에는 일종의 행복의 변증법이라고 할 수 있는 이중적 면이 있다. 그 중의 하나는 頌歌적 행복의 모습을 하고 있고 다른 하나는 悲歌적 행복의 모습을 하고 있다. 전자에 속하는 것은 지금까지 한번도 들어 보지도 못하고 또 지금까지 한번도 존재하지 않았던 것, 즉 열락의 절정이고, 후자에 속하는 것은 원천적인 최초의 행복을 영속적으로 복원하려는 영원히 거듭되는 새로운 반복이다. 프루스트의 경우, 현재의 삶을 기억이라는 마술의 숲으로 변형시키는 것이 바로 이러한 비가적 행복의 이념——우리는 이를 엘레아적 eleatisch 행복의 이념이라고 부를 수도 있을 것이다——이다. 이를 위해 그는 삶에서 친구와 사교적 모임을 희생했을 뿐만 아니라 작품에서는 구성과 인물의 통일성, 얘기의 흐름과 상상력의 유희도 희생했던 것이다. 프루스트에 대해 꽤 안목을 가지고 있었다고 생각되는 막스 우놀트 Max Unold 는, 프루스트의 작품에 보여지는, 이렇게 해서 생겨난 〈지루함〉을 출발점으로 해서 그의 작품을 〈종잡을 수 없는 얘기〉에 비유하면서 다음과 같이 말하고 있다. 즉 〈그는 종잡을 수 없는 얘기를 흥미진진하게 이끌어 나가고 있다. 가령 그는 이렇게 말한다. 독자여러분! 한번 생각해 보십시오. 어제 내 엽차 속에 비스켓을 담갔을 때 문득 내가 어린 시절 언젠가 시골에서 겪었던 일이 생각났읍니다.――그런데 이 생각을 위해 그는 무려 80여페이지를 할애하였읍니다. 그리고 그것은 너무나 매력적인 것이어서 우리는 이때 우리들 자신이 더 이상 이 얘기를 듣고 있는 사람이 아니라 공상가가 되고 있다는 생각을 하게 됩니다.〉〈모든 일상적인 꿈은 누군가 그것을 얘기하게 되면 즉시 종잡을 수 없는 얘기가 된다〉고 말하면서 우놀트는 그러한 이야기 속에서 꿈으로 나아가는 교량을 발견하였다. 프루스트에 관한 일체의 종합적 해석은 바로 이러한 우놀트의 해석을 출발점으로 삼지 않으면 안된다. 아무리 눈에 잘 띄지 않는 조그만 문이라도 우리는 이를 통해 꿈으로 나아가게 되는 것이다. 바로 이것이 프루스트가 왜 거의 광적으로 유사성을 찾아내려는 하나의 儀式에 가까운 정열을 가졌던가 하는 이유이다. 그가 행동이나 인상, 아니면 말투에서 항상 느닷없이 또 예기치 않게 유사성을 찾아내는 그곳에서는 유사성이 지배하는 세계의 진정한 표식은 명확히 인식될 수가 없다. 우리가 흔히 일상적으로 기대하고 또 깨어 있는 상태에서 생각하는 한 사물과 다른 사물과의 유사성은, 꿈의 세계――꿈의 세계 속에서 일어나는 일들은 결코 동일하지 않고 유사할 뿐이다. 다시 말해 여기에서는 사물간의 유사성 자체가 명확하지 못하다――가 갖는 보다 깊은 유사성을 막연하게 반영하고 있을 따름이다. 이러한 꿈의 세계의 상징(특징)을 알고 있는 것은 어린애들인데 그들은 선물이 들어있는 광주리 속의 양말을 통해 꿈의 세계의 구조를 알고 있다. 즉 그들의 눈에는 생일이나 명절 때 받는 양말은 〈주머니〉이기도 하고 또한 〈선물〉이기도 한 것이다. 마치 아이들이 조금도 지칠 줄 모르게 주머니와 그 주머니 속에 든 내용물을 재빨리 제 3의 그 어떤 것으로 변화시키는 것과 마찬가지로 프루스트 역시 自我라는 올가미를 일거에 떨쳐 버리고 언제나 다시 제3의 어떤 것 즉 그의 호기심, 아니 고향에 대한 그의 향수를 달래주었던 이미지를 거두어 들였던 것이다. 고향에 대한 향수, 즉 유사성의 상태 속에서 변형되어 있는 세계――현존재의 진정한 초현실주의적 모습은 이러한 세계 속에서 불쑥 나타난다――에 대한 향수에 몹시 시달리면서 그는 침대에 누워 있었다. 프루스트에게서 일어나고 있는 일은 이러한 세계에 속하는 것이고 또 그것은 얌전하고 고상한 모습을 하고 나타난다. 이를테면 그것은 절대로 유리된 채로 감정적·환상적으로 나타나는 법이 없이 미리 예고되고 또 여러 면에서 뒷받침이 된 상태에서 부서지기 쉬운 귀중한 하나의 현실을 담고 있다. 프루스트의 이미지는 바로 이러한 현실을 두고 하는 말인 것이다. 이러한 이미지는, 마치 프랑소아의 손에 의해 발 벡의 한여름의 낮이 태고의 해묵은 미이라와 같은 모습을 하고 걷혀진 무명커튼으로부터 그 자태를 드러내듯 프루스트 문장의 구조로부터 분리되어 나오고 있는 것이다.

2

말하고 싶은 가장 중요한 일을 우리는 항상 큰 소리로 말하지는 않는다. 또 우리는 가장 중요한 일을 우리와 가장 가까운 친구, 이를테면 우리의 고백을 가장 충실히 받아들일 마음의 준비가 되어 있는 친구에게까지도 털어 놓지 않는다. 그러나 자신의 가장 깊숙한 비밀을 가장 친한 친구가 아닌 그저 지나치면서 알게 된 사람에게 털어 놓는 그러한 정숙한 태도, 다시 말해 교활하고 부조경박한 의사소통방식을 사람들 뿐만 아니라 시대도 또한 갖고 있다는 사실에 비추어 보면 시들어 가는 19세기로부터 가장 놀라운 비밀을 붙든 사람이 졸라나 아나톨 프랑스도 아니라 젊은 작가 프루스트였다는 사실은 조금도 이상스러운 사실이 아니다. 별볼일 없는 속물이자 사교계의 스타인 프루스트에 의해 비로소 19세기는 기억될 수 있는 성숙의 단계에 이른다. 그의 앞에서, 긴장이 없던 시대는 이제 긴장으로 가득찬 하나의 力場이 되었다. 그의 뒤에 나타난 작가들의 다양한 흐름은 이 역장 속에서 일깨워졌던 것이다. 이러한 종류의 가장 흥미로운 작품이 프루스트의 경탄자이자 여자친구로서 그와 매우 가까운 사이였던 한 여류작가에 의해 쓰여졌다는 사실은 결코 우연한 일이 아니다. 클레몽 토네르 영주부인이 근래 펴낸 그녀의 회상록 첫권의 제목인 〈마차의 시절 Au Temps des Equipages〉을 두고 보더라도 이러한 제목은 프루스트 이전에는 좀처럼 생각해 내기 힘든 것이었음을 알 수 있을 것이다. 그리고 이 회상록은 프루스트의 다의적이고 사랑스럽고 도전적인 부름에 대한 조용한 응답이다. 게다가 이 회상록의 아름다운 묘사는 그 토운이나 등장인물에서 프루스트와의 관계에 대한 직접적 내지 간접적 언급으로 가득 차 있다. 또 이 언급에는 프루스트 자신과 그가 즐겨 다룬 관찰대상이 살짝 그 모습을 드러내고 있다. 물론 이 귀족 부인의 작품이 봉건적 주위환경 속에서 이루어지고 있음을 부인하기는 힘들다. 특히 그녀가 빼어난 수법으로 묘사한 로베르 드 몽테스키외와 같은 인물에서는 특히 그러하다. 그러나 이러한 사정은 프루스트에서도 마찬가지이다. 물론 그의 작품묘사에는 주지하다시피 몽테스키외와 반대되는 인물이 등장하고 있기는 하다. 그러나 이러한 것들은 더 이상 길게 논의할 가치가 없는데, 왜냐하면 인물의 모델에 관한 문제는 ——특히 독일적 사정에서는——부차적인 것이고 또 별로 의미가 없는 것이기 때문이다. 비록 독일비평이 안일한 비평을 좋아하지 않는다고 하더라도 말이다. 그러나 독일비평은 무엇보다도 대출도서를 빌려 보는 대중들의 수준까지 그 비평기준을 낮추고 있는데 이 삼류비평은 이 작품의 속물적 환경으로부터 작가에 대한 결론을 내리면서 프루스트의 작품을 불란서의 내부적 사건 내지 고타年鑑 Almanach de Gotha의 문학부록쯤으로 규정하고 있다. 이렇게 되면 프루스트의 등장인물의 문제는 포만한 부르죠아지사회에서 연원하는 문제가 될 것이 분명하다. 이러한 비평은 저자가 의도했던 문제를 하나도 맞추지 못하고 있다. 저자가 의도했던 문제는 이와는 정반대되는 것이었다. 이를 하나의 공식으로 환원해서 표현한다면 프루스트가 의도했던 바는 상류사회의 전 구조를 수다의 생리학이라는 형태로 구성하려는 것이었다. 상류사회의 편견과 도덕적 기준의 모든 목록은 그의 위험스러운 희극에 의해 파괴되어지고 있다. 이러한 점을 제일 먼저 지적한 사람은 프루스트 해석에 적지 않은 공헌을 한 피에르 캥트 Pierre-Quint였다. 캥트는 〈유머러스한 작품이 거론되면 우리는 흔히 삽화가 들어있는 책커버가 있는 짧고 재미있는 책들을 생각하기 십상이다. 그러면서 우리는 동키호테, 판타그루엘, 길 브라스와 같은, 작은 활자로 씌어진 볼품없는 두꺼운 책을 까마득히 잊어버린다.〉라고 말하고 있다. 프루스트의 작품이 지니는 위에 언급한 정반대의 성격은 이러한 관계 속에서 가장 명확히 드러난다. 그리고 여기에서 프루스트의 사회에 대한 비판의 실질적 중심부와 그 스타일의 핵심을 이루고 있는 것은 유머라기 보다는 오히려 희극이다. 그는 웃음 속에서 세계를 지양하는 것이 아니라 웃음 속에서 세계를 내팽개치고 있는 것이다. 이러한 웃음 속에서 세계가 산산조각나는 위험에도 불구하고 그는 그 자신이 만든 이 조각들 앞에서 울음을 터뜨리는 것이다. 물론 여기에서는 가족과 인격의 통일성, 성도덕과 신분적 명예의 통일성도 산산조각이 난다. 부르죠아지의 점잖음은 웃음 속에서 박살이 나 버리는 것이다. 귀족계급을 통한 부르죠아지의 再逃避와 再同化——바로 이것이 프루스트작품의 사회학적 테마이다.
 프루스트는 귀족써클에서 사교하기 위해 이에 필요했던 훈련과정에 조금도 싫증을 내지 않았다. 프루스트는 끈질기게 또 자신에 별로 큰 강제성을 가할 필요 없이도 그의 성격을, 자기가 하고자 하는 일을 수행하기 위하여 남이 꿰뚫어보기 힘들면서도 남이 알아볼 수 있게 또 순응하면서도 까다롭게 훈련시켰던 것이다. 나중에 가서는 이러한 속임수와 번잡한 허식이 너무나도 그의 성격의 일부가 됨으로써 그의 편지는 종종 온통 삽입구나 追記의 체계——문법적으로만 그런 것이 아니라——로 이루어지게 되었다. 그의 편지는 한없이 재치가 넘쳐흐르고 유연하게 씌어졌음에도 불구하고 때로는 다음과 같은, 전설적이라고 할 수 있을 정도의 도식적 성격을 띠고 있음을 보여주고 있다. 『존경하는 부인, 조금 전 저는 제가 어제 귀택에서 저의 지팡이를 두고 왔다는 사실을 알게 되었읍니다. 부디 그 지팡이를 이 편지를 전하는 사람에게 돌려 주시기 바랍니다. 追記, 방해를 끼쳐 드린 것을 용서하십시요. 조금 전에 그 지팡이를 찾았읍니다.』프루스트는 어려움을 만들어 내는데 대단한 기지를 가지고 있었다. 한번은 저녁 늦게 클레몽 토네르 영주부인을 방문했는데, 이때 그는 집으로부터 약이 와야 그가 머물 수 있다고 말함으로써 그의 체재를 약과 결부시켰다. 그리고 나서는 하인을 보내면서 그에게 집의 위치를 장황하게 설명하고 난 후 마지막에 가서는 다음과 같이 말하였다. 『꼭 찾을 수 있을 겁니다. 오스만街에서 아직도 불이 켜져 있는 유일한 창문을 찾으면 될테니까요.』하지만 그는 정작 집번지만은 말하지 않았다. 낯선 도시에서 娼街의 주소를 알려고 하는 사람이 장황하기 이를 데 없는 긴 설명을 듣고서도 정작 거리와 집번지를 못 얻는다는 것이 무엇을 의미하는지 우리는 능히 이해할 수 있을 것이다. 또 우리는 이러한 태도가 프루스트의 의례적인 것에 대한 애정과 생 시몽에 대한 존경, 그리고 그의 비타협적이며 불란서적 정신과 서로 관계를 맺고 있는 것을 알 수 있을 것이다. 이러한 점에서 보면 한 두마디로 간단히 말할 수 있다고 여겨지는 것을 체험한다는 것이 대단히 힘들다는 것을 알 수 있을 것이다. 체험의 요체란 바로 이러한 것이 아닐까? 다만 한 두마디로 줄인 그러한 말들은 카스트나 계급에 알맞게 정해진 隱語들이고 또 이러한 말들은 국외자가 들어서는 도저히 이해할 수가 없는 말들이다. 살롱의 비밀언어가 프루스트를 열광시킨 것은 너무나도 당연한 일이다. 훗날 그가 꾸르봐지에 一家의 한 방계가족인 〈오리앙家의 정신〉을 가차없이 묘사하는 일에 착수했을 때에도 그는 이미 스스로 비베스코家와 교류를 함으로써, 즉석에서 하는 그들의 은어를——그 은어는 그간 우리들에게도 소개된 바 있다——체험했었던 것이다.

프루스트는 그가 살롱의 사교생활을 하는 여러 해 동안 아첨의 악덕만을 비상할 정도로——이를 우리는 신학적 차원이라고 말하고 싶을 정도이다——배운 것이 아니라 호기심의 악덕도 함께 배웠다. 프루스트의 입술에는, 마치 그가 몹시 좋아했던 성당의 내부에 그려진 멍청한 성녀의 입술에 번지듯 스쳐 지나가는 들불과 같은 미소의 희미한 불빛이 비추이고 있다. 그것은 호기심의 미소이다. 프루스트를 근본적으로 그처럼 위대한 풍자작가 Parodist로 만든 것은 바로 이 미소가 아닐까? 만약 그렇다면 우리는 이 문맥 속에서 〈풍자작가〉라는 말을 어떻게 평가해야 할 것인가를 알 수 있을지도 모른다. 이 경우 우리는 〈풍자작가〉를 높이 평가할 수 없을 터인데, 왜냐하면 비록 패러디스트라는 말이 그의 깊디 깊은 원한에 공정한 것이긴 해도 근본적으로 그 말은, 그가 발자크, 플로베르, 생트 뵈브, 앙리 드 레니에, 공쿠르 형제, 미슐레, 레낭, 그리고 마지막으로 그가 사랑한 작가 생 시몽의 스타일로 써서는 이를 그의 작품집 『*Pastiches et Mélanges*』에 수록하였던 훌륭한 르포르타쥬에서 볼 수 있는 바의 쓰디쓰고 조야하고 또 악착스러운 면을 지나쳐 버리고 있기 때문이다. 이 작품집에 나타나는 일련의 기발한 트릭은 호기심에 찬 인간의 흉내이자 동시에 식물적 삶에 더할 나위없이 열광하고 있는 프루스트 전 창작의 한 모멘트이다. 프루스트의 인물이 지닌 식물적 삶에 최초로 주의를 환기시킨 사람은 오르테가 이 가세트 Ortega y Gasset이다. 프루스트의 인물들은 그의 사회적 주위환경에 깊이 뿌리를 내리고 있고 또 귀족계급의 호의적 햇빛과 게르망트家나 메제글리제家의 바람에 의해 영향을 받으면서 이들 귀족계급의 운명이라는 수풀 속에서 혼연일체가 되고 있다. 프루스트의 창작기법인 흉내 Mimikry가 생겨나는 것은 바로 이러한 환경 속에서이다. 프루스트의 가장 정확하고 명백한 인식들은 그 인식의 대상들, 예컨대 나뭇잎, 꽃, 나뭇가지, 벌레 등에 깊이 자리를 잡고 있다. 그렇지만 이 인식의 대상들은 이들 현존재에 대해서는 아무것도 말해주지 않고 있다. 그러다가 독자들은 어느 한 순간, 불현듯 하나의 도약이나 비상 및 하나의 비약을 통해 전혀 예측할 수 없었던 자기자신의 어떤 삶이 낯선 세계에 몰래 잠적하고 있다는 사실을 깨닫게 되는 것이다. 피에르 캥트의 말대로 〈은유는, 비록 그것이 예기치 못한 것이라고 하더라도 생각과 깊이 연관되어 형성되는 것이다.〉

프루스트의 진정한 독자들을 끊임없이 감동시키는 것은 조그마한 쇼크들이다. 그밖에도 프루스트의 진정한 독자는 은유 속에서 예의 저 흉내 Mimikry, 즉 사교계의 잎이 무성한 정원 속에서 이러한 정신의 삶을 쟁취하려고 투쟁하는, 그를 깜짝 놀라게 했음에 틀림없는 저 흉내의 침전물을 발견하게 될 것이다. 여기에 한마디 덧붙여 얘기한다면, 호기심과 아첨이라는 이 두개의 악덕이 서로 긴밀하게 또 생산적으로 침투되어 있다는 점이다. 클레몽 토네르 백작부인의 저술에는 매우 시사적인 다음과 같은 귀절이 하나 있다.

마지막으로 우리가 숨길 수 없는 사실은 프루스트가 하인들을 자세히 관찰하는 일에 탐닉하고 있다는 점이다. 하인들에 대한 그의 관찰이 어디에서도 볼 수 없는 어떤 요소가 그의 관찰적 감각을 자극해서 그랬는지, 아니면 그가 그의 흥미를 불러 일으켰던 사물에 대한 은밀한 세부적 사항을 더 잘 관찰할 수 있었던 하인들을 부러워해서 그랬든지간에 분명한 사실은 여러 특성을 가진 상이한 타입의 하인들이 그의 정열적 관심의 대상이 되었다는 점이다.

쥬피앙, 에머, 셀레스트 알바레등의 일련의 이상스러운 모습과 뉘앙스를 가지고 등장하는 하인들의 지위는 방금 속인용 기도서에서 나왔음직한 무뚝뚝하고 거칠고 모가 난 聖 마르타와 같은 성격을 지닌 프랑소와로부터 시작해서, 일하는 데 대해서라기보다는 오히려 빈둥거리는 데에 대해서 보수가 주어지는 급사에까지 이르고 있다. 아마 그 어느 누구보다도 의례를 잘 알고 있던 프루스트의 관심이 가장 그 모습을 잘 드러내고 있는 것은 가장 낮은 위치에 있는 바로 이러한 하인들의 묘사에서이다. 하인들에 대한 호기심이 어느 정도 그의 호기심 속에 용해되어 있으며 그리고 또 하인들이 하는 역할의 이러한 교묘한 모사가 사회의 위계질서 속에서 어느 한도까지 이르고 있는가를 가늠하기란 매우 힘든 노릇이긴하다. 그러나 프루스트는 아뭏든 이러한 하인들의 역할에 대한 모사를 제시하였으며 또 그는 그렇게 할 수밖에 없었는데, 왜냐하면 그가 언젠가 한번 고백했듯이 그에겐 보는 것 voir 과 모방하고 싶은 욕망은 동일한 것이기 때문이었다. 의젓하게 폼을 재면서도 아첨하는 식의 이러한 태도를, 모리스 바르는 프루스트에 관한 글에서 다음과 같은 적절한 말, 즉 〈수위집 안에 기거하는 페르시아의 시인〉이라는 말로 표현하였다.

프루스트의 호기심에는 어딘가 탐정가의 면모가 들어 있었다. 그에게 있어서 수천여명 남짓한 상류층은 범죄집단이자 그 어느 다른 집단과도 비교를 할 수 없는 음모집단, 즉 소비자의 비밀결사였다. 이 비밀집단은 생산에 관계하는 일체의 것을 그들의 세계에서 배제하고 있다. 아니 이 집단은 최소한, 마치 소비를 전문으로 하는 세련된 사람들이 남들에게 과시하는 것처럼 세련된 몸짓 뒤에서 이러한 그들의 생산에 대한 관계가 우아하게 또 약간은 창피한 듯이 몰래 숨겨지기를 요구한다. 예술에 대한 그의 신격화보다 훨씬 더 중요한 속물주의에 대한 프루스트의 분석은 그의 사회비판의 정점을 이루고 있는데, 왜냐하면 속물의 태도란, 화학적으로 순수한 소비자의 입장에서 수미일관하고, 체계적이며 강철처럼 단단하게 삶을 관찰하는 방법이기 때문이다. 그리고 또 이러한 악마적인 마법의 세계로부터는 자연의 생산력에 대한 가장 오래된 기억은 물론이고 가장 원초적인 기억까지도 추방되어야만 했기 때문에 그에게는 사랑에 있어서도 정상적인 관계보다는 비정상적인 관계가 더 유용하였다. 그러나 순수한 소비자는 순수한 착취자이다. 그것은 논리적으로도 그렇고 이론적으로도 그러하다. 프루스트의 경우에는 이러한 순수한 소비자가 그의 현실적인 역사적 삶의 모든 구체성 속에서 그 모습을 드러내고 있다. 이러한 소비자가 구체적인 이유는 그의 정체가 투시될 수 없고 또 분명히 포착하기 힘들기 때문이다. 프루스트는, 모든 부분에서 그들 자신의 경제적 기초를 위장하지 않으면 안되고 또 바로 그런 이유 때문에, 그 자체로서는 이렇다 할 경제적 중요성이 없지만 大부르죠아의 가면으로 사용되기에는 한층 더 적합한 봉건주의에 연연하고 있는 한 계급을 묘사하고 있다. 자아와 사랑, 그리고 도덕의 이 무자비할 정도로 냉철한 분석가는──프루스트는 스스로 이러한 분석가로 자처하기를 좋아하였다──그의 전 예술을, 그가 속한 계급, 즉 경제적 계급이 지닌 이러한 가장 중요한 신비를 감추기 위한 베일로 만들고 있다. 그렇다고 그가 이를 통해 그가 속한 경제적 계급에 봉사하려고 했던 것은 아니다. 다만 프루스트는 그의 작품을 통하여 그가 속한 계급을 앞지르고 있을 따름이다. 그의 계급이 체험했던 바를 그는 이미 그의 작품 속에서 앞질러 형상화하고 있는 것이다. 하지만 이 작품이 지닌 위대성의 많은 부분은, 이 계급이 투쟁의 마지막 단계에서 그들의 가장 날카로운 면모를 드러내기 전까지는, 여전히 해명되지 않은 채이거나 아니면 발견되지 않은 채로 남게 될 것이다.

3

  19세기에 그레노블에는 〈잃어버린 시간에서〉라는 이름의 여관——지금도 그 여관이 있는지 잘 모르겠지만——이 있었다. 프루스트의 작품에서도 우리는 공중에 매달려 있는 간판을 통해 문턱을 들어서는 손님이 되고 있다. 그리고 이 문턱의 뒤에서는 영원성과 열광이 우리를 기다리고 있다. 페르난데즈 Fernandez는 적절하게도 프루스트에 나타나는 〈영원성의 테마〉를 〈시간의 테마〉와 구별하였다. 그러나 그의 영원성은 결코 플라톤적이거나 유토피아적인 영원성은 아니다. 그것은 도취적인 것이다. 그러니까 만약 시간이, 시간의 진행에 몰두하고 있는 모든 사람들에게 지금까지 알려지지 않은 새로운 종류의 어떤 영원성을 밝혀 주더라도 그들 개개인은 결코 〈플라톤이나 스피노자가 한번 날개를 펼침으로써 도달했던 그런 높은 영역〉에 접근하게 되는 것은 아닐 것이다. 프루스트에게도 일종의 옛 이상주의의 흔적이 엿보이는 것은 사실이지만, 그러나 그 흔적이 이 작품의 중요성을 규정하고 있지는 않다. 프루스트가 펼쳐 보이고 있는 영원성은 곧장 나아가는 무한한 시간으로서의 영원성이 아니라 둘둘 말린 나선형적 시간으로서의 영원성이다. 그가 진정으로 관심을 갖는 것은 가장 실제적인 모습을 하고 공간과 결부되어 있는 이러한 나선형적인 시간의 진행이다. 그리고 이러한 시간의 진행이 그 본연의 모습을 가장 잘 드러내고 있는 곳은 내부에서 일어나는 기억 속과 또 외부에서 일어나는 늙어감 속에서이다. 늙어감과 기억의 상호작용을 추적한다는 것은 프루스트 세계의 핵심부, 즉 둘둘 말려 있는 나선적 시간의 우주 속으로 침투해 들어가는 것을 뜻한다. 그것은 유사성의 상태 속에 있는 세계이고 또 이 세계 속에는 교감 Korrespondenz의 영역이 지배하고 있다. 이러한 상호교감을 최초로 파악한 것은 낭만주의자들이고 이러한 상호교감을 가장 깊이 파악한 사람은 보들레르이긴 하지만, 오늘날 우리가 살고 있는 삶 속에서 이를 밖으로 드러낼 수 있었던 유일한 사람은 프루스트이다. 그것은 〈무의지적 기억〉의 작품, 즉 불가피하게 늙어가는 노화의 과정에 대적해서 回生하는 힘의 작품인 것이다. 지나간 과거의 일들이 아침이슬처럼 〈일순간 Nu〉에 반영되는 곳에서는 回生의 고통스러운 쇼크는, 걷잡을 수 없을 정도로 다시 한번 지나간 과거의 일들을 끌어모으게 되는 것이다. 그것은 마치, 『잃어버린 시간을 찾아서』의 제13권에서 꽁브레지방을 마지막으로 어슬렁거리면서 교차로를 발견했을 때, 프루스트의 눈에 게르망트의 길과 스완의 길이 서로 교차되어 나타나는 것과 같은 것이다. 바로 이 순간, 풍경은 마치 한 줄기 바람처럼 갑자기 변해 버린다. 〈램프의 밝은 불빛 아래에서는 세상은 얼마나 넓은가 ? 하지만 회상의 눈으로 보면 세상은 얼마나 좁은가 !〉 프루스트는 일순간에 온 세상을 한 인간의 일평생 동안의 시간만큼 늙어 버리게 하는 엄청난 일을 완수하였다. 그러나 바로 이러한 집중, 즉 보통의 경우에 다만 시름시름 늙어가는 것이 순식간에 소모되어지는 이러한 집중이 바로 回生인 것이다. 『잃어버린 시간을 찾아서』는 하나의 전 생애를 최대의 집중력을 가지고 현재 속에서 포착하려고 한 부단한 시도이다. 프루스트의 방법은 성찰 Reflexion이 아니라 과거의 일들을 현재 속에 생생히 떠올리는 방식 Vergegenwärtigung이다. 프루스트의 전 작품을 관류하고 있는 것은, 우리들에게 주어진 삶의 진정한 드라마를 실제로 체험해 볼 시간을 우리가 갖고 있지 않다는 사실에 대한 통찰이다. 우리를 늙게 하는 것은 바로 이러한 사실이지, 결코 그 밖의 사실이 아닌 것이다. 얼굴에 새겨진 작은 주름, 그것은 위대한 정열이나 악덕내지 우리들을 가끔 찾아 오는 인식의 기록부이긴 하지만 정작 주인인 우리는 주인노릇을 하지 못했던 것이다.

로욜라 Loyola의 종교적 훈련 이후로는 서구의 문헌 속에서 자기침잠의 보다 과격한 시도를 찾아보기란 여간 힘들지 않게 되었다. 자기침잠도 그 중심부에는, 대소용돌이의 힘으로 세계를 그 회오리속으로 끌고 들어가는 고독을 갖고 있다. 프루스트의 소설로부터 쟁쟁하게 울려퍼지는 시끄럽고 이루 말할 수 없이 공허한 수다는 우리를 고독의 심연으로 끌고 들어가는 사회의 소음이다. 우정에 대한 프루스트의 독설이 자리잡고 있는 곳도 바로 여기이다. 이러한 분화구의 밑바닥에서——이 분화구의 중심부는 가장 조용하고 또 가장 흡수력이 강하다——그는 정적을 유지하고자 하였다. 그의 수많은 일화 중에서 우리를 불안스럽게 하고 종잡을 수 없게 만드는 것은, 더할 나위 없는 대화의 강렬성과 대화의 상대자에 대해 갖는 더할 나위 없는 거리감의 상호결합이다. 사물을 이런 식으로 우리에게 보여줄 수 있었던 사람은 프루스트 이전에는 아무도 없었다. 프루스트가 가리키는 손가락은 지금까지 그 유례가 없던 것이었다. 그러나 손가락으로 가리키는 것 이외에도 화기애애한 모임이나 대화 속에는 또 하나의 제스쳐가 있는데, 그것은 바로 육체적 접촉이다.

하지만 프루스트만큼 이러한 제스처에 疎遠한 사람도 없을 것이다. 그는 또한 그의 독자들도 건드릴 수가 없었다. 아마 그는 도저히 그렇게 할 수가 없었을 것이다. 만약 우리가 문학을 이 두 극단, 즉 가리키는 것과 건드리는 것에 따라 나눈다면 아마 전자의 중심부를 이루는 것은 프루스트의 작품일 것이고 후자의 중심부를 이루는 것은 페기 Péguy의 작품이 될 것이다. 훌륭하게 이 문제의 핵심을 파악한 페르난데즈의 발언, 즉 〈깊이, 아니 더 정확히 말하면 집중성은 항상 그의 것이고, 절대로 그의 상대자 편의 것이 아니다〉라는 발언은 근본적으로 이러한 면을 두고 한 말인 것이다. 이러한 면이 훌륭하게 나타나고 있는 것은 그의 명성이 절정에 서 있으면서 동시에 막바지에 이른 임종의 침상의 밑바닥에서 씌여진 약간의 씨니시즘이 곁들인 그의 「보들레르論 A Propos de Baudlaire」에서이다. 이 에세이는, 그 자신의 고통을 인정하고 있다는 면에서는 예수이트적이고 안식을 취하고 있는 사람의 수다라는 면에서는 너무나 절제를 잃고 있으며 또 어떠한 대상에 관해서이든 이제는 더 이상 말하지 않으려는 죽음에 임박한 사람의 무관심이라는 면에서는 끔찍한 것이다. 죽음을 눈 앞에 두고 영감처럼 그에게 떠올랐던 생각은 그의 동시대인들과의 교류가 어떠했던가를 잘 말해 주고 있다. 다시 말해 여기에는 냉소와 다정함의 교차가 너무나 발작적이고 또 너무나 거칠기 때문에 이를 읽는 독자들은 지쳐서 거의 졸도할 지경인 것이다.

이 사나이의 신경질적이고 한결같지 않은 면은 그의 작품을 읽는 독자들에게까지 영향을 미친다. 〈혹은 soit que〉이라는 말의 끝없는 연속——바로 이러한 말에 의해서 얘기의 줄거리는 무수한 모티브의 조명 아래에서 지루할 정도로 끝없이 펼쳐진다——을 한번 상상해 보는 것만으로도 이러한 사실을 충분히 알 수 있을 것이다. 그렇지만 프루스트의 약점과 천재, 즉 그가 사물에 접근하면서 보여주는 지적 체념과 충분히 증명된 회의가 한데 어울려 그 모습을 드러내고 있는 것은 바로 이러한 연속적인 병렬적 문장 속에서이다. 자기도취적인 낭만적 내면성을 체험하고 난 후 그는 작크 리비에르가 표현한대로 〈내면의 달콤한 목소리 sirènes intérieurs〉는 일체 믿지 않기로 작정하였다. 〈프루스트는 일말의 형이상학적 관심도 없이, 일말의 인위적 구성의 경향도 없이, 또 자위하려는 일말의 경향도 없이 체험에 접근하고 있다.〉 이보다 더 프루스트에 관한 진실을 잘 말해주는 발언도 없을 것이다. 따라서 프루스트가 의도적으로 계획한 것이라고 지칠 줄 모르게 거듭해서 주장하는 이 작품의 기본인물까지도 결코 인위적으로 구성된 것이라고 할 수 없다. 하지만 이 작품은, 그것이 우리들 손바닥의 손금이나 아니면 꽃받침 속의 수술처럼 배열되어 있다는 의미에서는 계획되어진 것이다. 완전히 기진맥진한 이 노인같은 어린애인 프루스트는 자연의 품 속에 자신의 몸을 기대고 있다. 하지만 이때 그는 자연의 품 속에서 젖을 빨아먹고 있는 것이 아니라 자연의 심장의 고동소리를 들으면서 꿈을 꾸고 있는 것이다. 프루스트가 어느 정도 쇠잔한 상태에 있었던가 한번 상상해 보기 위해서는 이러한 그의 쇠잔한 상태를 너무나 적절하게 잘 표현하고 있는 작크 리비에르의 다음과 같은 발언을 들어보는 것도 좋을 것이다. 〈마르셀 프루스트는 그의 창작을 가능하게 하였던 바와 동일한 무경험으로 인해 죽었다. 그는 세상물정에 어두웠기 때문에, 또 그에게 파국을 가져다 준 삶의 조건을 변경시킬 줄 몰랐기 때문에 죽었던 것이다. 그는 어떻게 불을 피우고 또 어떻게 창문을 여는지 몰랐기 때문에 죽었다.〉 그리고 또한 그는 두말할 나위도 없이 정신적 천식 때문에 죽었던 것이다.

　의사들은 이 병을 두고 속수무책이었다. 이 병을 매우 계획적으로 이용하였던 작가 자신은 그 정도까지 속수무책이지는 않았다. 극단적으로 말한다면 그는 그가 지닌 병의 완벽한 연출자였다. 몇개월 동안이고 그는 가혹할 정도의 아이러니로써, 그에게 꽃을 보내준 어느 한 숭배자의 이미지를, 그로서는 도저히 참기 힘든 그 꽃의 향기와 연결시키고 있다. 그의 병의 증세가 오르락내리락할 때마다 그는, 자정이 넘어 갑자기 살롱에 나타나서는(그는 이러한 자정의 시간을 오분도 채 안되는 〈피로의 미풍〉이라고 말하고 있다) 동이 트는 새벽까지 머무는 이 시인의 출현을 전전긍긍, 학수고대하는 친구들에게 위험의 순간이 도래했음을 알리고 있다. 왜냐하면 이렇게 나타나서 머무는 그는 몸을 일으킬 수 없을 정도로 피로하고, 심지어는 그가 하는 말을 중단하기조차 힘들 정도로 피로의 기색을 보였기 때문이다. 편지를 쓰는 작가로서도 끝없이 그는 이러한 그의 병으로부터 사소하기 이를 데 없는 여러 효과를 획득하고 있다. 그는 〈내 거친 숨소리로 인해 내 펜대가 움직이는 소리와 내가 사는 집의 아랫층에서 들려오는 욕조의 물소리가 들리지 않는다〉라고 쓰고 있다. 하지만 그것만이 전부가 아니다. 또 병이 그에게서 세속적 삶을 앗아갔다는 사실만이 전부는 아니다. 그의 예술이 그의 천식증을 만들어 내지 않았다면 이러한 천식은 프루스트 예술의 일부가 되었다고 말할 수 있다. 프루스트의 문장구조에는 이러한, 그의 천식에 의해 질식할지도 모른다는 불안이 도처에 리드미컬하게 반영되고 있다. 그리고 그의 아이러니컬하고 철학적이며 또 교훈적인 성찰은, 기억의 중압감을 떨쳐버리는 안도의 한숨이다. 그러나 보다 넓은 관점에서 보면, 그가 끊임없이 의식하고 또 가장 많이 다루고 있는 죽음은 질식시킬 듯한 위협적 위기이다. 그렇기 때문에 프루스트는 그의 병이 위험한 국면을 맞이하기 훨씬 이전에도 이미 죽음에 직면하고 있었던 것이다. 그러나 그러한 죽음은 우울증적인 변덕이 아니라, 〈새로운 현실 réalité nouvelle〉로서, 다시 말해 사물과 인간에 관한 성찰 속에서 늙어감의 특징이 드러나는 그러한 새로운 현실이다. 프루스트의 인상학적 스타일을 연구해 보면 우리는 이러한 창조성의 내적 핵심에 도달할 수 있다. 기억이라는 것이 어느 정도의 인내와 끈기를 가져야만 취각에 의해서 보관될 수 있다는 것을 아는 사람이면(여기서 기억 속에 있는 냄새를 말하는 것은 결코 아니다) 냄새에 대한 프루스트의 민감성이 우연한 기회에 맡게 된 냄새에 의한 것이라고 말할 수는 없을 것이다. 우리들이 찾아내는 대부분의 기억은 시각적 이미지로서 우리들에 나타나고 있음이 분명하다. 심지어 무의지적 기억의 가장 유동적인 형태까지도 그 대부분은 유리된――그것이 이상스러울 정도로 현재적이긴 해도――시각적 이미지인 것이다. 바로 그렇기 때문에 프루스트의 작품에 내재하는 가장 내적인 토운에 자신을 내맡기고자 하는 사람은 모름지기 이러한 무의지적 회상이라는 하나의 심층에 자신을 침잠시키지 않으면 안될 것이다. 이때 우리들이 침잠하는 무의지적 기억의 심층에서는, 기억의 여러 계기들은 우리들에게 더 이상 개별적 이미지로서가 아니라, 마치 그물의 무게를 보고 고기가 얼마나 잡혔는가를 아는 어부처럼, 무정형적이고 이미지가 없는 상태로 또 확실히 알지 못하면서도 무게의 어림짐작으로 떠오르는 전체적 이미지로서 부각되는 것이다. 취각이란, 잃어버린 시간의 바다에 내던져진 그물의 무게에 대한 감각을 뜻할 따름이다. 그리고 그의 문장은, 사유하는 육체의 전 근육에 의한 활동이고, 또 그것은 잃어버린 시간의 바다에 내던져진 그물을 걷어 올리려는 이루 말할 수 없는 엄청난 노력을 포함하고 있는 것이다.

그밖에도 또 하나 부기해야 할 점이 있다. 그것은 이러한 특정한 창작과 이러한 특정한 병과의 공생체적 연계성이 가장 뚜렷하게 나타나는 것은, 여타의 창조적인 사람들이 그럼에도 불구하고 라는 식의 영웅적 도전으로 그들의 고통을 딛고 일어서는 것과는 달리 프루스트의 경우에는 그러한 영웅적 도전에 의해서도 그의 고통에 대한 돌파구가 전혀 열리지 않고 있다는 점이다. 그렇기 때문에 우리는 또 다른 관점에서 다음과 같이 말할 수 있을 것이다. 프루스트에 보여지는 바와 같은 이러한 삶과 세상사의 연계성은 너무나 긴밀하기 때문에 이 연계성은 궁극적으로는 어쩔 수 없이, 깊고 끊임없는 고통 이외의 다른 모든 것에 대한 비근하고 나태한 만족으로 나아갈 수 없었다. 그러나 이러한 육체적 고통은, 이를테면 아무런 욕망이나 후회도 없는 광적 열광에 의해, 그의 위대한 창작과정 속에서 그 위치가 정해지도록 미리 예정된 것이라고 할 수 있다. 그리고 프루스트에서는 또 다시 미켈란젤로가 머리를 뒤로 젖히고 썩스티나 Sixtina 성당의 천정벽화를 그렸을 때 사용하였던 공중사닥다리, 즉 임종의 침대가 나타나고 있다. 프루스트는 임종의 침대라는 공중사닥다리에 의해서 자기 손으로 쓴 이루 헤아릴 수 없는 수많은 원고를 공중에서 붙들면서 그의 미시적 세계 Mikrokosmos의 창조에 전념했던 것이다.

보들레르의 몇 가지 모티브에 관해서

1

　보들레르는 서정시를 읽는 데에 어려움을 느끼는 독자들을 염두에 두었다. 『악의 꽃』의 序詩는 이러한 독자들을 겨냥하고 있다. 의지력이나 집중력은 독자들의 강점이 아니다. 독자들이 더 좋아하는 것은 감각적인 향락들이다. 그들은 관심과 수용능력을 말살시키는 우울 spleen 과 친숙해 있다. 이처럼 가장 보람없는 독자에 매달리고 있는 서정시인을 만난다는 것은 기이한 기분을 자아낸다. 물론 그 이유는 쉽게 설명할 수 있다. 보들레르는 이해받고자 했던 것이다. 그리하여 그는 자기와 비슷한 사람들에게 그의 책을 헌정하고 있다. 독자에 대해 부치는 서시는 다음과 같은 외침으로 끝나고 있다.

　　　우울한 독자여,――내 동포여,――내 형제여 !

　이러한 사정은 다음과 같이 바꾸어 표현해서 말한다면, 즉 보들레르는 처음부터 곧바로 대중적 성공을 거두리라고는 거의 예상되지 않았던 그런 책을 썼다고 말한다면 더 생산적이 될 것이다. 그가 어떤 유형의 독자를 염두에 두었었는가는 서시에 나타나 있다. 그리고 이것은 그가 선견지명을 지녔음을 입증해 주었다. 그가 겨냥했던 독자는 후세에 나타났던 것이다. 이러한 사정, 즉 달리 말해 서정시를 수용할 조건이 불리하게 되었다는 점은 무엇보다도 다음 세가지 요인에서 비롯된다. 첫째로 서정시인은 이제 순수한 시인 자체로 여겨지지 않게 되었다는 사실이다. 라마르틴느 Lamartine만 해도 그랬던 것과는 달리 서정시인은 더 이상 〈음유시인〉이 아니다. 그는 이제 하나의 장르를 대표하는 자에 불과하다. (베를렌느는 이러한 전문화 과정을 분명하게 보여 주는 한 예이다. 랭보는 이미 자신의 작품과 대중 사이를 직무적으로 ex officio 격리시킨 秘敎的 시인이었다). 둘째로 서정시는 보들레르 이후 더 이상 대중적인 성공을 거두지 못하게 되었다는 사실이다. (빅토르 위고의 서정시만 해도 출판 당시 굉장한 반향을 불러일으켰었다. 독일에서는 하이네의 『시가집 Buch der Lieder』이 분수령의 위치를 점하고 있다.) 그 결과로 세번째 상황이 전개되었는데, 즉 독자들은 옛날부터 전승되어 온 서정시에 대해서까지도 한층 더 냉담하게 되었다는 사실이다. 이러한 상황이 조성된 시기는 대략 19세기의 중반으로 소급된다. 이와 동일한 시기에 『악의 꽃』의 명성은 끊임없이 확장되었다. 이 작품은 거의 읽혀지지 않으리라고 예상되었고 또 처음에는 인기가 거의 없었지만 수십년이 지나는 동안 고전적인 작품에 속하게 되었다. 그리고 이 책은 발행부수가 가장 많은 책들 중에 하나가 되기도 하였다.

    서정시가 읽혀지기 위한 조건이 악화되었다면, 그 이유는 서정시가 단지 예외적으로만 독자의 경험과 접촉을 유지하고 있었기 때문이라고 생각해도 좋을 것이다. 그것은 독자들의 경험이 구조적으로 변화하였기 때문이라고 말할 수도 있을 것이다. 사람들은 이러한 점을 일단 인정은 할지 모르지만 정작 경험에 있어서 어떠한 점이 변화하였는가를 특정지어 표현하는 데는 한층 더 당혹감을 느끼게 될 것이다. 이러한 상황에 처하게 되면 사람들은 철학에서 그 해답을 구하려고 할 것이다. 그런데 여기서 그들은 하나의 독특한 사정에 봉착하게 된다. 지난 세기 말엽부터 문명화된 대중의 규범화되고 변질되어 버린 일상적 생활 속에서 쌓여진 경험과는 정반대되는 〈진정한〉 경험을 획득하려는 일련의 시도들이 철학을 통해 행해져 왔다. 사람들은 일반적으로 그러한 시도들을 생의 철학이라는 개념 밑에서 행하였다. 충분히 이해가 가는 일이지만 이들 시도들은 사회 속의 인간의 존재로부터 출발하지는 않았다. 그들은 문학에 호소하였으며, 그보다는 자연에 그리고 마지막에는 특히 신화적 시대에 호소하였다. 딜타이 W. Dilthey의 『체험과 문학』은 그러한 일련의 시도들 가운데 최초의 것에 속한다. 이러한 일련의 시도는 클라게스

Klages와 융 Jung의 시도로 끝나고 있는데, 융은 자신을 파시즘에 내맡기고 있다. 이러한 문헌들 위로 베르그송의 초기작인 『질료와 기억 Matière et Mémoire』이 탁월한 기념비적 저작으로 우뚝 솟아 있다. 이 저작은 다른 어느 저작보다도 더 정밀한 연구작업을 거쳐 나왔다. 이 저작은 생물학적인 방향에서 씌어졌다. 제목 자체가 시사해 주고 있듯이 이 책은 기억의 구조가 경험의 철학적 구조에서 결정적인 것이라고 보고 있다. 사실상 경험이라는 것은 집단생활이나 개인생활에 있어서 모두 일종의 전통의 문제이다. 경험은 기억 Erinnerung 속에서 엄격히 고정되어 있는 개별적인 사실들에 의해 형성되는 산물이 아니라 종종 의식조차 되지 않는 자료들이 축적되어 하나로 합쳐지는 종합적 기억 Gedächtnis의 산물이다. 물론 이러한 기억을 역사적으로 분류하는 것이 결코 베르그송의 의도는 아니었다. 오히려 그는 경험을 역사적으로 규정하려는 일체의 시도를 거부하였다. 이렇게 함으로써 그는 무엇보다도 그 자신의 독자적 철학을 낳게 하였거나 아니면 그것에 반발하여 그의 철학을 생겨나도록 한 그러한 종류의 경험에서 벗어나고자 하였다. 그러한 경험은 거대한 산업사회 시대의 몰인정하고 사람의 눈을 현혹시키는 경험이다. 이러한 경험에 직면할 경우 감기게 되는 눈에는 이러한 경험의 동시적이고 순간적인 殘像으로서 보완적 성격을 띤 일종의 경험이 나타나는 것이다. 베르그송의 철학은 그러한 잔상을 상세하게 설명하고 또 확고하게 고정시키려는 시도이다. 이런 식으로 베르그송의 철학은 왜곡되지 않은 채 그의 독자라는 모습을 하고 보들레르의 눈 앞에 나타나고 있는 경험이 어떠한 것인가에 대한 하나의 단서를 간접적으로 제공해 주고 있다.

2

베르그송은 『질료와 기억』에서 경험의 본질을 지속 durée이라는 개념으로 규정하고 있는데, 이 정의에 따르면 독자는 오로지 시인만이 그와 같은 경험의 적합한 주체가 될 수 밖에 없을 것이라는 결론에 도달하게끔 되어 있다. 실제로 경험에 관한 베르그송의 이론을 시험해 보았던 사람은 한 시인이었다. 마르셀 프루스트의 작품인 『잃어버린 시간을 찾아서』는 베르그송이 생각했던 그러한 경험을 오늘날의 사회적인 조건들 아래에서 종합적인 방식으로 구성해 보려는 시도라고 할 수 있을 것이다. 그도 그럴 것이 그러한 경험이 자연적인 방식으로 이루어진다는 것은 점점 더 기대할 수가 없게 되었기 때문이다. 그런데 프루스트는 실제 자기 작품 속에서 그러한 문제에 대한 논의를 회피하고 있지 않다. 심지어 그는 그의 작품에 베르그송에 대한 내재적인 비판을 포함하고 있는 어떤 새로운 요인까지 끌어들이고 있다. 베르그송은 종합적 기억으로부터 생겨나는 특수한 관조생활 vita contemplativa과 현실생활 vita activa 사이에 존재하는 적대적 관계를 강조하는 것을 잊지 않고 있다. 그러나 베르그송의 경우에는 생의 흐름을 관조적으로 현재화시키는 일이 마치 자유로운 결정의 문제인 듯한 인상을 준다. 처음부터 프루스트는 이와는 다른 자신의 견해를 개념적으로 시사하고 있다. 베르그송의 이론이 말하고 있는 순수한 기억 mémoire pure은 프루스트에서는 不隨意적 기억, 즉 무의지적 기억 mémoire involontaire이 되고 있다. 프루스트는 곧장 이러한 무의지적 기억을 理智의 지배하에 있는 의지적인 기억과 대치시킨다. 그의 대저작의 처음 몇 페이지는 이러한 관계를 해명하는 데에 할애되고 있다. 그러한 개념을 도입하고 있는 고찰 가운데서 프루스트는 자신이 유년기의 일부를 보냈던 꽁브레마을을 생각해 내는 데 있어서 그의 기억이 여러 해 동안 얼마나 빈약하게 작용했는지에 대해 말하고 있다. 프루스트는, 마들렌느라는 과자의 맛――그가 나중에도 종종 되풀이하여 언급하고 있는――이 어느날 오후 그를 옛날로 되돌아가게 해 주기 이전까지는, 주의력의 요구에만 순응하였던 기억이 그에게 마련해 준 것에만 갇혀 있었다고 말하고 있다. 이러한 기억을 그는 의지적인 기억 mémoire volontaire이라고 부르면서 이러한 기억의 특징은, 지나간 일들을 말해 주는 정보들 속에는 과거의 흔적이 보관되어 있지 않은 점에 있다고 말하고 있다. 〈우리 자신의 과거라는 것은 바로 그런 상태에 있다. 즉 우리는 우리의 과거를 자의적으로 불러 내려고 해 보지만 그것은 허사이다. 우리의 모든 이지적인 노력은 수포로 돌아가고 만다.〉 그렇기 때문에 프루스트는 요약해서, 흘러간 과거는 〈이지의 영역이나 그 이지의 영향권을 벗어나 어떤 하나의 구체적인 대상 속에〉 존재하고 있다고 말하고 있다. 〈……더우기 우리는 그것이 어떤 대상 속에 존재하고 있는지를 알지 못한다. 우리가 죽기 전에 그러한 대상에 부딪치게 될지 아니면 한번도 만나지 못하게 될지는 전혀 우연의 문제이다.〉

프루스트에 의하면 한 개인이 자신에 대한 어떤 像을 획득하는지의 여부와 자신의 경험을 자신의 것으로 만들 수 있는가 없는가 하는 문제는 우연에 달려 있다고 한다. 그렇지만 그러한 문제가 우연에 좌우된다는 것은 결코 자명한 일만은 아니다. 인간의 내면적 관심사들은 이러한 것이 어쩔 수 없이 지니게 마련인 私的인 성격을 천성적으로 타고 나는 것은 아니다. 인간의 내면적 관심사들이 그러한 사적인 성격을 띠게 되는 것은 주위의 외적인 사실들을 자신의 경험 속에 동화시킬 수 있는 가능성이 점점 줄어든 연후에야 비로소 이루어지게 되는 것이다. 신문은 바로 그러한 가능성을 감소시키는 것들 가운데 하나이다. 신문의 의도가, 신문이 제공하는 정보들이 독자들의 경험의 일부가 되도록 하는 데 있었다면, 신문은 이러한 의도를 달성하지 못했다고 해야 할 것이다. 그러나 신문의 의도는 이와는 정반대이며, 그리고 이러한 정반대의 의도는 달성되고 있다. 신문의 본질은 독자들로 하여금 그들의 경험에 영향을 미칠지도 모르는 영역으로부터 제반 사건을 차단시키는 데 있다. 저 널리즘적인 정보의 원칙들, 예컨대 새로움, 간결성, 이해하기 쉬울 것, 그리고 무엇보다도 각각의 소식들 사이에 연관성이 없다는 점은 신문의 편집 및 문체와 더불어 그러한 목적에 기여하고 있다. (칼 크라우스 Karl Kraus는 신문의 어투가 그 신문을 읽는 독자의 상상력을 얼마나 마비시키고 있는가를 지칠 줄 모르고 폭로하고 있다.) 정보가 경험을 차단하는 또 다른 이유는 그 정보가 〈전통〉 속으로 들어가 그 일부가 되지 않기 때문이다. 신문은 대량의 발행부수를 가지고 발간된다. 따라서 어떠한 독자도 다른 사람이 갖지 못하는 정보를 가지고 있다고 자랑스럽게 말할 수가 없게 되었다. 역사적으로 볼 때 여러가지 전달형식들 사이에는 일종의 경쟁관계가 존속해 왔다. 옛날얘기가 정보라는 것에 의해 대체되고 정보가 센세이션이라는 것에 의해 대체되는 가운데 경험은 점차로 위축되어 왔다. 이러한 형식들은 모두 그 나름대로 이야기 Erzählung형식과는 뚜렷이 구별된다. 이야기 형식은 가장 오래된 전달형식들 가운데 하나이다. 이야기라는 것은 사건 그 자체를 단순하게 전달하는 일을 목적으로 삼지 않는다(정보가 바로 그러한 것을 목표로 삼는 데 반해). 이야기는 사건을 바로 그 이야기를 하고 있는 보고자의 생애 속으로 침투시키는데, 그것은 그 사건을 듣는 청중들에게 경험으로서 함께 전해주기 위해서이다. 그리하여 도자기에 陶工의 손자국이 남아 있는 것과 마찬가지로 이야기에는 이야기하는 사람의 흔적이 따라다니는 것이다.

  8권에 달하는 프루스트의 대작은, 오늘날 이야기꾼 Erzähler이라는 인물의 위치를 복원하기 위해서는 얼마나 많은 노력이 필요한가라는 문제에 대한 시사점을 던져 준다. 프루스트는 놀라울 정도의 시종일관한 태도로 그 일에 착수하였다. 그런데 그는 처음부터 자신의 유년기를 되살려야만 하는 기초적인 과제에 직면하게 되었다. 그는 이러한 과제를 풀 수 있을지의 여부를 우연의 문제로 서술하면서 이 문제의 전체적인 어려움을 가늠해 보고 있다. 이러한 고찰들과의 연관 속에서 그는 무의지적 기억이라는 개념을 부각시켰다. 이 개념은 바로 이것이 생겨나게 된 상황의 흔적을 지니고 있다. 이 개념은 여러 면에서 고립되어 있는 사적 개인의 재산목록의 일부이다. 엄밀한 의미의 경험이 지배하고 있는 곳에서는, 개인적인 과거의 어떤 내용들은 기억 속에서 집단적인 과거의 내용들과 결부되어 있다. 의식절차와 축제들을 동반하는 여러 儀式들은——이러한 의식들은 프루스트에서는 어느 한 곳에서도 언급되고 있지는 않지만——이들 두가지 요소, 즉 개인적인 과거와 집단적인 과거의 내용들을 거듭해서 융화시키고 있다. 이들 儀式들은 어떤 특정한 시기에 대한 기억을 끄집어 내어서는 그 기억을 평생동안 갖게 된다. 이렇게 해서 의지적인 기억과 무의지적인 기억은 그 상호적인 배타성을 상실하게 되는 것이다.

3

베르그송 이론의 부산물로서 프루스트의 이지적 기억 mémore de l'intelligence에 나타나고 있는 것의 보다 구체적인 내용이 무엇인가를 알아보기 위해서는 프로이트로 소급해 보는 것이 바람직하다. 1921년『쾌락원칙의 피안에서』라는 프로이트의 에세이가 출간되었는데, 이 책에서 프로이트는 기억(무의지적 기억이라는 의미에 있어서의 기억)과 意識 사이의 상관관계를 가설적인 형태로 제시해 주고 있다. 이러한 가설과 결부하여 다음에 이루어질 고찰의 목적은 프로이트의 가설을 증명하기 위한 것이 아니다. 우리는 그러한 가설이 지니는 생산적인 면을, 프로이트가 이 가설을 세우면서 염두에 두었던 것과는 거리가 먼 상황에 비추어 검증해 보는 것으로 만족하고자 한다. 어쩌면 프로이트의 제자들은 이미 그러한 상황에 부딪쳤었는지도 모른다. 라이크 Reik가 전개하였던 기억에 관한 이론의 세부적인 내용들은 부분적으로는 무의지적 기억과 의지적 기억 사이를 구분한 프루스트의 사고와 전적으로 그 맥락을 같이

하고 있다. 라이크는 다음과 같이 말하고 있다. 〈종합적 기억 Gedächtnis 의 기능이 여러가지 인상들을 보호하는 일에 있다면 기계적 기억 Erinnerung은 그 인상들의 해체를 목표로 삼는다.〉 이러한 설명의 근저에 놓여 있는 프로이트의 기본적인 명제를 잘 말해 주고 있는 것은 다음과 같은 가정, 즉 〈의식이라는 것은 기억의 흔적을 대신해서 생겨 난다〉는 가정이다.[1] 그러니까 의식의 특징이 있다면 그것은 의식 속에서 일어나는 자극의 진행과정은, 다른 신체조직 속에서 일어나는 자극의 진행과정과는 달리 의식이 지닌 요소들의 어떤 지속적인 변화를 뒤에 남기는 것이 아니라 의식화되어 가는 현상 속에서 곧 소멸되어진다는 점이다. 이러한 가설의 기본공식은 다음과 같다. 즉 〈의식화된다는 것과 기억의 흔적을 뒤에 남긴다는 것은 동일한 체계 속에서 서로 상치되는 과정이다.〉 기억의 잔재들은 오히려 〈이러한 기억의 잔재들을 뒤에 남기는 사건이 한번도 의식되지 않을 경우에 가장 강력하고 가장 지속적인 것이 된다.〉 이를 프루스트의 용어로 바꾸어 말하면 다음과 같이 표현할 수 있을 것이다. 의식적으로 체험 Erlebnis되지 않았던 것, 즉 주체가 〈체험〉으로서 겪지 않았던 일만이 무의지적 기억의 구성요소가 될 수 있는 것이다. 프로이트에 의하면 외부적 자극과정에서 〈종합적 기억의 토대가 되는 지속의 흔적들〉을 모으는 일은, 의식과는 상이하다고 여겨지는 〈다른 신체조직들〉이 맡고 있다.[2] 프로이트에 따르면 의식 그 자체는 종합적 기억의 흔적을 전혀 받아들이지 않고 있다고 할 수 있을 것이다. 이에 반해 의식은 그와는 다른 중요한 기능을 지닌다고 보아야 할 터인데 자극에 대한 방어가 바로 그것이라는 것이다. 〈살아 있는 유기체에 있어 자극에 대한 방어는 자극의 수용보다 더 중요한 과제라고까지 말할 수 있다. 자극의 방어기능은 그 자체의 에너지를 지니고 있고 또 그것은 무엇보다도 그 자체 내에서 작용하고 있는 에너지전환의 특수한 형식들을, 외부로부터 작용하는 거대한 에너지들의, 모든 것을 균일화시키는

---

[1] 기계적 기억 Erinnerung과 종합적 기억 Gedächtnis은 프로이트의 에세이 속에서는 여기서 논의되고 있던 상관관계에서 보면 아무런 본질적인 의미상의 차이를 보여 주지 않고 있다.

[2] 프루스트는 이러한 신체의 〈다른 조직들〉에 대해 여러 차례 언급하고 있다. 그는 그러한 조직들을 四肢를 그 예로 들어 설명하기를 가장 좋아한다. 그는 이들 사지 속에 저장되어 있는 기억의 이미지들을 끊임없이 얘기하면서 이러한 기억의 이미지들은 의식에 조금도 속하지 않으면서도 느닷없이 그 의식 속으로 침입해 들어온다고 주장한다. 이러한 현상은 예컨대 허벅다리, 팔 혹은 어깨 부분이 침대에서 부지불식간에 언젠가 예전에 한번 취했던 자세를 취하게 될 경우에 일어난다. 사지에 저장된 무의지적 기억은 프루스트가 애용한 대상들 가운데 하나이다.

파괴적인 영향들로부터 보호하려고 하고 있음에 틀림없다.〉이러한 외부적인 에너지들로부터 오는 위협은 충격 Chok을 통한 위협이다. 의식이 그러한 충격을 기록하는 일에 익숙해지면 질수록 그 충격이 지니는 효과는 그만큼 더 적어질 것임에 틀림없다. 정신분석학적 이론에서는 쇼크적 충격의 본질을 〈자극에 대한 방어선이 분쇄되는 것으로 이해〉하고자 한다. 이 이론에 따르면 공포라는 것은 〈불안에 대처할 마음의 준비가 결여〉된 상태에서 〈그 의미〉를 갖는다.

프로이트는 事故노이로제 환자들에게 전형적으로 나타나는 꿈에서 연구의 실마리를 찾았다. 이러한 노이로제 환자는 자신이 당한 재난을 꿈 속에서 재생시킨다. 프로이트에 의하면 그러한 종류의 꿈은 〈불안을 발전시키는 가운데 자극을 뒤늦게 정복하려고 하며 또 그러한 정복이 이루어지지 않으면 쇼크적 노이로제 증세의 원인이 된다〉는 것이다. 발레리가 생각하고 있는 것도 이와 비슷한 것처럼 보인다. 이러한 일치현상은 주목할 만한 가치가 있는데, 왜냐하면 발레리는 오늘날의 삶의 제여건하에서 정신적인 메카니즘이 갖는 어떤 특수한 기능방식에 대해 흥미를 느꼈던 자들 중의 한사람이기 때문이다. (그런데 발레리는 이러한 관심을 순수서정적 성격을 지녔던 자신의 詩作에 결부시킬 수 있었다. 이로써 그는 직접 보들레르로 소급되는 유일한 작가가 되고 있다.) 발레리에 따르면 〈인간의 인상들과 의미지각들은 그 자체를 두고 보면……놀라움의 부류에 속한다. 그것들은 인간의 어떤 불충분성을 증명해 주고 있다……기억이라는 것은 하나의 원초적인 현상일 뿐만 아니라 나아가서는 처음에는 우리에게 결여되어 있었던 자극의 수용을 조직화할 수 있게 하는 시간을 우리에게 부여하고자 한다.〉쇼크의 수용은 자극을 제어하는 훈련을 통해 더 수월해지게 되며, 이를 위해 필요하다면 꿈이나 기억을 끌어들일 수가 있는 것이다. 그러나 프로이트가 상정하고 있듯이 대개의 경우 이러한 훈련을 관장하고 있는 것은 깨어 있는 의식이다. 이러한 깨어 있는 의식은 뇌의 피질부분에 자리잡고 있지만 자극작용에 의해 뚫려지게 됨으로써 자극의 수용에 가장 유리한 상황을 제공하게 된다는 것이다. 충격이 이런 식으로 완화되고 또 의식에 의해 방어된다는 사실은 그 충격을 야기시킨 사건에 대해 두드러진 의미에서의 체험 Erlebnis의 성격을 부여하게 된다는 것이다. 만약 그렇게 되면 이러한 체험은 (이때 그 사건이 의식적 기억의 기록부에 바로 동화됨으로써) 그러한 사건을 시적인 경험을 위해서는 아무 흥미가 없는 무미건조한 것으로 만들어 버린다는 것이다.

쇼크의 체험이 규범이 되어 버린 경험 속에서 어떻게 서정시가 자리잡을 수 있는가 하는 물음이 제기된다. 그러한 서정시엔 고도의 의식성이 기대될 수밖에 없을 것이다. 즉 그러한 시는 그것이 완성될 당시 어떤 계획적인 구상이 서 있었다는 인상을 줄 수 밖에 없을 것이다. 바로 이러한 점은 보들레르의 시에도 해당되는 얘기이다. 이러한 점에서 그는 그의 선배들 가운데 어느 누구보다도 포우 E.A. Poe와 연결되며, 후배들 가운데에서는 발레리와 연결된다. 프루스트와 발레리의 보들레르에 대한 고찰들은 서로 숙명적으로 상호보완적인 관계에 있다. 프루스트는 보들레르에 대해 한 에세이를 썼는데, 그의 소설작품에서 보여준 몇몇 성찰들은 그 중요성에 있어 이 에세이를 능가하고 있다. 발레리가 「보들레르가 처한 상황」이란 에세이에서 『악의 꽃』에 대한 입문서를 쓴 것은 가히 고전적인 것이라고 할 수 있다.

보들레르에 있어 문제가 되었던 것은 바로 다음과 같은 것이었음에 틀림없다. 한 위대한 시인, 그러나 라마르틴느도 아니고 위고도 아니며 뮈쎄 Musset도 아닌 그러한 시인이 되는 일이 바로 그것이다. 나는 이러한 의도를 보들레르 자신이 의식하고 있었다고 주장하려는 게 아니다. 그러나 그러한 의도는 보들레르에게서 불가피하게 나타났음이 분명하다. 그렇다. 그러한 의도는 본래 보들레르의 것이었고 또 그것은 그의 國是였다.

시인을 두고 國是 운운 한다는 것은 이상하게 여겨질 수도 있다. 그러나 그 속에는 주목할 만한 무엇인가가 내포되어 있다. 바로 체험으로부터의 해방이 그것이다. 보들레르의 시적 작업은 단 하나의 과업에 종속된다. 그는 그의 시로써 채워야 할 공백을 머리 속에 떠올리고 있었다. 그의 작품은 다른 작가의 작품이 다 그러하듯 하나의 역사적인 작품으로 규정될 수 있을 뿐만 아니라, 그렇게 규정되고자 했으며, 또 스스로도 그렇게 이해했던 것이다.

4

충격적 요인이 각각의 인상들에서 차지하는 비중이 크면 클수록, 의식이 자극의 방어를 위해 부단히 긴장하면 할수록, 그래서 이를 통해 의식이 성공을 크게 거두면 거둘수록, 그러한 인상들은 그만큼 더 적게 경험 Erfahrung 속으로 들어가게 된다. 오히려 그러한 인상들은 그럴수록 체험 Erlebnis이라는 개념의 내용을 이루게 되는 것이다. 어쩌면 우리는, 충격방어라는 특수한 작업은 사건의 내용을 온전하게 보전하는 대신에 그 사건에 대해 의식 속에 하나의 분명한 時點을 지시해 주는 일이라고 말할 수도 있을 것이다. 그것은 성찰의 최고업적이기도 할 것이고 또 그것은 사건을 하나의 체험으로 만들 것이다. 성찰이라는 것이 없다면 원칙적으로 즐거운 공포 내지 혐오스러운 공포 밖에 없을 것이다. 이러한 공포는 프로이트에 의하면 충격방어의 실패를 인정하고 있음을 뜻한다. 보들레르는 이러한 상태를 하나의 끔찍한 이미지 속에서 포착하였다. 그가 그린 어떤 결투장면에는 예술가가 패하기 직전에 공포에 질려 소리치는 장면이 나온다. 이러한 결투는 창작과정 자체이다. 이처럼 보들레르는 충격체험을 자신의 예술적 작업의 중심부에 두었다. 보들레르의 이러한 자기고백은 매우 중요한 의미를 지닌다. 몇몇 동시대인들의 발언이 이를 입증해 준다. 공포에 내맡겨진 상태에서 스스로 공포를 불러일으키는 일은 그에게는 이상한 일이 아니다. 발레 Vallès는 보들레르의 기괴한 얼굴표정을 전해 주고 있다. 나르게오 Nargeot가 그린 초상화를 근거로 해서 퐁마르틴 Pontmartin은 보들레르의 수상적은 모습을 확인해 주고 있다. 끌로델 Claudel은 보들레르가 대화할 때 곧잘 사용하였던, 끊어지는 듯한 억양을 강조한다. 고띠에 Gautier는 보들레르가 시를 낭송할 때 애용하였던 〈행간띄기 Sperrungen〉에 대해 언급하고 있다. 나다 Nadar는 그의 발작적인 걸음걸이를 묘사하고 있다.

정신병리학에 의하면 쇼크애호증 타입이라는 것이 있다. 보들레르는 충격을, 이것이 어디에서 온 것이든간에 자신의 정신적·육체적 인격을 가지고 막아 내는 것을 자신의 일로 삼았다. 그의 전투적인 태도는 이러한 충격방어의 모습을 보여준다. 보들레르는 파리가 아직 잠들어 있는 시각에 그의 친구인 꽁스땅땡 기이 Constantin Guys를 방문했는데, 그는 그 친구를 다음과 같이 묘사하고 있다.

그는 책상 위로 몸을 구부린 채 서 있었으며, 낮에 그의 주변에 있는 사물들을 바라볼 때처럼 날카롭게 종이조각을 주시하고 있었다. 그는 자신의 연필, 펜, 붓과 싸우고 있었다. 그는 잔 속의 물을 천정에 흩뿌려 보기도 하고 펜으로 자기의 내의를 찔러 보기도 하였다. 그러다가 그는 재빨리 또 격렬하게 작업에 되돌아 왔으며, 이때 그는 마치 이미지들이 자기로부터 달아날까봐

전전긍긍하고 있는 것처럼 보였다. 이처럼 그는 전투적이었으며 그는 혼자 있을 때에도 그랬는데, 그럴 때는 자기자신의 공격을 되받아 넘겼다.

그와 같은 환상적인 전투에 사로잡힌 채 보들레르는 「태양 Le Soleil」이라는 시의 첫 연에서 자신의 자화상을 그렸다. 그리고 아마도 그것은 『악의 꽃』 가운데, 詩作에 골몰하고 있는 그의 모습을 그려 보여 주는 유일한 싯귀일 것이다.

> 도시와 들판에, 지붕과 밀밭에,
> 잔인한 태양이 빗발치듯 화살을 쏘아댈 때,
> 남모를 쾌락을 숨기고 있는 겉창들이
> 누추한 집집을 감싸고 있는 낡은 교외 거리를 따라
> 나는 홀로 간다, 환상의 펜싱술 연마하러,
> 거리의 구석구석에서 우연의 운율을 냄새맡으며,
> 포석 위에 돌에 발뿌리 채이듯 낱말 위에서 비틀거리고,
> 때로는 오랫동안 꿈꾸어 오던 싯귀와 맞닥뜨리기도 하면서.

충격의 경험은 보들레르의 전모를 파악하는 데 결정적인 중요성을 지니는 경험들 중의 하나이다. 지드 A. Gide는 보들레르에 있어서 시적인 자극이 그 본래의 자리를 차고 있는 이미지와 이념, 단어와 사물 사이의 찢어진 틈에 대해 이야기하고 있다. 리비에르 J. Rivière는 보들레르의 싯귀들을 뒤흔드는, 밖으로 드러나지 않는 숨겨진 충격을 지적하였다. 그것은 마치 그러한 충격으로 인해 시어들이 그 자체 속에서 무너지는 듯한 인상을 준다. 리비에르는 이처럼 무너지기 쉬운 시어들을 보여 주고 있다.

> 그리고 누가 알랴, 내가 꿈꾸어오던 새로운 꽃들이
> 모래사장처럼 씻기운 이 땅 속에서
> 그 꽃들에 힘을 줄 신비스러운 자양을 찾아낼지.

혹은,

> 그들을 사랑하는 결실의 女神 시벨 Cybèle은 그녀의 푸르름을 더해 간다.

또한 다음과 같은 유명한 시의 첫 귀도 이러한 부류에 속한다.

당신이 질투해온 저 관대한 하녀

그는 운문의 영역 밖에서도 이러한 은밀한 법칙성에 정당성을 부여하려 했다. 보들레르가 「파리의 우울 Spleen de Paris」이라는 그의 산문시에서 추구했던 의도도 바로 이러한 것이었다. 그 시집을 《라 프레쓰 La Presse》紙의 편집국장인 아르쎄느 우쎄이 Arsène Houssaye에게 헌정하면서 보들레르는 다음과 같이 쓰고 있다.

우리들 가운데 누구라도 야심에 찬 젊은 날에 시적 산문으로 거작을 써 보려고 꿈꾸지 않았던 사람은 없었을 것입니다. 그 산문은 리듬과 韻이 없으면서도 음악처럼 흐르는 듯한 문체이어야 할 것이며, 영혼의 서정적인 격정에도 몽상의 파동에도, 의식의 충격에도 능히 적응할 수 있을 만큼 유연하면서도, 강한 산문이어야 할 것입니다. 앞으로 고정관념이 될 수 있는 이러한 이상은, 무엇보다도 대도시와 서로 무수하게 뒤얽힌 복잡한 관계에 익숙해 있는 사람들의 마음을 사로잡을 것입니다.

이 귀절은 두 가지 통찰을 보여 주고 있다. 우선 그것은 보들레르에 있어 대도시의 군중과의 접촉과 충격이라는 형태 사이에 존재하는 깊은 연관성에 대해 말해 준다. 두번째로 그것은 이러한 대중들의 존재가 무엇을 의미하는지를 가르쳐 준다. 여기서 말하려는 것은 계급이나 어떤 특정한 구조의 집단이 아니다. 여기서 말하는 대중이란 다름아닌 행인들이라는 無形의 무리, 거리의 군중을 가리킨다.[3] 보들레르가 늘 잊지 않고 염두에 두었던 이들 군중은, 그의 어느 한 작품에서도 모델로서 이용되고 있는 적은 없지만 그의 창작에 있어 숨겨진 인물로 깊이 작용하고 있으며, 앞서 인용한 「태양」이라는 싯귀에서도 은밀한 형상으로 나타나고 있다. 우리는 결투하는 사람의 상을 그 속에서 판독해 낼 수 있다. 즉 그가 결투를 하면서 가하는 충격들은 그에게 그 무리들 속을 뚫고 나아갈 길을 열어 주기 위한 것이다. 물론 「태양」이라는 시의 작

---

[3] 이러한 군중에게 어떤 영혼을 부여해 주는 일이 거리산보자의 가장 독특한 목적이다. 그의 대중과의 만남은 그가 지칠 줄 모르게 얘기하고 있는 체험이다. 이러한 환상들이 반영된 형태들은 보들레르 작품의 빼놓을 수 없는 부분이다. 그러한 환상이 지닌 중요성은 오늘날까지 지속되고 있다. 쥘르 로맹 Jules Romains의 위나니미슴 unanimisme (20세기 초 승원과 시인의 귀일적 집합체주의라는 문학적 조류—역주)은 그 후예로서 경탄의 대상이 되고 있는 작품 중의 하나이다.

자가 길을 뚫고 나아가는 시 변두리는 인적이 뜸한 곳이긴 하다. 그러나 이 시의 감추어진 위치배열의 구조는(이 구조는 그 연의 아름다움을 그 밑바닥까지 드러내고 있다) 다음과 같이 파악될 수도 있을 것이다. 즉 그것은 시어들, 단편들, 시행의 첫 귀들과 같은 유령의 무리인데, 시인은 이로부터 시의 전리품을 얻기 위해 황량한 거리에서 싸우고 있는 것이다.

5

군중이라는 대상만큼 19세기 문인들의 관심을 끌 만한 가치가 있었던 대상도 없었다. 군중은 바야흐로 독서생활에 익숙해진 광범위한 계층 속에서 독서층으로 형성될 채비를 하고 있었다. 그들은 주문자가 된 것이다. 그들은 중세시대에 헌납자들이 그림 속에 등장하는 것과 마찬가지로 동시대의 소설 속에서 자신들의 모습을 보고 싶어 했다. 19세기의 가장 성공한 작가는 자신의 내적인 필요에 따라 그러한 요구에 부응하였다. 그에게는 군중이란 거의 고대적인 의미에 있어서 고객의 무리, 관객의 무리를 뜻했다. 위고는 군중을 그의 책 표제에서 최초로 언급했던 작가이다. 즉 『레 미제라블』과 『바다의 여행자들』이 그것이다. 위고는 프랑스에서 신문연재소설과 경쟁할 수 있었던 유일한 작가였다. 소시민들에게는 어떤 계시의 원천이 되기 시작하였던 신문소설이라는 쟝르의 거장은 주지하다시피 으젠느 수우 Eugène Sue였다. 그는 1850년 압도적인 과반수를 얻어 파리시의 대의원으로 당선되었다. 그때 젊은 마르크스가 수우의 『파리의 신비들』이라는 작품을 공격의 대상으로 삼았던 것도 결코 우연이 아니었다. 그는 일찍부터 당시 공상적 사회주의가 비위를 맞추려고 했던 무형의 대중을 프롤레타리아의 강철같은 단단한 대중으로 만들어 내는 일을 자신의 과제로 삼았다. 따라서 엥겔스가 자신의 초기작품에서 이러한 대중에 대해 묘사하고 있는 것은 비록 그 내용이 온건하다고 할지라도 어쨌든 마르크스의 테제들 중의 하나를 낳게 한 전주곡으로 간주될 수 있다. 『영국에서의 노동자계급의 위치』라는 저서에서 엥겔스는 다음과 같이 쓰고 있다.

런던과 같은 도시에서는 사람들이 시작도 끝도 없이, 그리고 바로 옆에 확트인 시골이 있다는 사실을 전혀 알아차리지 못한 채 몇시간이고 배회할 수 있다는 점은 정말 매우 특이한 점이다. 이처럼 거대한 중앙집중화 현상, 350만이나 되는 사람들이 한 곳에 모여 있다는 사실은 350만이라는 인구의 힘을 백배나 더 확대하고 있다……하지만 이러한 현상의 댓가로서 치루어진 희생이 어떠한가는 나중에 가서야 비로소 발견된다. 며칠동안 중심가의 보도를 거닐다 보면 우리는, 런던사람들은 그들의 도시를 가득 메우고 있는 문명의 기적들을 모두 완성시키기 위해 그들이 지닌 인간성의 가장 훌륭한 부분을 희생시켜야만 했고, 또 그러한 문명의 기적들 속에 잠들어 있는 수많은 힘들이 활용되지 못한 채 억압되어 있다는 사실을 알아 차릴 수가 있다……거리의 혼잡 속에는 이미 무엇인가 인간의 본성에 거슬리는 면이 있다. 각양각색의 계층과 신분에 속하는 사람들이 서로를 지나치며 몰려가고 있다. 동일한 특성과 능력, 동일한 이해관계를 지닌 이들은 모두가 행복해지기 위한 사람들이 아닌가?……그런데도 그들은 마치 서로 아무런 공통점이 없으며 아무런 상관도 없는 것처럼 서로 치닫듯 스쳐 지나가고 있는 것이다. 그들 사이에 유일한 합일점이 있다면 그것은, 각자는 보도를 거닐 때에 우측통행을 지켜야 하며, 그럼으로써 서로 지나치는 두 무리가 서로 통행에 지장을 받지 않도록 해야 한다는 묵약이다. 그렇지만 어느 누구도 다른 사람들에게 단 한번만이라도 시선을 던져 줄 생각은 하지 않는다. 이러한 개인들이 작은 공간으로 밀집해서 밀어닥치면 밀어닥칠수록 잔인한 무관심, 즉 자신의 사적인 관심사에만 무감각하게 고립되는 현상은 그만큼 더 역겹고 자존심을 상하게 하는 것으로서 나타나게 된다.

이러한 묘사는 프랑스의 群小作家들인, 고즐랑 Gozlan, 델보 Delvau, 아니면 루린느 Lurine 등에게서 볼 수 있는 묘사와는 현저하게 다르다. 그들의 묘사에는 거리산보자 flâneur가 군중 속을 거닐 때 가졌던 면, 그리고 신문기자들이 거리산보자로부터 열심히 배웠던 아무것에도 아랑곳하지 않는다는 투의 무관심과 숙달된 태도가 빠져 있는 것이다. 엥겔스는 군중이라는 존재에 대해 당황하였다. 군중은 그에게 어떤 도덕적인 반응을 불러일으키고 있다. 여기에는 어떤 미학적인 반응도 함께 작용한다. 행인들이 쏜살같이 서로 스쳐 지나가는 템포는 그를 불안하게 만들고 있다. 그의 묘사가 지니는 매력은 바로 꼿꼿한 비판적 태도가 고풍스러운 토운과 함께 서로 엇갈리고 있는 데 있다. 엥겔스는 독일의 시골 태생이었다. 아마 그는 군중의 물결 속에 휩쓸려 들어가고 싶은 유혹에는 한번도 빠져들지 않았을 것이다. 헤겔은 그가 죽기 얼마전 처음으로 파리를 방문했는데 이때 그는 자기 부인에게 다음과 같은 편지를 썼다.

내가 거리를 걷노라면 베를린에서와 똑같은 광경을 보게 되오. 모두들 똑같은 옷을 입고 얼굴들도 거의 비슷한 모습을 하고 있소. 베를린에서와 똑같은 광경이긴 하지만 다만 무수히 떼를 지어 있는 것이 다를 뿐이오.

이러한 군중 속을 거닌다는 것은 파리사람들에게는 자연스러운 일이었다. 헤겔 자신은 이들 군중으로부터 제 아무리 거리를 두고 바라보려고 했을지라도 군중의 영향을 받고 있었으며 또 군중을 엥겔스처럼 외부에서 바라볼 수가 없었다. 보들레르의 경우에는 군중은 그의 외부에 있는 어떤 존재가 아니기 때문에, 그의 작품 속에서 우리는 그가 그러한 군중에 어떻게 매혹되어 휘말려들어 가면서 그 군중으로부터 스스로를 방어하고 있는가를 추적할 수가 있다.

보들레르에 있어 군중은 이미 내면화되어 그의 일부가 되고 있기 때문에 그의 작품에서 군중에 대한 묘사를 찾아내기란 여간 어렵지 않다. 그의 가장 중요한 주제들이 묘사의 형태를 띠고 나타나는 적은 거의 없다시피하다. 데자르댕 Desjardins이 의미심장하게 말하고 있듯이 보들레르에 있어서는 〈像을 장식하거나 그려내는 일보다는 상을 기억 속에 깊숙이 침잠시키는 일이 더 중요하다〉. 빅토르 위고가 대가답게 그려내었던 도시의 풍경들에 상응하는 것은 『악의 꽃』이나 『파리의 우울』에서는 찾아볼 수가 없다. 보들레르는 파리의 거주민들을 묘사하지도 않았고 또 도시를 묘사하지도 않았다. 그러나 그는 양자를 묘사하는 일을 포기함으로써 양자 중의 한 대상을 다른 한 대상의 형태로 불러 내는 일을 할 수 있었다. 그에게 있어 군중은 항상 대도시의 군중이다. 또한 그의 파리는 항상 과밀한 도시 파리이다. 이 점이 바로 그를 바르비에 Barbier 보다 뛰어나게 만드는 점이다. 바르비에는 묘사하는 수법을 쓰기 때문에 군중과 도시는 서로 동떨어져 있다.[4] 보들레르의 「파리의 풍경」에서

---

4) 바르비에의 수법에 있어 특징적인 면은 그의 「런던」이라는 시에서 드러난다. 그 시는 24행으로 그 도시를 묘사하고 있는데, 다음과 같은 싯귀로 서투르게 끝나고 있다.

> 마침내는 어둡고 거대한 사물들의 군집 속에서,
> 한 어두운 사람이 침묵 속에서 살다 죽어간다.
> 숙명적인 본능을 좇는 수많은 존재들이,
> 선과 악의 수단으로 황금을 추구하면서.
> (Auguste Barbier: *Jambes et poèmes*, 파리, 1841, p.193-94.)

보들레르는 바르비에의 〈경향시들〉, 특히 그의 런던시집 「나병환자들 Lazare」로부터 그 누구보다도 깊은 인상을 받았다. 그것은 보들레르의 「어스름 저녁 Crépuscule du Soir」의 결미부분을 보면 알 수 있다.

는 군중이 은밀하게 존재하고 있다는 것을 거의 어디에서나 느낄 수 있다. 보들레르가 새벽의 여명을 주제로 삼았을 때에는, 황량한 거리에는 빅토르 위고가 파리의 밤풍경에서 느꼈던 붐비는 군중의 침묵과 같은 것이 감돌고 있다. 보들레르가 먼지투성이의 센느강변에서 팔려고 진열해 놓은 해부도의 도표에 시선이 머물렀을 때 그는 순간적으로 그 그림들이 이미 죽어 없어진 군중들을 은연 중에 대신하고 있음을 느꼈다. 그 그림들에는 해골들이 하나하나 그려져 있었던 것이다. 〈죽음의 무도〉와 같은 인물상 속에서 그는 빈틈없이 밀집된 군중이 앞을 향해 움직이고 있는 것을 보고 있다. 그가 「가엾은 노파」라는 연시에서 추적하고 있는 늙은 노파의 영웅적 풍모가 잘 나타나고 있는 것은, 군중의 템포를 따라가지 못하고 더이상 현실에 참여하지 못하면서 군중으로부터 멀리 벗어나 있는 이들 노파의 모습에서이다. 군중은 움직이는 베일이었다. 이 베일을 통해 보들레르는 파리를 보았다.[5] 『악의 꽃』에 나오는 가장 유명한 모티브 가운데 하나가 이 군중의 존재이다.

「지나는 여인에게」라는 소네트 속에는 군중을 나타내는 표현이나 낱말은 한마디도 나오지 않는다. 그렇지만 시 전체의 흐름은 군중의 존재에 근거를 두고 있으며, 이는 범선의 항해가 바람에 좌우되는 것과 비견될 수 있다.

거리는 내 주위에 아우성치고 있었다, 귀청도 째어질 듯이,
시름에 잠겨, 장중한 고통에 싸여, 낯설고 후리후리한

......그들은 죽어서,
공동의 심연으로 향해 간다.
병원은 그들의 한숨으로 가득 차 있다―저녁에, 난롯가, 사랑하는
사람의 곁으로, 향긋한 수우프를 찾아
올 사람 몇이나 될까.

우리는 이 귀절을 바르비에의 「뉴캐슬의 광부들」이라는 8연의 시의 결미부분과 비교해 볼 수 있다.

그리고 자신의 영혼 깊은 곳에서 아늑한 집,
아내의 푸른 눈을 꿈꾸던 많은 사람들이,
심연의 끝짜기에서 영원한 무덤을 찾아낸다. (바르비에 : 상게서, 240-41)

약간의 대가적인 수정을 가하면서 보들레르는 〈광부들의 운명〉으로부터 대도시인들의 평범한 종말을 이끌어 내고 있는 것이다.
5) 기다리는 사람이 그 속에서 시간을 보내는 만화경과 프랑스 제2제정 당시 파리사람들에게 꿈의 도시처럼 보였던, 일련의 이어진 거리들 passage로 이루어진 베니스는 보들레르의 모자이크적인 시집에서는 단지 띄엄띄엄 나타나고 있을 뿐이다. 그렇기 때문에 보들레르에 있어서 일련의 이어진 거리는 나오지 않는다.

한 여인이 지나갔다, 화사로운 한쪽 손으로,
꽃무늬로 가를 두른 치맛자락을 치켜 흔들면서,

날렵하고, 고상하게, 彫像같은 다리를 보이면서,
나는 마셨다, 실성한 사람처럼 몸을 뒤틀며, 그녀의 눈 속에서
태풍 머금은 납빛 하늘,
마음 호리는 다정스러움과 뇌살시키는 쾌락을,

번갯불 한줄기 반짝……그리고선 밤! ──그 눈길이
순식간에 나를 되살려 놓고 사라져 가버린 미인이여,
영원 속에서밖엔 그대를 다시 못 볼 것인가?

여기서 멀리 멀어진 저승에서밖에는! 너무 늦었다! 아니면 영영 못 만나게 될지!
그대 사라진 곳 내가 모르고, 내가 가는 곳을 그대 모르니,
오, 내 그대 사랑했어야만 했을 터인데, 오, 그대도 그런 줄 알고 있었을 테지!

미망인의 베일 속에서, 그리고 혼잡한 군중들 속에서 말없이 나타나 신비스러운 베일에 싸인 채 멀어져 가는 미지의 한 여인이 시인의 시야에 등장한다. 이 소네트가 말해 주고 있는 것은 요컨대 다음과 같다. 대도시인들은, 군중을 그들의 반대자, 즉 적대적인 요소로 보기는커녕 바로 이들 군중에 의해서 비로소 그들을 매료하는 이미지를 얻게 된다는 점이다. 대도시인들이 느끼는 황홀감은 일종의 사랑의 감정인데, 그것도 처음 보고 느끼는 사랑의 감정이 아니라 마지막으로 보고 느낄 때의 사랑의 감정이다. 그것은 또한 일종의 영원한 작별로서 그 작별은 시 속에서 매혹의 순간과 일치하고 있다. 이처럼 이 소네트는 충격의 이미지, 아니 어떤 파국의 이미지를 보여 준다. 그러나 이러한 충격의 이미지는 충격을 받은 사람의 감정의 본질에까지도 영향을 끼친다. 그의 몸을 전율케 하는 것은──보들레르는 이를 〈실성한 사람처럼 몸을 뒤틀며〉라고 표현하고 있다──마음 속속들이 에로스에 의해 사로잡힌 자의 황홀감은 아니다. 오히려 그것은 어떤 고독한 자에게 엄습할 수 있는 일종의 성적인 충격에 더 가깝다. 티보데 Thibaudet가 말했던 것처럼, 그러한 시가 〈오로지 대도시에서만 생겨날 수 있었다〉라는 말은 사

보들레르의 몇가지 모티브에 관해서　135

실은 그다지 의미심장한 말은 아니다. 그 시는 대도시에서의 삶이 사랑에 대해 입히는 상처를 밖으로 드러내 주고 있다. 프루스트 역시 그와 같은 관점에서 그 소네트를 읽었다. 그렇기 때문에 그는 어느날 그에게 알베르틴느라는 모습으로 나타난, 슬픔에 싸인 부인의 모습을 나중에 그리면서 「파리 여인」이라는, 보들레르의 시를 상기시켜 주는 표제를 붙이고 있는 것이다.

알베르틴느가 다시 내 방에 들어왔을 때 그녀는 검정색 비단옷을 입고 있었다. 그 옷이 그녀를 창백하게 보이게 했으며, 그녀는 흡사 열정적이면서 창백한 파리의 여인과 같은 타입, 즉 신선한 공기에 익숙치 않고 또 그녀의 생활방식이 군중 속에서 악덕의 분위기에 젖어 있으며, 그리고 볼에 연지가 칠해 있지 않다면 불안하게 보이는 어떤 시선에 의해서 그 본래의 모습이 드러나는 그런 타입의 여자이다.

프루스트에 이르기까지도 대도시인들만이 경험하는 어떤 사랑의 대상은 그런 식으로 나타나고 있다. 보들레르는 자신의 시에서 그러한 사랑을 획득하였는데, 우리는 이러한 사랑을 두고, 그러한 사랑의 실현이 거부되고 있다기보다는 유보되어 있는 상태라고 말해도 무방할 것이다.[6]

6

군중이라는 모티브를 다룬 보다 오래된 텍스트들 가운데 보들레르에 의해 번역된 포우 E.A. Poe의 한 단편은 고전적 예라고 할 수 있다. 이 작품은 몇가지 두드러진 특징을 보여 주고 있다. 이 특징들을 추적해 보면 우리는 그 속에서 강력하면서도 깊이 숨겨져 있는 사회적 요인들을 읽을 수 있다. 다시 말해 여기에는 예술적 창작에 미묘하면서 깊은 영향을 끼칠 수 있는 그런 사회적 요인들이 있다. 이 단편의 제목은 〈군중 속의 사람 The Man of the Crowd〉이다. 그리고 그 무대는 런던이다.

---

6) 지나치는 여인에 대한 사랑의 모티브는 슈테판 게오르게의 초기시의 하나에서도 나타나고 있다. 그러나 그는 결정적인 점을 놓치고 있다. 즉 군중과 더불어 나타난 그 여인이 휩쓸려 사라지는 군중의 물결이 빠져 있는 것이다. 결과적으로 게오르게의 시는 자의식에 찬 悲歌가 되고 있다. 시인이 그의 여인에게 고백해야만 했듯이 시인의 시선은 〈동경 때문에 축축이 젖어 먼 곳으로 향하게 된다, 그대의 시선 속에 감히 잠겨 보지도 못한 채.〉 보들레르는 그가 지나는 여인의 눈 속 깊숙이 들여다보았다는 사실을 분명히 하고 있다.

이 작품에 등장하는 화자는 오랜 병고 끝에 몸이 나은 뒤 모처럼 분망한 시내로 외출한 한 남자이다. 그는 어느 가을날 오후 늦은 시간에 런던의 한 큰 까페의 창 뒤에 자리를 잡고 앉았다. 그는 주위의 손님들을 자세히 살펴 보기도 하고 또 신문 속의 광고들을 훑어보기도 한다. 그러나 무엇보다도 그의 시선은 그가 앉은 창 밖을 지나가는 군중들에게 쏠려 있다.

그 거리는 시내에서 가장 붐비는 곳 중의 하나이다. 하루종일 그 거리는 사람들로 가득 차 있다. 이제 땅거미가 질 무렵 군중들이 시시각각 불어나기 시작한다. 가스등에 불이 붙여지자 행인들의 거대한 두 무리가 그 까페 옆을 몰려 지나간다. 지금까지 나는 이 저녁시간에 느꼈던 것과 같은 기분에 사로잡혀 본 적은 한번도 없었다. 나는 사람들 무리의 거대한 물결을 바라보면서 새로운 흥분에 휩싸였다. 점차 나는 내가 묵고 있는 호텔에서 해야 할 일들은 까마득하게 잊어 버린 채 거리의 풍경을 관찰하는 데에 정신이 팔려 있었던 것이다.

첫부분이 이렇게 시작되는 이 이야기는——비록 이 부분이 아무리 중요한 것이라고 할 지라도——일단 접어 두고 이 얘기의 배경을 자세히 고찰해 보자.

포우가 묘사하고 있는 런던 군중들은 그들 머리 위에 비추이는 가스등의 불빛처럼 음울하고 넋나간 듯한 모습을 하고 있다. 그것은 밤이 되면 〈동굴로부터〉기어 나오는 하층민들에게만 해당되는 것은 아니다. 포우는 고위 상층계급의 사람들을 두고도 다음과 같이 묘사하고 있다.

그들은 이미 약간 대머리가 벗어진 모습을 하고 있고, 또 그들의 오른쪽 귀는 늘상 그 위에 펜대를 끼워 놓곤 했기 때문에 약간은 벌어져 있다. 그들은 항상 모자를 벗고 인사를 하는 데에 습관이 들었으며, 누구나 다 고풍스러운, 짧은 금시계줄을 차고 다닌다.

움직이는 군중의 모습을 묘사한 부분은 더 인상적이다.

지나쳐 가는 사람들은 대부분 자기 스스로에 대해 만족해 하면서 삶 속에 두 발을 딛고 굳건히 서 있는 자들처럼 보인다. 그들은 오로지 군중 속을 헤치며 나아가는 일에만 신경을 쓰고 있는 것 같다. 그들은 눈썹을 찌푸리며 사방으

로 시선을 던진다. 그들은 옆의 행인이 밀치거나 해도 그다지 언짢은 표정을
짓지 않는다. 그들은 옷매무새를 바로잡고서 가던 길을 계속 재촉해 나아간
다. 한편 다른 一群의 사람들은 그들의 움직임에 불안해 하며 얼굴이 상기된
채, 마치 주위의 무수한 사람들의 틈에서 외로움을 느끼기라도 하는 듯 혼자
서 무어라고 중얼대거나 몸짓을 한다. 가다가 멈추어야 할 경우가 생기면 그
들은 중얼거리는 일을 중단한다. 그렇지만 그들의 제스처는 더 격렬해지며 또
그들은 길을 가로막은 사람들이 지나갈 때까지 억지로 입가에 미소를 보이면
서 기다린다. 누군가가 그들을 밀치기라도 하면 그들은 자기를 밀쳤던 그 사
람들에게 정중하게 인사를 하며, 그런 인사를 받은 사람은 당황해서 몸둘 바
를 모른다.[7]

사람들은 이 이야기가 어떤 반쯤 술에 취한 가난하고 불쌍한 사람들
을 다루고 있다고 여길지 모른다. 그러나 실제로 이들은 〈상류계급의
사람들, 귀족, 상인들, 변호사들, 주식투자가들〉[8]인 것이다.

사람들은 포우가 형상화하는 수법을 사실주의적인 것이 아니라고 규
정할 수도 있을 것이다. 포우가 그린 이미지에는 사람들이 흔히 사회주
의적인 리얼리즘의 본보기라고 칭하는 작품들과는 동떨어진, 계획적으
로 왜곡된 상상력이 작용하고 있다. 예컨대 사회주의적 리얼리즘의 대

---

[7] 이 귀절은 「어느 비오는 날」이라는 시 속의 한 귀절과 대비시킬 수 있다. 이 시는 다
른 사람의 이름으로 서명되어 있기는 하지만 보들레르의 것임이 분명하다. 그 시에 대
해 엄청날 정도로 음울한 색조를 부여하고 있는 마지막 싯귀는 「군중 속의 사람」에 나
오는 한 귀절과 정확하게 일치한다. 포우의 그 작품에는 다음과 같은 귀절이 나온다.
〈가스등에서 새어 나오는 불빛은 처음에는 해지는 저녁의 어스름과 경쟁해야 하기 때문
에 희미했지만 이제는 그 어스름 빛을 이기고 난 뒤 가스등은 주위에 휘황찬란한 광
채를 던지고 있다. 모든 것이 검게 보이고 있지만 흑단처럼 번쩍거리고 있어서, 그것은
마치 Tertullian((160?-230?) 카르타고출신의 기독교신학자—역주)의 문체와 흡사하다.〉
이러한 일치 현상은 다음의 시가 늦어도 1843년 경에 씌어졌다는 사실을 두고 보면 한
층 더 놀랍다. 그때는 보들레르가 아직 포우에 대해 모르던 시기였기 때문이다.

저마다 미끄러운 보도 위에서 우리를 팔꿈치로 밀치며,
이기적이고 야만적으로, 스쳐 지나가면서 진창을 튀긴다,
아니면 좀더 빨리 가기 위해 우리를 밀치면서 비껴 지나간다.
도처에 진창과 억수와 어두운 하늘 뿐이다.
암흑의 예언자 에스겔 Ezéchiel이 꿈꾸었을 어두운 풍경이다.

[8] 포우에 있어서 상인들은 어떤 악마적인 면을 지닌다. 이 점에서 우리는, 마르크스를
상기할 수 있는 데, 그는 미국에서 〈물질적인 생산의 광적일 정도의 생기발랄한 운동〉
으로 인하여 〈오래된 유령들의 세계를 제거할 시간도 기회도 갖지 못하게 되었다〉고
비난하였다. 보들레르는 어둠이 내릴 때에 해로운 악마들을 〈마치 어떤 상인들의 무리
처럼 공중에서〉깨어 나게 한다. 「어스름 저녁」가운데 나오는 이 귀절은 포우의 글에
서 영향을 받은 듯하다.

표적 작가에 속한다고 할 수 있는 바르비에는 사물을 포우처럼 그렇게 이상스럽게 묘사하지는 않는다. 게다가 바르비에는 훨씬 더 투명한 대상을 택하였다. 즉 억압받는 대중이 그것이다. 포우의 경우 그러한 특정한 대중은 있을 수가 없다. 그가 다루고 있는 것은 단순한 〈사람들〉 그 자체이다. 이러한 광경 속에서 그는 엥겔스처럼 무엇인가 위협적인 것을 느꼈다. 보들레르의 경우 결정적인 것이 되었던 것도 바로 이러한 대도시 군중의 이미지이다. 그가 비록 대도시 군중이 끌어 당기는 힘에 굴복하여 그들과 함께 거리산보자의 한사람이 되었지만, 그러나 그러한 군중의 비인간적인 속성에 대한 느낌은 그를 떠나지 않았다. 그는 자신을 그들의 공범자로 만듦과 거의 동시에 또한 그들로부터 자신을 격리시키고 있다. 그는 꽤 깊이 그들과 결탁하고 있지만, 그것은 다만 단 한 번 경멸의 시선을 던짐으로써 부지불식간에 그들을 무가치한 존재로 내팽개쳐 버리기 위함이었다. 그가 거리를 두면서 자신을 군중과 동일시할 때의 이러한 양면성은 어딘가 불가피한 성격을 띤다. 그의 「어스름 저녁」이라는 시가 주는 해명하기 어려운 매력은 바로 이러한 양면성과 연관되고 있는 것인지 모른다.

7

보들레르는 포우의 작품에 등장하는 화자가 런던의 밤거리를 이리저리 헤매면서 추적하고 있는 군중 속의 사람을 거리산보자 flâneur의 유형과 동일시해도 무방하다고 생각하였다. 그러나 그의 이러한 견해를 그대로 따를 수는 없을 것이다. 〈군중 속의 사람〉은 거리산보자가 아닌 것이다. 그에게는 침착한 태도 대신에 조울병적인 태도가 나타났던 것이다. 따라서 우리는 군중 속의 사람에게서 오히려 한때 그가 속하고 있던 주위환경을 박탈당했던 거리산보자의 운명을 보게 되는 것이다. 설령 런던이 그에게 그러한 주위환경을 제공했었다고 하더라도 그것은 분명 포우가 묘사했었던 배경은 아니었을 것이다. 이에 비한다면 보들레르의 파리는 그 좋던 옛날의 몇가지 모습을 그대로 유지하고 있다. 나중에는 아아치형의 다리가 놓여지긴 하였지만 그 당시만 해도 아직 센느강을 건너는 나룻배들이 있었다. 보들레르가 죽던 해만 해도 어떤 기업가가 부유한 시민들의 편의를 위해 500여 대의 안락마차를 운행시켜 시내를 일주하도록 하려는 생각을 할 수가 있던 시기였다. 또 이때에는 거리산보자가 그 속에서 마차를 보지 않을 수 있었던 아케이드형의 상가가 인기를 누리고 있었다.[9] 거기에는 군중 속에 파묻히고 싶어 하는 행인들도 있었지만 공간을 필요로 하고 사적 생활을 그대로 갖고 싶어 하는 거리산보자들도 있었다. 많은 사람들은 그들의 생업에 종사해야만 하지만 사적인 생활을 즐기는 한량은 그러한 테두리로부터 벗어난 후에라야만 거리를 산보할 수가 있는 것이다. 완전한 여가가 지배하는 분위기는 도시의 열면 혼잡 속과 마찬가지로 거리산보자에게는 어울리지 않는다. 런던은 그 나름의 군중 속의 사람을 가지고 있다. 이러한 군중 속의 유형과 어느 정도 대비되는 유형은 베를린에서 1848년 3월혁명 전에 인기있는 인물이었던 페르디난트 난테 Ferdinand Nante라는 무위도식자이다. 파리의 거리산보자는 이 둘 사이의 중간적 유형이라고 할 수 있다.[10]

한량 Privatier이 군중을 어떻게 바라보는가에 대해서는 호프만 E.T.A. Hoffmann의 마지막 산문이 많은 것을 시사해 주고 있다. 이 작품의 제목은 「사촌의 구석창문」이다. 이 작품은 포우의 이야기보다 15년이나 앞섰으며 아마도 대도시의 풍경을 포착하려는 최초의 시도들 가운데 하나에 속할 것이다. 두 작품 사이의 차이는 주목할 만하다. 포우의 작품에 등장하는 관찰자는 어떤 까페의 창을 통해 바라 보는 데 반해 그 사촌은 자신의 집 안에서 바라본다. 포우의 경우 관찰자는 그를 결국 군중의 물결 속으로 이끌어들이는 매력에 굴복하고 만다. 구석진 창가에 있는 호프만의 사촌은 마치 마비된 사람처럼 꼼짝달싹 못하는 상태에 있다. 그는, 비록 군중의 한가운데 서 있다고 하더라도 군중을 따라갈 수 없는 처지에 있다. 그러나 그는 높은 건물 속에 있는 그의 위치가 암시해 주고 있듯이 이러한 군중보다 위에 서 있는 것이다. 그러한 위치에서 그는 군중을 유심히 살펴보고 있다. 때는 장날이고, 그들은 모두 거기에서 자유로이 움직이고 있다. 그는 오페라용 쌍안경을 통해 자

---

9) 보행자는 경우에 따라서는 자신의 무관심을 도전적으로 드러낼 줄 알았다. 1840년경에는 아케이드에서 거북이를 산보시키는 일이 잠시동안 유행하였다. 거리산보자들은 자신들의 보조를 그러한 거북이들과 맞추기를 좋아하였다. 그들의 보조가 그것들을 따라갔다면 진보는 그러한 보조에 순응하지 않으면 안되었을 것이다. 그렇지만 거리산보자는 궁극적으로 득세하지 못하였다. 오히려 〈빈둥거리는 일은 집어치우자〉라는 표어를 들고 나온 테일러 Taylor가 득세하였던 것이다.

10) 글라스브레너 Glasbrenner가 그린 전형적인 인물들 가운데 한량 Privatier은 공민 Citoyen의 초라한 후손으로서 등장한다. 베를린의 거리의 소년 난테는 스스로 분발해야 할 아무런 이유도 없다. 그는 그를 분명히 아무곳으로도 데려가 주지 않는 거리를 자기 집처럼 느끼고서는 그 속에서 사방이 벽으로 막힌 방 안에 거주하는 속인들처럼 거리를 마치 자기집처럼 쾌적하게 여기고 있다.

유로이 움직이는 개개인의 모습을 부각시켜 볼 수 있다. 쌍안경이라는 도구의 사용은 그것을 사용하는 자의 내적인 태도와 완전히 일치한다. 그가 스스로 인정하고 있듯이 그는 그를 방문한 사람에게 〈보는 방법의 원칙들〉을 가르치고자 한다.[11] 보는 방법이란 살아 있는 풍경들을 보고 즐기는 능력을 가리키는데, 비더마이어 Biedermeier시대도 그러한 풍경들을 즐겨 추구하였다. 설교조의 격언들은 해석의 실마리를 제공해 준다.[12] 우리는 호프만의 텍스트를 바야흐로 그러한 텍스트가 씌어질 분위기가 성숙해 가던 시기의 한 시도라고 볼 수 있을 것이다. 그렇지만 그러한 시도가 완전한 성공을 불가능하게 만들었던 베를린의 여건 속에서 행해졌던 것도 분명하다. 호프만이 한번이라도 파리와 런던을 갔더라면, 또 군중 그 자체를 묘사하려고 했다면, 그는 시장에 촛점을 맞추지는 않았을 것이고 그리고 여자들을 그렇게 압도적으로 많이 묘사하지도 않았을 것이다. 아마 그는 포우가 가스등 아래에서 움직이는 군중에게서 얻었던 모티브를 포착했을 것이다. 그는 또 대도시의 인상학을 연구하는 다른 사람들이 느꼈던 이상한 요소를 끄집어 내기 위해 구태여 그러한 모티브를 필요로 하지 않았을지도 모른다. 하이네의 의미심장한 다음 한마디는 이에 대해 중요한 시사점을 제공해 준다. 한 통신원이 1838년 바른하겐 Varnhagen에게 보고하기를, 〈그(하이네)는 봄에 심한 눈병을 앓았다. 마지막으로 나는 어떤 큰 거리의 한 구간을

---

11) 어떻게 해서 이러한 고백을 하게 되었는가는 주목할 만하다. 그 방문객은, 사촌이 단지 색조가 변화하는 모습을 보기를 즐기기 때문에 창 밖의 법석대는 거리의 광경을 내려다 보는 것이라고 말하고 있다. 그렇지만 물론 그것은 결국에 가서는 싫증이 나는 일이라고 그는 말하고 있다. 이와 유사하게 시대적으로 그다지 뒤늦지 않은 시기에 러시아 작가 고골리는 우크라이나에서의 한 대목장에 대해서 〈너무도 많은 사람들이 그곳으로 가고 있기 때문에 보는 사람이 현기증을 느낄 정도이다〉라고 쓰고 있다. 이처럼 어떤 움직이고 있는 군중을 매일 바라본다는 것은 우선 눈이 먼저 거기에 적응하지 않으면 안되는 그런 광경이었다. 이러한 가정 위에서 우리는 다음과 같이 생각해 볼 수도 있을 것이다. 즉 눈이 그러한 일에 일단 익숙하게 되면 눈은 자신이 새로이 획득한 기능을 소유하고 있다는 것을 확인해 보기 위해서라도 어떠한 기회도 마다하지 않는다고 할 수 있다. 그렇게 되면 잡다한 색깔들의 혼동 속에서 얻어지는 인상주의 회화의 수법은 어떤 대도시인의 눈에 익숙해진 경험들의 한 반영이라고 할 수도 있을 것이다. 예컨대 마치 돌로 쌓아 올려 놓은 개미집 같은 모습을 하고 있는 모네의 「샤르트르의 성당」과 같은 그림은 이러한 가정을 실증해 주는 한 예라고 할 수 있다.
12) 이 책에서 호프만은 특히 머리를 하늘로 향해 치켜들고 있는 장님을 바라보면서 경건한 성찰들을 하고 있다. 이 작품을 알고 있던 보들레르는 「장님들」이라는 자신의 시의 마지막 귀절에서 호프만의 그와 같은 성찰들을 변형시켜 인용함으로써 이들 성찰의 경건성의 허위를 다음과 같이 밝히고 있다. 〈저 장님들 모두는 대체 하늘을 향해 무엇을 찾고 있는 것일까?〉

그와 함께 걸었다. 나는 이 큰 거리가 불러일으키는 독특한 장관을 보고 탄성을 발했는데, 이 말에 대해 하이네는 이러한 세계의 중심부에 함께 뒤섞여 있는 무시무시한 요소를 의미심장하게 강조하였다.〉

8

대도시의 군중이 그 모습을 처음 목격하는 자들에게 불러일으키는 감정은 불안, 역겨움 그리고 전율이다. 포우에 있어서 대도시의 군중은 어딘가 야성적인 면을 지니고 있다. 그들을 규율로서 길들인다는 것은 매우 힘든 일이다. 나중에 가서 제임스 엔소르 James Ensor는 지칠 줄 모르게 군중의 규율을 군중의 야성과 대결시켰다. 그는 그의 카니발적인 군중 속에 군대를 삽입해서 그리는 것을 좋아하였는데, 그 둘은 서로 훌륭하게 조화를 이루었다. 이는 말하자면 경찰과 약탈자들이 함께 어울리는 전체주의적인 국가의 원형이다. 〈문명〉이라고 하는 복합 증상에 대해 예리한 통찰력을 지녔던 발레리는 문명과 관련이 있는 여러 사실들 중의 하나를 다음과 같이 규정하고 있다. 즉,〈대도시의 도심에 거주하는 자는 또다시 야만적인 원시상태, 다시 말해 그들의 고립상태로 되돌아 간다. 다른 사람들에게 의존하고 있다는 느낌은, 이전에는 그러고 싶다는 필요성에 의해 지속되어 왔지만 이제는 아무런 마찰 없는 사회적 메카니즘 속에서 점차로 둔화되어 가고 있다. 이러한 메카니즘이 완벽해질수록 특정한 행동양식과 특정한 감정의 활동은 무력하게 된다.〉

쾌적함(편안함)은 고립화된다. 또 다른 면에서 편안함은 그 편안함을 누리는 자들을 기계적 메카니즘 속에 편입시킨다. 19세기 중반에 성냥이 발명되자 일련의 기술혁신이 이루어지게 되었는데, 이 기술혁신들이 갖는 공통점은 여러 단계로 된 공정이 단 한번의 손동작으로 작동할 수 있게 되었다는 점이다. 이러한 발전은 여러 분야에서 이루어졌고, 그리고 특히 전화에서 잘 엿볼 수 있다. 즉 종전에는 손잡이를 끊임없이 돌려야만 했던 것이 이제는 수화기를 들기만 하면 되었다. 스위치 들기, 투입, 누름 등과 같은 무수한 동작들 가운데에서도 특히 사진기를 작동시킬 때의 〈스냅〉동작은 가장 큰 영향을 끼쳤다. 하나의 사건을 무한한 시간 동안 붙잡아 두기 위해서 손가락을 한번 누르는 동작이면 족했다. 사진기는 순간에 대해, 이를테면 死後에 posthum 충격을 가하는 셈이다. 이러한 종류의 촉각적인 체험에 대비되는 것은 신문의 광고란이라든가 대도시의 교통과 같은 시각적인 체험이다. 대도시의 교통 속에서 움직인다는 것은 개개인으로 하여금 일련의 충격과 충돌을 체험하도록 하는 것을 의미한다. 위험한 교차로에서는 신경의 자극들이 마치 건전지에서 나오는 에너지처럼 잇달아 그의 몸 속을 관통한다. 보들레르는 전기적 에너지가 축적된 곳 속으로 뛰어들 듯 군중 속을 뛰어드는 한 남자에 대해 이야기하고 있다. 그러고 나서 곧 충격의 체험을 설명하면서 그는 그 남자를 〈의식을 구비한 만화경〉이라고 부르고 있다. 포우의 행인들이 아직 별다른 이유도 없이 시선을 사방으로 던지고 있다면 오늘날의 현대인들은 교통신호를 보고 자신이 가야 할 위치를 정하기 위해 그렇게 하지 않으면 안되는 것이다. 이처럼 기술은 인간의 지각기관이 복합적 성격을 띤 어떤 훈련을 받도록 강요한다. 어떤 새롭고 절박한 자극을 원하는 욕구에 부응하여 드디어 영화라는 것이 등장하였다. 영화에 이르러서는 충격의 형식을 띤 지각이 일종의 형식적 원리가 되었다. 콘베이어 벨트에서 생산의 리듬을 결정짓고 있는 것이 영화에서는 수용의 리듬을 결정하는 근거가 되고 있다.

　마르크스가 수공업에서 작업분야 간의 연관관계가 매우 유동적인 것이라고 강조한 것은 그 나름의 까닭이 있다. 이러한 유동적 연관관계는 콘베이어 시스템에 있어서는 공장노동자의 눈에 하나의 物化된 독자적 연관관계가 되어 나타난다. 개개의 부품은 작업자의 의지와는 상관없이 그의 작업반경 내에 들어온다. 그리고 그것은 또한 마음대로 그의 작업반경으로부터 벗어나기도 한다. 마르크스는 다음과 같이 말하고 있다. 〈모든 자본주의적 생산방식에서 보여지고 있는 공통점은 노동자가 노동조건을 이용하는 데 있는 것이 아니라 반대로 노동조건이 노동자를 이용하고 있다는 데에 있다. 그러나 이러한 전도된 현상은 기계가 등장하게 됨에 따라 비로소 기술적으로 구체적인 모습을 한 현실성을 획득하게 된다.〉 기계를 다루면서 노동자들은 〈자신의 동작을 기계장치의 획일적인 운동에〉 맞추는 법을 배우게 되었다. 이러한 발언은 포우가 군중에게 부과하려고 한 부조리한 종류의 획일성, 즉 의복과 행동에 있어서의 획일성뿐만 아니라 얼굴표정에 있어서의 획일성에 대해서도 하나의 독특한 해명을 던져 주고 있다. 군중의 미소는 많은 것을 생각하도록 만든다. 그것은 아마도 오늘날 계속 미소를 지으라 keep smiling고 하는 말에서 볼 수 있는 우리에게 친숙한 미소이며 이때 그것은 모방적인 충격완화제의 구실을 하게 된다. 〈모든 기계노동엔 노동자의 조기훈련이 요구된다〉라고 위에 인용한 마르크스의 텍스트는 말하고 있다. 여기서 훈련 Dressur이라고 하는 것은 연습 Übung과는 구별되어야 한다. 수공업에서 유일하게 결정적으로 중요하였던 연습은 공장제 수공업(매뉴팩쳐)에서도 아직 그 설 자리를 가지고 있었다. 연습의 바탕 위에서 〈각각의 특수한 생산분야는 경험 속에서 그 분야에 상응하는 기술적 형태를 발견한다. 그리고 그 생산분야는 그러한 기술적 형태를 서서히 완전한 형태로 만들어 나간다. 물론 각각의 생산분야는 〈어느 정도의 숙련상태에 도달하자마자〉 재빨리 자신의 기술적 형태를 結晶化시킨다. 그러나 다른 한편 바로 이 공장제 수공업은 〈그것이 손을 대는 모든 분야에서 이른바 미숙련공이라는 노동자계층을 만들어 내게 되는데, 이들은 수공업적 경영체계에서는 엄격히 배제했었던 계층이다. 공장제 수공업이 일변도적인 전문성을 하나의 전체적 작업능력을 희생시키는 댓가로 고도의 숙련성으로 발전시킬 경우, 이미 그 일변도적인 전문성은 종합적 발전의 결함을 이미 하나의 전문성으로 만들기 시작한다. 이렇게 되면 위계질서가 생기게 되고 노동자는 숙련공과 미숙련공으로 엄격히 분리된다.〉 미숙련공이란 기계에 의한 훈련을 통하여 극도로 위신이 실추된 사람들이다. 그가 행하는 작업은 경험이 스며들지 못하도록 밀봉된 것이다. 여기에서는 연습은 그 정당성을 상실한다.[13] 유원지에서 어린애들이 남의 차를 피하면서 노는 전기자동차나 이와 유사한 오락기구들이 노렸던 것도 따지고 보면 미숙련공이 받게 될 기계적 훈련을 미리 실험해 보는데 불과하였다. (이러한 놀이는 때때로 그가 즐길 수 있는 오락 프로그램의 전부였다고 할 수 있는데, 왜냐하면 이러한 기묘한 기술은 失業과 함께 호경기를 누렸기 때문이었다.) 포우의 텍스트는 야만성과 규율 사이의 진정한 상관관계를 분명하게 보여주고 있다. 그의 작품에 등장하는 행인들은 마치 기계에 적응이라도 된 듯 기계적으로만 행동하고 있는 것이다. 그들의 행동은 충격에 대한 하나의 반응이다. 〈사람들과 부딪치기라도 하면 그들은 자기를 밀친 그 사람에게 당황한 듯 깊이 고개를 숙여 인사를 한다.〉

---

[13] 산업노동자의 훈련기간이 짧으면 짧을수록 군대에서의 훈련기간은 그만큼 더 길어진다. 연습이 생산활동으로부터 파괴활동으로 변하게 되는 것은 전면전에 대비하는 사회의 준비과정의 일부에 속할지도 모른다.

9

 군중 속의 행인이 겪는 충격의 체험에 상응하는 것이 기계에서 노동자가 겪는 〈체험〉이다. 그렇다고 포우가 산업사회의 작업과정을 이해하고 있었다고 상정할 수는 없다. 보들레르 역시 그러한 것을 전혀 이해하고 있지 않았다. 하지만 그는 기계에 의해 노동자에게 가해지는 반사적인 메카니즘을 할 일 없이 소일하는 자에게서 마치 거울 속을 들여다 보듯 자세히 관찰할 수 있게 해주는 그런 과정에 매료되었다. 이 과정이 바로 도박이다. 이렇게 말한다면 필경 역설적으로 들릴 터인데 왜냐하면 노동과 도박은 전혀 대립되는 개념처럼 보이기 때문이다. 알랭은 이것을 명쾌하게 설명해 주고 있다. 〈도박이라는 개념이 지니는 독특한 면은 어떠한 게임도 이전에 이루어진 게임과는 무관하다는 점이다. 도박에 있어서는 어느 편도 확실한 입장에 있지 않다. 이전에 이겨서 벌었던 것들은 고려의 대상이 되지 않는다. 바로 이 점에서 도박은 노동과 구별된다. 도박은 노동이 근거하고 있는 중요한 과거를 간단히 처치해 버린다.〉 알랭이 여기서 생각하고 있는 노동은 고도로 분화된 노동이다. (이러한 노동은 정신노동처럼 수공업적인 몇몇 특성들을 보존하고 있다고 할 수 있다.) 그것은 대부분의 공장노동자들이 하는 노동도 아니며 미숙련공들의 노동은 더욱 아니다. 물론 미숙련공의 노동에서는 도박꾼을 유혹하는 신기루와 같은 모험가의 특징은 찾아볼 수가 없다. 그러나 미숙련공의 노동에는 공장 임금노동자들의 활동에 내재하고 있는 헛됨, 공허함, 완성시킬 수 없음 등과 같은 특징이 여전히 남아 있다. 또한 자동화된 작업과정에서 야기되는 그들의 몸짓은 도박에서도 나타나는데, 왜냐하면 게임에서는 돈을 걸 때에나 카드를 분배받을 때 민첩한 손동작이 요구되기 때문이다. 기계의 운동에 있어서 급격한 충격은 도박에 있어서 한탕 coup에 해당한다. 기계노동자의 기계조작이 먼저번의 기계조작의 동작과 아무런 연관이 없는 이유는 바로 그 동작이 먼저번의 동작을 그대로 반복하기 때문이다. 도박에 있어 한탕이 그때마다 이전의 한탕과는 무관하게 이루어지는 것과 마찬가지로 기계조작의 동작도 매순간마다 그 이전의 동작과 차단된 체로 이루어지기 때문에 임금노동자의 작업은 노름꾼의 작업과 그 나름대로 짝을 이루게 된다. 이 양자의 작업은 하나같이 일의 내용과는 무관하다.

도박클럽의 모습을 그린 세네펠더 Senefelder의 석판화가 있다. 거기에 묘사된 자들은 어느 누구도 게임에 임하는 모습이 한결같지가 않다. 제각기 나름대로의 감정에 사로잡혀 있는 것이다. 한 사람은 기뻐 어쩔 줄 모르는 표정이고, 또 다른 사람은 파트너에 대한 불신에 사로잡혀 있으며, 또 어떤 자는 침울한 절망감에, 또 어떤 자는 호전적인 감정에 사로잡혀 있다. 어떤 자는 그곳을 도망쳐 나올 채비를 하고 있다. 이렇듯 다양한 태도 속에는 무엇인가 공통점이 숨겨져 있다. 즉 여기에 묘사된 인물들은 도박을 하면서 그들이 탐닉하고 있는 메카니즘이 얼마나 그들의 육체와 정신을 사로잡고 있는가를 보여 주고 있는 것이다. 따라서 그들은 사적인 생활영역에서도 아무리 흥분된 상태에 있을지라도 단지 반사적 행동밖에 할 줄 모르는 것이다. 그들은 마치 포우의 작품에 나오는 행인들처럼 행동한다. 그들은 자동기계처럼 살아가며 또 그들은 자신의 기억을 완전히 해체시킨 베르그송의 허구적 인물들과 흡사하다.

노름에 빠져 있는 자들에 대해 공감, 아니 경의의 말을 하고 있다고 할지라도 보들레르 자신은 그러한 노름에 탐닉하고 있는 것처럼 보이지는 않는다. 밤풍경을 그린 「도박」이라는 시에서 그가 다루었던 모티브는 현대를 바라보는 그의 시각을 말해 주고 있다. 그러한 현대적 시를 쓰는 일은 그의 과업의 일부를 이루는 것이었다. 보들레르에 있어 도박군의 이미지는 고대 검투사의 이미지에 대한 실질적인 현대판 보완이 되었다. 그에게는 이 둘은 어떤 영웅적인 모습을 하고 나타난다. 루드비히 뵈르네 Ludwig Börne도 보들레르와 비슷한 시각을 가지고 다음과 같이 쓰고 있다. 〈매년 유럽에서 도박을 위해 쓰여지는 힘과 정열을 모두 합친다면 이로부터 로마민족과 로마사와 같은 것을 만들기에 충분할 것이다. 누구나가 다 로마사람으로 태어나기 때문에 시민사회는 그들을 脫로마화시키려고 한다. 바로 이런 이유 때문에 도박과 사교게임, 소설, 이탈리아 오페라, 유행하는 신문들이 생겨나게 되었던 것이다.〉 도박이 시민계급에서 보편화된 것은 19세기에 들어서면서부터이다. 18세기만 해도 그것은 귀족들의 전유물이었다. 도박은 나폴레옹 시대의 군대에 의해 널리 퍼지게 되었으며 그것은 이제 〈사교생활 및 대도시의 밑바닥 인생을 사는 수많은 떠돌이들의 오락수단이 되었다.〉 즉 보들레르는 그러한 풍경 속에서 〈우리 시대 특유〉의 어떤 영웅적인 면을 보고자 했던 것이다.

도박을 기술적인 관점에서뿐만 아니라 심리학적인 관점에서 고찰해 본다면 보들레르의 도박에 대한 견해는 한층 더 의미심장하다. 도박꾼이 이득을 노리고 있다는 것은 명약관화하다. 하지만 우리는 이겨서 돈을 벌려고 하는 노름꾼의 노력을 말이 갖는 본래적인 의미에서의 하나의 소망이라고 부르려고는 하지 않을 것이다. 아마도 노름꾼은 마음 속에 탐욕이나 아니면 어떤 엉큼한 결심을 잔뜩 품고 있을 것이다. 아뭏든 그는 경험을 야단스럽게 이용할 수 있는 마음상태에 있지는 않다.[14] 그에 반해 소망이라는 것은 경험의 질서에 속한다. 〈사람들은 그들이 젊었을 때 소망했던 것을 나이가 들면 지천으로 많이 갖게 된다〉라고 괴테는 말하고 있다. 사람들이 그의 생애에서 소망을 일찍 품으면 품을수록 그만큼 그 소망이 실현될 가능성은 더 커지는 법이다. 한 소망이 오래 지속될수록 그만큼 더 그 실현에 대한 기대감도 커지게 마련이다. 그렇지만 먼 시간 속으로 우리를 데리고 가는 것은 그러한 시간을 채우고 또 같았던 경험이다. 그렇기 때문에 실현된 소망은 경험에 선사된 왕관이다. 민중들이 사용하는 상징에서는 시간상의 먼 거리 대신에 공간상의 먼 거리가 등장한다. 따라서 공간의 무한한 거리 속으로 사라져 가는 유성은 어떤 실현된 소망의 상징이 되고 있는 것이다. 바로 옆칸으로 굴러 들어가는 상아공, 맨 꼭대기에 놓인 바로 다음 카드는 바로 그러한 유성과 정반대 되는 것이다. 어떤 사람의 눈에 유성의 불빛이 섬광처럼 번쩍이는 순간 속에 포함되어 있는 시간은 쥬베르 Joubert가 자기 나름대로의 확신을 가지고서 묘사하고 있는 시간과 그 성질을 같이하고 있다. 그는 다음과 같이 말하고 있다. 〈시간은 영원 속에서도 발견될 수 있다. 그러나 그것은 지상적인 시간, 세속적인 시간이 아니다……이 시간은 파괴되지 않고 다만 끝이 날 뿐이다. 〈그러한 시간은 자신이 착수한 어떤 일도 완성시킬 수 없는 자들의 삶이 이루어지고 있는 지옥의 시간과 정반대되는 것이다. 도박에 대한 평판이 좋지 않은 이유는 사실상 도박꾼 스스로가 그 일에 손을 대기 때문이다. (구제불가능한 복권애용자라고 할지라도 보다 엄밀한 의미의 노름꾼처럼 그렇게 배척을 당하지는 않을 것이다.)

---

14) 도박은 경험의 질서들을 무효화시킨다. 이것은 아마 바로 도박꾼들 사이에서는 〈야비하게 경험에 호소하는 일〉(칸트)이 다반사가 되었다는 어떤 막연한 느낌 때문일 것이다. 도박꾼이 〈내 차례〉라고 말하는 것은 방탕한 건달이 〈내 타입〉이라고 말하는 것과 흡사하다. 제 2제국 말엽에는 그러한 태도가 만연되었다. 〈큰 거리에서는 모든 것을 우연의 탓으로 돌리는 일이 다반사가 되었다.〉이러한 사고방식을 촉진시킨 것은 내기라는 것이었다. 내기는 사건들에 대해 충격의 성격을 부여하고 그 사건들을 경험적 연관관계들로부터 분리해 내는 하나의 수단이다. 부르죠아계층의 경우 정치적인 사건들마저도 섭사리 도박판에서 벌어지는 일과 같은 형태를 띠게 되었다.

언제나 처음부터 다시 시작한다는 것은 임금노동과 마찬가지로 도박의 기본적 이념이다. 따라서 보들레르에 있어서 초침 La Seconde이 노름꾼의 파트너로 등장하고 있다는 것은 매우 의미심장하다.

잊지 말라, 시간은 욕심많은 노름꾼,
속임수 안 쓰고도 번번이 이긴다는 것을! 그것은 철칙이로다.

다른 곳에서는 사탄(악마)이 이러한 초대신에 등장한다. 「도박」이라는 시가 도박에 탐닉해 있는 자들을 추방하고 있는 말없는 동굴의 구석 역시 그 사탄의 영향권 내에 있음은 의심할 나위가 없다.

이것이 어느날 밤 꿈 속에서 내 밝은 눈 아래
펼쳐진 하나의 지옥같은 풍경,
나 자신은 그 말없는 동굴 한쪽 구석에서
팔꿈치를 괴고, 추위에 떨며, 말없이, 부러워하며 바라보고 있었다.
그 사람들의 끈덕진 정열을 부러워하면서.

시인 자신은 노름에 참여하고 있지 않다. 그는 구석에 서 있다. 그리고 노름하고 있는 자들보다 더 행복하지는 않다. 그 역시 자신의 경험을 기만당한 한 사람의 현대인이다. 단지 도박꾼들과 다른 점이 있다면 그것은 도박꾼들이 초침의 진행에 자신들을 내맡겨 버리는 의식을 억누르는 데에 마약을 쓰고 있다면 시인은 이를 거부하고 있다는 점이다. [15]

---

15) 여기서 논의하고 있는 마약효과는 이것에 의해 경감되어지는 고통과 마찬가지로 시간에 따라 분류된다. 시간은 바로 그 속으로 도박의 변화무쌍한 광경들이 엮어 짜여져 들어가는 재료이다. 구르동 Gourdon은 그의 작품 「밤을 쏠어 버리는 자들」에서 다음과 같이 쓰고 있다. 『나는 도박에 대한 정열이 모든 정열들 가운데 가장 고귀한 것이라고 주장하고 싶다. 왜냐하면 그것은 모든 다른 정열들을 포함하고 있기 때문이다. 한 판 이것일 경우 그것은 도박하지 않는 한 사람이 수년동안 누렸던 기쁨보다 더 큰 기쁨을 가져다 준다. ……그대들은 내가 나에게 굴러 들어온 금덩어리 속에서 단지 이득만을 본다고 생각하는가? 그렇게 생각한다면 그것은 잘못이다. 나는 그 속에서 그것이 가져다 주는 기쁨을 보게 되며, 그리고 그 기쁨들을 만끽한다. 그 기쁨들은 나에게 너무 빨리 오기 때문에 나는 권태를 느낄 겨를이 없으며, 또 그 기쁨들은 너무 다양하여 나는 지루함을 느낄 틈도 없다. 나는 단 한 가지 삶 속에서 백 가지의 삶을 사는 셈이다. 내가 여행을 한다면 그것은 마치 전기 스파크가 여행하는 것과 같은 성격을 띠고 있다. 내가 인색하여서 내 수표들을 〈노름을 위해〉 보유해 둔다면 그것은 다른 사람들처럼 그 돈을 투자하기에는 내가 시간의 가치를 너무나 잘 알고 있기 때문이다. 나는 어떤 특정한 기쁨을 누리기 위해 천 가지의 다른 기쁨을 희생할 각오가 되어 있다……나는 정신적인 기쁨들을 누리고 있으며 다른 기쁨은 원치 않는다.』(에두아르 구르동:『밤을 쏠어 버리는 자들, 남녀 노름꾼들』, 파리, 1860, pp.14—15)「에피뤼로스의 정원」 속에서 아나톨 프랑스도 세련된 필치로 도박에 대해 위와 비슷한 견해를 피력하고 있다.

그리고 나의 가슴은 깜짝 놀랐다, 그 가련한 인간들이,
벌어진 심연으로 미친듯이 달려가, 그들 피의 고동에 취하여,
끝내는 죽음보다 고뇌를, 허무보다 지옥을
택하고 있는 것을 부러워하는 나 자신에 대해서!

이 마지막 연에서 보들레르는 초조감을 미친 듯한 도박열의 토대로 삼고 있다. 그는 그러한 초조감의 가장 순수한 형태를 자기 자신 속에서 발견하였다. 그의 격렬한 기질은 파두아 Padua의 지오토 Giotto가 지녔던 성마른 기질과 같은 표현력을 지니고 있다.

10

베르그송의 견해에 따르면 인간의 영혼으로부터 시간에 대한 강박관념을 제거시키는 것은 지속 durée의 현재화를 뜻한다. 프루스트도 이와 견해를 같이하였으며 또 그로부터 일평생에 걸친 그의 연습과제를 발전시켰다. 또 이 연습을 통해 그는 그것이 무의식상태에 머물러 있는 동안 피부의 기공 속을 뚫고 들어왔던 모든 기억들로 가득 찬 과거의 일들을 현재화하려고 하였다. 프루스트는 『악의 꽃』을 더할나위 없이 애독한 독자였는데, 그도 그럴 것이 그는 그 작품이 그와 비슷한 요소들을 담고 있다고 느꼈기 때문이었다. 프루스트의 경험은 모두 보들레르와의 친숙한 경험을 통해 얻어진 것이다. 프루스트는 다음과 같이 말하고 있다. 〈보들레르에 있어서 시간은 특이한 방식으로 붕괴되어 있다. 단지 몇몇 날들만이 열리고 있는데 그 날들은 중요한 날들이다. 그에게서 〈어느날 저녁에〉라든가 그와 유사한 표현들이 자주 등장하는 까닭도 바로 이 때문이다.〉 쥬베르의 말을 빌면 이러한 날들은 끝맺음을 하는 시간의 날들이다. 그것은 회상 Eingedenken의 날들이다. 그리고 그것은 어떠한 체험에 의해서도 특징지어지지 않는다. 그 날들은 그 어떤 다른 날들과 관련을 맺고 있지 않으며, 오히려 시간으로부터 부각되어 돌출해 있다. 그 날들의 내용을 보들레르는 교감 correspondance이라는 개념으로서 정의하고 있다. 그 개념은 아무런 관련도 없이 〈현대적인 미〉와 병립하고 있다.

신비주의자들의 공동재산이라고 할 수 있는(보들레르는 푸리에 Fourier의 저작을 통해 교감에 관해 알게 되었다) 교감에 대한 학문적인 저술

을 무시하면서도 프루스트는 제반 共感覺에 의해 제공되는 상황에 관한 예술적 변형물들에 대해 이러쿵 저러쿵 얘기를 하지 않는다. 중요한 점은 교감이란 宗敎儀式的인 요소들을 내포하는 경험의 개념을 기록하고 있다는 점이다. 보들레르는 이러한 요소들을 자신의 것으로 만듦으로써 비로소 그는 그가 현대인으로서 그 증인이 되고 있는 붕괴의 실제적 의미가 무엇인가를 완전히 가늠할 수 있었다. 오로지 그렇게 함으로써 그는 그 붕괴를 그 자신에게 부과된 도전, 즉 『악의 꽃』에서 그가 받아들였던 도전으로 인식할 수가 있었다. 만약 이 책에 어떤 비밀스러운 구조가 있다면——이를 두고 많은 사변적 이론들이 제기되었다——이 시의 서두를 장식하는 연시들은 무언가 되돌이킬 수 없는 잃어 버린 과거의 것을 다루고 있다는 점이다. 이 일련의 연시들 중에는 그 모티브가 동일한 두 편의 소네트가 있다. 「교감」이라는 표제를 단 첫 소네트는 다음과 같이 시작한다.

　　자연은 하나의 신전, 신전의 살아 있는 기둥은
　　알기 힘든 말소리 내고,
　　인간이 상징의 숲 속을 지나면
　　상징의 숲은 정다운 시선으로 그를 바라본다.

　　멀리서 울려 오는 긴 메아리가
　　어둡고 그윽한 조화 속에 섞일 때면,
　　밤처럼 그리고 태양처럼 아득하게
　　향기와 빛깔과 소리도 서로 어울린다.

　보들레르가 의미했던 교감이라는 것은 위기에 아무런 영향을 받음이 없이 스스로의 위치를 굳히려고 하는 어떤 경험이라고 할 수 있다. 이러한 경험은 오로지 儀式的인 것의 영역 속에서만 가능하다. 만약 그것이 이러한 영역을 넘어서게 되면 그것은 〈아름다운 것〉으로서 나타난다. 아름다움 속에는 예술의 儀式的 가치가 드러난다.[16]

---

16) 아름다운 것은 두가지로 정의할 수 있는데, 첫째로 그것이 역사에 대하여 갖는 관계이고, 둘째로 그것이 자연에 대해 갖는 관계이다. 두가지 관계에서 모두 아름다움을 두고 논란의 대상이 되고 있는 부분, 즉 가상 Schein이 나타난다. (우선 첫번째 관계에 대해 간단히 언급해 보기로 하자. 아름다움은 그 역사적 존재를 두고 볼 때는 이미 오래 전에 그것에 대해 감탄을 해 온 자들에 가담하라는 하나의 호소이다. 아름다움에 감동된다는 것은 로마사람들이 죽음을 그렇게 칭했던 것처럼 고통을 더 보태는 일이다. 이러한 규정에 따르자면 아름다움의 가상이란 경탄이 연연하고 있는 동일한 대상이 작품

교감은 회상의 자료들이다. 그것들은 역사적인 자료들이라기보다는 前史 Vorgeschichte의 자료들이다. 축제의 날들을 중요하고 의미있게 만드는 것은 지나간 삶과의 만남이다. 보들레르는 그것을 「어떤 전생」이라는 표제를 단 소네트에 담았다. 이 두번째 소네트의 서두가 불러 내고 있는 동굴, 식물, 구름 및 물결의 이미지는 향수의 눈물이라고 할 수 있는 눈물의 따뜻한 김으로부터 나오고 있다. 〈방랑자는 이렇듯 슬픔이 어린 머나먼 곳을 응시하며, 그의 두 눈엔 히스테리컬한 눈물이 솟아 오른다〉라고 보들레르는 마르셀리느 데보르드-발모아 Marceline Desbordes-Valmore의 시를 평하면서 쓰고 있다. 나중에 상징주의자들에 의해 세련화되었던 동시적 교감은 존재하지 않고 있다. 지나간 것은 교감 속에서 함께 속삭이고 있다. 그리고 이러한 교감의 규범적 경험은 지나간 삶 속에서 그 위치를 차지하고 있는 것이다.

속에서는 찾아질 수 없다는 것을 뜻한다. 그러한 경탄은 이전 세대들이 그 작품 속에서 경탄하여 온 것을 거두어들이고 있을 따름이다. 이 점에 있어 괴테의 다음과 같은 말은 그러한 지혜를 결론적으로 표현해 주고 있다. 〈커다란 영향을 끼쳐 왔던 모든 것은 실제로 더 이상 평가되어질 수 없다.〉〉 자연과의 관계라는 면에서의 아름다움은, 〈베일에 감추어진 상태 속에서만 본래의 아름다움 그대로 머물러 있을 수 있는〉 것이라고 정의될 수 있다. (벤야민 : 「괴테의 친화력」) 교감은 베일에 감추어진 상태가 무엇을 의미하는 지를 시사해 주고 있다. 우리는 그것을 좀 대담하게 줄여서 말한다면 예술작품의 〈모사적인 면〉이라고 불러도 좋을 것이다. 교감은 예술의 대상이 충실하게 모사될 수 있는, 물론 그렇기 때문에 철저히 문제성이 있는 aporetisch 어떤 대상으로 존재할 수 있도록 하는 기준을 나타낸다. 이러한 논리적 난관 Aporie을 언어라는 매질 자체를 통해 모사하고자 한다면 우리는 아름다움을 유사성의 상태 속에 있는 경험의 대상으로 정의할 수도 있을 것이다. 이러한 정의는 아마도 발레리의 다음과 같은 진술과 일치하는 듯하다. 즉, 〈아름다움은 사물들에 있어서 정의할 수 없는 것에 대한 맹목적 모방을 요구하는지도 모른다.〉 프루스트가 기꺼이 이러한 대상에 되돌아 올 때(이러한 대상은 그에게 있어 되찾은 시간으로 나타나고 있다) 우리는 그가 어떤 남모를 비밀을 얘기하고 있다고 말할 수는 없을 것이다. 오히려 미의 개념, 요컨대 예술의 밀폐적 hermetisch인 면을 두고 그가 되풀이해서 또 수다스럽게 그의 성찰을 전개하고 있다는 사실은 오히려 사람들을 당혹케 하는 그의 수법의 하나일 것이다. 그는 자신의 작품이 이루어지게 된 동기와 의도에 대해서 고상한 아마튜어에 어울리는 유창함과 세련된 태도로 말하고 있다. 이러한 그의 태도는 말할 것도 없이 베르그송과 좋은 짝을 이룬다. 끊임없는 생성의 흐름을 직관적으로 현재화하는 일을 통해 전부를 기대할 수는 없는 어떤 것을 암시하고 있는 이 철학자(베르그송)의 다음과 같은 말은 프루스트를 강하게 상기시켜 준다. 『우리는 우리들 나날의 삶을 그러한 직관으로 가득 채울 수 있다. 또 우리는 그렇게 해서 예술의 도움과 철학의 도움을 빌어 이와 비슷한 하나의 만족감을 향유할 수도 있다. 단, 그러한 직관이 더 자주 나타나고, 더 부단하게, 그리고 죽어 없어질 운명을 지닌 평범한 사람들이 더 용이하게 접근할 수 있다는 것뿐이다.』(앙리 베르그송 : 「사고와 운동」『수상과 강연』. 파리, 1934, p.198.) 베르그송은 불충분한 것이 하나의 현재적 사건이 되는 〈여기〉보다 더 나은 발레리의 괴테적인 통찰 앞에서 분명하게 드러나는 것까지 포착하고 있는 것이다.

보들레르의 몇가지 모티브에 관해서　151

이 하늘의 이미지들을 휘감고 오는 파도들이
신비롭고 엄숙하게 뒤섞이면서 풍부한 음악에서 울려 오는 힘찬 화음들이
파도의 석양의 빛깔들 속에서
내 눈에 반사되었다.

그곳은 바로 내가 살던 곳……

프루스트의 復古的 의지가 이승의 삶이라는 울타리 속에 갇혀 있다면 보들레르는 그것을 훨씬 넘어서고 있는데, 이러한 점은 보들레르가 직면했던 반대의 힘이 얼마나 더 근원적이고 강력했던가를 암시적으로 말해 주고 있는 것이라고 할 수 있다. 그가 보다 완벽한 것을 성취할 수 있었던 때는 아마도 그가 그러한 반대의 힘에 압도되어 체념하고 있는 듯이 보일 때였을 것이다. 「명상」은 지나간 세월의 알레고리들을 깊은 하늘을 배경으로 하여 묘사하고 있다.

보라, 사라진 세월은
해묵은 옷을 걸치고서, 하늘의 발코니에 몸을 기대고.

이 싯귀에서 보들레르는 그의 기억에서 멀어져 간 아득한 시간에 대해 해묵은 옷이라는 이미지를 사용해서 경의를 표하는 것으로 만족하고 있다. 프루스트는 그의 저작의 마지막 권에서 그가 마들렌느라는 과자를 맛볼 때 되살아난 감각을 추적하면서 발코니에 나타난 지나간 세월을 꽁브레 마을의 사랑하는 누이처럼 다정스럽게 생각한다. 〈보들레르에 있어서……이러한 추억들은 한층 더 많이 나타나고 있다. 그렇지만 그러한 추억들은 우연히 나타나고 있지는 않다. 바로 그렇기 때문에 그 기억들은 결정적인 중요성을 지닌다고 생각한다. 어느 누구도 보들레르처럼 오랫동안 까다롭게, 그러면서도 무관심한 태도로 상호관련성이 풍부한 교감들을 추적하지는 않았다. (그 한 예가 어느 여인의 머리와 가슴의 냄새를 맡을 때 생기는 교감이다.) 그에게 〈광활하고 둥근 아치형의 하늘의 푸른색, 아니면 불빛과 돛대들로 가득차 있는 어떤 항구〉 등의 싯귀를 낳게 한 것은 바로 이러한 교감이다. 보들레르의 이러한 말들은 프루스트의 창작의 좌우명이다. 그의 작품은 보들레르의 작품과 어떤 친화성, 즉 회상의 날들을 하나의 영적인 해로 결집시킨 친화성을 지닌다.

하지만 『악의 꽃』이 담고 있는 모든 싯귀가 이처럼 단지 성공만 하고 있다면 이 작품은 오늘날의 『악의 꽃』이 되지 못했을 것이다. 그것이 둘도 없이 훌륭한 작품이 된 이유는 오히려 이 작품이, 위안이 무력하게 되고, 열정이 좌절되고, 또 노력이 실패로 돌아가는 가운데에서도 교감이 승리를 구가하고 있는 성공한 시들에 조금도 못지 않는 시들을 쟁취할 수가 있었기 때문이다. 「우울과 이상」편은 『악의 꽃』에 나오는 연시들 가운데 첫번째 시이다. 이상이 회상의 힘을 가져다 준다면 우울은 이와 반대로 숱한 시간들을 끌어모은다. 우울은 마치 악마가 독충들의 지배자인 것과 같이 이 숱한 시간들의 지배자이다. 「우울」이라는 시의 한 부분인 「허무의 맛」에는 다음과 같은 싯귀가 나온다.

사랑받던 봄도 이미 그 향기를 잃었도다!

이 싯귀에서 보들레르는 극단적인 조심성으로 사려깊게 어떤 극단적인 것을 표현하고 있는데, 바로 이 점이 이 시를 보들레르다운 것으로 만들고 있다. 〈잃었다〉라는 말 속에는 그가 한때 관여하였던 경험이 현재 붕괴되고 있다는 사실이 인정되고 있다. 향기는 무의지적 기억의 접근하기 힘든 피난처이다. 그것은 좀처럼 可視적인 이미지와 연관되지 않는다. 그것은 여러 감각적인 인상들 가운데 오로지 동일한 향기하고만 짝을 이룬다. 만일 어떤 향기를 다시 알아 차리는 일이 다른 모든 기억들보다 위안을 가져다 주는 특권을 더 누리고 있다면 그것은 아마 다른 모든 기억들은 시간의 흐름에 대한 의식을 마비시키기 때문일 것이다. 어떤 향기는 그것이 불러일으키는 향기 속에서 몇년이고 침잠해 있을 수 있다. 이 점이 바로 보들레르의 이 시를 무한한 좌절에 빠진 시로 만들고 있다. 더이상 아무런 경험도 할 수 없는 사람에게는 아무런 위안도 존재하지 않는다. 그러나 화를 내는 일의 실질적 내용을 이루고 있는 것은 다름아닌 바로 이러한 경험불능이다. 화를 내고 있는 자는 〈아무 것도 들으려 하지 않는다〉. 화를 내는 자의 원형인 티몬 Timon은 누구에게나 마구 대고 화를 낸다. 그는 더이상 친구와 원수를 구별할 수 있는 입장에 있지 않다. 도레빌리 d'Aurevilly는 깊은 통찰력을 가지고 보들레르의 이러한 성향을 간파하였다. 그는 보르레르를 〈아르킬로쿠스의 천재를 지닌 티몬같은 사람〉이라고 부르고 있다. 화는 우울한 자를 내리누르고 있는 초침의 박자에 맞추어 폭발하듯 일어난다.

그리고 시간은 순간순간 나를 삼킨다,
마치 그치지 않고 내리는 눈이 굳어진 몸을 덮듯이.

이러한 싯귀는 앞서 인용한 싯귀 바로 뒤에 나온다. 우울 속에서 시간은 物化된다. 매 순간은 눈송이처럼 사람을 뒤덮는다. 이러한 시간은 무의지적 기억의 시간처럼 역사가 없다. 그렇지만 우울 속에서는 시간에 대한 지각은 초자연적으로 첨예화되어 있다. 매순간은 시간의 충격을 중도에서 가로챌 준비가 된 의식을 갖게 되는 것이다.[17]

시간을 계산하면서 우리는 시간의 지속성보다 시간의 일사불란한 균일성을 더 우위에 둔다. 그렇지만 우리는 이러한 시간계산 속에 비균질적인 특이한 단편적 순간들이 존재하는 것을 막을 수는 없을 것이다. 양적인 시간측정과 함께 질적인 시간을 인정해서 이 둘을 합친 것——바로 이것이 달력이라는 작품이었다. 여기에서 우리는 이를테면 회상의 자리를 기념축제일이라는 형태로 빈 채로 남겨 둔다. 경험을 할 능력을 상실한 사람은 마치 달력으로부터 떨어져 나와 있는 듯한 기분을 갖게 된다. 대도시인은 일요일이면 이런 기분을 맛보게 된다. 보들레르는 「우울」시들 중의 어느 한 시에서 이러한 기분을 피력하고 있다.

불현듯 종소리 요란스레 나며
하늘을 향해 무서운 아우성친다,
마치 제어하기 힘든 울음을 터뜨리면서
정처없이 떠도는 영혼들처럼.

한때 축제일의 일부에 속했던 종소리는 이제 사람들처럼 달력으로부

---

[17] 포우는 신비스러운 「모노스와 우나의 대화」에서 우울에 빠져 있는 사람이 사로잡혀 있는 공허한 시간의 흐름을, 이를테면 지속 durée 속으로 집어넣는 듯한 기법을 썼다. 그리고 그는 그러한 경험을 시간의 공허한 흐름이 가져다 주는 공포감으로부터 벗어난 행복감으로 여기고 있는 듯하다. 그것은 죽은 자에게 공허한 시간의 흐름으로부터 어떤 조화를 발견해 내는 천부의 재능이라는 형태로 주어진 〈어떤 육감〉이다. 물론 그러한 조화는 초침의 리듬에 의해 섭사리 파괴된다.〈나는 마치 인간의 理智에 그것에 관한 어떤 불확실한 개념조차도 부여할 수 없는 무엇인가가 내 머리 속에 떠오른 듯한 인상을 받았다. 나는 그것을, 진동하는 정신적인 맥박이라고 말하고 싶다. 그것은 인간의 추상적인 시간관념과 비견할 만한 정신적 등가물이다. 천체의 운행은 이러한 운동, 혹은 그에 상응하는 어떤 운동과 절대적으로 일치하도록 정해져 있었다. 그것의 도움을 받아 나는 벽난로 위에 걸려 있는 괘종시계나 옆자리에 있는 사람의 손목시계가 불규칙적으로 움직이고 있음을 측정할 수 있었다. 그것들이 움직이는 소리는 내 귀에 낭랑하게 울려 왔다. 올바른 시간의 운동으로부터 조금만 벗어나도 그것은 마치 인간들 사이에서 일어나는 추상적인 진실의 침해가 나에게 모욕감을 주는 것과 같은 영향을 끼쳤다.〉

터 떨어져 나와 버렸다. 그 종소리는 끊임없이 무엇인가를 찾아 헤매면서도 아무런 역사도 가지고 있지 못한 가련한 영혼들과 같다. 보들레르가 우울과 前生 vie antérieure 속에서 진정한 역사적 경험의 흩어진 파편들을 그의 손에 쥐고 있다면 베르그송은 그의 지속이라는 관념 속에서 더욱 더 멀리 역사로부터 떨어져 나왔다. 〈형이상학자 베르그송은 죽음을 은폐하고 있다.〉 베르그송의 지속이라는 관념 속에는 죽음이 제거되고 있다는 사실은 그 지속이라는 관념이 실제로는 역사적 질서(前史的 질서도 포함된다)로부터 차단되고 있음을 뜻한다. 베르그송의 활동 action 이라는 개념도 결과적으로 이와 마찬가지이다. 〈실천적인 사람〉을 특징짓는 〈건전한 인간오성〉은 지금까지 그러한 활동개념의 代父 노릇을 해왔다. 죽음이 제거된 지속은 끝이 없는 어떤 두루마리 그림의 조악한 무한성과 같다. 그러한 지속에서는 전통이 배제되어 있는 것이다.[18] 지속이란 경험이라는 빌어 입은 의상을 입고서 우쭐거리며 행세하는 어떤 체험의 총괄개념이다. 이에 반해 우울은 체험을 본래의 모습 그대로 적나라하게 드러내 보인다. 우울한 자는 지구가 적나라한 자연상태로 되돌아가고 있는 것을 두려움을 가지고 바라본다. 지구의 주위에는 前史의 숨결은 전혀 찾아볼 수가 없다. 그러한 일말의 분위기 Aura도 없는 것이다. 위에서 인용한 싯귀에 이어지는 「허무의 맛」이라는 싯귀 속에 나타나고 있는 지구도 이와 같다.

　　나는 하늘 높은 곳에서 둥근 지구를 내려다 보지만,
　　거기엔 내 몸 가리울 한 채의 오막살이도 보이지 않는다.

11

　우리가 분위기 Aura를, 원래 무의지적 기억에 자리잡고 있는 어떤 지각대상의 주위에 모여드는 연상작용이라고 규정한다면, 그 대상에 있는 분위기는 실용적 대상에서 연습으로 남게 되는 경험에 해당한다. 카메라와 그 뒤에 나타난 그와 비슷한 기계적 장치에 근거하고 있는 기술들은 의지적 기억의 영역을 확대하고 있다. 이러한 기술들은 기계적 장치를 통해 언제든지 한 사건을 그 모습과 소리별로 고정시킬 수 있게 해

---

18) 경험의 위축은 프루스트에 있어서는 그의 궁극적 의도의 완전한 성취에서 나타난다. 그가 구원은 나의 개인적 쇼이다 라고 끊임없이 독자들에게 주지시킬 때보다 더 기발하고 더 자신에 충실한 적은 없다.

준다. 이로써 이러한 기술들은 연습이 위축되어 가는 사회의 중요한 업적이 되었다. 보들레르의 눈에는 금속판 사진술은 뭔가 몹시 불안하고 무서운 면을 가지고 있는 것처럼 보였다. 그것이 주는 매력을 그는 〈놀랍고 잔인하다〉라고 말하고 있다. 이러한 점에서 본다면 그는 우리가 앞서 언급한 연관관계를 깊이 투시하지는 못했지만 어느 정도 느끼고 있었음이 분명하다. 언제나 현대인에게 그들의 위치를 정해주고자 했고 또 특히 예술이 지녀야 할 특수한 기능이 무엇인가를 알려 주고자 노력했던 보들레르는 사진에 대해서도 이와 비슷한 태도를 취하였다. 사진을 어떤 위협적인 것으로 느낄 적마다 그는 그것이 사진의 〈잘못 이해된 진보〉에 기인하는 것이라고 생각하려고 하였다. 물론 그는 사진의 그러한 잘못 이해된 진보가 광범위한 〈대중의 어리석음〉에 의해 촉진되고 있다는 점을 시인하였다. 〈이러한 대중은 그들의 소망과 천성에 상응하는 어떤 이상을 열망하였다……그들의 그러한 기도를 들어 준 것은 한 복수심에 불타는 어떤 신이었는데, 다게르 Daguerre는 그 신의 예언자가 되었다.〉 그럼에도 불구하고 보들레르는 보다 더 유화적인 견해를 갖고자 노력하였다. 사진은 〈우리 기억들의 저장창고 속에서 한 자리〉를 차지할 권리가 있는 지나가 버리는 일들을 아무런 방해를 받음이 없이 자신의 것으로 만들 수도 있을 것이다. 그런데 이때 사진은 〈만질 수 없는, 상상적인 것의 영역〉, 다시 말해 〈인간이 자신의 영혼을 함께 부여하는〉 것만이 설 자리를 차지하는 그러한 예술의 영역에는 미치지 못한다는 단서가 붙어 있다. 이러한 중재적 판결을 솔로몬적인 명재판이라고 보기는 어려울 것이다. 복제기술에 의해 조장되고 있는 의지적, 추리적 기억의 항구적인 준비태세는 상상력의 활동영역을 축소시키고 있다. 이 상상력을 우리는 어떤 특수한 종류의 소망들을 행하는 하나의 능력이라고 정의할 수도 있을 것이다. 여기서 말하는 소망들이란 그것들을 실현하기 위해 〈무엇인가 아름다운 것〉이 주어지고 있다고 생각되는 그러한 소망들이다. 발레리는 그러한 소망의 실현을 위한 조건이 무엇인가를 자세히 규정하고 있다. 〈우리는 어떤 작품이 예술작품이라는 것을 다음과 같은 사실에서 알게 된다. 즉 그 작품이 우리에게 일깨워 주는 어떠한 이념도, 그리고 그것이 우리에게 암시하는 어떠한 행동방식도 결코 그 작품을 고갈시키거나 이미 끝난 것으로 간주해 버릴 수는 없을 것이다. 사람들은 향기가 있다고 생각되는 어떤 꽃에서 원하기만 한다면 언제까지라도 그 향기를 맡을 수 있다. 사람들은 우리들 마음에 욕망을 불러일으켜 주는 이 향기를 없애 버릴 수는 없다. 그리고 어떠한 기억, 어떠한 사상, 행동방식도 그 향기의 작용을 완전히 지워버리지 못하며, 또 그 향기가 우리에게 미치고 있는 힘으로부터 우리를 떼어 놓을 수도 없는 것이다. 하나의 예술작품을 창작하려고 기도하는 자는 이와 동일한 것을 추구한다.〉 이러한 고찰방식에 따르면 하나의 그림은 그것을 바라볼 때 우리의 눈이 아무리 보아도 싫증이 나지 않는 어떤 것을 재현해 주고 있는 것이다. 근원적인 형태의 소망을 충족시켜 주는 그 무엇을 그 그림이 투영하고 있다면 그것은 그러한 소망을 부단히 키워 나가는 그 어떤 것이라고 할 수가 있을 것이다. 이로써 사진을 그림과 구별시키는 것이 무엇이며 또 왜 이 두가지를 동시에 포괄하는 창작의 원리가 존재할 수 없는가 하는 것이 명백해졌다. 즉 어떤 그림을 아무리 보아도 싫증이 나지 않는 시선에 대해 사진이 갖는 관계는 배고픔에 대해 음식이 갖는 관계나 아니면 갈증에 대해 음료수가 지니는 관계와 같은 것이다.

이처럼 두드러진 양상을 하고 나타나고 있는 예술적 재현의 위기는 지각 자체 속에서 일어나는 어떤 위기의 필수적인 한 부분이라고 할 수 있다. 아름다움에 대한 욕망을 채워줄 수 없게 만드는 것은 보들레르가 향수의 눈물에 의해 가리워진 것이라고 부르는 前世의 이미지이다. 〈오 그대는 아득한 시간 속에 있었구나, 나의 누이여 아니 나의 부인이여〉 (괴테)——이러한 사랑의 고백은 아름다움 자체가 요구할 수 있는 애정 표시의 찬사이다. 예술이 아름다운 것을 목표로 하고 또 그것을, 비록 소박한 방식으로나마 〈재현하고〉 있는 한, 예술은 아름다움을(마치 파우스트가 헬레나를 그렇게 하듯) 시간의 심연으로부터 불러내는 것이다.[19] 이러한 일은 기술복제시대에는 더이상 일어나지 않는다. (아름다운 것은 기술복제 속에서는 설 자리가 없다.) 프루스트는 베니스에 관한 의지적 기억이 그에게 제시하는 이미지들이 깊이가 없고 빈약하기 짝이 없다고 불평하는 자리에서 단순한 〈베니스〉라는 말 속에는 이러한 이미지들이 그에겐 마치 사진을 전시해 놓은 것처럼 몰취미하게 보여진다고 말하고 있다. 무의지적 기억으로부터 나오는 이미지의 특징이 이들 이미지가 분위기를 가지고 있다는 점에 있다면, 사진은 〈분위기의

---

19) 그것이 성공하는 순간은 다시금 그 자체가 하나의 일회적인 순간으로 특징지어져 있다. 프루스트의 저작의 구성적인 골격은 이에 바탕하고 있다. 기록자에 잃어버린 시간의 숨결이 와 닿고 있는 순간순간의 상황들은 이로써 그 어느 상황과도 비할 수 없는 상황이 되며 그리고 나날의 연속으로부터 떨어져 나오게 된다.

붕괴〉라는 현상에 결정적인 몫을 하고 있는 셈이다. 금속 사진술에서 어떤 비인간적인 요소, 심지어 치명적인 것으로 느껴진 것은 카메라를 들여다 보는(그것도 계속해서) 일이었는데, 왜냐하면 카메라는 우리의 시선을 되받아 주지 않으면서도 우리의 모습을 찍기 때문이다. 우리가 던지는 시선 속에는 우리가 시선을 던지는 대상으로부터 응답을 받는다는 기대가 내재하고 있는 것이다. 이러한 기대가 보답되는 곳에서(이 기대는 사고과정의 경우 주의력의 의도적 시선일 수도 있고 단순한 의미에서의 시선일 수도 있다) 그 시선에 아우라에 대한 경험은 풍요롭게 주어지는 것이다. 노발리스는 〈지각할 수 있다는 것은 일종의 주의력이라〉고 말하고 있다. 그가 그렇게 말할 때의 지각가능성은 다름아닌 아우라의 지각가능성을 가리킨다. 그러니까 아우라의 경험이란 인간사회에서 흔히 볼 수 있는 반응형식을, 무생물 내지 자연적 대상과 인간 사이에 존재하는 관계에 옮겨놓는 데 있는 것이다. 우리가 시선을 주고 있는 자나 시선을 받고 있다고 느끼는 자는 우리에게 시선을 되돌려 준다. 우리가 어떤 현상의 아우라를 경험한다는 것은 시선을 되돌려 줄 수 있는 능력을 그 현상에 부여하는 것을 뜻한다.[20] 이러한 경험은 무의지적 기억의 자료들과 일치한다. 그런데 이러한 무의지적 기억의 자료들은 일회적이다. 다시 말해 이러한 자료들은 그것을 붙잡아 자기것으로 만들고자 하는 기억으로부터 빠져나간다. 따라서 무의지적 기억의 자료들은 그 자체속에 〈멀리 떨어져 있는 어떤 것의 일회적 현상〉을 내포하고 있다고 여겨지는 아우라의 개념을 뒷받침해 주고 있는 것이다. 분위기의 이러한 정의는 현상이 지니는 宗敎儀式的 성격을 명백히 해주는 이점이 있다. 본질적으로 멀리 떨어져 있는 것은 가까이 갈 수 없는 어떤 것이다. 즉 접근할 수 없다는 것은 실제로 儀式적인 像의 주된 특성이다. 프루스트가 아우라의 문제에 얼마나 정통해 있었는가에 대해서는 새삼 강조할 필요가 없다. 그럼에도 불구하고 그가 아우라를 아우라의 이론을 파악하는 개념들을 통하여 때때로 암시하고 있다는 사실은 주목할 만하다. 〈비밀을 좋아하는 몇몇 사람들은 사물들이 한때 그 사물 위

---

20) 이러한 부여행위는 시의 한 원천이다. 사람, 동물 혹은 어떤 무생물이 시인으로부터 그처럼 능력을 부여받아 눈을 뜨는 곳에서는 어디서나 그것들은 항상 시인을 먼 곳으로 데려간다. 이렇게 해서 일깨워진 자연의 시선은 꿈을 꾸고 또 시인으로 하여금 자연 자신이 꾼 꿈을 뒤쫓아 오도록 끌어당긴다. 언어도 역시 그 자체의 아우라가 있다. 이에 대해서는 칼 크라우스는 다음과 같이 쓰고 있다. 〈사람들이 한 낱말을 자세하게 응시하면 할수록 그 낱말은 그만큼 더 멀리서 뒤돌아 보게 된다.〉

에 머물렀던 어떤 시선을 간직하고 있다는 생각을 하면서 스스로 자위한다.〉(그것은 아마 그러한 시선에 응답하는 능력을 일컫는 말일 것이다.)〈그들은 기념물들이나 그림들이, 수세기에 걸친 찬미자들의 사랑과 경의가 그 주위에 짜 왔던 부드러운 베일 밑에서만 그 모습을 드러낸다고 생각한다.〉 프루스트는 확실한 견해를 피하면서 〈이러한 기괴한 환상은, 만약 그들이 그러한 환상을 개인에게만 존재하는 유일한 현실, 즉 그 자신의 특유한 감정세계와 연관시킨다면 진실이 될 것이다〉라고 결론을 내리고 있다. 꿈 속에서의 지각과정을 아우라적인 지각과정으로서 규정하고 있는 발레리의 다음과 같은 진술은 앞의 내용과 유사하면서도, 그의 규정이 객관적인 방향을 취하고 있다는 점에서 한 걸음 더 앞서고 있다. 〈내가 이러저러한 대상을 보았다고 말할 경우 이로써 나와 그 사물 사이에 어떤 동일성이 이루어진 것은 아니다. 이에 반해 꿈 속에서는 어떤 동일성이 존재한다. 내가 보고 있는 사물들은 내가 그 사물들을 바라보고 있는 것처럼 나를 바라보고 있는 것이다.〉 보들레르의 「교감」이라는 시에 나오는 신전의 자연은 이러한 꿈 속에서의 지각과정과 같은 차원에서 이루어지고 있다.

    인간이 상징의 숲 속을 지나면
    상징의 숲은 정다운 시선으로 그를 바라본다.

보들레르가 이러한 현상에 대해 잘 알고 있으면 있을수록 그의 서정시에서는 아우라의 붕괴가 그만큼 더 분명하게 묘사되고 있다. 이러한 아우라의 붕괴는 어떤 상징 Chiffre의 형태로 나타나는데, 우리는 그러한 상징을 인간의 시선이 나타나는 곳이면 『악의 꽃』 어디서나 볼 수가 있다. (보들레르가 그러한 상징을 계획적으로 삽입하지 않았음은 두말할 나위도 없다.) 여기서 문제가 되고 있는 것은 바로 인간의 시선이 불러일으키는 기대가 실현되고 있지 않다는 점이다. 보들레르는 쳐다볼 능력이 상실되었다고 말할 수 있는 그러한 종류의 눈들을 묘사하고 있다. 하지만 이러한 특성 속에서 그 눈들에게는 어떤 매력이 부여되고 있다. 다시 말해 그것에 의해 그의 본능적 욕구의 상당한 부분, 아니 어쩌면 압도적 부분이 충당되어지는 그런 매력이 눈에 부여되고 있다. 이러한 눈들의 매력에 사로잡힘으로써 보들레르에 있어서 性은 에로스로부터 분리되었다. (괴테의)「행복한 동경」이라는 다음 싯귀,

아무리 멀리 떨어져 있어도 그것은 너에겐 문제가 되지 않는다.
너는 날아서 오고 또 마법에 걸려 있기 때문이다

가 아우라의 경험으로 충만해 있는 그 사랑의 고전적인 묘사로 간주되어야 한다면, 보들레르의 다음 싯귀보다 더 단호하게 앞의 싯귀에 도전하는 서정시도 아마 찾아보기 힘들 것이다.

밤의 둥근 궁륭에 못지 않게 나는 그대를 열렬히 사모한다,
오 슬픔의 꽃병이여, 오 거대한 침묵이여,
내 사랑은, 아름다운 이여, 그대가 내게서 달아나면 달아날수록,
그리고 내 밤을 장식하는 그대가, 아이러니컬하게도,
내 두 팔과 푸른 창공 사이를 갈라 놓는 공간을
한층 더 확대하는 듯이 보이면 보일수록, 더욱 깊어져 간다.

어떤 시선이 극복해야 할 거리가 멀면 멀수록, 그 시선으로부터 나오기 마련인 마력은 더욱더 강하게 될 것이다. 거울처럼 투명하게 우리를 바라보는 눈들 속에서 그 거리는 조금도 줄어들지 않은 채 그대로 남게 된다. 그러한 눈들이 먼 곳의 거리에 대해 전혀 알지 못하는 것은 바로 이 때문이다. 보들레르는 이들 눈의 시선의 유려한 모습을 다음과 같은 교묘한 각운에 담고 있다.

그대들의 눈을 사튀로스나 물의 요정의
고정된 눈 속에 잠기게 하라.

사튀로스(호색가)들과 물의 요정들은 결코 인간의 種에 속하지 않는다. 그들의 세계는 격리된 세계이다. 보들레르가 먼 거리에 의해 방해를 받고 있는 시선을 정다운 시선 regard familier이라는 말로 그의 시속에서 표현하고 있는 것은 매우 주목할 만하다. 가정을 갖는 데 실패한 보들레르는 〈정다운〉이라는 말 속에 약속과 체념으로 가득 찬 함축적인 의미를 부여하였다. 그는 그의 시선에 응답을 하지 않는 눈들의 마력에 빠져들었으며 또 아무런 환상도 없이 그 눈들이 지배하는 영역으로 들어가고 있다.

너의 두 눈은 진열장처럼, 그리고

축제일에 밝혀지는 나무처럼 빛나고,
또 무례하게 빌어온 힘을 휘두른다.

그의 초기저작 가운데 하나에서 보들레르는 다음과 같이 쓰고 있다.〈둔감성이라는 것은 종종 아름다움의 한 장식물이다. 만약 두 눈이 검은 늪처럼 슬픔에 잠겨 투명해지거나 아니면 적도의 대양처럼 매끄러운 고요함에 잠기게 된다면 그것은 바로 이러한 둔감성 덕분인 것이다.〉그러한 눈들에 생기가 돈다면, 그때의 생기라는 것은 먹이를 찾으면서 동시에 자신의 몸을 지키는 맹수들의 생기인 것이다. (행인들을 지켜보면서 동시에 경찰의 감시도 살피는 창녀들의 경우도 이와 마찬가지이다. 보들레르는 기이 Constantin Guys가 그린 창녀들을 주제로 한 여러 그림들 속에서 이러한 생활방식이 만들어 내는 인상학적인 유형을 발견하였다.〈그녀의 시선은 맹수들의 시선처럼 먼 지평선에 고정되어 있다. 그 시선은 맹수의 불안함을 띠고 있다. 그러면서도 그 시선은 이따금 갑자기 긴장되는 경계심을 가지고 있다.〉) 대도시 사람들의 눈이 방어적인 기능을 수행해야 하는 지나친 부담에 시달리고 있음은 분명하다. 게오르그 짐멜 Georg Simmel은 눈이 담당하고 있는 보다 덜 눈에 띠는 기능에 대해 언급하였다.〈들을 수는 없고 보기만 하는 사람은……볼 수는 없고 듣기만 하는 사람보다 더 불안하다. 여기에 대도시의 특징적인 면이 있다. 대도시 사람들의 제반 상호관계의 특징적인 점은, 시각의 활동이 청각의 활동보다 현저하게 우위를 차지하고 있다는 점이다. 이의 주된 원인은 공공 교통수단에서 비롯된다. 대형버스, 지하철 및 전차 등이 19세기에 등장하기 이전까지만 해도 사람들은 말 한마디 주고 받음이 없이 서로를 몇분 동안, 심지어 몇시간 동안이고 빤히 쳐다보아야만 하는 상황에 놓이지는 않았었다.〉

방어적인 시선 속에는 꿈꾸듯 먼 곳에 망연자실한 채 빠져드는 면이 없다. 방어적인 시선은 심지어 그러한 망연자실한 태도를 유린하는 데에서 쾌감같은 것을 느끼기조차 한다. 다음의 기이한 문장은 아마도 이러한 의미에서 읽혀져야 할 것이다. 보들레르는「1859년의 살롱」에서 일련의 풍경화를 둘러 보고 난 후의 소감을 다음과 같이 밝히고 있다.〈나는 디오라마들이 부활되기를 바란다. 디오라마의 엄청나고 조야한 마력은 나로 하여금 어쩔 수 없이 어떤 유용한 환상을 만들어 내도록 한다. 나는 오히려 무대배경들을 보았으면 하는데, 왜냐하면 나는 거기에서 나의 가장 소중한 꿈들이 교묘하게, 그리고 비극적일 정도의 간결한 터치로 그려져 있다고 느끼기 때문이다. 이러한 것들은, 비록 전혀 거짓된 것이기는 하지만 바로 그렇기 때문에 진실에 훨씬 더 가까운 것이다. 이에 반해 우리들 풍경화가의 대부분은 거짓말장인데, 왜냐하면 그들은 거짓을 꾸며내는 일을 등한시하고 있기 때문이다.〉 사람들은 어쩌면 〈유용한 환상〉에 대해서보다는 〈비극적인 간결성〉에 대해 더 큰 가치를 둘지 모른다. 보들레르는 먼 곳이 지니는 마술적인 면에 집착하였다. 심지어 그는 풍경화를 장터의 판잣가게에 걸려 있는 그림들을 척도로 삼아 그 가치를 측정하기까지 하였다. 마치 어떤 그림 앞에 너무 가까이 접근할 때의 관찰자가 으레 체험하는 것처럼 그는 먼 곳의 마력을 꿰뚫어보고자 한 것은 아닐까? 이러한 모티브는 『악의 꽃』에 나오는 훌륭한 시들 가운데 한 편에서 구체적으로 나타나고 있다.

어렴풋한 즐거움은 지평선 쪽으로 도망쳐 가리라
마치 공기의 요정인 가냘프고 우아한 실프 Sylph가 무대 옆으로 사라지듯이.

12

『악의 꽃』은 유럽 문화권 전체에 영향을 끼쳤던 최후의 서정시이다. 그 후에 나온 서정시는 모두 다소 제한된 언어권을 벗어나지 못했다. 여기에 덧붙여 말한다면 보들레르는 그의 창작력을 거의 전적으로 이 한 권의 책에 쏟아 넣었다는 점이다. 그리고 마지막으로 말한다면 본 연구에서 다루었던 몇가지 모티브는 서정시의 가능성에 의문점을 제시하고 있다는 점을 부인하기 힘들다. 위의 세가지 사실이 보들레르를 역사적으로 규정하고 있다. 이러한 사실들은 곧 보들레르가 자신의 견지를 확고하게 고수하였고 또 일사불란하게 자신의 과제를 의식하고 있었다는 점을 말해 준다. 심지어 그는 〈어떤 판에 박힌 정형을 창조해 내는 일〉을 자신의 목표라고 공언했을 정도였다. 바로 이러한 것에서 그는 미래의 모든 서정시인들이 갖추어야 할 조건을 발견하였다. 그러한 조건을 감당할 수 없었던 시인들을 그는 대단치 않게 생각하였다. 〈너희들은 암브로시아로 만든 고기수우프를 마시고 사는가? 너희들은 파로스섬의 커틀렛을 먹고 사는가? 리라 한 대에 대해서 전당포에서 얼마를 쳐 주넌가?〉 거창한 칭호를 가진 서정시인이란 보들레르의 눈에는 케케묵은 시인이었다. 「잃어버린 後光」이라는 제하의 한 산문작품에서 그는 그러한 시인을 엑스트라적인 존재로 보이게 하고 있다. 그 작품은 나중에 가서야 빛을 보게 되었다. 그의 유고들이 처음 검토되었을 때 그 작품은 〈출판하기에 부적합한〉 것으로서 거부되었다. 오늘날까지도 그 작품은 보들레르 연구문헌에서 무시되어 왔다.

『아니, 이런! 당신이 여기를? 당신이 다 이런 지저분한 곳에 오다니! 精氣만을 마시는 자네가! 암브로시아만 먹는 자네가! 이건 나로선 정말 놀라운 일인데.』『여보게, 당신도 알다시피 나는 말과 수레를 무서워하지 않는가. 난 방금 말일세, 길을 건너 왔는데, 황급히 한꺼번에 죽음이 달려드는 저 소용돌이치는 혼돈 사이를 헤쳐 나아가다가 갑자기 몸을 잘못 놀린 바람에 그만 내 후광이 머리에서 포도(鋪道)의 진흙창 속에 떨어져 버렸네, 나는 그 후광을 주워 올릴 용기가 없었어. 자신의 뼈를 부러뜨리느니보다는 자신의 휘장을 잃어 버리는 편이 덜 다친다고 판단했지. 그리고 심지어 나는 전화위복이라는 말이 일리가 있다고 혼자 생각했어. 나는 이제 남이 알지 못하게 돌아다닐 수도 있고, 나쁜 짓을 할 수도 있으며, 평범한 사람들처럼 천한 행동에 빠질 수도 있는 거야, 그래서 보다시피 자네와 똑같이 나도 여기에 와 있는 게 아닌가!』—『하지만 자네는 후광을 잃어버렸다고 알리든지 아니면 분실신고 센터에 문의하도록 해야지』—『아니, 천만에! 그럴 생각은 없어, 나는 여기가 마음이 편해, 나를 알아본 것도 자네뿐이야. 게다가 위엄을 부리는 것도 신물이 났어. 그리고 또 이런 걸 생각하면서 즐거울 수도 있을 걸세. 어느 엉터리 시인이 그걸 주워서 뻔뻔스럽게 쓰고 다니는 꼴을 말야. 사람을 행복하게 해 준다는 것은 얼마나 즐거운 일인가! 더구나 날 웃기는 행복한 치들을 말야! X나 Z같은 치들을 생각해 보게나. 어때! 정말 꼴불견이 아니겠나!』

이와 동일한 모티브는 일기에서도 발견된다. 다만 종결부분이 다를 뿐이다. 즉 시인은 후광을 재빨리 집어올린다. 그러나 이제 그는 그 돌발사건이 어떤 좋지 않은 전조일지도 모른다는 느낌에 불안해 하는 것이다.[21]

이러한 글을 쓴 사람은 결코 거리산보자 flâneur가 아니다. 이 글들은, 보들레르가 일체의 치장도 없이 지나치면서 쓰고 있는 다음과 같은 문장, 즉 〈이 속된 세계 속에 파묻혀 혼잡한 사람들 속에서 이리저리 떠

---

21) 이러한 일기가 병적인 충격에 의해 유발되었을 가능성을 배제할 수 없다. 그럴수록 그러한 충격을 보들레르의 작품에 동화시키고 있는 형식은 더 많은 것을 시사해 준다.

밀려 다니면서 나는 지쳐 버렸다. 나의 눈에는 깊은 세월 속을 뒤돌아 보면 환멸과 쓰라림만 보일 뿐이고, 앞을 바라 보노라면 아무런 새로움도, 교훈도 고통도 없는 아우성만 보일 뿐이다〉라는 문장에 나타나고 있는 것과 똑같은 경험을 그대로 보여 주고 있는 것이다. 보들레르는 자신의 생애를 형성해 온 모든 경험들 가운데에서 군중에 의해 떠밀리는 경험을 결정적이고 독특한 것으로 부각시키고 있다. 스스로 움직이고 또 스스로 생명력을 지니며, 거리산보자를 어리둥절하게 만들었던 군중의 광채는 보들레르에게는 이제 사라져 버렸다. 군중의 비열함을 마음에 새기기 위하여 그는, 거기에서는 구제불능의 여인들과 버림받은 자들조차도 어떤 정돈된 생활방식을 변호하고 방탕한 생활을 매도하며 또 돈 이외에는 모든 것을 배격하는 그러한 대낮의 세태를 세밀하게 관찰하였다. 그의 마지막 동지들인 이들로부터 배신을 당하게 되자 보들레르는 군중이라는 존재와 맞서 싸우게 된다. 그렇지만 그의 분노는 비바람에 맞서는 사람들처럼 무력하기만 하다. 이것이 바로 그가 거기에 어떤 경험과 같은 비중을 부여했던 체험의 실상이다. 그는 현대의 센세이션이 지불해야 할 댓가, 즉 충격체험 속에서 아우라가 붕괴되는 현상을 단적으로 지적하였다. 이러한 아우라의 붕괴현상에 동의하기 위해 그는 비싼 댓가를 치러야만 했다. 하지만 그것은 그의 시의 법칙이다. 그의 시는 프랑스 제 2 제정의 하늘에 〈아무런 분위기도 없는 하나의 별〉처럼 빛나고 있다.

얘기꾼과 소설가
―― 니콜라이 레쓰코브*의 작품에 관한 고찰

1

　비록 그 이름이 우리들에게 친숙하게 들리긴 하더라도 이 소설가는 그가 현재 우리들에게 미치는 직접적 영향이라는 면에서 보면 결코 그렇게 큰 힘을 행사하고 있지는 않다. 이 소설가는 우리들로부터 이미 멀어진 어떤 존재 내지 지금도 여전히 멀어지고 있는 어떤 존재인 것이다. 레쓰코브와 같은 사람을 소설가로 칭한다는 것은 그를 우리들과 보다 가깝게 만드는 것이라기보다는 오히려 그에 대한 우리들의 거리감을 더욱 크게 하는 것을 뜻한다. 일정한 거리를 두고 보면 이 소설가를 규정하는 선이 굵고 간단한 윤곽으로 부각되어 나타나거나 아니면――이것이 더 적절한 표현이지만―― 그 스스로가 그러한 윤곽을 드러내기 마련이다. 그것은 마치 우리가 적당한 거리나 시각에서 바라보면 바위의 모습이 사람 얼굴이나 짐승의 몸둥이처럼 보이는 것과 같은 이치이다. 이때 이러한 거리나 시각이 어떤 것이어야 하는가를 말해 주고 있는 것은 우리가

---

* 레쓰코브 Nikolai Lesskow(1831-1895)는 19세기 말, 톨스토이와 거의 동시대에 활동한 작가이다. 이 작가는 그가 지닌 러시아농촌에 대한 관심이나 동정이라는 면에서 톨스토이와, 그리고 그가 지닌 종교적 성향이라는 면에서는 도스토예프스키와 유사한 작품경향을 띠고 있는 작가로 알려지고 있다. 벤야민은 이 작가론을 빌어 〈이야기〉의 전통이 어떻게 오늘날의 시대에 와서 변화를 겪고 있으며 또 이야기와 소설이 상호 어떤 관계를 맺고 있는가를 밝히고 있다. 본래의 제목은 이야기꾼 Erzähler (=Storyteller)이지만 소설가와의 관련하에서 쓰어지고 있기 때문에 「얘기꾼과 소설가」라는 제목을 붙였다.

거의 매일처럼 접할 기회를 가지고 있는 하나의 경험이다. 우리의 일상적 경험은 우리들에게 얘기체 형식의 예술이 그 막바지에 이르고 있음을 말해주고 있는 것이다. 날이 가면 갈수록 얘기를 그런대로 할 수 있는 능력을 가진 사람을 만나기가 더 힘들어지고 있다. 얘기를 듣고 싶다는 소리가 커지면 커질수록 우리는 더 자주 우리들 주변의 이곳저곳에서 당혹감을 맛보게 된다. 이러한 당혹감은 마치, 우리들로선 남에게 양도할 수 없는 것으로 보였던 능력, 즉 우리가 가진 것 중에서 가장 확실한 것으로 보였던 것을 박탈당하는 것과 같은 느낌인 것이다. 요컨대 그것은 한마디로 경험을 주고 받을 수 있는 능력의 박탈이라고 할 수 있는 것이다.

　이러한 현상이 일어난 원인의 하나는 명백하다. 즉 경험의 가치가 하락한 것이다. 그리고 이러한 경험의 가치하락은 앞으로도 끝없이 계속될 것처럼 보인다. 신문을 들여다볼 때마다 우리는 언제나 경험의 가치가 새로운 하강선을 긋고 있고, 또 외적 세계의 이미지뿐만 아니라 도덕적 세계의 이미지까지도 하루밤 사이에 전혀 상상도 할 수 없을 정도의 변화를 겪고 있음을 알 수 있다. 이러한 진행과정은 일차세계대전 이후 명백해지기 시작하였고, 또 그 이후에도 간단없이 계속되고 있다. 전쟁이 끝나자 전쟁터로부터 귀환한 사람들이 입을 다물고 있다는 사실, 그러니까 직접적 경험을 서로 나누는 일이 더 풍성해진 것이 아니라 더 빈약하게 되었다는 사실이 부쩍 눈에 띄지 않았던가? 그리고 그후 10년 동안 전쟁에 관한 홍수처럼 쏟아진 책이란 것도 따지고 보면 결코 입에서 입으로 전해진 경험이 아니었다. 이러한 현상은 조금도 이상스러운 일이 못되는데 왜냐하면 지금까지 우리가 겪은 경험 중에서 전략적 전쟁을 대신한 陳地 전쟁, 경제적 경험을 대신한 인플레이션, 육체적 전쟁을 대신한 물량 전쟁, 도덕적 경험을 대신한 권력자만큼 철저하게 비난의 대상이 된 경험도 없었기 때문이다. 아직도 말이 끄는 차를 타고 학교에 다녔고, 또 구름 이외에는 변하는 것이라곤 하나도 없는 시골의 맑은 하늘 아래에 서 있었던 세대들에겐, 파괴적인 분출과 폭발이 지배하는 역사 속의 구름 아래에서는 보잘것 없고 부서지기 쉬운 인간의 몸뚱아리밖에 남은 것이라곤 없었던 것이다.

2

모든 얘기꾼들이 끄집어내는 얘기의 원천은 입에서 입으로 전해지는 경험이다. 얘기를 기록했던 얘기꾼들 중에서 위대했던 얘기꾼들은 이름도 없는 무명의 숱한 얘기꾼이 하는 얘기와 조금도 다를 바가 없는 얘기를 쓴 사람들이다. 그런데 이들 무명의 얘기꾼들 중에는 두 가지 유형의 그룹이 있는데, 이 두 그룹은 물론 여러 면에서 서로 중복된다. 그리고 얘기꾼의 상(像)이 완전히 그 구체적 모습을 띠게 되는 것도, 이 두 그룹의 특성을 생생하게 보여주고 있는 사람에 한해서이다. 〈누군가 여행길에 오르면 그는 무언가 얘기할 거리가 있다.〉라고 독일 속담은 말하고 있고, 또 이때 사람들은 으례 얘기꾼을 먼 곳으로부터 온 사람으로 생각하였다. 그러나 이에 못지않게 사람들은 또한 정직하게 생업을 꾸려가면서 고향에 눌러앉아 자기 고향의 얘기와 전설을 잘 알고 있는 사람의 얘기를 듣는 것도 좋아하였다. 이 두 그룹의 원초적 대표자를 생생하게 눈앞에 떠올리고 싶으면 우리는 그 중의 한 대표자는 한 곳에 정착해서 땅을 경작하는 농부에게서, 또 다른 대표자는 이리저리 옮겨 다니면서 장사를 하는 선원에게서 찾아 볼 수 있다. 사실상 이 두 삶의 영역은 이를테면 그들 나름의 얘기꾼의 元祖를 배출했던 것이다. 그리고 이 두 원조는 수세기가 지난 오늘날에도 본래부터 그들이 지녔던 몇가지의 특성을 그대로 보존하고 있다. 그래서 지난 세기의 독일 작가 중에서 헤벨 J.P. Hebel이나 고트헬프 Gotthelf와 같은 소설가는 첫번째 원조에서, 젤스필드 Sealsfield나 게르스텍커 Gerstäcker와 같은 소설가는 두번째의 원조에서 나왔다. 하지만 여기서 중요한 것은 이 두 원조는 이미 위에서도 언급했듯이 다만 얘기꾼의 기본적 타입과 관계된다는 점이다. 역사상의 광범위한 영역에서 펼쳐지고 있는 얘기의 실제적 범위가 어느 정도인가는 이러한 두 개의 원초적 타입이 서로 갖는 긴밀한 상호관련성 없이는 상상하기가 힘들 정도이다. 이러한 상호관련성이 특히 잘 이루어졌던 것은 길드 체제하의 중세에서이다. 정착하고 있는 師匠 Meister과 떠돌아다니는 도제는 같은 방에서 함께 일을 하였고, 또 사장들도 모두 그의 고향이나 아니면 딴 곳에서 정착하기까지는 떠돌아다니는 도제였다. 농부나 선원이 얘기의 지나간 사장이었다면, 길드의 技工들은 얘기의 대학이었던 셈이다. 이 속에서는, 여행경험이 풍부한 사람이 집으로 가지고 돌아오는 먼 곳의 얘기와 한 곳에 정착하고 있는 사람이 익히 잘 알고 있는 과거의 얘기가 상호 결합하고 있었던 것이다.

3

레쓰코브는 공간적으로 멀리 떨어진 곳의 일뿐만 아니라, 시간적으로 먼 과거의 일도 잘 알고 있었다. 그는 그리이스 정교의 신도의 한 사람이었고, 또 진심으로 종교적 문제에 관심을 가진 남자였다. 그렇지만 그는 그리이스 정교라는 제도에 대해서는 누구 못지않게 반대의 입장을 취한 사람이었다. 또 그는 세속적 관료제도와도 좋은 관계를 유지할 수가 없었기 때문에 그가 지녔던 관직도 오래 유지할 수가 없었다. 그가 오랫동안 지니고 있었던 어느 큰 영국회사의 러시아 현지 주재원으로서의 직책은 아마 짐작컨대, 그가 가진 여러 직책 중에서도 그의 작가적 생활을 위해서는 가장 유용한 직책이었던 것처럼 보인다. 이 회사를 대신해서 그는 러시아 전역을 여행하였다. 그리고 이러한 여행은 그의 세속적 경험은 물론이고 러시아적 상황에 대한 그의 지식도 넓혀 주었다. 이러한 여행경험은 그의 작품 도처에 그 흔적을 남기고 있다. 이렇게 해서 그는 러시아의 종교적 분파의 조직과도 친숙해질 기회에 접할 수가 있었다. 레쓰코브는 러시아의 전설에서 그리이스 정교의 관료조직에 대항하는 투쟁의 동맹자를 발견하였다. 그의 작품 속에는 일련의 전설적 얘기가 들어 있는데, 이 전설적 얘기의 중심에는 의로운 자(義人)가 자리잡고 있다. 그런데 이때 이 의로운 자가 금욕자가 되는 경우는 거의 드물고, 이들의 대부분은 이 세상에서 가장 자연스러운 방법으로 성자의 모습을 띠어 가는 단순하고 활동적인 사람들이다. 신비적 황홀은 레쓰코브의 특기가 아니다. 비록 그가 때때로 즐겨 기적적인 일에 매달리긴 하지만, 그는 그러한 기적적인 일을 경건한 마음으로써 어떤 구체적인 자연적 사건과 결부시켜 얘기하는 것을 가장 좋아한다. 그는 모범적 인간상을, 세상사에 너무 깊이 자신을 연루시키지 않으면서도 그런대로 이 세상을 그럭저럭 살아가는 사람에게서 찾고 있다. 세상사의 여러 문제에 대해서도 그는 이와 비슷한 태도를 보여주고 있다. 그가 뒤늦게, 그러니까 그의 나이 29세 때 글쓰는 일을 시작했다는 사실도 이러한 그의 태도와 잘 어울리고 있다. 그가 글을 쓰기 시작한 것은 그의 사업상의 여행을 마치고 난 연후였다. 처음 인쇄되어 나온 그의 첫 글의 제목은 〈왜

키에브에서는 책이 비싼가?〉였다. 그밖의 일련의 저작 즉, 노동계급, 알콜중독, 경찰의사, 일정한 직장이 없는 판매원에 관한 글은 그 후에 쒜어진 소설의 선구자들이다.

4

실질적 관심이나 이해에 근거해서 얘기를 펼쳐나가는 것은 타고난 재능을 지닌 수많은 얘기꾼의 두드러진 특징이다. 이러한 특징은 예컨대 레쓰코브보다는, 농부들에게 농사짓는 일에 실질적 조언을 해 주었던 고트헬프에서 더 두드러지게 나타나고 있다. 램프를 켜는 데 뒤따르는 위험에 대해 관심을 가졌던 노디에르 같은 작가의 경우도 그러하고 또 그의 「조그만 보석 상자」라는 작품 속에서 그의 독자들에게 이따금 자연과학적 지시를 삽입하는 헤벨 같은 작가 역시 이러한 계열에 속한다. 이러한 면은 모두 진정한 얘기의 본질이 무엇인가를 단적으로 말해 주고 있는 것이다. 진정한 얘기는 드러난 형태로든 숨겨진 형태로든간에 유용한 그 어떤 것을 내포하고 있는 법이다. 이러한 유용성은 설교 속에 있을 수도 있고, 실제적 충고에도 있을 수 있으며, 또 속담이나 생활의 좌우명 속에 있을 수도 있다. 아뭏든 얘기꾼이란 얘기를 듣는 사람에게 조언을 해줄 줄 아는 사람이다. 그러나 오늘날에 와서는 조언을 해주는 일은 바야흐로 케케묵은 것이 되기 시작하였다. 이렇게 된 근본 이유는 경험과 의사소통의 직접성이 점차 감소하고 있기 때문이다. 따라서 우리는 결과적으로 우리들 자신이나 남들에게 아무런 조언도 해줄 수 없게 되었다. 조언이란 결국 어떤 의문에 대한 대답이라기보다는 오히려 지금 막 펼쳐지려는 어떤 얘기의 연속과 관계되는 하나의 제안이다. 이러한 조언을 받아들이기 위해서는 우리는 무엇보다도 제일 먼저 얘기를 할 수 있는 능력을 갖고 있지 않으면 안될 것이다. (물론 어떤 사람이 조언을 받아들일 경우, 그는 그러한 조언을 그가 그의 상황을 얘기하는 범위내에서만 받아들일 마음의 준비가 되어 있다는 것을 여기서 새삼 강조할 필요는 없을 것이다.) 실제적 삶의 재료로 짜여진 조언은 지혜이다. 얘기의 예술이 그 종국을 치닫고 있는 것은, 바로 이러한 진리의 서사적인 면, 즉 지혜가 사멸되어 가고 있기 때문이다. 그러나 이러한 현상은 오래전부터 진행되어 온 하나의 과정이다. 이러한 과정 속에서 단지 〈몰락의 현상〉이나 아니면 〈현대적〉 현상을 보고자 한다는 것만큼 어리석은 일도 없을 것이다. 오히려 그러한 과정은 역사의 세속적 생산력과 함께 나타난 하나의 부수현상, 다시 말해 생생하게 살아 있는 말의 영역으로부터 점차 체험적 얘기가 배제됨에 따라 이와 함께 사라져 가는 것 속에서 하나의 새로운 아름다움을 느끼도록 만드는 부수현상일 따름이다.

5

얘기의 몰락의 마지막 단계를 나타내는 한 과정의 징후를 예고한 것은 근세가 시작되면서 대두되기 시작한 소설의 발흥이다. 소설을 얘기와, 또 보다 좁은 의미의 서사시적인 것과 구별짓게 하는 것은, 소설이 근본적으로 책에 의존하고 있다는 점이다. 소설의 보급은 인쇄술의 발명과 함께 비로소 가능하게 되었다. 구전으로 전수될 수 있는 것, 즉 서사시의 자산은 소설을 형성하고 있는 내용물과는 그 성질을 달리하고 있다. 소설이 여타의 산문문학, 예컨대 동화, 전설, 심지어 소품소설 Novelle 등과 구별되는 것은, 그것이 구전적 전통으로부터 생겨난 것도 아니고 또 그 속에 몰입되는 것도 아니라는 점이다. 하지만 소설이 무엇보다도 다른 산문문학과 구별되는 것은 얘기와의 대비를 통해서이다. 얘기를 쓰는 사람은 그가 얘기하는 내용을 경험——그것이 자기 자신의 경험이든 아니면 남이 보고하는 얘기든간에——으로부터 얻고 있다. 그러고 난 후 그는 또 다시 그 내용을 그의 얘기를 듣는 사람들의 경험이 되도록 만들어 내는 것이다. 소설가는 자신을 남으로부터 고립시켰다. 소설의 산실은 고독한 개인, 즉 자신의 가장 중요한 관심사를 더 이상 표현할 수 없고 또 자기 자신이 남으로부터 조언을 받지 못했기 때문에 남에게도 아무런 조언을 해줄 수 없는 고독한 개인이다. 소설을 쓴다는 것은, 다른 것과 전혀 비교도 할 수 없는 성질의 것을 인간적 삶의 묘사 속에서 극단적으로 끌고 가는 것을 의미한다. 소설은 삶의 풍부함과 또 이러한 풍부한 삶의 묘사를 통해서 살아감의 이루 말할 수 없는 복잡다단함을 여실히 보여주고 있는 것이다. 소설이라는 장르의 최초의 위대한 소설, 동키호테를 보면 우리는 금방, 가장 고귀한 사람 중의 한사람, 즉 동키호테의 정신적 위대성과 용감성 및 남을 도우려는 마음가짐이 일체의 조언을 결하고 있고 또 일말의 지혜도 내포하고 있지 않음을 알 수 있다. 세기가 지나면서 이따금 소설 속에 지시적 사항을 삽입하려는 시도——아마 이러한 시도가 가장 지속적으로 행해졌던 것은 『빌헬름 마이스터의 편력시대』에서일 것이다——가 있었지만, 이러한 시도는 소설 형식 자체의 변화를 가져다줄 가능성을 항상 내포하고 있었던 것이다. 이에 반해 교양소설은 소설의 기본구조에서 한치도 벗어나지 않고 있다. 사회의 발전과정을 한 인물의 발전과정 속에 동화시킴으로써 교양소설은, 그 인물의 발전과정을 규정하고 있는 질서에 정당성——그것이 비록 부서지기 쉬운 정당성이긴 하더라도——을 부여하고 있다. 교양소설이 부여하고 있는 정당성은 현실과는 정반대되는 입장에 서 있다. 특히 교양소설에서 구체화되고 있는 것은 이러한 현실과 정당성 사이의 불협화음인 것이다.

6

여기서 우리는 일정한 간격을 두고 일어난 서사시적 형식의 변화를, 수천년이 경과하는 동안 지구의 표면을 엄습했던 변화의 여러 형식과 비교해서 생각해 보지 않으면 안될 것이다. 이렇게 보면 이 지구상에 나타난 어떠한 인간적 의사소통의 형식도 서사시적 형식만큼 천천히 생겨나서 또 천천히 사라진 것도 없었을 것이다. 고대에까지 거슬러 올라가는 소설은, 생성·발전해 가는 시민 계급 속에서 그것을 꽃피우기에 적합한 제요소를 다시 만나기까지는 수백년이라는 세월을 필요로 하였다. 그러나 이러한 요소들이 등장하고 난 후에도 얘기는 매우 서서히 고대의 서사시적 요소를 띠기 시작하였다. 얘기가 새로운 내용을 자기 것으로 만든 것은 사실이지만, 그렇다고 이러한 새로운 내용에 의해서 그 성격이 규정된 것은 아니다. 다른 한편 우리는, 시민계급의 완전한 지배와 더불어——이러한 지배권의 가장 중요한 수단 중의 하나는 (고도로 발달된 자본주의하에서의) 신문이다——새로운 의사소통의 형식의 등장을 보게 되었다. 그런데 이러한 새로운 의사소통의 형식은 이전에는——비록 그것의 연원이 매우 오래된 것이라고 하더라도——한번도 서사시적 형식에 대해 특정한 방식으로 영향을 끼친 적이 없었던 것이다. 그러나 이제는 이 새로운 형식이 서사시적 형식에 영향을 끼치고 있다. 그리고 이 새로운 의사소통의 형식은 얘기와는 동떨어진 낯선 존재로서 등장하고 있는데, 이러한 사정은 소설의 경우를 두고 보더라도 조금도 나을 바가 없다. 하지만 이 새로운 의사소통의 형식은 소설의 경우보다 얘기에 더 위협적이고 더 도전적인 자세를 취하고 있다. (물론 그것이 소설에도 위기를 몰고 오고 있는 것은 마찬가지이긴 하지만 말이다.) 지금까지 언급한 이러한 새로운 의사소통의 형식은 바로 정보 Information이다.

《피가로》紙의 창립자인 빌머쌍은 정보의 본질을 다음과 같은 유명한 말로써 규정짓고 있다. 그는 입버릇처럼 〈나의 독자들에게 더 중요한 것은 마드리드에서의 혁명이 아니라 까르띠에 라땡에서 일어나는 다락방 화재이다.〉라고 말하곤 하였다. 이러한 표현이 명백히 말해 주고 있는 것은, 사람들이 가장 즐겨 귀담아 듣는 것이 이제는 더 이상 먼 곳으로부터의 소식이 아니라 가장 가까이 있는 것에 하나의 단서를 제공하는 정보라는 점이다. 먼 곳으로부터의 소식은――그것이 공간적으로 낯선 나라든 아니면 시간적으로 멀리 떨어진 전설이든간에――비록 그것이 검증되지 않았더라도 권위를 지니고 있었다. 그러나 정보는 재빨리 검증되어야 한다는 요구를 하고 있다. 정보가 내거는 가장 중요한 요구조건은 그 정보가 〈그 자체로서 이해될 수 있는 것〉이어야만 한다는 점이다. 정보는 대체의 경우 수백년 전의 소식보다도 덜 정확하다. 지난 세기의 소식이라는 것이 기적적인 일로부터 얘기를 빌어 오는 경향을 지니고 있었다면 정보에서 필수불가결한 것은 그것이 그럴듯하게 들려야 한다는 점이다. 바로 이러한 이유 때문에 정보는 결과적으로 얘기의 정신과는 서로 양립할 수가 없는 것이다. 얘기의 예술이 점점 찾아 보기 힘든 희귀한 예술이 되고 있는 데에는 정보의 파급이 결정적 몫을 담당하고 있는 것이다.

매일 아침 우리들은 지구의 새로운 사건들을 알게 되지만 정작 진귀한 얘기에는 빈곤을 겪고 있다. 그 까닭은 우리들이 알게 되는 일들이란 모두 하나의 예외도 없이 이미 설명이 붙여져서 전달되기 때문이다. 이를 간단히 표현하면 얘기에 도움을 주는 일은 하나도 없고, 거의 모든 일들이 정보에만 도움을 주고 있는 것이다. 설명을 붙이지 않고 얘기를 그대로 다시 전한다는 자체만으로서도 얘기의 예술은 이미 반쯤이나 이루어진 것이나 다름없다. 이러한 점에서 레쓰코브는 거장이다. (「사기」「흰 독수리」등의 작품을 보면 이를 곧 알 수 있을 것이다.) 여기에는 매우 예외적인 것과 기적적인 것이 더할나위 없이 정확하게 얘기되고 있지만, 사건의 심리적 상관관계는 독자들이 강제로 이해하도록 묘사되어 있지는 않다. 그에겐 그가 이해하는 바대로 사물을 해석하는 재량이 주어져 있고 또 이로써 그에 의해 얘기되어지고 있는 것들은 정보가 갖고 있지 않은 풍성함과 넓은 진폭을 획득하고 있다.

7

　레쓰코브는 고전을 통해 문학적 수업의 기초를 닦은 작가이다. 그리이스의 최초의 얘기꾼은 헤로도투스이다. 그의 『역사 Historien』의 3권 14장에는 다음과 같은 얘기가 있는데, 우리는 이 얘기로부터 많은 것을 배울 수가 있다. 이 얘기는 사메니트우스에 관한 얘기다. 이집트의 왕 사메니트우스가 페르시아의 왕 캄비세스에 패해서 붙잡혔을 때, 캄비세스는 이 포로에게 모욕을 주고자 하였다. 그는 페르시아의 개선행렬이 지나가는 거리에 사메니트우스를 세워둘 것을 명령하였다. 또 그는 계속해서, 포로로 하여금 그의 딸이 물동이를 가지고 우물로 가는 하녀의 모습을 하고 그의 앞을 지나가는 것을 보도록 하였다. 모든 이집트사람들이 이러한 광경을 보고 울고 슬퍼하였지만 사메니트우스만은 혼자 눈을 땅 위에 떨어뜨리고 꿈쩍도 하지 않은 채 아무 말 없이 서 있었다. 그러고 난 후 곧 그의 아들이 처형을 당하기 위해 행렬 속에 함께 끌려가는 것을 보았을 때에도 그는 여전히 꿈쩍도 하지 않고 그대로 서 있었다. 그러나 그후 그의 하인들 중의 한 사람인 늙고 불쌍한 남자가 포로행렬 중에 있다는 것을 알아차린 바로 그 순간, 그는 손으로 머리를 치면서 가장 깊은 슬픔을 나타내는 온갖 표식을 보냈다.

　이 얘기에서 우리는 진정한 얘기의 본질이 과연 무엇인가를 알 수 있을 것이다. 정보는, 그것이 새로왔던 바로 그 순간에 이미 그 가치를 상실한다. 그것은 오로지 그저 한 순간 속에서만 생명력을 가진다. 또 정보는 스스로를 완전히 그 순간에 내맡겨야만 하고 또 한순간의 시간도 잃음이 없이 그 순간에 대해 설명을 하지 않으면 안된다. 그러나 얘기의 경우는 사정이 다르다. 그것은 스스로를 완전 소모하지 않는다. 얘기는 자신이 지닌 힘을 집중된 상태에서 그대로 유지하고 있을뿐더러 또 많은 시간이 지난 후에도 여전히 다시 펼칠 수 있는 능력을 가지고 있다. 그렇기 때문에 몽테뉴는 이 이집트왕에 다시 언급하면서 왜 그가 하인을 보자 비로소 슬퍼하였던가를 자신에게 묻고 있다. 이 물음에 대해 몽테뉴는 〈그가 이미 너무나 슬픔에 가득 차 있었기 때문에, 그 슬픔이 조금만 더 커지더라도 그것은 걷잡을 수 없을 정도로 터질 수밖에 없었기 때문이다.〉라고 말하고 있다. 그러나 우리는 이를 또 〈왕의 가족들의 운명이 왕의 마음을 움직이게 하지 못한 것은 그들의 운명이 바로 자신의 운명이었기 때문이다.〉라고 말할 수도 있을 것이다. 아니면 〈우리는 삶에서 우리를 감동시키지 못하는 많은 것들이 무대 위에서는 우리를 감동시킨다. 따라서 이 하인은 왕에게는 단지 한 사람의 배우였을 뿐이다.〉라고 말할 수 있을 것이다. 또 아니면 〈커다란 슬픔은 정체되었다가 이완의 계기가 와야만 비로소 터진다. 이 하인을 보는 순간이 바로 이 이완의 순간이었다.〉라고 말할 수도 있을 것이다. 그러나 헤로도투스는 이에 대해서는 일언반구의 설명도 부가하지 않았다. 그의 보고는 건조하기 이를 데 없는 보고이다. 바로 그렇기 때문에 고대 이집트로부터 유래하는 이 얘기는 수천년이 지난 오늘날에도 경탄과 깊은 명상을 불러일으키게 할 수가 있는 것이다. 그것은 마치, 수천년 동안 밀폐된 피라미드의 방에 놓여 있으면서도 오늘날까지 그 맹아적 힘을 보존하고 있는 한 알의 씨앗을 방불케 한다.

8

하나의 얘기를 지속적으로 기억하도록 하는 가장 효과적인 방법은 심리적 분석이 배제된 정결하며 간결하게 짜여진 집중적 문체이다. 얘기하는 사람에 의해 미묘한 여러 심리적 진행과정에 대한 묘사가 자연스럽게 포기되면 되어질수록, 그러한 심리적 진행과정이 듣는 사람의 기억에 오래 남게 될 승산은 더욱 더 커진다. 또 그것이 자기자신의 체험에 완벽하게 동화되면 될수록 듣는 사람이 나중에 언젠가(그것은 빨리 올 수도 있고 늦게 올 수도 있다) 그것을 남에게 얘기하고 싶은 욕망도 더 커지게 마련이다. 심층에서 일어나고 있는 이러한 동화과정은 이완의 상태를 필요로 하는데, 이러한 이완의 상태는 오늘날에는 점점 더 찾아보기 힘들게 되었다. 꿈이 육체적 이완의 정점이라면 권태는 정신적 이완의 정점이다. 권태는 경험의 알을 품고 있는 꿈의 새이다. 나무 잎사귀의 바스락거리는 소리만 들어도 꿈의 새는 멀리 날아가 버린다. 이러한 꿈의 보금자리는——이 속에서 행해지는 일들은 권태와 긴밀한 관련을 맺고 있다——도시에서는 이미 사라진 지 오래이고 시골에서도 점차 사라져 가고 있다. 이와 더불어 남의 얘기를 듣는 재능도 사라졌고 또 귀기울여 얘기를 듣는 공동체도 사라지고 있다. 얘기를 한다는 것은 언제나 그 얘기를 계속해서 반복하는 기술을 뜻하며, 또 이 얘기는 더 이상 보존하지 않으면 자연히 소멸하기 마련인데, 왜냐하면 얘기는, 그것을 듣는 동안 계속 짜여지지 않으면 사라지기 때문이다. 듣는 사람이 얘기에 깊이 몰두하면 할수록 그가 듣는 내용은 더욱 더 깊이 그의 뇌리에 박히게 된다. 베짜는 일의 리듬과 같은 얘기에 한번 빠져드는 사람은 그 얘기를 남에게 다시 전할 수 있는 재능이 저절로 생겨나게끔 그 얘기를 듣게 되는 것이다. 얘기를 하는 재능은 이처럼 베를 짜는 일에 그 연원을 두고 있는 것이다. 그러나 이렇게 해서 짜여진 얘기의 그물은, 그것이 수천년 전에 가장 오래된 수공업적 형태의 주위에서 한번 짜여지고 난 이후로는 오늘날에 와서는 그 마디가 하나하나씩 헤어지고 있는 것이다.

9

수공업의 주위에서――그것은 처음에는 농촌적 형태이었다가 나중에는 해양적 수공업, 마지막에는 도시적 형태로 발전하였다――오랫동안 번성하였던 얘기 그 자체는 이를테면 의사소통의 수공업적 형태이다. 얘기는 정보나 보고처럼 사물의 순수한 〈실체〉를 전달하려고 하지 않는다. 얘기는 보고하는 사람의 삶 속에 일단 사물을 침잠시키고 나서는, 나중에 가서 다시 그 사물을 그 사람으로부터 끌어낸다. 그래서 얘기에는 그 얘기를 하는 사람의 흔적이 남아 있기 마련이다. 그것은 마치 옹기그릇에 도공의 손흔적이 남아 있는 것과도 같은 것이다. 얘기꾼으로서의 소설가 Erzähler들은 자신이 나중에 체험하게 될 상황을 얘기의 맨 처음에 묘사하는 성향을 가지고 있다. 레쓰코브는 「사기」라는 작품의 첫머리를 어떤 기차여행의 묘사로 시작하면서, 그가 앞으로 얘기하게 될 사건은 같이 여행을 했던 어떤 사람으로부터 들었던 사건이라고 말하고 있다. 아니면 그는 「광상곡에 붙여」라는 얘기의 앞머리에서 이 얘기의 여주인공이 앞으로 만나게 될 도스토예프스키의 장례식을 생각하고 있으며 또 「흥미로운 남자들」이라는 작품의 경우에는 나중에 다시 나타날 어느 독서그룹에서 낭독되어졌던 사건들이 회상되고 있다. 이렇게 해서 그의 얘기에는 그의 흔적――비록 그것이 직접 체험한 사람의 흔적이 아니라 보고하는 사람의 흔적이긴 하지만――이 도처에 드러나고 있다.

얘기하는 기술, 즉 이와 같은 수공업적 기술은 레쓰코브에 의해서도 실제로 하나의 수공업적 작업으로 간주되었다. 그가 쓴 어느 한 편지에서 그는 〈글을 쓰는 일은 나에겐 결코 자유로운 예술이 아니라 수공업적인 일이다.〉라고 말하고 있다. 따라서 그가 수공업적 일에 대해 연대감을 느끼고 산업적 기술에 대해 소외감을 느낀 것은 조금도 이상스러울 바가 없는 것이다. 이러한 상황을 이해하고 있었음에 틀림없는 톨스토이는 때때로 다음과 같이 말함으로써 레쓰코브의 얘기하는 재능의 본질에 대해 언급하고 있다. 그는 레쓰코브를 〈경제적 발전의 불충분성을 지적한 최초의 작가이다.〉라고 규정하면서, 이어서 〈도스토예프스키는 그렇게 많이 읽혀지면서도, 레쓰코브가 읽혀지지 않는다는 것을 도대체 이해할 수가 없다. 그는 정말 진리에 충실한 작가이다.〉라고 말하고 있다. 전설과 익살스러운 얘기(골계 Schwank)의 중간 위치를 차지하고 있는 「강철로 된 벼룩」이라는 재치있고 재미있는 한 얘기 속에서 그는 툴라의 금은세공가들을 통하여 토속적인 수공업을 찬양하고 있다. 그들의 걸작품, 강철로 된 벼룩은 피터대제를 염두에 두고 만들어진 것인데, 그는 이 걸작품을 통하여 러시아인들은 영국인들 앞에서 조금도 부끄러워할 필요가 없다는 것을 피터대제에게 확신시키고 있다.

　얘기꾼으로서의 소설가 Erzähler가 배출되는 저 수공업적 영역의 정신적 분위기가 지니는 이미지를 가장 두드러지게 묘사한 사람은 아마 폴 발레리일 것이다. 그는 자연 속에 존재하는 완벽한 사물들, 예컨대 일체의 하자가 없는 진주, 완전히 무르익은 포도주, 진정으로 성숙한 창조물 등을 얘기하면서 이러한 것들을 〈서로 엇비슷한 일련의 수많은 인과관계에 의해 만들어진 값비싼 작품〉이라고 부르고 있다. 그러나 이러한 인과관계의 축적은 완전성이라는 면에서만은 시간적 제약을 지니고 있다고 말하면서 발레리는 계속해서 다음과 같이 말하고 있다. 〈완전성에 이르려는 자연의 이러한 끈질긴 과정은 한때는 인간들에 의해 모방되어졌다. 微細畵, 상아에 새겨진 거의 완벽성에 도달하고 있는 조각, 그 광택이나 새김에 있어 완전무결한 돌들, 일련의 엷고 투명한 층들로 뒤덮여 있는 왁스칠을 한 수공예품이나 회화들, 즉 오랫동안의 인내와 체험으로 가득찬 노력의 결과로 이루어진 이러한 모든 작품들은 바야흐로 사라져 버릴 찰나에 있다. 또 시간이라는 것이 별 문제가 되지 않던 시대도 이미 지나가 버렸다. 오늘날의 인간들은 줄여질 수 없는 일에는 더 이상 손을 대지 않는다.〉 실제로 현대 인간은 얘기까지도 줄이는 일에 성공하고 있다. 우리는 단편소설 Short Story의 생성과정을 체험하고 있다. 다시 말해 우리는 口傳的 전통에서 벗어나 있고 또 여러번 반복해서 되풀이되는 얘기의 층으로부터 완전한 얘기가 어떤 방식으로 생겨나는가를 가장 구체적으로 보여주고 있는, 천천히 서로 엇갈리면서 전개되는 엷고 투명한 층의 짜임을 더 이상 용납하지 않는 단편소설의 생성을 체험하고 있는 것이다.

10

발레리는 그의 관찰을 〈영원성이라는 생각의 소멸과 지속적인 일에 대한 기피는 거의 동시에 일어나고 있는 것처럼 보인다.〉라는 문장으로 끝맺고 있다. 영원성에 대한 생각은 옛날부터 죽음에서 그 가장 강력한 원천을 찾았다. 이러한 생각이 사라지면 죽음의 모습도 다른 양상을 띠게 될 것임에 틀림이 없을 것으로 생각된다. 이러한 변화는, 얘기의 가술이 사라지면서 경험의 직접성이 감소하는 정도에 발맞추어 일어나게 될 것이다.

수세기 이래 우리는 인간의 일반의식 속에서 죽음의 생각이 얼마나 그 편재적 성격과 생동적 힘을 상실해 가고 있는가를 추적할 수가 있다. 이러한 과정은 지난 세기의 마지막 단계에 이르러 가속화되었다. 19세기가 경과하면서 시민사회는 위생적·사회적 시설과 사적·공적 시설에 힘입어 하나의 부수효과를 획득하였는데, 이 부수효과는 어쩌면 이러한 시설의 힘을 빌어 사람들로 하여금 죽는 사람을 보는 것을 기피하도록 하는데 그 잠재적인 주요 목적이 있었는지도 모른다. 한때 죽는다는 것은 각 개인의 삶에서 일어나는 공적 과정이자 또 가장 대표적인 공적 과정이기도 하였다. 임종시의 침대가 왕좌로 변하는——사람들은 활짝 열려진 죽은 사람 집의 대문을 통해 이 왕좌로 몰려들었다——중세의 그림을 생각해 보면 우리는 이러한 죽음이 갖는 공적 과정을 능히 짐작할 수 있을 것이다. 그러나 근세가 경과하면서 죽음은, 살아 있는 사람들의 지각의 세계로부터 점점 더 멀리 밀려나게 되었다. 옛날에는 사람이 죽어 나간 적이 없는 집이나 방이라곤 하나도 없었다. (중세는, 지중해의 섬 이비짜에 있는 해시계에 새겨진 銘刻, 즉 〈많은 사람을 위한 마지막 시간 Ultima multis〉이 의미하는 바의 시간의 특성을 공간적으로도 느꼈던 것이다.) 오늘날의 시민들은 한번도 죽음에 접하지 않았던 공간, 즉 영원성이 사라진 메마른 주거공간에서 살고 있고, 또 만약 그들의 마지막이 가까이 오게 되면 그들은 그들의 상속자들에 의해 요양소나 병원에 옮겨져 차곡차곡 안치된다. 그런데 여기에 명기해야만 할 사실은, 인간의 지식이나 지혜뿐만이 아니라 그가 살아온 삶의 모든 내용은——얘기는 이러한 삶의 모든 내용을 그 질료로 하고 있다——임종에 이르러 비로소 전수될 수 있는 형태를 취하게 된다는 점이다. 마치 삶이 다하면 인간의 내면에서 일련의 이미지(이때 이 이미지 속에는 평소에는 스스로 의식하지 못한 채 마주쳤던 자신의 생각이 펼쳐진다)가 활발히 움직이는 것처럼, 임종의 순간에는 갑자기 그의 표정과 시선에 잊혀질 수 없는 일들이 떠오르고 또 이 잊을 수 없는 일은 그와 관계했던 모든 사람에게 권위를 부여한다. 그가 관계했던 사람이 아무리 하찮은 사람이라도 그는 죽음의 순간에 자기 주위에 모여 있는 살아있는 사람들에 대해 그러한 권위를 부여하게 되는 것이다. 얘기의 원천에는 바로 이러한 권위가 존재하고 있다.

11

죽음은 얘기꾼이 보고할 수 있는 모든 것에 대한 인준을 뜻한다. 그는 죽음으로부터 그의 권위를 빌어오는 것이다. 다른 말로 표현하면, 그의 얘기가 소급해서 그 출발점으로 삼는 것은 인간의 自然史이다. 이것이 대표적 형식으로 잘 나타나고 있는 것은, 그 어느 누구와도 비교될 수 없는 작가인, 요한 페터 헤벨의 가장 아름다운 얘기 중의 하나에서이다. 이 얘기는 『라인지방 출신인 친구의 조그만 보석상자』라는 작품집 속의 「예기치 않은 再會」라는 글에 실려 있는데, 이 얘기는 팔룬지방의 광산에서 일하는 어느 젊은 청년의 약혼식에서부터 시작된다. 결혼식 전날 밤 이 청년은 갱의 밑바닥에서 흔히 보는 광부의 죽음을 맞게 된다. 그의 신부는 그가 죽고 난 후에도 계속 정절을 지키고, 꼬부랑 할머니가 될 때까지 오래오래 산다. 그런데 어느날 폐광이 된 갱으로부터 한 시체가 밖으로 들려져 나오게 되는데, 이 시체는 철의 황산염으로 흠뻑 덮여 있었기 때문에 부패가 되지 않은 상태였고, 그래서 그녀는 그 시체에서 약혼자의 모습을 알아볼 수 있었다. 이러한 재회가 있고 난 후 그녀 또한 死神에 의해 호출당하게 되었다. 이러한 얘기를 하는 동안 헤벨은 그 사이 흘러간 기나긴 세월을 분명히 해 두어야 할 필요성에 직면하게 되자, 그는 이러한 사정을 다음과 같은 문장으로 표현하였다. 〈그러는 사이 포루투갈의 리스본市는 지진으로 파괴되었고, 7년전쟁이 치러졌으며, 프란츠 1세가 죽었고, 예수회 승단이 폐지되었으며, 폴란드가 분할되었고,

마리아 테레지아가 죽었으며, 스트륜제가 처형되었고, 미국이 독립했으며, 또 불란서와 스페인의 연합군은 지브롤터를 정복하지 못하였다. 터어키인들은 슈타인장군을 헝가리의 베테라누 동굴에 감금하였고, 요셉황제도 또한 죽었다. 스웨덴의 구스타브왕은 러시아말을 쓰는 핀란드를 정복하였고, 불란서혁명과 오랫동안에 걸친 나폴레옹 전쟁이 시작되었으며 또한 레오폴드 2세도 무덤으로 갔다. 나폴레옹은 프로이센을 정복하였고, 영국인은 코펜하겐을 폭격하였으며, 또 농부들은 씨를 뿌리고 추수를 하였다. 방앗간장이는 곡식을 갈아 제분을 하였고, 대장장이는 망치질을 했으며 또 광부들은 그들의 지하작업장에서 광맥을 찾기 위해 땅을 팠다. 그러나 1809년의 팔룬의 광부들은……〉 아마 어떤 작가도 헤벨의 이러한 연대기에서 보는 바와 같이 그의 보고를 이처럼 깊게 인간의 自然史와 결부시켜 얘기한 작가도 없을 것이다. 이 얘기를 다시 한번 자세히 읽어보면 여기서 우리는 죽음이, 마치 죽음의 使者가 정오의 성당시계를 중심으로 행해지는 장의행렬에서 그렇게 나타나는 것처럼 일정하게 정해진 순서에 따라 하나하나 등장하고 있음을 알 수 있을 것이다.

12

어느 특정한 서사시적 형식을 연구한다는 것은, 이 형식이 역사서술과 어떠한 관계에 있는가 하는 문제에 관심을 갖는다는 것을 의미한다. 아니 한 걸음 더 나아가서 우리는 모든 서사시의 형식의 공통적 기초가 되는 것은 역사서술이 아닐까 하는 물음을 제기해 볼 수도 있을 것이다. 만약 그렇다면 서술된 역사가 서사시적 형식에 대해서 갖는 관계는 마치 白日光이 分光色에 대해 갖는 관계와 같을 것이다. 아뭏든 서사시의 모든 형식 중에서 연대기에서만큼 하나의 사건이 서술된 역사의 순수하고 색깔 없는 빛 속에서 분명하게 나타나는 경우도 없을 것이다. 그리고 연대기의 넓은 스펙트럼 속에서는 얘기되어질 수 있는 여러 서술 방법이 마치 동일한 색깔의 명암처럼 등급이 지어진다. 연대기의 기록자는 역사를 얘기하는 자이다. 완전히 연대기적 토운을 띠었던 헤벨의 그 얘기를 다시 한번 돌이켜 생각해 보면 우리는 별다른 어려움 없이도 역사를 쓰는 사람, 즉 역사가와 역사를 얘기하는 사람, 즉 연대기 기록자와의 차이를 가늠할 수 있을 것이다. 역사가는 그가 다루고 있는 일들을 이런저런 방식으로 설명하지 않으면 안된다. 또 역사가는 여하한 경우에도 결코 이러한 일들을 세상사의 모델로서 보여주는 것만으로 만족하지는 않는다. 그러나 바로 이런 일을 하고 또 그에 만족하는 것이 연대기 기록자이다. 그 중에서도 특히 현대 역사가의 선구자격이라고 할 수 있는 연대기의 고전적 대표자인 중세의 연대기 기록자들 속에서 이러한 면은 두드러지게 나타나고 있다. 중세의 연대기 기록자들은 그들의 역사를 신의 구원계획이라는 바탕 위에서 서술함으로써 처음부터 역사적 사건을 설명·입증해야 한다는 부담을 떨쳐 버렸다. 여기서 역사적 사건의 입증을 대신하고 있는 것은, 일정한 사건들의 정확한 연쇄적 연결이 아니라, 그 사건들이 어떻게 입증될 수 없는 위대한 세상사의 진행과정 속에서 깊이 뿌리를 내리고 있는가 하는 데에 관심을 갖는 해석인 것이다. 세상사의 진행이 묵시록적으로 정해진 것인지 아니면 자연사적인 것인지 하는 것은 여기서는 별로 중요한 차이점이 못된다. 얘기꾼으로서의 소설가 Erzähler에게는 연대기 기록자의 이러한 면은 변화된 형태로, 또 이를테면 세속화된 형태로 그대로 보존되고 있다. 레쓰코브는 이러한 면을 매우 분명하게 입증해 주고 있는 작가들 중의 한 사람이다. 그의 작품에는 묵시록적인 역사관을 가지고 있는 연대기 기록자의 면모와 세속적 사건에 관심을 가진 얘기꾼의 면모가 동일한 비중을 갖고 동시에 나타나고 있다. 따라서 그의 많은 얘기 중에서 우리는 얘기가 펼쳐지고 있는 짜임이 세상사의 진행과정의 종교적 견해가 수미일관하게 담겨진 한오라기 금줄로 일관된 짜임인지 아니면 세속적 견해가 담겨진 다양한 색깔의 짜임인지 좀처럼 구분하기가 힘들다. 독자를 〈저 좋던 옛날〉로 데리고 가는 「알렉산드리아의 보석」이라는 얘기를 한번 생각해 보자.

〈저 좋던 옛날〉에는 한때 지구의 품 안에 있던 돌과 천공에 떠 있던 별들이 아직도 인간의 운명에 관여하던 시대가 있었다. 또 이 시대에는 오늘날처럼 하늘 위에서이건 땅 밑에서건간에 모든 것이 인간의 운명에 무관심하지 않았고 또 어느 곳으로부터도 운명의 목소리가 들리지 않았기 때문에 인간은 자신의 운명을 스스로 결정할 수가 있었다. 그러나 오늘날 새로이 발견된 모든 별들은 점성술의 천궁도 Horoskop에서도 아무런 역할을 하고 있지 않다. 그리고 수많은 새로운 돌들도, 비록 모두가 자로 재어져서 무게가 달아지고 특수한 무게와 강도에 따라 자세히 검증되고 있기는 하지만, 우리들에게 더 이상 그 어떤 것도 알려주지 않고 또 그 어떠한 도움도 가져다주지 못하고 있다. 그것들이 인간들과 얘기하던 시대는 이미 지나가 버렸다.

위에서 보았듯이, 레쓰코브의 얘기 속에 나타난 세상사의 진행과정의 성격이 어떤 것인지를 분명히 규정하기란 거의 불가능하다. 그것은 과연 묵시록적으로 규정된 것인가 아니면 자연사적으로 규정된 것인가? 단지 한가지 확실한 사실은, 역사의 진행과정은 바로 그 근본적 성격에 있어서는 본래의 모든 역사적 카테고리 밖에 있다는 점이다.

레쓰코브는 우리에게, 인간이 자연과 조화를 이루면서 살아가고 있다고 믿어지는 그러한 시기가 완전히 종말을 고했음을 알려주고 있다. 쉴러는 그러한 역사상의 시기를 단순·소박한naiv 詩의 시대라고 부른바 있다. 이야기꾼으로서의 소설가는 단순·소박한 詩에 충실하고 있다. 또 그는, 피조물의 장의행렬이 그 앞을 지나가는 저 시계바늘로부터――시계바늘 앞을 지나가는 이 행렬에서 죽음은 때로는 안내자로서 때로는 가련하기 이를데없는 마지막 낙오자가 되고 있다――그의 시선을 떼지 않고 있는 것이다.

13

얘기꾼에 대한 듣는 사람(聽者)의 단순·소박한 관계가, 들은 얘기를 그대로 간직하려는 듣는 사람의 관심에 의해 지배된다는 사실에 대해서는 지금까지 거의 해명된 적이 없다. 아무런 편견 없는 청자에게 가장 중요한 점은, 들은 얘기를 다시 재생할 수 있다는 가능성에 대한 자기자신의 확신이다. 기억은 그 어떤 것보다도 중요한 서사시적 능력이다. 서사시는 오로지 포괄적인 기억에 힘입어 한편으로는 사건의 진행을 자기 것으로 만들 수 있으며, 다른 한편으로는 그 사건의 소멸이나 죽음의 폭력과 화해를 맺을 수가 있는 것이다. 레쓰코브는 어느날 민중 가운데 어떤 匹夫를 생각해 내었는데, 이 匹夫의 눈에는, 세상의 온갖 이야기들의 중심에 위치하고 있는 러시아황제가 가장 광범위한 기억을 소유하고 있다는 사실은 조금도 놀라운 일이 아니었다. 〈우리의 황제와 그의 전가족이 정말 놀라운 기억력을 가지고 있다.〉고 그는 말하고 있다.

기억의 여신, 므니모찌니 Mnemosyne는 그리이스인들에겐 서사시적 예술의 詩神이었다. 이 이름은 관찰자를 세계역사의 갈림길로 데리고 간다. 이를테면 기억에 의해 기록되어진 것, 즉 역사서술이 서로 다른 여러 서사시적 형식들의 창조적 출발점이라고 한다면(마치 위대한 산문이 여러 상이한 운문의 창조적 출발점인 것처럼), 서사시적 제형식의 가장 오래된 형태인 서사시는, 그것이 일종의 공통적 출발점이라는 사실에 힘입어 이야기와 소설을 동시에 포함하고 있는 것이다. 세기가 경과하면서 소설이 서사시의 모체로부터 생겨나기 시작했을 때, 소설에서는 서사시적 형식의 詩神的(예술적) 요소, 다시 말해 기억이 이야기에서와는 전혀 다른 모습을 하고 등장하고 있음이 드러났다.

　기억은 어떤 사건을 세대에서 세대로 계속 전해 주는 전통의 연쇄를 만들어 낸다. 기억은 보다 넓은 의미에서는 서사시의 예술적 요소이다. 또 기억은 서사시적인 것의 예술적 변형물들을 포괄하고 있다. 이러한 여러 변형들 중에서 첫째로 손꼽을 수 있는 것은 이야기하는 사람에 의해 실제 행해지고 있는 변형이다. 기억은 마지막에 가서 모든 이야기를 서로 얽어짜는 그물을 만든다. 이야기의 명수, 특히 근동의 이야기꾼이 즐겨 우리들에게 보여주었던 것처럼 한 이야기는 다음의 이야기와 서로 연결된다. 각자의 이야기 속에는, 이야기 밑천이 다할 때이면 언제나 새로운 얘기를 생각해 내는 아라비안 나이트에 나오는 인도왕의 아내 세헤라자데 Scherazade와 같은 이야기꾼이 살고 있다. 이것이 바로 서사시적 기억이며 또 이야기의 예술적 요소이다. 그러나 이러한 서사시의 예술적 요소에는 또 하나의 보다 좁은 의미의 예술적 원칙이 대립되지 않으면 안된다. 이 예술적 원칙은 처음에는 小說의 예술적 요소로서, 그러니까 아직도 이야기의 예술적 요소로부터 분리되지 않은 채 서사시 속에 숨겨져 있다. 아뭏든 이러한 예술적 원칙은 서사시 속에서 이따금 어렴풋하게 나타나고 있다. 특히 그 서두에서 詩神을 부르는 장면과 같은 호머의 서사시의 엄숙한 장면에서 이러한 원칙을 잘 엿볼 수 있다. 이러한 장면에서 드러나는 것은, 이야기꾼의 짧은 회상과는 정반대되는 소설가의 오래 계속되는 지속적 기억이다. 후자의 기억이 한사람의 주인공, 하나의 오딧세이, 하나의 전쟁에 바쳐지는 것이라면, 전자의 기억은 산만한 여러가지 일에 바쳐지고 있다. 소설가의 이러한 지속적 기억은 다른 말로 표현하면 소설의 예술적 요소로서 얘기의 예술적 요소인 기억을 도와주는 회상이다. 이 회상 Eingedenken은 서사시의 몰락과 더불어 기억 속에서의 이야기의 근원적인 통일성이 사라지면서 이야기 속에 새로이 나타난 요소인 것이다.

14

 한때 파스칼은 〈아무것도 남기지 않고 죽는 사람만큼 불쌍하게 죽는 사람도 없다〉고 말한 적이 있다. 기억의 경우에도 이 말은 그대로 해당될 것임에 틀림없다. 단지 하나의 차이가 있다면 기억은 상속자를 갖지 못한다는 것이 다를 뿐이다. 소설가도 유산을 물려받긴 하지만 대부분은 깊은 멜랑콜리를 가지고 물려받는다. 아놀드 베네트가 그의 한 소설에서 죽은 여인을 두고 한 말, 즉 〈그녀는 실제적 삶은 한번도 살아보지 못했다〉라는 말은, 소설가가 나서서 관리하게 될 유산 전체에 대해서도 그대로 해당될 것이다. 이 문제의 이러한 면에 대한 중요한 시사점을 우리는 소설 속에서 〈先驗的 고향상실성의 형식〉을 보는 루카치에게서 발견한다. 루카치에 의하면 소설은, 시간을 소설의 구성적 원칙으로 삼는 유일한 형식이다. 『소설의 이론』에서 루카치는 다음과 같이 말하고 있다. 〈선험적 고향과의 관계가 사라지고 난 후에야 비로소 시간은 구성적이 될 수가 있다. 오로지 소설에서만 의미와 삶, 또 이를 통해 본질적인 것과 일시적인 것이 분리된다. 이를 바꾸어 말하면, 우리는 소설에서 일어나는 모든 내적 행동은 시간의 힘에 대항하는 투쟁에 불과하다고 말할 수도 있을 것이다. 진정한 서사시적 시간 경험, 즉 희망과 기억은 바로 이러한 투쟁 속에서 생겨난다.……단지 소설에서만 대상을 꿰뚫고 또 변화시키는 창조적 기억이 나타난다.……내면성과 외부세계라는 二元性이 주관에서 지양될 수 있는 것은 단지 그 주관이 자기자신의 삶의 통일성을, 기억 속에서 응축되고 있는 지나간 삶의 흐름 속에서 인식하게 될 때뿐이다. …이러한 통일성을 파악하는 통찰만이, 도달할 수 없는, 그렇기 때문에 말로 표현할 수 없는 삶의 의미를 예시적・직관적으로 파악할 수 있게 할 것이다.〉
 사실상 〈삶의 의미〉는 소설의 중심을 이룬다. 소설이 전개되는 것도 이 중심을 둘러싸고서이다. 그러나 〈삶의 의미〉가 무엇인가에 대한 의문은, 곧 이러한 형상화된 삶에서 독자들 자신이 처하고 있다고 느껴지는 당혹감 그 자체라고 말해도 좋을 것이다. 여기엔 〈삶의 의미〉가, 저기엔 〈이야기의 모랄〉이 있다는 바로 이러한 구호를 가지고 소설과 이야기는 서로 대립하고 있으며, 또 이러한 구호에서 우리는 이들 예술형식들이 지니는 전혀 상이한 역사적 좌표를 읽을 수 있다. 소설의 최초의 완벽한 모범이 동키호테라면 소설의 최후의 완벽한 모범은 아마도 플로베르의 『감정교육 Education sentimentale』일 것이다. 플로베르 소설의 마지막에는 바야흐로 몰락해 가는 부르죠아지 시대에서 부르죠아가 하는 여러 행동 속에서 마주치게 되는 의미가 나타나고 있는데, 이 의미는 마치 삶이라는 컵 속에 침전물처럼 그 자리를 잡고 있다. 죽마지우였던 프레데릭과 데스로리에는 이 소설에서 그들의 유년시절의 우정을 회상하고 있는데, 이 회상 속에서는 다음과 같은 조그마한 사건이 일어나고 있다. 어느날 그들은 몰래, 가슴을 조이면서 그들의 고향 도시의 유곽에 얼굴을 내밀었는데, 이때 그들은 창녀에게 그들의 정원에서 따온 화환을 바치는 일 외에는 아무 일도 하지 않았다.

이 이야기는 3년이 지난 후에도 여전히 논의의 대상이 되었다. 그리고 나서 그들은 그들의 기억을 서로 보완해 가면서 이 이야기를 서로 장황하게 늘어놓았다. 그 얘기가 끝이 났을 때 프레데릭은 『그건 아마 우리들 생애에서 가장 아름다운 사건이었을 게야』라고 말하였고, 또 이 말을 되받아 데스로리에 역시 『그래 자네 말이 옳아, 그건 아마 우리들 생애에서 가장 아름다운 일이었어』라고 대답하였다.

소설의 말미는 이러한 인식으로 끝나고 있는데, 이러한 결말은 보다 엄격한 의미에서 보면 어떤 이야기라기보다는 소설에 더 적합한 것이다. 사실상 이야기에는 〈그리고 나서 어떻게 되었는가?〉 하는 물음이 그 정당성을 잃게 되는 적은 한번도 없다. 그러나 소설가는 이와는 반대로 마지막 境界, 즉 그가 결말 Finis을 씀으로써 독자들로 하여금 삶의 의미를 어렴풋하게 인식하게 하는 그러한 경계를 한 발짝이라도 더 넘어설 수 있으리라는 기대를 할 수가 없는 것이다.

15

이야기를 듣는 사람(聽者)은 이야기를 하는 사람(얘기꾼)과 함께 있다. 이야기를 읽는 사람까지도 이러한 함께 있음에 한몫을 차지하게 된다. 그러나 소설의 독자는 혼자서 유리되어 있다. 그는 그 어떤 다른 독자보다도 더 고독하다. (왜 냐하면 시를 읽는 사람만 하더라도 듣는 사람을 위해 말에 소리를 부여할 마음의 준비가 되어 있기 때문이다.) 바로 이러한 그의 고독 속에서 소설의 독자는 어떤 독자들보다도 더 열심히 소설의 재료를 자기 것으로 삼는다. 그는 그 재료를 하나도 남김없이 자기 것으로 만들고, 또 어떤 의미에서는 그것을 통째로 집어삼킬 마음의 준비가 되어 있다. 아니 그는, 마치 불이 벽난로 속의 장작더미를 그렇게 하듯이 소설의 재료를 파괴하고 집어삼키는 것이다. 소설을 관통하는 긴장은, 벽난로 속의 불꽃을 부채질하고 또 불꽃의 움직임에 생기를 불어넣는 통풍과도 흡사하다.

　독자들의 관심을 흥미진진하게 돋우는 것은 무미건조한 재료이다. 모리츠 하이만은 언젠가 한번 〈35살에 죽는 사람은 그의 생의 모든 점에서 35세에 죽는 사람이다〉라고 말한 바 있다. 이 말은 도대체 무엇을 의미하는가? 이 문장처럼 애매모호한 문장도 없을 것인데, 우선 그것은 여기에서 그가 時制를 잘못 쓰고 있다는 이유만으로도 그러하다. 이 문장이 뜻하는 바의 진의는, 35세에 죽었던 사람은 회상 속에서는 언제나 35세의 나이로 죽은 사람으로 보여질 것이라는 말이다. 다른 말로 표현하면, 실제적 삶에 대해서는 아무런 의미도 부여하지 못하는 문장이 기억된 삶에서는 이론의 여지없이 의미를 지니게 된다는 것이다. 소설에 나타나는 인물의 본질을 이보다 더 잘 나타내 주는 문장도 없을 것이다. 이 문장은 소설에 나타나는 인물들의 삶의 〈의미〉는 오로지 그들의 죽음에 의해서만 비로소 해명될 수 있다는 사실을 말해주고 있는 것이다. 소설의 독자는 실제로, 소설에서 〈삶의 의미〉를 추출할 수 있는 그러한 사람들을 찾기 마련이다. 그렇기 때문에 소설의 독자는 어떤 식으로이든 간에 미리부터 그가 소설인물의 죽음을 함께 체험하게 되리라는 것을 알고 있지 않으면 안된다. 부득이한 경우에는 소설인물들의 상징적 죽음, 즉 소설의 종말이라도 체험하리라는 것을 알고 있어야만 한다. 물론 더 좋은 것은 그들의 실제적 죽음을 체험하는 일이지만 말이다. 어떻게 해서 소설인물들은 독자들에게 죽음이 그들을 기다리고 있다는 사실(그것도 일정한 장소에서의 죽음)을 인지시킬 것인가? 소설에서 일어나는 사건에서 가장 열렬하게 독자들의 흥미를 돋우는 것은 바로 이러한 의문인 것이다.

　소설이 의미를 갖는 것은, 소설이 이를테면 제3자의 운명을 우리들에게 제시해 주기 때문에 그런 것이 아니라, 이러한 제3자의 운명이, 그 운명을 불태우는 불꽃을 통해서 우리들 스스로의 운명으로부터는 결코 얻을 수 없는 따뜻함을 우리들에게 안겨 주기 때문이다. 독자가 소설에 흥미를 갖게 되는 것은, 한기에 떨고 있는 삶을, 그가 읽고 있는 죽음을 통해 따뜻하게 할 수 있다는 희망인 것이다.

16

〈레쓰코브는 민중 속에 가장 깊이 뿌리를 내리고 있는 작가이고 또 외부적 영향을 일체 받지 않는 작가이다〉라고 고르키는 쓰고 있다. 위대한 얘기꾼으로서의 소설가 Erzähler는 항상 민중에, 그것도 제일 먼저 수공업적 匠人계층에 뿌리를 두게 될 것이다. 그러나 마치 이 계층이 그들의 복잡다단한 경제적·기술적 발전단계에서 볼 수 있는 농촌적 요소와 해양적·도시적 요소를 모두 포괄하고 있는 것처럼, 이들 계층의 풍부한 경험이 침전되어 있는 개념들 또한 여러 단계로 나뉘어진다. (물론 이들 개념에는 해양을 무대로 장사를 한 사람들이 이야기의 기술발전에 기여한 결코 무시할 수 없는 몫도 함께 포함되고 있음은 두말할 나위가 없다. 이들 장사꾼들이 하지 않으면 안되었던 것은 교훈적 내용의 얘기를 하나하나 쌓아 나아가는 것이 아니라, 얘기를 듣는 사람의 마음을 사로잡는 잔기술을 세련화하는 일이었다. 이러한 특징은 『아라비안 나이트』의 이야기 속에서 그 깊은 흔적을 남기고 있다.) 이를 간단히 말하면, 이야기하는 행위가 인류의 살림살이에서 수행하는 기본적 역할에도 불구하고 이야기의 수확이 담겨져 있는 개념들은 매우 다양한 것이다. 레쓰코브의 경우에는 종교적 개념에 의해 가장 손쉽게 파악될 수 있는 것이, 헤벨에서는 계몽주의의 교육적 시각들과 그대로 맞아떨어지는 것처럼 보인다. 그리고 포우Poe에 있어서는 연금술적 전통으로 나타나고, 또 키플링Kipling에 있어서는 영국 선원들과 식민지 군인의 생활공간에서 그 마지막 도피처를 발견하고 있다. 위대한 얘기꾼으로서의 모든 소설가는 마치 사닥다리를 아래 위로 오르내리는 것처럼 그들의 경험을 자유자재로 얘기할 수 있다. 아래로는 지구의 내부에까지 이르고 있고, 또 위로는 구름 속으로 사라지는 하나의 사닥다리는 집단적 경험――이 집단적 경험에서 보면 모든 개인적 경험의 가장 깊은 쇼크, 즉 죽음까지도 아무런 자극이나 장애가 되지 못한다――을 말해 주는 이미지이다.

〈그리고 그들은 그 후에도 행복하게 잘 살았단다〉라는 말로 동화는 끝난다. 그것이 한때 인류의 첫번째 조언자였기 때문에 오늘날까지도 어린아이들의 동화는 이야기 속에서 은연중 그 명맥을 계속 유지해 오고 있다. 최초의 진정한 얘기꾼은 현재도 그렇지만 앞으로도 동화의 얘기꾼일 것이다. 좋은 조언이 잘 떠오르지 않았을 때는 동화는 언제나 조언을 해줄 줄 알았다. 어려운 처지에서 그리고 정작 조언이 필요했을 때 가장 가까이서 얻을 수 있었던 것도 동화의 도움이었다. 이러한 경우의 어려움은 신화가 만들어낸 어려움이다. 동화는, 신화가 우리들 가슴에 가져다준 악몽을 떨쳐 버리기 위해 인류가 마련한 가장 오래된 조치방안을 우리들에게 알려 준다. 동화는 바보의 인물을 통하여 어떻게 인류가 신화에 대해 바보처럼 행동하였는가를 보여 주고, 막내동생의 모습을 통해서는 인류가 신화의 원초적 시간으로부터 점점 더 멀어짐에 따라 어떻게 그들의 가능성이 증대하고 있는가를 우리에게 보여주며, 두려움을 배우기 위해 떠났던 사람의 모습을 통해서는 우리들이 두려움을 갖는 사물들이 투시·파악될 수 있을 것이라는 점을 우리에게 보여 주고, 현명한 체하는 영리한 사람의 모습을 통해서는 신화가 제기하는 의문이 마치 스핑크스의 물음처럼 단순한 것임을 보여주며, 그리고 동화 속의 어린이를 돕는 동물의 모습을 통해서는 자연은 신화에만 도움이 되는 것이 아니라 오히려 인간들하고도 함께 어울리기를 더 좋아한다는 사실을 보여주고 있다. 가장 현명한 조언——이러한 조언을 옛날에는 동화가 인류에게 가르쳐 주었다면 오늘날에는 아이들이 가르쳐 주고 있다——이 있다면, 그것은 신화적 세계의 폭력을 간계와 무모한 용기로 대처하는 것이다. (동화가 용기 Mut를 이를테면 변증법적으로 간계 Untermut와 무모한 意氣 Übermut로 나누는 것은 바로 이 때문이다.) 동화가 소유하고 있는, 사물을 해방시키는 마법은 자연을 신화적 방법으로 활용하고 있는 것이 아니라, 자연이 해방된 인간과 공모관계에 있음을 시사하고 있다. 성숙한 인간은 이러한 공모관계를 가끔, 다시 말해 그가 행복할 때에만 느낀다. 그러나 아이는 이러한 공모관계를 동화 속에서 처음 만나게 되고, 또 이를 통하여 행복감을 느끼게 되는 것이다.

17

레쓰코브만큼 그렇게 깊이 동화의 정신과 친화적 관계를 맺고 있는 얘기꾼도 없을 것이다. 이러한 면은 그리이스 정교의 도그마에 의해 촉진되어진 여러 경향과 상관관계를 맺고 있다. 잘 알다시피 그리이스 정교의 도그마에는 로마교회에 의해 이미 타기된 바 있는 오리젠 Origen*에

---

* 185?-254? 알렉산드리아의 신학자; 신학의 아버지로 불림.

의한 묵시록적 세계, 즉 모든 영혼이 어떻게 천국으로 들어가는가 하는 방법에 관한 思辨이 중요한 역할을 하고 있다. 레쓰코브는 오리젠에 깊은 영향을 받았고, 또 오리젠의 저서 『만물의 근원적 원칙』을 재해석하려고 하였다. 러시아의 민중종교와 결부해서 오리젠은 부활을 그리스도의 변용으로서보다는 오히려 동화와 유사한 의미에서의 脫魔法 Entzauberung으로 해석하였다. 오리젠의 그러한 해석은 「마법에 걸린 순례자」의 기본내용이 되고 있다. 이 이야기에는 레쓰코브의 다른 많은 이야기들처럼 동화와 전설의 혼합형식이 이루어지고 있다. 이 혼합형식은 에른스트 블로흐 Ernst Bloch가 우리들이 흔히 하는 신화와 전설 Sage의 구분을 자기 나름으로 이용해서 펼치고 있는 연관관계 속에서 언급하고 있는 바의 동화와 전설의 혼합형식과도 유사한 것이다. 블로흐의 말에 의하면, 〈동화와 전설의 혼합형식은 비유적 의미의 신화적 요소, 즉 그것이 주는 효과가 매우 마력적이고 정적이지만 그렇다고 인간의 외부에 있지는 않은 신화적 요소를 내포하고 있다. 전설에는 道家的 인물, 그중에서 특히 해묵은 인물, 이를테면 필레몬과 바우시스와 같은 〈신화적인〉부부가 등장하고 있다. 다시 말해 이들 인물은 비록 자연과 같은 안온상태에 있긴 하지만 동화에서처럼 마법적으로 도망쳐 나온 상태에 있는 것이다. 도가적 분위기에 있는 고트헬프의 경우에도——비록 그것이 훨씬 차원이 낮긴 하지만——동화와 전설과의 이러한 관계가 분명히 나타나고 있다. 그의 작품 군데군데에서 보여지는 이러한 분위기는 전설로부터 그 마력의 지역적 제한성을 제거시킴으로써 삶의 불빛, 특히 안과 바깥에서 조용히 타오르고 있는 인간 고유의 삶의 불빛을 구제하고 있다.〉 레쓰코브가 창조한 인물들의 행렬을 주도하고 있는 존재들은 〈마법적으로 도망쳐 나온〉 존재, 즉 義人들이다. 파울린, 피구라, 광대, 곰을 감시하는 써커스 단원, 남을 잘 도우는 문지기——이러한 인물들은 모두 지혜와 친절의 화신이자 위안을 가져다주는 사람의 화신들로서 이 이야기꾼의 주위에 꽉 몰려 있다. 그들은 또한 그들 어머니의 이미지에 의해 충만되어 있는 사람들이기도 하다. 레쓰코브는 그의 어머니를 다음과 같이 표사하고 있다.

그녀는 마음이 한없이 좋아서 사람들에게는 물론이고 짐승에까지도 해를 끼치지 못하는 사람이었다. 그녀는 고기도 생선도 먹지 않았는데, 왜냐하면 그녀는 살아 있는 생물에 대해서는 이루 말할 수 없는 연민의 정을 가지고 있었기 때문이다. 그래서 나의 아버지는 가끔 어머니를 책망하곤 했었다. 그러나 이에 대해 그녀는 『그 동물을 내가 스스로 키웠기 때문에, 그 동물들은 나의 아이들과 같아요. 그런데 어떻게 내가 그 동물들을 먹을 수 있겠어요!』라고 대답하였다. 그녀는 이웃집에서도 고기를 먹으려고 하지 않았다. 그녀는 『그것들이 살아 있는 걸 보았는데, 어떻게 내가 나의 친구들을 먹을 수 있겠어요.』라고 말하곤 했었다.

의로운 사람은 피조물의 대변인이자 또한 동시에 그들의 화신이다. 레쓰코브에서는 이 의로운 사람은 모성적 면을 지니고 있는데, 이러한 모성적 면은 때때로 신화적인 차원으로까지 상승되고 있다. (이로써 동화의 순수성이 위험에 처하게 되는 것은 물론이다.) 이러한 면을 전형적으로 보여주고 있는 것은 그의 이야기, 「양육자 코틴과 플라토니다」라는 이야기의 주인공에서이다. 피손스키라는 이름의 농부인 이 주인공은 양성적인 면을 가진 사람이다. 12년 동안 그의 어머니는 그를 소녀로서 키웠다. 그의 남성적 器管과 여성적 기관은 동시에 성숙하였고, 그리고 그의 양성적인 면은 신적 인간의 상징이 되었다.

이로써 레쓰코브는 창조의 정점에 도달하였고, 그리고 또한 현세적 세계와 천상적 세계의 가교를 놓고 있음에 틀림없는데, 왜냐하면 거듭해서 레쓰코브의 이야기하는 기술을 지배하는 이러한 모성적 남자상에서는 그들의 정력이 절정에 이른 때에 성적 충동의 지배로부터 벗어나고 있기 때문이다. 그렇지만 그들은 실제로 금욕적 이상을 체현하고 있는 것은 아니다. 오히려 이들 의로운 사람들의 자제는 개인적 성격을 너무나도 적게 지니고 있기 때문에, 이들은 그가 「민체스크 출신의 맥베스부인」에서 체현한 바와 같은 전혀 자제되지 않는 성적 욕망과는 기본적으로 정반대되는 것을 체현하고 있는 것이다. 파울린이라는 사람과 이 상인부인 사이에 펼쳐 있는 범위가 창조물의 세계의 넓이를 다 포괄하고 있다고 친다면, 레쓰코브는 그가 창조한 인물들의 위계질서 속에서 그들의 깊이를 측량해 낸 셈이다.

18

義人에게서 그 정점을 이루고 있는 창조물의 위계질서는 여러 단계를 거치면서 무생물의 심연에까지 이르고 있다. 그런데 이 경우 한 가지 특수한 사정이 주목되지 않으면 안된다. 레쓰코브에게는 이러한 모든 창조물의 세계는 인간의 목소리로 말하고 있을 뿐만 아니라, 그의 가장 중요한 이야기 중의 하나인, 제목이 말하는 것처럼 〈자연의 목소리〉로도 말하고 있는 것이다. 이 이야기에는 필립 필리포비취라는 하급관리에 관한 이야기가 펼쳐지고 있다. 이 하급관리는 (그가 동원할 수 있는 모든 수단을 다 동원하여 그가 살고 있는 소도시를 방금 지나가려고 하는 어떤 元首를 자기 집 손님으로 모시려고 하였다. 이 일에 그는 성공하였다. 너무 서두르는 이 관리의 초청에 처음에는 놀라움을 금치 못했던 손님에겐 점차 시간이 지남에 따라 그 사람을 어딘가에서 만난 적이 있다는 생각이 들었다. 그러나 그 사람이 정작 어떤 사람인가에 대해서는 도무지 생각을 해낼 수가 없었다. 그런데 이상스러운 것은, 초청한 사람도 자신을 밝히려고 하지 않았다는 점이다. 오히려 그는 이 고관에게, 『〈자연의 목소리〉는 틀림없이 언젠가 당신에게 말을 할 것입니다.』라고 말하면서 차일피일 그 대답을 미루었다. 그러던 어느날 드디어 그는 여행을 떠나기 바로 직전에, 〈자연의 목소리〉를 들려 달라고 정식으로 요청하기에 이르렀다. 그러자 주인의 부인이 어딘가로 사라지더니, 잘 닦여진 놋쇠로 된 큼지막한 사냥호각(獵笛)을 가지고 되돌아와서는 그것을 그녀의 남편에게 주었다. 그는 그 엽적을 받아서는 입술에 대었다. 바로 이 순간 그는 마치 변신한 것 같았다. 그가 입을 불룩하게 해서 우뢰와 같은 우렁찬 소리를 내자마자 원수는 소리쳤다. 『잠깐만, 바로 그 소리를 듣고 보니 이제 나는 자네가 누군지 금방 알아보겠네. 자네는 내가 언젠가 그 정직성을 높이 사서 사기꾼 같은 병참부의 관리를 감시하라고 보낸 사냥연대의 음악가이지.』주인은 이 말에 『네, 그렇습니다, 각하.』라고 대답하였다. 『저는 저의 목소리로 각하께 그것을 기억하도록 하지 않고 〈자연의 목소리〉가 각하께 말을 하도록 하고 싶었읍니다.』 이 바보 같은 이야기 뒤에 숨겨져 있는 이 이야기의 깊은 의미를 생각해 보면 레쓰코브의 훌륭한 유머감각의 일단을 엿볼 수 있을 것이다.

　이러한 유머는 위의 이야기 속에서 한층 더 신비스러운 방식으로 그 진가를 드러내고 있다. 우리는 위에서 이미, 이 하급관리가 〈그의 정직성이 높이 평가되어 사기꾼 같은 병참부의 관리를 감시하기 위해〉 보내 졌다는 사실을 알게 되었다. 이 이야기의 종말, 그러니까 손님이 그를 알아보는 그 장면에서 우리가 들었던 것이 바로 이 사실이다. 그러나 이야기의 서두에서는 우리는 주인에 대해 다음과 같은 사실을 듣는다.

〈이 도시의 주민들은 모두 그를 잘 알고 있었고, 또 그가 높은 직위를 갖고 있지 않았다는 것도 알고 있었는데, 왜냐하면 그는 국가관리나 군인이 아니라, (처음에는 쥐와 함께 국가의 건빵이나 긴 군화의 창을 갉아먹다가, 나중에는 혼자서 예쁘장한 조그만한 집을 마련했었던) 조그만 병참기지의 소감독관이었기 때문이었다.〉 이 이야기에는, 얘기꾼이 전통적으로 무뢰한이나 사기꾼들에 대해 갖는 동정이 잘 나타나고 있다. 滑稽문학은 모두 이러한 면을 잘 보여 주고 있다. 골계문학은 예술이 그 절정에 달했을 때에도 무시당하지 않는다. 헤벨의 인물 중에서도 그의 가장 충실한 동반자는 무뢰한 내지 사기꾼 같은 인물이었다. 그러나 헤벨에서는 의인도 역시 세속의 무대에서 주역을 담당한다. 그러나 실제로는 그 어느 누구도 이 주역을 감당할 수가 없기 때문에, 이 주역은 이 사람에서 저 사람으로 옮겨 간다. 한번은 뜨내기가, 다른 한번은 행상하는 유대인이 나타나는가 하면, 나중에는 이 역할을 맡기 위해 좀 모자라는 사람이 뛰어드는 것이다. 언제나 그것은 초청공연이자 또 도덕적 즉흥극인 것이다. 헵벨은 決疑論者이다. 다시 말해 그는 어떤 특정한 도덕률 속에서 개개의 문제를 해결하려는 결의론자이다. 그는 어떠한 경우에도 결코 하나의 원칙에 동조하지는 않지만, 그렇다고 그 원칙을 거부하지도 않는데, 왜냐하면 그에겐 모든 원칙은 언젠가는 의인의 도구가 될 수 있기 때문이다. 이러한 점을 레쓰코브의 태도와 비교해 보자. 「광상곡에 붙여」라는 이야기 속에서 그는 〈나는 나의 생각이 추상적인 철학이나 높은 도덕보다는 오히려 실제적인 인생관에 바탕하고 있음을 잘 의식하고 있다. 그럼에도 불구하고 나는 또한 내가 행동하는 방식대로 생각하는 경향을 가지고 있다.〉 물론 레쓰코브의 세계에 등장하는 도덕적 파국과 헤벨의 세계에 등장하는 도덕적 사건과의 관계는 마치 말없이 서서히 흐르는 거대한 볼가강이 재잘거리면서 급히 흘러가는 조그만한 물방아용 개울에 대해 갖는 관계와 같다. 레쓰코브의 역사적 이야기 속에는, 격정이 마치 아킬레스의 분노나 하겐의 증오와 같이 파괴적으로 작용하고 있는 곳이 여러 군데 있기는 하다. 세상이 얼마나 끔찍하게 이 작가에겐 어두워질 수 있고, 또 악이 얼마나 당당하게 이 세상에서 그 지배권을 행사할 수 있는가 하는 것은 그로선 정말 놀라운 일이 아닐 수 없다. 레쓰코브는 그가 이율배반적인 윤리성에 근접하게 되는 그런 분위기들—— 그가 도스토예프스키와 함께 나누는 몇 안되는 공통점 중의 하나가 바로 이러한 분위기인데——을 알고 있었음이 분명하다. 그의 「옛날 옛적 이야기」가 지닌 이러한 기본적 성격들은, 그것이 지닌 무자비할 정도의 격정 속에서 그 마지막 한계에까지 치닫고 있는 것이다. 그러나 이러한 마지막 한계는 신비주의자들의 눈에는, 철저한 타락이 성스러움으로 변하는 그런 점으로 보여지기 마련이다.

19

창조물의 위계질서의 아랫쪽을 내려가면 갈수록 그의 사물을 보는 관점은 더욱 더 분명히 신비주의인 관점에 가까와지게 된다. 또 곧 밝혀지겠지만 이러한 신비주의적 관점 속에는 또한 얘기꾼 스스로의 본질 속에 내재하고 있는 어떤 특징이 엿보이고 있다. 물론 무생물적 자연의 깊이에까지 들어가는 얘기꾼은 그리 많지 않다. 그리고 오늘날의 이야기 문학에서는 레쓰코브의 이야기, 「알렉산드리아의 보석」에서만큼 이름도 없는 무명의 얘기꾼의 목소리가 분명히 울려 퍼지는 예도 그리 흔치 않을 것이다. 이 이야기는 紅榴石이라는 귀중한 돌에 관한 이야기이다. 돌은 천지창조물의 위계질서에서 맨 밑바닥에 위치하고 있는 층이다. 하지만 이 가장 낮은 층은 얘기꾼에게는 가장 높은 층과 직접적으로 연결되어 있다. 그에게는, 이러한 홍류석의 보석돌에서 화석화되고 생명이 없는 자연을 통해 그가 살고 있는 역사적 세계에 대한 자연적 예언을 할 수 있는 가능성이 주어지고 있다. 이러한 역사적 세계는 알렉산더 2세의 세계이다. 벤젤이라는 이름을 가진 얘기꾼——아니 이야기꾼이라기보다는 그에게 그 자신의 지식을 부여하고 있는 그 남자라고 하는 편이 더 낫겠지만——은, 그의 분야에서 우리가 상상할 수 있는 최고의 기술을 쌓은 보석공이다. 우리는 그를 툴라의 금은세공가와 동렬에 놓을 수 있을 것이다. 아니면 우리는 그를 레쓰코브가 의미하는 바대로 창조적 왕국의 가장 깊숙한 곳까지 이르고 있는 완벽한 기능공이라고 말할 수도 있을 것이다. 그는 신앙심이 깊은 사람의 화신이다. 이 보석공을 두고 레쓰코브는 다음과 같이 말하고 있다.

그는 갑자기, 알렉산드리아 보석——이 보석은 인위적 조명 아래서는 붉게 반짝인다고 알려지고 있다——으로 된 반지가 끼어 있는 나의 손을 잡고는 고함쳤다. 『이것 보아요, 이게 바로 예언적 성격을 띤 러시아의 돌입니다. 아! 이 영리한 시베리아의 돌이여! 그것은 희망처럼 언제나 녹색이었지만 저녁만

되면 피빛으로 물들었읍니다. 세상이 처음 생겨날 때부터 그것은 줄곧 그랬읍니다. 그러나 그것은 오랜 세월 동안 몸을 숨기고 땅 속에 묻혀 지내게 되었읍니다. 그러다가 알렉산더 황제가 성년이 되던 날, 어떤 위대한 마법사가 시베리아로 와서는 그 돌을 발견함으로써 그것은 다시 세상에 그 빛을 볼 수가 있게 되었읍니다…』『무슨 허무맹랑한 소리를 하는 거요.』하고 나는 그의 말을 가로막았다. 『이 돌을 발견한 것은 결코 마법사가 아니라 노르덴스키욀드라고 불리우는 학자입니다.』『당신에게 말씀드립니다만, 그는 한 사람의 마법사였읍니다.』라고 그는 커다란 목소리로 고함쳤다. 『이게 어떤 돌인지 제발 한 번만 보세요. 그 속엔 녹색의 아침이 있는가 하면 또 붉은색의 밤이… 이건 운명, 고귀한 알렉산더 황제의 운명입니다.』 이 말을 하자마자 늙은 벤젤은 벽 쪽으로 몸을 돌리고는 양팔꿈치로 그의 머리를 받치면서 흐느껴 울기 시작하였다.

이 중요한 이야기가 갖는 의미에 가장 가까이 다가갈 수 있는 것은 폴 발레리가 이와는 좀 거리가 먼 문맥 속에서 언급하고 있는 다음과 같은 몇마디 말 속에서일 것이다. 그는 비단으로 인물의 수를 놓는 일을 하는 어느 예술가를 두고 다음과 같이 말하고 있다. 〈예술적 관찰은 거의 신비적 깊이에까지 이를 수 있다. 예술적 관찰이 와닿는 대상은 그 이름을 상실한다. 다시 말해 예술적 관찰에는 明暗이 매우 특수한 체계를 이루고 있다. 또 예술적 관찰의 이러한 독특한 명암체계는, 어떠한 지식에도 의존하지 않고 또 실천을 통해서도 알 수 없으며, 어떤 사람의 영혼과 눈 및 손이 한데 어울려 생겨나는 어떤 화음에 의해서만 그것의 존재와 가치를 획득하게 되는 독자적 명암체계인 것이다. 그리고 이러한 화음은 독자적 명암체계를 자신의 내부에서 파악해서 이를 밖으로 드러낼 줄 아는 천부적 예술가에 의해서만 생겨날 수가 있는 것이다.〉

이로써 발레리는 영혼과 눈 및 손을 동일한 상관관계에 놓고 있다. 이것들은 서로 상호작용을 하면서 어떤 하나의 실천의 성격을 결정하게 된다. 이러한 실천은 오늘날에는 보기 힘들게 되었다. 생산에서 손이 하는 역할은 점점 줄어들었고, 또 손이 이야기를 하면서 채웠던 공간은 황량하기 그지없게 되었다. (이야기한다는 것은, 그것의 감각적인 면을 두고 보면 결코 목소리만의 일이 아닌 것이 분명하다. 진정한 의미의 이야기한다는 행위 속에는 오히려 노동에 의해 익혀진 수백 가지의 표현을 담고 있는 손이 중요한 몫을 하고 있는 것이다.) 발레리의 말에 나타나는 저

해묵은 영혼과 눈 및 손의 상호결합은, 이야기하는 솜씨에 정통하고 있는 사람들에게서 우리가 마주치게 되는 수공업적 협동인 것이다. 아니 우리는 이보다 한걸음 더 나아가 얘기꾼에 있어서는 그의 재료, 즉 그의 삶과의 관계 자체가 이미 하나의 수공업적 관계가 아닐까 하고 자문해 볼 수도 있을 것이다. 또 우리는 자기 경험의 원료——그것이 자신의 것이든 타인의 것이든간에——를 튼튼하고 유용하며, 독특한 방법으로 가공하는 것이 바로 그의 임무가 아닐까 하고 자문해 볼 수도 있을 것이다. 이것은 일종의 소재처리방법이라고 할 수 있는데, 이러한 소재의 처리방법의 성격이 무엇인가를 가장 잘 말해주는 것은 아마도 속담, 즉 우리가 그것을 어떤 이야기의 表意文字로 파악했을 때의 속담일 것이다. 속담이란 해묵은 이야기가 자리잡고 있는 장소에 서 있는 폐허이다. 또 그것은 마치 담장을 기어오르는 담쟁이넝쿨처럼 하나의 사건을 둘러싸고 하나의 도덕이 얽히고 설키는 그런 폐허이기도 하다.

　이런 식으로 보면 얘기꾼은 교사와 현자의 동렬에 끼어드는 셈이다. 그는 조언을 할 줄 아는데, 이때 그가 알고 있는 조언은 몇몇의 상황에 도움을 주는 그런 속담이 아니라 많은 사람에게 도움을 주는 현자의 도움이다. 왜냐하면 그에게는 하나의 전생애를 거슬러 올라가서 이야기할 수 있는 가능성이 주어져 있기 때문이다. (이때의 생애란 자기자신의 생애뿐만 아니라 이에 못지않게 남의 생애까지도 포함한다. 남에게 들어서 아는 것도 그 자신의 얘기에 첨가된다.) 그가 지닌 재능은 그의 생애와 그의 품위, 아니 그의 전 생애를 이야기할 수 있는 능력인 것이다. 얘기꾼이란 그의 삶의 심지를, 조용히 타오르는 그의 얘기의 불꽃에 의해서 완전히 연소시키는 그런 사람이다. 레쓰코브와 하우프 Hauff, 포우와 스티븐슨 등의 얘기꾼들을 둘러싸고 있는 비교할 수 없는 특유의 분위기——Aura——는 바로 여기에 바탕하고 있다. 얘기꾼이란, 의로운 자가 얘기의 인물 속에서 자신을 만나게 되는 그런 인물이다.

3
문예이론

技術複製時代의 예술작품

　　예술이라는 개념과 예술의 여러 상이한 형식은 오늘날의 시대와는 크게 다른 시대, 즉 사물과 상황을 제어하는 힘이 우리들의 힘과는 비교도 안될 정도로 미미한 시대에 생겨났다. 그러나 오늘날 우리가 지닌 수단이 그 적응력과 정확성에 있어서 체험하게 된 놀라운 증가와 발전은 가까운 미래에 고대 이후의 전통적인 예술산업에 커다란 변화를 가져다줄 것임이 분명하다. 모든 예술형식에는 종전처럼 관찰되고 다루어질 수 없는 어떤 물리적 요소가 있다. 이 물리적 요소는 더 이상 현대의 학문과 제실천이 끼치는 영향력으로부터 벗어나지 못하고 있다. 물질, 공간, 시간과 같은 물리적 요소는 지난 20년 사이 옛날의 그것과는 전혀 다른 것이 되어 버렸다. 따라서 우리는, 위대한 신발명들이 예술형식의 기술 전체를 변화시키고 또 이를 통해 예술적 발상에도 영향을 끼치며 나아가서는 예술개념 자체에까지도 놀라운 변화를 가져다주리라는 것을 예상하지 않으면 안된다.

　　——폴 발레리, 『예술론집』중 「遍在性의 정복」에서.

머 리 말

마르크스가 자본주의적 생산방식을 분석하는 일에 착수했을 때는 자본주의적 생산방식은 아직도 그 초기단계에 머물러 있었다. 마르크스는 그의 분석이 예언적 가치를 가질 수 있도록 하였다. 그는 자본주의적 생산방식의 기본관계에까지 소급하면서, 이 기본관계로부터 자본주의의 미래적 양상이 어떻게 될 것인가를 서술하였다. 마르크스의 결론은, 자본주의하에서는 앞으로 프롤레타리아트의 착취가 점점 더 날카롭게 심화될 뿐만 아니라 궁극적으로는 자본주의 자체의 폐지를 가능하게 할 諸조건이 마련될 것이라는 것이었다.

하부구조보다 훨씬 더 서서히 진행되는 상부구조의 변화는 반세기 이상의 세월을 소요하고 난 후에야 비로소 문화의 모든 영역에 생산조건의 변화를 가져다주었다. 이 변화의 양상이 어떠한가는 오늘날에 와서야 비로소 알 수 있게 되었다. 이러한 변화의 양상을 말하면서 우리는 앞으로의 변화가 어떤 양상을 띨 것인가 하는 예언적 요구까지도 함께 언급하지 않으면 안된다. 그러나 이러한 예언적 요구에 부응하기 위해서는 우리는 권력을 장악하고 난 후의 프롤레타리아트의 예술이 어떠할 것인가 하는 테제를 말하기보다는(계급 없는 사회에서의 예술이 어떠할 것인가 하는 테제는 이러한 예언적 요구에 더욱 더 상응할 수가 없다) 오히려 오늘날의 생산조건하에서 예술이 어떤 방향으로 나아갈 것인가 하는 예술발전 경향에 관한 테제들을 말하는 것이 좋을 것이다. 현재의 생산조건의 변증법은 경제의 영역에 못지 않게 상부구조 속에서도 뚜렷이 나타나고 있다. 그렇기 때문에 예술발전 경향의 테제가 지니는 투쟁적 가치를 과소평가한다는 것은 옳지 못하다. 예술발전 경향에 관한 테제는 일련의 전통적 개념들, 이를테면 창조성, 천재성, 영원한 가치와 비밀 등을 제거해 버린다. 이러한 전통적 개념들은, 만약 그것이 아무런 통제 없이 주어지는 실증적 자료의 검토를 위해서만 이용된다면 파시즘적 의미로 사용될 가능성이 크다. 다음에 논의될 예술이론에 새로이 도입될 개념들은, 그것들이 파시즘의 목적을 위해서는 전혀 사용될 수 없다는 점에서 우리가 흔히 사용해온 전통적 개념들과 구분된다. 이들 개념들은 전통적 개념들과는 달리 예술정책에 있어서 혁명적 요구를 정립하는 데 도움이 될 것이다.

1

예술작품은 원칙적으로 언제나 복제가 가능하였다. 인간들이 한때 만들었던 것은 인간들에 의해 언제나 다시 모방되어질 수가 있었다. 이러한 모방은 예술적 수련을 위해 도제들에 의해 행해졌고, 작품의 보급을 위해 예술의 대가들에 의해 행해졌으며 마지막에는 돈벌이에 혈안이 된 제 3 자에 의해서 행해졌다. 이에 비해 예술작품의 기술적 복제는 좀 새로운 현상이다. 기술적 복제라는 이 새로운 현상은 역사적으로 긴 간격을 두고, 그러나 점점 더 강도를 더해 가면서 관철되었다. 그리이스인은 예술작품을 기술적으로 재생산하는 두 가지 방법을 알고 있었다. 그것은 鑄造와 刻印이었다. 그리이스인들이 대량으로 생산해 낼 수 있었던 예술작품은 고작해야 청동제품, 테라코타와 주화 정도였다. 그 밖의 것들은 모두 일회적인 것이었고, 기술적으로도 복제가 불가능한 것이었다. 木刻이 등장함으로써 비로소 처음으로 판화가 기술적으로 복제 가능하게 되었다. 인쇄를 통해 文字의 복제가 가능하기까지는 오랫동안 판화가 지배하였다. 인쇄를 통한 문자의 복제가능성이 문학에 불러일으켰던 엄청난 변화에 대해서는 우리가 이미 알고 있는 터이다. 그러나 세계사적인 척도에서 보면, 이러한 변화는 매우 중요한 변화이기는 하지만 세계사 전체에서 일어난 여러 변화들 중의 한 특수한 경우에 지나지 않는다. 중세 동안에는 목각 이외에도 동판과 에칭(腐蝕銅版)이 생겨났고, 또 19세기 초에는 石版이 등장하였다.

석판인쇄의 등장과 함께 복제기술은 원칙적으로 하나의 새로운 단계에 접어들게 되었다. 나무판에다 새기는 것이나 동판에 부식시키는 것과는 구별되는, 돌 위에 도안을 올려놓는 식의 훨씬 더 간편한 방법은 처음으로 판화에 새로운 가능성을 부여하였다. 즉 이러한 방법을 통해 제품을 옛날처럼 대량으로 생산해 내었을 뿐만 아니라 매일 매일 새로운 형태로 시장에 내놓을 수도 있게 되었다. 석판인쇄술을 통해 판화는 일상생활을 그림을 통해 담을 수가 있게 된 것이다. 이때부터 판화는 인쇄술과 보조를 같이 하기 시작하였다. 그러나 판화술은 석판인쇄의 발명이 있고 난 후 수십년이 채 지나지도 않아서 사진술에 의해 다시 뒤처지게 되었다. 영상의 복제과정에서 사진술은 처음으로 지금까지 손이 담당해 왔던 중요한 예술적 의무를 덜어주게 되었다. 지금까지 손이 담당해 왔던 예술적 의무를 이제는 렌즈를 투시하는 눈이 혼자 담당하게 된 것이다. 눈은 손이 그리는 것보다는 훨씬 더 빨리 사물을 포착할 수 있기 때문에 영상의 복제과정은 말할 수 없이 촉진되었고, 그 결과로 영상의 복제과정은 말하는 것과도 보조를 같이 할 수 있게 되었다. 영화를 찍는 사람은 작업장에서 연기자가 말하는 속도와 동일한 속도로 영상을 고정시킨다. 마치 석판인쇄 속에 그림이 그려져 있는 신문이 시각적으로 몰래 숨겨져 있던 것처럼 사진 속에는 유성필름이 숨겨져 있다. 소리가 처음 복제된 것은 지난 세기의 말에 이르러서이다. 이처럼 한 방향을 향하고 있던 여러 노력은, 발레리가 다음과 같이 특징지은 바 있는 상황을 예견할 수 있게 하였다. 〈마치 물이나 가스 및 전기가 거의 눈에 띠지도 않은 손동작 하나에 의해 멀리서부터 우리들 집으로 와서 우리들에게 시중을 들듯이, 우리는 조그만 동작 하나로 하나의 이미지가 나타났다가는 곧 또 다시 사라져 버리는 그런 영상이나 소리를 갖게 될 것이다.〉 1900년을 즈음해서 기술복제는 이미 일정한 수준에 이르렀다. 이즈음의 기술복제는 전래적인 예술작품 전체를 복제의 대상으로 만들었고, 또 이러한 영향을 통하여 예술에 깊은 변화를 끼치기 시작했을 뿐만 아니라 여러 예술적 처리과정 속에서도 그 자체의 독자적 위치를 차지하는 바가 되었다. 이 시기의 복제기술의 수준이 어떠했던가를 알기 위해서는 다음의 사실, 즉 복제기술의 두가지 상이한 표현양상──예술작품의 복제와 영화예술──이 전통적 형태의 예술에 각각 어떤 영향을 끼쳤는가를 한 번 살펴보면 많은 시사점을 얻을 수가 있을 것이다.

2

아무리 완벽한 복제라고 하더라도 거기에는 한가지 요소가 빠져 있다. 그 요소는 시간과 공간에서 예술작품이 갖는 유일무이한 현존성, 다시 말해 예술작품이 위치하고 있는 장소에서 그 예술작품이 지니는 일회적 현존성이다. 예술작품은 그것이 지속되는 동안 역사에 종속되기 마련인데, 예술작품의 이러한 역사성을 결정하는 것이 바로 위에 말한 예술작품의 일회적 현존성이다. 예술작품의 일회적 현존성에 함께 포함되는 것은 시간의 경과와 더불어 예술작품이 겪게 되는 물리적 구조의 변화와 소유관계의 변화이다.[1] 물리적 변화의 흔적은 오로지 화학적·물리적 분석을 통해서만 밝혀질 수 있는데, 이러한 분석은 복제품에서는 이루어질 수가 없다. 소유관계의 변화의 흔적은 어떤 전통에 속하는 문제로서, 이 문제의 추적 또한 모름지기 원작의 상황을 그 출발점으로 하지 않으면 안된다.

원작 Original의 시간적·공간적 현존성은 원작의 진품성이라는 개념의 내용을 이룬다. 어떤 청동작품의 녹청을 화학적으로 분석하는 일은 이 작품의 진품성 여부를 확인하는 데 도움을 줄 것이다. 이와 마찬가지로 중세의 어느 특정한 필사본이 15세기의 서고에서 나왔다는 증거 또한 그 필사본의 진품성 여부를 확인하는 데 도움을 줄 것이다. 이처럼 진품성의 모든 영역은 기술적인——물론 기술적인 것만은 아니지만——복제 가능성을 배제한다.[2] 일반적으로 진품성은 위조품이라는 낙인이 찍힌 손으로 만든 제품의 복제에 대해서는 그 권위를 백퍼센트 유지할 수 있으나 기술적 복제에 대해서는 그렇게 완전한 권위를 유지하지 못한다. 그 이유는 두가지이다. 첫째, 기술적 복제는 원작에 대해서 수공적 복제보다 더 큰 독자성을 지닌다. 예컨대 기술적 복제는 사진에서, 인간의 육안으로는 미치지 못하지만, 시각을 자유자재로 조정할 수는 있는 렌즈에 의해서는 포착될 수 있는 원작의 의도를 두드러지게 나타낼 수도 있고, 또 확대나 고속촬영술과 같은 기계적 조작의 도움을 받아 자연적 시각에 의해서는 포착될 수 없는 이미지를 고정시킬 수가 있다. 기술적 복제가 독자성을 지니는 첫번째 이유는 바로 여기에 있다. 둘째, 기술적 복제는 원작이 포착할 수 없는 상황 속에 원작의 模像을 가져다놓을 수가 있다. 기술적 복제는 수용자들로 하여금 사진이나 음반의 형태를 통하여 무엇보다도 원작의 모상에 가까이 갈 수 있도록 만든다. 사원은 제 자리를 떠나 예술애호가의 작업실에서 녹화되어지고, 음악당이나 노천에서 연주된 합창곡은 어떤 집의 방안에서 들을 수가 있게 된 것이다.

1) 물론 예술작품의 역사는 이보다 더 많은 것을 내포하고 있다. 예컨대 모나리자의 역사는 17세기, 18세기, 19세기에 만들어진 이 작품의 복사품의 종류와 수까지를 포함한다.
2) 바로 진품성이 복제불가능하기 때문에, 어떤 복제기술의 기계적 과정의 집중적 침투는 진품성을 가려내고 또 그 정도를 정하는 계기가 되었다. 진품성을 가려내는 기술을 발전시키는 것이 미술상의 중요한 기능이었다. 판화의 발명은 이를테면, 진품성이 갖는 가치를 그 밑뿌리부터 뒤흔들어 놓았다고 할 수 있다. 중세의 마돈나 그림이 생겨나던 당시에는 그 그림은 분명 아직도 〈진품〉이 아니었다. 그것이 〈진품〉이 된 것은 그 후의 세기, 특히 그 마지막 세기가 지나면서부터이다.

그 밖에도 예술작품의 기술적 복제품이 처하게 되는 제반 사정은 예술작품의 존속에 아무런 손상을 입히지 않을 수도 있다. 그러나 그러한 제반 상황은 여하한 경우에도 예술작품의 시간적·공간적 현존성에 손상을 입힌다고 보아야 할 것이다. 이러한 점은 비단 예술작품에만 해당되는 것이 아니라 이를테면 관객의 눈 앞을 스쳐 지나가는 영화의 자연풍경에도 그대로 해당된다. 따라서 이러한 과정을 통하여 예술의 대상은 자연의 대상과는 달리 가장 민감한 핵심부분이 손상을 입게 되는 것이다. 이를 간단히 말하면 이런 경우 손상을 입게 되는 것은 예술품의 진품성이다. 어떤 사물의 진품성이란, 그 사물의 물질적 지속성과 함께 그 사물의 역사적인 증언적 가치까지를 포함하고 또 그 사물의 원천으로부터 전수되어질 수 있는 사물의 핵심을 뜻한다. 사물의 역사적인 증언적 가치는 사물의 물질적 지속성에 그 바탕을 두고 있기 때문에, 복제의 경우 후자가 사라지게 되면 전자, 다시 말해 사물의 역사적인 증언적 가치 또한 위험한 상황에 놓이게 된다. 물론 이렇게 해서 위험한 상황에 놓이게 되는 것은 사물의 권위이다.[3]

복제에서 빠져 있는 예술작품의 유일무이한 현존성을 우리는 분위기 Aura라는 개념을 가지고 다음과 같이 요약해서 말할 수 있을 것이다. 즉 예술작품의 기술적 복제가능성의 시대에서 위축되고 있는 것은 예술작품의 Aura이다. 이러한 과정 자체는 징후적인 것이지만, 그러나 이러한 과정이 지니는 의미는 예술의 영역을 훨씬 넘어서고 있다. 복제기술은 ——우리는 일반적으로 이렇게 표현할 수 있다——복제된 것을 전통의 영역으로부터 분리시킨다. 복제기술은 복제품을 대량생산함으로써 일회적 산물을 대량 제조된 산물로서 대치시킨다. 복제기술은 수용자로 하여금 그때그때의 개별적 상황 속에서 복제품과 대면하게 함으로써 그 복제품을 현재화한다. 이 두 과정, 즉 복제품의 대량생산과 복제품의 현재화는 결과적으로 전통적인 것을 마구 뒤흔들어 놓았다. 이러한 전통의 동요는 현재의 인류가 처하고 있는 위기와 변혁의 또 다른 裏面이기도 하다. 그리고 이러한 위기와 변혁은 오늘날의 대중운동과도 매우 밀접한 관련을 맺고 있다. 영화는 이러한 대중운동의 가장 강력한 매개체이다. 영화의 사회적 의미는 그 적극적인 양상에서도 찾아볼 수가 있

---

3) 아무리 보잘것없는 파우스트의 지방공연도, 바이마르에서 행해진 최초의 공연과 경쟁을 벌이고 있다는 점에서 그 어떤 파우스트의 영화보다는 낫다. 무대 앞에서 떠오를 수도 있는 전통적 내용(예컨대 괴테의 메피스토 속에는 그의 젊은 시절의 친구 하인리히 메르크가 숨어 있다는 등)을 기억한다는 것은 스크린 앞에서는 아무런 쓸모가 없다.

다. 그리고 바로 이러한 적극적 양상 속에서——여기에는 파괴적인 면까지도 포함된다——영화의 카타르시스적 면, 다시 말해 문화적 유산이 지니는 전통적 가치의 淸算이 생각될 수가 있는 것이다. 이러한 현상은 위대한 역사영화에서 가장 두드러지게 나타난다. 이러한 현상에는 점점 더 많은 요소들이 가세하고 있다. 1927년 아벨 강스 Abel Gance는 다음과 같이 열광적으로 말한 바 있다. 〈셰익스피어, 렘브란트, 베에토벤이 영화화될 것이다……모든 전설, 모든 신화, 모든 종교의 창시자, 모든 종교까지도 필름을 통해 부활될 날을 기다리고 있으며, 또 모든 영웅들이 영화의 門前에 몰려들고 있다.〉 이런 식으로 해서 그는——물론 그가 그런 뜻으로 말한 것은 아니지만——광범위한 전통의 청산에 우리를 초대했던 것이다.

3

역사의 거대한 여러 시대들 내부에서는 인간집단의 모든 존재방식과 더불어 인간의 지각의 종류와 방식도 변화를 겪기 마련이다. 인간의 지각이 조직화되는 종류와 방법, 지각이 이루어지는 매체는 자연적으로뿐만 아니라 역사적으로도 그 성격이 규정된다. 후기 로마의 예술산업과 비인 Wien 문화의 맹아가 싹텄던 민족이동의 시기에는 희랍·로마 이외의 다른 예술도 존재했을 뿐만 아니라 다른 종류의 지각도 존재하였다. 비인학파의 美術史家, 리글 Riegl과 비크호프 Wickhoff는 고대문화의 전통이라는 중압감에 저항해서 싸우면서 예술사상 최초로 고대의 전통으로부터 이 시대의 예술을 지배하고 있던 지각의 조직이 어떠했던가를 추론할 수 있다는 생각에 미치게 되었다. 이를 통해 그들이 획득한 인식은 뛰어난 것이었지만, 이 인식의 한계는, 이들 연구자들이 후기 로마시대의 지각의 고유한 특징을 형식적인 면에서만 제시하는 데 만족하였다는 점에 있다. 그들은 지각의 변화 속에서 그 표현을 얻고 있는 사회적 변혁을 제시하려고는 하지 않았다. (아니면 그들은 그런 가능성을 아예 생각하지 못했을지도 모른다.) 그러나 오늘날에 와서는 사회적 변혁을 통찰할 수 있는 제반조건들이 보다 유리해졌다. 현대인의 지각작용의 매체에서 일어나고 있는 변화를 Aura의 붕괴로 파악한다면 우리는 이러한 붕괴현상의 사회적 조건들을 제시할 수가 있을 것이다.

위에서 우리는 역사적 대상과 관련하여 Aura의 개념을 제안한 바 있지만, 이러한 분위기의 개념을 이해하기 위해서는 우선 자연적 대상의 분위기 개념을 예로 들어 설명하는 것이 좋을 것이다. 우리는 자연적 대상의 분위기를 아무리 가까이 있더라도 어떤 먼 것의 일회적 나타남 이라고 정의내릴 수가 있다. 어느 여름날 오후 휴식의 상태에 있는 자 에게 그림자를 던지고 있는 지평선의 산맥이나 나뭇가지를 보고 있노 라면, 우리는 이 순간 이 산, 이 나뭇가지가 숨을 쉬고 있다는 느낌을 받는다. 이러한 현상을 우리는 산이나 나뭇가지의 분위기가 숨을 쉬고 있다고 말할 수가 있을 것이다. 이러한 묘사의 예를 통하여 우리는 오 늘날에 있어서 분위기의 붕괴를 초래하는 사회적 조건이 무엇인가를 쉽 게 이해할 수가 있다. 여기에는 두가지의 사정이 있는데, 이 두가지 사 정은 모두 오늘날의 삶에서 날로 커가는 대중의 중요성과 관계를 맺고 있다. 즉 사물을 공간적으로 또 인간적으로 보다 자신에게 가까이 끌어 오고자 하는 것은 현대의 대중이 바라 마지 않는 열렬한 욕구이다.[4] 또 이와 마찬가지로 현대의 대중은 복제를 통하여 모든 사물의 一回的 성 격을 극복하려는 성향을 가지고 있다. 대중은 바로 자기 옆에 가까이 있는 대상들을 그림을 통하여, 아니 모사와 복제를 통하여 소유하고자 하는 간절한 욕망을 가지고 있는 것이다. 그리고 이러한 욕망은 날로 커 져 가고 있다. 화보가 들어 있는 신문이나 주간뉴스 영화가 제공해 주고 있는 복제사진들은 그림과는 분명히 구분된다. 그림에서는 一回性과 持 續性이 밀접하게 서로 엉켜 있는 데 반하여 복제사진에서는 一時性과 反 復性이 긴밀하게 서로 연결되어 있다. 대상을 그것을 감싸고 있는 껍질 로부터 떼어내는 일, 다시 말해 분위기를 파괴하는 일은 현대의 지각작 용이 가지고 있는 특징이다. 이 세상에 있는 동질적인 것에 대한 지각 작용의 감각이 너무나 커졌기 때문에 지각작용은 복제를 통하여 一回的 인 것으로부터도 동질적인 것을 찾아내고 있을 정도이다. 이론의 영역 에서 점차 그 중요성을 더해 가는 통계에서 두드러지게 나타나는 것이 직관의 영역에서도 그대로 나타나고 있다. 현실이 대중에 적응하고 또 대중이 현실에 적응하는 현상은 사고의 면에서는 물론이고 직관의 면에 서도 무한한 중요성을 지니게 될 하나의 발전과정이다.

4) 인간적으로 자신을 대중에게 가까이 끌어간다는 것은 그의 사회적 기능을 시야로부터 제거해 버린다는 것을 의미할 수도 있다. 만약 오늘날 어떤 초상화가가 가족에 둘러싸 여 아침상에 앉아 있는 어떤 유명한 외과의사를 그릴 경우, 그는 렘브란트의 「해부학 강의」에서 보듯 외과의사를 이 직업에 종사하는 사람들의 대표자로서 그렸던 16세기의 화가들처럼 그 의사의 사회적 기능을 묘사할 수는 없을 것이다.

204

4

　예술작품의 유일무이성은 그것이 전통의 상관관계 속에 깊숙이 들어가 있다는 것을 뜻한다. 전통 자체는 물론 무엇인가 살아 있는 것을 의미하고 또 무엇인가 변화할 수 있는 것을 의미한다. 고대의 비너스상을 예로 들어 보더라도 그리이스인들은 전혀 다른 전통의 상관관계 속에 있다고 할 수 있는데, 왜냐하면 중세의 승려들이 불길한 우상으로 보았던 비너스상을 그리스인들은 종교적 숭배의 대상으로 삼았기 때문이다. 그러나 그들이 공통적으로 마주 대하였던 것은 그 비너스상의 유일무이성, 달리 말해 그것의 분위기였다. 전통의 상관관계 속에 깊숙이 들어가 그 일부가 되고 있는 예술작품의 본래의 모습이 잘 나타나고 있는 것은 宗敎儀式 속에서이다. 주지하다시피 가장 오래된 예술작품은 처음에는 마술적 의식, 다음으로는 종교적 의식에 봉사하기 위해 생겨났다. 그런데 여기에서 결정적으로 중요한 의미를 지니는 사실은, 예술작품의 이러한 분위기적 존재방식이 한번도 儀式的인 기능과 분리된 적이 없었다는 점이다.[5] 달리 표현하면 〈진짜〉 예술작품의 유일무이한 가치는, 그것에 제일 먼저 본래적 사용가치가 주어졌던 종교적 의식에 그 근거를 두고 있다는 점에 있다. 〈진짜〉 예술작품의 유일무이한 가치는 제아무리 간접적으로 매개가 되어 있다고 하더라도, 가장 세속적인 아름다움에 대한 숭배의 여러 형태에서까지도 세속화된 儀式으로서 그 모습을 드러내고 있다.[6] 르네상스에서 형성되기 시작하여 그 후 300여년 동안 줄곧 지속

---

5) 분위기를 〈아무리 가까이 있다고 느껴지더라도 먼 것의 일회적인 나타남〉으로 정의하는 것은 예술작품의 종교적 가치를 시간과 공간의 인식이라는 카테고리에서 표현하고 있는 데 불과하다. 멀리 있다는 것은 가까이 있다는 것의 반대이다. 본질적으로 멀리 있다는 것은 가까이 갈 수 없다는 것을 의미한다. 가까이 갈 수 없다는 것은 사실상 종교적 이미지의 주요 특징이다. 종교적 이미지는 그 본질상 아무리 가까이 있더라도 먼 것으로 남는다. 비록 그 대상을 통해서는 가까운 것을 얻는다고 하더라도 그 가까움은 그것이 나타나고 난 후에 그대로 남게 되는 먼 것에 대해서는 아무런 손상도 입히지 않는다.

6) 이미지의 종교의식적 가치가 세속화됨에 따라 그것이 갖는 일회성이라는 근본생각도 점점 더 불분명하게 되었다. 종교의식적 이미지 속에서 작용하는 현상의 일회성은 시간이 지남에 따라 점차 눈에 보이는 실증적 이미지를 만들어내는 예술가의 일회성이나 아니면 그가 만들어 내는 이미지의 업적적 일회성에 의해 수용자의 의식으로부터 밀려나는 바가 된다. 물론 이 경우 완전히 밀려나지는 않는데, 그 이유는 진품성의 개념은 항상 단순한 진품적 속성을 넘어서려는 경향을 가지고 있기 때문이다. (이러한 면이 잘 나타나고 있는 것은 수집가에서인데, 왜냐하면 수집가는 언제나 物神崇拜者의 면모를 지

되었던 세속적 아름다움의 숭배가 그 본래의 근거를 드러내 보이기 시작한 것은, 이 기간이 지난 후 처음으로 세속적 아름다움의 숭배가 위기를 맞이하면서부터이다. 즉 최초로 혁명적이라고 이름할 수 있는 복제수단인 사진술이 등장하면서부터 (그리고 동시에 사회주의가 대두하면서부터) 예술은 위기가 다가오고 있음을 느꼈다. 이 위기는 그후 100여년 동안 눈에 띄지 않게 서서히 진행되다가 금세기에 와서는 마침내 예술의 신학이라고 할 수 있는 예술지상주의의 이론으로서 이 위기에 대처하였다. 이 이론으로부터 생겨난 것이 〈순수〉예술의 이념이라는 형태를 띤 일종의 부정적 신학이다. 이 부정적 신학은 예술에 있어서의 일체의 사회적인 기능, 그리고 대상과 소재에 의한 일체의 제약을 거부한다. (시에서 이러한 입장에 제일 먼저 서게 된 사람은 말라르메이다.)

이러한 제반 상관관계를 충분히 고려하는 일은, 기술복제시대의 예술작품을 고찰하는 데 필수불가결한 요건인데, 왜냐하면 그것은 다음과 같은 매우 중요한 인식을 제공해 주기 때문이다. 즉 예술작품의 기술적 복제가능성은 세계역사상 처음으로 예술작품으로 하여금 지금까지 종교적 의식 속에서 살아온 기생적 삶의 방식으로부터 벗어나도록 하였다. 복제된 예술작품은 날이 갈수록 점점 더 복제를 겨냥해서 제작되는 예술작품의 복제품이 되어가고 있다.[7] 예를 들면 사진의 원판으로부터는 여

    니고 있고 또 예술작품의 소유를 통해서 그 예술작품이 지닌 의식적 마력에 참여하고 있기 때문이다.) 그럼에도 불구하고 진품성이라는 개념의 기능은 예술의 관찰에서 분명히 남게 된다. 즉 예술의 세속화와 더불어 종교의식적 가치 대신에 진품성이 들어서고 있는 것이다.
    7) 영화의 경우, 기계적 복사는 문학이나 회화의 경우와는 달리 대중보급을 위해서 외부로부터 부과되어진 조건이 아니다. 영화작품의 기계복제는 바로 영화작품의 기술 속에 내재되어 있다. 영화의 이러한 기술은 가장 직접적 방식으로 영화작품의 대량보급을 가능하게 할 뿐만 아니라 그러한 대량보급을 그야말로 강요하는 것이다. 영화의 기술이 대량보급을 강요하는 이유는, 영화의 제작비용이 막대하기 때문에, 이를테면 한폭의 그림을 살 수 있었던 개인이 이제는 더 이상 영화를 살 수 없기 때문이다. 1927년의 계산에 의하면, 좀 규모가 큰 영화가 그런 대로 수지를 맞추려면 9백만의 관객을 동원하지 않으면 안된다고 한다. 물론 유성영화가 생겨나면서부터는 처음에는 영화보급의 감소현상이 일어났는데, 그것은 관객의 수자가 언어의 장벽으로 인해 제한되었기 때문이었고, 또 이와 때를 같이하여 파시즘이 국가적 이익을 강조했기 때문이었다. 그런데 여기에서 주목해야 할 것은 언어적 장벽으로 인한 감소현상——이 현상은 동시녹음의 발명으로 어느 정도 완화되었다——보다도 파시즘과의 연결이다. 파시즘의 대두와 보급의 감소현상은 경제공황에 그 원인이 있다. 크게 보아 기존의 소유관계를 폭력으로써 고정시키려는 시도를 유발시켰던 경제적 혼란은 위기에 처한 영화자본에는 유성영화의 개발을 촉진하도록 만들었다. 유성영화의 도입은 잠정적으로 숨통을 터놓는 일을 하였는데, 그 이유는 유성영화는 또 다시 대중을 영화관으로 끌어들였을 뿐만 아니라 이를 통해 전기산업과 영화산업의 합작이 이루어졌기 때문이다. 그러니까 유성영화는 외부적으

러개의 인화가 가능하다. 어느 것이 진짜 인화냐고 묻는 것은 아무런 의미가 없다. 그런데 예술생산에서 진품성을 판가름하는 척도가 그 효력을 잃게 되는 바로 그 순간, 예술의 모든 사회적 기능 또한 변혁을 겪게 된다. 종교의식적인 것에 그 근거를 두고 있던 예술의 사회적 기능의 자리에 또 하나의 다른 사회적 실천, 즉 정치에 그 근거를 두고 있는 예술의 다른 사회적 기능이 대신 들어서고 있는 것이다.

5

예술작품의 수용은 역점을 달리하면서 이루어졌다. 그 중에서도 두가지의 대립되는 역점이 두드러지는데, 그 첫번째 역점은 예술작품의 儀式價値 Kultwert이고 두번째 역점은 예술작품의 展示價値 Ausstellungswert이다.[8)9)] 예술적 생산은 종교의식에 사용되는 形像物로부터 시작되었

  로 볼 때는 국가적 이익을 증진시켰지만, 내부적으로 보면 지금까지보다 더 영화제작을 국제화하는 데 기여하였다.
8) 이러한 양극성은 관념론의 미학에서는 옳게 다루어질 수 없는데, 왜냐하면 관념론의 미학에서 미의 개념은 이러한 양극적 면을 아무런 구분없이 모두 다 포함하고 있고, 또 그럼으로써 그 양극성을 배제하고 있기 때문이다. 하지만 헤겔의 경우 이 양극성은 관념론이 갖는 제한된 테두리가 허용하는 한도 내에서 분명히 제시되고 있다. 그의 『역사철학 강의』에는 다음과 같이 씌어 있다.
  〈옛날부터 우리는 이미지를 소유해 왔다. 종교적 경건심은 일찍부터 예배를 위해 그러한 이미지를 필요로 하였지만, 그러나 결코 〈아름다운〉 이미지를 사용하지는 않았다. 〈아름다운〉 이미지는 오히려 예배를 위해서는 방해가 되었다. 아름다운 그림에도 어떤 외적인 것이 존재하고 있기는 하다. 그러나 그 외적인 것이 아름다운 한에서는 그것의 정신은 인간에게 무언가를 얘기하고 있는 것이다. 그러나 예배의 경우에는 어떤 사물과의 관계가 본질적인 것이라고 할 수 있는데, 왜냐하면 예배란 아무런 정신도 없는 영혼의 둔화(鈍化)에 지나지 않기 때문이다. 예술은, 비록 그것이 교회의 원리를 벗어난 지 이미 오래지만 교회 그 자체 속에서 생겨났던 것이다.〉
  이와 마찬가지로 『미학강의』의 다음과 같은 귀절도 헤겔이 이 문제를 알고 있었음을 말해 주고 있다.
  〈우리는 예술작품을 신성한 것으로 경배할 단계는 이미 넘어서고 있다. 이들 예술작품이 주는 인상은 보다 성찰적인 사고를 요하는 것이고, 또 그것들이 불러일으키는 감정은 보다 높은 검토기준을 요구하고 있다.〉
9) 첫번째 종류의 예술수용에서 두번째 종류의 예술수용으로의 轉移는 예술수용의 역사적 발전과정을 규정한다. 이러한 점 말고도, 이 두 대극적 수용방식 사이의 진폭은 개별적 작품에서 제각기 입증될 수가 있다. 시스틴 교회당을 예로 들어보자. 후베르트 그림메 Hubert Grimme의 연구 이후, 시스틴 교회당의 마돈나상이 원래는 전시의 목적을 위하여 그려졌다는 사실이 널리 알려지게 되었다. 그림메의 연구는 다음의 의문으로부터 시작되었다. 즉 그림의 前景, 두 동자가 기대어 서 있는 나무선반은 왜 있는 것일까? 어떻게 해서 라파엘 같은 화가가 하늘을 한 쌍의 휘장으로 장식할 생각을 할 수 있었을까? 연구의 결과, 시스틴 마돈나는 식스투스 교황의 공적인 시체고별식을 위해 위촉되

다. 능히 짐작할 수 있는 바이지만 이들 형상물에서는 그것들이 보여진 다는 사실보다는 그것들이 존재하고 있다는 사실이 더욱 더 중요하였 다. 석기시대의 인간이 동굴의 벽에 그린 사슴은 일종의 마법적 도구였 다. 그 사슴은 다른 사람들에게 보여주기 위해 그려지기도 했지만, 그 러나 그것은 무엇보다도 신령들을 위해 바쳐졌던 것이다. 오늘날에도 이러한 종교의식적 가치는 예술작품이 숨겨진 상태에 머물러 있기를 요구하고 있는 것처럼 보인다. 예를 들면 어떤 神像들은 밀실에서 승려들에게만 그 접근이 허용되고 있고, 어떤 마돈나상은 거의 일년내내 베일 속에 가려져 있으며 또 중세사원의 어떤 조각들은 지면에서는 보이지 않게 되어 있다. 여러 예술활동이 제각기 종교의식의 모태에서 해방됨에 따라 예술활동의 생산품이 전시되어질 기회는 날이 갈수록 더 많아지고 있다. 이곳저곳으로 옮겨질 수도 있는 彫像의 전시가능성은 사원 내부의 일정한 장소에 고정되어 있는 神像의 전시가능성보다 훨씬 더 크다. 화폭에 그린 그림의 전시가능성 역시 그에 앞섰던 모자이크나 벽화의 전시가능성보다 더 크다. 성당미사의 전시가능성도 交響樂의 전시가능성에 비해 조금도 뒤지지 않지만, 그래도 역시 교향악은 교향악의 전시가능성이 미사의 전시가능성보다 더 커지리라고 예상되었던 시기에 생겨났던 것이다.

예술작품의 기술적 복제의 여러 방법이 생겨남에 따라 예술작품의 전시가능성이 엄청나게 커졌기 때문에 예술작품의 양극적 면, 즉 의식적 가치와 전시적 가치 사이의 양적인 변화는 원시시대에서 그러했던 것처럼 하나의 본질적인 질적 변화로 바뀌었다. 마치 원시시대에서는 절대적 역점이 의식적 가치에 주어짐으로써 예술작품이 마법의 도구가 되었던 것처럼(이러한 마술의 도구를 어느 정도 예술작품으로 인식하게 된

었던 것이라는 점이 밝혀졌다. 교황들의 시체고별식은 베드로 성당의 어떤 소예배당에서 거행되었다. 성대히 거행된 고별식에서 라파엘의 그림은, 예배당의 오목한 벽쪽에 위치하고 있는 관 위에 세워졌던 것이다. 라파엘은 이 그림에서 어떻게 마돈나가 녹색의 휘장으로 칸이 쳐진 벽의 원경으로부터 구름을 타고 교황의 관으로 가까이 가고 있는가를 묘사하고 있다. 식스투스의 장례식에서 라파엘 그림의 뛰어난 전시가치가 그 진가를 발휘하였다. 얼마 후에 이 그림은 피아첸사에 있는 〈검은 수도승〉이라는 수도원 교회의 성당에 안치되었다. 이러한 유배의 이유는 로마의 종교의식에 있었다. 로마의 종교의식은 장례식에 전시되었던 그림을 성단에서의 예배대상으로 삼는 것을 금지하였다. 이러한 금지조항에 의해 라파엘의 작품은 어느 정도 그 가치가 격하되었다. 그럼에도 불구하고 적정한 그림값을 받기 위하여 교황청은 성단 위에 그림을 거는 것을 묵인하기로 작정하였다. 그래서 그 그림은 잡음을 일으키지 않기 위해서 멀리 멀어진 지방도시의 수도원으로 보내어지게 된 것이다.

것은 훨씬 후의 일이다) 오늘날에는 절대적 역점이 그 전시가치에 주어짐으로써 예술작품은 전혀 새로운 기능을 가진 形像體가 되었다. 오늘날의 예술작품이 갖는 새로운 기능들 중에서도 우리가 잘 알고 있는 두드러진 기능은 예술적 기능이지만, 어느날엔가는 이 예술적 기능 역시도 부수적 기능으로 인식될지는 아직도 예언할 수 없는 노릇이다.[10] 어쨌든 확실한 것은 오늘날에 있어 이러한 새로운 기능을 가장 구체적으로 예증하고 있는 것은 바로 사진과 영화라는 점이다.

6

사진에서는 전시적 가치가 의식적 가치를 전면적으로 밀어내기 시작하고 있다. 그러나 의식적 가치가 아무런 저항 없이 순순히 뒤로 물러나는 것은 아니다. 그것은 최후의 보루로 물러서서는 마지막 저항을 시도하고 있는데, 이 마지막 보루가 바로 인간의 얼굴이다. 그 초창기에 초상사진이 사진의 중심부를 이루었다는 것은 결코 우연한 일만은 아니다. 이미지의 의식적 가치는 멀리 있거나 이미 죽고 없는 사랑하는 사람을 기억하는 거의 儀式的인 행동에서 마지막 도피처를 찾았다. 초기 사진에서 분위기가 마지막으로 스쳐 지나간 것은 사람의 얼굴에 순간적으로 나타난 표정에서이다. 초기 사진에 나타나는 멜랑콜릭하고 그 어느 것과도 비교될 수 없는 아름다움의 비결은 바로 이러한 분위기이다. 그러나 사진에서 사람의 모습이 뒷전으로 물러나게 되자 비로소 전시적 가치는 처음으로 의식적 가치보다 우월한 위치를 차지하게 된다. 이러한 새로운 단계의 정확한 이정표를 세운 사람은 아뜨제 Atget이다. 그의 예술사적 의의는 그가 사람의 모습이 보이지 않는 1900년경의 파리의 거리를 포착했다는 점에 있다. 그가 마치 범행현장을 찍듯이 파리의

---

10) 브레히트는 다른 면에서 이와 유사한 고찰을 하고 있다. 〈하나의 예술작품이 상품으로 변할 경우, 예술작품이라는 개념이 새로이 생겨나는 물건에 더 이상 적용되지 않을 때는, 우리는 이 물건 자체의 기능까지도 함께 없애 버리지 않기 위해서는 예술작품이라는 개념을 조심스럽고도 신중하게, 그러나 아무런 두려움 없이 과감히 떨쳐버리지 않으면 안될 터인데, 왜냐하면 새로이 생겨나는 물건은 이러한 단계를, 그것도 아무런 底意도 없이 겪지 않으면 안되기 때문이다. 그리고 그것은 正道에서 벗어난 무책임한 우회가 아니라, 여기에서 일어나는 것은 그 물건을 근본적으로 변화시키고, 그것의 과거를 깡그리 지워 버림으로써, 옛 개념이 다시 채용된다고 할지라도(그렇게 되지 말라는 법은 없지 않은가?) 한때 그 개념이 표현했었던 물건에 대한 어떠한 기억도 그 개념에 의해 喚起되지 않을 것이다.

거리를 찍었다고 하는 말은 조금도 틀린 말이 아니다. 범행장소에는 사람이 없다. 사진을 찍는다는 것은 증거를 확보하기 위해서이다. 사진촬영은 아뜨제에 와서 역사적 사건의 증거물이 되기 시작하였다. 이것이 사진의 드러나지 않는 정치적 의미이다. 아뜨제의 사진은 특별한 수용태도를 요구한다. 자유로운 명상은 더 이상 이러한 사진에 부합되지 않는다. 아뜨제의 사진은 보는 사람을 불안하게 만든다. 그러한 사진에 이르기 위해서는 그는 어떤 특수한 길을 찾지 않으면 안된다고 느끼는 것이다. 이와 때를 같이하여 화보신문들이 그에게 새로운 이정표를 제시해 주기 시작하였다. 그 이정표는 맞을 수도 있고 틀릴 수도 있는 것이었지만 그것은 그리 중요한 문제가 되지 않았다. 이러한 화보신문들에서는 최초로 사진제목이 필요불가결한 것이 되었다. 그리고 사진제목이 그림의 제목과는 전혀 다른 성격을 갖고 있다는 사실 또한 분명했다. 사진제목이 화보의 그림을 보고 있는 사람들에게 주는 지침은 그 후의 영화에 이르러서는 한층 더 분명하고 강압적인 성격을 띠게 되었는데, 그도 그럴 것이 영화에서는 개개 화면의 의미가 그것에 선행한 다른 화면들의 연속에 의하여 미리 정해진 것처럼 보여지기 때문이다.

7

19세기가 경과하는 동안 회화와 사진 사이에서 그림과 사진의 예술가치를 두고 벌어졌던 논쟁은 오늘날의 입장에서 보면 좀 빗나가고 혼란스럽다는 인상을 준다. 하지만 이러한 인상이 이 논쟁의 중요성을 감소시키는 것은 아니다. 오히려 그 중요성을 더욱 부각시키고 있다고 할 수 있다. 실제에 있어서 이 싸움은 쌍방이 비록 그것을 의식하지는 못했지만 세계사적인 변혁의 표현이었다. 이 기술복제시대가 예술을 종교의식적 토대로부터 분리시키게 되자 예술의 자율성이라는 假像은 영원히 사라져 버리고 말았다. 19세기의 시각은 그러나 이를 통해 생겨나게 된 예술기능의 변화를 미처 파악하지 못하였다. 영화의 발전을 체험하게 된 20세기에 와서도 이 문제는 고려의 대상이 되지 못하였다.

일찌기 사람들은 사진의 예술성 여부를 두고 이러쿵 저러쿵 많은 실랑이를 벌였다. 그러나 그들은 정작 이에 선행되어야 할 물음, 즉 사진의 발명으로 인해 예술의 전체 성격이 바뀐 것이 아닐까 하는 물음은 제기하지 않았다. 영화이론가들도 덩달아 이들과 비슷한 성급한 물음을 제기하였다. 그러나 사진이 전래의 미학에 제기했었던 어려움은, 영화가 전래의 미학에 제기했던 어려움과 비교해 보면 아이들 장난과 같은 것이었다. 초기의 영화이론들에 보여지는 맹목적인 억지스러움도 바로 이러한 데서 연유한다. 예컨대 아벨 강스가 영화를 상형문자에 비교한 것도 이렇게 해서 생겨났던 것이다. 〈놀랍기 이를데 없는 과거에로의 복귀를 통하여 우리는 이집트인들이 도달하였던 표현의 경지에 다시 한 번 도달하였다. 영상의 언어가 아직도 완전히 성숙하지 못한 것은, 우리들의 눈이 아직도 그것에 미치지 못하고 있기 때문이다. 그리고 영상언어에서 표현되고 있는 것에 대해서도 아직 충분한 주의와 숭배가 존재하지 않고 있다.〉 오데르 세브랭 마르스 Oder Severin-Mars는 또 이렇게 썼다. 〈어떤 예술형식에 이보다 더 시적이며 동시에 더 현실적인 꿈이 주어질 수 있겠는가? 이런 관점에서 볼 때 영화는 그 어떤 것과도 비견될 수 없는 표현수단이라고 할 수 있을 것이다. 가장 고귀한 사람만이, 그것도 그의 삶의 가장 완전하고 신비스러운 순간에만 이러한 영화의 분위기 속으로 한 번 들어가 볼 수가 있을 것이다.〉 알렉산드르 아르누 Alexandre Arnoux는 무성영화에 대한 그의 공상적인 생각을 다음과 같은 수사적 물음으로 끝맺고 있다. 〈(영화에 대해) 지금까지 우리가 시도해 본 모든 표현들은 결국은 祈禱라는 定義로 낙착되는 것이 아닐까?〉 영화를 〈예술〉 속에 포함시키려는 이러한 노력들이 어떻게 이들 이론가들로 하여금 무분별하게 영화에 종교의식적 요소를 삽입해서 해석하도록 하고 있는가를 본다는 것은 매우 교훈적인 일이다. 그러나 이러한 사변적 견해들이 발표되던 시기에는 이미 『여론』이나 『골드러시』와 같은 영화가 나와 있었다. 그럼에도 불구하고 아벨 강스는 영화를 상형문자와 비교하였고, 세브랭 마르스는 사람들이 마치 프라 안젤리코 Fra Angelico의 그림을 두고 얘기하듯 영화에 대해 말했던 것이다. 특기할 점은 오늘날에도 여전히 反動的인 작가와 예술가들은 영화의 의미를 위에서 말한 바와 동일한 방향에서 찾고 있고, 또 그것을 비록 성스러운 것에서는 아닐지라도 적어도 초자연적인 것에서 찾으려고 하고 있다는 점이다. 막스 라인하르트 Max Reinhardt가 『한여름 밤의 꿈』을 영화화한 데 대해 베르펠 Franz Werfel은 다음과 같이 말하였다. 〈지금까지 영화가 예술의 영역으로 상승하는 데 방해가 된 것은 두말할 나위도 없이 외부세계, 이를테면 길거리, 실내, 정거장, 음식점, 자동차, 해변 등을 무미건조하게 그대로 복사하고 있기 때문이다. 영화는 영화가 지

넌 참다운 의미와 진정한 가능성을 아직 파악하지 못하고 있다. 영화의 참다운 의미와 가능성은 자연스러운 수단과 탁월한 설득력을 가지고 동화적인 것, 기적적인 것, 초자연적인 것을 표현할 수 있는 그 특유한 능력에 있다.〉

8

무대배우의 연기는 연기자 자신을 통하여 관객에게 직접 제시된다. 이에 반하여 영화배우의 연기는 카메라를 통하여 제시된다. 후자의 경우는 두가지의 결과를 초래하였다. 영화배우의 연기를 관중 앞에 제시하는 카메라는 연기를 통일적인 전체로서 간주할 필요가 없다. 카메라는 카메라맨의 지휘 아래 배우의 연기를 계속 자리를 옮겨가면서 여러 측면에서 촬영한다. 편집자가 그에게 주어진 자료로부터 구성한, 여러 측면에서 찍은 일련의 포우즈의 연속——바로 이것이 완성되어진 영화이다. 완성된 영화는 일정한 수의 동작의 순간을 포함하고 있는데, 이러한 동작의 순간들은 실제로는 클로즈업이나 특수한 카메라 앵글처럼 카메라 자체의 동작의 순간들인 것이다. 따라서 배우의 연기는 일련의 시각적 테스트를 받지 않으면 안된다. 영화배우의 연기가 카메라라는 수단을 통해서 보여지게 된다는 점이 이러한 사정의 첫번째 결과라면, 두번째 결과는 자신의 연기를 관중에게 직접 보여주지 못하기 때문에, 영화배우는 무대배우에게 주어져 있는 가능성, 즉 공연하는 도중에 관중에 맞추어 자신의 연기를 조정하는 그런 가능성을 상실하게 된다는 점이다. 이로 인해 관중은, 배우와의 개인적 친분에 의해 영향을 받지 않는 비평가의 태도를 취할 수가 있게 되었다. 관중은, 그들이 카메라와 일치감을 느낄 때에라야만 배우와도 일치감을 느끼게 된다. 따라서 관중은 카메라의 태도를 취한다고 할 수 있다. 바꾸어 말하면 관중이 시험하는 태도를 취한다고도 할 수 있겠다.[11] 이러한 태도는 종교의식적

---

11) 〈영화는…인간행동을 자세하게 알 수 있는 유용한 단서를 제공하거나 제공해 줄 수도 있다…성격은 한 번도 동기의 원천으로 사용되지 않는다. 또 인물들의 내면생활 역시 한 번도 줄거리의 주요원인이 되거나 주된 결과가 되는 일이 드물다.〉(브레히트) 카메라가 영화배우에게 부여하는 실험가능한 영역의 확대는 경제적 상황으로 인해 개인에게 등장하게 된 실험 가능한 영역의 비상한 확대와 맞먹는다. 따라서 직업적성 테스트의 의미는 계속해서 더 커져 가고 있다. 이러한 테스트에서 문제가 되는 것은 개인능력의 단편들이다. 영화촬영과 직업 적성테스트는 모두 전문가들로 구성된 위원회 앞에서 행해진다. 영화제작소의 촬영감독은 적성테스트의 시험관의 자리와 같은 위치를 차지한다.

가치가 드러날 수 있는 태도는 결코 아닌 것이다.

9

영화에서 중요한 것은 배우가 관중들에게 자기 자신이 아닌 다른 인물을 연출해 보이는 일이라기보다는 카메라 앞에서 자기 자신을 연출해 보이는 일이다. 카메라 앞에서의 시험적 연기로 인하여 배우가 이처럼 변한다는 사실을 제일 먼저 간파한 사람 중의 하나는 피란델로 Pirandello 이다. 그의 소설 『영화화되다』에서의 이 문제에 대한 그의 언급이 비록 부정적인 면과 무성영화에만 한정되어 있지만, 그렇다고 이 문제에 대한 그의 언급의 타당성에 손상이 가는 것은 아닌데, 왜냐하면 유성영화도 이 문제에 있어서는 근본적으로 아무 것도 변한 것이 없기 때문이다. 무성영화나 유성영화에서 여전히 결정적으로 중요한 사실은 하나의 카메라——유성영화의 경우에는 두 개의 카메라——앞에서 연기가 행해진다는 점이다. 피란델로는 이러한 사정을 다음과 같이 말하고 있다. 〈영화배우는 마치 유배지에 있는 것처럼 느낀다. 그는 무대로부터 유배되었을 뿐만 아니라 자기 자신의 인격으로부터도 유배되고 있는 것이다. 그는 막연한 불안감과 함께 무어라고 꼬집어 설명하기 어려운 공허감을 느끼는데, 이러한 공허감이 생겨나는 까닭은 그의 육체가 자기 자신에게서 떠나버리는 것처럼 느껴지기 때문이다. 다시 말해 그는 순간적으로 사라지며, 또 그의 실체, 그의 삶, 그의 목소리, 그가 불러일으키는 소음 등도 자신에서 이탈되어 무성의 영상으로 바뀌어지고, 그리고 나서는 한순간 스크린에서 명멸하다가 다시 정적 속으로 사라져 버리는 그런 느낌에서 공허감이 생겨나는 것이다. …이 조그만 기계는 자신의 그림자를 가지고 관중 앞에서 재주를 부릴 것이다. 그렇게 되면 그 자신은 이 기계 앞에서 재주를 부리는 것으로 만족해야만 하는 것이다. 우리는 이러한 상황을 다음과 같이 말할 수도 있을 것이다. 즉 인간은 처음으로——영화라는 작품을 통하여——, 비록 자신의 생생한 인격 전부를 바쳐 일을 하기는 하지만 그러나 인격의 분위기를 포기하면서 일을 하지 않으면 안되는 상황에 처하게 될 것이다. 왜냐하면 분위기란 사람의 시간적·공간적 현존성과 불가분의 관계를 맺고 있기 때문이고 또 분위기의 모사란 있을 수가 없기 때문이다. 무대 위에서 멕베드를 둘러싸고 있는 분위기는, 관객의 입장에서 보면 멕베드 역을 해내는 배우의 주위를 감돌고 있는 분위기와 분리될 수가 없는 것이다. 그러나 영화제작소에서 행해지는 촬영의 특징은 관객의 자리에 카메라가 대신 들어선다는 점이다. 이렇게 되면 연기자를 감싸고 있는 분위기는 사라지기 마련이고, 동시에 그가 그려내는 인물의 분위기 또한 사라지게 된다.

피란델로와 같은 극작가가 영화의 특징을 말하면서 자기도 모르게 연극이 처하고 있는 위기의 근원에 대해 언급하고 있는 것은 조금도 놀라운 일이 아니다. 철저하게 기술적 복제에 의해 종속되어 있고 또 기술적 복제로부터 생겨난 영화와 같은 예술작품에 대해 사실상 연극무대만큼 극단적인 대조를 이루는 것도 없을 것이다. 누구든 이 문제를 깊이 관찰해 본 사람이면 이 점을 수긍하게 될 것이다. 이 분야에 전문적 지식이 있는 관찰자들은 이미 오래전부터 영화연출에서는 가능한 적게 연기를 함으로써 가장 큰 효과를 얻을 수 있다는 사실을 알고 있었다. 1932년 루돌프 아른하임 Rudolf Arnheim은 〈영화의 최근 발전을 보면 배우를 마치 선별적으로 골라서 적당한 장소에 배치하는 소도구처럼 다루고 있다〉고 말하고 있다.[12] 이러한 발언 속에는 이와는 좀 다른 문제가

---

12) 아른하임 Rudolf Arnheim, *Film als Kunst*. Berlin 1932. pp.176—7. 영화감독을 무대의 실제와 구분짓게 하는 외견상 부차적으로 보이는 세부적 사항들은, 이러한 상관관계에서 보면 매우 흥미로운 것이 된다. 예컨대 드라이어 Dreyer가「쟌 다르끄」에서 수행했던 바와 같은, 연기자로 하여금 아무런 화장 없이 연기하게 한 것도 이러한 시도의 하나이다. 그는 종교재판소를 구성하는 데 필요한 40명의 연기자를 찾아내는 데 수개월을 소요하였다. 이러한 배우를 찾아내는 일은 좀처럼 구하기 힘든 소도구를 찾아내는 일과 비슷하다. 드라이어는 나이, 키, 얼굴모습이 비슷한 사람을 피하기 위해 무척 노력을 기울였다. 배우가 소도구가 된다면, 다른 한편 소도구가 배우의 역할을 하는 경우도 그리 드물지 않다. 아뭏든 영화가 소도구에 역할을 부여하게 되는 상황에 처하게 되는 것은 전혀 이상한 일이 아니다. 무수히 많은 예들 중에서 어떤 예들을 마음대로 끄집어내는 대신에 특별한 설득력을 가진 예를 하나 들어보자. 움직이고 있는 시계는 무대 위에서 언제나 하나의 방해가 된다. 시간을 재는 시계의 역할은 무대에서는 용납될 수 없다. 자연주의적 연극에서까지도 천문학의 시간은 무대의 시간과 충돌을 일으키게 될 것이다. 이러한 점에 비추어보면, 영화가 필요할 때마다 언제나 시계에 의한 시간계산을 이용할 수 있다는 것은 영화가 갖는 매우 두드러진 특징이다. 다른 특징들에서보다는 바로 이러한 특징에서 우리는 보다 분명하게, 영화에서는 경우에 따라서 하나하나의 도구가 중요한 기능을 담당한다는 사실을 알 수 있다. 이로부터 푸돕킨 Pudowkin의 주장, 즉 『어떤 대상과 결합하고 또 그 대상에 바탕을 두고 있는 배우의 연기는 항상 영화구성의 가장 강력한 방법 중의 하나이다.』(W. Pudowkin, *Filmregie und Filmmanuskript*, Berlin, 1928, p.126.)라는 주장에 이르는 것은 지극히 쉬운 일이다. 따라서 영화는, 어떻게 해서 물질이 인간과 함께 영화구성의 중요요소가 되는가를 보여줄 수 있는 최초의 예술수단이다. 그렇기 때문에 영화는 유물론적 묘사의 뛰어난 수단이 될 수가 있는 것이다.

밀접하게 관련을 맺고 있다. 즉 무대 위에서 움직이는 배우는 자신을, 그가 하고 있는 역할과 동일시하지만 영화배우의 경우에는 대체로 그러한 일이 이루어지지 않는다는 점이다. 영화배우의 연기는 하나의 통일된 작업이 아니라 여러 개의 개별적 작업이 합쳐져서 이루어진 것이다. 거기에는 예컨대 촬영소의 임대료, 共演者의 사정, 장치 등과 같은 것에 대한 부차적인 고려 말고도, 연기자의 연기를 일련의 조립할 수 있는 에피소드로 쪼개어 놓는 기계의 기본적인 필요들도 작용한다. 여기에서 특히 문제가 되는 것은 조명장치이다. 조명장치의 설비는, 스크린에서는 통일적으로 신속하게 진행되고 있다고 여겨지는 어떤 사건을 일련의 개별적 촬영들로 따로따로 처리하지 않을 수 없도록 한다. 그리고 이들 개별적 촬영들은 경우에 따라서는 영화제작소에서 몇 시간의 간격을 두고 행해진다. 몽타지수법을 쓸 때는 두말할 나위도 없이 어떤 사건은 몇 시간에 걸쳐 처리된다. 예컨대 제작소에서 창문에서 뛰어내리는 장면은 받침대에서 뛰어내리는 형태로 촬영되지만, 그러나 뛰어내리고 난 후의 도주장면은 경우에 따라서는 몇 주일이 지난 후에 옥외에서 촬영될 수가 있는 것이다. 이외에도 우리는 이보다 훨씬 더 역설적인 경우를 쉽게 구성해 볼 수도 있다. 문을 두드리는 소리에 배우가 깜짝 놀라는 장면을 연출해야 할 경우를 생각해 보자. 그러나 이때 거의 동시에 이루어져야 할 연기가 생각대로 되지 않을 수도 있다. 그렇게 되면 감독은 임시 방편을 취할 수가 있다. 즉 그는 배우가 다시 스튜디오에 나오는 기회를 잡아 아무런 예고 없이 그의 등 뒤에서 갑자기 총을 쏨으로써 그 배우의 놀라는 모습을 찍어 필름에 끼워 넣을 수가 있는 것이다. 예술이, 지금까지 예술이 피어날 수 있는 유일한 영역으로 간주되어 온 〈아름다운 假像〉의 왕국으로부터 벗어나고 있다는 사실을 이보다 더 극명하게 보여 주는 것도 없을 것이다.

10

피란델로가 묘사한 바대로 배우가 카메라 앞에서 느끼는 서먹서먹한 감정은 사람이 거울 속에 비치는 자신의 모습을 보고 느끼는 서먹서먹한 감정과 근본적으로 같은 종류의 것이다. 그러나 이제는 거울 속의 모습이 따로 떼어내어져서 다른 곳으로 옮겨질 수 있게 되었다. 어느 곳으로 옮겨졌는가? 관중 앞으로 옮겨지게 된 것이다.[13] 이러한 의식은 한 순간도 배우의 마음을 떠나지 않는다. 배우는 카메라 앞에 서 있으면서도 결국에는 그가 관객과 관계하고 있다는 사실을 잘 알고 있다. 그리고 그는 또한 이 관객이 시장을 형성하고 있는 구매자라는 사실도 잘 알고 있다. 그의 노동력뿐만 아니라 그의 심혈을 다 바쳐 봉사하고 있는 이러한 시장은, 그가 시장을 위한 연기를 하고 있는 순간은 마치 공장에서 만들어지는 상품이 그러한 것처럼 그에겐 도저히 실감이 가지 않는 것이다. 이러한 사정이 피탄렐로의 말대로 카메라 앞에 선 연기자를 내리누르는 중압감 내지 새로운 불안감의 부분적 원인이 아닐까? 영화는 분위기의 위축에 대항하기 위해 스튜디오의 밖에서 〈유명인물〉이라는 인위적 스타를 만들어낸다. 영화자본에 의해 장려되고 있는 스타숭배라는 이 마력은 실제로는 이미 오래 전부터 상품화된 타락한 마력 속에서 겨우 그 명맥을 이어가고 있다. 영화자본이 발언권을 쥐고 있는 한은 오늘날의 영화로부터 우리가 일반적으로 기대할 수 있는 유일한 혁명적 업적은, 영화가 전통적인 예술관에 대한 혁명적인 비판을 촉진하고 있다는 점이다. 물론 우리는 영화가 특수한 경우에는 이를 넘어서서 사회적 상황이나 심지어는 소유관계에 대한 혁명적 비판을 촉진할 수도 있다는 점을 부인하지는 않는다. 그러나 오늘날 이루어지고 있는 이 분야의 연구나 서구영화산업은 그 중점을 여기에 두고 있지 않다.

  스포츠의 경우에도 마찬가지겠지만 영화의 경우에도 남의 연기를 참관하는 사람은 누구나가 반쯤은 전문가가 되고 있는 것은 영화나 스포츠의 기술과 관계가 있다. 신문배달원 소년들 여럿이 자전거에 기대서

---

13) 여기에서 확인할 수 있었던 복제기술로 인한 전시방법의 변화는 정치에서도 나타난다. 부르죠아 민주주의가 처한 오늘날의 위기는, 통치자의 공적인 전시를 결정하는 여러 조건의 위기를 내포하고 있다. 민주제도는 통치자를 직접 그리고 몸소 국민의 대표자들 앞에 전시한다. 의회가 통치자의 관중인 셈이다. 촬영기구의 혁신은 연설하는 사람을 수많은 사람들이 들을 수 있게 하고 그리고 곧 이어 볼 수 있게 하였기 때문에, 정치가를 이러한 촬영기구 앞에 내세우는 것은 매우 중요한 일이 되었다. 이로써 의회는 연극무대처럼 황폐화되었다. 라디오와 영화는 전문적인 연기자의 기능을 바꾸었을 뿐만 아니라 통치자들처럼 라디오와 영화 앞에서 직접 자신을 연출해야만 하는 사람들의 기능까지도 바꾸어 놓았다. 이와 같은 변화의 추이는, 그들이 하는 전문적 과제가 각각 다르다는 사실과는 무관하게 영화배우나 통치자의 경우나 모두 동일하다. 그리고 이러한 추이는 어떤 사회적인 조건하에서, 시험이 가능하고 또 쉽게 전용될 수 있는 작업들을 전시하는 방향으로 나아간다. 그 결과 새로운 도태작용, 즉 그것으로 인해 인기스타와 독재자가 승리자로 부상하는 카메라 앞에서의 도태작용이 일어나는 것이다.

서 자전거 경주의 결과를 토론하는 것을 한 번 들어보기만 해도 우리는 이러한 사실을 곧 이해할 수가 있을 것이다. 신문발행인들이 배달원소년들을 위해 경주대회를 여는 것도 그 나름의 이유가 있는 것이다. 이러한 행사는 참가자들에게 굉장한 관심을 불러일으키는데, 왜냐하면 이러한 행사의 우승자는 신문배달원 소년으로부터 일약 자전거 경주자의 지위로 상승할 수 있는 기회를 갖기 때문이다. 이와 마찬가지로 이를테면 매주의 뉴스영화도 누구에게나 길가는 행인으로부터 영화의 엑스트라로 상승할 수 있는 기회를 부여하는 것이다. 이런 식으로 그는 경우에 따라서는 자신이 어떤 예술작품에까지 들어가 있는 것을 볼 수도 있게 되었다. (그 예로 우리는 베르토프 Wertoff의 『레닌에 관한 세노래』나 이벤스 Ivens의 『탄광 광부 Borinage』라는 작품을 생각해 볼 수 있다.) 현대의 인간은 누구나가 영화화되어 화면에 나올 수 있는 권리를 가지고 있다. 이러한 권리를 가장 명확히 알기 위해서는 오늘날의 문학계의 역사적 상황이 어떠한가를 살펴보는 시각이 필요하다.

수백년에 걸쳐 문학계에는 소수의 글쓰는 사람에 대해 그 수천배에 달하는 글읽는 사람이 있었다. 그러던 것이 지난 세기의 말부터 하나의 변화가 일어났다. 정치적·종교적·학문적·직업적 제분야의 기관지와 지방지를 독자에게 보급하게 된 저널리즘 일반의 점진적인 확장으로 인하여 점점 더 많은 수의 독자가——처음에는 소수의 독자가 그랬지만——필자의 입장에 서게 되었다. 그것은 일간신문이 그들에게 독자투고란을 개설하면서부터 시작되었다. 따라서 오늘날에 와서는 직업을 가진 유럽인 치고 직업체험담이나 항의, 르포르타쥬와 이와 유사한 것들을 발표할 기회를 갖지 못하는 사람은 원칙적으로 거의 없다고 보아야 할 것이다. 이로써 필자와 독자의 차이는 근본적으로 그 의미를 상실하게 되었다. 필자와 독자의 차이는 이제 다만 기능상의 차이가 되었고, 또 경우에 따라서는 이렇게도 될 수 있고 저렇게도 될 수 있게 되었다. 독자는 언제든지 필자가 될 마음의 준비가 되어 있다. 고도로 전문화된 어떤 작업과정에서 싫든 좋든 간에 전문가가 될 수밖에 없는——비록 하찮은 분야의 전문가일망정——독자는 필자가 되는 기회를 갖기 마련인 것이다. 소련에서는 일 자체가 곧장 말로 표현된다. 일을 말로 표현하는 것은 일을 수행하는 데 필요한 능력의 일부가 된다. 글을 쓰는 문학적 능력은 이제 특별한 전문교육을 통해서가 아니라 다방면에 걸친 기술교육을 통해서 배양되어지고, 그럼으로써 그러한 능력은 공동소유의

성격을 띠게 되었다. [14]

이 모든 것은 영화에도 그대로 적용될 수 있다. 단지 하나의 차이가 있다면 문학에서는 수백년이 걸렸던 변화가 영화에서는 수십년 사이에 이루어졌다는 사실이다. 영화의 실제——특히 러시아의 영화의 실제——를 보면 우리는 이러한 변화가 이미 부분적으로 이루어지고 있음을 알 수 있다. 러시아 영화에서 보게 되는 배우의 일부는 우리가 흔히 생각하는 의미의 배우가 아니라 자기자신을——특히 작업과정 속에서의 자신을——연출하는 민중이다. 서구에서는 영화의 자본주의적 착취로 인하여 자기자신을 재현·연출해 보려는 현대인간의 정당한 요구는 외면 내지 무시되고 있다. 이러한 상황 아래에서 서구의 영화산업은 환상을 불러일으키는 스펙타클과 아리숭한 상상력을 통하여 대중의 참여를 부채질하는 데만 관심을 쏟고 있을 따름이다.

---

14) 각각의 기술이 가지고 있던 특권적 성격은 사라져 버렸다. 헉슬리 Aldous Huxley는 다음과 같이 쓰고 있다.
⟨기술의 진보는 通俗性을 가져다주었다. 기술복제의 가능성과 윤전기는 글자와 그림의 끝없는 복제를 가능하게 하였다. 학교교육의 일반화와 비교적 높은 임금은 책을 읽을 줄 알고 또 읽을 거리나 그림책 등을 살 수 있는 엄청난 규모의 대중을 만들어 내었다. 이들의 수요를 충족하기 위하여 거대한 산업이 생겨났다. 그런데 예술적 재능이란 매우 희귀한 현상이다. 어느 시대 어느 장소를 막론하고 예술적 생산의 대부분이 보잘 것없었던 이유도 이러한 현상 때문이었다. 그러나 오늘날 모든 예술적 생산에서 조야한 예술작품이 차지하는 비율은 과거의 그 어느 때보다도 높다. ……단지 그 수자만을 한번 보더라도 이러한 사실은 곧 입증될 것이다. 19세기가 경과하는 동안 서구의 인구는 두 배 이상으로 늘어났다. 그런데 읽을 거리, 볼 거리는 나의 추측에 의하면, 적어도 20배, 어쩌면 50배 내지 100배로 증가하였다. 만약 100만의 인구에 ×명의 예술적 재능이 있다면 2백만의 인구에는 2×명의 예술적 재능이 있을 것이다. 상황은 다음과 같이 요약될 수 있을 것이다. 백년 전에는 읽을 거리, 볼 거리가 한 페이지 출판되었다면 오늘날에는 20페이지 내지 100페이지가 출판된다. 그러나 100년 전에는 한 사람의 예술적 재능이 있었다면 오늘날에는 두 사람의 예술적 재능인이 있을 뿐이다. 물론 일반교육의 결과로 옛날 같으면 그 재능이 펼쳐지지 못했을 수많은 잠재적 재능들이 오늘날에는 생산적이 될 수 있게 되었다는 사실은 부인하기 힘들다. 설령 그렇다고 할지라도 옛날에 한 사람의 재능이 있었던 데 비해 오늘날에는 셋 내지 넷이 있다고 가정해 보자. 그럼에도 불구하고 읽을 거리, 볼 거리의 소비는 재능있는 작가나 화가의 자연스러운 생산을 훨씬 앞지르고 있다. 들을 거리의 경우에도 사정은 마찬가지이다. 경제적 번영과 축음기 및 라디오는 인구증가와 이에 따른 재능 있는 음악가의 자연적 증가와는 전혀 걸맞지 않는 들을 거리의 소비자를 만들어 내었다. 따라서 이의 결과로 모든 예술분야에서, 상대적으로 보나 절대적으로 보나 조악한 예술작품의 생산은 예전보다 훨씬 증가하였다. 그리고 사람들이 오늘날과 같이 과도할 정도로 읽을 거리, 볼 거리, 들을 거리의 소비를 계속하는 한 이러한 상황은 그대로 지속될 것이다.⟩ (Aldous Huxley, Creisière d'hiver. Voyage en Amérique centrale(1933). Paris, 1935, pp. 273-5.) 이러한 고찰방법이 진보적이 아닌 것은 분명하다.

11

　영화, 특히 유성영화의 촬영은 지금까지 그 어느 곳 어느 시기에서도 상상할 수 없었던 광경을 보여 주고 있다. 그 광경은 어떤 사건의 진행과정의 묘사인데, 여기에서는 영화진행에 속하지 않는 **촬영기구**, 조명장치, 스탭들이 보는 사람의 시야에 들어오게 마련이다. (비록 보는 사람의 시야가 카메라의 시점과 일치하는 경우에도 사정은 마찬가지이다.) 바로 이러한 면이 그 어떠한 다른 면보다도 영화제작소에서의 한 장면과 무대 위에서의 한 장면 사이의 유사성을 피상적이고 지엽적인 것으로 만든다. 연극무대의 경우, 우리는 무대에서 일어나고 있는 사건이 곧 바로 환상적인 것으로 간주될 수 없는 부분이 있음을 알고 있다. 그러나 영화장면에서는 이러한 부분이 존재하지 않는다. 영화에서 보이는 환상적인 성격은 이차적인 성격을 띠고 있다. 그것은 편집의 결과로 생겨난 것이다. 바꾸어 말하면, 영화제작소에서는 기계적 장치가 너무나 깊숙이 현실 속으로 파고 들어가기 때문에 기계적 장치라는 이물질에서 벗어나게 된 현실의 순수한 모습은 하나의 특수한 처리과정, 즉 카메라의 독특한 조작을 통한 촬영이나 똑같은 종류의 여러 촬영을 조립한 결과로서 생겨난 것이다. 기계적 장치에서 벗어난 현실의 모습은 여기에서 현실의 가장 인위적인 모습이 되었고 또 직접적인 현실의 광경은 技術의 나라의 〈푸른 꽃〉, 즉 최후의 이상이 되었다.

　연극무대와는 크게 대조되는 영화의 이러한 사정을 회화에서의 사정과 비교·검토해 보면 더 많은 것을 알 수 있을 것이다. 여기에서 우리는 우선 다음과 같은 질문, 즉 카메라맨은 화가와 어떤 관계에 있을까 하는 질문을 던져볼 수 있을 것이다. 이에 답하기 위하여 외과의사라는 개념을 원용하여 보자. 외과의사는 마술사와는 극단적으로 대조가 되는 사람이다. 손을 얹어 환자를 낫게 하는 마술사의 태도는 환자의 몸에 깊숙이 손을 대는 외과의사의 태도와는 다르다. 마술사는 자신과 환자와의 자연스러운 거리를 계속 유지한다. 더 정확히 말하면 마술사는 환자 위에 얹은 손을 통하여 환자와의 거리를 줄이기도 하고 또 그의 권위를 통하여 그 거리를 크게 늘이기도 한다. 이에 반해 외과의사는 환자에 정반대의 태도로 접근한다. 즉 그는 환자의 내부 속에 깊숙이 들어감으로써 환자와의 거리를 크게 줄인다. 물론 그가 환자와의 거리를 약간 줄이는 경우도 있지만, 그것은 다만 그가 환자의 내부기관을 매우 조심스럽게 다룰 때 뿐이다. 이를 간단히 요약하면, 외과의사는 마술사와는 달리(외과의사에게도 마술사적인 면이 여전히 남아 있기는 하지만) 결정적인 순간에 그의 환자를 인간 대 인간으로 대하는 것을 포기하고, 그 대신 수술을 통하여 그의 내부로 파고 들어간다고 할 수 있다. 마술사와 외과의사의 관계는 화가와 카메라맨의 관계와 같다. 화가는 주어진 대상으로 부터 자연스러운 거리를 유지하는 데 반해 카메라맨은 작업할 때 주어진 대상의 조직에까지 깊숙이 침투한다.[15] 이를 통해 두 사람이 얻게 되는 영상은 엄청나게 다르다. 화가의 영상은 하나의 전체적 영상이고, 카메라맨의 영상은 여러개로 쪼개어져 있는 단편적 영상들로서, 이 단편적 영상들은 새로운 법칙에 의해 다시 조립된다. 현대인에 제공되고 있는 영화의 현실묘사가 더할나위 없이 의미심장한 현실묘사가 되고 있는 까닭은, 현대인이 예술작품으로부터 당연히 요구할 권리가 있는 카메라의 개입 없는 현실의 모습이 영화의 현실묘사에서는 바로 카메라를 집중적으로 침투시키는 작업을 바탕으로 하여 얻어지기 때문이다.

12

예술작품의 기술적 복제가능성은 예술을 대하는 대중의 태도를 변화시켰다. 이를테면 피카소와 같은 회화에 대해서 가졌던 보수적 태도가 채플린과 같은 영화에 대해 갖는 진보적 태도로 바뀌어진 것이다. 그런데 이러한 진보적 태도의 특징이 있다면 그것은 바라보고 체험하는 데 대한 즐거움이 전문적인 비평가의 태도와 긴밀하게 서로 연결되고 있다는 점이다. 이러한 연결은 매우 중요한 사회적 의미를 갖는다. 다시 말해 어떤 예술형식의 사회적 중요성이 줄어들면 들수록 수용자의 批評的 태도와 鑑賞的 태도는 점점 더 분리된다. (이러한 면은 회화에서 분명

---

[15] 카메라맨의 대담성은 실제로 외과의사의 대담성과 비교될 수 있다. 뤽 뒤르땡 Luc Durtain은 외과기술의 특수한 기교의 목록을 작성하면서 〈매우 어려운 수술에 필요한〉 몇몇 기교를 열거하고 있다. 〈한 예로 이비인후과 수술의 경우를 들어보자. 이른바 鼻腔내부의 원근법 수술이나 내면喉頭鏡의 반대방향에 비친 모습을 보면서 후두수술을 할 경우 요구되는 곡예적인 기교가 그 예이다. 또 다른 예로 우리는 시계공의 정밀성을 연상하게 하는 귀수술을 생각해 볼 수도 있을 것이다. 인체를 수리하거나 구제하고자 하는 사람에게 얼마나 많은 단계의 정교하기 이를 데 없는 근육의 곡예가 필요한가를 알기 위해서는 마치 쇠붙이(外科刀)가 반유동상태의 세포조직과 싱갱이를 벌이는 것 같은 白內障수술이나 중요한 개복수술만 보더라도 쉽게 알 수 있을 것이다.〉

히 드러난다.) 관습적인 것이 아무런 비판 없이 향수된다면, 새로운 것은 혐오감을 가지고 비판되어진다. 그러나 영화관에서는 관중의 비판적 태도와 鑑賞的 태도는 일치한다. 영화관에서 중요한 점은, 여기에서는 관중 개개인의 반응이(개별적 반응의 총화가 집단반응을 이룬다) 그 어느 곳에서보다도 처음부터 집단에 의해 직접적으로 영향을 받고 있다는 사실이다. 그리고 이 개별적 반응들은 밖으로 표현됨과 동시에 또한 상호 견제를 하게 된다. 다시 한번 회화를 예로 들어 보는 것이 이러한 상황을 이해하는 데 도움이 될 것이다. 회화는 한 사람 내지 극소수의 사람에 의해 감상되어야 한다는 요구를 고수해 왔다. 19세기에 대두된 현상이라고 할 수 있는 다수의 관중에 의한 회화의 동시 감상은 회화의 위기를 말해 주는 초기징표이다. 이러한 회화의 위기는 단순히 사진 때문에 생겨난 것이 아니라 이것과는 관계없이 예술작품이 대중에 대해 갖는 요구 때문에 생겨나게 되었던 것이다.

회화는 옛날부터 건축이 그랬고, 한때 서사시가 그랬으며 또 오늘날에는 영화가 그러한 것과는 달리 동시적인 집단적 수용을 위하여 어떤 대상을 보여줄 수 없는 입장에 있다. 이러한 사정으로부터 회화의 사회적 기능에 대한 결론을 내릴 수는 없는 노릇이지만, 그러나 이러한 사정은, 일단 회화가 특수한 여건하에서 또 어느 의미에서는 그 자체의 본성에 반해서 대중과 직접적으로 마주 대하게 되는 순간에는, 하나의 심각한 침해현상으로서 그 중요성이 부각될 수도 있다. 중세의 교회나 사원, 18세기의 영주의 궁정에서만 하더라도 회화의 집단적 수용은 동시적으로 이루어진 것이 아니라 여러 단계를 거쳐 위계질서적 매개를 통하여 이루어졌었다. 이러한 회화의 상황이 오늘날 다른 양상을 띠게 되었다면, 여기에는 그림의 기술복제 가능성으로 인하여 회화가 휩쓸려들게 된 특수한 갈등이 표현되고 있다고 보아야 할 것이다. 그러나 설령 그 당시 그림을 미술관이나 화랑에서 대중들에게 보여주려고 시도했다고 하더라도 대중들에겐 그 그림을 받아들이면서 그들 스스로를 조직하고 또 서로를 통제할 수 있었던 방법은 존재하지 않았다.[16] 괴기영화

---

16) 이와 같은 고찰방식은 투박하다는 느낌을 줄지도 모른다. 그러나 위대한 이론가 레오나르도가 보여준 것처럼, 투박한 고찰방식이 때로는 유용한 인증의 자료가 될 수 있다. 레오나르도는 회화와 음악을 다음과 같이 비교하였다.
〈회화가 음악보다 나은 이유는 회화는 불행한 음악의 경우처럼 태어나자마자 죽지 않아도 되기 때문이다. 생기자마자 사라져야 하는 음악은 니스의 사용을 통해 영구히 남게 되는 회화보다 못하다.〉(*Trattato* I, 29)

에 대해서는 진보적인 반응을 보이는 관객이 초현실주의에 대해서는 보수적인 반응을 보일 수 밖에 없는 것도 바로 이러한 사정에서 연유하는 것이다.

13

영화의 특징이 있다면 그것은 영화가 어떤 방식으로 인간을 카메라 앞에 나타내는가 하는 데에만 있는 것이 아니라 어떻게 카메라의 힘을 빌어 주위환경을 나타내는가 하는 데도 있을 것이다. 개인의 능력을 다루고 있는 심리학을 한번 보면 우리는 카메라의 능력이 어느 정도인가를 구체적으로 시험해 볼 수가 있다. 정신분석학도 다른 면에서 구체적인 도움을 준다. 실제로 영화는 프로이트의 이론이 예시한 방법으로써 우리의 감각세계를 풍부하게 하였다. 50년 전만 해도 대화 도중의 잘 못된 발언이나 행동은 대체로 남의 주목을 받음이 없이 그냥 넘어가는 것이 보통이었다. 처음에는 표면적으로만 진행되는 것같이 보이던 대화 속에서 갑자기 심층 심리학적 측면이 열리는 경우란 예외에 속하는 일이었다. 그러나 프로이트의 『일상생활의 정신병리학』이 출간된 이후 사정은 일변하였다. 이 책은 지금까지는 눈에 띄지 않은 채 지각의 넓은 흐름 속에 함께 들어 있던 사물들을 분리하여 분석이 가능하도록 만들었다. 영화 역시 결과적으로 넓은 시각의 세계뿐만 아니라 청각의 세계에 이르기까지 이와 비슷한 지각의 심화를 가져다주었다. 영화가 보여 주는 성과들이 회화나 무대장면에서 표현되는 성과보다 훨씬 더 정확하고도 훨씬 더 다양한 관점에서 분석이 가능하게 되었다는 사실은 영화에 의한 지각의 심화라는 현상의 또 다른 한 면에 불과하다. 회화에 비하여 영화는 훨씬 더 정확하게 상황을 재현하는데, 영화에 나타난 성과가 더 정확히 분석될 수 있는 것도 바로 이러한 이유 때문이다. 그리고 무대장면에 비해 영화에 나타난 성과가 더 정확히 분석될 수 있는 이유도 그것이 훨씬 더 용이하게 분리될 수 있기 때문이다. 영화의 이러한 면은 예술과 학문의 상호 침투를 촉진한다. 바로 이 점이 영화가 갖는 특징의 가장 중요한 내용이다. 사실상, 어떤 일정한 상황 속에서 깨끗하게 잘 준비가 되어 제시된 화면 속의 행동(마치 해부도의 근육처럼)을 보면 우리는 우리의 마음을 더 강하게 사로잡고 있는 것이 그 예술적 가치인지 아니면 그 학문적 가치인지 분간하기가 힘들 정도이다. 지금까지 대체로 서로 분리되어 있던 사진의 예술적 가치와 학문적 가치를 동일한 것으로 인식할 수 있도록 하는 것——바로 이것이 영화가 앞으로 갖게 될 혁명적 기능들 중의 하나이다.[17]

영화는 사물을 확대(클로즈업)하여 보여주고, 우리에게 익숙한 사물의 숨겨진 세부적 사항에 초점을 맞추고, 카메라의 뛰어난 사물파악 능력에 의해 진부한 주위환경을 천착함으로써 한편으로는 우리의 삶을 지배하는 필연성에 대한 인식을 증가시키고, 다른 한편으로는 우리가 전혀 상상하지 못했던 엄청난 공간을 확보해 주고 있는 것이다. 우리들의 술집과 대도시의 거리, 사무실과 가구가 있는 방, 정거장과 공장——지금까지 우리는 바로 이러한 것들 속에 구제할 길 없이 갇혀 있는 것처럼 보였다. 그러던 것이 영화가 등장함에 따라 이러한 감옥의 세계가 10분의 1초의 다이나마이트로 폭파됨으로써 우리는 사방으로 흩어진 감옥세계의 파편들 사이에서 유유자적하게 모험에 가득찬 여행을 시도할 수 있게 되었다. 클로즈업된 촬영 속에서 공간은 확대되고 고속도 촬영 속에서 움직임 또한 연장되었다. 확대촬영은 〈그렇지 않으면〉 불분명하게 볼 수밖에 없는 것들을 보다 분명하게 보여줄 뿐만 아니라 물질의 전혀 새로운 구조를 밖으로 드러내어 보여 준다. 이와 마찬가지로 고속도 촬영 역시 우리가 이미 알고 있는 움직임의 모티브를 드러내어 보여 줄 뿐만 아니라 우리가 이미 익히 알고 있는 움직임 속에서, 전혀 알려져 있지 않은 움직임, 다시 말해 〈빠른 움직임을 길게 늘어놓은 움직임이 아니라 미끄러지는 듯한, 공중에 떠 있는 듯한, 그리고 이 세상 밖에 있는 듯한 움직임〉을 보여 주고 있는 것이다. 따라서 카메라에 나타나는 것은 육안으로 보는 것과는 다른 성질의 것임이 분명하다. 다르다는 것은 무엇보다도 사람의 의식이 작용하는 공간의 자리에 무의식이 작용하는 공간이 대신 들어선다는 점에서 그러하다. 사람들의 걸음걸이가 어떻다는 데 대해서 대충은 얘기를 할 수는 있지만 정작 발걸음을 내뻗

---

17) 이러한 상황에 맞는 하나의 유사한 예를 찾자면, 르네상스의 그림에서 매우 시사적인 예를 찾아볼 수 있다. 또 여기에서 우리는, 르네상스회화의 눈부신 발전과 그 중요성이 적어도 일련의 새로운 학문이나 아니면 새로운 학문적 자료의 종합에 그 근거를 두고 있음을 알 수 있다. 르네상스의 회화는 해부학, 원근법, 수학, 기상학, 색채학을 이용하였다. 발레리는 다음과 같이 쓰고 있다. 〈그림이야말로 최고의 목표요 인식의 최고 증명수단이라는 레오나르도와 같은 사람의 이상한 주장만큼 우리의 생각과 동떨어진 주장도 없을 것이다. 그는 심지어 그의 확신에 따라 그림은 보편적 지식을 요구한다고 주장하였고, 또 오늘날의 우리가 그 깊이와 정밀성에 대해 놀라움을 금치 못하는 이론적 분석을 대담하게 시도했던 것이다.〉(Paul Valéry, *Pièces sur l'art*, Paris, p.191)

는 몇초 동안의 자세가 정확히 어떤 것인지에 대해서는 거의 알지 못하고 있는 실정이다. 또 라이터나 스푼을 잡으려고 할 때의 손동작에 대해서도 대충은 알고 있지만 손과 쇠붙이 사이에서 어떤 일이 일어나고 있으며, 더구나 우리가 처해 있는 그때그때의 기분에 따라 그것이 어떻게 변하는가에 대해서는 거의 알고 있지 못하고 있는 실정이다. 여기에 카메라는 그것이 지닌 보조수단, 즉 하락과 상승, 중단과 분리, 사진진행의 확대와 축소 등으로써 개입한다. 정신분석학을 통하여 충동의 무의식적 세계를 알게 된 것처럼 우리는 카메라를 통하여 비로소 시각의 무의식적 세계를 알게 된 것이다.

14

예로부터 예술의 가장 중요한 과제 중의 하나는 수요를 창출해 내는 일이었다. 그런데 이러한 수요를 완전히 충족시킬 수 있는 시기는 아직도 도래하지 않고 있다.[18] 모든 예술형식의 역사를 보면 거기에는 위기의 시기가 있기 마련인데, 이러한 위기의 시기에는 이들 예술형식은 변화된 기술수준, 다시 말해 새로운 예술형식을 통해서만 비로소 아무런

---

18) 〈예술작품은, 그것이 미래의 반영들에 의해 전율을 하고 있는 한에서만 가치를 갖는다〉라고 브르통 A. Breton은 말하고 있다. 실제로 완성된 모든 예술형식은 세 개의 발전 교차점에 서 있는 것이다. 즉 첫째로 기술은 어떤 일정한 예술형식을 향해 나아간다. 영화가 등장하기 이전에는 사진책자가 있었다. 사람들은 이 책자의 그림을 엄지손가락 하나로 아주 누르면 눈앞을 스쳐 지나가는 권투시합이나 테니스경기를 볼 수 있었다. 또 손잡이를 한번 돌리면 일련의 그림이 펼쳐지는 장터의 자동기계도 있었다. 둘째로 전통적인 예술형식은 어떤 일정한 발전단계에서, 훗날 새로운 예술형식에 의해 저절로 얻어지게 될 효과를 애써 얻으려고 노력한다. 영화가 대두하기 전의 다다이스트들은, 채플린이 훗날 자연스럽게 해낼 수 있었던 동작을 관중들에게 보여 주려고 노력하였다. 세째로 눈에 잘 띄지 않는 사소한 사회적 변화는, 새로운 예술형식이 대두되어야만 비로소 도움이 될 수 있는 감수성의 변화를 가져오게 한다. 영화가 아직도 그 관중을 형성하기 이전에 이른바 카이저 입체경 Kaiserpanorama에서는 일련의 영상(이미 정지상태의 영상이 아닌)이 모여 있는 관중들을 사로잡았다. 입체경이 비치된 스크린 앞에 관중들이 모여서, 관중 각자가 이 입체경을 들여다보았다. 이 입체경 앞에서는 그림이 하나하나 자동적으로 나타나서 잠깐 머물렀다가는 다른 그림이 또 나타났다. 스크린과 영사방법을 아직 알지 못했던 에디슨도 필름테이프를 보여줄 때, 청중으로 하여금 영상이 펼쳐지는 기계 속을 들여다보게 함으로써 위와 비슷한 수단을 사용하지 않으면 안되었다. 그 밖에도 카이저 입체경의 장치에는 발전의 변증법이 두드러지게 나타나고 있다. 영화가 영상의 관람을 집단적인 것으로 만들기 바로 직전에, 곧 구식이 되어버린 이 기구의 입체경을 통한 개인적 영상의 관람은, 마치 한때 승려가 밀실에서 神의 像을 보았던 것과 같은 분명한 성격을 띠고 다시 나타났던 것이다.

무리 없이 생겨날 수가 있는 효과를 앞질러 억지로 획득하려고 한다. 따라서 위기의 시기, 특히 이른바 퇴폐기에 생겨나는 예술의 괴상하고 조야한 형식들은 실제로는 이러한 시기의 가장 풍부한 역사적 에너지의 중심부로부터 나오는 것이다. 근래에 와서 그러한 야만적인 에너지로 충만한 예술운동을 볼 수 있게 된 것은 다다이즘에서이다. 다다이즘이 지니는 충동의 전모를 알게 된 것은 최근에 와서이다. 다시 말해 다다이즘은, 오늘날 대중들이 영화에서 찾고 있는 효과를 회화나 문학의 수단을 통하여 만들어 내려고 했던 것이다.

수요의 획기적인 창출은 예외없이 원래 설정했던 목표를 넘어서기 마련이다. 다다이즘도 그 예외가 아니어서 영화에 고유한 시장가치를, 보다 중요한 의도를 실현하기 위하여——물론 이러한 의도를 의식하고 그랬던 것은 아니지만——희생하기까지 하였다. 다다이스트들은 그들 작품의 상품적 가치보다는 관조적 침잠의 대상으로서의 작품의 무가치성을 보다 더 중시하였다. 그리고 그들은 그들의 소재를 근본적으로 격하시킴으로써 이러한 무가치성에 도달하고자 하였다. 그들의 시는 외설스러운 문구나 말의 온갖 쓰레기를 합쳐 놓은 〈말의 샐러드〉이다. 단추나 승차권 등을 몽타지하여 붙여 놓은 그림도 이와 다를 바가 없다. 이러한 수단을 통하여 이들 그림이 도달하고자 하는 것은 그들이 만들어낸 작품의 분위기를 가차없이 파괴해 버리는 일이었고, 또 생산의 수단을 빌어 그들의 작품에다 복제의 낙인을 찍는 일이었다. 아르프 Jean Arp의 그림이나 슈트람 August Stramm의 시 앞에서는 드랭 André Derain의 그림이나 릴케의 시 앞에서 하듯이 마음을 가다듬어 천천히 관조를 하거나 평가를 내려 본다는 것은 불가능하다. 부르죠아사회의 퇴폐 속에서 관조적 침잠 Versenkung이 비사교적 행동의 훈련장이 되었다면, 여기에 맞서서 나타난 것은 사교적 행동의 한 변형형태로서의 정신분산적(기분전환적) 오락 Ablenkung이다.[19] 실제로 다다이스트들은 예술작품을 스캔들의 중심적 대상이 되게 함으로써 그들의 시위가 꽤 요란한 정신분산적 오락이 되도록 하고 있는 것이다. 그들의 작품은 무엇보다도 공적인 불쾌감을 불러일으켜야 한다는 요구를 충족시키지 않으면 안되었다.

---

19) 이러한 관조적 침잠의 신학적 원형은 자신이 신과 단둘이 있다는 意識이다. 부르죠아지의 전성기에는 이러한 의식에 의해서 교회의 후견을 떨쳐버릴 수 있는 자유가 강화되었다. 그러나 쇠퇴기에서는 그와 똑같은 의식은 잠재적 경향, 즉 개개의 개인이 신과의 교류를 통해 얻은 힘을 공동조직의 제관십사로부터 벗어나게 하려는 은밀한 경향을 고려하지 않으면 안되었다.

예술작품은 다다이스트들에 이르러 사람의 마음을 사로잡는 시각적 환영이나 사람의 귀를 솔깃하게 하는 청각적 구조이기를 그치고 일종의 폭탄이 되었다. 이 폭탄은 보는 사람의 눈과 귀에 와 닿는다. 그것은 촉각적 성질을 획득하게 되었다. 그리고 이로써 그것은 영화에 대한 수요를 촉진시키게 되었는데, 그 이유는 영화의 정신분산적·기분전환적 요소는 무엇보다도 우선 촉각적인 것이고, 또 그것은 보는 사람의 눈에 단속적으로 들어오는 영화장면과 관점의 변화에 그 근거를 두고 있기 때문이다. 영화가 펼쳐지는 영사막과 그림이 놓여 있는 캔버스를 한번 비교해 보자. 캔버스는 보는 사람을 관조의 세계로 초대한다. 그는 그 앞에서 자신을 연상의 흐름에 내맡길 수가 있다. 그러나 영사막 앞에서는 그렇게 할 수가 없다. 영화의 장면은 눈에 들어오자마자 곧 다른 장면으로 바뀌어 버린다. 그것은 고정될 수가 없는 것이다. 영화를 몹시 싫어했지만 영화가 지니는 의미에 대해서는 아무것도 파악하지 못했던, 그러나 영화의 구조에 대해서는 많은 것을 파악하였던 뒤아멜 Duhamel은 이러한 사정에 대해 다음과 같이 간단히 언급하였다. 〈이제 나는 더 이상 내가 생각하고자 하는 바를 생각할 수 없게 되었다. 움직이는 영상들이 내 사고의 자리에 대신 들어앉게 된 것이다.〉실제로 이러한 영상을 보는 사람의 연상의 흐름은 끊임없는 영상의 변화로 인하여 곧 중단되어 버린다. 영화의 충격효과는 바로 이러한 데에 그 근거를 두고 있으며, 또 이러한 충격효과는 다른 충격효과가 모두 그러한 것처럼 단단히 정신을 차리고 깨어 있는 상태에서만 어느 정도 완화되어질 수가 있는 것이다. 다다이즘이 아직도 정신적 충격 속에 포장해서 감싸고 있는 물리적 충격을 영화는 그의 기술적 구조의 힘을 빌어 그 포장으로부터 해방시키고 있는 것이다.[20]

15

대중은, 예술작품을 대하는 일체의 전통적 태도가 새로운 모습을 하고 다시 태어나는 모태이다. 양은 질로 바뀌었다. 예술에 참여하는 대

---

[20] 영화는 현대인이 직면하고 있는 증대하는 삶의 위험에 상응하는 예술형식이다. 충격효과에 자신을 드러내고자 하는 욕구는, 충격효과에 직면해서 생겨나는 위험에 적응하고자 하는 하나의 표현이다. 영화는 지각체계에서 일어나고 있는 깊은 변화에 상응한다. 이러한 변화는 개인적 차원에서는 대도시 교통의 혼잡 속에서 모든 行人이 다 경험하는 것이고 역사적 차원에서는 오늘날의 시민이 모두 경험하는 것이다.

중의 수적 증가는 참여하는 방식의 변화를 초래하였다. 그런데 이러한 유의 대규모적 참여가 저 악명높은 모습을 하고 처음 등장했다는 사실을 두고 관찰자들이 상황을 잘못 판단해서는 안된다. 예술의 대규모 참여가 갖는 이러한 표면적인 면을 집요하게 파고든 사람들도 없지는 않았다. 그 중에서도 뒤아멜은 이러한 면에 대해 가장 과격한 발언을 하였다. 무엇보다도 그가 영화를 못마땅하게 생각한 것은 영화가 대중들에게 불러일으키는 참여의 방식이다. 그는 영화를 일컬어 〈노예의 소일거리, 무식하고 비참하고 일과 걱정 속에서 지칠 대로 지친 인간들의 오락, …아무런 정신집중도 요구하지 않고 아무런 사고능력도 전제하지 않는 …가슴에 아무런 광명도 밝혀주지 않고 또 어느 날엔가는 로스엔젤레스에서 스타가 되겠다는 가소로운 희망 이외에는 아무런 희망도 불러일으켜 주지 않는 구경거리〉라고 하였다.[21] 이러한 발언은 따지고 보면, 예술은 정신 집중을 요구하는 데 반해 대중은 정신분산(오락)을 원한다는 옛날부터 들어 온 개탄에 불과하다. 또 그것은 우리가 늘상 말하는 상투적 얘기이기도 하다. 그런데 문제는 이러한 상투적 얘기가 영화를 분석하는 하나의 관점을 제시해 줄 수 있느냐 하는 것이다. 이 문제는 보다 자세히 검토해 보아야 할 문제이다. 정신분산으로서의 오락 Zertreuung 과 정신집중 Sammlung은 서로 상반되는 개념이다. 우리는 이를 다음과 같이 표현할 수도 있을 것이다. 예술작품 앞에서 마음을 가다듬고 집중하는 사람은 그 작품 속으로 빠져들어간다. 옛날 중국의 전설에 어떤 화가가 자기가 완성한 그림을 보고 그 속으로 들어갔다는 식으로 예술작품 앞에서 정신집중하는 사람은 그 작품 속으로 들어간다. 이에 반해 정신이 산만한 대중은 예술작품이 자신들 속으로 빠져들어오게끔 한다. 이러한 사정을 가장 구체적으로 보여 주는 것이 건축물이다. 예로부터 건축은 오락적・집단적 방식으로 그 수용이 이루어지는 예술작품의 원형이었다. 건축의 수용이 이루어지는 방식과 원리를 보면 우리는 이로부터 가장 많은 것을 배울 수가 있을 것이다.

---

21) 다다이즘의 경우와 마찬가지로 입체파와 미래파의 경우에도 영화로부터 중요한 시사점을 얻을 수 있다. 입체파와 미래파는 기계를 통해 그들 나름대로 도구를 가지고 현실을 침투해 보려는 하나의 예술적 탐색으로서 등장하였다. 이들 유파는 영화와는 달리 기계를 이용해서 현실을 예술적으로 묘사하려고 한 것이 아니라 묘사된 현실과 묘사된 기계를 合金하듯 융합시킴으로써 현실을 예술적으로 묘사하려고 시도하였다. 그런데 입체파에서 중요한 역할을 하는 것은 光學에 그 바탕을 두고 있는 기계(카메라)의 구조에 대한 예감이다. 그리고 미래파에서 중요한 역할을 하는 것은 영화필름의 빠른 진행에 의해 생겨나는 기계의 효과에 대한 예감이다.

건축물은 인류의 역사가 생기고 난 후부터 줄곧 사람과 함께 있어 왔다. 그 사이 수많은 예술형식들이 명멸하였다. 비극은 그리이스인들과 함께 생겨난 후 그들과 함께 사라져 갔고 수백년이 지난 후 다시 그 〈규칙〉만이 부활되었다. 여러 민족의 초창기에 생겨났던 서사시는 유럽에서는 르네상스의 종말과 더불어 사라졌다. 나무판이나 캔버스에 그리는 그림 Tafelmalerei은 중세의 창조물이지만, 그 아무것도 그 전승이 계속 이루어지리라는 보장을 해주지 못하고 있다. 그러나 비바람을 막아야 할 주거에 대한 인간의 수요는 예나 지금이나 변함이 없다. 건축술은 한 번도 중단된 적이 없다. 건축술의 역사는 그 어떤 다른 예술의 역사보다도 장구하다. 그리고 건축술이 미친 영향을 머리 속에 떠올려 본다는 것은, 예술작품을 대하는 대중의 관계가 어떠한가를 알아 보려는 모든 시도에 중요한 의미를 부여한다. 건축물의 수용은 두가지 측면, 즉 사용과 지각, 더 정확히 말하면 촉각과 시각을 통하여 이루어진다. 이러한 수용방식은 이를테면 관광객이 어떤 유명한 건물 앞에서 주의력을 집중하여 그 건물을 수용하는 식으로는 이루어지지 않는다. 왜냐하면 시각적인 면이 갖는 관조에 해당하는 것이 촉각적인 면에는 없기 때문이다. 촉각적 수용은 주의력의 집중을 통해서라기보다는 익숙함을 통해 이루어진다. 건축의 경우 그러한 촉각적 수용은 상당할 정도로 시각적 수용까지도 결정하게 된다. 또 이러한 촉각적 수용은 본래 한 번의 긴장된 주의를 통해서가 아니라 우연히 어떤 대상을 주목함으로써 이루어지는 것이다. 그런데 이처럼 건축물을 통해 형성되는 수용방법은 경우에 따라서는 규범적인 가치를 갖게 되는데, 그 이유는 역사의 전환기에서 인간의 지각구조에 부과된 과제는 단순히 시각, 다시 말해 관조를 통해 해결될 수가 없기 때문이고, 또 그러한 과제는 촉각적 수용의 주도하의 익숙함을 통해 점차적으로 해결될 수가 있기 때문이다.

오락으로 정신이 산만해진 사람도 익숙해질 수가 있다. 아니 어떤 과제를 정신분산적 오락 속에서 해결할 수 있다는 능력 자체가 그러한 과제를 해결하는 일이 이미 하나의 습관이 되었음을 입증해 주고 있다. 예술이 제공해 주게 될 정신분산적 오락을 통해서 우리는 지각이 당면하고 있는 새로운 과제가 어느 정도 해결될 수 있는가를 통제할 수 있게 되었다. 또 개개의 인간들은 그러한 과제를 회피하려는 성향을 가지고 있기 때문에, 예술은 대중을 동원할 수 있는 바로 그곳에서 예술의 가장 어렵고 가장 중요한 과제를 해결하려고 노력하고 있는 것이다. 예술은 오늘날 이러한 과제를 영화에서 수행하고 있는 것이다. 예술의 모든 영역에서 점점 더 강하고 더 두드러지게 오락을 통해 이루어지고 있는 수용방식——이것은 또한 지각작용에서 일어나고 있는 깊은 변화의 징후이기도 하다——은 그 고유한 연습수단을 영화에서 찾고 있다. 그 충격효과라는 면에서 영화는 이러한 수용방식에 잘 부응하고 있다. 영화는, 관중으로 하여금 비단 비평적 태도를 갖게 함으로써만이 아니라 그와 아울러 이러한 영화관에서의 관중의 비평적 태도가 주의력을 포함하지 않음으로 인해서 종교의식적 가치를 뒷면으로 밀어내고 있는 것이다. 관중은 試驗官과 같은 역할을 하지만, 그러나 그는 정신이 산만한 시험관인 것이다.

追 記

현대인의 점진적인 프롤레타리아트化와 대중의 점진적인 형성은 동일한 사건의 양면이다. 파시즘은 새로이 생겨난 프롤레타리아化한 대중을 조직하려 하고 있다. 그러면서도 대중이 폐지하고자 하는 소유관계는 조금도 건드리지 않고 있다. 파시즘은 대중으로 하여금 그들의 권리를 찾게 함으로써가 아니라 그들의 의사를 표시하게 함으로써 구원책을 찾고자 한다.[22] 대중은 소유관계의 변화를 요구할 권리가 있지만 파시즘은 소유관계를 그대로 보존함으로써 그들에게 그럴 듯한 하나의 명목을 제시하고 있다. 파시즘이 정치의 예술화로 치닫게 되는 것은 당연한 역사적 귀결이다. 지도자의 숭배라는 명목으로 모욕과 수모를 강요당하는 대중의 강간은, 종교의식적 가치를 만들어내기 위해 봉사를 강요당하는 기계의 강간과 쌍벽을 이룬다.

22) 그 선전적 의미가 매우 큰 주간 뉴우스 영화를 염두에 두고 보면 여기에서 매우 중요한 것은 어떤 기술적 면이다. 대량복제에 특히 도움을 주고 있는 것은 대중의 복제이다. 축제행렬, 대규모 집회, 스포츠 경기에서의 대집회, 전쟁——이처럼 오늘날 촬영기구에 의해 예외없이 모두 붙잡혀지는 이러한 것들 속에서 대중은 그들 스스로의 모습을 다시 마주 대하게 되는 것이다. 그 중요성을 새삼 강조할 필요가 없는 이러한 사태의 발전은 복제기술 내지 촬영기술의 발전과 밀접하게 관련을 맺고 있다. 대중의 움직임은 일반적으로 육안으로보다는 카메라에 의해 더욱 더 분명히 드러난다. 수십만명에 달하는 기간부대의 모습은 鳥瞰圖에 의해 가장 잘 파악될 수 있다. 이러한 원근법은 카메라에서와 마찬가지로 육안으로도 접근이 가능한 것이지만, 육안에 의해 수용된 영상은 카메라의 필름이 확대되는 방식으로는 확대될 수가 없는 것이다. 다시 말하면 대중의 움직임, 그리고 전쟁은, 특히 기계(카메라)에 적합한 인간행동의 형태를 보여 주고 있다고 할 수 있다.

정치의 예술화를 위한 모든 노력은 한 점에서 그 정점을 이루는데, 바로 이 한 점이 전쟁이다. 전쟁, 오로지 전쟁만이 전통적인 소유관계를 그대로 유지하면서 대규모의 대중운동에 하나의 목표를 설정할 수가 있다. 정치의 입장에서 보면 이러한 상황을 위에서처럼 공식화할 수 있다. 즉 오로지 전쟁만이 소유관계를 그대로 유지하면서 현재의 모든 기술수단을 동원할 수가 있는 것이다. 물론 파시즘에 의한 전쟁의 神格化가 이런 식의 논리를 사용하고 있지는 않다. 그럼에도 불구하고 이런 식의 논리를 한번 자세히 살펴보는 것은 유익한 일이 될 것이다. 이디오피아전쟁을 두고 한 마리네티의 선언문은 다음과 같다.

25년 전부터 우리들 미래파는, 전쟁은 비예술적이라는 주장에 반대해 왔다 ……따라서 우리는 다음과 같은 사실을 주장하고자 한다.……전쟁은 아름답다. 왜냐하면 전쟁은 방독면, 공포감을 불러일으키는 확성기, 화염방사기와 소형탱크 등을 빌어 버림을 당하고 있는 기계에 대한 인간의 지배를 굳건히 하기 때문이다. 전쟁은 아름답다. 왜냐하면 전쟁은 오래 꿈꾸어 오던 인간 육체의 金屬化과정의 시대를 열어주기 때문이다. 전쟁은 아름답다. 왜냐하면 전쟁은 꽃피는 草原을 불꽃 튀기는 기관총의 열대식물로서 더 한층 다채롭게 만들기 때문이다. 전쟁은 아름답다. 왜냐하면 전쟁은 총탄의 포화와 대포의 폭음, 사격 뒤에 오는 휴식, 향기와 썩는 냄새 등을 합하여 하나의 교향곡을 만들어 내기 때문이다. 전쟁은 아름답다. 왜냐하면 전쟁은 대형탱크, 기하학적 비행편대, 불타고 있는 마을에서 피어오르는 나선형의 연기와 같은 새로운 건축구조와 그밖의 다른 건축구조를 창조해 내기 때문이다.……미래주의의 시인들과 예술가들이여……전쟁의 미학이 갖는 이러한 근본원리를 기억하라. 그리하여 새로운 시, 새로운 조형예술을 위한 그대들의 투쟁이 이들 전쟁미학의 근본원리에 의해서 분명하게 밝혀질 수 있기를 !

이 선언문은 분명하다는 장점을 가지고 있다. 이 선언문의 문제제기는 변증가에 의해 받아들여질 만한 충분한 가치를 지니고 있다. 변증가의 입장에서 보면 오늘날의 전쟁미학은 다음과 같이 표현될 수 있다. 즉 생산력의 자연스러운 이용이 소유질서에 의해 저지당할 때는 기술적 수단과 속도 및 에너지 자원의 증대는 불가피하게 생산력의 부자연스러운 이용으로 치달는 수밖에 없을 것이고, 또 이러한 필연성의 마지막 출구가 바로 전쟁이다. 전쟁의 파괴성은, 사회가 기술을 사회의 유기적 일부로 병합할 수 있을 만큼 충분히 성숙하지 못했으며, 또 기술이 사회의 근원적인 에너지를 감당할 수 있을 만큼 충분히 발달하지 못했다는 증거이다. 가공할 양상을 띠고 있는 제국주의적 전쟁은 엄청난 생산수단과 이러한 생산수단을 생산과정 속에서 충분하게 활용하지 못함으로써 생겨나는 상황 사이의 불일치(바꾸어 말하면 실업과 상품시장의 결핍)에 의해서 결정된다. 제국주의적 전쟁은 일종의 기술의 반란이다. 다시 말해 기술은 제국주의적 전쟁에서, 사회가 평소 자연스러운 재료를 통해 기술에 부여하지 못했던 권리를 〈인간재료〉를 통해 다시 거두어들이고 있는 것이다. 강의 흐름이 나아갈 운하를 파는 대신 기술은 인간의 흐름을 전쟁의 참호 속으로 흘러 들어가게 하고, 또 비행기를 통해 씨를 뿌리는 대신 화염폭탄을 도시에 뿌리고 있으며, 그리고 가스 전쟁 속에서 새로운 방식으로 분위기를 없애는 수단을 발견하였다. 〈세상은 무너져도 예술은 살리라〉라고 파시즘은 말하면서 기술에 의해 변화된 지각의 예술적 만족을, 마리네티가 고백하고 있는 것처럼 전쟁에서 기대하고 있다. 이것은 분명 예술지상주의의 마지막 완성이다. 일찍이 호머의 시대에는 올림푸스신들의 관조대상이었던 인류는 이제 그 스스로가 관조대상이 되었다. 인류의 자기소외는 인류 스스로의 파괴를 최고의 미적 쾌락으로 체험하도록 하는 단계에까지 이르렀다. 이것이 파시즘이 행하는 정치의 예술화의 상황이다. 공산주의는 예술의 정치화로써 파시즘에 맞서고 있다.

사진의 작은 역사

  사진의 여명기를 덮고 있는 안개는 인쇄술의 초창기 위에 깔려 있는 안개만큼 그렇게 짙은 것은 아니다. 사진의 여명기를 보면 우리는 발명의 시간이 이미 도래하였고 또 한 사람이 아닌 여러 사람들이 이러한 시간이 도래했음을 느끼고 있었다는 사실을 보다 분명히 알 수 있을 것이다. 여러사람들이 제각기 상호 관련도 없이 독자적으로 동일한 목표, 다시 말해 아무리 늦게 잡아도 레오나르도 다빈치 이후에는 우리들에게 알려졌던 암실 Camera obscura에서의 영상을 고정시키려는 하나의 목표를 동시에 추구하고 있었다. 이 일이 니엡스 Nièpce와 다게르 Daguerre의 5년여에 걸친 노력 끝에 동시에 성공하였을 때, 국가는 발명자들이 부딪히게 된 특허권의 어려움을 빌미로 삼아 이 일을 직접 떠맡았고 또 이 일을 손해보상을 해 준다는 명목으로 사적인 일로부터 공적인 일로 만들었다. 이를 계기로 그 후에 이루어질 사진의 가속화된 발전의 조건이 마련되었다. 그러나 가속화하는 이러한 사진의 발전은 오랫동안 사진에 대한 일체의 회고와 반성을 불가능하게 만들었다. 이러한 사정 때문에 사진술의 흥망성쇠에 대해 대답을 해줄 수 있는 역사적 문제라든가 철학적 문제 등이 수십 년 동안 관심의 대상이 되지 못한 채 방치된 상태로 남게 되었다. 그렇기 때문에 사진이 오늘날 관심의 대상이 되기 시작하고 있는데는 그 나름의 정확한 이유가 있을 것이다. 사진에 관한 가장 최근의 연구는 사진의 전성기가 힐 Hill, 카메론 Cameron, 위고 Hugo, 나다르 Nadar의 활동으로 대표되는 사진술 초창기의 10년에 해당된다는 사실에 견해를 같이하고 있다. 그런데 이 10년은 사진술이 아직도 산업화되기 이전의 시기이다. 물론 우리는 이 초창기에도 이미 사기꾼이나 엉터리꾼들이 밥벌이를 위해 새로운 기술을 이용하지 않았다고는 말할 수가 없을 것이다. 이들은 심지어 이러한 일을 무리를 지어가면서 했던 것이다. 그러나 그들이 벌인 이러한 일은 산업시대의 상품형식을 띤 것이 아니라 정기적으로 열리는 대목장의 여러 공예품에 더 가까운 것이었다. (오늘날에 이르기까지도 대목장에서는 이러한 일이 종종 행해지고 있다.)

사진이 시장을 본격적으로 정복하기 시작한 것은 명함판 사진을 만들면서부터이다. 명함판 사진을 처음으로 만들어 낸 사람이 백만장자가 되었다는 사실은 매우 주목할 만하다. 오늘날에 와서야 우리가 처음으로 되돌아보는 산업화되기 이전의 전성기의 사진술의 실제가 현대의 자본주의적 산업이 겪는 충격과 은밀한 상관관계가 있는 것이라고 말하더라도 그것은 조금도 이상스러운 일이 아닐 것이다. 하지만 그렇다고 해서 최근에 출판된 사진에 실려 있는 지난 날의 사진들의 매력을 보고, 이를 통해 지난날의 사진의 본질에 대한 진정한 통찰을 획득하는 일이 보다 쉽게 이루어지는 것은 아니다. 이 문제를 이론적으로 정립해 보려는 시도가 있기는 하지만 이러한 시도는 아직도 매우 부진한 상태이다. 이미 지난 세기에 이 문제를 두고 많은 논의가 있긴 했지만, 이것들은 근본적으로 우습기 짝이 없는 도식의 한계를 벗어나지 못하고 있다. 불란서적 악마의 예술을 일찌감치 퇴치하지 않으면 안된다고 믿었던 독일의 국수주의적 신문인 《라이프치히 市報》는 이러한 도식에 의해 다음과 같이 쓰고 있다. 〈찰나적 영상을 고정해 보겠다는 것은 철저한 독일의 연구결과가 말해 주듯 불가능한 일일 뿐만 아니라 이러한 것을 해 보려는 소망부터가 이미 신을 모독하는 일이다. 인간은 신의 모습 그대로 창조되어진 것이고, 또 신의 모습은 어떠한 인간의 기계에 의해서도 고정시킬 수가 없는 것이다. 기껏해야 신의 경지에 이른 인간만이, 그것도 일체 기계의 도움을 받지 않고, 천상적 영감에 의해서 최고의 계시를 받는 순간 그의 천부적 재능의 높은 부름에 따라 신의 모습을 닮은 인간의 모습을 재현시킬 엄두를 감히 낼 수 있을까 말까 할 정도이다.〉 여기에는 우직스러울 정도로 무겁기 짝이 없는 〈예술〉의 속물적 개념이 등장하고 있는데, 이 개념은 일체의 기술적 고려와는 거리가 멀고 또 새로운 기술의 도전적 출현으로 말미암아 그 종말이 다가왔다고 느끼고 있는 것이다. 그럼에도 불구하고 사진술의 이론가들이 거의 백년 동안 이를 두고 논쟁을 벌여 온 것이 바로 이러한 物神崇拜的이고 또 근본적으로 반기술적인 예술개념인 것이다. 따라서 이 논쟁이 전혀 아무런 성과를 거둘 수 없었던 것은 당연한 일이라고 할 수 있는데, 왜냐하면 이들 이론가들은 사진사가 무너뜨린 바로 그 심판대 앞에 사진사를 세워 놓고 그의 존재와 정당성을 증명하는 일 이외에는 아무런 일도 하지 않았기 때문이다. 그런데 다게르의 사진발명의 대변인 격으로 1839년 7월 3일 下院에서 행한 물리학자 아라고 Arago의 연설 초안을 보면 거기에는 전혀 새로운 바람이 불고 있음을 알 수 있다. 이 연설의 백미를 이루는 것은, 그가 사진술을 인간활동의 모든 분야와 연관시켜 얘기하고 있다는 점이다. 이 연설이 펼치는 파노라마는 대단히 광범위하다. 이 연설은 회화에 대해서 사진이 갖는 의심스러운 존재이유의 정당성이 아무런 의미가 없음을 말해 주고 있을 뿐만 아니라 나아가서는 사진술의 발명이 앞으로 갖게 될 영향권의 범위가 어느 정도인가를 짐작할 수 있게 해 준다. 〈이 새로운 기구를 발명한 사람이 이 기구를 자연의 관찰에 응용하게 된다면 그가 이 기구에 대해 처음 기대했던 것은, 이 기구를 출발점으로 하여 그 뒤에 이루어지게 될 일련의 발견과 비교해 보면 극히 미미한 것에 지나지 않을 것이다.〉라고 아라고는 말하고 있다. 이 연설은 이 새로운 기술이 응용될 영역을 천체물리학에서 문헌학에 이르기까지 매우 폭넓게 잡고 있다. 그는 천체의 사진과 함께 이집트의 상형문자 전부를 촬영할 생각을 하고 있는 것이다.

다게르의 사진은 암실에서 광선에 노출되어지는 옥도처리의 銀板이었는데, 이 은판은 이리저리 돌려져서 마지막에 적당한 광도를 받게 되면 연한 회색의 그림이 그 위에 나타났다. 그 은판은 단일판이었고, 1839년 판 한장에 대해 평균잡아 금 25프랑을 지불하였다. 흔히 이 사진들은 마치 귀금속처럼 상자판 속에 보관되기도 하였다. 그러나 이 사진들은 화가의 수중에서는 기술적 보조수단이 되었다. 70년 후에 위트릴로 Utrillo가 파리의 데모 금지 지구인 프롤레타리아트의 주거지역의 집들을 실물에 의해서가 아니라 그림엽서를 보고 매력적으로 그린 것과 마찬가지로, 높은 평가를 받고 있는 영국의 초상화가 힐 D.O. Hill도 1843년 스코틀랜드 교회의 첫번째 총회의 광경의 벽화를 그리면서 일련의 수많은 초상화 사진을 그 기초자료로 삼았다. 그런데 힐은 이러한 사진들을 그 자신이 직접 촬영하였다. 화가로서의 그의 이름은 완전히 잊혀졌지만,

칼 다우텐다이 부처
사진 : 칼 다우텐다이의 아들 막스 다우텐다이

뉴 헤이븐의 어부의 아내
사진 : 데이비드 O. 힐

사적인 목적을 위해 사용하였던 평범한 보조수단의 덕분에 그의 이름은 역사에 길이 남게 되었다.

　이러한 일련의 초상화 사진보다 더 깊이 새로운 기술의 실상을 말해 주는 것은 몇개의 습작사진들, 다시 말해 저명인사의 초상사진이 아니라 이름도 없는 무명인사의 모습을 잡은 사진들이다. 무명인사의 얼굴 모습은 그 이전의 회화에서도 있었다. 이것들이 家傳之物로 남게 되면 더러는 그림의 장본인이 누구인가 묻는 경우도 있지만, 두 세대나 세 세대가 지나게 되면 이러한 관심은 점차 사라지게 된다. 바꾸어 말하면 이러한 그림은 그것이 존재하는 동안에만 그 그림을 그린 사람의 예술을 말해 주는 증거가 되는 것이다. 그러나 사진에서는 무엇인가 새롭고 기이한 것과 마주 대하게 된다. 힐의 〈뉴헤이븐의 어부의 아내〉라는 사진을 그 예로 들어 보자. 무관심하면서도 유혹적일 정도의 수줍은 눈길로 땅을 내려다보고 있는 이 여인의 사진에는, 힐의 사진예술을 말해 주는 증언 속에서는 찾아볼 수 없는 그 어떤 것, 다시 말해 한때 살았지만, 오늘날에도 생생하게 살아남아 결코 〈예술〉 속에는 완전히 병합되기를 꺼려하면서 여인의 이름이 무엇이냐고 끈질기게 묻고 있는, 그래서 도저히 침묵시켜 버릴 수도 없는 그 어떤 것이 그대로 남아 있다. 〈그래서 내 묻노니 이 치장한 머릿단이며 눈길이 어떻게 지난 날의 모습을 감싸고 있는가, 불길도 없는 연기 마냥 마구 피어오르는 욕정을 담은 이 입술은 어떻게 입을 맞추었을까?〉 아니면 사진가이자 시인인 막스 다우텐다이의 아버지인 다우텐다이가 그의 약혼시절 그의 아내(그녀는 여섯번째 아이를 낳고 난 후 곧 그의 모스크바 집의 침실에서 정맥을 끊고 자살한 채로 발견되었다)와 함께 찍은 사진을 한번 보아도 좋다. 이 사진을 보면 그녀는 그의 곁에 서 있고, 그는 그녀를 붙들고 있는 것처럼 보인다. 그러나 그녀의 시선은 그의 곁을 스쳐 지나가고 있고 도마치 어느 한 곳으로 빨려들어가듯 불길한 먼 곳을 응시하고 있다. 이러한 영상을 오랫동안 깊이 들여다보면 여기에서도 대립적 요소들이 서로 관계를 맺고 있음을 알 수 있다. 즉 가장 정밀한 기술은 그 소산물에, 그림이 우리들에게 줄 수 없는 마력적 가치를 부여하고 있는 것이다.

　사진사가 인위적인 조작을 하고 또 모델의 태도도 계획적으로 조정을 하고 있다는 사실을 잘 알면서도 사진을 보는 사람은 그러한 사진에서, 미미한 한 줄기의 불꽃 즉 현실이 그것에 의해 사진의 영상을 골고루 태워냈던 우연과 현재적 순간을 찾고 싶어하고, 또 그 속에서 이미 흘러가 버린 순간의 평범한 삶 속에 미래적인 것이 오늘날까지도 얘기를 하면서 숨어 있기 때문에 우리들이 과거를 뒤돌아보면서도 미래적인 것을 발견할 수 있는 그런 눈에 띄지도 않는 미미한 부분을 찾고 싶어 하는 제어할 수 없는 충동을 느낀다. 카메라에 비치는 자연은 눈에 비치는 자연과는 다르기 마련이다. 그것은 무엇보다도 카메라에는 인간에 의해 의식적으로 만들어진 공간 대신에 무의식적으로 만들어진 공간이 들어선다는 점에서 그러하다. 예컨대 사람들의 걸음걸이가 대강 어떻다고 흔히 말을 하지만 〈걸어서 나아가는〉 순간 순간의 자세가 과연 어떠한 것인가에 대해서는 아무것도 알지 못하고 있는 실정이다. 사진은 고속도 촬영기나 확대기와 같은 보조수단을 통하여 이러한 것을 밝혀낼 수 있다. 마치 정신분석학을 통하여 충동적이고 무의식적인 세계를 알 수 있듯이 우리는 사진술을 통하여 이와 같은 시각적이고 무의식적인 세계를 알아낼 수 있는 것이다. 기술이나 의학이 밝혀내려고 하는 세포의 구조나 조직과 같은 것들은 모두 아름다운 풍경화나 아니면 영혼이 담겨 있는 초상화보다는 근본적으로 카메라에 더 가까운 것이다.

 동시에 사진은 이러한 물질세계 속에서 가장 미세한 것 가운데 존재하는 형상의 세계의 인상학적 모습을 보여준다. 그런데 이러한 형상의 세계는 깨어 있는 상태의 꿈 속에 자리잡고 있는 것처럼 충분히 감추어져 있으면서도 또한 충분히 해석되어질 수 있는 성질의 것이지만, 그러나 오늘날에는 더 크게 확대되고 더 분명하게 밖으로 드러나게 되었다. 우리는 이를 통해서도 기술과 마술의 차이가 철두철미 역사적으로 규정되는 변수임을 분명히 알 수 있을 것이다. 그래서 블로스펠트 K. Bloßfeldt는 그의 놀라운 식물 사진에서 속새풀에서 고대의 원주를, 밀추화에서 추기경의 錫杖을, 10배로 확대된 밤나무와 단풍나무의 새싹에서 토템의 나무를, 산토끼 꽃에서는 고딕 원형 장식을 드러내 보여주고 있는 것이다. 이렇게 볼 때, 힐의 사진에 등장하는 모델들의 눈에 〈사진이라는 현상〉이 커다란 신비체험으로 보였다면, 그것은 그들이 진실에서 그다지 멀리 떨어져 있지 않았음을 말해 주는 것이다. 이러한 신비적 체험은 그들에게, 〈자연 그 자체처럼 생생하고 사실적으로 보였던 可視的 세계의 영상을 눈깜짝할 사이에 만들어낼 수 있었던 어떤 기계 앞에 서 있다는〉 의식 이외의 다른 것은 아니었을 것이다. 힐의 카메라를 두고 사람들은 그것이 신중한 거리감을 유지하고 있다고 말하고 있다. 그러나 그의 모델들도 카메라에 못지 않게 거리를 유지하고 있다. 그들은 기계

앞에서 일종의 수줍음을 가지고 있는데, 그 후 사진 전성기의 사진사들이 모토로 삼았던 〈절대 카메라를 들여다보지 말라〉는 태도도 이미 이들의 태도에서 비롯하고 있는지도 모른다. 하지만 이때의 태도는 동물이나 사람들, 갓난 어린애들의 〈조심해〉하는 식의 경계심이나 물건을 사는 사람이 〈잘 보고 사〉할 때 하는 주의와는 그 성격을 달리하고 있는 것이다. 사진에서 모델이 갖는 수줍음이 이러한 종류의 경계심과 다르다는 것을 가장 잘 말해 주고 있는 것은 시인의 아버지 다우텐다이가 다게르의 사진을 두고 한 발언에서이다. 〈사람들은 다게르가 만들었던 최초의 사진들을 처음에는 오랫동안 감히 쳐다볼 엄두를 내지 못했다. 그들은 너무나 그 모습이 뚜렷한 사람들의 얼굴을 피하려고 했고, 또 사진에 나와 있었던 사람들의 조그마한 얼굴이 그들 자신을 볼지도 모른다고 생각하였다. 따라서 최초의 다게르 사진의 선명도와 사실성은 너무나 엄청난 것이어서 그것을 보는 사람은 누구나 놀라움을 금치 못했던 것이다.〉

이와같은 최초의 복제된 사람들의 모습은 있는 그대로, 더 정확히 말하면 아무런 제목이 붙여지지 않은 상태로 사진의 視界에 들어왔다. 신문은 아직도 사치품이어서 좀처럼 사서 보는 일이 없이 다방에 가서 보았다. 그리고 사진은 아직도 신문제작의 도구가 되지 않은 상태였고 또 자기 이름이 활자화되어 나오는 것을 보는 사람도 극소수에 불과하였다. 인간의 얼굴에는 침묵이 서려 있었고, 또 눈길은 차분히 가라앉아 있었다. 요컨대 현실성과 사진 사이에 아직도 접촉이 이루어지지 않고 있다는 점에 초상사진예술의 모든 가능성이 존재하고 있었다고 할 수 있다. 힐의 많은 사진인물들은 에딘버러의 그레이 프라이어스의 묘지에서 촬영되었다. 이런 곳에서 어떻게 모델이 그런 편한 자세를 취할 수 있었을까 하는 의문이 들지만, 사진의 초창기에는 이러한 것이 가장 두드러진 특징이었다. 그리고 힐이 찍은 사진에 의하면 이 묘지는 마치 담에 둘러싸여 격리되어 있는 실내공간의 모습을 하고 있고, 또 여기에서는 풀밭으로부터 묘비들이 솟아 나와 있는데, 이들 묘비들은 벽난로처럼 속이 텅 빈 내부에서 불꽃대신 碑銘을 보여주고 있다. 기술적인 이유로 이 장소가 선택되지 않았더라면 아마도 이 묘지는 그렇게 큰 영향을 끼치지는 못했을 것이다. 초기의 사진판은 感光作用이 약했던 탓으로 옥외에서 오랫동안 햇빛에 노출시키지 않으면 안되었다. 노출시간이 길기 때문에 광선을 조용히 모으는 데 방해가 되지 않는 장소에 사진

셸링
사진 : 작자 미상

의 모델을 두는 것이 바람직하였다. 초기의 사진술을 두고 오를릭 Orlik 은 〈이러한 사진이 지니는 단순성이 마치 잘 그려진 소묘나 초상화처럼 뒷날의 사진들보다 보는 사람들에게 훨씬 직접적이고 오래 가는 감동을 줄 수 있었던 주요 원인은 모델을 오랫동안 부동상태로 있게 하지 않으면 안되었던 불가피한 사정으로 인해 그 사진이 얻게 된 표현의 종합에 있다.〉라고 말하고 있다. 또 이러한 촬영방법은 모델들을 순간에서 벗어나도록 하는 것이 아니라 순간 속으로 들어가도록 하였다. 촬영 시간이 오래 지속되는 사이에 모델은 점차 사진과 친숙하게 되고 또 그럼으로써 오늘날 스냅식 촬영에 의해 포착되는 모습과는 전혀 대조적인 모습을 보여줄 수 있게 되었던 것이다. 스냅식 촬영은 (오늘날의 변화된 환경에 상응하는) 크라카우어 Kracauer가 적절하게 지적한 것처럼, 〈어떤 운동선수가 화보의 스타가 될 정도로 유명해지느냐 그렇지 못하느냐〉를 결정하는 일초의 몇백분의 일에 달려 있는 것이다. 초기 사진의 모든 것은 지속성을 갖게끔 되어 있었다. 이 시기의 사진에는 여러 사람들이 한데 모여 찍던 그룹사진의 群像들뿐만 아니라──이러한 군상의 소멸은 19세기 후반의 사회에서 진행되었던 변화를 말해 주는 가장 정확한 징표들 중의 하나였다──이들 사진의 의상에 잡혀 있는 주름살까지도 지속성을 가지고 있다. 셀링 초상사진의 저고리에 잡혀 있는 주름만 보아도 우리는 이러한 사실을 능히 알 수 있다. 이 초상사진은 불멸의 예술로서 길이 남게 될 것임에 틀림이 없어 보인다. 셀링의 옷이 주인과 어울려 이루는 형태는 그의 얼굴의 주름살에 조금도 뒤지지 않는 가치를 지니고 있다. 요컨대, 이 모든 사실들은 처음이요 또 오랫동안 마지막으로 〈1850년의 사진사는 그의 도구와 동일한 수준에 있었다.〉라는 베른하르트 폰 브렌타노 Bernhard von Brentano의 짐작이 옳았음을 입증해 주고 있는 것이다.

다게르의 은판사진이 발명되던 시대에 그것이 얼마나 엄청난 영향을 끼쳤던가를 생생하게 알기 위해서는, 위의 사실들 외에도 그 당시에는 野外畵 Pleinairmalerei가 화가들에게 전혀 새로운 원근법을 보여주기 시작했다는 사실 또한 상기하지 않으면 안될 것이다. 바로 이러한 점에서 사진은 회화에서 릴레이경주의 바톤을 이어받은 것이라고 할 수 있다. 죠바니 바띠스따 뽀르타 Giovanni Battista Porta의 초기 시도들을 역사적으로 회고하면서 아라고가 다음과 같이 강조하고 있는 것도 이러한 점을 염두에 두고 한 말이다.

〈대기의 불완전한 투명성에 의존하고 있는 효과를 두고 볼 때 (이러한 효과를 사람들은 적절하지 못하게 〈대기원근법 Luftperspektiv〉이라는 표현으로 규정하였다), 노련한 화가들까지도 암실 즉 암실에 나타나는 영상의 모사가 그와 동일한 효과를 만들어내는 데 도움을 줄 수 있다는 점을 생각해 내지 못하고 있다.〉 암실의 영상을 고정시키는 데 다게르가 성공한 순간, 화가들은 바로 이러한 점에서 사진기술자와 결별했던 것이다. 그러나 정작 사진의 제물이 된 것은 풍경화가 아니라 미니 초상화였다. 사정이 너무나도 급속하게 진전함에 따라 이미 1840년경에는 수많은 초상화가의 대부분이 직업사진사가 되었다. 처음에는 다만 부업으로 하였지만, 나중에는 곧 그 일만에 전념하게 되었다. 그런데 이들 사진작가에게 도움이 되었던 것은 그들 본래의 생업의 경험이었다. 그리고 그들의 사진술이 높은 수준에 이른 것은 그들의 예술적 수련에 힘입어서가 아니라 그들의 장인적 수련에 힘입어서였다. 과도기의 이러한 세대는 아주 서서히 사라져 갔는데, 그것은 이들 초기사진사들이 성서에 나타나는 예언가들의 경우처럼 장수의 복을 누렸던 데에도 그 이유가 있는 것처럼 보인다. 나다르, 슈텔츠너 Stelzner, 피어슨 Pierson, 베이야드 Bayard는 모두 아흔살 내지 백살 가까이 살았던 것이다. 그러다가 나중에는 드디어 직업사진사의 자리에 장사꾼들이 도처에서 몰려들게 되었고, 또 아류의 화가들이 마치 사진에 복수라도 하듯 陰畵修正이라는 것을 보편화시키자 취미의 급격한 붕괴가 시작되었다. 사진첩이 범람하기 시작한 것도 바로 이 무렵이었다. 이들 사진첩은 집안의 가장 차가운 장소나 응접실의 선반 내지 탁자 위에 곧잘 놓이곤 했다. 보기 흉한 쇠장식의 가죽 겉장에 금테두리를 한 손가락 두께의 마분지로 철을 한 앨범에는 미련스러울 정도로 많은 주름을 잡거나 레이스를 단 옷을 입고 있는 인물들, 이를테면 알렉스 아저씨와 리크헨 아주머니, 어린 시절의 트루첸, 대학 첫 학기 때의 아버지의 모습이 여기저기 붙어 있고, 앨범의 마지막 장에는 마치 창피한 취미를 마무리라도 하려는 듯 우리들 자신의 사진, 이를테면 서투르게 그려 넣은 만년설의 산봉우리를 향해 모자를 흔들면서 요들노래를 부르는 안방 등산객의 모습이나 때로는 똑바로 때로는 비스듬한 자세로 깨끗한 난간에 기대어 서 있는 말쑥한 모습의 水兵의 모습이 붙어 있는 것이다. 이러한 초상의 배후에 있는 기둥이나 난간 및 타원형 탁자는 노출시간이 길었던 탓으로 모델에게 오랫동안 부동자세를 취할 수 있도록 기댈 것을 마련해 주지 않으면 안되었던 시절을 연상케 해준다. 처음에는 〈머리받침〉이나 〈무릎받침〉으로 만족하였지만, 나중에는 곧 유명한 그림에서 보였던 것과 같은, 그렇기 때문에 〈예술적〉이라고 생각했음에 틀림없는 소도구들이 뒤따르게 되었다. 맨 먼저 나타난 것은 원주나 커텐이었다. 보다 유능한 사람들은 이미 60년대에 그처럼 불법으로 도구를 이용하는 데 대해 반기를 들었다. 이 당시의 어느 영국 전문지는 다음과 같이 쓰고 있다. 〈회화에서는 원주가 있을 수 있는 것으로 보일 수도 있다. 그러나 그것을 사진에도 적용한다는 것은 우스꽝스럽기 짝이 없는 일인데, 왜냐하면 사진에서는 원주가 대체로 양탄자 위에 서있기 때문이다. 대리석 원주나 돌 원주가 양탄자 위에 세워지지 않는다는 것은 삼척동자도 알 수 있는 일인 것이다.〉 당시의 사진 아뜰리에는 휘장이라든가 종려나무라든가, 벽휘장이라든가 畵架 등으로 꾸며졌기 때문에, 이곳은 사형집행장인지 회의장인지 아니면 고문실인지 알현실인지 좀처럼 분간하기가 힘들었다. 이에 대한 놀라운 증언을 제공해 주고 있는 것이 카프카의 어린시절의 사진이다. 이 사진에는 여섯살쯤 되어 보이는 소년이 지나치게 레이스 장식을 많이 한, 좀 버릇을 잡아주는 식으로 꼭 끼는 아동복을 입고 겨울정원 풍경 비슷한 배경 앞에 서 있다. 마치 이 박제화된 열대풍경을 좀 더 답답하고 무겁게 해야 직성이 풀리기라도 하듯 모델이 된 카프카 소년의 왼손에는 스페인 사람들이 쓰고 다니는 것과 비슷한 터무니없이 커다란 차양 넓은 모자가 들려 있다. 한없는 슬픔을 품은 눈이 이 인위적 풍경을 지배하는 구심점이 되지 않더라면, 인위적 무대장치 속에서 소년의 모습은 짓눌려 사라져 버리고 말았을 것이다.

   소년시절의 카프카의 한없는 슬픔이 담긴 이 사진은 초기 사진과 對照를 이루고 있다. 초기 사진에 등장하는 인간은 아직도 이 사진의 소년처럼 세상을 이미 폭파되고 신에 버림받은 세상처럼 절망적인 눈으로 바라보지는 않았다. 초기의 사진에는 그 주위에 미묘한 분위기 Aura, 다시 말해 그러한 사진을 보는 사람의 시선에 충만감과 안정감을 부여하는 어떤 媒質이 있었다. 기술적인 면에서 보아도 초기 사진의 기술은 이러한 분위기 내지 매개물에 상응하고 있음을 확실히 알 수 있다. 즉 거기에는 가장 밝은 광선으로부터 가장 어두운 그늘에까지 이어지는 광선의 명암 연속선이 존재하고 있는 것이다. 여기에서도 역시 기술 속에서 이미 새로운 성과가 예고된다는 법칙이 그대로 통용된다. 왜냐하면 왕년의 전통적 초상화도 그 몰락 직전에 메조틴트 凹版이라는 기술의 독특한 융성을 가져다주었었기 때문이다. 물론 이러한 기술에서 문제가 된 것은, 나중에 새로운 사진의 복제기술 속에 병합된 일종의 복제기술이다. 메조틴트 동판화에 의한 사진에서처럼 힐과 같은 초기 사진사의 사진에도 광선이 어두움으로부터 어렵게 어렵게 해서 생겨나는 것이다. 오를릭은 〈이러한 초기의 사진에 그 위대성〉을 부여했던, 긴 노출시간에 의해 생겨나는 〈광선의 집산방법〉에 대해 언급하고 있다. 사진술 발명의 동시대인 중의 한 사람인 들라로슈 Delaroche도 이미 〈그 무엇에 의해서도 전체의 안정감이 방해를 받지 않는, 예전에는 한번도 이루지 않았던 귀중한〉 일반적 인상에 대해 언급하고 있다. 미묘한 분위기적 auratisch 현상을 규정하는 기술적 조건에 대해서는 일단 이쯤 얘기해 두기로 하자. 그 중에서도 특히 많은 그룹사진이 활기에 넘치는 어떤 공동체적 분위기를 다시 한번 포착하고 있는데, 이러한 것은 은판에서 잠깐 나타났다가 〈원판 촬영〉이 생겨나자 곧 그 자취를 감추었다. 이제는 구식이 되어 버린 타원형의 사진을 통하여 이따금 아름답고 근사하게 표현되어진 것도 바로 이러한 분위기이다. 그렇기 때문에 이러한 초창기 사진에서 〈예술적 완성〉이나 〈고상한 취미〉를 강조한다는 것은 초창기 사진을 잘못 이해하고 있는 결과이다. 이러한 초창기 사진들은, 고객들의 입장에서 보면, 기술의 최첨단을 걷는 기술자로서의 사진사가 등장한 역사적 공간에서 생겨났지만, 사진사의 입장에서 보면, 상승일로에 있는 계급의 구성원이 부르죠아 저고리의 주름이나 목도리에까지 속속들이 스며들어 있었던 분위기를 지니고 모두 고객으로 등장한 역사적 공간에서 생겨났던 것이다. 그러니까 단순히 원시적 카메라에 의해 만들어졌다고 해서 그런 분위기가 생겨나는 것은 아닌 것이다. 오히려 이 초창기에는, 대상과 기술은, 마치 이 양자가 그 후의 쇠퇴기에 완전히 서로 분리되는 것처럼 정확히 서로 대응하고 있다. 이를테면 그 후에 곧 발달한 광학은 어둠을 완전히 제거하고 현상을 거울처럼 기록하는 수단을 소유하게 되었다. 하지만 사진사들은 1880년 이후에는 마치 분위기가 점증하는 제국주의적 부르죠아지의 타락으로 인해 현실로부터 밀려난 것처럼, 집광률이 강한 對物렌즈가 도입됨에 따라 어둠이 추방됨에 따라 사진의 분위기도 밀려나게 되었다. 그들은 바로, 이러한 분위기를 수정기술, 그 중에서도 특히 소위 〈고무판 Gummidruck〉을 통하여 그럴듯하게 조작하는 것을 그들이 해야 할 일로 삼았다. 이렇게 해서 심지어 청년파 양식 Jugendstil에서는 인위적 반사광선을 군데군데 비춘 명암이 교차되는 色調가 유행하게 되었다. 그러나 이러한 색조에도 불구하고 하나의 부자연스러운 포우즈가 점차 더 뚜렷하게 드러났는데, 이러한 포우즈의 경직성은 기술의 진보 앞에 어찌할 바를 모르는 이 세대의 무력감을 그 대로 말해 주고 있는 것이다.

  그렇지만 사진술을 결정하는 것은 언제나 사진사가 그의 기술에 대해 갖는 관계를 통해서이다. 까미유 레히트는 이러한 관계를 참한 비유를 써서 다음과 같이 말하고 있다. 〈바이올리니스트는 먼저 소리를 마음 속에서 잡아야 하고, 찾아야 하며 또 번개처럼 빠른 솜씨로 켜내야 한 다. 피아니스트는 건반을 두드린다. 소리를 내는 것이다. 화가에게나 사진사에게도 매체가 주어져 있다. 화가가 소묘를 하고 색깔을 부여하 는 것은 바이올리니스트가 소리를 잡는 것에 해당한다면, 사진사는 피 아니스트의 경우처럼 강제성이 부과된 제한된 법칙에 종속되어 있는 기 계를 전제로 하고 있다. (바이올리니스트는 피아니스트처럼 강한 강제 성이 부과된 제한된 법칙에 종속되어 있지는 않다.) 파데렙스키와 같은 피아노의 명수도 파가니니와 같은 바이올린의 명수가 거둔 명성을 얻을 수는 없을 것이고 또 그가 남기고 간 거의 신화적인 마력을 발휘하지도 못할 것이다.〉 그러나 계속 비유에 머문다면 사진에는 피아노의 명수 부조니 Busoni와 같은 명수가 존재한다. 아뜨제 Atget가 바로 그러한 명 수이다. 두 사람은 다 名人이면서도 또한 선구자였다. 누구도 따르지 못할 일에 대한 심취는 극도의 정확성과 더불어 이 두 사람의 공통점이 었다. 심지어 성격까지도 비슷한 데가 있었다. 아뜨제는 배우였지만, 그 가 하는 일에 염증을 느껴 무대의 분장을 지워버리고 나서는 현실의 분 장까지도 지워버리는 일에 착수하였다. 그는 가난하게 이름도 없이 파 리에서 살았다. 그는 그 자신에 조금도 뒤지지 않을 정도로 피퍅할 수 있었던 애호가들에게 그의 사진을 헐값에 그저 넘겨주다시피 하였다. 그 는 4,000점이 넘는 작품을 남긴 채 얼마 전에 죽었다. 뉴욕의 베러니스 애버트가 이 사진을 수집하였는데, 그 선집이 까미유 레히트의 손에 의 해서 매우 아름다운 책자로 출판되었다. 당대의 저널리즘은 〈그에 대해 아무것도 알지 못했다. 그는 작품을 가지고 주로 아틀리에 안에서만 왔다 갔다 했고, 또 몇 푼 안되는 돈에 이들 그림작품을 거의 내던지다 시피 했다. 때로는 그의 작품을, 손으로 달을 그려 넣은 푸른 밤 속에 잠겨 있는 도시의 모습을 보여주고 있는 1900년대를 전후한 사진엽서 한 장 값에 팔아치우기도 하였다. 그는 최고 명인의 정상에 도달하였지만, 그는 항상 그늘에 파묻혀 살았던 탁월한 名人의 침통할 정도의 인내와 겸손 속에서 그가 도달한 정상에 깃발을 꽂는 일을 포기하였다. 그래서 많은 사람들은 아뜨제가 이미 정복했던 정점을, 그들 자신이 발견했다고 생각할 수가 있게 된 것이다.〉 그러나 진상을 말하자면 아뜨제의 파리사진들은 초현실주의 사진의 선구자이자 또 초현실주의에 의해 다시 움직여지게 된 진정한 의미에서 유일하다고 할 수 있는 긴 대열의 전위대이다. 그는 또한 타성에 젖은 쇠퇴기의 초상화 사진술이 퍼뜨린 질식할 듯한 분위기를 최초로 소독한 사람이기도 하다. 그는 이런 분위기를 깨끗이, 그것도 말끔히 씻어내고 있다. 다시 말해 그는 최근의 사진술이 이룩한 의심할 나위 없이 분명한 공적이라고 할 수 있는, 대상을 분위기로부터 해방시키는 일을 제일 먼저 도입하고 있는 것이다. 전위예술의 대변지인 《비푸르 Bifur》나 《바리에떼 Variété》는 〈웨스트민스터〉, 〈릴〉, 〈안트워프〉, 〈브레슬라우〉 같은 도시이름의 표제를 붙여서 다만 세부사진, 예컨대 난간의 한 부분, 나뭇가지가 가스등과 여러 겹으로 교차하고 있는 잎사귀 하나 없는 나무의 꼭대기 그리고 방화벽, 도시의 이름이 적힌 구명대가 달린 燈架만을 싣고 있는데, 이러한 세부 사진은 아뜨제가 발견했던 모티브를 문학적으로 첨예화시킨 데 불과하다. 그는 소멸된 것과 못쓰게 된 물건에서 소재를 찾았다. 따라서 이러한 영상들은 이국적이고 화려하고 낭만적으로 들리는 도시이름들과 어울리지 않았다. 그러니까 그의 이러한 영상들은 마치 침몰하는 배로부터 물을 빨아들이듯이 현실로부터 분위기를 빨아들이고 있다. 그렇다면 여기서 거론되는 분위기란 도대체 무엇인가? 그것은 공간과 시간이 서로 얽혀 짜여지는 교묘한 거미줄과 같은 것이다. 다시 말해 그것은 어떤 먼 곳의 것이——비록 그 먼 곳이 아무리 가깝게 있는 것처럼 보여지더라도——일회적으로 나타나는 현상인 것이다. 어느 여름 한낮 고요한 휴식 속에서 보는 사람의 눈에 그 그림자를 던지고 있는 지평선상의 산맥이나 아니면 작은 나뭇가지를 바라보고 있는 바로 그 순간, 이 순간의 시간은 이들 현상과 혼연일체가 되어 하나로 어울리게 되는데, 이 때 우리는 이러한 산이나 나뭇가지가 갖는 분위기를 숨쉬게 되는 것이다. 현대인은 사물을 대중들에게 클로즈업시키려는 강한 성향을 가지고 있다. 또 현대인은 각각의 상황 속에 나타나는 일회적인 것을 그것의 복제를 통하여 극복하고자 한다. 대상을 영상 속에서, 아니 模寫 속에서 가장 가깝게 손에 넣으려는 욕구가 날마다 커가고 있음은 숨길 수 없는 사실이다. 하지만 화보가 많이 들어 있는 일간지나 주간지가 제공하고 있는 모사가 像과는 구분된다는 것 또한 분명한 사실이다. 마치 모사에서 순간성과 반복성이 서로 긴밀하게 얽혀 있는 것처럼 像에서도 一回性과 지속성이 서로 긴밀하게 얽혀 있는 것이다. 대상을 그것을 감싸고 있는 표피로부터 벗겨내는 일, 즉 분위기의 파괴는 새로운 하나의 지각작용의 징표이다. 이 새로운 지각작용에 의해, 이 세상의 모든 동질적인 것들에 대한 감각이 발달한 나머지 그러한 지각작용은 복제수단을 이용하여 一回的인 것으로부터도 동질적인 것을 빼내고 있을 정도이다. 아뜨제는 거창한 광경이나 이른바 상징적 기념물들은 지나쳐 버리기가 일쑤였다. 그러나 그는 긴 구두가 길게 늘어서 있는 광경, 아침부터 저녁까지 손수레가 줄지어 늘어서 있는 집 마당의 광경, 식사를 하고 난 후의 식탁과 미처 치우지 못한 수백개의 그릇들, 건물 정면의 네 군데에 5라는 수자가 엄청나게 크게 부각되고 있는 사창가 등을 놓치지 않았다. 그런데 이상한 것은 이들 사진이 한결같이 공허하다는 점이다. 파리 성곽의 뽀르뜨 다르꿰이유 성문도 비어 있고, 호화로운 계단도 비어 있고 카페의 노대도 비어 있으며 응당 그래야겠지만 뻬르뜨르 광장도 비어 있다. 이러한 장면들은 쓸쓸한 것이 아니라 아무런 정취도 없는 것이다. 이들 사진의 도시는 아직도 세들 사람을 찾지 못한 집처럼 텅 비어 있다. 초현실주의 사진에서 보는 바와 같은 일종의 인간과 세계 사이의 유익한 疎隔 Entfremdung이 준비되어진 것도 바로 이러한 그의 업적들에서이다. 정치적으로 훈련된 시각에 하나의 場, 즉 낯익어 보이는 모든 것이 세부적인 것의 조명을 위하여 탈락되는 그런 場을 열어주고 있는 것도 바로 이러한 소격이다.

　이러한 새로운 시각이 적어도 지금까지 가장 허술하게 다루어졌던 분야, 즉 보수가 주어졌던 사진예술의 대표격인 초상사진에서 그 수확을 거두리라는 것은 명약관화하다. 다른 한편 인물을 포기한다는 것은 사진에서 가장 실행하기 어려운 일이다. 가장 우수한 러시아 영화들은 이러한 사정을 모르는 사람들에게, 환경이나 풍경도 그것을 이름도 없는 사람들의 모습 속에서 포착할 줄 아는 사진사에 의해서만 비로소 밝혀질 수 있다는 사실을 가르쳐 주었다. 하지만 이러한 가능성은 촬영되어지는 인물에 의해서 제약된다. 사진을 찍어 자신의 모습을 후세에 남기겠다는 생각에 심취하기는커녕 오히려 사진찍는다는 일을 겸연쩍게 생각해서 그들 생활공간의 뒷면으로 물러앉았던 (안락의자 깊숙이 앉아 있는 1850년 경의 프랑크푸르트에서 찍은 쇼펜하우어의 사진에서 보는 바와 같은) 세대는 바로 이러한 이유로 해서 그들의 생활공간을 사진에서도 함께 나타나도록 했지만, 그들의 이러한 미덕을 후세에 물려 주지는 못했던 것이다. 그런데 이삼십년 전부터 소련의 극영화는 처음으로 사람들을 카메라 앞에 서게 하는 기회를 마련하였다. (물론 이렇게 생겨난 사진들은 그들의 초상사진을 위해서는 전혀 사용될 수 없는 성질의 것이다.) 이렇게 해서 순식간에 인간의 얼굴은 새롭고, 커다란 의미를 지니고 사진판 위에 나타나게 되었다. 하지만 그것은 더 이상 초상화라고 할 수 없는 성질의 것이다. 그러면 이 경우 인간얼굴의 실상은 과연 무엇이었던가? 이 물음에 답한 독일 사진작가의 업적은 뛰어난 것이다. 아우구스트 잔더 August Sander는 일련의 얼굴사진만을 함께 모았는데, 이 사진들은 아이젠슈타인 Eisenstein이나 푸돕킨 Pudowkin과 같은 러시아의 영화감독들이 처음으로 내놓은 엄청난 인물학적 전시회에 조금도 뒤지지 않는 것이다. 그리고 잔더는 이러한 사진들을 과학적인 관점에서 묶어놓고 있다. 〈그의 전 작품은 현존하는 사회계층에 상응하는 일곱 부문으로 나뉘어져 있다. 이것은 열두점씩을 한 묶음으로 한 45편의 작품집으로 출판될 예정이다.〉 이 중에서 지금까지 관찰과 영상에 무궁무진한 소재를 제공해 주고 있는 60점을 골라 복제한 선집이 한 권 나와 있다. 〈잔더는 농부를 위시한 땅에 매인 사람들에서 시작해서, 위로는 가장 높은 문명의 대표자들로부터 아래로는 백치에까지 이르는 온갖 계층과 온갖 직종을 보여 주고 있다. 이 작가가 이 엄청난 작업에 손을 댄 것은 학자로서 그렇게 한 것도 아니고, 인종학자나 사회과학자의 조언을 받아서 그렇게 한 것도 아니다. 그는 다만 출판사의 소개문이 말하듯 〈자기 눈으로 직접 관찰한 것에 의해서〉 그렇게 하였다. 그의 관찰은 선입견이 없고 대담하며 또 섬세하다. 이러한 관찰은 이를테면 괴테가 〈자신을 대상과 긴밀하게 일치시킴으로써 그 자체가 스스로 이론이 되는 그러한 섬세한 경험적 세계가 존재한다.〉라고 말했을 때의 의미와 일맥상통하는 것이다. 따라서 되블린과 같은 관찰자가 이 작품집에서 바로 이러한 과학적 모멘트를 발견하고는 〈마치 비교해부학을 통하여 비로소 자연의 질서와 신체기관의 역사의 이해에 도달하는 것처럼, 이 사진작가는 비교사진술을 행함으로써 세부촬영사진사의 입장을 능가하는 일종의 학문적 관점을 획득하고 있다.〉라고 말한 것은 너무나도 당연한 일이다. 경제적인 사정으로 인하여 이와 같은 특출한 사진작품의 전부가 앞으로 더 이상 출간되지 않는다면 이는 참으로 유감스러운 일이 아닐 수 없을 것이다.

그러나 우리는 출판사에 대해 이러한 근본적 격려 외에도 보다 정확한 격려를 보낼 수 있을 듯하다. 즉 잔더와 같은 작품은 하룻밤 사이에 예기치 못한 현실성을 획득할 수 있을지 모른다. 우리들에게서 이미 일어난 권력의 변동은 흔히 사람의 인상을 관찰하고 이해하는 능력을 키우고 또 이것을 날카롭게 하는 것을 절대적으로 필요한 일로 만들고 있는 것이다. 우리는 각양각색의 정치적 입장을 가진 사람들을 마주치게 마련이다. 따라서 우리는, 자신이 어떤 성분의 소유자인가를 남에게 보여주는 데(사람들을 출신성분에 따라 식별하는 데는 물론이고)도 익숙해지지 않으면 안된다. 잔더의 작품은 사진첩 이상의 것이다. 그것은 일종의 사회학적·인상학적 지리부도인 것이다.

〈우리들 시대에서 자기 자신이나 가까운 친척, 친구나 애인의 사진만큼 그렇게 큰 관심을 가지고 관찰되어지는 예술작품도 없을 것이다.〉라고 리히트바르크 Lichtwark는 이미 1907년에 쓰고 있는데, 이로써 그는 사진의 연구를 미적 특성의 영역으로부터 사회적 기능의 영역으로 옮겨 놓았다. 사진의 연구는 바로 이러한 관점에 의해서만 보다 더 진척될 수 있을 것이다. 그런데 여기서 하나 특기할 사실은, 〈예술로서의 사진〉의 미학이 문제되었을 때에는 논쟁이 대부분 경직될 정도로 치열했으나 〈사진으로서의 예술〉이 지니는 보다 분명한 사회적 위치에 대해서는 거의 아무런 주목도 하지 않았다는 점이다. 그리고 예술작품을 사진으로 복제함으로써 예술의 기능면에서 생겨나는 영향은, 체험이 〈카메라의 획득물〉이 되는 사진술의 예술적 형상화보다도 훨씬 더 큰 중요성을 갖기 마련이다. 수많은 예술적 사진을 찍어 가지고 집으로 돌아오는 아마튜어 사진사는 많은 들짐승을 잡아가지고 으시대면서 집으로 돌아오는 사냥꾼(그는 장사꾼에게만 그것을 팔 수 있다)보다 더 기쁠 수 없는 것은 사실이다. 그런데 실제로는 들짐승이나 날짐승을 파는 상점보다도 더 많은 화보나 잡지가 생겨날 날이 바로 목전에 닥친 것처럼 보인다. 이상의 언급은 스냅사진 Knipsen에 한하는 것이고, 가령 우리가 예술가로서의 사진으로부터 사진으로서의 예술로 눈길을 돌려 보면 악센트는 완전히 뒤바뀌어진다. 우리들은 누구나 하나의 그림, 특히 하나의 조각이나 심지어 건축물이 현실 속에서보다는 사진 속에서 훨씬 더 쉽게 포착된다는 사실을 관찰할 수가 있을 것이다. 이러한 현상을 곧장 예술감각의 몰락과 현대인의 무능력에 돌리기는 쉬운 일이다. 그러나 이렇게 말하는 데 방해가 되는 요인은, 복제기술의 발달과 함께 위대한 예술작품에 대한 이해도 거의 동시에 변화하였다는 사실에 대한 인식이다. 우리는 이제 더이상 위대한 예술작품을 개개인의 창조품으로 간주할 수가 없게 되었다. 왜냐하면 이들 작품은 이제 너무나도 강력한 집단적 형상물이 되었기 때문에, 그것을 통합하기 위해서는 참으로 그것을 축소해야 한다는 제약에 얽매이지 않을 수가 없게 되었기 때문이다. 결과적으로 말해서 기계를 통한 복제방법은 하나의 축소기술이고 또 그것은 인간이 그 작품을 지배하도록 도와주는 역할을 하는 것이다.

오늘날 예술과 사진 사이의 관계를 특징짓는 것이 하나 있다면, 그것은 예술작품의 사진촬영으로 인하여 예술과 사진 사이에 생겨나게 된 아직도 해소되지 않은 긴장이다. 이러한 예술작품의 복제기술이 처하고 있는 현재적 양상을 결정하고 있는 수많은 사진사들은 회화에서 출발한 사람들이다. 그들은 그들의 표현수단을 오늘날의 삶과 생생하고도 분명한 관계에 두려는 시도를 하고 난 후에는 회화로부터 등을 돌렸다. 시대의 징후에 대한 그들의 감각이 깨어나면 날수록 그들에겐 그들의 출발점이 점점 더 의문스럽게 느껴졌다. 왜냐하면 사진은 80년 전에 그랬던 것과 마찬가지로 또다시 회화로부터 릴레이 경주의 바톤을 물려받게 되었기 때문이다. 이에 대해 모홀리 나기 Moholy Nagy는 다음과 같이 말하고 있다. 〈새로운 것의 창조적 가능성의 대부분은 낡은 형식(새로운 것의 출현으로 인하여 근본적으로 붕괴된 지 이미 오래이나, 준비과정에 있는 새로운 것의 압력 속에서 일종의 황홀한 전성기를 알고 있는), 낡은 표현수단, 낡은 형상화의 영역에 의해 서서히 발견되었다. 그래서 예컨대 미래派의 (靜的) 회화는 움직임의 동시성이라는 문제와 시간적 모멘트의 형상화를 동시에 가져다주었는데, 그것도 영화라는 것이 이미 알려지긴 했지만 아직도 완전히 파악되지 않았던 시기에 그렇게 하였다. 우리는 또한 오늘날 사실적이고 즉물적인 수단을 가지고 작업하고 있는 몇몇의 화가들(신고전파 화가들과 극단적 사실주의 화가 Verist)을, 앞으로 곧 기계적인 기술수단만을 사용하게 될 새로운 사실적, 광학적 造形의 선구자들이라고 조심스럽게 말할 수도 있을 것이다.〉 트리스탄 짜라 Tristan Tzara는 1922년 또 이렇게 말하였다. 〈예술이라고 불리워졌던 모든 것이 반신불수가 되자 사진사는 千燭이나 되는 그의 등불을 밝혔고 또 감광지는 단계적으로 몇몇 일용품의 어두운 색을 빨아들이게 되었다. 그는 또 눈요기를 위해 우리들에게 주어진 모든 성좌들 보다도 더 중요한 새롭고 섬세한 섬광이 미칠 영향을 발견하였다.〉 조형예술에서 사진의 길로 들어선 사진사들 (이들은 기회주의적 계산이나 아니면 편의 때문에 우연히 이 길에 들어선 것은 아니다.)은 오늘날 전문 사진가들의 전위대를 형성하고 있는데, 그 이유는 그들은 그들이 이룩한 성과에 힘입어 오늘날의 사진이 처한 가장 큰 위험인 예술상업적 경향에 대해서 어느 정도 대비가 되어 있는 상태이기 때문이다.〈예술로서의 사진은 대단히 위험부담이 많은 분야이다.〉라고 사샤 스톤 Sacha Stone은 말하고 있다.

잔더, 제르멘느 크룰 Germaine Krull, 블로스펠트와 같은 사람들이 사진을 인상학적, 정치적, 학문적 관심으로부터 해방시킨 것처럼 만약 사진이 제반 상관관계로부터 벗어나기만 한다면 사진은〈창조적인 것〉이 될 것이다. 對物렌즈는〈개관〉하는 일을 하게 될 것이다. 그리고 사진에서도 어느 한 곳에 얽매이지 않은 자유로운, 어느 의미에서는 자기 신념이 없는 작가가 등장할 것이다.〈정신은 기계적인 것을 극복하면서 기계적인 것이 이룩한 정확한 제성과를 삶의 여러 비유로 바꾸어서 해석하고 있다.〉오늘날의 사회질서의 위기가 만연하면 할수록 또 그 개개의 계기들이 생명이 없는 대립 속에서 경직한 상태로 서로 마주보고 있으면 있을수록 창조적인 것 (이 창조적인 것은 변형을 그것의 깊은 본질로 삼고 있고 또 모순을 그 아버지로, 모방을 어머니로 삼고 있다.)은 더욱 더 物神的인 것 Fetisch이 되어 버렸다. 그런데 이 물신적인 것은 유행적 조명의 변화에 힘입어 겨우 그 명맥을 부지하고 있다. 사진에 있어서 창조적인 면이 있다면 그것은 이러한 유행에 그 자신을 내맡기는 데 있다. 〈세상은 아름답다.〉——이것이 바로 유행의 구호이다. 이러한 구호 속에서 사진의 입장이, 즉 통조림통을 모아서 하나의 세계를 조립해 내지만 그러한 통조림통들을 둘러싸고 있는, 인간적 연관관계의 그 어떤 것도 파악할 수가 없으며 또 그렇기 때문에 그 소재인식의 선구자라기보다는 그 소재가 지니는 상업성의 선구자 노릇을 하는 바로 그러한 사진의 입장이 그 실제의 정체를 드러내고 있는 것이다. 사진의 창조성이 이처럼 광고 내지 연상작용에 있기 때문에 이러한 것에 그런대로 대응할 수 있는 수법이 바로 폭로나 구성이다. 그 이유는 브레히트가 말한 것처럼 상황이〈너무 복잡해졌기 때문에 단순한〈현실의 재현〉은 그 어느 때보다도 현실에 대해 무엇인가를 설명해 줄 수 없게 되었기 때문이다. 중공업그룹의 증기계공장이나 A.E.G전기회사를 찍어 보았자 이것은 이들 조직체에 대해서는 거의 아무것도 말해 주지 못한다. 정작 본질적인 현실은 기능적인 것 속으로 미끄러져 들어가 버리고 만 것이다. 이를테면 공장과 같은 인간적 관계의 物化현상 Verdinglichung은 인간적 관계를 더이상 밖으로 끄집어내지 못하고 있다. 그러니까 무엇인가 〈인위적〉이고 〈인공적〉인 것을 〈조립〉하지 않으면 안되게끔 된 것이다.〉 초현실주의자들의 공적이 있다면 그것은 그러한 조립적 구성물을 만들 수 있도록 한 그 선구자적 역할에 있다. 창조적 사진술과 구성적 사진술 사이에서 일어난 이러한 논쟁을 한 걸음 더 진전시킨 것이 바로 러시아의 영화이다. 이들 러시아 영화의 감독들이 이룩한 위대한 업적들이, 사진이 자극과 암시를 위해서가 아니라 실험과 교훈을 위하여 시작된 나라에서만 가능할 수 있었다고 말하여도 결코 과장된 말은 아닐 것이다. 오로지 이러한 의미에서만 우리는 오늘날에도 세련되지 못한 이념화가였던 앙뜨완느 비에르츠 Antoine Wiertz가 1855년 사진을 두고 말했던 좀 거창한 환영사에서 하나의 의미를 찾아낼 수 있을 것이다.

〈몇해 전에 우리 시대의 명예인 하나의 기계가 탄생하였다. 그것은 매일매일 우리들 사고의 놀라움이자 또 우리들 눈의 경이가 되고 있다. 미처 한 세기가 다 하기 전에 이 기계는 붓이 되고, 팔레트가 되고, 물감이 되고, 숙련이 되고, 경험이 되고, 인내가 되고, 민첩함이 되고, 적확성이 되고, 채색이 되고, 광택이 되고, 모범이 되고, 완성이 되고, 회화의 정수가 될 것이다.……다게르의 사진이 예술을 죽인다고 생각치 말라…… 이 거인처럼 큰 아이가 완전히 자라 그의 기술과 강점을 모두 개발하는 날에는 천재는 갑자기 손으로 목덜미를 잡으면서 〈이걸 봐! 너는 나의 것이다! 우리는 함께 일하게 될 것이다.〉라고 큰 소리로 외쳐낼 것이다.〉 이에 비해 4년 뒤 보들레르가 「1857년 살롱」이라는 글에서 새로운 기술을 그의 독자들에게 알리면서 한 말은 얼마나 냉철하고, 아니 얼마나 비관적인가. 보들레르의 이 말은 조금 전에 인용한 비에르츠의 말처럼 그 역점을 약간 바꾸어야만 비로소 그 진정한 의도를 이해할 수가 있다. 이 말은 비에르츠의 말과 정반대가 되는 것이면서도 예술적 사진의 존재 이유를 박탈하는 온갖 주장에 대한 가장 날카로운 방어적 발언이라는 점에서 그 나름의 충분한 의미를 지니고 있다. 〈이 비참한 시대에 새로운 산업이 탄생하였다. 이 새로운 산업은, 예술이란 자연의 정확한 재현 이외에 아무것도 아니고 또 그럴 수밖에 없다는 우직스럽기 짝이 없는 믿음을 강화하는 데 적지 않게 기여하였다. ……복수심에 불타는 신은 이들 군중의 소리를 들어 주었다. 다게르가 그들의 메시아가 된 것이다.〉 그리고 이어서 그는 다음과 같이 말하고 있다. 〈사진이 그가 지닌 몇 가지 기능을 가지고 예술을 보완하게 된다면, 예술은 곧 사진에 의해 완전히 밀려나게 되고 또 파멸의 운명을 겪게 될 것이다. 그것도 사진으로부터 생겨나게 될 군중 속의 자연스러운 동맹자들에 의해서 더욱 그렇게 될 것이다. 따라서 사진은 사진 고유의 의무, 즉 학문과 예술의 시녀의 위치로 되돌아가지 않으면 안될 것이다.〉

그러나 다시 이들 두 사람, 즉 비에르츠와 보들레르에 의해 파악되지 못한 것이 한 가지 있는데, 그것은 사진의 진품성 Authenzität 속에 들어 있는 몇 가지의 지침들이다. 보는 사람의 마음 속에 언어적 효과만을 연상시키는 천편일률적인 르포르타쥬를 가지고서는 이러한 지침을 피해 갈 수 없을 것이다. 카메라는 점점 더 작아질 것이고, 또 점차 더 광범위하게 순간적이면서도 신비스러운 영상이 불러일으키는 쇼크는 르포르타쥬와는 달리 보는 사람에게 기계적인 연상작용을 정지상태에 이르게 할 것이다. 이러한 르포르타쥬의 기계적 연상작용에 대신해서 사진의 表題가 들어서지 않으면 안된다. 이러한 사진의·표제는 사진으로 하여금 모든 삶의 상황을 문학화하는 데 기여하도록 하는 수단이 되게 한다. 이러한 표제설명이 없으면 모든 사진의 구성은 불확실한 것에서 머무를 수밖에 없을 것이다. 사람들이 아뜨제의 사진을 범행현장의 사진과 비교했던 것도 그 나름의 이유가 없는 것은 아니다. 그런데 우리들 도시의 어느 구석치고 범행현장이 아닌 곳이 있는가? 지나가는 행인들치고 범인 아닌 사람이 있을까? 오늘날 그의 사진에서 범행을 찾아내고 범죄자를 가려내야 할 사람은 고대 예언자의 후계자라고 할 수 있는 사진사가 아닐까?

〈미래의 문맹자는 글자를 모르는 사람이 아니라 사진을 모르는 사람이다.〉라고 누군가 말한 적이 있다. 그러나 자기 자신의 영상을 읽을 줄 모르는 사진사 또한 이에 못지 않은 문맹자로 보아야만 하지 않을까? 표제설명은 앞으로 사진의 가장 중요한 구성요소가 되지 않을까? 오늘날의 사진과 다게르의 은판 사진을 갈라놓고 있는 90년이라는 시간적 격차가 역사적 긴장으로부터 방전되는 것은 바로 이러한 물음을 통해서이다. 이렇게 방전되는 불꽃의 假像 속에서 초창기의 사진들은 할아버지 때의 어둠으로부터 그렇게 아름답고 또 좀처럼 근접할 수 없는 모습을 드러내고 있는 것이다.

생산자로서의 작가

> 문제는 지식인들로 하여금 그들의 정신적 방향과 그들이 처한 조건이 노동자들의 그것과 일치한다는 것을 자각시킴으로써 그들을 노동자들의 편으로 끌어들이는 일이다.
>
> ——라몬 페르난데스

여러분들은 플라톤이 그의 『국가론』에서 시인을 어떻게 취급하고 있는지를 기억할 것이다. 그는 공동체의 이익을 위해 시인이 국가 속에 머무르는 것을 거부했던 것이다. 시가 갖는 위력에 대해 상당한 이해를 표시하고 있지만, 잘 알다시피 그는 완성된 공동체 속에서는 시인은 유해하고 불필요한 존재라고 생각하였다. 시인의 존재권을 두고 이처럼 명확하게 의문이 제기된 적은 이 이후로는 거의 없었다. 그러나 오늘날에 와서 그러한 의문이 다시 제기되고 있다. 물론 위에서와 같은 형식으로 제기되는 경우는 매우 드물다.

그러나 자신이 원하는 바를 자유롭게 쓸 수 있는 시인의 자율성에 대한 의문은 여러분들 누구나가 많건 적건간에 익히 알고 있는 의문일 것이다. 여러분들은 시인에게 이러한 자율성을 인정하려 들지 않는다. 여러분들은 오늘날의 사회적 상황은 시인으로 하여금 누구를 위하여 그의 활동이 봉사되어야 할 것인가 하는 결단을 강요하고 있다고 믿고 있다. 보수적 통속작가는 이러한 양자택일적 결단을 인정하지 않고 있다. 그러나 여러분은 그가 그 사실을 인정치 않더라도 어느 특정계급의 이익을 위하여 봉사하고 있다는 점을 그들에게 입증하지 않으면 안될 것이다. 보다 진보적 타입의 작가는 이러한 양자택일적 선택을 인정한다. 프롤레타리아트의 편에 섬으로써 그는 계급투쟁의 기초 위에서 자신의 결단을 내리게 되는 것이다. 그렇게 되면 그의 자율성은 종지부를 찍게 되고, 또 그는 그 자신의 활동을 계급투쟁에서 프롤레타리아트 쪽에 유리하게 전개하는 것이다. 이런 경우, 우리는 그가 어떤 하나의 경향을 쫓는다고 말하곤 한다.

　이로써 여러분은 하나의 구호를 갖게 된 셈인데, 여러분도 익히 알고 있는 오래 전부터의 논쟁은 이 구호를 중심으로 전개되었다. 그리고 여러분은 이 논쟁이 얼마나 비생산적으로 전개되었던가도 잘 알고 있을 것이다. 이 논쟁은 지루하기 짝이 없는, 한편으론 이렇고 다른 한편으로는 이렇다는 식을 벗어나지 못했다. 다시 말해 한편으로는 작가의 업적으로부터 올바른 경향이 요구되어야 하고, 다른 한편으로는 업적의 질도 기대되어야 한다는 것이다. 그러나 경향과 질이라는 두 가지 요소 사이에 도대체 어떠한 상관관계가 있는가를 깊이 인식하지 못하는 한, 이 공식이 불충분함은 너무나 자명하다. 물론 이러한 상관관계를 단정적으로 설명할 수도 있다. 즉 올바른 경향의 작품이라면 더 이상 질을 운위할 필요가 없다고 말할 수도 있고, 또 올바른 경향을 지닌 작품이라면 필연적으로 그 밖의 다른 질도 보여주지 않으면 안될 것이라고 잘라서 말할 수도 있을 것이다.

　이 두번째의 표현은 그런대로 흥미가 있는 표현이다. 아니 그 표현이 올바른 표현인지도 모른다. 나는 이 표현을 나의 것으로 삼고자 한다. 그러나 이렇게 하면서도 나는 이 표현을 단정적으로 받아들이는 것을 거부한다. 이 주장은 논증되지 않으면 안된다. 내가 여러분의 주의를 환기시키고 싶은 것도 바로 이러한 논증의 시도이다. 여러분께서는 이 논증이 아주 특수한, 그리고 본론에서 벗어난 테마이고, 또 이러한 논증을 통하여 파시즘의 연구를 권장하려는 속셈이 아니냐고 이의를 제기할지도 모른다. 실제로 본인이 염두에 두고 있는 것도 바로 이런 점인데, 왜냐하면 본인은 여러 분들에게, 방금 언급된 논쟁 속에서 대체로 보여지고 있는 총괄적 형식을 띠고 있는 경향이라는 개념은 정치적 문학비평의 도구로서는 아무런 쓸모가 없다는 점을 명백히할 수 있다고 기대하고 있기 때문이다. 내가 여러분께 제시하고자 하는 것은, 어떤 문학작품의 경향은, 그것이 문학적으로 올바른 경우에라야만 정치적으로도 올바르다는 점이다. 이 말은, 정치적으로 올바른 경향은 어떤 문학적 경향을 내포한다는 것을 의미한다. 이를 부연해서 설명하면, 숨겨져 있든 아니면 명백히 드러나 있든간에 모든 올바른 정치적 경향 속에 내포되어 있는 이러한 문학적 경향이 작품의 질을 형성한다는 점이다. 그러니까 어떤 작품의 올바른 정치적 경향은, 바로 그것이 문학적 경향을 내포하기 때문에 문학적 질을 내포한다고 말할 수가 있는 것이다.
　이러한 주장이 앞으로 더욱 명백해지리라는 것을 약속하면서 여기서 잠깐 나의 고찰을 진행시킴에 있어서 다른 출발점을 선택할 수도 있었다는 점을 말해 두고자 한다. 나는 문학작품의 경향과 질이 어떠한 관계에 있는가 하는 비생산적인 논쟁으로부터 출발했었다. 그러나 나는 이보다 더욱 오래된, 그러면서도 결코 덜 비생산적이라고는 말할 수 없는 논쟁, 즉 형식과 내용, 그것도 특히 정치적인 문학에 있어서의 형식과 내용은 어떠한 관계에 있는가 하는 논쟁으로부터 시작할 수도 있었을 것이다. 이러한 문제제기를 두고는 이론이 분분하였다. 물론 당연한 일이다. 이러한 문제제기는 문학적 상관관계를 도식적 규범을 내세워 비변증법적으로 접근하려는 대표적 케이스로 간주되고 있다. 그렇다면 과연 이와 동일한 문제의 변증법적인 취급방법은 도대체 어떠한 양상을 띠고 있을까? 이 문제의 변증법적인 취급방법——이로써 우리는 본론에 들어가는 바이지만——은 작품, 장편소설, 책 등과 같은 유리되고 경직된 것을 가지고서는 아무런 시작도 할 수 없을 것이다. 변증법적으로 접근하려면 그것을 살아 있는 사회의 상관관계 속에 두지 않으면 안된다. 물론 여러분들은 그러한 문제는 이미 우리의 가까운 친구들 사이에서 거듭 되풀이되어 논의되어 왔다고 말할 수도 있을 것이다. 물론 그렇긴 하다. 그러나 다만 그런 경우에도 흔히 곧장 큰 문제에 부딪침으로써 다시금 막연한 상태 속으로 빠져들지 않을 수 없었던 것이다. 사회적인 상황은 우리가 잘 알고 있는 것처럼 생산관계에 의해 제약되어 있다. 그리고 유물론적 비평이 어떤 작품에 접근하는 경우, 그 작품이 그 시대의 사회적 생산관계와 어떠한 입장에 서 있는가 하고 물음을 제기하는 것이 상례였다. 그것은 중요한 물음이다. 그러나 지극히 어려운 물음이다. 이에 대한 대답은 항상 명백하지만은 않다. 그래서 나는 보다 직접적인 물음을 제시해 보고자 한다. 그것은 보다 단순하고 보다 목적에 덜 미치는 질문이지만 나에게는 그것이 더 많은 회답의 가능성을 줄 것으로 생각된다. 이를테면 다음과 같은 질문, 즉 어떤 작품이 시대의 상관관계에 대해서 어떠한 입장에 서 있는가, 그것이 시대의 생산관계에 동의함으로써 반동적이 되고 있는가, 아니면 그것의 변혁을 꾀함으로써 혁명적이 되고 있는가 하는 등의 질문을 하는 대신, 최소한 이러한 질문을 하기 이전에 다른 질문을 하나 제기해 보고자 한다. 즉 어떤 문학이 시대의 생산관계에 대해서 어떤 입장에 서 있는가 하고 질문하기에 앞서 그것이 생산관계 속에서 어떻게 되어 있는가 하고 질문하고 싶은 것이다. 이 질문이 직접적으로 겨냥하는 바는 한 시대의 문학적 생산관계 내부에서 작품이 갖는 기능이다. 바꾸어 말하면 이 질문은 바로 작품의 문학적 기술 Technik을 겨냥하고 있는 것이다.

　기술이라는 개념을 끄집어냄으로써 본인은 문학적 생산물을 직접적인 사회적 분석과 또 이를 통한 유물론적 분석에로의 접근을 가능케 하는 개념을 거론하고 있는 셈이다. 동시에 기술이라는 개념은 형식과 내용의 비생산적 대립이 극복될 수 있는 변증법적인 출발점을 제시하고 있다. 뿐만 아니라 이러한 기술 개념은, 서두에 제기되었던 경향과 질의 관계를 올바르게 규정할 수 있게 하는 지침을 내포하고 있다. 조금 전에 우리가, 어떤 작품의 올바른 정치적 경향은 그것이 문학적인 경향도 내포하고 있기 때문에 문학적인 질도 내포하고 있다고 말할 수 있었다면, 여기에서 우리는 보다 엄밀하게, 이러한 문학적 경향은 문학적 기술의 진보나 아니면 퇴행 속에서 그 본질을 두고 있다고 규정할 수가 있을 것이다.

　일견 단도직입적으로 보일지 모르지만, 여기서 본인이 매우 구체적인 문학적 상황에 뛰어드는 것을 여러분은 허락해 주리라 믿는다. 그것은 러시아의 문학적 상황이다. 본인은 여러분에게 세르게이 트레챠코프 Sergej Tretjakow(1892—1939)와 그리고 그에 의해 정의・구현되고 있는 기술실천적 operierend 작가의 타입에 주의를 환기시키고자 한다. 이 기술실천적 작가는, 올바른 정치적 경향과 진보적인 문학적 기술 사이에서 언제나 또 어떠한 상황에도 존재하기 마련인 기능적 상호관련성에 대한 가장 구체적인 예를 제공해 주고 있다. 물론 이것은 단순한 하나의 예에 지나지 않는다. 그 이상의 예에 대해서는 여기에서 보류하겠다. 아뭏든 트레챠코프는 기술적인 작가와 報道하는 작가를 구별짓고 있다. 그의 사명은 보도하는 것이 아니고 투쟁하는 것이다. 관객의 입장을 취하는 것이 아니라 능동적으로 참여하는 것이다. 그는 이러한 사명을 그 자신의 활동에 대한 보고에서 정의하고 있다. 농업의 전면적 집단화가 이루어지던 때인 1928년, 〈작가는 콜호즈로!〉라는 구호가 선언되었을 때 트레챠코프는 〈공산주의자의 등대〉라는 집단농장으로 가서 그곳에서 두 차례에 걸친 오랜 체재 기간 동안 다음과 같은 일을 시작하였다. 대중 집회의 소집, 트랙터의 대금을 지불하기 위한 모금, 개개 농민들의 콜호즈에로의 가입을 위한 설득, 독서실의 감독, 벽신문의 창안,

콜호즈—신문 제작, 모스크바 신문을 위한 취재, 라디오와 순회영화관 등이 그가 착수한 일이다. 이 체재 기간 동안에 쓰어진 그의 『野田의 지휘자들』이라는 책이 집단농장의 발전에 상당한 영향력을 끼쳤다는 것은 조금도 놀라운 일이 아니다.

여러분은 트레챠코프를 높이 평가할 수도 있겠지만 다른 한편으로는 그의 예가 이러한 상관관계에서 그렇게 큰 의미를 갖지 못한다는 의견을 가질 수도 있을 것이다. 여러분은 아마 그가 수행한 일들이 저널리스트 내지는 프로퍼갠디스트가 할 일이고 또 그런 일들은 모두 문학과 별로 관계가 없다는 식으로 그가 한 일에 이의를 제기할 수도 있을 것이다. 그런데 여기서 트레챠코프의 예를 일부러 끄집어낸 까닭은, 문학의 여러 형식과 쟝르를 오늘날 우리의 상황에 깊은 영향을 끼치는 기술적 요소의 관점에서 폭넓게 재검토해 보지 않으면 안된다는 것을 여러분께 주지시키고 또 이로써 오늘날의 문학적 에너지를 위한 출발점을 제시해 주는 표현형식들을 알아보기 위해서라는 점을 여러분에게 지적하기 위해서이다. 옛날부터 항상 소설이 존재했던 것은 아니다. 또 그것이 앞으로 계속 존재해야만 한다는 이유도 없다. 비극이나 위대한 서사시의 경우도 마찬가지이다. 그리고 해설의 형식이나 번역의 형식, 아니면 이른바 모조품까지도 항상 문학의 변방에 존재했던 餘技만은 아니었다. 이러한 형식들은 아랍이나 중국에선 철학적인 저술들 뿐만 아니라 문학적 저작 가운데서도 당당한 위치를 차지했던 것이다. 수사학도 항상 보잘것없는 형식이었던 것이 아니라 고대에서는 문학의 대영역에서 확고한 위치를 차지하고 있었다. 이러한 모든 사실을 거론하는 까닭은, 문학적 제형식이 엄청난 변혁과 용해의 와중에 있고 또 우리가 지금까지 늘상 그렇게 생각해 왔던 여러 대립들이 이러한 용해과정 속에서는 그 힘을 상실해 버릴 수도 있다는 점을 여러분들에게 깊이 인식시키기 위해서이다. 이러한 대립의 비생산성과 이 대립을 극복하는 과정을 말해 주는 구체적인 하나의 예를 들어 보겠다. 여기서도 우리는 다시 한번 트레챠코프의 경우를 두고 이야기를 전개하게 될 것이다. 그 예는 말하자면 신문에 관한 것이다.

어느 진보적인 작가는 다음과 같이 쓰고 있다. 오늘날의 문학에 이르러서는, 보다 행복했던 시대에서는 서로 생산을 촉진하는 작용을 했던 대립 개념이 이율배반적 대립개념이 되어 버렸다. 과학과 문예, 비평과 생산, 교육과 정치 등이 상호간의 관계를 잃고 무질서하게 동떨어지게 되었다. 이러한 문학적 혼돈의 무대가 바로 신문이다. 신문의 내용인 〈재료〉는 독자의 성급함이 요구하는 조직형태 이외의 어떠한 형태도 거부한다. 그리고 그 성급함은 정보를 기대하는 정치가나 아니면 힌트를 기대하는 투기자들의 성급함에만 한정되고 있는 것이 아니라 그 배후에는 스스로도 그 자신의 이익을 위하여 발언할 권리가 있다고 믿고 있는 소외된 자들의 성급함도 함께 도사리고 있는 것이다. 날마다 새로운 자양분을 요구하는 이러한 성급함만큼 독자를 신문에 얽매이게 하는 것도 없을 터인데, 편집자들은 오래 전부터 독자들의 문의라든지 의견 내지 항의를 위하여 항상 새로운 난을 개발함으로써 이러한 점을 십분 이용하고 있다. 사실의 무차별적 통합과 함께 순식간에 협력자로 격상하게 된 독자들의 무차별적 통합이 어깨를 나란히하고 이루어지고 있는 것이다. 하지만 그 속에는 변증법적인 모멘트가 숨겨져 있다. 즉 부르죠아적 신문에서의 문학의 몰락은 소비에트 러시아에서의 문학의 회복이라는 공식으로 나타나고 있는 것이다. 그 까닭은 이를테면 문학이 깊이를 상실하는 대신 폭넓은 대중기반을 획득함으로써 부르죠아적 신문에서 전통적 형태로 유지되어 온 작가와 대중의 구별이 소비에트의 신문에서는 사라지기 시작했기 때문이다. 부르죠아적 신문에서는 독자는 언제 어느 때고 집필자, 그러니까 記述하는 자 내지 지시하는 자가 될 마음의 준비가 되어 있다. 한 사람의 전문가로서——비록 특정한 전문 분야는 아니더라도 그가 차지하고 있는 직위로부터——그는 필자가 될 자격을 획득하게 되는 것이다. 즉 일 그 자체가 발언을 하게 되는 것이다. 그리고 말로써 일을 기술하는 것은 그 일을 수행하기 위한 필수불가결한 능력의 일부가 된다. 문학적 자격은 따라서 이제 전문화된 교육에 의해서가 아니라 종합적 교육에 의해서 얻어지게 되며, 이로써 문학적 자격은 누구나 가질 수 있는 재산이 된 것이다. 그것은 한마디로 말하면, 달리는 해결할 수 없는 이율배반적 대립 개념을 제어하게 될 삶의 여러 조건의 문학화를 의미하고, 또 그것은 말이 한없이 폄하되고 있는 무대, 즉 신문에서 그 구원이 준비되고 있는 것이다.

　　이로써 본인은 생산자로서의 작가에 대한 記述은 신문에까지 소급되지 않으면 안된다는 사실을 보여 주었다고 생각한다. 왜냐하면 신문, 적어도 소비에트의 신문에서 우리는 앞에서 언급한 엄청난 변혁과정이 장르의 구별, 소설가와 시인 사이의 구별, 전문 연구가와 일반 연구가 사이의 재래적 구별을 넘어서고 있을 뿐만 아니라, 심지어는 작가와 독자 사이의 구별도 수정이 가해지고 있다는 사실을 알게 되었기 때문이다. 이러한 과정 중에서 신문이 가장 중요한 예이며 그렇기 때문에 생산자로서의 작가에 대한 일체의 고찰은 신문에까지 이르지 않으면 안될 것이다.

그러나 이 고찰은 여기서만 머물 수가 없는데, 그 이유는 바로 서유럽의 신문은 작가의 수중에서 아직도 유용한 생산수단이 되고 있지 않기 때문이다. 신문은 아직도 자본가의 수중에 있다. 신문은 한편에선──기술적으로 말한다면──작가에게 가장 중요한 문학적 위치를 제공하고 있지만 다른 한편에선 그 위치가 상대방의 수중에 들어 있기 때문에 작가가 자신의 사회적 구속이나 기술적 수단 내지 정치적 과제를 깊이 인식하기 위해서는 엄청난 어려움과 싸우지 않으면 안된다는 사실은 별로 놀라운 일이 못된다. 이것은 독일에서 최근 십년간에 일어난 결정적 사건의 하나이지만, 생산적 두뇌를 소유한 상당한 수의 사람들이 경제적 상황의 압박 속에서 이념적으로는 혁명적 발전을 이룩하였지만 자기들의 일과 자기들의 일이 생산 수단과 기술에 대해 갖는 관계에 대해서는 실제로 혁명적인 사고를 철저히 할 수가 없었던 것이다. 여러분도 잘 알다시피 본인이 지금 말하고 있는 것은 이른바 좌파 지식인에 대해서이고 또 앞으로도 이를 좌파 부르죠아 지식인에 한정해서 얘기하고자 한다. 독일에서 지난 십년간의 중요한 정치적·문학적 운동은 이들 좌파 지식인들에 의해 시작되었던 것이다. 그 가운데서 나는 특히 행동주의와 신즉물주의 두 운동을 지적하고자 한다. 나는 이 예에 의거하여 정치적 경향은, 그것이 아무리 혁신적이라 할지라도 작가가 프롤레타리아트와의 연대감을 단지 이념적으로만 경험하고 생산자로서 경험하지 않은 이상 반혁명적 기능밖에 하지 못한다는 것을 보여주고자 한다.

행동주의의 요구가 집약적으로 담겨 있는 캐치 프레이즈인 정신적 지배라는 의미의 〈정신적 엘리트 Logokratie〉라는 개념은 실제로 좌파 지식인의 진영에서 관철되었다. 또 이 개념은 하인리히 만으로부터 되블린 Döblin에 이르는 정치적 선언문을 지배하고 있다. 그런데 여기서 우리는 이 개념이 생산과정 속에서의 지식인의 입장에 대해서는 하등의 고려도 없이 생겨 났음을 알 수 있다. 행동주의 이론가 힐러 Hiller조차도 정신적 엘리트를 어떤 직업부문에 속하는 사람으로서가 아니라 어느 일정한 성격학적 유형의 대표자로 이해해 주기를 원했다. 이러한 성격학적 유형은 물론 모든 계급 사이에 존재한다. 그것은 수많은 사적 개인들을 포괄하는 개념이지만, 정작 이들 사적 개인을 조직할 수 있는 조그마한 근거도 마련하지 못하고 있다. 힐러가 당지도자를 거부하는 발언을 했을 때도 그는 그들이 지닌 많은 점을 인정하고 〈당지도자들은 지식인보다 중요한 일에 대해 더 소상히 잘 알 수도 있고, 민중에 더 가까울 수도 있으며, 더 용감하게 싸울 수도 있지만, 그러나 그들에게 하나 모자라는 점이 있는데 그것은 그들이 보다 서투르게 사고를 한다는 점이다.〉 물론 그럴지도 모른다. 하지만 그것이 무슨 도움이 된단 말인가? 왜냐하면 정치적으로 결정적으로 중요한 것은 자신의 사적 사고가 아니라 브레히트가 언젠가 표현한 것처럼 다른 사람의 머리로 사고할 수 있는 기술인 것이기 때문이다. 행동주의는 유물론적 변증법을 인간 오성이라는 계급적으로 정의내릴 수 없는 위대함에 의해 대치하고자 하였다. 행동주의가 주장하는 정신의 엘리트는 기껏해야 하나의 사회적 집단을 대표하고 있을 따름이다. 바꾸어 말하면 이 집단을 형성하고 있는 원리 그 자체는 반동적인 원리인 것이다. 따라서 이 집단이 끼치는 영향이 결코 혁명적이 될 수 없다는 것은 조금도 놀라운 일이 못 된다.

그러나 이러한 집단 형성의 원리는 아직도 계속 그 영향력을 끼치고 있다. 3년 전 되블린의 〈알아라, 그리고 변화시켜라!〉라는 팜플레트가 나왔을 때도 우리는 이 점을 확인할 수가 있었다. 이 팜플레트는 잘 알다시피 어느 젊은이——되블린은 그를 호케씨라고 부르고 있다——에 대한 답장으로서 쓰여진 것이다. 그 젊은이는 이 유명한 작가에게 〈무엇을 할 것인가〉하고 질문하였던 것이다. 되블린은 그에게 사회주의의 大義에 동참할 것을 권유하였다. 그러나 그는 사회주의에 유보적 태도를 취하면서 다음과 같이 말하고 있다. 〈사회주의란 자유, 인간의 자발적인 결합, 모든 강제의 거부, 불의와 강제에 대한 격분, 인간성, 관용, 평화주의적 신념이다.〉 이것이 무엇을 의미하든간에 하나 확실한 것은 그가 그의 사회주의 이해에 근거해서 과격한 노동운동의 이론과 실제에 대해서 반대의 입장을 취하고 있다는 점이다. 되블린은 계속해서 다음과 같이 말하고 있다. 〈세상의 어떠한 것이든, 그것 속에 이미 존재하고 있지 않았던 것으로부터 무엇이 생겨나는 법은 없습니다. 살인적으로 첨예화된 계급투쟁으로부터 정의는 생겨날 수 있을지 모르지만 사회주의는 생겨나지 않을 것입니다. 존경하는 호케씨 (되블린은 이런 저런 이유를 들어 그에게 다음과 같은 권유를 하고 있다), 당신이 프롤레타리아트 진영에 동참한다고 해서 프롤레타리아트의 투쟁에 대한 당신의 원칙적 찬성이 실제로 실현될 수는 없을 것입니다. 따라서 당신은 이러한 투쟁을 격앙되고 쓰디 쓴 마음으로 인정하는 것만으로 만족하지 않으면 안될 것입니다. 그러나 만약 당신이 그 이상의 행동을 하게 되면 하나의 대단히 중요한 입장이 간과될 것이라는 점입니다. 그 중요한 입장이란 개인적 자유, 자발적 연대감, 인간 상호간의 결합 등의 원시 공산주의적 입장입니다. 존경하는 호케씨, 당신에게 주어지는 유일한 입장은 바로 이 입장인 것입니다.〉여기에서 〈정신적 엘리트〉라는 개념, 즉 생산과정 속에서 지식인이 차지하는 위치에 의해서가 아니라 그의 견해나 신념 내지 소질에 의해 정의된 유형으로서의 〈정신적 엘리트〉의 개념이 나아갈 방향이 무엇인지는 너무나 명백하다. 즉 정신적 엘리트는 되블린이 표현한 것처럼 프롤레타리아트의 옆에서 자신이 설 위치를 찾지 않으면 안되는 것이다. 그러나 그것은 도대체 어떤 종류의 위치인가? 그것은 후원자, 곧 일종의 이데올로기적 패트론의 위치이다. 그것은 도저히 있을 수가 없는 위치인 것이다. 따라서 우리는 여기에서 다시 서두에 제기된 테제로 되돌아가게 된다. 즉 계급투쟁 속에서의 지식인의 위치는 오로지 생산과정 속에서 그가 차지하는 위치에 의거해서 규정 내지 선택되어져야만 하는 것이다.

생산수단의 해방에 관심을 가지고 또 계급투쟁에 봉사하는 진보적 지식인이라는 의미에서 생산의 제형식과 수단들을 변화시키기 위해서 브레히트는 기능 전환 Umfunktionierung이라는 개념을 만들어 내었다. 그는 최초로 지식인에게 생산수단을 가능한 사회주의의 의미에서 변화시키지 않는 한 생산수단을 제공해서는 안된다는 매우 중요한 요구를 내걸고 있다. 『시도들 Versuche』이라는 브레히트의 저술은——그는 일련의 논술을 쓰면서 모두 이러한 동일한 제목을 달고 있다——〈어떤 작품들이 더 이상 개인적 체험이 되기보다는(작품의 성격을 갖기보다는) 오히려 일정한 사회적 기구와 제도를 이용(변형)하는 데 그 주안점을 두고 있던 시기에〉 이루어졌다. 여기에서는 파시스트들이 공언하는 바의 정신적 개혁이 아니라 기술적 혁신이 바람직한 것이라는 점이 시사되고 있다. 이러한 기술적 혁신에 대해서는 앞으로 다시 언급하겠다. 여기에서 우선 본인은 어떤 생산기구의 단순한 제공과 생산기구의 변혁 사이에 존재하는 결정적 차이점에 대해서 언급하고자 한다. 그리고 본인은 〈신즉물주의〉에 관한 나의 논지를 전개하기에 앞서 다음과 같은 명제를 제시하고

자 한다. 즉 하나의 생산기구를 가능한 한도내에서 변화시키지 않고 그것을 그대로 제공하는 처리방법은, 이 생산기구에 의해 제공되는 소재가 아무리 혁명적 성격을 띤 것처럼 보일지라도 매우 논란의 여지가 많다는 점이다. 오늘날 우리가 직면하고 있는 하나의 엄연한 사실은——이에 대해서는 지난 10년간 독일에서 풍부한 증거가 주어지고 있다——부르죠아지의 생산기구와 출판기구가, 이를 소유하고 있는 계급과 이 계급의 존재 자체를 심각하게 의문에 빠뜨리지 않고도 놀라운 수자의 혁명적 테마를 동화하거나 심지어는 선전할 수 있게 되었다는 점이다. 아뭏든 이러한 사실은 생산기구가 진부한 작가——그가 비록 혁명적 성격을 지닌 진부한 작가인 경우에도——에 의해 제공되어지는 한은 그대로 그 타당성을 지니게 될 것이다. 여기서 진부한 작가를 정의내린다면, 그는 사회주의에 유리하게 생산기구를 개선함으로써 그것을 지배계급으로부터 소외시키는 작업을 원칙적으로 포기하고 있는 사람이다. 한 걸음 더 나아가 본인이 주장하고 싶은 것은, 소위 좌파 문학의 상당한 부분이 정치적 상황으로부터 대중의 오락을 위한 새로운 효과를 끄집어내는 것 이외에는 어떠한 다른 사회적 기능도 가지고 있지 못하다는 점이다. 이로써 본인은 신즉물주의에 다시 서 있게 되었다. 즉물주의는 르포르타쥬를 만들어 내었다. 여기서 우리는 이 기법이 과연 누구에게 도움이 되었는가를 자문해 보고 싶은 것이다.

문제를 구체적으로 설명하기 위해 본인은 르포르타쥬의 사진 형식을 전면에 내세워 보고자 한다. 그러나 이 형식에 적용되는 것은 문학적 형식에도 그대로 적용될 수 있을 것이다. 이 두 가지 형식의 엄청난 발전은 출판기술, 즉 라디오와 화보신문이나 잡지에 힘입고 있다. 다다이즘에 되돌아가서 다시 한번 생각해 보자. 다다이즘의 혁명적 강점은 예술을 그 진실성 Authenzität 내지 그 진위성 여부에 따라 검증해 보았다는 데 있었다. 다다이즘은 회화적 요소와 관계가 있었던 입장권, 실패꾸러미, 담배꽁초 등을 합쳐서 정물화를 만들어 내었다. 다다이즘은 이 그림을 하나의 액자 속에 넣고는 관람자에게 다음과 같이 말한다. 봐라, 너희들이 보는 그림 액자는 시간을 폭파하고 있다. 일상생활의 사소하기 짝이 없는 진실한 파편들이 회화보다도 더 많은 것을 말해 주고 있다. 마치 책 갈피에 찍혀 있는 살인자의 피묻은 지문이 텍스트보다 더 많은 것을 말해 주고 있는 것처럼 말이다. 이와 같은 혁명적 내용의 많은 부분은 사진의 몽타쥬 속에서 구제되고 있다. 책의 카바를 정치적 수단으로 삼고 있는 존 하트필드 John Heartfield의 작품만 보더라도 우리는 이러한 것을 충분히 짐작할 수 있을 것이다. 그러면 여기에서 사진이 걸어온 길을 계속 추적해 보자. 여러분이 보다시피 사진은 점점 더 많은 뉘앙스를 지니게 되었고, 더욱 더 현대적이 되었다. 그 결과로 사진은 그것을 변용시키지 않고는 더 이상 어떤 임대 연립주택이나 그 어떤 쓰레기통도 묘사할 수가 없게 되었다. 〈아름다운 세상〉――이것은 렝거 파취의 유명한 사진선집의 제목이기도 하다――속에서 우리는 신즉물적 사진술이 그 정점에 달해 있음을 보게 된다. 이를테면 신즉물적 사진은 비참한 생활까지도 완벽할 정도의 유행적 방식으로 파악함으로써 이를 즐거움의 대상으로 만드는 데 성공하고 있다. 왜냐하면 예전에는 대중의 소비에서 벗어났었던 내용들, 이를테면 봄, 유명인, 외국 등을 유행적 처리를 통하여 다시 대중들의 소비품목이 되게 하는 것이 사진의 경제적 기능이라면, 현상태 그대로의 세상을 그 내부로부터, 다시 말해 유행적으로 혁신하는 것은 사진의 정치적 기능 중의 하나이기 때문이다.

여기에서 우리는, 생산기구를 변혁시키지 않고 생산기구를 제공한다는 것이 무엇을 의미하는가 하는 데 대한 하나의 두드러진 예를 갖게 된 셈이다. 생산기구를 변혁시킨다는 것은 지식인의 생산을 구속하고 있는 제약들 중의 하나를 다시금 무너뜨리고, 대립들 중의 하나를 뛰어넘는 것을 의미했을 것이다. 이 경우 극복되어야 할 제약은 문자와 영상의 제약이다. 우리들이 사진작가로부터 요구하는 것은 사진에 제목을 붙일 줄 아는 능력이다. 이를 통해 사진작가는 사진을 유행적 소비품으로부터 빼내어 그 사진에 혁명적 사용가치를 부여하게 되는 것이다. 사진을 논할 때 우리가 사진작가에게 요구하지 않으면 안되는 점은 바로 이러한 점이다. 그러니까 여기에서도 생산자로서의 작가의 정치적 진보의 기초가 되고 있는 것은 기술의 진보이다. 바꿔 말하면, 정신적 생산과정의 여러 전문성을 극복함으로써만이――부르죠아적 견해에 따르면 이러한 전문성들이 생산과정의 질서를 이룬다――이러한 생산은 비로소 정치적으로 유용한 것이 된다. 그리고 전문화에 의해 부과된 장벽들은, 지금까지 분리되지 않으면 안되었던 생산력에 의해 통합적으로 분쇄되어야만 한다. 생산자로서의 작가는 프롤레타리아트와의 연대감을 체험하면서부터, 이전에는 그에게 별 상관이 없어 보였던 다른 생산자와의 연대감을 동시에 체험하게 된다. 지금까지 본인은 사진작가에 대해 언급하였다. 여기에서 본인은 매우 간략하게 음악가에 대한 아이슬러 Eisler의 발언을 하나 삽입해서 얘기하고자 한다. 〈생산과 재생산에서 일어나고 있는 음악의 발전에서도 우리는 점점 더 증가해 가는 합리화의 과정을 인식하는 법을 배우지 않으면 안된다.……레코드판, 유성 영화, 음악 자동기계들은 최상의 음악작품을 깡통형식의 상품으로 만들 수 있게 되었다. 이러한 합리화 과정은 결과적으로, 음악의 재생산이 수적인 면에서는 점점 더 적어 가지만 능력의 면에서는 점점 더 전문화되어 가는 소수 그룹에 한정되게끔 하고 있다. 음악회활동의 위기는, 새로운 기술적 혁신에 의해 이미 구식이 되어버린 생산형식의 위기인 것이다.〉 따라서 하나의 과제가 있다면 그것은 음악회라는 형식을 기능전환시키는 일이었고 또 이를 위해서는 두 가지의 조건이 충족되었어야만 했다. 그 중의 하나는 연주자와 청중의 대립을 제거하는 것이었고, 다른 하나는 기술과 내용의 대립을 제거하는 것이었다. 이에 대해 아이슬러는 다음과 같은 매우 시사적인 발언을 하고 있다. 〈우리는 오케스트라의 음악을 너무 과대평가해서는 안될 것이고 또 이를 유일한 고급예술로 간주하지 않도록 해야 할 것이다. 말이 없는 음악이 그 커다란 의미를 얻고 또 널리 보급된 것은 자본주의 하에서의 일인 것이다.〉 이 발언은 음악회를 변혁하는 과업은 말의 협동 없이는 불가능하다는 것을 의미한다. 말의 협동, 바로 이것만이 아이슬러가 표현했듯이 어떤 음악회를 정치적 집회로 변혁시킬 수가 있다는 것이다. 그러한 변혁이 실제로 음악적 기술과 문학적 기술의 최고 경지를 나타내고 있다는 것을 입증하고 있는 것은 브레히트가 텍스트를 쓰고 아이슬러가 음악을 붙인 『조처 die Maßnahme』라는 교훈극에서이다.

이러한 관점에서부터 앞에서 거론된 문학적 제형식의 용해과정에 다시 눈길을 돌려 보면 여러분들은 사진과 음악이 어떻게 해서 그로부터 새로운 형식들이 만들어지는 저 용해과정 속의 쇳물과 같은 대중 속으로 흘러 들어가게 되는가를 알게 될 것이다. 여기에서 여러분들은 이러한 용해과정의 규모가 어느 정도인가를 정확히 가늠할 수 있게 하는 것이 모든 생활조건의 문학화라는 사실을 확인하게 될 것이다. 그것은 마치 계급투쟁의 상황이 그것이 이루어지고 있는——그것이 완벽하게 이루어지든 아니면 덜 완벽하게 이루어지든 간에——온도를 결정하는 것과도 비견될 수 있는 성질의 것이다.

앞에서 본인은 비참한 상태를 소비의 대상으로 만드는 유행적 사진술의 방법에 관해서 말하였다. 이제 문학적 운동으로서의 신즉물주의에 눈길을 돌리면서 본인은 한 걸음 더 나아가서 신즉물주의가 〈비참한 상태에 대한 투쟁〉을 소비의 대상으로 삼았다는 사실을 말하지 않을 수 없다. 실제로 신즉물주의의 정치적 의미는 많은 경우에 부르죠아지에 나타난 혁명적 반영들을 전환시킴으로써, 大都市의 카바레 기업에 별 어려움 없이 통합되어 버린 오락의 대상들 속으로 깡그리 사라져 버렸다. 정치적 투쟁을 결단에의 필연적 촉구로부터 정관적 쾌적함의 대상으로 전환시키고, 또 생산수단으로부터 소비수단으로 전환시키는 것이 이 신즉물주의 문학의 특징인 것이다. 통찰력을 지닌 어느 한 비평가는 이러한 사정을 에리히 케스트너 Erich Kästner의 예를 들어 다음과 같이 논술하고 있다. 〈이들 좌파 지식인들은 노동운동과는 아무런 관계도 없다. 오히려 이들은 부르죠아지의 해체 현상으로서, 빌헬름 시대에 예비역 장교들 사이에서 경탄의 대상이 되었던 봉건적 모방 내지 擬態와 쌍벽을 이루는 것이다. 케스트너, 메링, 투콜스키와 같은 유형의 급진 좌파적 문사나 저널리스트들은 붕괴해 가는 부르죠아지 계층의 프롤레타리아적 모방이다. 그들의 기능은 정치적 관점에서 보면 당이 아니라 파벌이고, 문학적 관점에서 보면 학파가 아니라 유행이며 또 경제적 관점에서 보면 생산자가 아니라 브로커들인 것이다. 그들은, 그들의 빈곤을 화려하게 펼쳐 보이고 지루하기 짝이 없는 공허와 권태에 못이겨 축제를 벌이는 브로커와 진부한 작가들인 것이다. 그들은 불유쾌한 상황에서 이보다 더 편하고 쾌적하게 자신을 적응시킬 수는 없었던 것이다.〉

이 유파는 이미 언급했듯이 그들의 빈곤을 화려하게 펼쳐 보였다. 이로써 그들은 오늘날의 작가가 당면한 절박한 과제를 외면하였다. 다시 말해 그들은, 그들이 얼마나 가난하며, 또 처음부터 다시 시작하기 위해서 얼마나 가난해지지 않으면 안되는가 하는 인식을 애써 기피했던 것이다. 왜냐하면 중요한 것은 바로 이 문제이기 때문이다. 소비에트의 국가는 플라톤의 국가에서처럼 시인을 추방하지는 않겠지만, 그러나 창조적 개성이라는, 이미 오래 전에 가짜로 판명된 풍요성을 새로운 걸작품 속에서 과시하는 것을 용납하지 않는 그런 과제들을 이들 시인들에게 부과하게 될 것이다. 창조적 개성이라는 의미에서의 하나의 혁신을 그러한 걸작품으로부터 기대하는 것은 파시즘의 특권이다. 파시즘은 여기에서 허황하기 짝이 없는 공식적 발언을 서슴지 않고 있는데, 예컨대 귄터 그뤼델이 『젊은 세대의 사명』에서 그의 문학부문을 마무리하면서 하는 다음과 같은 발언이 그러하다. 〈문학을 개관하고 전망하고 난 후 우리들이 내릴 수 있는 가장 좋은 결론은, 우리들 세대에서 오늘날까지도 『빌헬름 마이스터』나 『녹색의 하인리히』가 썩어지지 않고 있다는 사실을 지적하는 일이다.〉 오늘날의 생산조건들을 깊이 생각해 본 작가라면 누구나 그러한 작품을 기대하거나 아니면 바란다는 것만큼 더 황당무계한 얘기는 없을 것이라는 것을 쉽게 알 것이다. 그의 작업은 결코 생산을 위한 작업에만 그쳐서는 안될 것이고, 항상 생산수단에 의한 작업이 동시에 병행되어야 할 것이다. 다른 말로 표현하면 그의 생산품들은, 그것들의 작품적 성격과 나란히, 또 그것들의 작품적 성격에 앞서서 하나의 조직화의 기능을 갖지 않으면 안된다. 그리고 그 생산품들의 조직화의 유용성은 결코 그것들의 선전적 유용성에 한정되어서는 안된다. 생산품들의 정치적 경향만으로서는 불충분하다. 뛰어난 안목의 작가 리히텐베르크 Lichtenberg는 이미 〈누가 어떤 견해를 가지고 있는가 하는 것이 중요한 것이 아니라 이러한 견해들을 이용하는 사람이 어떤 사람인가가 중요한 것이다.〉라고 말한 바 있다. 물론 견해가 중요한 것은 사실이다. 하지만 그러한 견해가 그것을 가진 사람들로부터 아무것도 유용한 것을 만들어 내지 못한다면 그것은 아무리 좋은 견해라 할지라도 아무 소용이 없다. 아무리 훌륭한 정치적 경향이라도 그것이 사람들이 따라야 할 태도를 예시하지 않는다면 그것은 옳지 않은 경향이다. 그리고 작가가 이러한 태도를 보여줄 수 있을 때는 단지 그가 무엇인가를 만들 때, 다시 말해 그가 글을 쓸 때이다. 경향은 작품의 조직하는 기능의 필요조건은 되어도 충분조건은 되지 못한다. 작품의 조직하는 기능은 쓰는 사람(작가)이 지녀야 할 지침적 행동을 요구한다. 오늘날 이러한 지침적 행동은 그 어느 때보다도 더 많이 요구되고 있다. 작가에게 아무 것도 가르치지 못하는 저자는 아무에게도 가르침을 주지 못한다. 그러니까 중요한 것은 생산의 모델적 성격인데, 이 모델적 성격은 첫째 다른 생산자들에게 생산의 지침을 마련해 줄 수 있어야 하고, 둘째로는 보다 나은 기구를 그들에게 제공할 수 있어야 한다. 그리고 이러한 기구는 보다 더 많은 소비자들로 하여금 생산에 참여할 수 있도록 하면 할수록, 다시 말해 독자나 관중을 협조자로 만들면 만들수록 더 좋은 것이다. 우리는 이러한 유의 모델을 소유하고 있는데, 브레히트의 서사극이 바로 이러한 모델이다. 이에 대해서는 본인은 단지 암시적으로 언급할 수밖에 없다.

옛날부터 사용되어 오던 무대장치를 가진 비극과 오페라가 거듭해서 다시 씌어지고 있지만, 이 형식들은 실제로는 낡은 무대장치 이외에는 아무 것도 제공하지 못하고 있다. 브레히트는 다음과 같이 말하고 있다. 〈음악가와 작가, 그리고 비평가들 사이에서 팽배해 있는 그들의 상황에 대한 불명확성은 엄청난 결과를 초래하고 있지만, 이 결과에 대해서는 거의 주목하지 않고 있다. 왜냐하면 그들이 실제로 소유하고 있는 어떤 생산기구를 소유하고 있다는 생각에서 그들은 이미 그들의 통제를 벗어난 생산기구를 옹호하고 있기 때문이다. 이 생산기구는 이제 더 이상 그들이 믿고 있는 것처럼 생산자들을 위한 수단이 아니다. 생산자들에 反하는 수단이 되어 버린 것이다.〉 복잡한 기구를 가지고 있고, 많은 수의 단역이 등장하여 또 세련된 효과를 내는 이러한 연극이 생산자들에 反하는 수단이 되고 있는 이유는 무엇보다도 이러한 연극이 영화와 라디오가 한데 어울려 벌이는 아무런 승산 없는 경쟁의 싸움을 위하여 생산자들을 자기편으로 끌어들이려고 하고 있기 때문이다. 이러한 연극은——우리가 교양의 연극을 생각하든 아니면 오락의 연극을 생각하든 간에 (이 양자는 서로 보완하는 관계에 있다)——그들 손에 닿는 것이면 무엇이든 자극제가 되는 포만한 부르죠아지 계층의 연극인 것이다. 이러한 연극의 입장은 이미 패배한 입장이나 다름없다. 그러나 다음과 같은 연극의 입장 즉, 새로운 대중매체와 경쟁을 벌이는 대신 그러한 매체들을 응용하고 또 그것들로부터 배우는, 간단히 말해 대중매체들과 논쟁을 벌이는 연극의 입장은 그렇지 않다. 서사극은 바로 이러한 논쟁을 자신의 과제로 삼고 있다. 그것은 오늘날의 영화와 라디오의 발전 수준에 비추어 볼 때 시대에 적합한 연극이다.

그러한 논쟁에 도움이 될 수 있도록 브레히트는 연극의 가장 근원적인 요소로 되돌아갔다. 그는 이를테면 하나의 무대연단에 만족하였다. 그는 장황한 줄거리를 포기하였다. 이렇게 해서 그는 무대와 관중, 텍스트와 연출, 연출가와 배우 사이의 기능적 상관관계를 변혁하는 데 성공하였다. 서사극은 줄거리를 전개시키기보다는 상황을 묘사해야 된다고 그는 말한 바 있다. 곧 알게 되겠지만 서사극은 줄거리를 중단함으로써 그러한 상황을 갖게 되는 것이다. 본인은 여기에서 여러분에게 줄거리를 중단하는 것을 주된 기능으로 삼는 노래 Song를 상기시키고자 한다. 그러니까 여기에서는 서사극은 이를테면 中斷의 원칙에 의해서, 지난 몇 해 사이 여러분들이 영화나 라디오, 신문이나 사진을 통해 익히 알고 있는 수법을 받아들이고 있는 것이다. 여기에서 본인은 몽타쥬의 수법, 즉, 몽타쥬화 된(=조립된) 것은 전체의 문맥을 중단시키는 것이라는 점을 얘기하고 있는 것이다. 그러나 이러한 수법이 특별한 권한, 아니 완벽한 권한을 갖는 것인지에 대해서는 간략하게나마 몇 마디 언급하고 넘어가야겠다.

그것 때문에 브레히트가 그의 연극을 서사극이라고 명명한 줄거리의 중단은 끊임없이 관객들 사이에서의 환영 Illusion의 효과를 없애는 역할을 한다. 그러한 환영은 현실의 요소들을 실험적 배치 Versuchs-anordnung 라는 의미에서 처리하고자 하는 연극에는 방해가 된다. 그러나 상황이 제시되는 것은 이러한 실험적 배치의 서두가 아니라 그 마지막에서이다. 물론 이때의 상황은 이런 저런 모습을 하고 있는 우리들의 상황이다. 이들 상황은 관객에게 가까이 제시되는 것이 아니라 그로부터 멀리 떨어져 제시되게끔 되어 있다. 관객은 이들 상황을 자연주의 연극에서처럼 실제의 상황으로 인식하게 된다. 이때 관객은 그러한 실제의 상황을 자연주의 연극에서처럼 만족감을 가지고 인식하는 것이 아니라 놀라움을 가지고 인식하게 되는 것이다. 서사극은 그러니까 상황을 다시 재현하는 것이 아니라 오히려 상황을 발견한다고 할 수 있다. 상황의 발견은 줄거리 진행과정의 중단을 통해 이루어진다. 그런데 이 경우의 중단은 자극과 흥미의 성격을 가지고 있는 것이 아니라 조직하는 성격을 가지고 있다. 중단은 사건진행 과정을 정지상태에 이르게 하고, 또 이를 통해 청중에게는 사건진행에 대해서, 배우에게는 그의 역할에 대해서 어떤 입장을 취하도록 강요한다. 여기서 하나의 예를 들어 본인은 여러분에게, 브레히트에 있어서 몸짓 Gestus의 발견과 그 이용이란 것은 다만, 라디오와 영화에서 결정적 방법이라고 할 수 있는 몽타쥬 수법을 단순한 유행적 수법으로부터 인간적인 사건으로 다시 복귀시키고 있는 데 불과하다는 사실을 보여주고자 한다. 다음과 같은 가족 장면을 상상해 보자. 부인이 바야흐로 어떤 놋쇠로 된 물건을 집어들고 딸을 향해 던지려고 하고 있고, 아버지는 창문을 열고는 밖을 향해 도움을 청할 찰나에 있다. 바로 이 순간 어떤 낯선 사람이 들어온다. 사건의 진행은 중단된다. 그대신 나타나는 것은 낯선 사람의 시선에 와 닿는 흥분된 얼굴들, 열려진 창문, 헝클어진 가구들의 상황이다. 그러나 여기에서는, 오늘날 우리들 삶의, 그보다도 더 평범한 장면들까지도 그 앞에서는 그렇게 크게 달라 보이지는 않는 하나의 시선이 존재한다. 그것이 바로 서사극 작가의 시선이다.
 그는 전 연극예술에 연극적 실험실을 대응시킨다. 그는 새로운 방법으로 연극의 해묵은 위대한 가능성, 즉 현존하고 있는 것을 밖으로 드러내는 방법을 이용한다. 그의 이러한 시도의 중심부에는 인간이 자리잡고 있다. 그것도 오늘날의 인간, 다시 말해 차가운 주위 환경에서 추위에 떨고 있는 위축된 인간이 자리잡고 있다. 그러나 우리에게 제시되고 있는 것은 이러한 인간뿐이기 때문에 우리는 그를 알고 싶어 한다. 그는 검토와 시험의 대상이 되는 것이다. 이로부터 얻어지는 결과는 다음과 같은 것이다. 사건이 변하는 것은 사건의 클라이막스에서도 아니고, 미덕이나 결단에 의해서도 아니며, 단지 엄격한 일상적 사건의 진행과정 속에서이고 또 이성과 실습을 통해서이다. 아리스토텔레스의 연극론에서 〈행동하는 것〉이라고 불리워지고 있는 행동방식의 사소한 요소들에 의한 구성, 바로 이것이 서사극이 의도하는 바이다. 서사극의 수단은 그러니까 전통적 연극의 수단보다 더 간단하고 소박하다. 서사극의 목적 또한 마찬가지이다. 서사극이 겨냥하는 바는 관중을 감정으로서——그것이 비록 선동적 감정이라고 하더라도——채우려는 것이 아니라 사고를 통하여 지속적인 방식으로 관중을 그가 살고 있는 상황으로부터 소외시키는 것이다. 그런데 부연해서 말하자면 사고를 하도록 유도하는 데 가장 좋은 방법은 웃음이라는 사실이다. 특히 사고를 하도록 하는 데는 영혼의 진동보다는 횡경막의 진동이 더 좋은 기회를 제공하고 있는 것이다. 따라서 서사극은 폭소를 유발하는 경우에 한해서만은 조금도 인색하지가 않는 것이다.
 이제 그 종말이 이르고 있는 전통적인 사상경향들을 살펴 보면 여러분은 아마도 이러한 사상들이 작가에게 단지 하나의 요구, 다시 말해 생산과정 속에서의 그의 위치를 곰곰히 생각해 보도록 하는 요구를 제시하고 있음을 알 수 있을 것이다. 여기서 우리는, 고려의 대상이 되어야 할 문제의 작가들, 다시 말해 그들 분야에서 가장 우수한 기술자들인 작가들이 조만간 가장 냉철한 방식으로 그들의 프롤레타리아트와의 연대에 근거를 제공하는 확신에 도달하리라는 점을 믿어 의심치 않는다. 이를 위해 본인은 마지막으로 이곳에서 출간되고 있는 잡지인 《꼬뮨》의 한 모퉁이에 게재된 내용을 인용함으로써 현실성이 있는 하나의 증거를 제시해 보고자 한다. 《꼬뮨》은 〈당신은 누구를 위하여 글을 쓰십니까?〉라는 설문지를 내었다. 이에 대한 르네 모블랑의 대답과 이 대답에 첨부되어 있는 아라공의 코멘트를 인용하고자 한다. 〈의심할 나위 없이 나는――모블랑은 이렇게 말하고 있다――거의 전적으로 부르죠아지의 독자만을 위하여 글을 씁니다. 그 이유는 첫째로 내가 그렇게 할 수밖에 없기 때문이며――여기에서 모블랑은 고등학교 교사로서의 그의 직업적 의무를 시사하고 있다――, 둘째로는 내가 부르죠아 출신이고, 부르죠아 교육을 받았으며, 부르죠아적 환경에서 나왔고, 그래서 내가 속해 있고, 내가 가장 잘 알고 있으며 또 이해할 수 있는 계급에 자연적으로 기울게끔 되어 있기 때문입니다. 하지만 그렇다고 해서 내가 그들 마음에 들도록 하기 위해서거나 아니면 그들을 지원하기 위해 글을 쓴다고 말하려는 것은 아닙니다. 한편으로 나는 프롤레타리아트의 혁명이 불가피하고 또 바람직하다는 것을 확신하고 있고, 다른 한편으로는 부르죠아지의 저항이 약해지면 약해질수록 프롤레타리아트의 혁명은 더 빨리, 더 쉽게, 더 성공적으로 또 피를 덜 흘리고도 이루어지리라는 것을 확신하고 있읍니다. ……프롤레타리아트는 오늘날, 마치 18세기의 부르죠아지가 봉건적 진영에서 그들의 동맹자를 필요로 했던 것과 동일한 방식으로, 부르죠아지의 진영에서 그들의 동맹자를 필요로 하고 있읍니다. 나는 이들 동맹자의 일원이 되기를 원합니다.〉

이에 대해 아라공은 다음과 같은 코멘트를 하고 있다. 〈우리의 동지는 여기서 오늘날의 작가 대다수에 해당되는 상황에 대해 언급하고 있다. 이러한 상황을 직시할 수 있는 용기는 모든 사람이 다 가지고 있는 것은 아니다. 그들 자신이 처한 상황을 르네 모블랑처럼 이토록 명확히 알고 있는 사람은 그리 흔치 않다. 그러나 우리는 바로 이러한 사람들에게서 더 많은 것을 요구해야만 한다. ……부르죠아지를 내부로부터 약화시키는 것만으로는 불충분하다. 우리는 프롤레타리아트와 함께 부르죠아를 싸워 이겨내지 않으면 안된다. 아직도 태도를 결정하지 못하고 있는 우리의 동료작가들에게 귀감이 될 수 있는 것은, 부르죠아지에서 나왔음에도 불구하고 사회주의적 건설의 파이오니어가 된 소비에트 작가들이다.〉

이상이 아라공의 코멘트이다. 그렇다면 과연 이들 소비에트의 작가는 어떻게 해서 파이오니어가 되었던가? 물론 가혹한 투쟁과 매우 힘든 논쟁을 거치지 않고는 그렇게 되지 못했을 것이다. 본인이 여러분에게 지금까지 얘기한 생각들은 이러한 투쟁으로부터 하나의 성과를 추출하려는 시도이다. 이 생각들은 러시아의 지식인이 취해야 할 태도를 둘러싼 논쟁에 결정적 해명을 해 준 개념, 즉 전문가라는 개념에 그 근거를 두고 있다. 전문가의 프롤레타리아트와의 연대――이러한 해명의 실마리를 제공하는 것이 바로 이 연대이다――는 항상 하나의 매개된 (간접적) 연대밖에 될 수 없다. 행동주의자와 신즉물주의자의 대표자들은 그들이 원했던 대로 행동하는 척할 수 있었을지는 모르지만 그러나 지식인의 프롤레타리아트화는 한 사람의 프롤레타리아트조차도 만들어 낼 수 없다는 엄연한 사실을 지워 버릴 수는 없었던 것이다. 왜 그럴까? 그 이유는 부르죠아 계급은 지식인에게 교양의 형태로 하나의 생산수단을 부여하였기 때문이고, 또 이 교양의 특권에 의해서 지식인으로 하여금 부르죠아 계급과 연대의식을 갖도록 만들기 때문이다. 따라서 아라공이 다른 상관관계에서 〈혁명적 지식인은 우선, 그리고 무엇보다도 자신의 본래적 출신계급에 대한 배반자로 나타난다.〉라고 한 발언은 정곡을 찌르는 발언인 것이다. 작가의 경우, 이러한 배반은, 작가를 생산기구의 제공자로부터 생산기구를 프롤레타리아트 혁명의 목적에 적응시키는 것을 그의 과업으로 삼는 엔지니어로 만드는 어떤 행동 속에 있다. 그러한 행동은 매개하는 활동이긴 하다. 그러나 이 매개하는 활동은 모블랑이 많은 동지들과 더불어, 그것 때문에 지식인의 활동 범위를 제한하지 않으면 안된다고 믿고 있는 바의 저 순전히 파괴적인 과업으로부터 지식인을 해방시킨다. 정신적 생산수단의 사회화를 촉진하는 일에 지식인이 성공할 수 있을까? 과연 지식인이 정신적 노동자를 생산과정 자체 속에서 조직하는 방법을 찾아낼 수 있을까? 또 그는 소설과 희곡 및 시의 기능전환을 위한 방안을 갖고 있는가? 그의 활동이 이러한 과업에 준해서 완벽하게 행해질 수 있으면 있을수록 경향은 더욱 더 올바른 경향이 되고, 또 그의 노동의 기술적 질은 불가피하게 한층 더 높은 단계에 이르게 될 것이다. 그리고 또 다른 한편에서는 지식인들이 이런 식으로 생산과정에서의 그의 위치를 더 정확히 알면 알수록 그는 더욱 더, 자신을 정신적인 인간으로 내세우려는 생각을 적게 하게 될 것이다. 파시즘의 이름으로 그 모습을 드러내고 있는 정신은 사라지지 않으면 안된다. 그리고 그 자체의 신통력을 믿고 파시즘에 대항하고 있는 정신도 곧 사라지게 될 것이다. 왜냐하면 혁명적 투쟁은 자본주의와 정신 사이에서 벌어지고 있는 것이 아니라 자본주의와 프롤레타리아트 사이에서 벌어지고 있기 때문이다.

수집가와 역사가로서의 푹스*

1

에두아르트 푹스의 필생의 저작은 오래되지 않은 과거에 속한다. 이 저작을 뒤돌아 보는 일에는, 오래 되지 않은 과거를 결산해 보려는 시도가 수반하는 모든 난점들이 뒤따른다. 여기에 다루어 지게 될 마르크스 예술이론 또한 오래되지 않은 과거의 일이다. 그렇다고 이 점이 이러한 문제를 더 용이하게 만들어주는 것도 아닌데, 왜냐하면 이러한 예술이론은 마르크스 경제학과는 반대로 아직도 아무런 역사를 가지고 있지 않기 때문이다. 이 분야의 스승이라고 할 수 있는 마르크스와 엥겔스도 예술이론의 광범위한 분야를 유물론적 변증법이 해야 할 과제라고 지시하는 정도 이상의 일을 하지 않았다. 그리고 그 일에 처음으로 착수했던 플레하노프 Plechanow와 메링 F. Mehring 같은 사람들도 그 스승들의 지시를 단지 간접적으로 받아들였거나 아니면 적어도 뒤늦게 가서 받아들였다. 마르크스로부터 빌헬름 립크네히트 Wilhelm Liebknecht를 거쳐 베벨 Bebel로 이어지는 전통은 마르크스주의의 학문적인 측면보다는 정치

---

* 에두아르트 푹스 Eduard Fuchs는 1870년에 태어나 20세기 초에 활약한 넓은 의미의 독일의 風俗史家이다. 東西古今을 망라한 그의 광범위한 풍속사적 연구는 오늘날에도 이 분야의 고전으로 손꼽히고 있다. 특히 1909년 이후 발간된 6권에 걸치는 『유럽풍속사』는 여기에 수록된 수많은 에로틱한 삽화와 유물론적 해석방법 때문에 나치의 禁書目錄의 제일호가 되기도 하였다. 벤야민은 이 푹스론을 통하여 수집가에 대한 일반적 고찰과 함께 유물론적 예술이론의 여러 문제점들을 분석하고 있다.

적인 측면에 훨씬 더 많은 기여를 하였다. 메링은 국가주의에서 시작해서 라살 Lassalle 학파를 경유하였다. 그리고 그가 최초로 당에 가입하였을 때에는, 카우츠키가 자백하고 있는 것처럼 〈이론적으로 다소 통속적인 라살주의가 지배하고 있었다. 몇몇의 개별적 사람들의 경우를 제외하고는 철저한 마르크스주의적 사고라는 것은 아예 존재하지 않았다.〉뒤늦게, 그러니까 엥겔스가 만년에 접어들었을 무렵에야 메링은 엥겔스와 접촉할 기회를 갖게 되었다. 푹스 자신은 이미 오래 전에 메링과 만났던 터였다. 이 두사람의 관계 속에서 처음으로 사적 유물론의 정신사적 연구의 어떤 전통이 부각되기 시작한다. 그러나 두 연구자가 가진 정신을 두고 볼 때 메링의 분야인 문학사는 푹스의 분야와는 거의 접촉이 없었다. 그밖에도 그들은 기질적 면에서 상당히 큰 차이를 보였다. 메링은 학자적인 천성을 지녔고 푹스는 그에 반해 수집가였던 것이다.

여러 타입의 수집가가 있다. 게다가 수집가마다 수많은 충동이 작용하고 있다. 수집가로서의 푹스는 무엇보다도 개척자이다. 그는 캐리커쳐, 에로틱한 예술 및 풍속도의 역사를 위한 기록집을 펴낸 이 분야의 유일한 창시자이다. 그러나 이보다 더 중요한 것은 이러한 면을 보완하는 또 하나의 다른 사정이다. 즉 푹스는 수집가의 개척자가 되었던 것이다. 다시 말해 그는 유물론적인 예술관의 개척자로서 수집가가 되었던 것이다. 그렇지만 이 유물론자를 수집가로 만들었던 것은 자신이 처하고 있다고 생각되었던 역사적 상황에 대한 확실한 느낌이었다. 그것은 곧 사적 유물론이라는 상황이었다.

그러한 사적 유물론이라는 상황은 프리드리히 엥겔스가 메링에게 보내는 한 서한 속에서 표현되고 있는데, 이때 푹스는 한 사회주의 편집국에서 문필가로서 데뷔하던 시절이었다. 1893년 7월 14일자로 되어 있는 이 편지에서는 특히 다음과 같은 내용이 주목된다. 즉 〈무엇보다도 대부분의 사람들을 현혹시키고 있는 것은 헌법과 법률체제, 제반 특수 영역에서의 이데올로기적인 관념들의 독립된 역사라는 가상이다. 루터와 칼빈이 그 당시 공인된 카톨릭교를, 헤겔이 피히테와 칸트를, 그리고 루소가 자신의 민약론으로서 간접적으로 입헌제를 주장하던 몽테스큐를 〈극복할 때〉만 해도, 그것은 신학과 철학 및 국가학 등의 테두리안에 있는 어떤 과정이고 또 이러한 여러 사상영역들의 역사 속에서의 한 단계를 나타내고 있을 따름이지 결코 사상영역으로부터 떨어져 나온 것은 아니다. 그리고 자본주의적 생산방식이 궁극적인 단계이고 영구히 존속되리라는 부르죠아적 환상이 거기에 덧붙여진 이후에도 중농주의자들과 아담 스미스에 의한 중상주의의 극복까지도 사상의 어떤 단순한 승리, 다시 말해 변화된 경제적 사실들의 사상적 반영으로서가 아니라, 언제 어디에서나 존속하고 있는 실제적인 조건들에 대한 최종적으로 얻어진 올바른 통찰로써 간주되고 있는 실정이다.〉

엥겔스는 두가지 점에 대해 반대입장을 취한다. 첫째 그는 정신사에 있어서 어떤 새로운 도그마를 이전의 도그마에 대한 〈발전〉으로서, 어떤 새로운 詩派를 지나간 시파에 대한 〈반동〉으로서, 어떤 새로운 양식을 구양식에 대한 〈극복〉으로서 보는 관습적 시각에 반대하고 있다. 그러나 그는 동시에 그러한 새로운 정신적 구조물을, 그것이 인간과 인간의 정신적, 경제적 생산과정에 끼친 영향과 분리시켜 생각하는 관습에 대해서도 암암리에 반대를 하고 있음이 분명하다. 이로써 헌법의 역사, 자연과학의 역사, 종교 및 예술의 역사로서의 정신과학은 완전히 파괴되었다. 그러나 엥겔스가 반세기 동안이나 지니고 다녔던 이러한 생각의 파괴력[1]은 더욱 깊은 영향력을 미치고 있다. 이러한 파괴력에 의해 여러 정신적 영역과 그 영역이 만들어낸 형상들의 독립성은 의문시되고 있다. 따라서 예술을 두고 보더라도 예술 자체의 독립성과 또 예술이라는 개념이 포괄하고자 하는 작품들의 독립성은 의문시되고 있다. 이러한 작품들은, 사적 변증가로서 그것을 다루는 자의 입장에서 보면 작품의 前史와 後史, 다시 말해 그것에 의해 작품의 전사까지도 끊임없이 변화 속에 있는 것으로 인식될 수 있는 그러한 후사를 포괄하는 것이다. 예술작품들은 그것의 기능이 그것을 만든 사람보다 더 오래 남고 또 만든 사람의 의도보다 더 오래 갈 수 있다는 점을 가르쳐 주고 있다. 또한 예술작품들은 창작자의 동시대인들에 의한 수용이 예술작품이 오늘날의 우리들에게까지 미치고 있는 영향의 한 구성요소라는 점과 그리고 오늘날의 우리들에까지 미치는 영향은 비단 예술작품과의 만남에서만 비롯되는 것이 아니라 그 작품을 오늘날의 우리들에게 전승시켜 준 역사와의 만남에도 그 근거를 두고 있다는 점을 가르쳐 주고 있는 것이다. 괴테가 셰익스피어에 관해 말하면서 뮐러 재상에게 〈어떤 커다란 영

---

1) 그 사상은 포이에르바하에 대한 최초의 연구들 속에서 등장하는데 거기에서 마르크스는 다음과 같이 그 사상을 부각시키고 있다. 즉 〈정치, 법, 학문,…예술, 종교의 역사라는 것은 존재하지 않는다.〉

향을 끼친 것은 모두 사실상 더 이상 평가되어질 수가 없다〉라고 말할 때에도——가끔 애매모호하게 말하고 있긴 하지만——그는 바로 그 점을 염두에 두고 있었다. 이 말은 변증법적이라고 불리워질 권리가 있는 모든 역사관찰의 서두를 꺼낼 때 생겨나는 불안감을 가장 적절하게 표현해 주고 있다. 그 불안이란 바로 연구자에게 그가 과거라는 단편이 현재라는 것과 함께 위치하고 있는 비판적인 구조를 의식하도록 하기 위하여, 대상에 대하여 태연자약하고 관조적인 자세를 취하는 일을 단념하도록 요구함으로써 생겨나는 불안을 말한다. 〈진리는 우리에게서 도망치지 않을 것이다.〉——고트프리트 켈러가 한 이 말은 역사주의의 역사像 속에서 바로 다음과 같은 장소, 즉 그 곳에서 그러한 역사상이 사적 유물론에 의해 관통되어지고 있는 바로 그 장소를 가리키고 있다. 왜냐하면 그러한 역사상은, 그 속에서 자신을 인식하지 못했던 모든 현재와 더불어 사라질 위험에 직면하고 있는 어떤 되돌이킬 수 없는 과거의 어떤 像이기 때문이다.

엥겔스의 명제들을 잘 생각해 보면 볼수록 그만큼 더 명확해지는 것은, 역사를 변증법적으로 서술하는 일은 역사주의의 특징이라고 할 수 있는 관조적 성격을 포기함으로써 얻어질 수 있다는 점이다. 사적 유물론자는 역사의 서사적 요소를 포기하지 않으면 안된다. 역사는 그에게 있어 어떤 구성의 대상이 되는데, 그 구성의 장소를 형성하는 것은 공허한 시간이 아니라 특정한 시대, 특정한 삶 그리고 특정한 작품이다. 그는 그 시대를 사물화된 〈역사적 연속성〉으로부터 폭파시켜 그 시대로부터 무엇을 이끌어낸다. 그래서 그는 그 시대로부터 삶을, 그리고 그 생애로부터 한 작품을 끄집어내는 것이다. 그렇지만 이러한 구성을 통하여 얻어지는 성과는 바로 작품 속에 생애가, 생애 속에 그 시대가, 그리고 시대 속에 역사의 진행과정이 보존되어 있고 또 지양되고 있다는 점이다.[2]

역사주의가 과거의 영원한 상을 제시하고 있다면 사적 유물론은 일회적인 과거의 경험을 각각 제시해 준다. 구성적 요인을 통해 서사적 요인을 해방하는 일이 이러한 경험의 조건임이 드러난다. 역사주의의

---

[2] 역사적 경험 속에서 근원적으로 관계되는 것을 집적된 사실적인 것들부터 구별시켜 부각시키는 것이 바로 그러한 변증법적 구성이다. 〈근원적인 것은 적나라하게 드러나는 사실적인 것들 속에서 결코 인식될 수 없다. 그리고 근원적인 것이 지니는 리듬은 오로지 어떤 이중적인 통찰을 통해서만 드러나게 된다. 그 리듬은 사실적인 것의 前史와 後史에 관계되는 것이다.〉(발터 벤야민:『독일비극의 원천』, 베를린, 1928, p.32)

〈한때……이 있었다〉라는 이야기 속에 묶여 있었던 강력한 힘들이 이러한 경험 속에서 해방된다. 모든 현재에 대해 어떤 근원적인 경험이 되는 그러한 역사와의 경험을 실천에 옮기는 일, 바로 이것이 사적 유물론의 과제이다. 사적 유물론은 역사의 연속성을 폭파하는 현재의 어떤 의식을 향하고 있는 것이다.

사적 유물론의 입장에서 보면 역사적인 것을 이해한다는 것은, 그 맥박을 현재에 이르기까지 느낄 수 있는 어떤 이해되어진 것을 追체험하는 것을 뜻한다. 이러한 역사적 이해는 푹스에 있어서도 그 위치를 차지하고 있지만 그렇다고 그 위치가 전혀 논란의 여지가 없는 것은 아니다. 푹스에서는 낡고 독단적이며 소박한 수용관이 새롭고 비판적인 수용관과 함께 공존하고 있다. 전자, 즉 낡은 수용관은 다음과 같이 요약할 수 있다. 즉 우리가 한 작품을 수용하는 데 있어서 기준이 되는 것은 그 작품이 탄생했던 시대의 동시대인에 의해 이루어진 수용이라는 점이 바로 그것이다. 이러한 수용관은 〈유일무이〉한 과거의 일이 〈실제로 어떠했었는가〉라는 랑케의 말과 유사하다. 그러나 이와 병행해서 어떤 수용의 역사가 지니는 의미에 대해서 가장 넓은 지평을 열어주는 변증법적 통찰이 느닷없이 보여지기도 한다. 푹스는 예술사에 있어서 성공에 대한 문제가 무시되고 있다는 점을 비판하고 있다. 〈이것이 무시된 것은……우리의 전체 예술관이 갖는 결점이다……그러나 한 예술가가 크게 성공을 거두거나 혹은 그렇지 못한 데 대한 원인, 그 성공이 지속되거나 혹은 그렇지 못한 데 대한 진정한 원인을 밝혀내는 일은 나에게는 예술과 결부된 가장 중요한 문제들 가운데 하나라고 생각된다.〉 메링 역시 견해를 달리하지 않았다. 그의 『레싱 전설』은 지금까지 이루어진 이 작가에 대한 수용의 역사, 이를테면 하이네, 게르비누스, 슈타르, 단쩰, 그리고 마지막으로 에리히 슈미트에 의해 이루어졌었던 수용을 작품분석의 출발점으로 삼고 있다. 그리고 곧 뒤이어 방법론적으로는 아닐지라도 그 내용면에서는 높이 평가될 수 있는 연구서인 율리안 히르쉬의 『명성의 기원』이 등장하고 있는 것도 그 나름의 까닭이 있다. 푹스가 염두에 두고 있었던 것도 바로 이와 동일한 물음인 것이다. 만약 이러한 물음이 해결된다면 사적 유물론의 표준이 무엇인가 하는 데 대한 하나의 기준이 제시될 수 있을 것이다. 그러나 상황이 쉽지 않다고 해서 그 해결이 아직도 이루어지지 않고 있다는 사실을 은폐하는 일은 정당화될 수가 없을 것이다. 오히려 우리는, 어떤 예술작품의 역사적 내용을, 그것이 예술작품으로서 우리에게 보다 투명하게 보일 정도로 파악하는 일이 단지 개별적인 경우에만 성공하고 있다는 점을 가차없이 인정하지 않으면 안된다. 하나의 예술작품을 파악하려는 모든 노력은, 그 작품의 냉철한 역사적인 내용이 변증법적인 인식에 의해 파악되지 않는 한 공허할 수밖에 없다. 이것은 수집가 에두아르트 푹스의 작품이 지향하고 있는 진리들 가운데 첫번째의 진리에 불과하다. 그의 수집물들은 이론적으로 해결하기 힘든 문제들에 대한 실천가의 대답인 것이다.

2

푹스는 1870년에 태어났다. 그는 처음부터 학자가 될 운명은 아니었다. 그리고 만년에 박식하게 되었음에도 불구하고 그는 스스로 한번도 學子然해 본 적이 없다. 그의 활동은 항상 연구자의 시야를 제한하고 있는 경계를 넘어서고 있었다. 수집가로서의 그의 업적이 그러했던 것처럼 정치가로서의 그의 활동도 마찬가지였다. 푹스는 80년대 중반에 직업전선에 나선다. 그 당시는 사회주의자들에 의해 제정된 법의 지배하에 있었다. 수련기간 동안 그는 정치적으로 관심이 있는 프롤레타리아들과 접촉하게 되었는데, 이때 그는 곧 이들에 의해 오늘날에는 목가적인 느낌을 줄지도 모를, 그 당시 비합법적으로 투쟁하던 사람들의 싸움에 끼어들게 되었다. 이러한 수업시대는 1887년에 끝난다. 몇년이 지난 뒤 사회민주당의 바이에른 지방 기관지인 《뮌헨 포스트》는 당시 슈투트가르트의 한 인쇄업소에서 젊은 부기계원으로 일하던 푹스를 스카웃했다. 그 기관지는 그를 간행물로 인해 생겨났던 경영상의 결함들을 제거할 수 있는 사람으로 보았다. 푹스는 뮌헨으로 갔으며 거기에서 리하르트 칼버와 함께 일하게 되었다.

《뮌헨 포스트》에서 사회주의자들의 풍자잡지인 《남부독일 포스틸론》이 간행되었다. 우연한 기회에 푹스는 임시 도와주는 형식으로 《포스틸론》의 한 호를 완전히 바꾸어 편집하는 일을 맡게 되었으며, 또 어떤 때에는 몇 개의 자신의 원고들로 공란을 메우지 않으면 안되었다. 이 호의 성공은 이례적이었다. 그리고 나서 같은 해에 화려한 삽화가 곁들여진——유색삽화가 든 잡지가 나오기 시작한 것은 이 때부터이다——5월호가 푹스의 편집에 의해 간행되었다. 연간 2500부 정도 팔렸던 잡지가

6만부 가량이나 팔렸다.

이렇게 해서 푹스는 정치적 풍자를 전문적으로 다루는 한 잡지의 편집인이 되었다. 그는 곧 그 자신의 활동분야의 역사에 손을 대었으며 또 이렇게 해서 일상적인 업무와 병행하여 1848 혁명에 관한 삽화로 된 연구와 롤라 몽테즈 Lola Montez의 정부 스캔들에 관한 연구가 이루어졌다. 이것들은 당시 생존해 있던 소삽화가들에 의해 그려진 역사서적들 (예컨대 엔취에 의해 삽화가 그려진 빌헬름 블로스의 통속적인 혁명서적들)과는 반대로 다큐멘터리적인 그림에 의해 그려진 최초의 역사서적들이었다. 푹스는 하르덴의 요청에 따라 이 작품들 가운데 두번째 것을 《미래》지에 실을 것이라고 광고했는데, 이 때 그는 그 작품이 자신이 유럽의 여러 민족들의 캐리커쳐를 그리고자 구상했던 광범위한 작품에서 단지 한 단면만을 보여주고 있을 뿐이라는 점을 언급하고 있다. 신문에서 국가원수를 모독했다는 죄목으로 복역한 10개월이라는 기간은 이 작품을 위한 연구에 도움이 되었다. 그의 착상이 적절하다는 것이 분명하게 드러났다. 한스 크레머라는 사람이 삽화가 곁들인 가계부를 발행하는 데에서 몇 가지 경험을 터득했다고 자부하면서 푹스에게 자기는 이미 캐리커쳐의 역사에 대한 작업을 벌여 놓고 있으니 자신의 연구내용들을 가지고서 공동저작을 기획해 보자고 제의했다. 그렇지만 그의 기고내용들은 다른 사람의 손을 기다려야 했다. 그리고 그러한 엄청난 작업은 푹스만이 감당할 수 있었다는 점이 곧 드러났다. 그 캐리커쳐 작품의 초판의 표제에서 보였던 그 사람의 이름은 제 2판에서는 삭제되었다. 여기에서 푹스는 자신의 작업능력 및 자료를 다루는 능력에 대한 설득력 있는 첫번째 증거를 보여 주었다. 그후 일련의 主著들이 계속 발표되었다.[3]

  3) 푹스의 主著 : 『삽화가 곁들인, 중세에서 현재까지의 풍속사』 제1권 : 르네상스(1909);
  제2권 : 우아한 시대(로코코)(1910); 제3권 : 시민사회 시대 (1911/12). 여기에 덧붙여
  『증보집』 1-3(1909;1911;1912); 전권에 대한 신판 1926년(『풍속사』로 인용되고 있다.)
  『에로틱한 예술의 역사』 제1권 : 시대사적 문제(1908), 신판 1922년; 제2권 : 개인적
  인 문제(제 1부), 1923년; 제3권 : 개인적인 문제, 제 2부, 1926년(『에로틱한 예술』이라
  고 인용됨)
  『유럽민족들의 캐리커쳐』 제 1권 : 고대에서 1848년까지 (초판 1901, 제4판 1921년);
  제 2권 1848년에서 세계대전의 전야까지 (초판 1903, 제 4판 1921) (『캐리커쳐』라고 인
  용됨)
  『오노레 도미에, 목판화와 석판화』, 에두아르트 푹스 편. 제 1권 : 목판화 1833~1870,
  1918;제2권 : 석판화 1828~1851, 1920;제 3권 : 석판화 1852~1860, 1921; 제 4권 : 석판
  화 1861~1872, 1922 (『도미에』라고 인용됨)

푹스의 활동이 시작되던 때는, 언젠가 《새시대 Neue Zeit》지에 쓰였던 것처럼 〈도처에서 고리에 고리를 물고 유기적으로 성장해 가는 사회민주당의 토대〉가 형성되던 때와 일치한다. 따라서 이 시기에는 당의 교육(교양)사업에서 새 과제들이 대두되었다. 노동자 집단들이 당으로 쇄도하면 할수록 그만큼 당은 그들의 단순한 정치적 계몽과 자연과학적 계몽, 그리고 잉여가치론 및 진화론을 통속화하는 일만으로는 만족할 수가 없게 되었다. 당은 역사적 교육자료까지도 당의 정치 강연과 당기관지의 문예란 속에 포함시키는 일에 눈을 돌리지 않으면 안되었다. 이렇게 해서 〈학문의 대중화〉라는 문제가 광범위하게 대두되었지만, 그러나 이 문제는 해결되지 못했다. 사람들이 이러한 교양사업의 대상을 계급이 아닌 〈대중〉으로 생각하고 있는 한은 그 해답에 근접할 수조차 없었던 것이다.⁴⁾ 만약 계급을 겨냥하였다면 당의 교양사업도 결코 사적 유물론의 학문적 과제들과의 밀접한 유대관계를 상실하지는 않았을 것이다. 역사적 자료는, 만약 그것이 마르크스적 변증법으로 쟁기질이 되었다면 현재가 그 속에 뿌렸던 종자가 싹틀 수 있었을 토양이 되었을 것이다. 그러나 이러한 일은 이루어지지 않았다. 술쩨-델리취 Schultze-Delitzsche주도하에 국가에 순응하는 단체들이 노동자교육을 〈노동과 교육〉이라는 구호 아래 행하자 사회민주당은 〈지식이 힘이다〉라는 구호로 이에 맞섰다. 그러나 사회민주당은 그 구호가 지니는 이중적인 의미를 간파하지 못했다. 사회민주당은 프롤레타리아트에 대한 부르죠아지의 지배를 확고하게 만들었던 바로 그 동일한 지식이 언젠가는 프롤레타리아트를 부르죠아지의 지배로부터 해방시킬 수 있다고 생각하였다. 그러나 실제에 있어서는 실천에로 나아가는 통로가 없었고 또 계급으로

『화가 도미에』, 에두아르트 푹스 편, 1927(앞과 마찬가지로 인용됨)
『가바르니, 석판화』, 에두아르트 푹스 편, 1925(『가바르니』라고 인용됨)
『에로틱의 대가들. 예술에 있어서 창조적인 것의 문제에 대하여, 회화와 조각』, 1931(앞과 마찬가지로 인용됨)
『唐시대의 조형예술. 7세기에서 10세기까지의 중국 도자기』(문화와 예술의 기록들. 1), 1924(앞과 마찬가지로 인용됨)
『15세기에서 18세기까지의 용마루기와 및 그와 유사한 중국 도자기』(문화와 예술의 기록들. 2), 1924(『용마루』라고 인용됨)
이 밖에도 푹스는 여자, 유대인 및 세계대전을 주제로 한 캐리커쳐를 특집으로 엮어 냈다.

4) 니체는 이미 1874년 경에 다음과 같이 썼다. 『마지막…결과로써 생겨나는 현상은 널리 환영받는 현상, 즉 학문의…〈통속화〉이다. 다시 말해 그것은 〈혼합된 관중〉이라는 몸에 맞추어 학문이라는 옷을 재단해 내는 일이다.』

서의 프롤레타리아트에게 그들의 상황에 대해 아무것도 가르쳐 줄 수 없었던 지식은 그들의 압제자, 즉 부르죠아지에게는 위험스러운 것이 못되었다. 이러한 사정은 특히 정신과학적 지식의 경우에 그대로 해당되었다. 정신과학적 지식은 경제학과는 거리가 멀었고 또 경제학의 변화에 아무런 영향도 받지 않았다. 사람들은 정신과학적 지식을 다루면서 단지 〈자극을 주거나〉, 〈기분전환을 해주고〉, 〈흥미를 돋구는〉 정도로 만족하고 있었다. 사람들은 역사가 지니는 긴장을 풀어서는 〈문화〉라는 것을 만들어 내었다. 바로 여기에서 푹스의 저작은 그 위치를 갖는다. 즉 이러한 상황에 대해 반동하고 있다는 사실에 그의 저작의 위대성이 있으며, 그러한 상황에 참가하고 있다는 사실에 그의 저작은 문제성을 지니게 된 것이다. 푹스는 처음부터 독자대중에 초점을 맞추는 것을 자신의 원칙으로 삼았다.⁵⁾

당시만 해도 실제로 얼마나 많은 것이 유물론적인 교양사업에 힘입고 있었던가를 알아차린 사람은 극소수에 불과하였다. 어느 한 논쟁 속에 표현된 희망과 두려움도 바로 이들 극소수의 희망과 두려움이었는데, 우리는 《새시대》지에서 이러한 논쟁의 흔적을 찾아볼 수 있다. 그 흔적들 가운데 가장 중요한 것은 〈프롤레타리아트와 고전주의〉라는 표제가 붙은 코른Korn의 논문인데, 여기에서는 오늘날에 와서 그 의미를 다시 획득하고 있는 유산이라는 개념이 다루어지고 있다. 코른에 의하면, 라살은 독일 관념론 속에서 오늘날 노동자계급이 물려받은 한 유산을 발견하였다고 한다. 그러나 마르크스와 엥겔스는 라살과는 그 문제에 있어서 견해를 달리하였다. 코른은 위의 논문에서 계속 다음과 같이 쓰고 있다. 〈마르크스와 엥겔스는 노동자계급의 사회적인 우위성을 어떤 유산으로부터 이끌어낸 게 아니라 생산과정 자체 속에서 차지하는 노동자계급의 결정적인 위치로부터 이끌어내었다. 매일 매시간 전 문화장치를 항상 새로이 재생산해 내는 노동을 통해 그들의 〈권리〉를 나타내는 현대의 프롤레타리아트의 경우에서처럼 어떤 계급의 벼락출세자의 경우에도 소유에 관해——설령 그것이 정신적 소유에 관한 것일지라도——얘기한다는 것은 필요한 일인 것이다. 따라서 마르크스와 엥겔스의 입장에서 보면 라살적인 교양理想 Bildungsideal의 화려한 장식물인 사변적 철학은 결코 성스러운 신전이 아닌 것이다. ……그리고 이 두 사람은

---

5) 〈자신의 과제를 진지하게 여기는 문화사가는 항상 대중을 위해 써야 한다.〉(『에로틱한 예술』, 제2권).

자연과학에 점점 더 강한 매력을 느꼈는데, 그 까닭은 기능을 중시하는 계급의 입장에서는 자연과학만이 학문으로 불리워질 수 있기 때문이다. 이것은 마치 지배계층과 소유계층의 입장에서는 모든 역사적인 것이 그들이 지닌 이데올로기의 기존형식의 내용이 되는 것과 같은 이치이다. 마치 경제적인 것에서 자본이라는 것이 지나간 노동에 대한 지배를 의미하는 것과 마찬가지로 실제로 역사성이라는 것도 의식에 대해 소유 카테고리를 대변하고 있는 것이다.〉

역사주의에 대한 이러한 비판은 중요하다. 그렇지만 그러한 비판이 자연과학을 〈진정한 학문〉이라고 암시함으로써 교양문제가 지니는 위험한 문제성을 완전히 노출시키고 있다. 자연과학의 지위문제는 베벨 이래로 논쟁의 대상이 되어 왔다. 그의 主著인 『부녀자와 사회주의』는 이것이 간행되고 나서 코른의 연구가 간행될 때까지 30년동안에 무려 20만부나 팔렸다. 베벨의 경우 자연과학을 평가하는 기준은 자연과학적 결과들이 지니는 산술적인 정확성뿐만이 아니라 무엇보다도 그것들의 실제적인 응용가능성이다. 자연과학은 나중에 엥겔스에 있어서도 그와 비슷한 기능을 수행한다. 칸트의 현상주의를 반박하기 위해서 그는 기술의 결과를 통해 우리가 〈物자체〉를 인식할 수 있다고 주장하고 있는 것이다. 코른에 있어서 과학 그 자체로서 등장하고 있는 자연과학은 그러니까 무엇보다도 기술의 기초로서 이러한 일을 하게 되는 것이다. 그러나 기술은 분명 순수자연과학적인 것이 아니다. 기술은 동시에 역사적인 것이다. 역사적 사실로서의 기술은 사람들이 자연과학과 정신과학 사이에 두려고 하는 실증주의적, 비변증법적 구별을 재고하도록 강요한다. 인류가 자연에 대해 제기하는 물음들은 인류의 생산상태에 의해 규정되어진다. 실증주의가 좌절하는 것은 바로 이 점에서이다. 실증주의는 기술의 발전 속에서 자연과학의 진보만을 인식할 수 있었을 뿐 사회의 퇴보는 인식하지 못하였다. 이러한 기술의 발전이 또한 자본주의에 의해 결정적으로 영향을 받았다는 사실을 실증주의는 간과하였다. 또한 사회민주당의 이론가들 중에서 실증주의자들은 이러한 발전이, 이러한 기술을 프롤레타리아트의 소유가 되도록 해야 하는 날로 절실해가는 활동을 점점 더 불안한 것으로 만들고 있다는 사실을 알아차리지 못하였다. 그러한 발전이 지니는 파괴적인 측면을 그들은 잘못 이해했는데, 왜냐하면 그들은 이미 오래 전에 변증법이 지니는 파괴적인 측면으로부터 소외되어 있었기 때문이었다.

기술의 이러한 발전을 두고 사후 진단이 내려질 때가 되었지만 그것은 이루어지지 않았다. 이로써 지난 세기를 특징짓는 한 과정은 기술의 불행한 수용으로 그 마무리가 지어졌던 것이다. 기술의 불행한 수용이란 곧 기술이 단지 상품의 생산을 위해서만 사회에 봉사하는 상황을 한 꺼번에 뛰어넘으려고 하는 활기차고 항상 새로운 시도들이 도달한 결과를 말한다. 이러한 시도들의 출발점은 생시몽주의자들의 산업문학이다. 그 뒤를 따르는 것이 뒤 깽 Du Camp식의 사실주의인데, 그는 기관차 속에서 미래의 성녀를 보았다. 루드비히 파우라는 사람은 마지막으로 〈천사가 될 필요는 하나도 없다. 철도는 가장 아름다운 날개 한쌍보다 더 가치 있다.〉라고 말하고 있다. 기술을 바라 보는 이러한 시선은 〈나무 그늘이 드리워져 있는 쾌적한 장소인 亭子〉에서 나온 것이었다. 이러한 이유로 해서 우리는 19세기의 시민들이 즐겼던 〈쾌적함 Gemütlichkeit〉이라는 것도 따지고 보면 자신의 손 아래에서 생산력이 어떻게 발전되어야 하는가를 한번도 경험할 필요가 없었던 무사안일한 태도에서 비롯된 것이 아닐까 하는 의문을 제기해볼 수 있을 것이다. 이러한 체험을 하게 되는 것은 20세기에 와서의 일이다. 20세기는 교통수단의 신속함과 말과 글을 다양하게 복제하는 기구의 능력이 수요를 앞지르고 있음을 체험하게 되었다. 이러한 한계를 넘어서서 기술이 발전시킨 에너지는 파괴적이다. 그 에너지들은 우선 첫째로 전쟁의 기술과 전쟁준비를 위한 저널리즘적인 예비작업을 촉진시킨다. 계급에 의해 규정되어진 이러한 발전을 두고 우리는 그러한 발전이 지난 세기의 등 뒤에서 이루어졌다고 말해도 좋을 것이다. 19세기는 기술이 지니는 파괴적인 에너지를 미처 의식하지 못했었다. 이러한 점은 더더구나 세기말의 사회민주당에 적용된다. 사회민주주의는 여기저기에서 실증주의의 환상들에 대항하기는 했지만 전체적으로 보면 그러한 환상들에 사로잡혀 있었다. 사회민주당의 입장에서는 과거라는 것은 현재라는 창고 속에 완전히 들어가 있는 것처럼 보였다. 그리고 사회민주당은, 미래는 노동을 통해 풍작의 축복을 가져다 주리라고 믿었다.

3

이러한 시대에 푹스는 교육을 받았으며, 그의 저작의 결정적인 특성들은 이 때에 형성되었다. 公式化해서 말하면 그의 저작은 문화사와 분리될 수 없는 문제점을 함께 안고 있다. 이러한 문제점은 이미 인용한 엥겔스의 저작에서도 나타나고 있다. 우리는 사적 유물론을 문화의 역사로 정의한 그에게서 이 문제점에 대한 표준적 문구를 발견할 수 있다고 생각해도 좋을 것이다. 이제는 독자성의 가상이 벗겨진 개별적인 학과들의 연구는 인류가 오늘날까지 보전해 온 자산에 대한 연구로서의 문화사의 연구에 합류해야 되지 않을까? 이러한 식으로 묻는 자는 실제로 精神史 (즉 문학과 예술의 역사, 법의 역사, 혹은 종교의 역사로서의)가 포괄하고 있는 문제성이 많은 여러 단위들 대신에 새롭고 가장 문제성이 있는 하나의 단위만을 설정할 것이다. 문화사가 그 내용을 제시할 때 생기는 분리는 사적 유물론자에 있어서는 하나의 가상적인 분리이며 또 허위의식에 의해 생겨나게 된 분리이다.[6] 사적 유물론자는 그러한 분리에 대해 일정한 거리를 두는 태도를 취한다. 이미 지나간 것을 슬쩍 한 번 훑어보기만 해도 그의 그러한 태도가 정당하다는 것을 알 수 있을 것이다. 다시 말해 그가 예술과 과학에서 개관해 보는 것은 하나같이 그가 섬뜩한 마음을 가지지 않고서는 바라볼 수 없는 어떤 원천에서 나온 것이다. 문화유산의 현존재는 그것을 창조한 위대한 천재들의 노고뿐만 아니라 어느 정도는 이름도 없는 동시대의 부역자들의 노고에도 힘입고 있는 것이다. 야만의 흔적이 없는 문화의 기록이란 결코 없다. 지금까지 어떤 문화사도 이러한 사실이 지니는 근본적 의미에 공정치 못했으며 앞으로도 좀처럼 기대할 수가 없을 것이다.

그렇지만 여기에 결정적인 문제가 있는 것은 아니다. 문화라는 개념이 사적 유물론에게는 문제성을 띤 하나의 개념이라면, 문화가 인류에게 일종의 소유의 대상이 되어 버릴지도 모를 재산으로 붕괴된다는 사실 또한 사적 유물론자로서는 이해하기가 힘든 일인 것이다. 과거의 작

---

6) 이러한 가상적인 요인은 1912년 독일 사회학자들의 모임에서 행한 알프레드 베버의 기념사에서 특징적으로 표현되었다. 〈삶이 삶의 제필요성과 제유용성에서 벗어나 그것들을 넘어서는 어떤 형상이 되었을 때에라야만 비로소 문화는 존재한다.〉 이러한 문화 개념 속에는 그동안에 전개되어 온 야만의 씨앗들이 잠재해 있다. 문화라는 것은 〈삶의 존속에 대해서 잉여적인〉 어떤 것으로서 나타나고 있는데 그러면서도 〈우리는 그러한 잉여적인 것이 바로 우리의 삶이 그것을 위해 현존하고 있는 목표라고 느낀다〉는 것이다. 요컨대, 문화는 예술작품의 방식대로 존재한다. 〈예술작품은 무엇인가를 해체하고 파괴하는 식의 영향을 끼치며 어쩌면 전 생활형식과 삶의 원칙들을 혼란에 빠뜨릴 수도 있는 것이다. 그럼에도 불구하고 우리는 그러한 예술작품의 존재를 그로 인해 파괴되어지는 모든 건강하고 생기에 차 있는 것들보다 더 고차적인 것으로서 느끼게 된다.〉 이 말이 있은 뒤 20년간 문화국가들은 그러한 예술작품과 닮는 일, 그러한 예술작품이 되는 일을 그들의 명예로 삼았다.

품이라는 것은 그에게는 완결된 것을 의미하지 않는다. 어떤 시대에서도 사적 유물론은 과거의 작품을 사물적인 것으로, 또 손에 쥘 수 있는 것으로서 품 안에 굴러들어 오는것을 본 적은 없었다. 형상물의 총체가 그것들이 생겨나게 되는 생산과정의 입장에서가 아니라 그것들이 존속하게 되는 생산과정의 입장에서 독립한 것으로 관찰된다면 이러한 형상물들의 총체로서의 문화라는 개념은 사적 유물론자의 입장에서는 어떤 物神主義的인 특성을 지니게 마련이다. 즉 문화는 物化되어 나타나는 것이다. 이러한 물화된 문화개념에 의하면 문화의 역사란 아무런 진정한 경험, 다시 말해 아무런 정치적인 경험도 없이 인간의 의식 속에서 뒤져서 찾아내어진 기념비적인 사건들이 만들어낸 침적물 이외의 아무 것도 아니라고 할 수 있을 것이다.

그밖에도 우리는 문화사적인 토대 위에서 기도되었던 어떠한 역사서술도 이러한 문제성으로부터 벗어나지 못했다는 점을 간과할 수는 없을 것이다. 이러한 문제성은 람프레히트 Lamprecht에 의해 광범위하게 기도된 『독일사』에서 쉽게 찾아볼 수 있다. 《새시대》지의 비평이 이 책을 한 번 이상 다루고 있는 데에는 그럴만한 까닭이 있다. 메링은 이 비평에서 다음과 같이 쓰고 있다. 〈주지하다시피 람프레히트는 부르죠아 역사학자들 가운데에서 사적 유물론에 가장 가까이 접근했던 사람이다.〉 그렇지만 〈람프레히트는 중도에서 머무르고 말았다…람프레히트가 경제적, 문화적 발전과정을 어떤 특정한 방법으로 다루고자 하면서도 동시대의 정치적 발전과정을 몇몇 다른 역사가들의 말을 모아 종합했을 때는 이미 역사적 방법의 개념과는 거리가 멀었다.〉 실용주의적 사관을 근거로 하여 문화사를 서술한다는 것은 분명 하나의 모순이다. 그러나 변증법적 문화사 자체의 모순은 더 깊다고 할 수 있는데 왜냐하면 변증법에 의해 폭파된 역사의 연속성은 문화라고 불리워지는 부분 이외의 다른 부분에서는 더 이상의 이탈을 용납하지 않기 때문이다.

요컨대 문화사라는 것은 단지 외견상으로만 통찰의 진전을 보여주고 있을 뿐 변증법의 진전을 보여주는 법은 한번도 없다. 그 이유는 문화사에는 변증가의 경험이나 변증법적 사유를 신빙성있는 진실한 경험으로 보증해 주는 파괴적인 요인이 빠져 있기 때문이다. 분명 문화사는 인류의 등에 쌓이는 보화의 무게를 증가시키고 있기는 하다. 하지만 문화사는 인류에게 그 보화를 뒤흔들어 그것을 수중에 얻을 수 있도록 할 힘을 부여하지 않고 있다. 이와 똑같은 경우가 바로 문화사를 지표로 삼았던 세기말의 사회주의적 교양사업이다.

4

이러한 배경 앞에서 푹스의 저작은 그 역사적 윤곽을 드러낸다. 그의 저작이 지속성을 가질 수 있었던 것은 더 이상 모순에 가득찰 수 없는 정신적 상황 속에서 쟁취되었기 때문이다. 그의 시대가 이론가로서의 그에게 그 통로를 차단시켰던 많은 것을 포착하도록 가르쳐 주었던 것은 푹스의 수집가적인 면이었다. 캐리커쳐, 포르노적인 묘사와 같은 한계영역까지 진출함으로써 전통적인 예술사에서 나온 일련의 천편일률적인 도식들을 형편없는 것으로 만든 것도 수집가로서의 그였다. 우선 지적되어야 할 점은 푹스는 마르크스에서까지도 여전히 그 흔적이 보이는 고전주의적 예술관과 전적으로 결별하였다는 점이다. 시민계급이 고전주의적 예술관을 발전시키면서 사용하였던 개념들, 예컨대 아름다운 가상이라든가 조화, 다양한 것들의 통일성 등과 같은 개념들은 푹스의 경우 더 이상 작용하지 않고 있다. 작가로서의 푹스를 고전주의의 이론으로부터 등을 돌리게 하였던 수집가로서의 강력한 자기 주장은 때때로 고대 자체에 대해서도 강렬하게 작용하고 있다. 1908년 그는 로댕과 슬레보크트 Slevogt의 작품을 근거로 해서 하나의 새로운 미를 예언하였는데, 이에 따르면 〈새로운 미는 그것이 보여 주는 궁극적인 결과를 두고 보면 고대의 미보다도 훨씬 더 위대하게 되리라는 것을 기약하고 있다. 왜냐하면 고대의 미가 至高의 동물적인 형식이었다면 새로운 미는 어떤 웅장한 정신적, 영혼적 내용으로 가득 채워지게 될 것이기 때문이다.〉[7]

요컨대 한때 괴테와 빙켈만의 예술관을 규정했던 가치질서는 푹스에

---

7) 동시대의 조형예술에 대한 끊임없는 관심은 수집가 푹스가 지닌 가장 중요한 충동들 가운데 하나이다. 그러한 관심은 부분적으로는 과거의 위대한 창작물들로부터 오기도 하였다. 고대의 캐리커쳐에 대한 탁월한 지식은 그에게 일찌기 툴루즈-로트렉 Toulouse-Lautrec, 하아트퓌일드 Heartfield, 죠오지 그로스 George Grosz의 작품들을 해명해 주는 열쇠가 되었다. 도미에에 열정적으로 탐닉하다가 그는 슬레보그트 Slevogt의 작품을 알게 되었는데 푹스는 그의 돈 키호테 구상을 도미에와 동렬에 둘 수 있는 유일한 구상으로 생각하였다. 도자기에 대한 연구를 통해 푹스는 에밀 포트너 Emil Pottner 라는 자를 후원할 만큼 도자기에 대한 권위를 얻게 되기도 한다. 푹스는 그의 생애 내내 조형미술가들과 친숙한 교류관계를 맺었다. 그렇기 때문에 예술작품들에 대해 언급하는 그의 방식이 종종 역사가의 방식이라기보다는 예술가적인 방식인 점은 놀라운 일이 아니다.

있어서는 일체의 영향력을 상실하고 있다. 하지만 그렇기 때문에 관념론적인 예술관이 완전히 뒤엎어졌다고 생각한다면 그것은 잘못된 생각일 것이다. 이러한 경우는, 관념론이 하나는 〈역사적 서술로서〉, 또 하나는 〈긍정적 평가〉로서 수중에 쥐고 있는 분리법이 하나가 됨으로써 그러한 분리법이 낡은 것이 되기 전까지는 일어날 수가 없을 것이다. 관념론적 예술관을 뒤엎는 일은 역사학이 해야 할 일인데, 이 경우 역사학의 대상은 어떤 단순한 사실들의 뭉치가 아니라 오히려 과거라는 씨줄을 현재라는 직조 속으로 짜넣는 일을 하는 일군의 그 수가 정해진 실들이다. (이렇게 씨줄을 짜넣는 일을 인과율적인 결합과 동일시한다면 그것은 잘못일 것이다. 그것은 오히려 일종의 변증법적인 직조이다. 그 실들은 수백년동안 잊혀진 상태로 있을 수도 있지만, 현실적인 역사진행은 그러한 실들을 비약적으로 또 눈에 띄지 않게 다시 잡을 수가 있게 해 주는 것이다.) 순수한 실증적 사실성에서 벗어난 역사적 대상은 어떠한 〈평가〉도 필요로 하지 않는다. 그 이유는 그러한 역사적 대상은 현실성 Aktualität과의 애매모호한 유사점들을 보여주는 것이 아니라 현실성이 해결하지 않으면 안되는 엄밀한 변증법적 과제 속에서 구성되어지기 때문이다. 실제로 역사적 대상이 겨냥하고 있는 것도 바로 이런 것이다. 우리는 이러한 변증법적 과제를 무엇보다도 텍스트를 가끔 강연에 접근시키고 있는 그의 격앙된 필치에서 느낄 수 있다. 하지만 다른 한편으로는 적지 않은 문제점들이 그 의도와 출발점에서만 머무르고 있다는 사실에서도 이러한 점을 알 수가 있을 것이다. 의도에 있어서 근본적으로 새로운 면이 강력하게 표현되는 곳은 무엇보다도 소재적인 대상이 의도에 부합하는 곳에서이다. 이는 초상화의 해석, 대중예술에 대한 관찰, 복제기술에 대한 연구에서 이루어지고 있다. 이 분야를 다루고 있는 푹스의 저작들은 획기적인 것이다. 이 분야의 저작은 예술작품을 두고 장차 이루어질 모든 유물론적 관찰의 구성요소이다.

위에 언급한 세가지 모티브는 한가지 공통점을 가지고 있다. 즉 이들 모티브는 전통적인 예술관에 비추어 보면 파괴적으로밖에 보이지 않는 인식을 얻을 수 있는 하나의 지침을 내포하고 있다. 복제기술에 대한 연구는 그 어떤 다른 연구 방향도 해명해 줄 수 없는, 수용의 결정적 중요성을 밝혀준다. 그리고 이러한 연구는 이를 통해 예술작품에서 일어나는 물화과정을 어느 한도까지는 교정할 수 있게 해준다. 대중예술에 대한 관찰은 천재개념을 수정할 수 있도록 해준다. 즉 대중예술에 대한 관찰은 예술작품의 생성에 한몫을 차지하는 영감을 넘어서서, 그 영감으로 하여금 생산적인 것으로 되도록 해주는 유일한 것으로서의 제작양식을 간과하지 않게 한다. 마지막으로 그의 聖畵像에 대한 해석은 수용과 대중예술에 관한 연구에 필수불가결하다는 사실이 드러나고 있을 뿐만 아니라 무엇보다도 그것은 모든 형식주의가 쉽게 자행하는 월권행위를 하지 못하게 만든다.[8]

푹스는 형식주의에 대해 언급하지 않으면 안되었다. 푹스가 자신의 작품의 토대를 세우고 있을 무렵에는 뵐플린 H. Wölfflin의 설이 득세하고 있었다. 「개인적인 문제」라는 글에서 그는 『고전예술』이라는 뵐플린의 저서에 나오는 기본원칙에 대해 언급하고 있다. 그 기본원칙이란 다음과 같다. 〈양식개념들로서 15세기와 16세기의 르네상스예술은 어떤 소재적인 성격학으로 모두 다 설명할 수는 없다. 이 예술현상은, 어떤 특수한 생각이나 특수한 미적 이상과는 근본적으로 무관한 어떤 예술적 시각의 발전을 시사해 주고 있다.〉이러한 뵐플린의 말은 분명 사적 유물론자에게 저항감을 불러일으킬 수 있을 것이다. 하지만 그 말 속에는 유익한 점도 들어 있는데, 왜냐하면 푹스는 예술적인 시각의 변화라는 것이 어떤 변화한 미적 이상에서보다는 오히려 보다 더 기본적인 과정에서 비롯한다는 사실에 더욱 더 흥미를 느꼈기 때문이다. 그 기본적인 과정이란 바로 생산에서의 경제적, 기술적 변화를 통해 처음 시작되는 일련의 과정들을 가리킨다. 이 경우 다음과 같은 물음, 즉 르네상스는 건축분야에서 어떠한 경제적으로 조건지어진 변화들을 수반했으며 또 르네상스시대의 회화는 새로운 건축술에 대한 전망으로서, 어떤 역할을 수행하였는가 하는 물음을 연구해 본다면 전혀 소득이 없지는 않을 것이다.[9] 물론 뵐플린은 이 물음을 단지 피상적으로 다루었을 뿐이다. 그러나 푹스가 그에 반대입장을 취하면서 〈바로 이러한 형식적인 요인들

---

8) 성화 해석의 거장으로서 에밀 말레 Emile Mâle를 꼽을 수 있을 것이다. 그러나 그가 행한 연구들은 12세기에서 15세기에 걸친 프랑스 성당들의 조각술에 국한되어 있기 때문에 푹스의 연구영역과 중복되지는 않는다.

9) 보다 더 오래된 그림에서는 사람의 숙소로서 작은 움막과 같은 것을 그리는 것이 고작이었다. 초기 르네상스에 이르러서야 처음으로 내부공간들이 그림에서 묘사되기 시작했는데 그 내부공간 속에서 인물들이 활동하는 모습이 묘사되었다. 그리하여 우첼로 Uccello 가 고안해 낸 원근법은 그 당시 사람들과 그 자신에게도 압도적인 중요성을 지니게 된다. 이 때부터(한때 기도하는 자들을 그렸었던 것과는 달리) 거주하는 자들에 대한 묘사를 이전보다 더 치중하게 된 회화는 그들에게 그들이 거주할 곳에 대한 모범적인 설계도안을 제공해 주었으며 지칠 줄 모르게 별장의 전망들을 그들에게 보여 주었다. 내부장식을 묘사하는 데에 훨씬 더 인색하였던 후기 르네상스도 그러한 토대 위에서 구

이야말로 그 시대의 변화된 분위기로부터밖에는 달리 설명할 수 없는 것들이다〉라고 말하고 있을 때, 그것은 무엇보다도 앞서 지적했던 문화사적인 범주들이 지니는 의심스러운 면을 시사하고 있는 것이다.

　작가로서의 푹스가 걸었던 길을 보면 거기에는 논쟁이나 토론이라는 것이 없었다는 점이 여러 군데에서 드러나고 있다. 논쟁적인 변증법이라는 것은 헤겔의 정의에 따르면 〈적을 내부로부터 파괴시키기 위하여 그 적이 지닌 힘 속으로 파고들어 가는 일〉을 가리키는데, 푹스의 개념의 무기고에는 그가 논쟁적으로 보일지라도 그러한 논쟁적인 변증법의 요소를 찾아볼 수 없다. 마르크스와 엥겔스를 뒤따랐던 연구자들에 이르러서는 사고의 파괴적인 힘은 약화되었고, 그럼으로써 사고는 세기를 상대로 더 이상 도전할 엄두를 내지 못했다. 이미 메링에 있어서도 사고의 파괴적인 힘은 숱한 논쟁 속에서 약화되었다. 그래도 메링은 『레싱전설』이라는 괄목할 만한 업적을 남겼다. 그는 위대한 고전적작품들 속에 정치적, 학문적, 이론적 에너지들이 어느 정도 결집되어 있는가를 보여 주었다. 이로써 메링은 동시대인의 틀에 박힌 문예적 형식주의에 대한 자신의 반감을 확인하고 있다. 그는 프롤레타리아트가 경제적, 정치적 승리를 거두고 난 후에야 비로소 예술은 그 부활을 기대할 수 있다는 확고한 인식에 도달하였다. 또한 〈예술은 프롤레타리아트의 해방적 투쟁에 깊이 관여할 능력이 없다〉라는 굳건한 인식에도 도달하였다. 예술의 발전은 메링의 생각이 옳았음을 입증해 주었다. 그가 도달한 인식을 보면 우리는 그가 학문적 연구에 역점을 두고 있었음을 알 수 있다. 메링은 학문적 연구를 통해서 수정주의에 대항할 엄격성과 견고함을 획득하였다. 이렇게 해서 그의 성격의 이미지 속에는 가장 좋은 의미에서 서민적인 것이라고 부를 수 있는 특성들이 형성되었다. 그러나 이러한 특성들은 그를 변증가로 보게 할 수 있는 성격적 특성과는 거리가 먼 것이다. 이에 못지 않게 푹스의 경우에도 그러한 서민적 특성이 나타나고 있다. 어쩌면 더 두드러지게 나타난다고 말할 수 있는데, 왜냐하면 그의 그러한 특성들은 보다 개방적이고 감각주의적인 소질들과 어울려 있기 때문이다. 어쨌든 우리는 푹스의 초상을 어떤 서민적인 학자

　　성하였다. 〈15세기는 사람과 건축물 사이의 관계, 어떤 아름다운 공간이 불러일으키는
　　반향에 대해 각별히 강렬한 감정을 지니고 있었다. 이러한 건축술적인 이해나 그 기초
　　물 마련하는 작업을 빼놓고는 15세기의 예술은 거의 상상할 수 없다.〉(하인리히 뵐플
　　린:『고전예술. 이탈리아 르네상스 입문』, 뮌헨, 1899, p. 227.)

들의 초상을 전시해 놓은 화랑에 갖다 놓아도 무방할 것이다. 우리는 그의 옆자리에 그처럼 합리주의적인 광기와 정열을 지녔던 게오르그 브란데스 Georg Brandes를 두어도 무방할 것이다. 그들은(진보, 학문, 이성이라는) 이상의 햇불을 높이 들고 광대한 역사적 공간들을 비추는 데 정열을 기울인 자들이다. 푹스의 다른 옆자리에는 민속학자인 아돌프 바스티안 Adolf Bastian을 두어도 좋을 것이다. 그를 생각할 때면 우리는 무엇보다도 푹스의 만족할 줄 모르는 자료수집욕을 상기한다. 그리고 마치 바스티안이 어떤 물음을 해명해야 할 필요가 있을 때에는 언제나 작은 손가방을 들고서 몇달 동안이고 고향을 떠나 탐험길에 오를 마음의 태세를 가짐으로써 전설적인 명망을 얻었던 것과 마찬가지로 푹스 역시 어느 때고 새로운 예증을 찾아나서야겠다는 충동이 있을 때마다 그 충동에 따랐던 것이다. 이 두사람의 작품은 무궁무진한 연구자료의 寶庫로 남게 될 것이다.

5

긍정적인 쪽으로 기우는 천성의 소유자인 어떤 열광자가 어떻게 캐리커쳐에 심취할 수 있게 되었는가 하는 것은 심리학자에게는 하나의 의미심장한 물음임에 틀림없다. 심리학자가 그 물음에 대해 어떻게 대답하든 상관없다. 푹스에 관한 한 사정은 명약관화하다. 처음부터 그의 예술에 대한 관심은 사람들이 〈아름다운 것에 대한 기쁨〉이라고 흔히 칭하는 것과는 구별되었다. 처음부터 진리는 유희 속에 섞여 있었다. 푹스는 지칠줄 모르게 캐리커쳐의 원천적 가치, 즉 그것의 권위를 강조하였다. 〈진리는 극단적인 것 속에 있다〉라고 그는 이따금 표현하고 있다. 그는 한걸음 더 나아가, 캐리커쳐는 그에겐 〈이를테면 모든 객관적 예술의 출발점이 되는 형식이다. 민속 박물관들을 한번만 들여다 보아도 이러한 명제는 곧 입증될 수 있다〉라고 말하고 있다. 푹스가 선사시대의 종족들이나 어린이들의 그림을 끌어들이고 있는 것을 보면 캐리커쳐의 개념이 많은 문제점을 안고 있는 어떤 상관관계 속에 들어가 있음을 알 수 있다. 그럴수록 그가 예술작품의 극단적인 요소들——그것이 내용적인 것이든[10] 아니면 형식적인 것이든 간에——에 대해 보이는

10) 무산자 계급의 여자들을 그린 도미에의 인물들에 대한 푹스의 훌륭한 언급을 참조할 것:〈그러한 소재를 단순한 율동의 모티브 Bewegungsmotive로 보는 사람은, 감동적

격렬한 관심은 그만큼 더 근원적이라는 점이 드러난다. 이러한 관심이 그의 작품 전체를 관통하고 있다. 후기의 『唐의 조형예술』에서도 다음과 같은 것을 읽을 수 있다. 〈그로테스크한 것은 감각적으로 표상할 수 있는 것을 최고도로 승화시킨 것이다…이러한 의미에서 그로테스크한 형상물들은 동시에 한 시대의 넘쳐 흐르는 기운의 표현이다…물론 그로테스크한 것의 원동력을 두고 보면 이와는 극단적으로 대립되는 점이 있다는 사실에는 이론의 여지가 없을 것이다. 퇴폐적 시대나 병적인 두뇌를 가진 자들도 그로테스크한 형상을 추구하는 경향이 있다. 이러한 경우 그로테스크한 것은, 퇴폐적 시대와 병적 개인들에게는 세계와 현존의 문제들이 해결될 수 없는 것으로 보인다는 사실에 대한 충격적인 반작용의 표현이다. 이 두가지 경향 가운데 어느 경향이 창조적 추진력으로서의 그로테스크한 판타지의 배후에 있는가 하는 것은 금방 알아볼 수 있다.〉

이 귀절은 많은 점을 시사해 준다. 푹스의 저작들이 광범위한 영향력을 지니게 되고 특수한 대중성을 얻게 되는 이유가 바로 이 귀절 속에서 명백하게 드러나고 있다. 그 이유란 그가 서술할 때 사용하는 기본개념들을 가치 평가와 융합시킬 줄 아는 재능이다. 이러한 일은 종종 대규모로 이루어진다. 게다가 이러한 가치 평가들은 항상 극단적이다. 이러한 평가들은 극단적 성격을 띠고 등장하며, 또 그런 식으로 가치평가와 융합되어 있는 개념을 양극화시킨다. 그로테스크한 것을 서술할 때에도 그러하며 에로틱한 캐리커쳐를 서술할 때도 그러하다. 이러한 서술은 몰락의 시기에는 〈외설〉이거나 〈간지럽히는 감각적 자극〉이고, 개화기에는 〈흘러넘치는 욕구와 힘의 표현〉이다. 푹스가 끌어들이고 있는 것들은 때로는 개화기와 몰락기의 가치개념들이고 때로는 건강한 것과 병든 것의 가치개념이다. 그는 이러한 개념들의 문제점이 드러날지도 모르는 한계상황들은 피한다. 그는 즐겨 〈아주 거대한 것〉에 집착하는데 왜냐하면 그러한 것은 〈가장 단순한 것 속에 들어 있는 매혹적인 것〉에 대해 공간을 부여하는 특권을 가지고 있기 때문이다. 그는 바로크와 같은 단절된 예술시대를 높이 평가하지 않는다. 위대한 시대는 그에게 있

인 예술을 형상화하기 위해 작용하지 않으면 안되는 궁극적인 원동력들이 그에게는 어떤 봉인된 책과 같은 것이라는 점을 증명해 주는 셈이 된다. 이 그림들에 있어서는…〈율동의 모티브〉와는 전혀 다른 무엇이 문제가 되고 있다는 바로 이 점 때문에 도미에의 작품들은 19세기의 어머니들의 질곡적 상황을 그린 감동적인 기념비로서…영원히 살아 남을 것이다.〉(『화가 도미에』, p.28).

어서도 여전히 르네상스이다. 여기에서는 창조력에 대한 그의 숭배가 고전주의에 대한 그의 혐오를 압도하고 있다.

독창적인 것이라는 개념은 푹스에 있어서는 생물학적인 요소가 강하게 혼입된 개념이다. 또 천재가 종종 호색가의 속성들을 지니고서 등장한다면, 푹스가 거리를 두고 있는 예술가들은 남성적인 요소가 줄어든 사람들로 나타난다. 푹스가 그레코 Greco, 무릴로 Murillo, 리베라 Ribera 를 서로 대조시키면서 그들에 대한 판단을 다음과 같이 요약하고 있을 때 그와 같은 생물학적 관점이 잘 드러나고 있다. 즉 『세 사람 모두 그들 나름대로 하나같이 〈타락한〉 에로티커라는 바로 그 이유 때문에 그들은 바로크 정신의 고전적인 대표자들이 되었다.』 우리는 푹스가 자신의 기본개념들을 발전시켰던 시대가 〈병리학〉이 예술심리학의 궁극적 기준이었던 롬브로소 Lombroso와 뫼비우스 Möbius와 같은 대가들에게 권위를 부여하였던 시대라는 점을 간과해서는 안될 것이다. 또한 천재개념은 이 시기에 출간된 부르크하르트 Burkhardt의 영향력있는 저서 『르네상스시대의 예술』이 제공한 풍부한 구체적 자료에 의해 채워짐으로써 이러한 천재개념은, 창작은 뭐니뭐니해도 우선 넘쳐흐르는 힘의 표현이라는 당시 널리 퍼져 있던 확신을 또다른 근거로부터 확인해 주었다. 푹스가 나중에 정신분석학과 유사한 개념에 도달했던 것도 바로 이와 유사한 시대적 경향에 힘입어서이다. 그는 정신분석학을 예술학을 위해 생산적인 것으로 만들었던 최초의 인물이었다.

이러한 견해에 따라 예술적 창작에 특성을 부여하고 있는 천재개념의 분출적, 직접적 요소들은 또한 푹스의 예술작품관을 상당히 지배하고 있다. 그래서 그러한 요소들은 종종 그의 경우 지각과 판단 사이에 가로놓여 있는 어떤 비약 이상의 것이 되지 못하고 있다. 실제로 〈印象〉이라는 것은 그에게 있어서는 관찰자가 작품으로부터 경험하는 당연한 충격일 뿐만 아니라 관찰 그 자체의 카테고리이기도 하다. 푹스는 예컨대 명나라시대의 기교적 형식주의에 대한 자신의 비판적·유보적 입장을 밝히면서, 명대의 작품들은 〈결국에는 가령 唐朝가 그 위대한 선을 가지고 도달하였던 것과 같은 인상을 더 이상, 아니 결코 한 번도 도달하지 못하고 있다〉라고 이러한 자신의 입장을 요약하고 있다. 이렇게 해서 작가 푹스는 특수하면서도 확신에 차 있는, 그렇다고 조야하다고도 할 수는 없는 문체에 도달하였는데, 이러한 문체의 특성을 그는 『에로틱한 예술의 역사』에서 다음과 같이 설명하면서 대가다운 표현을 하고 있다. 즉 〈한 예술작품에 작용하는 힘들을 올바르게 느끼는 일에서부터 그것을 남김없이 판독해 내는 일에 이르는 길은 그야말로 오십보 백보이다.〉 이러한 문체는 누구나 도달할 수 있는 문체가 아니다. 푹스는 그러한 문체를 획득하기 위해 그 댓가를 치르지 않으면 안되었다. 그 댓가를 한마디로 표현하자면 이렇다. 즉 경탄을 불러일으킬 수 있는 재능은 작가 푹스에게는 없었다. 그가 그러한 재능의 결핍을 느꼈음은 분명하다. 그는 이러한 결핍을 보상하려고 다양하게 노력하였다. 그래서 그는 그 어떤 것에 대해서보다도 그가 창작의 심리학에서 추적하고 있는 神秘들에 대해 얘기하기를 좋아하고, 또 그가 유물론에서 그 해답을 찾고 있는 역사진행의 수수께끼들에 대해 얘기하기를 좋아하는 것이다. 그러나 이미 그의 창작관과 아울러 수용관을 규정하고 있는, 제반상황들을 단도직입적으로 해결하려는 충동은 결국 그의 분석에서도 그대로 관철되고 있다. 예술사의 흐름은 〈필연적〉인 것으로, 양식적 특성들은 〈유기적〉인 것으로, 그리고 아무리 이상하게 보이는 예술적 형상물들까지도 〈논리적〉인 것으로 나타난다. 분석이 진행되어 가는 동안 이러한 기이한 예술적 형상물들은 나중에는, 예컨대 불꽃의 날개와 촉각을 지닌 唐朝의 가공적 동물들이 〈절대적으로 논리적〉이고, 〈유기적〉인 것으로 보이던 때 보다는 논리적으로 되는 경우가 점차 드물어진다는 인상을 받게된다. 〈거대한 코끼리의 귀들조차 논리적인 것으로 보인다. 그것들의 자세 역시 항상 논리적이다…중요한 것은 결코 구성되어진 개념만이 아니라 살아 숨쉬는 형식이 된 이념이다.〉[11]

---

11) 『唐시대의 조형예술』(pp.30-1). 이러한 직관적이고 직접적인 관찰방식은, 그것이 유물론적인 분석의 요건을 충족시키고자 할 경우에는 문제성을 띠게 된다. 잘 알다시피 마르크스는 상부구조가 하부구조에 대해 갖는 관계를 세부적으로 어떻게 생각해야 할 것인가에 대해서는 상세하게 그의 생각을 피력하지 않았다. 확실한 것은 단지 그가 거기에 예술이 속하는 상부구조라는 보다 멀리 떨어져 있는 영역들과 물질적인 생산관계들 사이에 개입되는 일련의 매개들, 즉 그 상관관계를 생각하고 있었다는 점뿐이다. 플레하노프 Plechanow의 경우도 역시 마찬가지이다. 즉 〈상위의 계급들에 의해 제작된 예술이 생산과정과 전혀 직접적인 관련을 맺고 있지 않다고는 할지라도 그것은 궁극적으로는…경제적인 이유들로 해명될 수 있다. 이 경우에도…유물론적인 역사해석이 적용된다. 그렇지만 존재와 의식 사이의 의심할 여지없는 인과적인 상관 관계,〈노동〉을 토대로 삼고 있는 사회적 관계들과 예술 사이의 상관관계가 그렇게 쉽게는 드러나지 않는다는 점은 자명한 사실이다. 여기서 몇가지 중간적 단계들이…생겨난다〉(게르오기 플레하노프: 『유물론적인 역사관의 입장에서 본 18세기의 프랑스 연극과 프랑스 회화』). 다만 한가지 분명한 사실은 여기서 마르크스의 고전적인 역사변증법이 인과적인 종속관계를 기정의 사실로 간주하고 있다는 점이다. 나중에 가서 사람들은 더 느슨하게 이를 해석해서 때로는 유추적인 해석들로 만족하였다. 이러한 일은 십중팔구 시민적 문학사

여기서 당시의 사회민주당의 이론들과 가장 긴밀하게 관련되고 있는 일련의 생각들이 나타난다. 잘 알려져 있다시피 다원주의는 사회주의적 역사관의 발전에 지대한 영향을 끼쳤다. 다원주의의 영향은 비스마르크에 의한 사회주의 박해시대에 黨의 불굴의 확신과 당의 단호한 투쟁에 도움을 주었다. 그후 수정주의에서 보듯이 당이 자본주의와의 내기를 건 싸움에 그간 당이 이룩한 성과를 덜 투자하려고 하면 할수록 진화론적인 역사관은 그만큼 더 〈발전〉이라는 개념에 더 많은 부담을 안겨 주었

와 예술사를 광범위한 유물론적 문학사와 예술사로 대치시키고자 했던 요구와 관련을 맺고 있을 것이다. 이러한 요구는 그 시대의 특징 가운데 하나이다. 그 요구는 빌헬름 시대적인 정신에 의해 지탱되었다. 푹스도 이러한 시대적 요구에 순응하였다. 작가 푹스가 다양한 형태로 즐겨 표현하고 있는 생각 중의 하나는 사실주의적인 예술시대들이 상업국가에 해당된다는 것을 증명하는 일이다. 17세기의 네덜란드나 8,9세기 경의 중국의 경우가 그 한 예가 될 수 있다. 빌헬름시대의 특성들을 많이 시사해 주는 중국의 원예에 대한 분석에서 출발하면서 푹스는 唐의 지배하에서 생겨난 새로운 조각술에 관심을 기울이게 되었다. 기념비와 같은 경직화된 漢代의 양식이 풀려 나가기 시작했다. 도예작업을 발전시켰던 익명의 거장들의 관심은 이제부터는 인간과 동물의 움직임에 쏠리기 시작한다. 푹스는 다음과 같이 상술하고 있다. 〈그 세기 (8,9세기)에 중국이라는 시대는 거대한 잠에서 깨어났다. 왜냐하면 상업이라는 것은 항상 고양된 삶과 움직임을 의미하기 때문이다. 그리하여 우선 첫째로 삶과 움직임이 唐代의 예술에 등장해야만 했다. 그리고 이러한 특징은 사람들 눈에 확연하게 드러난 첫번째 특징이기도 하다. 가령 漢代의 경우 동물들의 전체적인 동작은 항상 무겁고 육중하기만 했던 데 비해, … 唐代에 와서는 그것들이 생기에 차 있고 모든 사지가 움직이고 있는 모습을 보게 된다〉 (『唐시대의 조형예술』, p.41~2). 이러한 관찰방식은 단순한 유추 즉 상업과 조각술에서의 움직임이라는 면에 그 근거를 두고 있다. 따라서 우리는 그러한 관찰방식을 명목론적이라고 칭할 수 있을 것이다. 이와 마찬가지로 르네상스에서의 古代수용을 통찰하려는 시도 역시 그와 같은 유추적인 해석에서 벗어나지 못하고 있다. 〈이 두 시대에 있어서 경제적인 토대는 동일한 것이었다. 단지 르네상스에서는 그러한 경제적 토대가 보다 높은 발전단계에 있었을 따름이다. 다시 말해 이 두 시대는 상품교역에 그 근거를 두었다〉(『에로틱한 예술』, 제1권, p.42). 마지막에 가서는 상업 자체가 예술작업의 주체로서 나타나게 된다. 〈상업은 실제로 주어진 수치들을 고려하게 된다. 그것도 단지 구체적이고 검증가능한 수치들만 고려의 대상으로 삼을 수 있다. 따라서 이러한 수치들을 경제적으로 처리하기 위해서는 상업은 이런식으로 세계와 사물들에 대항하여 맞서지 않으면 안된다. 그러니까 사물들을 보는 예술적 견해까지도 어느 모로 보나 사실적인 성격을 띠게 된다〉(『唐시대의 조형예술』 p.42). 사람들은 예술에서는 〈어느 모로 보나 사실적인〉 묘사란 있을 수 없다고 생각할지 모른다. 사실 고대중국의 예술과 고대 네덜란드의 예술에 똑같이 해당되는 어떤 상관관계라는 것은 근본적으로 좀 문제가 있다고 할 수 있을 것이다. 실제 그러한 상관관계는 그렇게 성립되지 않는다. 베네치아 공화국의 경우를 일별해 보면 금방 알 수 있다. 베네치아 공화국은 상업을 통해 번창하였다. 그럼에도 불구하고 팔마 베치오 Palma Vecchio, 티찌안 Tizian 혹은 베로네스 Verones의 예술은 〈어느 모로 보나〉 사실주의적인 예술이라고 말하기는 어렵다. 그들의 예술 속에서 우리가 만나게 되는 삶의 모습은 단지 묘사적이고 축제적인 성격을 띠고 있을 따름이다. 다른 면에서 보자면 상업활동은 그것의 모든 발전단계들에 있어서 현실에 대한 상당한 감각을 요구한다. 따라서 유물론자는 양식적 행동에 관해서는 상업활동으로부터 아무런 결론도 끄집어낼 수 없다.

다. 역사는 결정론적인 특성을 띠게 되었다. 당의 승리는 〈꼭 이룩될 수 있는 것〉이었다. 푹스는 수정주의와 항상 일정한 거리를 유지했다. 그의 본능적인 정치감각과 호전적인 기질은 그를 당의 좌파로 나아가게 하였다. 그러나 이론가로서의 그는 그러한 수정주의의 영향들로부터 벗어날 수 없었다. 우리는 그러한 영향을 작품 도처에서 감지해 낼 수 있다. 당시 페리 Ferri와 같은 사람은 사회민주당의 원칙들뿐만 아니라 그 전술까지도 자연의 법칙으로 환원시켰다. 그는 무정부주의적 경향들은 지질학과 생물학에 대한 지식이 모자라기 때문에 나타난다고 보았다. 카우츠키같은 지도자들도 그러한 무정부주의적 경향들과 논쟁을 벌였음이 분명하다. 그럼에도 불구하고 많은 사람들은 여전히 역사의 제 과정을 〈심리학적인 것〉과 〈병리학적인 과정〉으로 분류하거나 아니면 자연과학적 유물론이 프롤레타리아트의 손에서 〈자발적으로〉 사적 유물론으로 지양되었다고 생각하는 테제에 만족하였다. 이와 유사하게 푹스에게는 인간사회의 진보라는 것도 마치 〈사람들이 빙하를 줄곧 앞으로만 밀고 있다고 해서 그것을 정지시킬 수 없는 것과 마찬가지로 도저히 막을 수 없는〉 하나의 과정처럼 보인다. 이에 따르면 결정론적인 견해는 확고한 낙관주의와 짝을 이룬다. 그리고 앞으로는 어느 계급도 궁극적으로 확신이 없이는 성공을 거둘 수 없게 될 것이다. 그러나 낙관주의가 계급의 행동력을 두고 하는 말인지 아니면 그 행동력이 작동하는 상황을 두고 하는 말인지는 큰 차이점을 가진다. 사회민주당은 두번째의 미심쩍은 낙관주의로 기울었다. 바야흐로 시작되고 있던 야만성, 즉 엥겔스의 경우 『영국의 노동자 계급의 위치』에서, 그리고 마르크스의 경우 자본주의의 발달의 예견에서 섬광처럼 잠깐 나타났고 또 오늘날에는 평범한 정치가들에게조차도 친숙한 야만성을 내다보는 시야가 세기말의 아류들에게는 가리워져 있었던 것이다. 꽁도르세 Condorcet가 진보이론을 펼칠 때만 해도 시민계급은 권력의 장악을 목전에 두고 있었다. 1세기가 지난 후의 프롤레타리아트는 그와는 다른 상황에 처하고 있었다. 진보이론은 프롤레타리아트에게 여러 환상을 불러일으킬 수 있었던 것이다. 이러한 환상들은 실제로 푹스에게 여전히 예술의 역사에 대한 조망을 때때로 가능케 해주는 배경을 이루기도 한다. 즉 그는 다음과 같이 말하고 있다. 〈오늘날의 예술은 여러 방향에서 르네상스예술이 도달했던 것을 훨씬 능가하는 많은 것을 실현시켜 주었고, 또 미래의 예술 또한 필경 보다 더 고차적인 것을 의미할 것임에 틀림없다.〉

6

푹스의 역사관을 관통하고 있는 파토스는 1830년의 민주주의적인 파토스이다. 그 파토스에 대한 반향은 빅토르 위고라는 演士였다. 연사로서의 위고가 후세에 전하는 말이 담긴 책들은 그 반향에 대한 반향이다. 푹스의 역사관은 위고가 「윌리엄 셰익스피어」라는 글에서 찬양하였던 역사관이다. 즉 〈진보라는 것은 신의 걸음걸이 자체이다.〉 그리고 일반 투표권은 이러한 걸음의 보조를 측정하게 해주는 세계시계이다. 빅토르 위고는 〈누가 지배자를 투표하는가〉라고 썼는데, 이로써 그는 민주주의적 낙관론의 식탁을 차린 셈이다. 시간이 지나면서 이 낙관주의는 점점 더 기발한 꿈들을 만들어 내었다. 그 꿈들 가운데 하나는 〈모든 정신노동자와 물질적으로이든 사회적으로이든 상위층에 속하는 사람들은 프롤레타리아트〉로 간주되어야 한다는 환상을 불러일으켰는데, 왜냐하면 그는 〈휘황찬란한 제복을 입은 궁정관리에서부터 시작하여 피폐한 밑바닥 임금노동자에 이르기까지 돈을 위해 봉직하는 사람들은 모두… 자본주의의 어쩔 수 없는 희생물이라는 점은 부정할 수 없는 사실〉이라고 주장했기 때문이다. 빅토르 위고가 차렸던 식탁만 하더라도 푹스의 저작보다는 위에 있다. 그리고 푹스가 각별한 애착을 가지고 프랑스에 연연하고 있을 때에도 그는 민주주의의 전통 속에 있다고 할 수 있다. 프랑스는 세번에 걸쳐 대혁명이 있었던 곳이며, 망명객들의 고향이고, 유토피아적 사회주의의 근원지이고, 폭군을 증오하던 키네 Quinet와 미슐레의 모국이며, 빠리 코뮌의 전사들이 누워 있는 곳이기도 하다. 마르크스와 엥겔스의 눈에 비친 프랑스상도 그러하였고 메링에게도 그러하였으며, 푹스에게도 〈문화와 자유의 아방가르드〉로서 프랑스라는 나라는 여전히 그렇게 보였다. 푹스는 프랑스인들의 가벼운 농담을 독일인들의 무거운 농담과 비교한다. 그는 또 하이네를 고향에서 머물러 있는 자와 비교한다. 그는 독일의 자연주의를 프랑스의 풍자소설들과 비교한다. 그리고 그는 이런 식으로 메링처럼 어떤 확고한 예견을 하게 되었는데, 게르하르트 하우프트만의 경우를 두고 특히 그러하였다.[12]

---

12) 메링은 하우프트만의 『직조공』이라는 작품이 몰고 온 소송에 대해 《새시대》지에서 코멘트를 가하고 있다. 이 작품을 변호한 변호인의 변론 가운데 일부는 이들 변론이 1893년 지녔었던 현실성을 되찾고 있다. 그 변호사는 다음과 같이 변론하였다. 즉 〈하우프

프랑스는 수집가 푹스에게도 하나의 고향인 셈이다. 오래 관찰하면 할수록 그만큼 더 매력적으로 보이는 수집가라는 인물에 대해서는 지금까지 정당한 평가가 이루어지지 않았다. 사람들은 낭만주의의 역사소설가들에게 수집가라는 인물보다 더 매력적으로 보이는 인물은 없다고 생각할지 모른다. 하지만 길들여졌다고 할지라도 위험하기 짝이 없는 격정들에 의해 움직이는 이러한 타입을 호프만, 퀸시 Quincey, 네르발 Nerval 같은 인물군에서 찾으려고 한다는 것을 부질없는 노릇이다. 이들에서 보여지는 거리산보자, 여행자, 배우, 예술적 大家와 같은 인물들은 낭만적이다. 그러나 수집가라는 인물은 찾아볼 수가 없다. 또 이러한 인물을, 노점상인에서부터 시작하여 사교계의 스타에 이르기까지 루이 필립 치하의 파리의 진기품 진열장이 다 망라하고 있는 인물의 〈생리학〉 속에서 찾는다고 해도 허사이다. 그렇기 때문에 수집가가 발자크에게서 차지하는 위치는 한층 더 큰 의미를 지닌다. 발자크는 수집가에게 하나의 기념비를 세워 주었다. 그러나 그것은 결코 낭만주의적인 의미에서 그렇게 했던 것은 아니다. 발자크는 처음부터 낭만주의와는 낯설었다. 그리고 『사촌 퐁스』에 나오는 스케치에서만큼 반낭만주의적 입장이 놀라울 정도로 분명히 드러나는 부분도 없을 것이다. 또 이 작품에서 무엇보다도 두드러진 점은, 비록 우리가 퐁스가 수집한 물건들을——퐁스는 그것들을 위해 살고 있는데——자세히 알게 된다고 할지라도 그것들이 얻어지게 된 내력에 대해서는 거의 아는 바가 없다는 점이다. 『사촌 퐁스』에서는, 공쿠르 형제가 그들의 일기 속에서 어떤 희귀한 명물을 파내는 장면을 숨막히는 긴장감으로 묘사하고 있는 페이지와 비교할 만한 귀절은 하나도 찾아볼 수가 없다. 발자크는 사냥군을 사냥터에서 이런저런 사냥감을 찾는 사람으로서 묘사하고 있진 않다. 그의 작품에 등장하는 퐁스나 엘리 마구스의 온 몸을 떠는 환희는 오만함, 즉 그들이 지칠 줄 모르게 돌보고 지키는 귀중한 보물들에 대한 오만함이다. 발자크는 〈소유하고 있는 자〉를 묘사하는 데에 역점을 두고 있으며, 〈백만장자〉라는 말은 그에게 있어 〈수집가〉라는 말의 동의어로 잘못 쓰이고 있다. 그는 파리에 관해서 다음과 같이 말한다. 〈사람들은 거기서 종종 퐁스나 엘리 마구스 같은 사람을 발견할 수 있는데, 그들은

트만은 여기서 문제되고 있는 겉보기에 혁명적인 귀절들에 대해 진정시키고 무마시키는 성격을 띤 다른 귀절들을 대치시키고 있음이 분명하다. 작가는 결코 폭동을 지지하는 편에 서있지 않으며, 오히려 작가는 일군의 군인들을 개입시켜 질서를 회복시키고 있는 것이다.〉

아주 남루한 옷차림이다……그들은 마치 아무데에도 의지할 곳이 없고 또 걱정할 것이 아무것도 없는 것처럼 보인다. 그들은 여자들이나 진열장에도 관심이 없다. 그들은 꿈 속에서처럼 앞만 보면서 줄곧 가고 있으며, 그들의 호주머니는 텅 비어 있고 그들의 시선엔 아무런 생각도 없으며, 사람들은 그들이 도대체 어떤 부류의 파리사람에 속하는지를 궁금해 할 정도이다. 바로 이러한 사람들이 백만장자이다. 수집가는 이 세상에 존재하는 사람들 가운데 가장 정열적인 사람들이다.〉 푹스라는 인물의 활동과 전모는 사람들이 어떤 낭만주의자에게서 기대했어야 할 상보다 발자크가 그렸던 수집가상에 더 가깝다. 실로 사람들은 이 남자의 핵심적 면모를 두고 수집가로서의 푹스는 진정으로 발자크적이고 또 그는 발자크의 구상을 훨씬 능가하고 있는 발자크적 인물이라고 말해도 무방할 것이다. 그러한 구상의 선상에 있는 수집가의 오만함과 과대망상이 나아가는 곳은 어디인가? 그것은 곧 자신의 수집물들을 여러 사람들 앞에 보여 주기 위해서 그것들을 복제작품들로 만들어 시장에 내놓음으로써——발자크적인 표현을 빌자면——부자가 되는 식의 수집가의 상이다. 그것은 보물들을 보관하는 자로 자처하는 어떤 남자의 양심적인 면일 뿐만 아니라, 위대한 수집가의 노출증이기도 하다. 이 노출증이 바로 푹스로 하여금 모든 그의 저작 속에서 다만 아직껏 공개되지 않았던 그림자료, 거의 대부분 그 자신의 소유에서만 나온 그림자료들만을 출판하도록 하였다. 『유럽 민족들의 캐리커처』의 제1집을 펴내기 위해 그는 68,000종 이상의 그림을 모아서 거기에서 약 500장을 간추려 내었던 것이다. 그 가운데 어느 그림도 한 군데를 제외하고는 두번 이상 복제되지 않았다. 그가 보여준 기록의 풍성함은 그가 미친 영향의 폭과 혼연일체가 되고 있다. 이 양면은 드뤼몽 Drumont이 말하고 있듯이 그가 1830년 무렵의 시민계급의 대가문 출신임을 입증해 주고 있다. 드뤼몽은 다음과 같이 쓰고 있다. 〈1830년경의 거의 모든 유파의 지도자들은 한결같이 비상한 체질과 다산성, 그리고 웅장한 것에 기우는 성향을 갖고 있었다. 들라크로아 Delacroix는 서사시들을 화폭에 옮겼으며, 발자크는 한 사회 전체를 묘사하였고, 뒤마는 그의 소설들 속에 인류의 4000년 역사를 담았다. 그들은 모두 어떠한 무거운 짐이 지워져도 끄떡없는 등을 가지고 있었다.〉 1848년 혁명이 일어났을 때 뒤마는 파리의 노동자들에 대한 호소문을 썼는데, 거기서 그는 자신을 그들과 동등한 사람이라고 소개하였다. 20년 동안에 그는 4백여 편의 소설과 35편의 희곡을 집필했다. 그는 8160명의 사람들을 먹여 살렸다. 즉 교정자와 식자공, 무대장치자와 휴대품보관자 등의 생계를 마련해 주었다. 그는 고용박수꾼들도 잊지 않았다. 세계역사가인 푹스가 자신의 훌륭한 수집물의 경제적 토대를 마련할 때의 심정도 아마 뒤마의 자부심과 전혀 다르지는 않았을 것이다. 나중에 이러한 경제적 토대는 그로 하여금 그가 자신의 수집물들을 다룰 때처럼 파리 시장에서도 자유자재로 행동할 수 있게 하였다. 파리 미술상의 한 원로는 세기말에 그에 관해 다음과 같이 말하곤 했다. 〈그는 파리 전체를 먹어 치우는 신사이다.〉 푹스는 마구 줍는 식의 수집광의 유형에 속한다. 그는 자신이 수집하는 물건들의 막대한 분량을 보고 라벨레 Rabelai적인 기쁨을 느낀다. 이러한 기쁨은 그의 텍스트들이 무수하게 반복되고 있는 속에서도 그대로 나타나고 있다.

7

수집가로서의 푹스가 프랑스적 수집가의 혈통을 이어받고 있다면 역사가로서의 푹스는 독일적 혈통을 이어받고 있다. 역사가로서의 푹스에게서 두드러지게 나타나는 도덕적인 엄격성은 그에게 독일적 특성을 부여해 준다. 그 도덕적 엄격성은 이미 게르비누스 Gervinus에게도 독일적 속성을 부여해 주었는데, 그의 『詩的 국민문학의 역사』는 독일 정신사에 대한 최초의 연구서들 가운데 하나로 불리울 수 있는 것이다. 훗날의 푹스에게도 해당되는 것이지만 게르비누스에게 특징적인 것은, 그의 문학사에는 위대한 창조자들은 소위 전투적인 인물로서 등장하고 또 그들의 성격에서 보여지는 능동적인 면, 남성적인 면, 자발적인 면이 관조적인 면, 여성적인 면, 수동적인 면을 희생하고 얻어지고 있다는 점이다. 물론 이는 게르비누스의 경우 보다 더 수월하게 이루어진다. 그가 자신의 저작을 집필할 무렵 부르죠아지는 상승일로에 있었고 부르죠아지의 예술은 정치적 에너지로 충만해 있었다. 푹스가 저술활동을 하던 시대는 제국주의시대였다. 그는 예술의 정치적 에너지들이 날이 갈수록 감소하던 시대에 그러한 에너지를 논쟁적으로 제시하였다. 그렇지만 게르비누스가 기준으로 삼았던 척도들은 여전히 푹스 자신의 척도들이기도 하였다. 실로 우리는 그 척도들을 18세기까지 거슬러 올라가 추적할 수 있다. 그것도 게르비누스 자신에게서 추적할 수 있는데, 그가 숱로써 F.C.

Schlosser를 위해 행한 기념연설은 시민계급의 혁명적 시대에서 나온 무장된 도덕주의를 훌륭하게 표현해 주고 있다. 사람들은 쉴로써의 〈우울한 도덕적 엄격성〉을 비난하였다. 이에 대해 게르비누스는 다음과 같이 반박한다. 〈쉴로써가 그러한 비난에 대해 반박할 수 있고 또 반박했으리라 짐작되는 것은 이러한 것이다. 즉, 사람들은 위대한 인물들의 삶 속에서나 역사 속에서 장편소설이나 중단편 Novelle에서와는 달리 감성과 정신의 온갖 명랑성에도 불구하고 삶에 대한 어떤 피상적인 기쁨을 배우지는 않는다는 점과 또 그러한 인물들과 역사의 관찰들로부터 인간적대적인 경멸은 아닐지라도 세계에 대한 엄격한 견해와 삶에 대한 진지한 원칙들을 섭취하고 있다는 점이다. 그리고 적어도 자신의 내적인 삶에서 외적인 삶을 측량할 줄 알았던, 세계와 인간에 대한 모든 비판자들 가운데 가장 위대한 자들, 이를테면 셰익스피어, 단테, 마키아벨리와 같은 자들에게 세계의 본질은 항상 진지함과 엄격성을 형성할 수 있는 그러한 종류의 감명을 주어 왔던 것이다.〉 이것이 푹스의 도덕주의의 원천이다. 그것은 독일적인 쟈코방주의이며, 이것의 기념비가 쉴로써의 세계사인데, 푹스는 젊은 시절에 그것을 읽었다.[13]

이 시민적 도덕주의가 푹스에 있어서 유물론적 요소와 충돌하는 요인들을 내포하고 있다는 것은 놀라운 일이 아니다. 이 점에 대해 분명하게 알고 있었더라면 아마 그는 그러한 충돌을 완화시킬 수도 있었을 것이다. 그러나 그는 그의 도덕적 역사관과 사적 유물론은 서로 완전히 조화를 이룬다고 확신하고 있다. 여기에 하나의 환상이 지배하고 있다. 이 환상의 기저를 이루는 것은 널리 만연되고 또 매우 수정을 요하는 견해, 즉 시민혁명들은, 그것들이 시민 자신에 의해 찬양되고 있는 것처럼, 어떤 프롤레타리아혁명의 근간을 이룬다고 하는 견해이다.[14] 이

---

13) 그의 전집을 그렇게 발견해낸 것은 제정시대의 검사들에 의해 〈풍기문란한 저작들의 유포〉현상에 대한 탄핵이 시작되었을 때 푹스에게 유익한 것으로 판명되었다. 우리는 푹스의 도덕주의가 특히 전문가들의 한 판결 속에서 자연스럽게 드러나고 있는 것을 볼 수 있다. 그 판결은, 모두 무죄판결로 끝난 형사소송 사건들에 대해 내려진 것이었다. 이 판결문은 조벨티츠 Fedor Von Zobeltitz에서 나온 것인데, 가장 중요한 귀결을 인용하면 다음과 같다. 〈푹스는 자신을 도덕을 설교하는 교육자로 여기고 있다. 그리고 인류역사에 봉사하는 그의 작업은 가장 높은 윤리성에 의해 이루어져야만 한다는 그의 이러한 진지한 인생관과 내적인 통찰은 그에 대한 일체의 사변적인 의심을 용납하지 않는다. 그러한 의심 따위는 푹스라는 사람과 그의 빛나는 이상주의를 알고 있는 사람이면 누구나 우스꽝스럽게 여기지 않을 수가 없을 것이다.〉
14) 이러한 수정작업은 막스 호르크하이머에 의해 그의 에세이 「이기주의와 자유주의 운동」에서 시작되었다. 샤토브리앙 Chateaubriand에 의해 〈테러를 찬미하는 유파〉로 총

에 대해서는 그러한 혁명들 속에 작용하고 있는 유심론 Spritualismus에 시선을 돌려보는 일이 무엇보다도 중요하다. 도덕주의는 이러한 유심론을 관통하고 있는 금줄에 의해 짜여져 있다. 시민계급의 도덕은——이에 관한 최초의 징후를 보여주고 있는 것이 공포정치이다——內面性이라는 징표 속에 있다. 이 내면성의 주축점은 양심이라는 것이다. 그것이 로베스피에르적 公民 citoyen의 양심이든 아니면 칸트의 세계시민의 양심이든 간에 마찬가지이다. 부르죠아지의 행동은 그들 자신의 이익에 합치하는 것이지만 그들의 행동을 보완해 주는 프롤레타리아트의 행동에도 의존하고 있었다. 그러나 프롤레타리트아의 보완적 행동은 그들 자신의 이익에는 합치하지 않기 때문에 부르죠아지는 도덕적인 장치로서 양심이라는 것을 공포하였다. 양심이란 이타주의라는 징표 속에 있다. 양심은 가진 자에게, 그것이 통용되면 간접적으로 자기와 같은 부류의 가진 자들에게도 이익이 되는 개념에 상응하게끔 행동하도록 충고한다. 양심은 또한 가지지 못한 자들에게도 그와 똑같은 것을 충고하기가 십상이다. 못가진 자들이 그러한 충고에 순응할 경우, 그들의 행동은 가진 자들에게 도움을 주기 마련이다. 그렇기 때문에 이러한 태도에 대해서 美德이라는 댓가가 주어지는 것이다. 이렇게 하여 계급도덕이 관철되는 것이다. 하지만 그것은 무의식 중에 관철된다. 이러한 계급도덕을 세우기 위해 시민계급이 의식을 필요로 했었다기보다는 오히려 프롤레타리아가 그 도덕을 무너뜨리기 위해 의식을 필요로 하는 것이다. 이러한 사정에 푹스는 공정하지 못하게 되는데, 왜냐하면 그는 그의 공격이 부르죠아의 양심에 겨냥되어야만 한다고 믿고 있기 때문이다. 부르죠아지의 이데올로기는 그에게는 음모처럼 보인다. 그는 말한다. 〈몰염치하기 짝이 없는 계급적 판결에 직면해서도 해당 법관의 주관적인 정직성에 대해 떠벌여대는 허튼 수다는 그렇게 지껄이고 쓰는 작자들 자신의 무주견성이나 아니면 기껏해야 그들의 고루함을 증명해 주고 있을 따름이다.〉 푹스는 선한 양심 bona fides이라는 개념 자체를 문제시하려는 생각에는 아직 미치지 못하고 있다. 하지만 그것은 곧 사적 유물론자에게는 명약관화한 것이 될 터인데, 왜냐하면 그는 선한 양심이라는 개념 속에서 시민적인 계급도덕의 수행자를 인식하게 될 뿐만 아니라 이러한

끝해서 불리워졌던 시민적인 혁명역사가들을 비난하면서 울트라 아벨 보나르 Ultra Abel Bonnard가 제시하고 있는 일련의 흥미있는 증거들도 앞의 호르크하이머가 수집한 증거들과 부합하고 있다. (아벨 보나르:『온건파들』)

개념이 경제적 무계획성과 함께 도덕적 무질서의 유대감을 조장하게 된다는 사실을 간과하지 않을 것이기 때문이다. 초기 마르크스주의자들은 이러한 사정을 적어도 시사적으로나마 언급하였다. 그리하여 사람들은 〈구터만 N. Guterman과 르페브르 H. Lefebvre〉 선한 양심이라는 개념을 지나치게 남용하였던 라마르틴느 Lamartine의 정책에 대해 다음과 같이 언급하였다. 즉 〈시민적…민주주의는…이러한 가치를 필요로 한다. 민주주의자는…그가 하는 사업이라는 면에서 보면 공명정대하다. 이로써 그는 자신은 현실적 사정을 좇아야 할 필요성에서 벗어났다고 느끼고 있는 것이다.〉

개개인이 속하고 있는 계급이 생산과정에서 차지하는 위치에 의해 생겨나게 되는 무의식적인 계급적 행동방식보다는 개개인의 의식적인 이해관계에 더 주목하는 관찰방식은 결과적으로 이데올로기형성에 있어서 의식적인 요인을 과대평가하게 만든다. 이러한 관찰방식은 푹스의 다음과 같은 발언에서 분명하게 나타나고 있다. 〈예술이란 그것의 모든 본질적 부분에서 그때 그때의 사회적 상태의 이상화된 분장이다. 왜냐하면 모든 지배적 정치적, 사회적 상황은 스스로를 이상화하도록 강요하며 또 이런 식으로 자신의 존재를 도덕적으로 정당화하려고 한다는 것은 영원한 법칙이기 때문이다.〉 여기에서 우리는 오해의 핵심에 접근하게 된다. 이 오해는 착취 때문에 허위의식이 생겨난다는 견해에서 비롯한다. 다시 말해 적어도 착취자들의 측면에서 볼 때는 올바른 의식이 그들에게는 도덕적으로 성가신 것이기 때문에 허위의식이 생겨난다는 견해에서 이러한 오해가 생겨나는 것이다. 이러한 명제는 계급투쟁이 전체의 시민생활을 온통 지배하고 있는 현재에 있어서는 어느 정도의 제한된 타당성을 지닐 수도 있다. 그러나 특권층의 〈나쁜 양심〉은 초기의 착취형태를 두고 보면 결코 자명한 것이 못된다. 물화과정을 통하여 사람들 사이의 관계들만이 불투명해진 것이 아니다. 이들 관계의 실질적 주체 자신들도 안개에 휩싸이게 된 것이다. 경제생활에서 권력을 쥔 자와 피착취자 사이에는 사법관료와 행정관료라는 한 장치가 끼어들게 되는데 이 장치의 구성원들은 더 이상 충분히 책임있는 도덕적 주체로서 기능을 발휘하지 못한다. 이들의 〈책임의식〉이라는 것은 다름아닌 그러한 양심적 불구의 무의식적 표현인 것이다.

8

푹스의 사적 유물론에서 그 흔적을 드러내고 있는 도덕주의는 정신분석학에 의해서도 동요되지 않았다. 그는 性에 대해 다음과 같이 비판한다. 〈이러한 생의 법칙의 창조적인 면이 드러나는 감각적인 행동의 모든 형식은 용납되어 마땅한 것이다…이에 반해 이러한 至高의 충동을 단지 세련된 향락의 추구를 위한 단순한 수단으로 격하시키는 형태들은 배척되어야 마땅하다.〉[15] 이러한 도덕주의의 특징은 분명 시민적인 것이다. 단순한 성적 쾌락이나 그러한 쾌락을 만들어 내는 다소간 환상적인 방법들에 대한 시민적인 혐오감에 대한 불신감은 푹스에게는 생소한 것이었다. 물론 그는, 사람들은 〈항상 상대적으로만 도덕성과 부도덕성에 대해〉 말할 수 있을 따름이라는 원칙론을 펴기도 하였다. 그러나 그는 곧장 같은 귀절에서 〈절대적인 부도덕성〉이라는 하나의 예외를 설정하고 있는데, 그 예외적인 경우란 곧 〈사회적 충동을 거스르는 경우, 그러니까 이를테면 자연의 순리를 거스르는 경우〉를 말한다. 이러한 견해에 있어서 특기할 만한 점은 〈변질된 개체성에 대해 무한한 발전가능성을 지닌 대중이 거두는〉 승리이다. 요컨대 푹스는 〈이른바 타락한 충동을 타도하는 비난의 정당성을 공격하고 있는 것이 아니라 그러한 충동의 역사와 그 규모에 대한 견해를 공격하고 있는〉 것이다.

이로써 성심리학적 문제에 대한 해명이 침해를 받게 되었다. 성심리학적 문제는 부르죠아지의 지배이래 특히 중요한 의미를 지녀왔다. 이러한 상황 속에서 성적 욕망의 금기는 시대적 의미를 지니게 되었다. 성적 금기에 의해 대중 속에서 생산되는 억압들은 마조키스트적인 콤플렉스와 새디스트적인 콤플렉스를 조장하였다. 권력자들은 이러한 콤플렉스를 조장하기 위해 그들의 정책수행에 가장 적절하다고 보여지는 대상들을 제공하였다. 푹스의 동년배인 베데킨트 Wedekind는 이러한 연관관계들을 꿰뚫어 보았다. 그러한 연관성들에 대한 사회적 비판을 푹스는 놓치고 있다. 그렇기 때문에 그가 自然史라는 우회로를 통해 그러한 비

---

[15] 『에로틱한 예술』, 제1권, p.43. 집정시대에 대한 푹스의 풍속사적인 묘사는 그야말로 살인이나 재난을 그린 그림과 같은 특징을 지니고 있다. 〈마르키 드 사드 Marquis de Sade의 끔찍스러운 책이 그가 찍어낸 저열하고 악명높은 동판화와 함께 도처의 진열장에 펼쳐져 있었다.〉 그리고 〈부끄러움을 모르는 그 난봉꾼의 조잡한 상상력〉이 바라 Barras의 입으로부터 울려 나오고 있다. (『캐리커쳐』, 제1권, p.201-2).

판을 만회하고 있는 귀절은 더욱 의미심장하다. 酒神祭Orgie(고대 그리이스, 로마에서 酒神 박카스에 대해 행하던 비밀축제로서 열광적인 축제로 轉義되어 쓰인다—역주)를 옹호하는 그의 탁월한 변론이 바로 그것이다. 푹스에 의하면 〈열광적인 축제에 대한 욕구는 문화의 가장 값진 경향들 가운데 하나이다. 우리는 그러한 열광적 축제가 바로 우리를 동물과 구별시키는 요소의 하나라는 점을 분명히 알아야 한다. 동물은 인간과는 달리 열광적인 축제라는 것을 모른다…동물들은 일단 기아와 갈증이 충족되고 나면 제 아무리 연한 먹이가 있고 아무리 맑은 샘물이 있어도 몸을 돌리며, 동물의 성충동은 대개 일년 중 아주 특정한 짧은 기간 동안에 한정되어 있다. 인간은 그와는 전혀 다르며, 특히 창조적인 인간은 그러하다. 창조적인 인간은 만족이라는 개념을 전혀 모른다.〉[16] 푹스가 전래적인 규범들을 비판적으로 다루고 있는 사고과정 속에는 그 자신의 성심리학적 이론의 강점이 엿보이고 있다. 그가 소시민적인 환상들을 떨쳐버릴 수가 있는 것도 바로 그러한 점 때문이다. 이런 식으로 그는 나체문화라는 소시민적 환상——이러한 환상 속에서 그는 당연하게도 〈옹졸함의 혁명〉을 보고 있다——도 떨쳐버리고 있다. 〈인간은 다행스럽게도 야생동물은 아니다. 그리고 우리는 상상력이 (때로는 에로틱한 상상력이) 의상에서 어떤 역할을 수행하기를 바란다…이에 반해 우리가 바라지 않는 것은 이 모든 것을 부정한 장사로 격하시키는 인간의 사회적 조직이다.〉[17]

푹스의 심리학적이면서 역사적인 관찰 방식은 여러 모로 의상의 역사

---

[16] 『에로틱한 예술』, 제 2권, p.283. 여기서 푹스는 한가지 중요한 사정을 추적하고 있다. 푹스가 주신제 속에서 보았던, 동물과 인간의 경계를 직립보행이라는 측면이 보여주는 또다른 경계와 직접적으로 연관을 맺는다면 성급한 태도일까? 직립보행과 더불어 자연사에 오르가즘 상태에 있는 한 쌍은 서로를 직시할 수 있다는 전대미문의 현상이 등장하게 된다. 그와 함께 비로소 주신제가 가능해진다. 그리고 주신제는 시선이 마주치는 자극들이 증가함으로써 이루어진다기보다는 오히려 결정적인 것은 오르가즘 상태에 도달했다는 표현, 즉 더 이상 할 수 없다는 표현 그 자체가 어떤 에로틱한 자극제가 될 수 있다는 점이다.

[17] 『풍속사』, 제 3권, p.234. 바로 몇 페이지 뒤에는 이러한 확신에 찬 판단은 더 이상 보여지지 않고 있는데, 이는 그러한 판단이 관습으로부터 나오기가 얼마나 힘든 것인가를 여실히 보여주는 한 증거이다. 즉 거기에는 다음과 같은 말이 나온다. 〈수많은 사람들은 여자나 혹은 남자의 나체사진을 보면 성적으로 흥분이 된다는 사실은…사람의 눈이라는 것이 전체적인 조화를 보는 것이 아니라 단지 자극적인 부분만을 볼 능력밖에 없다는 사실을 증명해 준다.〉 여기서 무엇인가가 성적으로 흥분시키는 작용을 하고 있다면 그것은 나체의 모습을 보는 일 자체라기보다는 오히려 나체가 된 몸이 카메라 앞에서 전시되고 있다는 생각이다. 나체사진의 대부분이 노리고 있는 것도 결국 그러한 생각일지도 모른다.

를 위해 생산적인 것이 되었다. 사실상 유행이라는 것만큼 작가 푹스의 삼중적인 관심――역사적, 사회적, 에로틱한 관심――에 더 부응할 만한 대상도 없을 것이다. 이러한 점은 칼 크라우스를 상기시키는 언어적 특징을 지닌 유행의 정의에서 이미 드러나고 있다. 그는 풍속사에서, 유행이란 것을 보면 우리는 〈사람들이 공적 윤리성이라는 장사를 어떻게……행하려고 생각하고 있는가〉를 알 수 있다고 쓰고 있다. 푹스는 또한 배우들이 흔히 저지르는 실수 (막스 폰 뵌 Max von Boehn같은 사람을 생각하면 좋을 것이다), 즉 유행을 단지 미적, 에로틱한 관점에서만 탐구하는 실수를 저지르지 않았다. 그는 유행이 지배수단으로서의 역할도 지니고 있다는 점을 간과하지 않고 있다. 유행이 신분간의 미묘한 차이들을 표현해 주는 것처럼 그것은 또한 무엇보다도 계급간의 현저한 차이를 날카롭게 주시하고 있다. 푹스는 풍속사 제3집에서 유행에 관한 한 편의 긴 에세이를 쓰고 있는데, 증보집에서는 유행에 결정적인 요소들을 제시하면서 앞의 에세이의 생각을 다음과 같이 요약하고 있다. 첫번째 요소는 〈계급을 구별짓는 이해관계들〉이고, 두번째 요소는 유행을 다양하게 바꿈으로써 판매가능성을 높이고자 하는 〈사적 자본주의 생산방식〉이며, 세번째 요소로서 잊어서는 안되는 것은 〈에로틱하게 자극하려는 유행의 목적〉이다.

푹스의 전 작품을 관통하고 있는, 창조적인 것에 대한 숭배는 그의 정신분석학적 연구를 통해 새로운 자양분을 섭취하였다. 그러한 연구들은 그의 원초적인 구상, 즉 생물학적으로 규정된 구상을 풍부하게 하기는 했지만, 그렇다고 해서 그의 구상을 교정한 것은 물론 아니다. 푹스는 창조적인 충동의 에로틱한 근원에 대한 이론을 열광적으로 받아 들였다. 그러나 에로티시즘에 대한 그의 견해는 계속해서 생물학적으로 결정된 감성에 대한 극단적 견해와 밀접하게 결부되었다. 그는 사회적, 성적 상황에 대한 그의 도덕주의적 견해를 어쩌면 수정시켰을지도 모를 억압과 콤플렉스에 관한 이론은 가능한 한 회피하고 있다. 마치 푹스에서 사적 유물론이 개인 속에서 무의식적으로 작용하는 계급의 이해관계보다는 개인의 경제적 이해관계로부터 사물을 유도해 내었던 것처럼, 창조적 충동 역시 이미지를 창조하는 무의식적인 것보다는 의식적인 감각적 의도에 더 접근하고 있었다.[18] 프로이트의 『꿈의 해석』이 해명해 주었던 바와 같은 어떤 상징적 세계로서의 에로틱한 이미지의 세계는

---

18) 이데올로기가 이해관계의 직접적인 산물인 것과 마찬가지로 예술은 푹스에게 있어서

푹스에서는 그의 내적 관심이 최고도로 작용하는 경우에만 그 효력을 발생하고 있는 것이다. 이 경우에는 오히려 이러한 이미지의 세계에 대한 일체의 언급이 없을 때에 그의 서술은 이러한 이미지의 세계를 실현시키고 있다. 혁명시대의 판화에 대한 거장다운 성격학적 고찰이 이를 잘 말해 준다. 『모든 것이 경직되어 있고 뻣뻣하며 군대식이다. 사람들은 누워 있지 않는 데, 그것은 연병장이 〈꼼짝도 할 수 없게〉 비좁기 때문이다. 그들이 앉아 있을 때조차도 벌떡 일어나려고 하는 듯이 보인다. 그들의 온몸은 활시위 위의 화살처럼 잔뜩 긴장하고 있다…선도 그렇고 색깔도 마찬가지이다. 이 그림들은 분명 로코코시대의 그림들에 비해 차갑고 속이 텅빈 듯한 느낌을 준다…색깔은 그것이 그림의 내용에 어울리기 위해서는…딱딱하고 금속적이어야 했다.〉 성욕도착증에 대해 많은 것을 시사해 주는 다음의 글은 이보다 더 명시적이다. 이 글에서는 성욕도착증의 역사적 등가물들을 추적하고 있다. 이에 따르면 〈구두와 다리를 보고 성욕을 느끼는 對物性성욕도착증의 증가는 음경숭배가 음문숭배에 의해 대체되고 있음〉을 암시해 주는 듯이 보이며, 젖가슴에 대한 성욕도착증은 그 반대의 경향을 암시하는 듯이 보인다. 〈옷을 입은 다리와 발을 숭배하는 것은 남성에 대한 여성의 지배를 반영해 준다. 반면 젖가슴에 대한 숭배는 남자의 욕망대상으로서의 여성의 지위를 반영해 준다〉 상징분야에 대한 가장 깊이있는 통찰을 푹스는 화가 도미에 Honoré Daumier를 통해 보여준다. 그가 도미에가 그린 나무들에 관해 말한 부분은 그의 전 저작에서 가장 성공적인 업적들 중의 하나이다. 그는 그 나무들 속에서 〈아주 독특한 하나의 상징적 형식, 즉 이 형식 속에서 도미에의 사회적인 책임감이 표현되고 있고 또한 개인들을 보호하는 것이 사회의 의무라는 그의 확신이 표현되어 있는 그러한 형식을 보고 있다. …그가 자신의 특유한 전형적 방식으로 형상화한 나무들을 보면 거기에는 길게 뻗어 있는 나뭇가지들이 나타나고 있는데, 그것도 누군가가 그 나무 아래 서 있거나 누워 있을 때 특히 그러하다. 이들 나뭇가지들은 어떤 거인의 팔들처럼 뻗어 있으며 또 어떤 무한한 것을 손에 붙잡으려고 하는 듯이 보인다. 그리고 그것들은 그 나무의 보호를 받기 위해 그 곳으로 간 모든 사람을 온갖 위험으로부터 보호해 주려는 듯, 좀

직접적인 감성이다. 〈예술의 본질은 바로 감성이다. 예술은 감성이다. 그것도 가장 강화된 형태의 감성이다. 예술이란 형식이 되어버린, 可視화된 감성이다. 그와 동시에 예술은 감성의 가장 높고 또 가장 고귀한 형식이다.〉(『에로틱한 예술』, 제1권, p.223).

처럼 뚫고 들어갈 수 없는 지붕의 모양을 하고 있다.〉 이러한 훌륭한 관찰을 바탕으로 하여 푹스는 도미에의 창작을 지배하는 母性적 요인들을 추적하고 있다.

9

푹스에게는 도미에보다 더 생동감을 주는 형상은 없었다. 그 형상은 푹스의 전 연구활동을 통해 그를 따라 다녔다. 심지어 우리는 그가 도미에라는 인물을 통해 변증가가 되었다고 말할 수 있을 정도이다. 아뭏든 그는 적어도 그 형상의 전모와 그 형상이 지니는 생기에 넘치는 모순을 포착하였다. 그는 한편으로 도미에의 예술 속에 들어 있는 모성적인 요소를 간파하고 그것을 인상깊게 해석하였는가 하면 다른 한편으로는 이에 못지 않게 그 반대극인 남성적인 면과 전투적인 면에 대해서도 잘 알고 있었다. 도미에의 작품 속에는 목가적인 요소가 빠져 있다는 그의 지적은 옳은 지적이다. 그는 또한 풍경, 동물, 정물뿐만 아니라 에로틱한 모티브와 자화상까지도 빠져 있음을 지적하였다. 도미에에 있어서 진정으로 푹스를 감동시켰던 것은 단말마적인 모멘트였다. 아니면 도미에의 위대한 캐리커쳐의 원천을 다음과 같은 하나의 물음 속에서 찾으려 한다면 무모한 짓일까? 만약 우리가 오늘날의 시민적 인간들이 어떤 투기장 같은 곳에서 생존을 위한 투쟁을 벌이고 있다고 생각해 본다면 그들은 과연 어떤 태도를 취할 것인가하고 도미에는 묻고 있는 것처럼 보인다. 도미에는 파리 사람들의 사적, 공적 삶을 단말마적인 고통의 언어로 옮겨 놓고 있다. 그를 가장 감동시킨 것은 운동을 하는 전 육체의 긴장상태, 전신근육의 흥분상태들이다. 이 말은 어느 누구도 도미에만큼 감동적으로 신체의 최고의 허탈상태를 그려내지 못했다는 말과도 결코 어긋나지 않는다. 푹스가 말하고 있는 것처럼 도미에의 구상은 어떤 조형예술적인 구상과 깊은 유사성을 지니고 있다. 이런 식으로 그는 그의 시대가 그에게 제공해 주는 인물 유형들을 몰래 찾아내어서는 이를테면 찌푸린 얼굴을 하고 있는 올림픽 경기의 우승자들을 시상대 위에 올려 전시할 수 있었던 것이다. 그리고 이와 비슷하게 보여지는 것은 무엇보다도 재판관이나 변호사를 그린 스케치이다. 도미에의 이러한 영감을 보다 직접적으로 암시해 주는 것은 그의 슬픔이 깃든 유머감각이다. 그는 그리이스의 판테온 신전을 이러한 유우머

감각을 가지고 묘사하기를 즐겨했던 것이다. 어쩌면 이러한 영감은 이미 보들레르가 이 거장에게서 마주쳤던 수수께끼, 즉 그의 캐리커처가 그것이 지닌 중후함과 투시력에도 불구하고 어떻게 그처럼 원한에서 자유스러울 수 있을까 하는 그러한 수수께끼에 대한 해답을 제공해 주고 있는지도 모른다.

푹스가 도미에에 대해 말할 때에는 그의 모든 힘들이 약동한다. 어떠한 다른 대상도 그의 박식함으로부터 이처럼 예언적인 광채를 이끌어내지는 못했을 것이다. 아무리 사소한 자극이라 할지라도 여기서는 의미를 지니게 된다. 완곡하게 말해도 미완성 작품이라고밖에 부를 수 없는 성급하게 만들어낸 한 장의 그림을 통해서도 푹스는 도미에의 생산적 광기에 대해 깊은 통찰을 할 수가 있는 것이다. 그 그림은 단지 말하고 있는 자의 코와 눈 만이 있는 얼굴의 상반부를 묘사하고 있을 따름이다. 그 스케치가 그러한 부분만을 그리고 있고 또 뭔가를 바라보고 있는 사람만을 유일한 대상으로 삼고 있다는 사실은, 푹스에게는 바로 그러한 부분에 그 화가의 주된 관심이 작용하고 있다는 것을 말해주고 있는 것이다. 왜냐하면 푹스는 그림을 그리는 일에 있어서 모든 화가는 자신이 충동적으로 가장 많은 관심을 두고 있는 곳에서부터 작업을 시작한다고 말하고 있기 때문이다.[19] 푹스는 도미에에 관한 저작에서 다음과 같이 말하고 있다. 〈도미에의 그림들에 묘사된 무수한 인물들은 가장 집중적으로 사물을 바라보는 일에 몰두해 있는데, 그것은 먼 곳을 바라보는 모습일 수도 있고 특정한 사물을 관찰하는 모습일 수도 있으며, 자신의 내부를 집중적인 시선으로 들여다 보는 모습일 수도 있다. 도미에적인 인물들은 이를테면…코끝으로 바라보고 있는 것이다.〉[20]

---

19) 이것과 다음과 같은 성찰을 비교할 수 있다. 〈내가 관찰한 바에 따르면…한 예술가의 팔레트를 지배하는 색조들은 그의 에로틱한 그림들 속에서 항상 유난히 분명하게 나타나며, 또 그러한 그림들 속에서 최고의 선명도를 체험한다고 생각된다.〉(『에로틱의 대가들』 p.14).
20) 『화가 도미에』, p.18. 여기서 논의되고 있는 인물들 중의 한 사람은 〈예술에 대한 식견이 높은 자〉이다. 즉 이 인물은 여러가지 종류로 나돌고 있던 수채화 속에 그려진 인물이다. 푹스에게 어느날 지금까지 알려지지 않았던 이 수채화의 한 종류가 제시되었다. 그는 그것이 진품인지 어떤지를 조사해 보아야 했다. 푹스는 그 모티브의 주요한 부분을 묘사한 그림을 훌륭한 복제판으로 입수하였던 것이다. 그리고 이 그림을 비교하는 일에 착수했다. 약간만이라도 빗나가게 묘사한 부분이 있으면 가차없이 적발해 내

10

　　도미에는 연구자 푹스에게는 가장 성공적인 대상이었다. 이에 못지 않게 수집가로서의 푹스에게도 그는 가장 성공적인 대상이었다. 국가적 주도하에서가 아니라 푹스 자신이 도미에와 가바르니 Gavarni에 대한 최초의 화집을 독일에서 구상했다고 그가 자랑스럽게 말하고 있는 것도 결코 무리가 아니다. 수집가들 중에서 박물관에 대해 혐오감을 품고 있었던 사람은 유독 그만이 아니었다. 공꾸르 형제는 그 점에 있어서 그의 선배이다. 박물관에 대해 품었던 혐오감의 격렬성을 두고 보면 그들은 푹스를 능가한다. 공공기관의 수집물들이 개인의 수집물보다 사회적으로 덜 문제시되고 학문적으로 더 유용할 수도 있다. 그러나 공공적 수집물들은 그것들의 가장 큰 가능성을 놓치고 있는 셈이다. 수집가는 그의 정열 속에 그를 새로운 水源을 찾아내는 사람이 되게 하는 마법의 지팡이를 가지고 있다. 이는 푹스에게도 그대로 해당된다. 그렇기 때문에 그는 빌헬름 2세 치하의 박물관을 지배하고 있던 정신과 정반대로 느끼지 않을 수가 없었던 것이다. 박물관들이 노리고 있었던 것은 소위 걸작들이었다. 푹스는 다음과 같이 말한다. 〈물론 오늘날의 박물관을 위한 이러한 종류의 수집은 이미 공간적인 이유 때문에 제약을 받고 있다. 그러나 이러한 공간적 제약성이 우리가 그로 인해 과거의 문화에 대해 극히 불완전한 생각을 하게 된다는 사실에 하등의 변화도 줄 수 없을 것이다. 우리는 과거의 문화를 축제일에 입는 화려한 의상 속에서 보고 있으며 빈약한 평상복의 옷차림을 통해 보는 경우는 매우 드문 것이다.〉

었다. 그리고 그러한 차이가 나는 모든 부분에 대해서는 그것이 거장다운 손에서 유래한 것인지 아니면 무력함의 결과인지를 해명해 줄 필요가 있었다. 항상 푹스는 원본을 참조하였다. 하지만 그가 그러한 태도를 취하는 방식은 어쩌면 그가 그러한 점을 도와시할 수도 있었다는 점을 암시하는 것처럼 보였다. 그의 시선은 사람들이 수년동안 머리 속에서 상상해 왔던 그림의 경우가 그러한 것처럼 원본에 친숙해 있음이 드러났다. 푹스가 그러하였던 것은 의심할 여지가 없었다. 그리고 바로 그렇기 때문에 그는 윤곽에 있어서 아무리 깊숙히 감추어져 있는 불확실한 면이라도, 또 음영에 있어서 제아무리 눈에 띄지 않은 실수들이라도, 그리고 선을 긋는데 있어서의 아무리 사소한 탈선이라 할지라도 발견해 낼 수 있었고 또 이로써 이 미심쩍은 그림이 서야 할 자리가 어딘가를 밝혀 낼 수 있었다. 물론 이 그림이 설 자리는 어떤 모조품의 자리가 아니라 한 아마츄어에게서 유래했음직한 훌륭한 옛 복사품의 자리였다.

위대한 수집가들에게서 볼 수 있는 가장 두드러진 특징은 대상을 선택하는 그들의 독창성이다. 예외가 있기는 하다. 예컨대 공꾸르 형제는 대상들에서보다는 그 대상들을 안전하게 간수해야만 했던 전체로부터 출발하였다. 그들은 실내가 온갖 다양한 수집물들로 가득차게 되자마자 실내를 미화하는 작업에 착수하였다. 그러나 지금까지 수집가는 대상 자체에 의해 이끌려 일에 착수하게 되는 경우가 보통이었다. 한 대표적 예로서 근대로 넘어오는 문턱에 서 있던 인문주의자들을 들 수 있는데, 그들이 희랍에서 수집한 물건들과 그들의 여행을 보면 우리는 그들이 얼마나 동일한 목적의식을 갖고 수집활동을 하였던가를 분명히 알 수 있다. 다모쎄데 Damocède가 모범으로 삼은 마롤레 Marolles와 함께 수집가 푹스는 라 브뤼에르 La Bruyère의 인도를 받아 문학에 들어서게 되었다. 마롤레는 그래픽의 중요성을 인식하였던 최초의 사람이다. 그는 12만 5천점을 수집하여 판화 진열실의 토대를 만들었다. 다음 세기에 백작 케일루스 Caylus가 마롤레의 수집품에서 발췌해서 편집한 7권에 달하는 카탈로그는 고고학의 최초의 대업적이 되었다. 스토쉬 Stosch의 보석수집은 수집가 빙켈만의 부탁에 의해 그 목록이 작성되었다. 그러한 수집품들 속에서 구체화되고자 했던 학문적인 구상이 지속적으로 전개되지 못한 곳에서도 수집행위 자체는 때때로 지속되었다. 왈라프 Wallraf와 부아쎄레 Boisserée의 수집활동이 그 한 예인데, 이들의 작업에 토대를 마련해 주었던 자들은, 쾰른박물관의 예술은 고대 로마의 예술의 상속자라는 낭만주의적이면서 나자레派적인 이론에서 출발하면서 그들이 수집한 중세의 독일그림들로써 쾰른박물관의 기초를 마련했던 것이다. 한 눈을 팔지 않고 곧장 한가지 문제에 골몰한 이 위대하고 주도면밀한 수집가들의 대열에 푹스를 놓을 수 있다. 그의 의도는 예술작품을 사회에 되돌려 줌으로써 예술작품에 현재적 삶을 부여하는 데 있었다. 예술작품은 그동안 사회로부터 너무나 유리되어 있었기 때문에, 그것이 발견되었던 장소인 예술시장에서는 예술작품은 그것을 이해할 수 있었던 사람들로부터만 아니라 그것을 제작했던 사람들로부터도 동떨어져 있었던 것이다. 예술시장에서 物神崇拜的 마력을 갖는 것은 大家의 이름이다. 역사적으로 보면, 푹스가 예술사를 대가라는 이름의 物神崇拜로부터 해방시키는 端初를 마련했던 것은 그의 가장 위대한 업적으로 남게 될 것이다. 푹스는 당나라 시대의 조형예술을 두고 다음과 같이 말하고 있다. 〈이러한 묘의 부장품들에 보여지는 완벽한 익명성, 즉 이들 작품의 개인적인 창작자를 알 수 있는 경우가 하나도 없다는 사실을 보면 우리는, 그 모든 경우에 있어서 개별적인 예술적 결과들이 결코 중요했던 것이 아니라 그 당시의 모든 사람들이 어떻게 세계와 사물들을 바라보았던가 하는 방식이 중요했었다는 하나의 중요한 증거를 볼 수 있는 것이다.〉푹스는 대중예술이 지니는 특수한 성격과 그가 사적 유물론으로부터 획득하였던 충동들을 함께 발전시켰던 최초의 인물들 가운데 하나이다.

대중예술에 대한 연구는 필연적으로 예술작품의 기술복제에 대한 물음을 낳기 마련이다.〈모든 시대는 그 시대가 지닌 특정한 복제기술들에 상응한다. 그 복제기술들은 각 시대의 기술적인 발전가능성을 대표적으로 말해주며 또 그때 그때의 시대적 요구의 결과이다. 그렇기 때문에 지금까지의 지배계급이 아닌 다른 계급을…지배자로…만들어 주는 커다란 모든 역사적 변혁들이 하나같이 구체적인 복제기술까지도 한결같이 변화시키고 있다는 사실은 조금도 놀라운 일이 아니다. 우리는 이러한 사실을 아주 분명하게 지적하고 넘어가지 않으면 안된다.〉[21] 푹스의 이러한 통찰들은 획기적인 것이었다. 그는 이러한 통찰들 속에서 사적 유물론이 스스로를 훈련시킬 수 있는 대상들을 지시하였다. 각 예술의 기술적인 기준은 바로 그러한 가장 중요한 연구대상들 가운데 하나이다. 그러한 기술적 기준을 추적하는 일은 애매모호한 문화개념이 통상적인 정신사에서 끼치고 있는 (때때로 푹스 자신에 있어서도 마찬가지이지만) 많은 손해들을 다시 보상해 준다.〈수천에 달하는, 아무리 서툰 도공들이라 할지라도 이들이 기술적, 예술적으로 똑같이 정교한 예술품을 참으로 손쉽게 빚어낼 수 있는 재간을 갖고 있었다〉는 사실은 푹스에게 고대 중국예술의 참모습을 말해 주는 구체적인 한 증거로 보이는 것은 당연하다. 그와 같은 기술적 측면을 숙고해 봄으로써 그는 이따금씩 그의 시대를 앞질러 가는 명석한 통찰을 할 수 있었던 것이다. 고대는 캐리커쳐라는 것을 전혀 알지 못했었다는 사정을 해명하는 일도 그러한 통찰에 속하는 것이다. 어떠한 관념론적인 역사서술이라도 이러한 사실 속에서 고전주의적인 희랍像, 즉〈고귀한 단순과 고요한

---

21)『오노레 도미에』, 제1권, p.13. 우리는 이러한 생각을 빅토르 위고의 카나 Kana의 결혼식에 대한 알레고리적인 해석과 비교할 수 있다.〈빵이 일으킨 기적은 독자의 수자를 여러 배로 증가시킨 것을 뜻한다. 그리스도가 그 상징(빵)에 마주치던 날에 그는 인쇄술의 발명을 예견했던 것이다.〉

위대성〉을 뒷받침해 주는 근거를 보았을 것이다. 그런데 푹스에게는 이 문제는 어떻게 설명되고 있는가? 그의 견해에 의하면 캐리커쳐라는 것은 일종의 대중예술이다. 따라서 대중적인 보급이 없이는 캐리커쳐라는 것은 있을 수가 없는 것이다. 대중적인 보급이라는 것은 저렴한 보급을 뜻한다. 그렇지만 〈고대에는…주화밖에는 아무런 저렴한 복제형태도 없었다.〉[22] 주화표면은 너무 좁아서 캐리커쳐를 그릴 만한 공간이 없었던 것이다. 따라서 고대는 캐리커쳐라는 것을 전혀 몰랐던 것이다.

캐리커쳐는 대중예술이었으며, 풍속도도 그랬다. 이러한 대중적 성격은 관례적인 예술사의 관점에서는 그러지 않아도 수상쩍었던 대중예술이 비방을 받는 빌미가 되었다. 푹스의 경우에는 사정이 달랐다. 백안시당하는 經典外的 사물들에 시선을 주는 것은 푹스 본래의 강점이다. 마르크스주의가 겨우 그 단초밖에 제시해주지 못했던 그러한 사물들에로 향하는 길을 그는 수집가로서, 그것도 자기 혼자 힘으로 개척하였던 것이다. 이를 위해서는 거의 광적인 데에 가까운 정열이 필요하였다. 이러한 정열이 푹스의 특징적인 면들을 형성하였다. 이러한 의미에서 보면 도미에의 석판인쇄물들 속에서 미술애호가, 상인, 회화에 열광하는 자들, 조형미술에 대해 일가견을 갖고 있는 자들의 긴 대열을 두루 섭렵해 보는 사람이면 푹스의 이러한 특징적 면들을 가장 잘 이해할 수 있을 것이다. 그들은 체격에 이르기까지 푹스와 닮았다. 그들은 키가 후리후리하고 마른 사람들이다. 그리고 그들은 불의 혓바닥과 같은 정열적인 시선을 가지고 있다. 그러한 사람들 속에서 도미에가 옛 대가들의 그림에서 보여지는 금을 찾아다니는 자, 무당, 구두쇠들의 후예를 구상했다는 사람들의 말은 틀린 말은 아닐 것이다. 수집가로서의 푹스는 그러한 부류의 사람에 속한다. 마치 연금술사가 금을 만들어 내겠다는 그의 〈저속한〉 소망을, 혹성들과 원소들이 화합하여 영적 인간의 상들이 생겨나는 화학약품들에 대한 연구작업과 결부시키고 있는 것처럼 수집가 푹스는, 소유라는 〈저속한〉 소망을 만족시키면서 그 속에서 생산력과 대중이 화합하여 역사적인 인간의 상들이 생겨나는 예술에 대한 연구를 시도했던 것이다. 푹스가 그러한 상들에 대해 가졌던 열정적인 관심은 그의 후기 저서들 속에서까지 나타나고 있다. 〈중국의 용마루기

---

22) 『캐리커쳐』, 제1권 p.19. 그 예외가 법칙을 확인해 준다. 진흙으로 형상을 빚어 만들어 낼 때(테라코타) 기계적인 복제수법이 사용되었다. 그것들 가운데 캐리커쳐가 많이 있다.

와에서 하나의…이름없는 민중예술이 문제가 되고 있다는 사실은 그 용마루기와의 최후의 명성은 아닌 것이다. 그것을 창조해 낸 사람들을 증언해 주는 영웅의 얘기는 한 권도 없다〉라고 푹스는 쓰고 있다. 이름없는 자들과 그 이름없는 자들의 솜씨의 흔적을 보존하였던 것들을 향한 그러한 관찰이, 또다시 인류의 머리 위에 내리덮이려고 하고 있는 지도자숭배 Führerkult에 기여하기보다는 인류의 인간화에 더 기여하게 될지의 여부는 과거가 가르치려고 했지만 가르칠 수 없었던 많은 문제들처럼 미래가 또다시 가르쳐 줄 것임에 틀림없다.

4
언어철학과 역사철학

언어의 모방적 성격

자연은 유사한 것들을 만들어 낸다. 모방이라는 것을 한 번 생각해 보더라도 우리는 곧 이러한 사실을 알 수 있을 것이다. 그러나 유사한 것들을 만들어내는 데 최대의 능력을 가지고 있는 것은 역시 인간이다. 유사한 것을 보는 인간의 재능은 유사하게 되어야만 하고 또 유사하게 행동하지 않으면 안되었던 옛날의 강력한 강제성의 한 잔재에 불과하다. 인간이 소유하고 있는 고도의 기능 중에서 모방적 능력이 결정적 역할을 하지 않은 기능이란 아마 하나도 없을 것이다.

그러나 이러한 인간의 모방적 능력은 계통발생적인 의미에서는 물론이고 개체발생적인 의미에서도 하나의 역사를 가지고 있다. 개체발생의 경우를 두고 보면, 많은 점에서 놀이가 그 훈련장의 역할을 하였다. 어린애들의 놀이에는 모방적 행동양식이 곳곳에 스며들어 있다. 어린이 놀이의 영역은, 한 인간이 다른 인간을 모방하는 행위에만 한정되어 있지 않다. 어린이들은 상인이나 교사놀이만을 하는 것이 아니라 물레방아와 기차놀이도 함께 한다. 모방적 능력의 이러한 훈련은 도대체 어떤 도움을 어린애들에게 가져다주는가?

이 물음에 답하기 위해서는 모방적 능력이 갖는 개체발생적인 의미에 대한 이해가 전제되어야만 한다. 그런데 이를 위해서는 오늘날 우리가 이해하고 있는 바의 유사성이라는 개념을 생각하는 것만으로는 충분하지 않다. 잘 알다시피 한때 유사성의 개념에 의해 지배되는 것처럼 보였던 삶의 영역은 광범위하였다. 소우주에서와 마찬가지로 대우주에서도 유사성이 지배했던 것이다. 그러나 대우주의 자연적 유사성은 그것이 인간에 내재하고 있는 모방적 능력을 자극하고 또 일깨워 주는 역할을 한다는 인식을 하게 됨으로써 비로소 그 진정한 중요성을 획득하게 되었다. 그런데 여기에서 하나 염두에 두어야 할 점은, 모방적 능력은 물론이고 모방의 대상도 수천년이 경과하는 동안 항상 동일하지는 않았다는 사실이다. 오히려 우리는 유사한 것을 만들어내는 재능——예컨대 춤에서 우리는 이러한 가장 오래된 재능을 볼 수 있다——과 유사한 것들을 인식하는 재능은 역사적 변천 속에서 변화했다고 생각하지 않으면 안된다.

이러한 변화는 모방적 능력의 점진적 감퇴라는 현상에 의해 그 방향과 성격이 정해진 것처럼 보이는데, 왜냐하면 현대 인간의 지각세계는 옛날 사람들이 익히 알고 있었던 마력적 交感이나 유사성의 극히 적은 잔재만을 지니고 있음이 분명하기 때문이다. 그런데 문제는 이와 같이 된 이유는 이러한 능력이 쇠퇴했기 때문일까 아니면 그것이 변형되었기 때문일까 하는 의문이다. 이러한 변용이 어떤 방향에서 이루어졌는가 하는 데에 대해서는 비록 간접적이긴 하지만 점성술이 몇개의 시사점을 제시하고 있다.

원칙적으로 우리는, 먼 옛날에 모방되어질 수 있었다고 간주되었던 과정 중에는 하늘에서 일어나고 있는 과정이 포함되었다고 생각해야만 할 것이다. 춤이나 그밖의 종교의식적 행사가 있을 경우, 하나의 모방이 만들어질 수 있었을 것이고 또 그렇게 해서 하나의 유사성도 손에 쥘 수 있었을 것이다. 그러나 만약 천재적 모방능력이 실제로 옛날 사람들의 생활을 결정하는 중요한 힘이었다고 한다면 그들이 새로이 태어날 아이가 이러한 재능을 완전히 소유하게 되고 또 우주적 존재의 완벽한 모습을 하고 태어나리라고 생각했다는 점을 상상하기란 그리 어렵지 않다.

점성술적 영역에 대한 암시는 비감각적 유사성이라는 개념의 이해를 위한 첫번째 단서를 제공해준다. 우리는 오늘날의 삶에서 더 이상, 한때 그러한 비감각적 유사성에 대해 거론하는 것을 가능케 했던 것을 갖고 있지 못하다. 더우기나 그러한 유사성을 만들어내는 일은 한층 더 어렵게 되었다. 하지만 우리는 일종의 규범을 가지고 있는데, 이 규범에 의해 우리는 적어도 비감각적 유사성의 해명에 보다 가까이 갈 수가 있는 것이다. 그 규범 Canon이 바로 언어이다.

오랜 옛날부터 모방적 능력은 언어에 어떤 영향을 미친다고 생각되어 왔다. 하지만 그것은 아무런 원칙 없이 행해졌다. 즉 모방적 능력의 보다 깊은 의미나 역사를 고려함이 없이 행해졌던 것이다. 그러나 그러한 생각은 무엇보다도 유사성의 일상적이고도 감각적인 영역과 가장 밀접한 관련을 맺고 있었다. 그래도 언어형성에 있어서의 모방적 행동은 擬聲語라는 이름하에서 인정되었다. 그러나 여기서 언어가 일종의 합의된 상징의 체계가 아닌 것이 분명하다면, 우리는 언제나 다시 의성적 해명방식이라는 가장 원시적인 형태를 띠고 등장하는 생각에 의존하지 않으면 안될 것이다. 다만 여기서 한 가지 문제가 되는 것은 이러한 의성어를 통한 해명방식이 충분히 발전될 수 있고 또 보다 나은 인식에 동화될 수 있을까 하는 의문이다.

〈모든 말 그리고 모든 언어는 의성어적이다〉라고 레온하르트는 주장한 바 있다. 이 문장 속에 담겨 있음직한 프로그램의 구체적 내용이 과연 무엇인가를 정확히 가늠하기란 매우 힘든 일이다. 하지만 비감각적 유사성이라는 개념은 몇 가지의 길잡이를 마련해 주고 있다. 이를테면 우리가 동일한 것을 뜻하는 여러 상이한 언어의 단어들을, 이 단어(사물)들의 의미를 중심으로 해서 모아 놓으면, 우리는 이들 단어들이 모두——비록 그것들이 상호 아무런 유사성을 지니고 있지 않을지라도——어떤 방식으로 그 의미에 대해 그 중심부에서 상호 유사성을 지니고 있는가 하는 문제를 한번 연구해 볼 수도 있을 것이다. 하지만 이러한 종류의 유사성은 상이한 여러 언어에서 동일한 것을 의미하는 단어들의 상호관련성에 의해서만 설명될 수 있는 것이 아니다. 다시 말해 우리의 고찰은 입으로 말하는 언어에만 한정될 수가 없는 것이다. 그것은 입으로 말하는 언어 못지않게 쐬어지는 언어와도 관계를 맺고 있는 것이다. 그런데 여기에서 하나 주목해야 할 점은, 쐬어지는 말은——많은 경우 입으로 말해지는 말보다 더 명확하게——그것의 문자가 그것이 의미하는 바에 대해 갖는 관계를 통해 비감각적 유사성의 본질을 밝힐 수가 있다는 점이다. 간단히 말해, 말해진 것과 의미되어진 것 사이의 관계뿐만 아니라 쐬어진 것과 의미되어진 것, 그리고 말해진 것과 쐬어진 것 사이의 관계를 맺게 하는 것은 비감각적 유사성인 것이다.

필적 해독법은 필적으로부터 필자의 무의식적 세계에 숨겨져 있는 이미지를 인식할 수 있다는 사실을 가르쳐 주고 있다. 이처럼 쓰는 사람의 행위를 통해 표현되는 모방적 과정은, 문자가 생겨나던 매우 오래된 옛날에는, 쓴다는 행위에 대해 매우 중요한 의미를 가졌다고 생각된다. 이렇게 해서 문자는 언어와 더불어 비감각적 유사성 내지 비감각적 교감(교응)의 기록부가 된 것이다.

그러나 언어와 문자의 이러한 면은 언어의 다른 면인 기호학적인 면과 동떨어져서 발전하지는 않는다. 언어의 모든 모방적 요소는 오히려 불꽃과 비슷하게 일종의 운반자 Träger에 의해서만 그 모습을 드러낼 수 있다. 이 운반자가 곧 언어의 기호학적 요소이다. 그러니까 단어나 문장이 갖는 의미의 상관관계가 바로 운반자인 셈인데, 이것을 통해 유사성은 비로소 일종의 섬광처럼 그 모습을 드러내게 된다. 그 까닭은 인간에 의해 만들어지는 유사성은――마치 인간에 의한 유사성의 인식처럼――많은 경우, 더구나 가장 중요한 경우 하나의 섬광과 결부되어 있기 때문이다. 그것은 섬광처럼 획 스쳐 지나가 버린다. 쓰는 것과 읽는 것을 빨리 하게 되면 언어적 영역에서의 기호학적 요소와 모방적 요소의 융합은 상승된다. 〈한번도 씌어지지 않았던 것을 읽는다〉고 말할 때의 이러한 읽음은 가장 오래된 읽음이다. 즉 사람들은 모든 언어가 생기기 이전에는 동물의 내장으로부터, 또 별이나 춤으로부터 읽는 행위를 했던 것이다. 새로운 읽음의 중간형태, 이를테면 루운문자 Rune나 상형문자를 읽는 것은 나중에 가서야 사용되었다. 이러한 중간형태가 한때 신비적 행위의 근간이었던 모방적 재능이 이를 통해 문자와 언어 속으로 들어가게 되었던 언어발전의 여러 단계가 되었다는 사실은 이러한 면에서 본다면 언어는 모방의 행동의 최고의 단계이자 또 비감각적 유사성의 가장 완벽한 기록부라 해도 좋을 것이다. 바꾸어 말하면 언어는 모방적 생산과 인식의 가장 오래된 인간의 능력이 하나도 남김이 없이 그대로 들어가 있는――그래서 마법적 생산과 인식을 없애 버릴 정도에까지 이른――하나의 수단이라고 말할 수 있을 것이다.

번역가의 과제

　어떤 예술작품이나 예술형식을 인식하는 데 있어 수용자를 고려하는 일은 결코 생산적이 되지 못한다. 비단 어떤 특정한 수용자층이나 아니면 그들의 대표자를 고려하는 일만이 잘못된 것이 아니라 〈이상적〉 수용자라는 개념까지도 모든 예술이론적 논의에서 방해요소가 되는데, 왜냐하면 이러한 논의들은 단지 인간의 현존재와 본질만을 그 전제로 하고 있기 때문이다. 예술 역시 이와 같은 식으로 인간의 신체적 정신적 존재를 전제하고 있다. 그러나 정작 실제의 예술작품에서는 인간의 반응은 별로 문제시되고 있지 않은데, 그 이유는 그 어떤 시도 독자들을, 그 어떤 그림도 관람자를, 또 어떤 심포니도 청중을 겨냥하고 있는 것은 아니기 때문이다.
　번역은 원문을 이해하지 못하는 독자들을 위한 것인가? 만약 그렇다면 예술의 영역에서 원문과 번역이 서야 할 서열의 차이는 충분히 설명된 것처럼 보인다. 심지어는 〈동일한 것〉을 반복하는 것이 번역의 유일한 이유인 것처럼 보이기도 한다. 만약 그렇다면 하나의 문학적 작품은 과연 무엇을 말하고 있으며 또 무엇을 전달할 수가 있을 것인가? 문학을 이해하고 있는 사람에게는 아무것도 전달해 주지 않는다고 보아야 할 것이다. 문학에서 본질적인 것은 설명도 전달도 아니다. 그럼에도 불구하고 무엇인가를 전달하려고 하는 번역은 정보, 다시 말해 비본질적인 것을 전달할 수밖에 없을 것이다. 정보의 전달——이것은 나쁜 번역의 한 특징이기도 하다. 그러나 정보의 전달 이외에 하나의 문학적 작품에 존재하고 있는 것은——나쁜 번역가도 인정하듯——일반적으로 문학에서 본질적인 것으로 간주되고 있는 측량할 수 없는 것, 신비적인 것, 번역가가 동시에 시인이어야 재현할 수 있는 〈시적인 것〉이 아닐까? 이로써 나쁜 번역의 두번째 특징이 드러난 셈인데, 우리는 이러한 특징을 비본질적인 내용의 부정확한 전달이라고 정의내릴 수 있을 것이다. 번역이 독자에 봉사하는 것을 그 과제로 삼으려고 하는 한은, 번역의 이러한 면은 그대로 남게 될 것이다. 하지만 만약 번역이 독자를 위해 있는 것이라면 원문 역시 독자를 위해 존재하지 않으면 안될 것이다. 그러나 만약 원문이 독자를 위해 존재하지 않는다고 가정해 본다면, 이러한 가정 위에서 번역은 과연 어떻게 이해될 수가 있을 것인가?

번역은 하나의 형식이다. 번역을 하나의 형식으로서 파악하기 위해서는 우리는 원문에까지 소급하지 않으면 안되는데, 왜냐하면 원문은 번역을 지배하는 법칙, 즉 원문의 번역 가능성을 내포하고 있기 때문이다. 하나의 작품이 번역될 수 있느냐 없느냐 하는 문제는 이중적 의미를 지니고 있다. 우선 문제가 되는 것은, 모든 독자들 사이에서 그 작품이 적합한 번역가를 찾을 수 있을 것인가 하는 점이고, 다음으로 문제가 되는 것은——이것이 보다 더 본질적인 문제이다——그 작품이 그 작품의 성격상 번역될 수 있는지의 여부와, 만약 번역된다면 그 작품의 번역을 요구하고 있는가 하는 점이다. 첫번째 문제는 원칙상 우연적으로 해결될 수 있는 성질의 것이지만, 두번째 문제는 필연적으로 해결되지 않으면 안되는 성질의 것이다. 단지 피상적으로 생각하는 사람만이, 후자의 문제가 갖는 독립적 성격을 부인하면서, 이 양자의 문제가 동일한 의미를 지니는 것이라고 설명할 것이다. 이러한 피상적 사고에 대해 한마디 짚고 넘어가야 할 점은, 어떤 상대적 개념들은, 그것들이 처음부터 인간들에게만 관련되지 않는 경우에만 그 자체의 가장 좋은 의미를 보유할 수 있다는 사실이다. 그래야만 우리는 잊을 수 없는 삶이나 아니면 잊을 수 없는 순간——비록 우리가 그것을 까마득히 잊고 있다고 하더라도——이라는 말을 운위할 수가 있을 것이다. 이를테면 그러한 삶이나 순간이 잊혀져서는 안된다는 요구를 할 경우, 잊혀져서는 안된다는 이 말은 오류를 내포하고 있는 것이 아니라 인간에게 해당되지 않는 요구를 내포하고 있을 따름이며, 나아가서는 동시에 인간에게도 해당될 수도 있는 어떤 영역 즉 신에 대한 기억에 대한 암시를 내포하고 있는 것이다. 이러한 생각에 비추어 보면, 언어적 형상의 번역성 여부는, 그것이 비록 인간의 힘으로는 도저히 번역될 수 없는 것이라고 하더라도 계속 논의의 대상이 될 수도 있을 것이다. 번역이라는 말의 엄격한 개념을 두고 보면 언어적 형상은 실제로는 어느 일정한 한도 밖에 번역될 수 없는 것이 아닐까? 어떤 언어적 형상의 번역이 꼭 이루어져야 하는지의 여부는 이러한 의미에서 제기되어야 할 터인데, 왜냐하면 만약 번역이 위에서 말한 것처럼 하나의 형식이라면 번역될 수 있다는 것은 어떤 문학작품의 본질적 특성이 되지 않으면 안되기 때문이다.

번역될 수 있다는 것은 어떤 작품의 본질적 특성이다. 바꾸어 말하면 이들 작품이 번역될 수 있다는 사실이 작품의 본질적인 면이라는 뜻이 아니라 원작품에 내재하고 있는 어떤 특수한 의미가 그 작품의 번역 가능성 속에서 나타난다는 것을 뜻한다. 어떤 번역이든――비록 그것이 잘된 번역이라고 하더라도――그것이 원문에 대해서는 아무런 의미를 가질 수가 없음은 분명한 것처럼 보인다. 그럼에도 불구하고 원문은 그것이 번역될 수 있음으로 해서 번역과 가장 밀접한 관계를 맺고 있는 것이다. 아니 이러한 상관관계는 원문과 번역 사이에 아무런 관계가 없기 때문에 한층 더 긴밀하다고 할 수 있다. 우리는 이러한 상관관계를 어떤 자연적 관계 내지, 더 정확히 말해 어떤 삶의 상관관계라고 부를 수 있을 것이다. 마치 밖으로 드러난 삶의 모습이 삶에 대해서는 아무런 의미를 가지지 못하면서도 삶과 가장 긴밀한 관계를 맺고 있는 것처럼 번역 역시 원문으로부터 생겨난다. 그것도 원문이 존재하고 있을 당시의 삶으로부터가 아니라 원문이 그 후에 갖게 되는 삶으로부터 생겨난다고 할 수 있는데, 왜냐하면 번역은 원문보다 뒤에 나타나기 때문이다. 그리고 세계문학의 중요 작품들은 원문이 존재하고 있던 당대에는 선택된 번역자를 찾지 못하기 때문에 그 작품들의 번역은 그 작품들이 그 후에 갖게 되는 삶의 여러 단계를 특징적으로 말해 주게 되는 것이다. 예술작품이 존재하던 당대의 삶과 그 후에 계속되는 삶이라는 생각은 완전히 非比喩적인 객관성을 가지고 파악되지 않으면 안된다. 삶이라는 것을 단지 유기적인 신체성에만 한정시켜서는 안된다는 생각은 편견적 사고가 지배하고 있던 시대에서도 있어 왔다. 그렇지만 삶이란 것을, 페흐너 Fechner가 시도했던 것처럼 영혼이라는 연약한 영역의 지배하에 둔다든가 아니면 이와는 정반대로 삶의 특징적 요소로 자주 간주되고 있는 감각과 같은 동물적 요소에 그 근거를 둘 수는 없는 노릇이다. 삶이라는 것이 그 정당성을 획득하기 위해서는 비단 역사의 무대나 배경이 되는 것에 대해서뿐만 아니라 그 스스로의 역사를 가지는 모든 것에 대해서도 삶이 인정되어야만 한다. 궁극적으로 보면 삶의 영역은 자연이 아닌 역사에 의해 정해지지 않으면 안된다. 더우기나 영혼이나 감각과 같은 막연한 것에 의해 삶의 영역이 정해져서는 안된다. 따라서 철학자의 과제가 있다면 그것은 보다 광범위한 삶의 역사를 통해 모든 자연적 삶을 파악하는 데 있다. 그리고 실제적으로는 모든 창조물의 지속적 삶을 인식하기보다는 작품의 지속적 삶을 인식하는 것이 훨씬 더 용이한 일이 아닐까? 위대한 예술작품의 역사는 그 후예와 예술가가 살던 당대의 형상화, 그리고 그 후에 이어지는 근본적으로 영원히 계속되는 삶의 여러 단계를 잘 알고 있다. 영원히 계속되는 예술작품의 삶, 바로 이러한 삶이 밖으로 드러난 형태가 명성이라는 것이다. 정보의 전달 이상의 성격을 지니는 번역은, 한 작품이 갖는 지속적 삶 속에서 그 작품이 명성을 얻게 되는 시기에 생겨난다. 따라서 이러한 번역은, 나쁜 번역자들이 주장하는 것과는 반대로 작품의 명성에 기여하기보다는 오히려 이러한 작품의 명성에 힘입고 있는 것이다. 이러한 번역 속에서 원문의 생명은 언제나 다시 새로와지고 또 가장 포괄적으로 자신을 전개하게 되는 것이다.

원문이 전개하는 삶은 고유하고 높은 삶의 전개로서의 삶이며 또 그것은 높은 합목적성에 의해 지배되고 있다. 삶과 합목적성——이 양자의 상관관계는 얼핏 보아 금방 손에 붙잡힐 것처럼 보이지만 실은 인식의 능력범위를 넘어서고 있다——의 관계는, 삶의 모든 개별적 기능들이 추구하고 있는 궁극적 목적이 그 자체의 영역 속에서가 아니라 보다 높은 영역에서 찾아질 때에라야만 비로소 밝혀질 수가 있는 것이다. 합목적성을 지닌 모든 삶의 현상들은, 그것들이 지닌 각각의 합목적성과 함께 궁극적으로는 삶 그 자체에 대해서 합목적적인 것이 아니라 삶의 본질의 표현 속에서 또 삶의 의미의 표현 속에서 합목적적이 되는 것이다. 따라서 번역은 궁극적으로는 언어 상호간의 가장 내적인 관계를 표현하는데 이바지하고 있다. 번역은 언어 상호간의 이러한 숨겨진 관계 그 자체를 드러내거나 만들어내지는 못하지만, 그러한 관계를 맹아적 방식 내지 집중적 방식으로 표현할 수가 있는 것이다. 더우기 숨겨진 의미를 이렇게 나타내는 일은 그러한 의미를 맹아적 방식으로 표현하려는 시도를 통해 매우 독특한 하나의 표현방식이 되는데, 이러한 표현방식은 비언어적 삶의 영역에서는 좀처럼 찾아보기 힘든 것이다. 그 까닭은, 번역에서 이루어지는 이러한 표현방식은 유추와 상징을 통해, 미리 넘겨짚는 식의 암시적 표현방식과는 달리 사물을 시사해주기 때문이다. 그러나 번역의 이러한 가장 내적인 언어상호간의 관계는 특유한 수렴의 관계이다. 언어는 서로 낯선 관계가 아니라 선험적이다. 또 언어는 역사적 상관관계를 맺고 있다는 점 이외에 이들 언어가 표현하고자 하는 내용에 있어서 서로 유사점을 지닌다.

  번역의 본질을 밝히려는 이러한 시도에도 불구하고 우리의 논의는 아무런 성과도 없는 에움길을 통하여 또다시 번역의 전통적 이론으로 되돌아온 것처럼 보인다. 만약 번역을 통해 언어상호간의 관련성이 증명될 수 있다고 한다면, 이 관련성은 원문의 형식과 의미를 가능한 한 정확하게 전달하는 방법 이외의 것으로서는 달리 증명될 수가 없을 것이다. 물론 원문의 형식과 의미의 정확한 전달이 무엇을 의미하는지는 전통적 번역이론에 의해서는 파악될 수가 없을 것이다. 그리고 번역의 전통적 이론은 번역에서 본질적인 것이 무엇인가에 대해서도 아무런 조명을 해 주지 못할 것이다. 그러나 실제에 있어서는 언어상호간의 관련성은, 두개의 문학작품이 갖는 표면적이고 정의내릴 수 없는 유사성에서보다는 오히려 번역에서 더 깊고 더 분명하게 밝혀질 수 있다. 원문과 번역의 진정한 관계를 파악하기 위해서는, 모사론의 불가능성을 증명하고 있는 인식론 비판의 논지 비슷한 것을 한번 생각해 볼 수 있을 것이다. 이러한 인식론 비판은, 인식에는 어떠한 객관성도 있을 수 없고 또 인식이 현존하는 것의 모사와 관계되는 것이라면 그러한 객관성을 요구할 수도 없다는 사실을 밝히고 있다. 이러한 논지에 따른다면, 번역 또한 만약 그것이 원문과의 유사성을 추구하는 것이라면 그 본질상 이루어질 수 없는 성질의 것임이 입증될 터인데 왜냐하면 원문은 원문이 갖는 지속적 삶 속에서——원문이 어떤 살아 있는 것의 변형이자 再生이 아니라면 원문의 지속적 삶이란 아예 거론될 수도 없을 것이다——변화를 겪기 때문이다. 그리고 이미 그 의미가 완전히 정해진 말들도 성숙의 과정을 겪기 마련이다. 한 작가가 살던 시대의 문학적 언어의 경향은 시대가 지나면 사라질 수도 있을 것이며 또 잠재적 경향은 기존 형식으로부터 새로이 그 모습을 드러낼 수도 있을 것이다. 한때 새롭게 보였던 것도 시간이 지나면 진부한 것이 될 수 있고 또 한때 유행했던 것이 나중에 가서는 옛스러운 것이 될 수도 있다. 언어의 이와 같은 변화와 의미의 끊임없는 변화의 본질을 언어와 작품의 고유한 삶에서 찾지 않고 후세 사람들의 주관성(가장 조야한 심리주의까지 포함해서)에서 찾는다는 것은 원인과 본질을 혼동하는, 더 정확히 말하면 가장 강력하고 생산적인 역사적 과정의 한 단계를 사고의 무능력으로 인해 부인하는 것을 뜻한다. 설령 우리가 저자의 마지막 손질을 그 작품에 대한 최후의 일격이라고 간주하더라도 그것은 저 죽은 번역이론을 구제하지는 못할 터인데, 왜냐하면 위대한 문학작품의 의미와 뉘앙스가 세기를 지나면서 완전히 변모하는 것처럼 번역자의 모국어 역시 변모하기 때문이다. 한 작가의 언어가 그의 언어 속에서 계속 살아 남는다면, 가장 훌륭한 번역 역시 어쩔 수 없이 그 언어의 성장의 일부가 되고 또 그 언어의 재생 속에 흡수·동화되게 마련이다. 훌륭한 번역이란 그러니까, 모든 문학형식 중에서 원문의 언어의 성숙과정과 그 產苦를 지켜보는 하나의 문학형식이라는 점에서, 두 개의 죽은 언어가 갖는 생명없는 동일성하고는 거리가 먼 것이다.

이처럼 언어상호간의 친화성 Verwandtschaft이 번역에서 나타나고 있다면 이러한 친화성은 모사 Nachbildung와 원문 사이에 존재하는 막연한 유사성 Ähnlichkeit을 통해서는 이루어지지 않는다. 친화성이 꼭 유사성을 포함하고 있지 않음은 분명하다. 여기에서 논의되고 있는 관련성의 개념은 보다 좁은 의미로 쓰여지는 이 말의 일상적 사용법과도 일치하는데, 왜냐하면 친화성이라는 개념은 원문이라는 것에 의해서는 충분히 정의될 수가 없기 때문이다. (물론 보다 좁은 의미로 쓰여지는 친화성의 개념의 정의를 위해서는 원문이라는 개념이 필요불가결한 것이긴 하지만.) 그렇다면 두개의 언어가 갖는 친화성은 역사적 친화성을 제외하고는 어디에서 찾아질 수 있을 것인가? 아뭏든 그러한 친화성은 문학작품의 유사성이나 이들 문학작품의 단어가 갖는 유사성에서는 찾아질 수 없을 것이다. 오히려 역사를 초월하는 모든 언어상호간의 이러한 친화성은 하나의 전체로서 각각의 언어 속에 놓여 있는 의도, 다시 말해 각각의 개별적 언어 그 자체로서는 실현될 수 없고, 각 언어 상호간의 상호작용을 통한 총체성에 의해서만 획득될 수 있는 언어 그 자체에 내재하는 의도——우리는 이를 순수한 언어라고 부를 수 있을 것이다——속에서만 찾아질 수 있다. 이를테면 여러 외국어의 단어와 문장 및 구문 따위와 같은 언어의 모든 개별적 요소들은 상호 배제하는 성격을 띠고 있지만, 이들 외국어들은 이들 언어가 뜻하는 의도 그 자체 속에서는 서로 상보하는 역할을 하고 있는 것이다. 의도하는 바를 의도하는 방식과 구별하지 않으면 언어철학의 기본적 법칙을 파악하기란 거의 불가능하다. 빵이라는 뜻의 독

독일어 〈Brot〉와 불어 〈pain〉이라는 말은 동일한 대상을 의도하지만, 그 의도하는 방식은 동일하지 않다. 의도하는 방식이라는 면에서 보면, 이 두 단어는 독일인과 불란서인들에게는 무언가 좀 다른 것을 뜻하고, 이 양 단어는 서로 代替될 수 없으며 또 궁극적으로는 서로 배제하려는 성향을 지니고 있다고 할 수 있다. 그러나 이 두 말이 의도하는 대상은 동일하다. 이처럼 이들 말이 의도하는 방식은 상호 갈등 관계에 있지만, 의도와 의도의 대상은 이들 말 속에서 상보작용을 하고 있는 것이다. 다시 말해 의도의 방식은, 이들 말 속에서 의도의 대상과 상호보완 관계를 맺고 있다고 할 수 있다. 상호보완되지 않는 개별적 언어들에 있어서는, 의미는 마치 개별적 단어와 문장이 그러한 것처럼 한번도 상대적 독립성을 갖지 못하고 그 의미가 의도하는 여러 상이한 방식의 조화로부터 순수한 언어가 그 모습을 드러내기까지는 끊임없는 유동상태 속에 있다. 다시 말해 그 의미는 순수한 언어가 부각되기까지는 언어 속에 숨어 있는 것이다. 그러나 이러한 개별적 언어들이 이런 식으로 이들 언어의 메시아적 종말에 이르기까지 계속 성장한다면, 작품의 영원한 삶과 언어의 끝없는 재생에 점화하는 것은 바로 번역이다. 그리고 언제나 새로이 언어의 성스러운 성장을 시험해 보는 것도 바로 이 번역이다. 물론 이때 이들 언어의 감추어진 의미가 제아무리 언어의 계시의 순간과 멀리 떨어져 있고 또 이러한 거리의 인식을 통해 그 의미가 제아무리 가깝게 느껴지더라도 말이다.

이로써 우리는, 번역이란 모두 여러 언어들이 지니고 있는 이질성 Fremdheit과 논쟁을 벌이고 있는 하나의 잠정적 방식에 불과하다는 점을 인정한 셈이 된다. 언어들이 지니는 이러한 이질성의 잠정적 해결과는 다른 순간적으로 일어나는 궁극적 해결은 인간의 영역을 훨씬 넘어서는 것이거나 아니면 적어도 직접적 시도를 통해서는 이루어지지 않는 것이다. 그러나 하나의 간접적 시도로써 모든 언어에 숨겨진 보다 높은 언어의 맹아를 싹트게 하는 것은 여러 종교의 성장이다. 그러니까 번역은 예술과는 달리 언어적 형상체의 지속성에 대한 요구를 할 수는 없지만, 그러나 그 자체의 지향하는 목표가 모든 언어적 형상이 어울려서 생기게 될 어떤 언어의 결정적이고도 종국적인 단계라는 사실을 부인하고 있지는 않다. 원문은 번역을 통해 이를테면 보다 높고 보다 순수한 언어의 분위기로 상승하게 된다. 물론 원문은 이러한 순수한 언어의 분위기 속에서 영구히 살아갈 수는 없고 또 속속들이 다 그러한 분위기에 도달할 수도 없다. 하지만 원문은 놀라울 정도의 인상적인 방식을 통해 적어도 이들 여러 언어의 화해와 성취라는 처음부터 도달하기 힘든 영역에 이르는 길을 시사하고 있는 것이다. 물론 원문은 이들 언어의 화해와 성취가 이루어지는 영역에 완전히 이르지 못한다. 그러나 원문에는 사물의 전달을 넘어서는 번역의 어떤 본질적 요소가 있다. 이러한 본질적 요소를 더 정확히 말한다면 그것은 그 자체가 번역될 수 없는 어떤 요소라고 규정할 수 있을 것이다. 설령 표면적 내용이 모두 추출되어 전달된다고 하더라도 진정한 번역가가 겨냥하는 바는 그대로 남게 된다. 그대로 남게 되는 이 부분은 원문의 말들과는 달리 옮겨질 수 없는 성질의 것인데, 왜냐하면 내용과 언어의 관계는 원문과 번역에서는 전혀 다르게 나타나기 때문이다. 원문에서는 내용과 언어가 마치 과일의 열매와 과일의 껍질처럼 일종의 통일성을 이루고 있다면, 번역의 언어는 그 내용을, 겹겹이 주름이 잡혀 있는 王衣처럼 하나 하나 펼치고 있다. 그 이유는 번역의 언어는 그 자체의 언어보다 차원이 높은 언어이며, 또 그렇기 때문에 그 내용에 맞지 않을뿐더러 강압적이고 이질적이기 때문이다. 번역에서 나타나는 언어와 내용의 이와 같은 분리는 일체의 번역을 저지시키고 또 불필요하게 만드는데, 그 까닭은 언어 발달사의 어떤 일정한 시기에 생겨난 어떤 작품의 번역은 모두 그 내용이라는 특정한 한 면을 두고 보면 그 밖의 다른 모든 언어로 이루어진 번역을 대표하고 있기 때문이다. 그러니까 번역은 아이러니컬하게도 원문을 보다 결정적인 언어의 영역으로 옮겨 놓는다고 할 수 있는데 왜냐하면 원문은 제2의 다른 번역에 의해서는 더 이상 그러한 영역에서 옮겨질 수 없고 또 원문은 그러한 결정적 언어의 영역에서만 언제 어디서나 그 새로운 모습을 드러낼 수 있기 때문이다. 여기에서 〈아이러니컬〉하다는 말이 낭만주의자들을 연상시키는 데에는 그럴 만한 이유가 있다. 낭만주의자들은 그 누구보다도, 번역에서 가장 잘 입증되고 있는 문학적 작품의 삶에 대해 깊은 통찰력을 소유하고 있었다. 물론 그들은 번역의 이러한 면을 거의 인식하지 못하고, 그들의 모든 관심을 오히려 작품의 지속적인 삶의 또 하나의 요소인 비평——비록 그것이 문학작품보다 덜 중요하긴 하지만——에 집중하였다. 비록 낭만주의자들이 실제로는 그들의 이론적 저작에서 번역을 무시했지만 그들 자신의 위대한 번역은, 번역의 본질과 권위에 대한 그들의 감각이 대단했음을 여실히 보여주고 있다. 번역에 대한 이러한 감각은——많은 사실이 이를 입증해 주는 것처럼——

비단 시인들에게서만 두드러지게 나타나고 있지는 않다. 실제로 시인은 이러한 감각을 가장 적게 가지고 있을 수도 있다. 문학사를 한번 보더라도, 위대한 시인이 뛰어난 번역가이고 중요하지 않은 시인은 별 볼일 없는 번역가라는 일반적 통념이 통하지 않는다는 것을 알 수 있다. 루터, 포쓰 J.H. Voß(1751-1826), 슐레겔과 같은 일련의 빼어난 사람들은 창조적 시인으로보다는 오히려 번역가로서 훨씬 더 중요한 의미를 지니는 것이다. 횔덜린이나 게오르게 S. George 같은 사람들 역시 단순히 시인으로만 취급할 수 없을 것이다. 그렇다고 그들을 번역가로 규정하기는 더욱 더 힘든 노릇이다. 번역이 하나의 고유한 형식인 것처럼 번역가의 과제 역시 시인의 과제와는 확연히 구별되는 고유한 것이라고 할 수 있을 것이다.

번역가의 과제는 그가 번역하고 있는 언어에서, 그 언어를 통해 원문의 메아리가 울려 퍼질 수 있는 그런 의도를 찾아 내는 데 있다. 원작품과 다른 번역의 특징이 있다면 그것은 바로 이러한 점인데, 왜냐하면 원작품의 의도는 한번도 총체성으로서의 언어에 향하지 않고 단지 언어의 특정한 내용과 문맥에로만 향하고 있기 때문이다. 그러나 번역은 문학적 작품과는 달리 언어의 숲 한가운데 있지 않고, 언어의 숲 가장자리에서 언어의 숲을 바라다보고 있으며, 또 언어의 숲 속에 발을 들여다 놓지 않고도 원문의 메아리가 울려 퍼지는 그 유일한 장소에서 원문을 불러들일 수가 있다. 번역의 의도는, 그것이 외국어로 된 하나의 개별적 작품을 출발점으로 해서 언어를 하나의 전체로서 파악하려고 한다는 점에서 문학적 작품의 의도와 다를 뿐만 아니라, 그 의도 자체부터가 문학적 작품의 경우와 판이하게 다른 것이다. 즉 시인의 의도가 무의식적이고 단순하며, 원초적이고 구체적이라면 번역가의 의도는 파생적이고 궁극적이며 또 이념적인 것이다. 그 이유는 번역가의 작업에는 많은 언어를 하나의 진정한 언어로 통합하려는 위대한 모티브가 작용하고 있기 때문이다. 번역의 언어는 하나하나의 문장이나 작품 및 판단이 결코 서로 의사소통을 할 수 없는 그런 언어지만(왜냐하면 이들 개별적 요소들은 계속 번역에 의존하기 때문이다), 그러나 그 언어 자체는 의미의 표현 방식을 통해 상호 보완되고 화해를 함으로써 조화를 이루게 되는 것이다. 만약 모든 사고가 추구하는 궁극적 진리를 아무런 긴장 없이 또 은밀하게 담고 있는 진리의 언어가 있다면, 이러한 언어야말로 진정한 언어인 것이다. 번역 속에는 바로 이러한 언어——철학자가 기대하

마지 않는 유일한 완벽성이 있다면, 그것은 이러한 언어를 예견하고 또 記述하는 데 있을 것이다——가 집약적으로 숨겨져 있다. 철학의 詩神은 존재하지 않는다. 번역의 詩神 또는 존재하지 않는다. 그러나 이 양자는 감상적 sentimental 예술가가 그렇게 주장하고 싶어하는 것처럼 속물적이지는 않다. 왜냐하면 번역을 통해 표명되는 언어에 대한 동경을 은밀하게 간직하고 있는 철학적 재능이라는 것이 있기 때문이다. 말라르메는 다음과 같이 말하고 있다. 〈여러 언어의 불완전성은 이들 언어의 복수적 성격에 있고 또 절대적 언어가 없다는 데 있다. 다시 말해 사고란 아무런 부대물이나 심지어는 일체의 속삭임 없이 쓰는 것이다. 그리고 영구불멸의 말은 계속 침묵의 상태로 머문다. 이 지구상에 존재하는 방언의 다양성은, 그렇지 않으면 단 한마디의 말에 의해 진리로 구체화될 수도 있는 말들을 입 밖에 내지 못하도록 만든다.〉 이러한 발언을 통해 말라르메가 생각하고 있는 바가 만약 철학자에 의해 정확히 가늠될 수 있다고 한다면, 이들 언어의 맹아를 내포하고 있는 번역은 시와 이론 사이의 중간에 위치하고 있다고 할 수 있을 것이다. 그 두드러진 특성을 두고 보면, 번역 작품은 시와 이론에 못미치지만 역사 속에는 시와 이론에 못지 않는 깊은 흔적을 남기고 있는 것이다.

　번역가의 과제를 이상의 조명하에 두고 보더라도 그 과제의 해결을 향한 길은 더욱 더 알아볼 수 없을 정도로 어두워진 것처럼 보인다. 사실 순수한 언어의 맹아를 번역 속에서 성숙시키는 것은 도저히 불가능한 일처럼 보이고 또 그 어떠한 해결에 의해서도 그 성격이 규정될 수 없는 것처럼 보이는데, 그 이유는 의미의 재현이 더 이상 결정적 의미를 갖지 못하는 상태에서는 그러한 해결을 위한 기반은 상실되었다고 보아야 하기 때문이다. 바꾸어 말하면 지금까지 우리가 논의한 모든 것이 뜻한 바는 바로 이러한 점을 두고 한 말일 것이다. 원문을 의미에 맞게 재현하는 자유와 원문에 충실하려는 성실성——이러한 개념은 번역을 둘러싼 논의에서 흔히 사용되어 온 전통적 개념이다. 그러나 이러한 전통적 개념들은 번역에서 의미의 재현이 아닌 다른 것을 찾으려는 번역의 이론에는 더 이상 이바지할 수 없는 것처럼 보인다. 확실히 이들 개념의 전통적 사용은 이 두 개념이 마치 서로 끊임없는 갈등관계에 있는 것처럼 보이도록 하였다. 하지만 이와 같은 충실성이 의미의 재현을 위해 과연 무엇을 할 수 있을 것인가? 개별적 단어 하나 하나를 번역하는 데 충실한다는 것은, 이들 단어들이 원문에서 갖는 바의 의미를 완전히 재현해 내지 못한다. 그 이유는 원문의 의미는 원문이 지니는 시적 중요성에 비추어 보면 그 의미 자체에서 다하는 것이 아니라 의도된 것이 일정한 말에 있어서 그 의도하는 방식과 결합하고 있는 형태를 통해 얻어지기 때문이다. 우리는 이러한 상황을 흔히, 이들 말이 情調를 지니고 있다고 표현하곤 한다. 구문을 한자 한자씩 옮기는 식의 직역은 의미의 재현을 완전히 포기하게 되고 그럼으로써 전혀 이해할 수 없는 것으로 되어 버릴 위험성을 안고 있는 것이다. 19세기는 횔덜린의 소포클레스 번역을 이러한 직역의 거창한 예로 간주하였다. 형식의 재생에 충실한다는 것이 얼마나 의미의 재생을 어렵게 만들고 있는가 하는 것은 우리가 너무나 잘 알고 있던 터이다. 따라서 직역에 대한 요구는 어떠한 경우에도 의미를 보존하려는 관심에 그 근거를 둘 수 없다. 의미의 보존에 훨씬 더 이바지하는 것은 조악한 번역가의 분방한 자유이다. 그 정당성은 분명하지만 그 근거는 매우 불투명한 직역에 대한 요구는 따라서 불가피하게 그 근거가 보다 더 분명한 상관관계 속에서 찾아져야만 할 것이다. 이를테면 어떤 사기그릇의 파편이 다시 합쳐져서 하나의 그릇이 되기 위해서는 가장 미세한 파편의 부분들이 하나하나 이어져야 하는 것처럼(비록 그 파편들이 서로 닮을 필요는 없지만), 번역도 이와 마찬가지로 원문의 의미를 비슷하게 하는 대신에 애정을 가지고 또 그 세부에 이르기까지 원문의 표현방식과 온축을 자기 고유의 언어 속에 동화시켜서, 원문과 번역의 양자가 마치 사기그릇의 파편이 사기그릇의 일부를 이루듯 보다 큰 언어의 파편으로 인식될 수 있도록 하지 않으면 안된다. 바로 이러한 이유 때문에 번역은 무엇인가를 전달하려는 의도, 즉 높은 차원에서 의미를 부여하려는 것을 도외시하지 않으면 안된다. 그렇게 되면 원문은 번역에 대해, 단지 그것이 전달되어야 할 내용을 정리해서 표현하는 수고를 번역가로부터 덜어 준다는 한도 내에서 그 의미를 갖게 될 것이다. 〈태초에 말씀(말)이 있었다〉라는 성경의 서두는 번역에서도 그대로 적용된다. 이에 반해 의미라는 면에서 보면, 번역의 언어는 그 자체의 전개를 통해 원문은 의도 Intentio를 의미의 재현으로서가 아니라 조화로서 드러나도록 해야 하고, 또 그 의도를 전달해 주는 말에 대한 보완으로서 그 자체의 고유한 의도가 울려 퍼지도록 해야만 한다. 따라서 번역의 언어가 원문처럼 읽혀진다는 것은——특히 원문이 생겨나는 시대에서는——번역이 누릴 수 있는 최대의 찬사가 아니다. 오히려 직역에 의해 보장을 받을 수 있는 충실한 번역의 의미가 있다면, 그것은 그러한 번역은 언어적 보완에 대한 위대한 동경을 반영하고 있다는 점이다. 진정한 번역은 투명하다. 진정한 번역은 원문의 전체를 다 포괄하지도 않고, 자체의 조명을 통해 원문의 조명을 방해하지도 않는다. 그것은 다만 순수한 언어가 마치 자신의 언어수단에 의해 보강되기라도 하는 것처럼 원문을 한층 더 밝게 조명해 줄 따름이다. 진정한 번역의 이러한 면은 무엇보다도 구문을 직역함으로써 이루어질 수 있는데, 왜냐하면 구문의 직역에서 번역가의 원초적 활동무대가 되는 것은 문장이 아니라 오히려 말이기 때문이다. 다시 말해 문장이 이를테면 원문의 언어 앞에 서 있는 벽이라면 말 하나하나는 아케이드(有蓋街路)이기 때문이다.

예로부터 번역의 충실성과 자유는 서로 상반되는 경향을 지니는 것으로 간주되어 왔다. 따라서 이 양자 중에서 어느 한 쪽을 보다 깊이 해석하는 것은 이 양자를 화해시키는 것이 아니라 그 반대로 다른 한 쪽의 정당성을 일체 부인하는 것처럼 보이게 하는데, 왜냐하면 번역의 자유란 의미의 재현이 더 이상 중요하지 않게 된 이상은 아무런 의미도 가질 수 없기 때문이다. 설령 어떤 언어적 형상체의 의미가 그것이 전달하는 내용과 등가관계에 있다고 하더라도 그 언어적 형상체에는 일체의 전달적 성격을 넘어서는 어떤 궁극적이고 결정적인 요소가——그것은 매우 가깝게 보이면서도 멀리 보이고, 숨겨져 있는가 하면 두드러져 보이기도 하며 또 단편적인가 하면 강력한 힘을 가진 것이기도 하다——여전히 남게 된다. 모든 언어와 언어의 형상체에는 전달될 수 있는 것 이외에도 무엇인가 전달될 수 없는 그 어떤 것이 남는데, 다시 말해 그것이 나타나는 상호관계에 따라서 상징하는 그 어떤 것이 남게 되거나 아니면 상징되어지는 그 어떤 것이 남게 되는 것이다. 상징하는 것은 단지 언어의 유한한 형상체 속에서만 나타나지만, 상징되어지는 것은 언어 자체의 생성 속에서 나타난다. 그리고 언어의 생성 속에서 스스로를 드러내고 또 스스로를 만들려고 하는 것——바로 이것이 순수한 언어의 핵이다. 그러나 이 핵이 비록 숨겨져 있거나 아니면 단편적이라고 하더라도 삶 속에서 상징되어진 것 자체로서 생생하게 살아 있다고 한다면, 그 핵은 단지 상징을 함으로써만이 언어적 형상체 속에서 살아가게 된다. 순수한 언어 그 자체라고 할 수 있는 언어의 이러한 궁극적 본성이 여러 상이한 언어 속에서 단지 언어적 요소와 이 언어적 요소의 변화에만 묶여 있다고 한다면, 그것은 언어적 형상체 속에서 무겁고 낯선 의미에 의해 시달리는 바가 될 것이다. 이러한 무겁고 낯선 의미의 중압으로부터 벗어나고, 상징하는 것을 상징되어지는 것으로 만들며, 그리고 형상화된 언어적 움직임으로부터 순수한 언어를 다시 획득하는 것——바로 이러한 것이 번역의 막중하고도 유일한 능력인 것이다. 더 이상 아무것도 의미하지 않고 또 표현하지도 않는 무표현적이고 창조적인 말이 모두 언어에 내재하고 있는 공통적 의미가 되고 있는 이러한 순수한 언어 속에서 모든 전달과 의미 및 의도는 드디어 이러한 것들이 어쩔 수 없이 사멸하게끔 되어 있는 어떤 층을 만나게 된다. 이 층을 통해 번역의 자유는 새롭고 보다 높은 차원의 정당성을 획득하게 되는 것이다. 번역의 자유는 전달되어야 하는 의미를 통해 그 정당성을 획득하는 것은 아닌데, 왜냐하면 이러한 전달의 의미로부터 해방되는 것이 충실성의 과제이기 때문이다. 오히려 번역의 자유는 순수한 언어를 위하여 그 자체의 언어를 통해 스스로의 정당성을 입증해 보이는 데 있다. 낯선 말의 매력에 걸려 꼼짝 못하고 있는 순수한 언어를 그 자체의 언어를 통해 해방시키고 또 작품 속에 갇혀 있는 말을 그 작품의 재창조를 통해 해방시키는 것이 번역가의 과제이다. 순수한 언어를 위해 번역가는 그 자신의 낡은 장벽을 무너뜨린다. 루터, 포쓰, 횔덜린, 게오르게는 독일어의 경계를 확장시켰다. 이러한 면이 번역과 원문의 관계에서 어떤 의미를 지니는가를 알기 위해서는 다음과 같은 비유가 도움을 줄 수 있을 것이다. 마치 접선이 원을 살짝, 그것도 단지 한 점만을 건드리고 또 이러한 건드림이 무한대의 직선으로 이어지는 접선의 법칙을 규정하는 것처럼, 번역 역시 살짝, 그것도 단지 의미의 무한히 작은 점들만을 건드림으로써 언어적 움직임의 자유 속에서 충실성의 법칙에 따라 그 스스로의 고유한 길을 추적하는 것이다. 루돌프 판비츠 Rudolf Panwitz는 이와 같은 자유의 진정한 의미를——비록 그가 그것을 꼬집어 명명하거나 입증하고 있지는 않지만——다음과 같이 규정하고 있다. 그의 논지는 『유럽문화의 위기』라는 책 속에 포함되어 있고, 또 그것은 번역에 관해 지금까지 독일에서 발표된 것 중에서 가장 훌륭한 코멘트라고 할 수 있는 『西東詩集 Westöstlicher Divan』에 관한 괴테의 노트와 쌍벽을 이루는 것이다. 이 책에서 그는 다음과 같이 쓰고 있다. 〈우리의 번역은, 비록 그것이 가장 좋은 번역이라고 하더라도 잘못된 전제에서 출발하고 있다. 이들 번역은 독일어를 힌두어화 그리이스어화 영어화하는 대신에 힌두어, 그리이스어 영어를 독일어화하고 있다. 우리의 번역가들은 외국작품의 정신보다는 그들 자신의 언어의 사용에 대해 보다 큰 존경심을 가지고 있다. (……) 번역가의 기본적 오류는, 자신의 언어가 외국어를 통해 강력하게 영향을 받도록 하는 대신에 자신의 언어가 처하고 있는 상태를 고수하고 있다는 데 있다. 번역가는 특히 그 자신의 언어와는 멀리 멀어진 언어로부터 번역할 때에는, 언어 그 자체의 원초적 요소 즉 말과 상징 및 토운이 하나로 합쳐지는 점에까지 소급하지 않으면 안된다. 그는 외국어의 수단을 통해 그 자신의 언어를 확대하고 심화하지 않으면 안되는 것이다. 우리들은 어느 정도까지 그것이 가능하고 또 어느 정도까지 모든 언어가 변화할 수 있는지를, 그리고 마치 방언과 방언이 서로 다른 것처럼 언어와 언어 또한 서로 다르다는 점을 전혀 이해하지 못하고 있다. 그러나 우리가 언어를 너무 가볍게 생각하지 않고 이를 매우 심각하게만 생각한다면 이러한 점이 사실이라는 것을 알 수 있을 것이다.〉

하나의 번역이 어느 정도 이러한 형식의 본질에 상응할 수 있는가는, 객관적으로 원문의 번역가능성 여부에 의해 결정된다. 원문의 언어가 갖는 질적 가치와 개성이 낮으면 낮을수록, 또 그것이 전달할 내용을 더 많이 가지면 가질수록 그 원문은 번역을 위해서는 덜 생산적이 되는 것이다. 그리고 전달할 내용의 절대적 우세는 개성적 형식을 지닌 번역을 위한 지렛대가 되기는커녕 이러한 번역을 불가능하게 만든다. 한 작품의 수준이 높으면 높을수록 그 작품은, 그것의 의미가 살짝 건드려지기만 해도 번역될 수 있는 가능성이 더 큰 법이다. 이것은 물론 원문에만 해당되는 얘기다. 이에 반해 번역은 번역될 수 없음이 드러나는데, 그것은 그런 번역에 붙어다니는 의미의 무거움 때문에 그런 것이 아니라 그것의 느슨함 때문이다. 이러한 점과 그 밖의 다른 중요한 점을 잘 확인해 주고 있는 것이 횔덜린의 번역들인데, 특히 그의 두 개의 소포클레스 비극의 번역이 그러하다. 이들 번역에서는 언어의 조화가 너무나도 깊기 때문에, 마치 하아프가 바람결에 건드려지기만 해도 소리가 나는 것처럼 언어에 건드려지기만 해도 그 의미가 느껴지는 것이다. 횔덜린의 번역은 이러한 종류의 번역들의 원형이다. 그의 번역은 텍스트의 가장 완벽한 번역에 대해서까지도, 마치 모델에 대한 원형의 관계와 같은 관계를 가진다. 이러한 관계는 핀다르의 피사의 세번째 송가의 횔덜린 번역과 루돌프 보르하르트 번역을 한번 비교해 보면 곧 알 수 있을 것이다. 바로 그렇기 때문에 횔덜린의 번역에는 그 어떤 다른 번역에서보다도 모든 번역에 본래적으로 내재하는 커다란 위험이 도사리고 있는 것이다. 즉 그의 번역에는 너무나 확대되고 너무나 철저한 언어의 문들은 내려앉아 있고, 그래서 번역가를 침묵 속에 갇혀 버리게 하고 있는 것이다. 소포클레스 번역은 횔덜린 최후의 작품이다. 이 속에서 의미는 심연에서 심연으로 굴러떨어져, 마지막에 가서는 바닥도 없는 말의 심연 속에서 자신을 잃고 있는 것이다. 하지만 거기에는 하나의 정지점이 있다. 이러한 정지점을 제공해 주고 있는 것은 오로지 성경뿐인데, 왜냐하면 여기에서는 의미는 더이상 언어의 흐름과 계시의 흐름 사이의 分水界가 되고 있지 않기 때문이다. 하나의 텍스트가 의미의 중계 없이 또 진정한 언어가 갖는 문자 그대로의 모습을 하고 진리나 敎義와 하나가 된다면 텍스트는 곧 바로 번역될 수가 있을 것이다. 물론 이러한 경우, 텍스트는 텍스트 그 자체를 위해서가 아니라 오로지 언어의 복수성을 위해서 번역되는 것이다. 마치 언어와 계시가 원문 속에서 아무런 긴장 없이 하나가 되고 있는 것처럼 번역 또한 문자 그 본래의 모습과 자유가 합쳐지는 상이한 언어로 병기된 행간 사이의 번역 형식 Interlinearversion 속에서 원문과 하나가 되지 않으면 안된다. 왜냐하면 모든 위대한 텍스트는 어느 정도까지는 그것의 잠재적 번역을 행간 사이에 내포하고 있기 때문이다. 이러한 잠재적 번역을 최고도로 내포하고 있는 것이 성경의 텍스트이다. 상이한 언어로 병기된 성경의 행간번역은 모든 번역의 원형 내지 이상인 것이다.

운명과 성격

운명과 성격은 일반적으로 서로 인과관계를 맺고 있으며, 성격은 운명의 원인으로 규정되고 있다. 이러한 생각의 밑바닥에는 다음과 같은 생각이 깔려 있다. 즉 한편으로 어떤 사람의 성격, 다시 말해 세상사에 반응하는 그의 방식이 속속들이 다 알려지고, 다른 한편으로 성격이 영향력을 미치는 세상사의 영역들이 모두 알려지면 그에게 무슨 일이 일어날 것이고 또 그에 의해 이루어질 수 있는 것이 무엇인가를 정확히 예언할 수 있다는, 요컨대 그의 운명을 알 수 있다는 생각이 깔려 있는 것이다.

현대의 인간들은 사고를 통해 운명의 개념에 직접 접근하는 것은 불가능한 일이라고 생각하고 있다. 그렇기 때문에 그들은 이를테면 어떤 사람의 신체적 특징으로부터 성격을 읽을 수 있다고 생각하면서도(왜냐하면 그들은 이러한 신체적 특징 속에 성격에 관한 지식이 들어 있다고 생각하기 때문이다), 어떤 사람의 손금으로부터 운명을 읽는다는 생각은 받아들여질 수 없는 것으로 여기고 있다. 운명을 예언한다는 것은 미래를 예언하는 것처럼 불가능한 일로 생각되고 있는데, 그 이유는 운명을 예언하는 것은 미래를 예언하는 것 속에 포함되어 있는 반면에, 성격은 이와 반대로 현재와 과거 속에 존재하는 그 어떤 것으로서 인식될 수 있다고 생각하고 있기 때문이다. 그러나 어떠한 표식 Zeichen을 통해서이건 인간의 운명을 예언하는 것을 과제로 삼는 사람들의 주장에 따르면, 운명 역시 그것을 읽을 줄 아는 사람에게는 (그는 운명에 관한 직접적 지식이 그 자신 속에 있다고 생각한다) 어떤 식으로든간에 **현존**하고 있거나, 아니면 이를 좀 조심스럽게 표현하면, 접근할 수 있는 성질의 것이라고 한다. 다가올 미래의 운명에 접근할 수 있다는 생각이 운명이라는 개념 그 자체와도 모순되지 않을뿐더러 운명을 예언하는 인간의 인식능력과도 모순되지 않는다는 가정은——앞으로 밝혀지겠지만——결코 이치에 어긋나는 것이 아니다. 운명 역시 성격과 마찬가지로 단지 표식을 통해서만 파악되어질 뿐 그것 자체로는 파악되지 않는데 그 이유는 운명이란——그것이 이런 저런 성격의 특징이든 아니면 바로 눈앞에 놓여 있는 운명의 연쇄이든간에——이러한 개념들이 뜻하는 상관관계이기 때문이다. 다시 말해 운명은 표식 이외의 다른 방법을 통해서는 절대로 접근이 불가능하다고 할 수 있는데 그 이유는 운명은 바로 눈앞에 보이는 것 위에 놓여 있기 때문이다. 점성술이 연구의 대상으로 삼는 표식의 성격학적 의미를 일단 논외로 치면, 성격학적 표식의 체계는 일반적으로 신체에 한정되어 있는 반면, 전통적 견해에 따른 운명의 표식에는 신체적 표식 이외에도 외부적 삶의 모든 현상이 포함될 수가 있는 것이다. 그러나 표식과 표식되어진 대상 Bezeichnete 사이의 상관관계는 이 두 영역에서 하나같이 모두 좀처럼 풀기 힘든 어려운 문제가 되고 있는데, 그 이유는 표식들의 모든 표면적 관찰과 잘못된 가정에도 불구하고 이들 표식들은 인과관계의 바탕 위에서 성격이나 운명을 말해주고 있지는 않기 때문이다. 비록 표식은 그 현존재에서 인과적으로 생겨난다고 하더라도 의미의 상관관계는 결코 인과적으로 설명될 수가 없는 것이다. 다음에서 논의되어질 문제는 그러한 표식의 체계가 성격과 운명에 대해 어떤 양상을 하고 있는가 하는 문제가 아니라, **다만 표식되어진 대상에만 논의의 초점을 맞추고자 한다.**

성격과 운명의 본질, 그리고 이 양자의 상관관계를 다룬 전통적 견해는, 그것이 운명을 예언할 수 있는 가능성을 합리적으로 이해시킬 수 없다는 점에서 많은 문제점을 안고 있을 뿐만 아니라 또한 그것이 바탕하고 있는 이 양자의 분리가 이론적으로 추적 불가능하기 때문에 옳지 못한 것이다. 그 까닭은 활동하고 있는 어떤 사람의 바깥 모습을 두고 아무런 모순 없는 개념을 형성한다는 것은 실제로는 불가능하기 때문이다. 외부세계라는 개념은 활동하고 있는 사람이라는 개념이 갖는 한계를 무시하고는 결코 정의될 수가 없는 것이다. 활동하고 있는 사람과 외부세계 사이에는 모든 것이 서로 상호작용을 하고 있고, 또 이들 각자가 벌이는 활동의 영역도 상호 침투작용을 하고 있다. 그리고 비록 이들 개념들이 서로 상이한 양상을 띠고 있더라도, 그것들은 서로 분리될 수가 없는 것이다. 어떤 경우에도 궁극적으로 중요한 것이 성격의 기능인지 아니면 운명의 기능인지를——우리는 이를테면 이 양자가 경험 속에서 서로 통합된다고 말할 수도 있지만 이 말은 여기에서는 별 의미가 없다——정확히 단정내릴 수 없을 뿐만 아니라 행동하고 있는 인간이 대하고 있는 외부세계는 원칙적으로 언제든지 그의 내부에 또 그의 내부 또한 이와 마찬가지로 그의 외부세계에 환원될 수가 있는 것이다. 이러한 면에서 보면 성격과 운명은 비록 이론적으로는 서로 구분된다고 하더라도 실제로는 서로 만나게 되는 것이다. 니체의 다음과 같은 발언은 이러한 경우를 두고 한 말이다. 〈어떤 사람이 성격을 가지고 있으면 그는 언제나 다시 되돌아오는 체험을 갖게 된다.〉 이 말은 만약 어떤 사람이 성격을 가지고 있으면, 그의 운명은 본질적으로 변하지 않고 항상 일정하다는 것을 의미한다. 동시에 이 말은 그는 아무런 운명도 가지고 있지 않다는 것을 의미한다. 금욕주의자들이 내린 결론도 바로 이러한 운명의 항구성이다.

따라서 운명의 개념을 획득하기 위해서는 운명의 개념은 성격의 개념과 엄격하게 구분되지 않으면 안된다. 물론 이 경우, 후자의 개념이 보다 더 정확히 규정되지 않으면 전자의 개념은 규정될 수가 없다. 이러한 정의를 바탕으로 하면, 이 두 개념은 각각 전혀 상이한 길을 가지 않으면 안된다. 다시 말해 성격이 있는 곳에서는 운명이 없게 될 것임에 틀림 없고 또 운명의 영역에서는 성격은 찾아질 수가 없다. 그런데 여기에서 한가지 유의하지 않으면 안될 것은, 이 두 개념이, 우리가 일상적 언어 사용에서 그렇게 하는 것처럼 보다 높은 위치나 개념을 탈취하려고 서로 다투어서는 안되는 영역을 각각 지니고 있다는 점이다. 다시 말해 일반적으로 성격은 도덕적 상관관계 속에, 운명은 종교적 상관관계 속에 위치하고 있는 것이다. 이 두 개념을 이와 같은 위치에 두게 하였던 오류를 밝혀 냄으로써 우리는 이 두 개념을 위의 두 영역으로부터 추방하지 않으면 안된다. 운명이라는 개념의 경우, 이러한 오류는 그것이 죄라는 개념과 연결됨으로 해서 생겨나게 된다. 그 단적인 예를 하나 들자면 운명적 불행은 종교적 불행에 대한 신이나 신들의 대답으로 간주되고 있다. 그런데 여기서 한가지 의문스러운 점은 운명의 개념 속에는 도덕적 영역에서 죄의 개념에 불가피하게 뒤따르게 마련인 반대개념, 즉 무죄의 개념이 존재하지 않고 있다는 사실이다. 그리이스에서 형성된 운명의 개념에는 어떤 인간에게 주어진 행복은, 아무런 죄가 없이 살아온 삶의 확인으로 파악되어진 것이 아니라 가장 중대한 불경을 저지르려는 유혹, 즉 격렬한 감정에 의해 야기되는 교만 Hybris으로 파악되었다. 그러므로 여기에는 무죄에 대해 운명이 갖는 관계는 운명 속에 나타나고 있지 않다. 그렇다면 과연 운명 속에는 행복에 대한 관계가 존재하는 것일까? (이 물음은 보다 깊은 문제와 결부되어 있다.) 그리고 또 행복은, 마치 불행이 분명 그러한 것처럼 운명을 구성하는 본질적 카테고리일까? 아마 그렇지 않을 것이다. 행복이란 오히려 행복한 사람을 운명의 연쇄로부터 또 자기 자신의 운명의 그물로부터 벗어나게 하는 것이다. 횔덜린이 행복한 신들이란 〈운명이 없는 것〉이라고 명명한 것도 그럴 만한 이유가 있는 것이다. 따라서 행복과 축복은 마치 무죄가 그러한 것처럼 운명의 영역에는 속하지 않는 것이다. 그러나 하나의 질서, 즉 불행과 죄만이 유일하게 그 본질적 개념을 이루고 있고 또 그 속에서는 어떠한 해방의 길도 생각할 수 없는 (왜냐하면 운명은 그것이 운명인 한에서는 불행과 죄이기 때문이다) 그러한 질서는 비록 잘못 이해된 죄의 개념이 제아무리 그 반대의 경우를 보여주고 있는 것처럼 보일지라도 종교적이 될 수 없다. 따라서 불행과 죄만이 적용될 수 있는 또 하나의 다른 영역, 즉 행복과 무죄가 너무나 가볍게 여겨져서 다른 한쪽 끝이 위로 치솟는 하나의 평형추가 찾아져야만 한다. 이러한 평형추가 바로 法이라는 평형추이다. 법은 운명의 법칙들인 불행과 죄를 인간의 척도로 상승시킨다. 비단 죄만이 법의 상관관계 속에 존재한다고 가정하는 것은 잘못인 것이다. 오히려 증명될 수 있는 것은 일체의 법적인 죄가 다름아닌 불행이라는 점이다. 법적인 죄를 正義의 영역과 혼돈하는 오류를 범함으로써, 법적 정관이 인간 상호간의 관계만이 아니라 신들에 대한 인간의 관계도 규정하였던 인간존재의 악마적 단계의 잔재라 할 수 있는 법의 질서는 악마에 대해 승리를 거두었던 시기를 훨씬 지난 후에도 계속 그 명맥을 유지하였다. 천재의 머리가 처음으로 죄의 안개를 뚫고 솟아나게 된 것은 법을 통해서가 아니라 비극을 통해서인데, 왜냐하면 악마적 운명은 비극을 통해 그 탈출구를 찾았기 때문이다. 그러나 이 탈출구는 죄와 참회의 끝없는 異端的 연쇄가 속죄를 하고 또 순수한 신과 화해한 인간의 순수성에 의해 대치됨으로써 찾아진 것이 아니라, 비극 속에서 이단적 인간이 그가 신보다 더 낫다는 인식을 하게 되었지만 그러나 이러한 인식이 그로부터 말을 빼앗아 그의 입을 다물게 함으로써 찾아진 것이다. 이러한 인식은 자신을 밝히지 않고 몰래 그 자신의 위력을 축적하고자 한다. 그리고 그것은 죄와 참회를 조심스레 저울 위에 올려서 재보지 않고, 그것들을 마구 흔들어 버린다. 여기에서는 〈윤리적 세계질서〉가 다시 회복되기보다는 오히려 도덕적 인간이 여전히 말을 잃은 채 성인이 되지 않은 상태에서 ——그가 영웅으로 불리워지는 것은 바로 이러한 사람으로서이다——저 갈갈이 찢기워진 고통스러운 세계 속에서 자신의 위치를 정립하고자 하는 것이다.

도덕적으로 말을 잃은 상태에서 또 도덕적 유아기의 상태에서의 천재의 탄생이 지니는 파라독스가 비극의 숭고성이다. 아마 이러한 파라독스가 신보다는 오히려 천재가 나타나는 모든 숭고성의 근원일 것이다. 운명은 그러니까 처음에는 심판대에 섰다가 나중에 죄인으로 판명되었던 어떤 인간의 삶의 관찰을 통해 나타난다. 괴테는 운명이 갖는 이와 같은 두개의 측면, 즉 심판대에 섰다가 죄인이 되는 것을, 〈너희들은 가난한 사람을 죄인이 되게 한다.〉라는 말로 요약하고 있다.

법은 형벌 Strafe이라는 심판이 아니라 죄 Schuld라는 심판을 내린다. 운명은 살아 있는 것의 죄의 상관관계이다. 이러한 죄의 상관관계는 살아 있는 것이 처하고 있는 자연적 상태, 즉 아직도 완전히 추방되지 않은 假像——인간은 이 가상에서 너무나도 멀리 벗어나 있기 때문에 한번도 그 속에 완전히 잠겨들지 못하고, 그것의 지배 속에서 자신의 가장 좋은 부분만 겨우 그 모습을 감출 수가 있었다——에 상응한다. 따라서 인간은 근본적으로 운명을 갖지 않는 존재이고 또 운명의 주체는 규정될 수 없는 것이다. 재판관은 그가 원한다면 어디에서나 운명을 인식할 수 있다. 그리고 그는 모든 형벌을 통해 맹목적으로 운명을 함께 선고하지 않으면 안된다. 인간은 결코 운명의 선고를 받지 않는다. 다만 가상에 의해 자연적 죄와 불행에 한 몫을 담당하는 그 인간 속의 단순한 삶만이 운명이라는 선고를 받을 따름이다. 운명적 방식으로 이러한 삶은 화투장이나 星座와 연결될 수가 있고, 그럼으로써 점장이 여인은 단순한 기술을 이용해서, (不淨하게 확실성을 배태한) 가장 확실하고 가장 가까이 있는 물건만 가지고 이러한 삶을 죄의 상관관계 속에 두게 되는 것이다. 이를 통해 그녀는 표식 속에서 그녀가 위에서 언급한 천재의 머리를 대치하려고 하는 인간 속의 자연적 삶에 대해 무엇인가를 알게 된다. 다른 한편 그녀에게 가는 사람은 그 자신 속에 있는 죄많은 삶에 유리하게끔 그 스스로에 굴복하게 된다. 죄의 상관관계는 매우 비유적인 의미에서 시간적이지만 구원이나 음악 아니면 진리의 시간과는 그 종류와 기준을 전혀 달리하고 있다. 이러한 것들의 시간이 완전히 밝혀지기 위해서는 먼저 운명의 시간의 특수한 성격이 규정되어야 한다. 화투장이나 손금을 이용해서 운명을 점치는 사람은 적어도, 이러한 운명의 시간은 어떤 순간에서도 다른 시간(비록 현재적 시간은 아니지만)과 함께 동시에 만들어질 수 있다는 것을 가르쳐 주고 있다. 그것은 보다 차원이 높고, 보다 덜 자연적인 삶의 시간에 기생적으로 의존하고 있는 비독립적 시각이다. 운명의 시간은 현재를 가지고 있지 않은데, 왜냐하면 운명적 순간들이란 조악한 소설에서만 존재할 뿐이고, 또 그것이 알고 있는 과거와 미래도 독특한 변화 속에서만 존재하기 때문이다.

그러니까 운명의 개념으로부터 완전히 독립되어 있고 또 전혀 다른 영역에서 그 근거를 찾을 수 있는 운명의 개념, 다시 말해 운명 예언가의 의도와 비극에서의 운명을 동시에 포괄하는 진정하고도 유일한 운명의 개념이 있는 셈이다. 성격의 개념도 이와 비슷한 수준에서 전개되어야 할 것이다. 이 두 질서가 해석적 실제와 관련을 맺고 있고 또 手相에서 성격과 운명이 완전히 서로 일치하고 있다는 것은 결코 우연한 일이 아니다. 이 양자는 자연적 인간, 더 정확히 말하면 인간 속의 자연과 관계한다. 그리고 이러한 인간 속의 자연은 그 스스로 나타나거나 아니면 실험적으로 만들어지는 자연의 표식에서 그 모습을 드러낸다. 그렇기 때문에 성격이라는 개념의 근거도 자연의 영역과 관계를 맺기 마련이고, 또 그것은 운명이 종교와 아무런 관련이 없는 것처럼 윤리나 도덕과도 관계가 없는 것이다. 다른 한편 성격의 개념으로부터는 운명의 개념과 잘못된 관계를 맺고 있는 특징들이 제거되어져야 할 것이다. 이와 같은 운명의 개념과의 관계는 인식을 통해 마음대로 짜여져서 나중에는 일종의 촘촘한 그물이 된다는 생각에 의해 영향을 받기 마련이다. 피상적으로 보았을 때 성격이 그러한 촘촘한 그물로 보여지는 것도 바로 이러한 이유 때문이다. 인간을 꿰뚫어보는 통찰력을 가진 사람의 눈은 커다란 근본적 특징 이외에도 보다 섬세하고 촘촘한 특징까지도 인식되어 나중에는 일견 그물로 보이는 것이 하나의 촘촘히 짜여진 천으로까지 보여지는 것으로 알려져 있다. 이러한 천의 실 속에서 하나의 유약한 오성은 드디어 해당되는 성격의 도덕적 본질을 소유하고 또 이 성격의 좋은 점과 나쁜 점을 구별할 수 있는 것으로 여겨져 왔다. 하지만 마치 도덕이 증명되어야 하는 것처럼 도덕적 중요성을 갖는 것은 특성이 아니라 오로지 행동뿐이다. 나타난 현상만을 보아서는 그 반대의 경우를 생각하기가 십상이다. 비단 손버릇이 나쁘다거나, 낭비벽이 심하다거나 용감하다든가 하는 등의 말들만이 도덕적 가치평가를 내포하고 있는 것이 아니라(여기에서는 이들 개념이 가지고 있는 것처럼 보이는 도덕적 색깔은 일단 접어두기로 한다) 〈자기 희생적〉, 〈실술궂은〉, 〈복수심에 불타는〉, 〈시샘이 많은〉 등의 말들도 도덕적 가치평가로부터 벗어나 추상화될 수는 없는 성격적 특징을 말해 주고 있는 것처럼 보인다. 그럼에도 불구하고 이러한 추상화는 여하한 경우에도 가능할 뿐만 아니라 그러한 개념들의 의미를 파악하기 위해서는 필수 불가결한 것이다. 더우기 이 경우 추상화는 가치평가 그 자체는 그대로 보존되고 다만 도덕적 역점만이, 그때 그때 긍정적 혹은 부정적 의미에서 이를테면 도덕적 평가와는 아무런 상관이 없는 〈영리하다〉 아니면 〈우둔하다〉라고 말할 때의 지적 능력의 특성의 표현과 같은 조건적 평가에 자리를 양보하기 위하여, 가치평가에서 제거된다는 뜻으로 이해되어야 할 것이다.

　이러한 擬似 도덕적 특성의 표현들에 할당되지 않으면 안되는 진정한 영역을 잘 보여주고 있는 것이 희극이다. 희극의 중심에는 흔히 성격희극의 주인공으로서 우리가 무대에서의 그 자신이 아니라 삶 속에서 나타나는 그의 행동과 마주 대하게 될 경우 그를 악한이라고 부를 수 있는 어떤 인물이 위치하고 있다. 그러나 희극의 무대에서는 그의 행동은 다만, 성격의 조명을 통해 그의 행동에서 드러나는 것에 대한 흥미만을 유발시키며, 또 이러한 성격은 고전적 희극의 예에서는 도덕적 심판이 아닌 차원 높은 오락의 대상이 되고 있다. 이 때 희극적 주인공의 행동이 그의 관중들에게 미치는 영향은 결코 도덕적인 것이 아니다. 그의 행동이 흥미를 불러일으키는 것은 다만 그것이 성격의 조명을 던져주기 때문이다. 그런데 여기에서 우리가 알 수 있는 것은 이를테면 몰리에르와 같은 위대한 희극작가는 그의 주인공을 성격적 특징의 다양성을 통해 규정하려고 하지 않는다는 점이다. 오히려 심리적 분석을 통해서 그의 작품에 접근하기란 불가능하다. 『수전노』나 『상상환자』의 작품에 나타나는 인색함이나 우울증을 모든 행동의 근간으로 절대화할 경우에도 그것은 심리적 분석의 관심과는 아무런 상관이 없는 것이다. 우울증이나 인색함에 대해서는 이들 드라마는 아무것도 가르쳐 주고 있지 않다. 이들 드라마는 이러한 특성을 이해시켜 주기는커녕 오히려 점점 더 극단적으로 묘사하고 있다. 만약 심리학의 대상이 실증적으로 이해되고 있는 인간의 내면생활이라면 몰리에르의 인물들은 심리학을 증명하기 위한 재료로서는 전혀 쓸모가 없다. 성격은 이들 인물 속에서 자신의 주위에 그 어떤 다른 특성도 보이는 것을 용납하지 않는 그 자신만이 지닌 유일무이한 특성의 광휘 속에서 마치 태양처럼 전개되고 있는 것이다. 성격희극의 숭고성은, 그가 갖는 성격적 특성의 유일성 속에서 한 개인이 펼치는 최고의 전개 활동 한가운데에서 인간과 그의 도덕성이 지니는 이러한 익명성 위에 바탕하고 있다. 운명이, 죄를 짓고 있는 인간의 엄청난 紛糾 그가 지닌 죄의 분규 및 속박을 전개하고 있는 반면, 성격은 죄의 상관관계 속에 내재하는 인간의 저 신화적 예속상태에 대해 천재의 대답을 주고 있다. 복잡한 분규는 단순성으로 화하고, 운명은 자유로 화하는 것이다. 왜냐하면 희극적 인물의 성격은 운명톤자의 허깨비가 아니라, 그것이 발하는 빛 속에서 그의 행동의 자유가 보여지는 횃불이기 때문이다. 인간적 삶의 자연적 죄, 즉 원죄――이 원죄가 원칙적으로 해결될 수 없다는 것이 이교도의 교리이고, 간간히 그것의 해결을 보여주는 것은 이교도의 儀式이다――의 도그마에 대해 천재는 인간의 자연적인 무죄성에 대한 비젼을 가지고 맞선다. 이러한 비젼은 역시 그 나름대로 자연의 영역에 머물고 있지만 그럼에도 불구하고 그것은, 오로지 비극의 형식을 통해서만 나타나는 이와 반대되는 이념처럼 그 본질을 두고 보면 여전히 도덕적 통찰에 매우 가까이 서 있다. 그러나 성격의 비젼은 모든 형식 중에서 해방시키는 성격을 가지고 있다. 다시 말해 성격의 비젼은 그것이 지닌 논리와의 유사성을 통하여 자유와 상호관련을 맺고 있다. 따라서 성격적 특성은 그물 속의 매듭이 아니다. 그것은 희극적 행동의 그림자를 던지는, 인간의 아무런 색깔도 없는(익명의) 하늘에 떠 있는 개성이라는 태양이다. 이 말은 코헨 Cohen의 다음과 같은 심오한 말, 즉 일체의 비극적 행동은 그것이 아무리 비장한 말투로 으시대더라도 결국은 일말의 희극적 그림자를 던지고 있는 셈이라는 말이 가장 적절한 상관관계 속에서 설명해 주고 있다.

관상학적 표식들은 여타의 占卜術이 다 그러한 것처럼 고대인의 경우 주로 죄에 대한 지배적인 이단적 신앙에 따라 운명을 해명하는 데 이용되었음에 틀림없다. 관상학은 마치 희극이 그러한 것처럼 새로이 도래한 천재의 시대를 말해 주는 표상이었다. 현대의 관상학은 그것이 지닌 개념들의 비생산적인 도덕적 가치를 강조하는 가운데에서나마 또 분석적 복잡성을 향하는 노력 속에서도 고대의 점성술과 상관관계를 맺고 있음을 보여주고 있다. 바로 이와 같은 관점에서 보면, 고대와 중세의 관상가들은, 성격은 예컨대 기질론이 밝히려고 했던 것처럼, 다만 몇몇개의 도덕적 가치와는 무관한 기본개념을 통해서 파악할 수 있다는 사실을 인식함으로써 사물을 더 올바르게 보았던 것이다.

역사철학테제

1

사람들 말에 의하면 어떤 장기 자동기계가 있었다고들 하는데, 이 기계는 어떤 사람이 장기를 두면 그때마다 그 반대 수를 둠으로써 언제나 이기게끔 만들어졌었다. 터어키 의상을 하고 입에는 水煙筒을 문 인형이 넓은 책상 위에 놓여진 장기판 앞에 앉아 있었다. 거울로 장치를 함으로써 이 책상은 사방에서 훤히 들여다볼 수 있다는 환상을 불러일으키게 하였다. 그러나 실제로는 장기의 명수인 등이 굽은 난장이가 그 책상 안에 앉아서는 줄을 당겨 인형의 손놀림을 조종하였다. 우리는 철학에서도 이러한 장치에 대응되는 것을 상상할 수가 있다. 항상 승리하게끔 되어 있는 것은 소위 〈역사적 유물론〉이라고 불리어지는 인형이다. 이 역사적 유물론은, 만약 그것이 오늘날 왜소하고 못생겼으며, 그렇기 때문에 어떻게 해서라도 그 모습을 밖으로 드러내어서는 안되는 신학을 자기의 것으로 이용한다면, 누구하고도 한판 승부를 벌일 수가 있을 것이다.

2

로체 Lotze에 의하면 인간이 지닌 심성의 가장 두드러진 특징 중의 하나는 개별적 사물들에 대한 숱한 이기심과 함께 모든 현재가 일반적으로 미래에 대해 아무런 부러움과 선망을 가지고 있지 않는 데 있다고 한다. 이러한 성찰을 좀더 진전시키면, 우리들이 품고 있는 행복의 이미지라는 것은, 우리들 자신의 현재적 삶의 진행과정을 한때 규정하였던 과거의 시간에 의해 채색되고 있다고 할 수 있다. 우리들에게서 선망의 마음을 불러일으킬 수 있는 행복은, 오로지 우리들이 숨쉬었던 공기 속, 그러니까 우리가 한때 말을 나눌 수도 있었던 사람들과 우리들 품에 안길 수도 있었던 여인들과의 관계 속에서 존재한다. 다른 말로 표현하면 행복의 이미지 속에는 구원의 이미지가 불가분의 관계를 맺고 함께 꿈틀거리고 있는 것이다. 역사가 주로 관심을 가지는 과거의 이미지도 이와 동일한 양상을 하고 있다. 과거는 구원을 기다리고 있는 어떤 은밀한 목록을 함께 간직하고 있다. 우리들 스스로에도 이미 지나가 버린 것과 관계되는 한줄기의 바람이 스쳐 지나가고 있는 것은 아닐까? 우리들 귀에 들려오는 목소리 속에서는 이제 침묵해 버리고 만 목소리의 한 가락 반향이 울려퍼지고 있는 것은 아닐까? 우리들이 연연하는 여인들은, 그녀들이 미처 알아채지 못했던 누이들의 모습을 하고 있는 것은 아닐까? 만약 그렇다면 과거의 인간과 현재의 우리들 사이에는 은밀한 묵계가 이루어지고 있는 셈이고 또 우리는 이 지구상에서 구원이 기대되어지고 있는 셈이다. 그렇다면 앞서 간 모든 세대와 마찬가지로 우리들에게도 희미한 메시아적 힘이 주어져 있고, 과거 역시 이 힘을 요구할 권리를 가지고 있는 것이다. 물론 이러한 요구는 값싸게 이루어질 수 있는 성질의 것이 아니다. 역사적 유물론자는 이 사실을 너무나 잘 알고 있다.

3

　사건의 크고 작음을 구별함이 없이 모든 사건을 처음부터 끝까지 얘기하는 연대기 기술자는 다음과 같은 진실, 즉 이 지상에 언젠가 일어난 모든 일은 하나도 빠짐없이 역사에서 주목되어야 한다는 진실에 공정하고 있는 셈이다. 물론 과거가 완벽하게 기록될 수 있는 것은 인류가 구원되고 난 연후이다. 다시 말해 구원된 인류만이 그들의 과거의 하나 하나를 남김없이 인용할 수 있게 될 것이다. 다시 되살아나는 과거의 한순간 한순간은 그날, 즉 최후의 심판이 이루어지는 날의 日程表의 인용문이 될 것이다.

4

> 우선 의식주를 얻도록 노력하라. 그러면 신의 왕국
> 은 스스로 열릴 것이다.　　　　　　——헤겔

　마르크스에 의해 훈련을 받은 역사가가 항상 염두에 두고 있는 계급투쟁은 조야하고 물질적인 것들을 둘러싸고 일어나는 싸움이다. 이러한 싸움없이는 고상하고 정신적인 것들은 존재하지 않는다. 그럼에도 불구하고 고상하고 정신적인 것들은, 계급투쟁 속에서 승리자의 손에 굴러 떨어진 전리품의 이미지와는 다른 양상을 하고 있다. 그것은 신뢰, 용기, 유우머, 기지, 불굴성으로서 이러한 투쟁 속에서 생생하게 살아 움직이고, 또 지나가 버린 머나먼 과거의 시간에까지 영향을 미치고 있다. 이러한 덕목들은, 지배자에게 굴러떨어진 일체의 승리에 언제나 새로이 의문을 제시할 것이다. 마치 꽃들이 해를 향하듯, 과거 또한 알 수 없는 종류의 신비스러운 向日性에 힘입어, 바야흐로 역사의 하늘에 떠오르는 바로 그 해를 향하려고 하고 있다. 역사적 유물론자는 모름지기 모든 변화들 중에서도 가장 눈에 띄지 않는 이러한 사소한 변화에 정통하지 않으면 안된다.

5

　과거의 진정한 像은 휙 스쳐 지나가 버린다. 다만 우리는, 그것이 인식되어지는 찰나에 영원히 되돌아올 수 없이 다시 사라져 버리는, 마치 섬광처럼 스쳐 지나가는 상으로서만 과거를 붙잡을 수 있을 뿐이다. 〈진리는 우리들로부터 달아나 버리지 않을 것이다〉——고트프리트 켈러에서 연원하는 바로 이 말은 역사적 유물론을 관통하는 역사의 이미지를 단적으로 말해 주고 있다. 왜냐하면 현재에 의해 인식되지 못했던 모든 과거의 상은 언제든지 현재와 함께 영원히 사라져 버릴 위험에 직면해 있기 때문이다.

6

　지나간 과거의 것을 역사적으로 표현한다는 것은 〈그것이 도대체 어

떠했던가〉를 인식하는 것을 뜻하는 것이 아니다. 그것은 어떤 위험의 순간에 섬광처럼 스쳐 지나가는 것과 같은 어떤 기억을 붙잡아 자기 것으로 만드는 것을 의미한다. 역사적 유물론에서 문제가 되는 것은, 위험의 순간에 역사적 주체에 예기치 않게 느닷없이 나타나는 과거의 이미지를 꼭 붙잡는 것이다. 위험은 전통의 내용에서뿐만 아니라 전통의 수용자에게도 닥쳐온다. 이 양자는 하나같이 동일한 위험, 즉 지배계급의 도구로 이용될 위험에 직면하고 있다. 어떠한 시기든, 바야흐로 전통을 압도하려는 타협주의로부터, 언제나 새로이 전통을 싸워서 빼앗으려는 시도가 행해지지 않으면 안된다. 메시아는 구원자로서만이 오는 것이 아니다. 그는 반그리스도*의 극복자로서도 오는 것이다. 과거로부터 희망의 불꽃을 점화할 수 있는 재능이 주어진 사람은 오로지, 죽은 사람들까지도 적으로부터 안전하지는 못하리라는 것을 투철하게 인식하고 있는 특정한 역사가뿐인 것이다. 그런데 이들 적은 승리를 거듭하고 있다.

7

> 고난과 비참의 메아리가 울려 퍼지는 이 골짜기와
> 암흑과 혹한을 생각하라.
> ──브레히트, 「서푼짜리 오페라」

퓌스텔 드 쿨랑지 Fustel de Coulange(1830~1889)는 역사가에게, 만약 그가 지나간 한 시대를 체험해 보고자 하면 모름지기 그 후에 일어난 일체의 역사적 진행과정을 아예 머리에서 떨쳐버릴 것을 권고하고 있다. 역사적 유물론이 파괴했던 역사방법론의 성격을 이보다 더 단적으로 말해주는 발언도 없을 것이다. 그것은 바로 感情移入 Einfühlung의 역사방법론인데, 이 방법론의 근원은 심장의 나태, 즉 순간적으로 스쳐 지나가는 진정한 역사적 이미지를 붙잡는 데 절망함으로써 생겨난 태만이라는 병 acedia이다. 중세의 신학자들에게 이 병은 멜랑콜리의 근원으로 간주되었다. 이러한 병에 친숙했던 플로베르는 〈카르타고를 소생시키기 위해 내가 어느 정도 슬퍼지지 않으면 안되었던가를 짐작할 수 있는 사람은 아마 극소수에 불과할 것이다〉라고 쓰고 있다. 이러한 슬픔(멜랑콜리)의 본질이 무엇인가는 다음과 같은 질문, 즉 역사주의의 신봉자들은

---
* 그리스도 재림 이전에 출현하여 이 세상에 악을 뿌리리라고 초기 그리스도교가 豫期하던 敵을 가리킨다.

도대체 누구의 마음이 되어 보려고 감정이입을 하는가 하는 질문을 던져 본다면 한층 더 명확해질 것이다. 대답은 두말할 나위 없이 승리자의 마음이 되어 보기 위해서인 것이다. 그런데 그때마다의 새로운 지배자는 그들 이전에 승리했었던 모든 자들의 상속자이다. 따라서 승리자의 마음이 되어 본다는 것은 항상 그때마다의 지배자에게 유리하게 됨을 뜻한다. 이로써도 역사적 유물론자는 그것이 무엇을 뜻하는지 충분히 알 수 있을 것이다. 오늘날에 이르기까지 언제나 승리를 거듭해 온 사람은, 땅바닥에 누워 있는 사람들을 짓밟고 넘어가는 오늘날의 지배자의 개선행렬에 함께 동참하고 있는 것이다. 전리품이란 지금까지 으레 그러했던 것처럼 이 개선행렬에 함께 따라다닌다. 우리가 문화유산이라고 일컫는 것은 바로 이 전리품을 두고 하는 말인 것이다. 이러한 문화유산을 역사적 유물론자는 일정한 거리를 유지하면서 비판적으로 관찰한다고 보아야 하는데, 왜냐하면 그가 문화유산에서 개관하는 것은 하나같이 그에게는 전율 없이는 생각할 수도 없는 원천에서 비롯하고 있다고 여겨지기 때문이다. 문화유산의 현존재는 그것을 창조한 위대한 천재들의 노고뿐만 아니라, 이름도 없는 동시대의 부역자들의 노고에도 힘입고 있는 것이다. 야만의 기록이 없는 문화란 있을 수 없다. 그렇지 않은 경우는 한번도 없다. 문화의 기록 자체가 야만성에서 벗어나지 못하는 것처럼 이 사람 손에서 저 사람 손으로 넘어가는 傳承의 과정 또한 이와 조금도 다를 바가 없다. 그렇기 때문에 역사적 유물론자는 가능한 한도내에서 이러한 전승으로부터 비켜난다. 그는 결에 거슬러서 역사를 솔질하는 것을 그의 과제로 삼는다.

8

억눌린 자들의 전통이 우리들에게 가르치고 있는 교훈은, 우리들이 오늘날 그 속에서 살고 있는 〈비상사태〉라는 것이 예외가 아니라 상례라는 점이다. 우리는 이러한 인식에 상응하는 역사의 개념에 도달하지 않으면 안된다. 그렇게 되면 진정한 비상사태를 도래시키는 것이 우리의 임무라는 사실이 명약관화해질 것이고, 그리고 이를 통해 파시즘에 대한 투쟁에서 우리가 갖는 입장도 개선될 것이다. 파시즘이 승산이 있는 이유 중의 하나는, 그 반대자들이 진보라는 이름을 하나의 역사적 규범으로 삼아 이를 들고 파시즘에 맞서고 있다는 사실이다. 우리가 지금 체험하고 있는 일들이 20세기에 들어선 오늘날에도 〈여전히〉가능할 수 있다는 놀라움은 결코 철학적 놀라움이 아니다. 이러한 놀라움은, 그러한 놀라움을 생겨나게 하는 역사관이 지탱될 수 없다는 인식이 전제되지 않으면 인식의 출발점이 되지 못한다.

9

> 나의 날개는 날 준비가 되어 있지만 나는 기꺼이 되돌아가고 싶었다. 왜냐하면 비록 내가 영원히 머물더라도 나는 행복을 갖지 못할 테니까.
> ——게르숍 숄렘, 「천사의 인사」

클레 P. Klee가 그린 새로운 천사 Angelus Novus라고 불리우는 그림*이 하나 있다. 이 그림의 천사는 마치 그가 응시하고 있는 어떤 것으로부터 금방이라도 멀어지려고 하고 있는 것처럼 보이도록 묘사되어 있다. 그 천사는 눈을 크게 뜨고 있고, 그의 입은 열려 있으며 또 그의 날개는 펼쳐져 있다. 역사의 천사도 바로 이렇게 보일 것임에 틀림없다. 우리들 앞에서 일련의 사건들이 그 모습을 드러내고 있는 바로 그곳에서 그는, 잔해 위에 또 잔해를 쉬임없이 쌓이게 하고 또 이 잔해를 우리들 발 앞에 내팽개치는 단 하나의 파국을 바라보고 있다. 천사는 머물러 있고 싶어하고, 죽은 자들을 불러일깨우고 또 산산히 부서진 것을 모아서는 이를 다시 결합시키고 싶어한다. 그러나 천국으로부터는 폭풍이 불어오고 있고, 또 그 폭풍은 그의 날개를 꼼짝달싹 못하게 할 정도로 세차게 불어오기 때문에 천사는 그의 날개를 더 이상 접을 수도 없다. 이 폭풍은, 그가 등을 돌리고 있는 미래쪽을 향하여 간단없이 그를 떠밀고 있으며, 반면 그의 앞에 쌓이는 잔해의 더미는 하늘까지 치솟고 있다. 우리가 진보라고 일컫는 것은 바로 이러한 폭풍을 두고 하는 말이다.

10

수도원이 수사들에게 명상을 위해 규율로서 정하고 있는 대상들은 이

---

* 표현주의 화가 클레의 그림으로서 벤야민은 오랫동안 이 그림을 그의 가장 중요한 명상의 대상물로 삼았다.

파울 클레 作
새로운 천사 (수채화, 1920년)

세상과 속세의 일로부터 멀어지게 하는 데 그 목적이 있었다. 지금 우리가 추적하고 있는 생각들도 이와 유사한 목적에서 나온 것이다. 오늘날 파시즘의 반대자들이 희망을 걸었던 정치가들이 파시즘 앞에서 무릎을 꿇고 그들 자신이 내걸었던 大義를 저버림으로써 그들의 패배를 확인하고 있는 이 마당에서, 이러한 생각들이 노리는 바는, 이들 정치적 현세주의자들로 하여금 그들이 쳐놓은 함정의 올가미로부터 벗어나게 하는 데 있다. 이러한 관찰은, 이들 현실적 정치가들의 진보에 대한 고집스러운 믿음과 〈대중기반〉에 대한 신뢰, 그리고 통제할 수 없는 사회적·정치적 기구에 대한 노예 같은 맹종과 동화가 실제로는 동일한 내용의 세가지 양상에 불과하다는 인식에 근거하고 있다. 이러한 관찰은 또한, 이들 정치가들이 계속 고수하고 있는 역사관과 일체의 복잡한 마찰을 기피하는 하나의 역사관을 위해서 우리들의 관습적 사고가 얼마나 높은 대가를 치르지 않으면 안되는가를 한번 보여 주고자 하는 것이다.

11

처음부터 사회민주주의에 깊이 자리잡고 있던 타협주의는 그들의 정치적 전략에서뿐만 아니라 그들의 경제관에도 그대로 남아 있다. 후에 사회민주주의가 겪는 파국의 중요한 원인의 하나는 바로 이 타협주의이다. 시대의 물결을 타고 나아간다는 생각만큼 독일의 노동계급을 타락시킨 것은 없다. 그들은 기술의 발달을 그들이 나아가는 흐름의 낙차로 간주하였다. 바로 이러한 생각에서부터, 기술의 발달과정 속에 들어 있는 공장노동이 하나의 정치적 과업을 수행하리라는 환상에 이르기까지는 그야말로 오십보 백보이다. 해묵은 프로테스탄트적 노동윤리는 독일인들 사이에서 세속화된 형태로 그 부활을 맞이하게 되었다. 고타강령 Gotha Programm은, 노동을 모든 부와 문화의 원천이라고 정의함으로써 이미 이러한 혼란의 흔적을 내포하고 있다. 무언가 잘못되었다는 것을 눈치챈 마르크스는 〈자신의 노동력 이외에는 아무것도 가진 것이 없는 인간은 소유주가 된 다른 인간들의 노예가 될 수 밖에 없을 것이라〉고 말함으로써 이러한 견해를 반박하였다. 이러한 반박에도 불구하고 혼란은 점차 확대되었고, 그 후 곧 요젭 디츠겐 Joseph Dietzgen은 〈노동은 새로운 시대의 구세주이다. 노동의 조건이 개선되면 지금까지 그 어떤 구원자도 성취하지 못했던 부가 생겨날 것이다〉라고 공언하였다. 노동의 본질에 대한 이러한 통속적인 마르크시즘적 견해는, 노동자들이 그들의 노동에 의해 만들어낸 생산품을 자기 마음대로 통제할 수 없는 한은 그것이 어느 정도 그들에게 도움을 줄 수 있을 것인가를 깊이 생각해 보지 않은 사고의 소산이다. 이러한 견해는 다만 자연통제(정복)의 진보만을 생각하고 있을 뿐 사회의 퇴행은 인정하려 들지 않고 있다. 그것은 이미 그 뒤 우리가 파시즘에서 마주치게 될 기술주의적 특징들을 그대로 보여주고 있다. 이들 특징 중의 하나는 1848년의 7월 시민혁명 이전의 사회주의적 유토피즘에서 논의되었던 자연개념과는 구별되는 불길한 조짐을 예고하는 자연개념이다. 이런 식으로 이해된 노동개념은 결과적으로 자연의 착취로 귀착되는데, 사람들은 순진하게도 자연의 착취를 프롤레타리아트의 착취와 대립되는 것으로 파악, 이에 만족하고 있다. 이러한 실증주의적 견해와 비교해 본다면 자주 조소의 대상이 되어온 푸리에 Charles Fourier(1772~1837)식의 환상은 놀랍게도 건강하다는 것이 드러난다. 푸리에에 따르면 사회적 노동이 효과적으로 짜여진다면 종국적으로는 네개의 달이 지구의 밤을 대낮같이 밝힐 것이고, 남북극의 빙하가 녹을 것이며, 바닷물은 더 이상 짜지 않을 것이고 또 맹수들은 사람들의 명령에 순종하게끔 되어 있다. 이러한 것들은 모두 자연을 착취하는 것과는 거리가 멀게, 오로지 잠재적 가능성으로서 창조물의 모태 속에 잠자고 있는 자연을 창조물로부터 해방시킬 수 있는 노동의 한 예를 보여주고 있을 따름이다. 디츠겐이 표현했던 바의 〈공짜로 거기에 존재하는〉 자연은 이러한 타락한 노동의 개념을 보완하는 구실을 하고 있다.

12

우리는 역사를 필요로 한다. 그러나 우리는 지식의
정원에서 소일하는 무위도식자들이 역사를 필요로 하
는 것과는 달리 역사를 필요로 한다.
──니체, 「삶을 위한 역사의 유용성과 단점」

역사적 인식의 주체는 투쟁하는 피지배계급 자신이다. 마르크스에 있어서는 이 계급은 패배한 세대의 이름으로 해방의 과업을 마지막까지 수행하는 억압받고 또 복수하는 최후의 계급으로 등장한다. 스파르타쿠스

Spartakus*에서 다시 한번 잠깐 나타났던 이러한 의식을 사회민주주의자들은 언제나 혐오하였다. 30여년이 경과하는 동안 그들은, 지난 세기를 규합하고 뒤흔들어 놓았던 블랑키(1805~1881)와 같은 목소리와 이름을 말살하는 데 성공하였다. 사회민주주의는 노동자계급에 다가올 미래 세대의 구원자의 역할을 부여함으로써 이에 자족하였고, 또 이로써 노동계급으로부터 그들이 지닌 가장 큰 힘의 원천인 심줄을 잘라 버렸던 것이다. 노동계급은 이러한 훈련과정에서 곧 증오와 희생정신을 망각하게 되었는데, 왜냐하면 증오와 희생정신은 해방된 손자들의 이상에 의해서가 아니라 짓밟히고 억눌린 선조들의 이미지에 의해 자라고 북돋아지기 때문이다.

13

> 날로 우리의 목적은 더 분명해 가고 또 날로 국민들은 더 영리해질 것이다.
> ──요젭 디츠겐, 「사회민주주의의 철학」

사회민주주의 이론은 물론이고 그 실천도 한층 더 현실에 근거한 진보의 개념이 아닌 교조적 요구를 지닌 진보의 개념에 의해 규정되어 왔다. 사회민주주의자들이 머리 속에서 그려왔던 진보는 무엇보다도 인류자체의 진보(인류의 기술과 지식의 진보만이 아닌)를 의미하였다. 둘째로 그들이 생각한 진보는 아직도 완결되지 않은 진보(인류의 무한한 완벽성의 가능성에 상응하는)를 의미하였다. 세째로 그것은 또 근본적으로 끊임없이 발전하는 진보(직선 내지 나선형을 그으면서 자동적으로 나아가는 진보)로 간주되었다. 이러한 속성들은 모두 논란의 대상이 될 수 있으며 또 이들 속성 각각에는 비판을 가할 수가 있을 것이다. 하지만 이에 대한 비판은, 그것이 가차없는 비판이 되기 위해서는 이러한 모든 속성들의 배후를 꿰뚫어보아야 하고 또 이들 속성의 공통점이 무엇인가를 찾아내는 데 주안점을 두지 않으면 안된다. 인류의 역사적 진보라는 개념은 동질적이고 공허한 시간을 관통하는 역사적 발전과정이라는 개념과 분리시켜 생각할 수 없다. 따라서 진보라는 개념에 대한 비

---

* 일차세계대전 중 칼 립크네히트, 로자 룩셈부르크 등에 의해 조직된 독일사회당 좌파의 연합으로 그후 독일공산당의 모태가 됨.

판의 바탕은 이러한 역사적 발전과정이라는 개념에 대한 비판이 되지 않으면 안될 것이다.

14

근원은 목표이다.
——칼 크라우스, 「운문으로 된 말들」

역사는 어떤 구성이나 구조물의 대상인데, 이 구조물이 설 장소를 형성하고 있는 것은 동질적이고 공허한 시간이 아니라 〈현재시간 Jetztzeit〉에 의해 충만된 시간이다. 그래서 로베스피에르에게는 고대의 로마는 현재시간에 의해 충전되어진 과거였다. 프랑스혁명은 스스로를 다시 태어난 로마로 이해하였다. 프랑스혁명은 고대의 로마를, 마치 유행이 지나간 의상을 기억에 떠올리는 것과 똑같은 방식으로 기억하고 회상시켰다. 유행은 무엇이 현실성을 가지고 있는가를 낌새채는——그것이 아무리 지나간 과거의 덤불 속에 있더라도——예민한 감각을 가지고 있다. 그것은 이를테면 과거를 향해 내딛는 호랑이의 도약이다. 다만 이 도약은 지배계급이 지배권을 행사하고 있는 원형경기장에서 일어나고 있을 따름이다. 역사의 자유로운 하늘에서 펼쳐질 이와 동일한 도약이 바로 마르크스가 혁명으로 파악한 변증법적 도약인 것이다.

15

역사의 연속성을 폭파시키고자 하는 의식은, 행동을 개시하려는 순간의 혁명적 계급에 고유한 것이다. 프랑스 대혁명은 새로운 달력을 도입하였다. 이 새로운 달력의 첫날은 역사의 低速度 촬영기와 같은 기능을 하고 있다. 기억의 날로서 국경일의 모습을 하고 언제나 다시 되돌아오는 그 날은 따지고 보면 항상 동일한 날인 것이다. 따라서 달력은 시계처럼 시간을 계산하고 있지 않다. 그것은 백년 이래 유럽에서는 그 가장 희미한 흔적조차도 드러내지 않았던 역사의식의 기념비이다. 이러한 역사의식이 아직도 생생하게 살아 있었던 것은 1848년의 7월혁명 동안에 일어났던 하나의 돌발적 사건에서였다. 투쟁의 첫날밤에 파리의 여러 곳에서 상호간에 아무런 관련도 없이 독자적으로 그리고 동시에 시계탑에 충격이 가해졌다는 사실이 뒤늦게 밝혀졌다. 아마 詩의 압운에 힘입어 그의 통찰력을 획득했다고 생각되는 이 사건의 어느 증인은 다음과 같이 쓰고 있다. 〈누가 믿을 것인가? 들리는 말에 의하면 모든 시계탑 밑에 서 있던 새로운 여호수아가 마치 시간이 못마땅하기라도 하듯이 시계판에 총을 쏘아 시간을 정지시켰다고 한다.〉

16

역사적 유물론자는 과도기로서의 현재의 개념이 아니라 시간이 그 속에 머물러 정지상태에 이르고 있는 현재의 개념을 포기할 수 없다. 그 까닭은 이와 같은 현재의 개념에 의해서만 역사를 쓰고 있는 현재가 정의되기 때문이다. 역사주의가 과거의 〈영원한〉 이미지를 나타낸다면 역사적 유물론자는, 일회적인 과거와의 유일무이한 경험을 보여준다. 역사적 유물론자는, 과거의 영원한 이미지 따위는 역사주의의 윤곽에서 〈옛날 옛적〉이라고 불리우는 창녀에게 정력을 탕진하는 다른 사람들에게 내맡겨 버리고, 대신 그는 자신의 힘을 스스로 제어하면서 역사의 지속성을 폭파시키기에 충분한 힘을 가진 남자로 계속 남아 있는 것이다.

17

역사주의가 보편적 세계(인류)사에서 그 정점을 이루는 것은 당연하다고 할 수 있다. 유물론적 역사서술은 방법론적으로, 어떠한 다른 종류의 역사보다는 바로 이러한 보편사와 비교해 보면 아마 가장 명확히 구별될 것이다. 보편적 세계사는 아무런 이론적 무기도 가지고 있지 않다. 보편사의 방법론은 첨가적이다. 그것은 동질적이고 공허한 시간을 채우기 위해서 사실의 더미를 모으는 데 급급하다. 유물론적 역사서술은 이와는 반대로 하나의 構成원칙에 그 근거를 두고 있다. 사고에는 생각의 흐름만이 아니라 생각의 정지도 포함된다. 사고는, 그것이 긴장으로 충만된 사실의 배열 속에서 갑자기 정지하는 바로 그 순간에 그 사실의 배열에 충격을 가하게 되고 또 이를 통해 사고는 하나의 單子 Monade로서 結晶化된다. 역사적 유물론자는, 그가 단자로서 마주 대하는 역사적 대상에만 오로지 접근한다. 이러한 단자의 구조 속에서 그는 사건의 메시아적 정지의 표식, 달리 말해 억압된 과거를 위한 투쟁에서 나타나는 혁명적 기회의 신호를 인식한다. 그는 동질적이고 공허한 역사의 진행과정을 폭파시켜 그로부터 하나의 특정한 시기를 끄집어내기 위해서 과거를 인지한다. 이런 식으로 해서 그는 시대로부터는 하나의 특정한 삶을, 일생의 사업으로부터는 하나의 특정한 사업을 획득하게 되는 것이다. 이러한 방법론으로부터 얻게 되는 수확은 한 작품 속에 필생의 업적이, 필생의 업적 속에는 한 시대가, 그리고 한 시대 속에는 전체 역사의 진행과정이 보존되고 지양되는 것이다. 역사적으로 파악되어진 것의 영양이 풍부한 열매는, 귀중하지만 맛이 없는 씨앗으로서의 시간을 그 내부에 간직하고 있다.

<h2 style="text-align:center">18</h2>

〈이 지구상의 유기적 생물체의 역사와 비교한다면 호모 사피엔스(인류)의 보잘것없는 오천년 역사는 이를테면 하루의 24시간 중의 마지막 2초와 같은 것이고 또 이러한 기준에서 두고 보면 문명화된 인류의 역사는 기껏해야 하루의 마지막 시간의 마지막 초의 $\frac{1}{5}$에 지나지 않는다.〉라고 어느 현대의 생물학자는 말한 바 있다. 메시아적 현재시간의 모델로서 전 인류역사를 엄청나게 축소해서 포괄하고 있는 현재시간 Jetztzeit은 우주 속에서 인류의 역사가 만든 바로 그 형상 Figur과 정확하게 일치한다.

<h2 style="text-align:center">附 記</h2>

A

역사주의는 역사의 여러 상이한 계기 사이의 인과관계를 정립하는 것으로 만족하고 있다. 그러나 어떠한 사실도 그것이 원인이라는 이유만으로 해서 역사적 사건이 되는 법은 없다. 원인으로서의 사실은, 수천년이라는 시간에 의해 그 사실과는 동떨어져 있을 수도 있는 사건들을 통해서 추후에 역사적이 되었던 것이다. 이러한 전제에서 출발하는 역사가는 사건들의 계기를 마치 염주를 하나 하나 세듯 차례차례로 이야기하는 것을 중지하고 그 대신 그가 살고 있는 자신의 시대가 지나간 어느 특정한 시대와 관련을 맺게 되는 상황의 배치로 파악한다. 이렇게 해서 그는 메시아적 시간의 단편들로 점철된 〈현재시간〉으로서의 현재라는 개념을 정립하게 되는 것이다.

B

　시간으로부터 그 안에 숨겨져 있는 것이 무엇인가를 알려고 했던 점술가들은 확실히 시간을 동질적 시간으로도 또 공허한 시간으로도 체험하지 않았다. 이러한 사실을 염두에 두고 있는 사람은 어쩌면 과거의 시간이 어떻게 기억을 통하여 체험되어졌던가를 알 수 있을지도 모른다. 주지하다시피 유대인에게는 미래를 연구하는 것이 금지되었다. 유대인의 경전인 토라와 그들의 기도는 이와는 반대로 기억을 통하여 미래가 어떤 것인가를 가르쳐 주고 있다. 이러한 기억은 유대인들로부터, 점성가들에게서 가르침을 얻으려는 사람들이 빠져들었던 미래가 지니는 마력적 힘을 박탈하였다. 하지만 그렇다고 해서 유대인에게 그로 인해 미래가 동질적이고 공허한 시간이 되었던 것은 아니다. 왜냐하면 그들에겐 미래 속에서는 매초 매초가 언제라도 메시아가 들어올 수 있었던 조그만 門을 의미하였기 때문이다.

해 설

발터 벤야민의 비평개념과 예술개념

潘 星 完

1. 벤야민의 수용과 문제점

발터 벤야민 Walter Benjamin (1892~1940)이라는 이름은 적어도 60년대 후반부터는 독일을 위시한 서구의 비평계와 문예학에서 하나의 보편성을 획득하고 있다. 주로 20년대와 30년대에 활동한 이 문예이론가가 60년대에 와서 주목의 대상이 되고 또 갑자기 현실성을 획득하게 된 데에는 그럴 만한 까닭이 있다. 60년대 중엽을 전후하여 특히 서독에서 본격화하기 시작한 일련의 정치적·지적 풍토의 변화, 예컨대 베트남 전쟁을 기점으로 한 동서냉전의 해체와 더불어 격화되기 시작한 동서, 중소 이데올로기 논쟁, 전후 아데나워를 중심으로 한 독일基民黨의 장기간에 걸친 구체제복고적 정치질서의 붕괴와 더불어 생겨난 이른바 〈반권위주의적〉 전후세대의 기성세대와 기성질서에 대한 반항들은 파시즘의 과거에 대한 새로운 성찰과 비판의식을 불러일으켰고 나아가서는 독일 역사 일반에 대한 재검토와 더불어 독일의 전통적 문화개념과 예술개념에 대한 재조명을 요구하였다. 30년대의 루카치의 리얼리즘이론과 프랑크푸르트학파의 사회학적 문화이론 및 벤야민의 예술이론이 다시 수용되고 본격적인 논의와 비판의 대상이 된 것은 이러한 변화 속에서이다.

잘 알다시피 호르크하이머와 아도르노 및 마르쿠제를 주축으로 하는 프랑크푸르트학파의 〈비판적〉 사회과학이론과 이데올로기・문화개념은 이 시기의 새로운 지적 풍토와 이데올로기 논쟁에 가장 중요한 이론적 근거를 제공하였다. 그러나 스승의 이론은 곧 제자들에 의해 부인되었고, 종래는 격렬한 비판의 대상이 되었다. 기성세대에 대한 젊은 세대의 거의 전면적 거부는 또 하나의 새로운 이론적・이데올로기적 근거를 찾으려는 노력으로 나타났다. 30년대에 〈사회문제연구소〉의 〈비주류적〉 위치에 서 있었던 벤야민이 갑자기 관심의 중심부에 놓이게 되고 프랑크푸르트의 독문학세미나가 한때 학생들에 의해 〈발터 벤야민 세미나〉로 이름붙여진 것도 바로 이 시기를 전후해서이다. 그의 이론 형성과정에서 벤야민에 많은 것을 힘입고 있으나 근본적으로는 벤야민보다 〈더 나은〉 이론가 내지 변증가의 입장을 취했던 아도르노는 이미 1955년에 두 권의 발터 벤야민 선집을 펴냄으로써 벤야민의 수용에 결정적 공헌을 하였다. 그러나 이미 〈비판이론〉에 거리감을 갖기 시작한 젊은 지식인들은 아도르노에 의한 벤야민의 소개가 〈비판이론〉의 축에 끼워 맞추어진, 그래서 본래의 〈진정한〉 벤야민像과는 거리가 멀다는 反論을 제기하였다. 벤야민을 둘러싼 아도르노와 그 반대자들 사이의 논쟁은, 비판이론을 둘러싼 일련의 이데올로기논쟁과 더불어 오랫동안 독일지식계의 중요한 쟁점의 하나가 되었다. 그리고 이러한 논쟁은 그야말로 벤야민 연구의 르네상스를 맞는 계기를 마련해 주었다. 70년대에 이루어진 광범위한 벤야민 수용과 무수한 벤야민 연구를 보면, 그의 문예이론이 루카치와 아도르노의 문예이론과 함께 이 분야의 논의에서 이미 〈고전적〉 위치를 정하고 있는 것처럼 보인다.

그러나 벤야민 연구는 아직도 많은 문제점을 안고 있고 또 여러 면에서 많은 논쟁의 여지를 남겨 놓고 있는 실정이다. 벤야민의 예술이론이 많은 논쟁의 여지를 남겨놓고 있는 가장 큰 이유 중의 하나는 무엇보다도 그의 이론적・비평적 언어가 갖는 특수성과 그의 사고에 내재하고 있는 秘敎的 내지 신비주의적 요소 때문이다. 벤야민 예술이론의 핵심적 개념인 〈분위기 Aura〉라는 말을 그대로 사용한다면 그의 언어와 사고의 주위에는 좀처럼 접근하기 힘든——그것이 아무리 가까이 또 명백하게 보이는 경우에라도——일종의 신비스러운 분위기가 감돌고 있다. 그의 언어는 또한 아우라의 개념이 그러한 것처럼 절대적이고 고유한 authentisch 것이다. 그리고 그는 설명적・논증적 diskursiv 범주로는 좀처럼 붙잡기 힘든 이미지의 언어를 사용하고 있다. 그의 언어는, 단어나 문장 하나하나를 떼어놓고 보면 대단한 명징성을 지니고 있는 것처럼 보이지만 문장 전체를 두고 보면 텍스트 Text라는 말이 본래 뜻하는 매우 촘촘한 천의 짜임과 이미지의 긴밀성을 보여주고 있다. 「독일낭만주의의 예술비평개념」에서 그가 슐레겔의 말을 빌어 표현하고 있는 것처럼 그의 비평적 언어는 시 Poesie의 언어를 보완하고 완벽하게 하여 또 시적 언어에 내재적 관계를 유지함으로써 이에 공정하려고 하고 있다. 벤야민의 비평이 마치 시적 텍스트처럼 읽혀져야 하고 해석되어야 한다는 일반적 요구는 이러한 사정에 연유한다. 물론 이러한 그의 비평언어의 특수한 성격은 그의 독특한 사고방식, 특히 그의 언어관과 역사관 및 이에 바탕한 예술이론의 내용과 밀접한 관련을 맺고 있다. 이에 대해서는 앞으로 좀더 상세히 언급될 것이다.

벤야민의 비평언어와 예술이론의 내용이 본질적으로 허용하는 해석의 여러 가능성은 실제로 보는 사람의 시각과 입장에 따라 많은 해석을 낳게 하였다. 어느 의미에서는——하버마스가 지적하고 있는 것처럼——벤야민을 어떻게 해석하느냐 하는 문제는 독일지식인사회의 정신적·이데올로기적 판도를 가늠하는 하나의 중요한 기준이 될 수 있다. 그러면 여기서 우리는 벤야민이 지니는 이러한 현실적 의미를 가늠하고 또 그의 예술비평과 이론의 문제점이 어디에 있는가를 살펴보기 위하여 지금까지 이루어진 벤야민의 대표적 해석을 우선 개관해 보기로 하자.

첫째, 벤야민의 베를린 고향친구이자 벤야민의 지적 발전을 처음부터 끝까지 지켜본 지적 동반자였으며 또 1920년대에 이미 팔레스티나로 이주한 유대교 연구의 세계적 석학인 숄렘 Gershom Scholem에 의한 신학적——그중에서도 특히 신비주의적 요소를 가장 강하게 지니는 유대교의 카발라 Kabbala적——벤야민 해석을 들 수 있다. 이 해석에 따르면, 벤야민의 예술철학적·역사철학적 기록은, 1930년을 전후한 벤야민의 마르크스주의적 전향에도 불구하고 그 근본에 있어서는 〈유대적 정신의 가장 감동적인 증언의 하나〉라는 것이다. 신학적 관점에서 카프카를 본 막스 브로트 Max Brod의 카프카 평전 및 해석과도 비견될 수 있는 숄렘의 이러한 해석은 그가 벤야민의 가장 개인적이고 가장 은밀한 지적 충동의 내면을 누구보다도 더 잘고 있다는 인사이더의 입장을 취함으로써 강한 설득력과 신빙성을 보여주고 있다. 그러나 그의 신학적·카발라적 해석이——비록 그것이 벤야민 이해의 가장 중요한 열쇠의 하나를 제시해 주고 있다는 점에서는 의문의 여지가 없지만——과연 어느 정도 벤야민의 비평적·철학적 사고의 저변을 관류하는 기본흐름, 즉 유대교적 신학과 역사적 유물론 사이의 상관관계를 밝히는 데 성공하고 있는가 하는 문제에 대해서는 논란의 여지가 많다고 보아야 할 것이다.

둘째, 20년대에 야스퍼스의 제자였고 하이데거와 지적으로 가까이 있었으며, 30년대의 파리망명시절 벤야민과 두터운 교분을 맺었고 그리고 60년대의 미국에서의 벤야민수용에 주도적 역할을 하였던 한나 아렌트 Hanna Arendt——1969년에 그녀는 『조명 Illuminations』(1969)이라는 제목으로 최초의 영역본 벤야민 선집을 펴내었다——로 대표되는 문화적 전통주의자 내지 보수적 문화혁명가로서의 벤야민에 대한 해석이다. 벤야민(특히 초기의)에 보여지는 일련의 보수적 경향을, 예컨대 벤야민이 대학시절 한때 심취하였던 문화 보수적 〈청년운동〉, 그의 초기 비평활동에서 보여지는 게오르게학파와 호프만슈탈 및 릴케와의 유대감, 그리고 신학적(카톨릭적) 정치관을 독일 낭만주의의 전통과 결부시켜 그의 정치이론을 전개한 바이마르 공화국의 보수적·낭만적 정치이론가 칼 슈미트 Karl Schmitt와의 은밀한 연관성 등을 지적하면서 아렌트는 문화적·정치적 면에서의 벤야민의 보수주의적 성향을 강조하고 있다. 특히 아렌트는 벤야민을, 초기 서구 부르죠아지의 문화이념과 도덕적 가치가 붕괴됨으로써 생겨난 20세기 유럽의 문화적·정치적 위기 속에서 〈전통의 깊은 바다에 들어가서 숨겨진 진리의 결정체인 진주를 캐내려고 함으로써〉 유럽의 전통적 문화이념을 구제·고수하려고 한 〈최후의 19세기적 유럽인〉으로 규정하고 있다. 또 그녀는 벤야민의 문화적 보수주의를 하이데거식의 〈전통보존〉이라는 의미에서, 그리고 벤야민의 전 생애에 걸친 언어철학적 관심을 비트겐슈타인 식의 분석철학과의 관련 속에서 파악하려고 하고 있다. 벤야민을 이를테면 시오니즘과 마르크시즘으로부터 보호하고자 하는 아렌트의 벤야민 해석의 특징은, 벤야민을 어떠한 사상적·종교적 체제나 이데올로기에도 완전히 자신을 일치시킬 수가 없었던 한 사람의 자유로운 지식인으로서, 또 20세기 독일의 유대계 부르죠아 지식인들의 일반적인 역사적·실존적 상황과의 관련 속에서 파악하고 있다는 점에 있다.

세째, 아도르노를 중심으로 한 프랑크푸르트학파의 벤야민 해석이다. 이미 20년대 초반부터 벤야민과 집중적인 지적 교분을 맺었고——이러한 관계는 벤야민이 〈사회문제연구소〉로부터 경제적 도움을 받기 시작한

30년대 이후 더욱 강화되었다——또 50년대 이후 실질적으로 벤야민 유산의 〈관리자〉 역할을 하였던 아도르노는 벤야민의 〈천재〉에 대한 무한한 경탄과 그에 공정하려는 정직한 노력에도 불구하고 이미 위에서 언급한 것처럼 결과적으로는 벤야민을 〈비판이론〉의 틀 속에 영입 내지 동화시키려고 하였다. 벤야민의 〈최초의 제자〉이자 〈유일한 제자〉라는 아렌트의 말이 결코 과장이 아닐 정도로 그의 지적 생산의 가장 중요한 모티브를 벤야민으로부터 얻고 있는 아도르노는 벤야민에 대한 그의 이러한 지적 負債와 벤야민과의 긴장관계를 그의 이론 곳곳에 드러내고 있다. 벤야민보다 〈더 나은 변증가〉이자 헤겔주의자임에 틀림없어 보이는 아도르노의 벤야민 해석의 특징은 벤야민 특유의 신학적·알레고리적 사고를 보다 설명적인 개념체계에 의해 해명하고 또 벤야민의 저술(특히 후기의)에 내재한다고 여겨지는 브레히트식의 단도직입적이고 〈투박한〉 유물론적 사고를 변증법적으로 중재하고 교정하려고 노력한 데에 있다. 아도르노의 이러한 노력은 한편으로는 벤야민의 秘義的 언어를 해명하고 또 문화적(예술적) 현상과 사회적 현상 사이의 관계양상을 보다 설명적·구체적으로 중재하는 데 기여하고 있는 것은 사실이지만 다른 한편으로는 이를 통해 사물과 대상에 직접적으로 접근하는 벤야민 사고의 투박성을 세련화함으로써 벤야민 특유의 유물론적 사고를 왜곡 내지 약화시켰다는 신랄한 비판을 받아 왔다. 다분히 60년대말과 70년대초의 이데올로기논쟁의 열기(여기에는 기성세대에 대한 젊은 세대의 심리적·감정적 반발이 크게 작용하고 있다) 속에서 이루어진 아도르노—벤야민 논쟁은, 보다 냉철한 시각에 의해 검토되어진다면 이 두 이론가의 공통점과 차이점의 해명뿐만 아니라 20세기에 전개된 일련의 변증법적 예술이론의 연구에도 크게 도움을 줄 것이다.

넷째, 무엇보다도 프랑크푸르트학파의 벤야민 해석에 반기를 들고 벤야민을 마르크스적 문예비평가 내지 문예이론가로 보려는 유물론적 해석이다. 이 해석은 주로 30년대 이후에 쓰여진 벤야민의 유물론적 예술이론에 그 근거를 두고 있다. 전통적 서구의 부르죠아지 예술개념에 대립되는 새로운 예술개념의 정립을 위한 시도, 〈기술복제시대의 예술작품〉이 갖는 새로운 사회적 기능, 대중매체의 발달로 인한 수용자층의 변화와 20세기의 예술적 수단의 변화를 통한 예술가와 작가의 새로운 사회적 위치, 브레히트와의 집중적 관계와 예술가의 사회적·정치적 앙가쥬망과 실천 Praxis에 대한 관심——30년대의 벤야민의 이론과 실제에서 보여지는 이러한 사실들을 바탕으로 해서 이 해석은 벤야민을 〈문학투쟁의 전략가〉 내지 〈계급투쟁의 증인〉으로 또 유물적 예술이론의 전위적 선구자로 간주해서 그로부터 마르크스적 예술비평과 이론의 일반적 기준을 추출하려고 하고 있다. 이러한 해석은 벤야민 이론의 해명에 부분적으로는 매우 분명한 시각을 제시하고 또 이를 통해 유물론적 예술이론의 전개에 유익한 단서를 제공하고 있지만, 전체적으로 보면 여전히 일면적인 성격을 벗어나지 못하고 있는 것처럼 보이는데, 그 이유는 벤야민의 신학적 모티브와 유물론적 모티브 사이의 상관관계를 후자에 유리하게 해석함으로써 벤야민의 초기비평과 후기비평 사이에 내재하는 변증법적 긴장관계를 부각시키지 못하고 있기 때문이다.

마지막으로 위에서 열거한, 다분히 철학적·이데올로기적 논쟁의 성격을 띤 벤야민 해석과는 일정한 거리를 유지하고, 벤야민의 예술이론을 초현실주의를 전후한 20세기 서구의 모더니즘적 예술경향과 이와 결부하여 일어난 예술개념의 일반적 변화라는 문맥 속에서 파악하려는 70년대 중반 이후의 넓은 의미의 〈문예해석학적〉 해석방법을 들 수 있겠다. 이 해석의 장점은 벤야민을 철학적 이론가로서라기보다는 실제적 문예비평가로 보고 그의 문예이론을 그의 비평 속에서, 또 현대의 여러 예술사조와 결부시켜 고찰함으로써 벤야민의 문학사적 성격과 位相을 보다 폭넓게 조명하고 있다는 점에 있다.

이상에서 우리는 벤야민 해석의 여러 문제점들을 개관함으로써 벤야민 예술이론의 문제점들이 어디에 있는가를 간접적으로 시사해 보았다. 그러나 필자의 의견으로는 벤야민 연구의 가장 중요한 문제점은 아무래도 위에서 이미 여러 차례 시사한 것처럼 벤야민의 전사고를 관류하는 신학적(유대교적) 모티브와 유물론적(마르크스적) 모티브 사이의 관계양상과 초기 벤야민과 후기 벤야민 사이의 상관관계를 어떻게 연결·해명하느냐 하는 데 있다고 생각된다. 하지만 이 문제의 해결은 실제로 많은 어려움을 내포하고 있는데, 왜냐하면 벤야민의 신학적 모티브를 파악하기 위해서는 무엇보다도 유대교의 신비주의적 전통, 즉 카발라에 대한 이해가 전제되어야 하기 때문이다.[1] 특히 벤야민 예술이론의 근간을 이루는 언어관과 역사관은 유대교의 언어관과 역사관의 이해 없이는 충

---

1) 카발라에 관한 연구서로 가장 잘 알려진 책은 벤야민에 가장 큰 영향력을 끼친 숄렘의 『유대적 신비주의 Die Jüdische Mystik』(Frankfurt, 1957)이다. 카발라에 관한 필자의 단편적 지식은 모두 이 책에 근거하고 있다.

분히 해명될 수가 없는 것처럼 보인다. 벤야민 연구에서 다음으로 중요하다고 생각되는 시각은 사회학적 문예해석학이 시도하고 있는 것처럼 벤야민의 문예비평과 예술이론을 20세기(특히 20년대와 30년대)의 예술경향 및 루카치와 아도르노를 위시한 현대의 변증법적 문예이론과 결부시켜 고찰하는 일인데, 왜냐하면 20세기 유럽역사의 배경과 그의 특수한 역사적·예술적 체험이 고려되지 않고서는 그의 이론은 좀처럼 이해될 수가 없기 때문이다. 그러면 이러한 문제점 등을 염두에 두고 우선 벤야민의 생애와 프로필을 20세기의 역사적 배경 속에서 살펴보도록 하자.

2. 벤야민의 생애와 프로필

벤야민은 1892년 베를린의 한 중산층 유대인 가정에서 태어났다. 아버지는 한때 매우 부유한 상인이었다가 나중에는 주로 미술품·골동품 업계에 종사하였다. 훗날 벤야민이 책수집(특히 동화를 비롯한 어린이책)과 미술품수집에 정열적 관심을 보이고 또 그의 예술이론을 문학작품에만 한정하지 않고 조형예술과의 관련 속에서 전개시킨 것도 이러한 집안의 분위기에 힘입고 있다고 보아야 할 것이다. 고향에서 인문고등학교를 졸업한 벤야민은 1912년 남독의 프라이부르크대학에서 독문학과 철학을 공부하기 시작하였다. 벤야민의 소년시절과 대학시절에서 특기할 만한 사실은 일차세계대전을 전후하여 비네켄 Wyneken이라는 사람을 중심으로 전개된 정신적·도덕적 개혁운동에 대한 적극적 관심과 앙가쥬망——그는 한때 이 운동의 대학서클이라고 할 수 있는 〈자유학생연맹〉의 회장이 되기도 하였다——과 숄렘과의 교우관계를 통해 갖게 된 유대교에 대한 관심이다. 일차세계대전의 발발로 야기된 전쟁을 둘러싼 찬반의 논쟁과 서클내부의 異見 때문에 이 운동으로부터 손을 떼게 된 벤야민은 그후 베를린과 뮌헨대학에서, 그리고 마지막에는 스위스의 베른대학에서 학업을 계속하였고 이 대학에서 「독일낭만주의의 예술비평개념」이라는 논문으로 1919년 학위를 취득함으로써 그의 대학생활을 마쳤다. 대학시절에 이미 그는 문학비평에 대한 관심과 더불어 언어철학과 역사철학에 지대한 관심을 보이고 있고 또 프루스트와 보들레르를 위시한 현대불란서문학에 대한 강한 취향을 보여 주고 있다. 대학졸업후 곧 쓰어진, 괴테 만년의 소설을 소재로 한 비평논문「괴테의 친화력」——이 논문은 초기 벤야민의 비평을 이해하는 데 매우 중요한 논문이다——을 통해 당시 오스트리아문단에서 주도적 역할을 하였던 호프만슈탈 Hoffmanstahl의 주목과 후원을 받게 되었고 또 그를 통해 한때 릴케와도 교분을 맺게 되었다. 이 시기는 초기 벤야민의 문화보수적 요소와 독일낭만주의 및 유대교에 대한 관심이 두드러지게 나타나는 시기이다. 특히 숄렘을 통한 유대교의 전통에 관한 관심은 20년대 후반 이후의 마르크시즘에 대한 관심과 함께 그의 정신적 세계를 지배하는 바가 된다. 1923년 숄렘이 팔레스티나로 이주한 이후에도 그는 끊임없이 그의 친우에게 자신의 유대교에 대한 관심을 표명하였고, 그의 생애에서 여러 차례——특히 30년대의 어려운 시기에——팔레스티나로 이주할 것을 고려하였으나 이 계획은 한번도 실천에 옮겨지지 않았다. 『유럽에는 아직도 지킬 입장이 있읍니다.』라는 그의 발언이 말해주듯 그는 유대주의에 대한 호의와 깊은 관심에도 불구하고 근본적으로는 철저히 유럽적 문화전통에 뿌리를 내리고 있던 지식인이었다.

대학을 졸업하고 난 벤야민은 그야말로 〈자유로이 부동하는 지식인〉이 되었다. 그리고 그가 직면한 최대의 문제는 지식인으로서의 삶의 근거를 마련하는 일이었다. 이미 家長이 된 그는 한동안 고서적상이나 출판사의 편집인으로 생계의 근거를 마련하려고 했지만, 이러한 계획이 모두 뜻대로 되지 않게 되자 아버지의 환심과 경제적 지원을 받기 위한 유일한 방편으로서 교수자격논문을 쓰기로 작정하였다. 『독일비극의 원천』은 이렇게 해서 씌어졌다. 초기 벤야민의 언어철학적·역사철학적 관심이 집중적으로 표현되어 있는 18세기 독일 바로크의 비극 Trauerspiel에 관한 이 연구서는 그 특유의 秘義的 문제와 난해한 방법론적 성찰 때문에 당시 게오르게학파의 영향권에 있던 강단독문학으로부터 전혀 이해를 받지 못했을 뿐만 아니라 심지어 심한 거부반응에 직면하게 되었다. 게다가 이러한 거부반응에는 이 시기에 이미 팽배하기 시작한 바이마르 공화국의 반유대적 감정이 함께 작용하였다. 아뭏든 대학에로의 길은 이로써 완전히 좌절되었고 그는 계속 〈자유로운〉 문인으로 머물지 않으면 안되었다. 벤야민이 독일의 대부르죠아지신문인 《프랑크푸르트신문 Frankfurt Zeitung》과 주간문예지인 《문학세계 Literarische Welt》의 자유기고가로서 문예비평, 에세이, 서평, 기행문 등을 쓰기 시작한 것도 이 시기를 전후해서이다. 20년대 중반부터 나치즘이 집권하는 1933년 사이의 벤야민의 지적 발전에서 가장 괄목할 사실은 그의 지식인으로서의 프롤레타리아트화이다. 그리고 이와 병행하여 시작된 자신과 부르죠아

지식인 일반의 경제적·사회적 상황에 대한 집중적 성찰과 마르크시즘의 이론과 실제에 대한 관심이다. 마르크시즘과 사회주의(특히 볼셰비즘의) 실천에 대한 관심에 직접적 계기를 마련해준 것은 1924년 이탈리아의 카프리에서 알게 된 러시아의 여류영화감독인 라시스 Asja Lacis와 그녀를 통해 처음 알게 된 브레히트와의 만남이다. 특히 브레히트와의 교류와 그의 문학세계와의 논쟁은——앞으로 다시 언급되겠지만——숄렘과의 관계와 더불어 벤야민의 지적 세계를 구성하는 양대지주(유대교와 마르크시즘)가 된다. 한때 독일공산당의 입당을 심각하게 고려하기까지 한 벤야민은 1926년 겨울 모스크바를 직접 방문하기도 하였고, 또 소련의 대백과사전에 괴테에 관한 項目(비록 부르죠아지적이라는 이유로 그 게재가 거부당하기는 했지만)을 기고하기도 하였다. 그가 이 당시에 마르크시즘에 관심을 갖기 시작한 부르죠아지 지식인들과 함께, 이미 사회주의자가 된 루카치의 이론, 특히『역사와 계급의식』에 영향을 받게 된 것도 이 시기를 즈음해서이다. 그밖에도 이 시기 벤야민의 비평활동의 특징은 앙드레 지드를 위시한 당시 불란서 문인들과의 교류와 대학시절에 시작된 현대불문학, 특히 프루스트와 보들레르문학과 초현실주의와 다다이즘에 대한 본격적 관심과 연구이다. 30년대에 보다 본격적으로 이루어질 19세기 불란서 문학연구는 이미 이 시기에 착수되었고, 또 초현실주의적 시각과 수법에 의해 그의 베를린 유년시절을 묘사한 일련의 에세이도 이때부터 씌어지기 시작한다. 이 시기는 문예비평가로서의 벤야민의 활동이 두드러지게 나타나는 시기이자 또 초기의 부르죠아적 문예비평가로부터 후기의 유물론적 문예이론가로 나아가는 이행과정의 시기이기도 하다.

나치가 집권하던 해인 1933년 봄에 벤야민은 파리로 망명하였다. 1913년 이래 여러 차례 머물렀던 파리는 이때부터 그의 죽음까지 줄곧 그의 삶과 지적 생산의 마지막 근거지가 되었다. 철저하게 대도시적이었던 벤야민에 있어서는 베를린과 파리는 그의 정신적 고향이나 다를 바가 없었다. 베를린에서는 파리를, 파리에서는 베를린을 끊임없이 생각했다고 말할 수 있을 정도로 이 두 도시는 그에겐 거의 동일한 의미를 지니는 도시였다. 그에겐 여행을 떠난다는 것은 〈고향의 짓눌린 분위기와 멜랑콜리〉를 떨쳐버리기 위해서이기도 하지만 다른 한편으로는 멀리서 고향을 다시 생각하고 새로운 귀향을 다시 준비하기 위해서이기도 한 것이다. 벤야민의 여행벽과 이 두 도시에 대한 동일한 집착과 애정은 파리에서 19세기의 베를린의 유년시절을 회상하고 베를린에서 프루스트의 〈잃어버린 시간〉을 찾으려는 그의 비평과 20세기의 독문학과 불문학에서 모더니즘의 공통점을 찾으려는 그의 예술관에도 그대로 반영된다. 신변의 위협 속에서도 또 미국으로의 이주에 대한 권유에도 불구하고 유럽을 떠나지 못하는 심리적 저항감이나 나치의 파리점령 이후 한때 감금되었던 在佛 독일인 수용소에서 〈나의 마지막 소원은 파리의 까페에 앉아 엄지손가락을 돌리면서 지나가는 거리의 행인들을 바라 보는 일〉이라고 말한 고백을 보더라도 우리는 벤야민의 유럽과 파리에 대한 집착과 애정이 어떠했던가를 충분히 짐작할 수 있다. 그리고 파리는 이방인, 보헤미안, 거리산보자 Flâneur의 도시였다. 모든 것과 유리된 채 대도시의 군중 속을 배회하는 보들레르적인 문학적 보헤미안의 20세기적 후예라고 할 수 있는 벤야민에게 파리는 그의 사회적·정신적 상황에 부응하는 공간과 분위기를 제공해 주었다. 벤야민은 이러한 분위기 속에서 30년대 망명시절의 대부분을 20년대 말에 이미 착수된 19세기 불란서 문학에 관한 연구생활로 보냈다. 〈19세기의 수도, 파리〉라는 대제목을 걸고 시작된 이 작업은 그 자료의 방대함과 끊임없는 방법론적 성찰 때문에 한없이 연장되었고 또 단편적 성과에 만족할 수밖에 없었다. 「보들레르의 몇가지 모티브에 관해서」는 이 방대한 작업의 중요 모티브와 인식을 집약적으로 서술한 대표적 비평논문으로서 30년대 벤야민 문학연구의 정수를 보여주고 있다는 점에서뿐만 아니라 이 논문의 방법론을 두고 〈사회문제연구소〉의 멤버들, 특히 아도르노와 논쟁을 불러일으켰다는 점에서도 이 분야의 연구에서 크게 주목을 받고 있는 글이다.

벤야민의 파리망명시절은 그의 경제적 수단이 완전히 박탈당한 시기였다. 유일한 수입원천이었던 신문과 잡지의 기고가 정치적 사정으로 그나마도 여의치 않게 되자 그는 그야말로 〈룸펜프롤레타리아〉로 영락하였다. 그가 『19세기의 베를린 유년시절』에서 어렸을 적 도시의 거리에서 마주쳤던 〈거지와 창녀〉의 의미를 영락한 부르죠아지식인의 입장에서 조명하고 또 깨닫고 있는 것도 이 시기의 경제적 몰락과 때를 같이한다. 〈나는 유럽에서 가장 값싸게 살 수 있는 곳을 알고 있다. 그러나 값싸게 살면서도 동시에 돈을 벌 수 있는 곳은 알지 못한다.〉라는 발언은 경제적·정신적 독립에 가장 큰 가치를 두고 있던 벤야민의 당시의 경제적 상황을 단적으로 말해 주고 있다. 그가 30년대 초반 지중해에 있는 스페인의 아름다운 섬 Ibiza에 여러 차례 머물고, 또 〈사회문제연구소〉로 부터 경제적 도움을 받기 시작한 것도 이 때부터이다. 30년대 후반부터 이 연구소의 〈장학생〉이 됨으로써 생겨난 벤야민의 경제적 예속관계는 그와 프랑크푸르트학파와의 사이에 끊임없는 긴장관계를 야기시키는 원인이 되었다. 이때부터 《사회문제연구지》에 기고된 그의 논문은 때로는 이의가 제기되었고 때로는 연구소의 편집방향에 맞게 첨삭되어 발표되기도 하였다. 결코 비생산적이었다 말할 수만은 없는, 주로 서신교환을 통해 이루어진 벤야민과 아도르노의 논쟁은 벤야민 사고의 특징과 이 두 이론가의 예술관 및 방법론의 공통점과 차이점을 말해주는 중요한 기록이다.[2]

30년대 벤야민의 예술이론의 형성에 결정적 영향을 끼친 사람은 브레히트이다. 30년대 후반에 쓰여진 일련의 유물론적 예술이론, 예컨대 「기술복제시대의 예술작품」, 「사진의 작은 역사」, 「역사가와 수집가로서의 푹스」, 「생산자로서의 작가」등은 브레히트와의 집중적 논쟁이 없었더라면 아마 생겨나지 않았거나 아니면 적어도 그 정도로 극단적 형식을 띠지는 않았을 것이다. 브레히트에 시종일관 부정적 태도를 취한 아도르노를 위시한 프랑크푸르트학파가 「기술복제시대의 예술작품」을 두고 벤야민이 브레히트 식의 유물론적 사고를 〈한 술 더 뜨기〉 위해 썼다고 비난하고 있는 점이나 벤야민의 글에서 〈브레히트적 요소를 완전히 제거〉하려고 한 점을 미루어 보더라도 브레히트의 벤야민에 대한 영향이 어느 정도였던가를 능히 짐작할 수 있을 것이다. 실제로 벤야민은 30년대에 브레히트문학의 가장 열렬한 해설자 내지 옹호자로 등장한다. 「서사극이란 무엇인가」라는 논문을 위시한 브레히트의 드라마와 시에 대한 많은 해설이 이를 입증해 주고 있다. 그러나 두 비평가와 작가 사이의 관계는 그렇게 단순한 것만은 아니다. 두 사람의 공통적 요소, 이를테면 그들의 정신세계의 저변을 관류하는 〈무정부주의적〉 요소, 사회주의적 실제와 조직에 대한 아웃사이더적 입장, 〈투박하고〉 단도직입적인 유물

---

[2] 여러 차례에 걸친 서신교환을 통해 아도르노는 「기술복제시대의 예술작품」과 「보들레르의 몇가지 모티브에 관해서」에 나타나는 벤야민의 유물론적 사고방식이 너무 단도직입적이라고 말하면서 문화(예술)적 현상의 물질적 근거는 생산관계의 전체적 과정에 의해 보다 구체적으로 중재되어야 한다고 주장하고 있다. 벤야민에 대한 이러한 비판에도 불구하고 아도르노는 벤야민 사고의 기복적 특징인 신학과 유물론의 상관관계에 대해서는 대체로 긍정적 반응을 보이고 있다. 아도르노의 미학에 나타나는 이른바 〈부정적 변증법〉과 유토피아적 모멘트는 근본적으로 벤야민으로부터 유래하고 있다.

론적 사고가 그들을 함께 묶고 있다면, 다른 한편으로는 많은 점에서 의견의 차이를 보여주고 있다. 체질적으로 모든 문제에 대해 보다 단호한 태도를 취하는 브레히트는, 근본적으로 삶과 정신세계의 간극 속에서 자신의 위치를 정립하려고 방황하는 이를테면 이중적 의미의 아웃사이더, 다시 말해 유대 부르죠아 지식인 벤야민에게는 일종의 〈현실원칙〉을 의미하였다.[3] 1934년과 38년 두 차례에 걸쳐 당시 덴마크에 망명하고 있던 브레히트의 집에 머물면서 쓴 「브레히트와의 대화」를 보면 이 두 사람의 차이점이 어디에 있는가를 분명히 알 수 있다. 그것은 특히 카프카의 평가를 둘러싼 이들의 견해 차이를 통해 가장 명확하게 나타나고 있다. 벤야민의 「프란츠 카프카」라는 논문을 읽고, 브레히트는 카프카에 대해 부분적으로는 긍정적 평가를 내리면서도——특히 그의 현대조직사회에 대한 예시적 통찰력에 대해——전체적으로는 카프카문학에 나타나는 신비적·허무주의적 요소에 날카로운 비판을 가하고 이에 유보적 태도를 취하고 있다. 카프카에 대한 브레히트의 이러한 비판과 태도는 벤야민의 〈카프카론〉과 그의 예술이론 일반에도 그대로 해당되는 것이었다. 그가 벤야민의 기술복제시대의 예술론에 나타나는 중심개념인 〈분위기〉를 두고 그의 「작업노트」에서 〈끔찍하다〉라는 표현을 쓰고 있는 것도 벤야민의 신비주의적 요소에 대한 그의 비판적 거리감을 말해주고 있는 것이다. 아뭏든 카프카문학에 대한 이러한 견해차이는 브레히트문학에 대한 다양한 평가와 더불어 20세기 독문학사의 가장 중요한 쟁점의 하나이며 또 20세기 문예이론가의 입장을 가름하는 중요한 기준이 되고 있다.

2차세계대전이 발발하던 1939년 가을 벤야민은 한때 불란서정부에 의해 독일인수용소에 감금되었다가 그후 곧 석방되어 스페인을 통해 미국으로 망명하려고 하였으나 국경에서 스페인 관헌에 의해 입국이 저지되자 자살하였다. 벤야민의 자살소식을 전해 들은 브레히트는 나중에 다음과 같은 시를 남겼다.

이렇게 해서 많은 것을 알고 새로운 것을 추구하던
논쟁자 발터 벤야민도 나를 떠나버렸다.
넘을 수 없는 경계선에서 추적에 지쳐

---

3) 벤야민과 브레히트의 이러한 긴장관계에 비견할 수 있는 또 하나의 예는 아마 루카치와 토마스 만의 관계일 것이다. (필자의 논문 「독일 고전주의 예술이념의 현대적 의미 : 토마스 만과 루카치의 관계」——《현상과 인식》 1982년 봄호를 참조할 것.)

육신을 눕히고는 다시는 잠에서 깨어나지 못했다.
[……………]
이렇게 해서 미래는 다시 어둠에 휩싸이게 되었고
선량한 힘들은 약화되었다.
고통받을 육신을 파괴했을 때
그대는 이미 이 모든 것을 알고 있었다.

So auch verließ mich der Widersprecher
Vieles wissende, Neues suchende
Walter Benjamin. An der unübertretbaren Grenze
Müde der Verfolgung, legte er sich nieder,
nicht mehr aus dem Schlaf erwachte er.
[…………]
So liegt die Zukunft in Finsternis, und die guten Kräfte
sind schwach. All das sahst Du
Als Du den quälbaren Leib zerstörtest.

3. 초기 예술비평의 특징

1930년을 전후하여 본격적으로 이루어진 벤야민의 문예비평과 예술이론을 이해하기 위해서는 초기 예술비평의 특징을 이해하는 것이 중요한데, 왜냐하면 그의 후기비평에는 근본적인 개념의 변화와 사고의 전환에도 불구하고 초기 비평의 주요 모티브와 방법론이 그대로 존속하기 때문이다. 그의 초기비평을 말해 주는 대표적 저서는 그의 학위논문「낭만주의의 예술비평개념」과 이 논문의 구체적 응용 내지 심화라고 할 수 있는 괴테의「친화력」—비평, 그리고 교수자격취득논문으로 씌어진「독일비극의 원천」이다. 이 저술들은 아카데미즘과의 관련하에서 씌어졌기 때문에 후기의 저술에 비해 보다 체계적인 성격을 띠고 있는 것은 사실이지만, 그러나 벤야민 특유의 신학적 사고와 秘義的 문체가 강하게 지배하고 있기 때문에 매우 난해하다는 일반적 평을 받고 있다. 이러한 점을 염두에 두고 이들 저서에 나타난 초기비평의 특징을 살펴보도록 하자.

1. 칸트의 철학과 비체계적 사고

초기의 루카치가 주관주의적 관념철학과 생철학에서 시작해서 독일고전주의의 예술이념과 헤겔미학, 그리고 나중에는 마르크시즘의 개념체계에 의해서 하나의 인식론적 체계를 정립하여, 그후 이 체계로부터 모든 예술적 현상을 설명하고 있다면[4] 벤야민은 루카치의 체계에 비견할 만한 하나의 체계를 정립하지 못한다. 이 사실은 벤야민을 이해하는 데 매우 중요한 의미를 갖는데, 그 이유는 벤야민의 예술이론을 특징짓는 비체계적 사고나──개별적 현상의 관찰을 통해 그때마다 하나의 인식을 얻으려는 루카치와는 정반대로──그의 사고방식은 근본적으로 여기에서 비롯하기 때문이다. 일차세계대전을 전후한 독일문학계의 지배적 흐름은 게오르게 Stefan George의 유미주의와 게오르게의 아카데미즘의 후계자라고 할 수 있는 군돌프 Gundolf의 독문학, 그리고 딜타이 Dilthey의 생철학이었다. 부분적으로는 게오르게의 〈성직자와 같은〉 고고한 포즈, 딜타이의 신비주의적 생의 개념에 영향을 받았던 벤야민은 보다 엄격한 비평의 기준에 의해 유미주의와 생철학을 능가 내지 극복하고자 하였다. 벤야민은 이러한 비평의 기준을 칸트철학과 당시의 신칸트학파의 철학에서 찾고자 하였다. 신칸트학파는 일차세계대전을 전후한 서구시민사회의 가치체계의 붕괴 속에서 초기시민사회의 엄격한 도덕률과 개념체계에 의해서 새로운 세계관을 정립하고자 하였다. 그러나 신칸트학파는 하나의 개념체계와 가치체계를 정립하려는 본래의 프로그램과는 달리 궁극적으로는 자연과학과 정신과학의 분리, 기독교적·불가지론적 종교관에서 볼 수 있듯이──형식주의와 종교적·신비적 경향으로 기울어졌다. 특히 코헨 Cohen을 중심으로 하는 이른바 마르부르크학파는 기독교내지 유대교의 神觀에서 이성과 유럽적 합리주의의 원칙 및 원류를 찾고자 하였다. 벤야민이 마르부르크의 세미나에서 기독교(유대교)적 이념을 칸트의 개념체계에 의해 해명하는 코헨의 논리적 명징성에 깊은 감명을 받아 오랫동안 칸트에 심취하였다는 사실은, 칸트철학에 대한 그의 지속적 관심과 신학적 이념을 논리적 언어로 해명하려는 벤야민 전생애에 걸친 비평적 노력에 비추어 보면 매우 주목할 만하다. 그러나 벤야민은 곧 價値 신칸트학파가 〈物自體〉, 神의 理念은 인식될 수 없다는 결론에 도달하는 것처럼 칸트의 철학에 의해서는 진리를 파악할 수 없다는 인식에 도달하는데, 그 이유는 그가 무엇보다도 현대의 〈경험〉은 18세기적 개념의 틀에 의해 파악될 수 없을 정도로 확대되었고, 또 현대의 세

---

4) 이에 대해서는 필자의 논문, 특히 「루카치의 현대문학사관」, 『서구리얼리즘의 연구』 創作과 批評社, 1982.

계는 이미 하나의 체계에 의해 재구성할 수 없을 정도로 붕괴되어 버렸다고 생각하고 있기 때문이다. 벤야민의 이러한 인식에는 일차세계대전을 전후한 20세기 서구 시민사회의 붕괴와 혼란에 대한 동시대인과 벤야민 개인의 역사적 체험이 깔려 있음이 분명하다.

2. 독일낭만주의의 예술비평개념

초기 벤야민의 비평개념은 칸트의 철학적 비판(비평)개념과 함께 독일낭만주의의 대표적 이론가 슐레겔 Friedrich Schlegel의 문학적 비평개념과도 밀접한 관련을 맺고 있다. 그는 슐레겔처럼 비평을 시의 유기적 일부 혹은 시의 보완·완성으로 파악하고 있다. 「독일낭만주의의 예술비평개념」에서 벤야민은 다음과 같이 말하고 있다.

> 칸트의 철학적 저술에 나타난 비평의 개념은 젊은 세대인 낭만주의자들에게도 마찬가지로 마력적 의미를 지니는 것이었다. 칸트의 비판 Kritik의 개념은 단순히 판단한다는 의미와 비생산적 정신태도만을 의미하지 않았다. 낭만주의자들에겐 비평이라는 개념은 깊은 사고를 통해 나오는 생산적·창조적 정신활동을 의미하였다. 비판적이라는 말은 사고의 자기성찰이 모든 구속과 제약을 뛰어넘어, 구속의 잘못을 통찰함으로써 진리의 인식이 마력적으로 그 모습을 드러내는 것을 의미한다.

독일낭만주의 비평개념에 대한 벤야민의 이러한 견해는 그의 비평개념에도 그대로 적용된다. 자아반성 Selbstreflexion과 절대적 자아개념에 의해 객관적인 비평의 주관적 기준을 마련하고 또 이를 통해 주관과 객관의 간격을 메꿈으로써 주관과 객관의 통일성을 구축하려는 독일낭만주의의 비평개념은 현대의 모든 주관주의적 비평개념의 근거를 마련하였다. 벤야민의 초기비평은 물론이고 후기비평에서도 그대로 나타나고 있는 특징들, 예컨대 예술작품의 자율성에 대한 믿음, 작품 자체에 공정하려는 작품내재적 접근방법, 창조적 사고활동으로서의 비평행위, 작품분석을 통해 얻게 된 작품의 인식과 작품을 분석하는 주체의 인식을 한 곳에 일치시킴으로써 비평의 절대적 기준을 마련하려는 노력 등은 모두 낭만주의의 비평개념에 대한 이러한 견해에 힘입고 있는 것이다. 벤야민의 이러한 주관주의적·낭만적 비평개념은, 독일고전주의미학과 헤겔미학의 규범에 바탕을 두고 있는 루카치의 객관주의적·고전주의적 비평개념과 좋은 대조를 이루고 있다.

3. 예술작품의 진리내용과 사실내용

벤야민의 낭만주의적 비평개념은 그러나 한 가지 점에서 독일낭만주의의 비평개념과 분명히 그 성격을 달리하고 있다. 그것은 예술작품의 역사성과 이와 결부된 예술작품의 진리와의 관계를 통해서이다. 독일낭만주의가 18세기 이후에 대두하는 역사주의적 사고에 힘입어 작품의 역사성과 비평가의 역사성을 자아반성 Selbstreflexion이라는 개념을 통하여 매개함으로써 작품의 진리가 역사에 대해 어떤 관계에 있는가에 관심을 가지고 있었다면 벤야민은 처음부터 작품과 비평가의 역사성을 부인하고 작품의 절대적 진리를 찾아내는 데 관심을 집중시키고 있다. 벤야민은 그의 출발부터 예술비평을 절대적 진리의 인식을 획득하는 수단으로 간주하였다. 그에 의하면, 예술작품의 진리는 깊이 숨겨져 있는데, 비평의 과제는 이 숨겨진 진리를 찾아내어 이를 드러내는 offenbaren데 있다. 그런데 우리가 흔히 비평에서 시도하는 일련의 접근방법, 예컨대 작품과 비평가의 역사성이라든가 작품의 내적 구조의 분석은 벤야민에 의하면 작품의 이러한 숨겨진 진리를 드러내는 보조수단에 불과하다. 벤야민은 작품의 이러한 면을 작품의 진리내용 Wahrheitsgehalt과 대비해서 사물내용 Sachverhalt이라고 부르고 있다. 벤야민은 「친화력」—비평의 방법론적 성찰의 서두에서 〈비평 Kritik은 어떤 예술작품의 진리내용을 찾는 것이고 해설 Kommentar은 그것의 사실내용을 찾는 것이다.〉라고 말하고 있다. 벤야민은 비평가를 〈양피지를 앞에 둔 古文書學者〉로 비유하고 있다. 거의 알아볼 수 없을 정도로 글자가 마멸된 양피지의 본래적 텍스트가 진리내용을 말해주는 것이라면, 전승의 과정을 겪는 동안 양피지를 둘러싸고 생겨나는 이런저런 변화와 해석——그는 이를 역사적 앙금이라고 부르고 있다——은 텍스트의 사물내용을 말해주는 것이다. 비평가의 과제는 그러니까 텍스트의 진리내용에 쌓이는 사물내용의 역사적 앙금을 제거하고 마멸된 본래의 글자를 해독하는 데 있다. 벤야민은 비평과 해설의 이러한 상관관계를 그 특유의 알레고리적 비유를 써서 다음과 같이 설명하고 있다.

우리가 점점 생장해 가는 작품을 비유적으로 불꽃이 활활 타오르는 장작더미라고 본다면, 해설자는 마치 화학자처럼 그 앞에 서 있고 비평가는 마치 연금술사처럼 그 앞에 서 있다고 할 수 있다. 해설자의 경우에는 단지 나무와 재만이 그의 분석의 대상이 된다면 비평가의 경우에는 그 불꽃 자체만이 하나의 수수께끼, 다시 말해 살아 있는 것의 수수께끼로 남게 된다. 따라서 비평가의 과제가 있다면 그것은, 과거(지나간 것)의 무거운 장작더미와 체험된 것의 재 위에서 아직도 살아서 계속 타오르고 있는 생생한 진리를 물어 보는 데 있다.

불꽃에 비유되는 예술작품의 진리는 그러니까 작품의 사물내용과는 관계없이 변하지 않고 살아 있는 작품의 씨앗과 같은 것이고, 또 작품이나 비평가의 역사성과는 무관한, 역사를 넘어서는 어떤 절대적인 것이다. 이러한 작품의 진리는 결코 작품의 역사성이나 비평가의 주관적 의도에 의해 파악될 수 있는 성질의 것이 아니다. 따라서 작품의 진리에 나아갈 수 있는 작품에 공정한 비평가의 태도가 있다면 그것은, 〈진리 속으로 들어가서 진리 속으로 사라져버리는 일〉이고 또 작품 속에 침잠함으로써 비평가의 주관성과 예술작품의 역사성을 지우는 일이다. 「독일비극의 원천」에서 진리는 〈의도의 죽음〉이고 〈예술작품의 무효선언〉이라고 한 벤야민의 선언적 발언은 작품의 진리에 대한 비평가의 이러한 태도를 두고 일컫는 말인 것이다. 이에 비하면 작품의 사물내용은 〈개념의 의도에 의해 규정될 수 있는 어떤 인식의 대상〉이고, 또 이러한 인식의 대상에 공정한 비평가(해설자)의 태도는 〈인식을 통해 어떤 의도를 표현하는 일〉이다. 그러므로 작품의 사물내용은 절대적 성격을 띤 것이 아니라 공간적·역사적 제약을 받고 있고 또 사물내용과 관계되는 인식은 그때 그때의 이해관계에 의해 그 성격이 규정된다. 벤야민의 비평개념과 비평의 실제를 이해하는 데 가장 중요한 관건은 이러한 진리내용(비평)과 사물내용(해설)의 상관관계이다. 비평과 해설은 서로 상보작용을 하지만 궁극적으로 중요한 것은 해설이 비평에 봉사하는 데 있다. 그리고 사물의 내용을 인식하고 표현하려는 해설자의 입장은 모름지기 진리의 내용에 접근하려는 노력에 그 초점이 맞추어져야 한다. 벤야민의 비평이, 해설자의 입장을 취하고 있는 동안에는 어느 정도 설명적·논증적 명징성을 띠고 있다가도 정작 진리의 모멘트를 드러내는 비평가의 입장을 취할 때는 갑자기 설명적 논리를 뛰어넘는 秘義的 언어나 문장이 나타나는 것은 이러한 맥락에서 이해되어야 할 것이다.

4. 멜랑콜리와 신학적 역사관

벤야민의 비평개념에 보여지는 진리관은 위에서 인용된 알레고리적 비유에서 언급되었듯이 그의 역사에 대한 견해와 불가분의 관련을 맺고 있다. 〈지나간 것과 체험한 것의 재 위에서 타오르는 불꽃〉은 살아 있는 모든 피조물이 지니는 신비이자 〈수수께끼〉이다. 그것은 화학적 분석의 대상이 아니라 연금술사의 주술적 손길에 의해 비로소 붙잡힐 수 있는 성질의 것이다. 그리고 진리는 불꽃처럼 순간적인 것이다. 그것은 다시 돌이킬 수 없는 一回的 현상으로서 섬광처럼 잠시 나타났다가 다시 사라져 버린다. 〈과거의 진정한 像은 휙 스쳐지나가 버린다. 우리는 다만, 그것이 인식되어지는 찰나에 영원히 되돌아 올 수 없이 다시 사라져 버리는 像〉(「역사철학테제」)으로서만 이 과거의 진리를 붙잡을 수 있다. 불꽃, 수수께끼, 연금술 등에 의해 파악되어지는 벤야민의 이러한 진리관과 역사관은 분명 신비주의적, 종교적 영역에 속하는 것이다. 그리고 그것은 분명 처음부터 벤야민의 사고를 지배하는 유대교의 신비주의적 전통 Kabbala과 관련을 맺고 있다. 유대교의 역사관과 세계관에 의하면 신(메시아)의 의미와 이 지상의 의미, 그리고 인류역사의 의미는 본질적으로 알 수 없는 것이다. 그것은 메시아의 출현과 啓示에 의해서만 비로소――그것도 순간적으로――그 윤곽을 드러낼 수 있다. 벤야민의 역사관에 따르면, 역사라는 것은 신의 지구 창조로부터 신의 지상 도래사이에 펼쳐지는 인간의 역사이다. 이 인간의 역사는 원래부터 〈파편적인 것〉이고 〈고통에 찬 것〉이며 또 〈잘못된 것〉이다. 그리고 이러한 인류의 역사는 언제나 동일한 모습을 하고 반복된다. 그것은 이를테면 언제나 동일한 모습을 하고 되풀이되는 神話의 역사이고 또 간단없이 몰락과 파국을 향하여 치닫는 자연의 역사(자연사 Naturgeschichte)이다. 인류의 역사에는 〈창조주 신의 고통〉과 〈인간의 被造物性과 육체성의 숙명적 몰락과 덧없음〉이 내포되어 있다. 벤야민의 이러한 역사관에는 이 지구상의 모든 것은 덧없이 사라져 버린다는 슬픔과 우수, 그리고 인간의 모든 행동은 지금까지 좌절하였고 또 앞으로도 계속 좌절하리라는 체념이 도사리고 있다. 인류역사의 좌절과 고통에 대한 슬픔과 우수, 인류역사의 몰락과 붕괴는 저지시킬 수 없다는 인식과 체념――바로 이것이 벤야민의 멜랑콜리의 주요 내용을 이룬다. 벤야민이 운명과 성격의 관계를 논하면서 인류의 역사를 〈살아 있는 것(피조물)의 罪의 연관관계〉라고 정의내리고, 바로크의 비극의 알레고리적 이미지에서 몰락과 붕괴의 표식을 읽고 있으며 또 19세기의 불란서문학에서 시민계급의 몰락사의 원형적 모습뿐만 아니라 인류역사 일반의 근원사 Urgeschichte를 읽고 있는 것도 바로 이러한 멜랑콜리적 역사관과 깊은 관련을 맺고 있다. 초기 벤야민의 이러한 역사관은 말년에 쓰여진 그의 「역사철학테제」에서도

復古的 모습으로 재등장한다. 단지 하나의 차이가 있다면 그것은 여기에서는 지금까지의 인류역사가 지니는 질서 Ordo가 좀처럼 파괴될 수 없다는 비관적 인식을 여전히 그 밑바닥에 깔고 있으면서도, 다른 한편으로는 그의 특유한 유물론적 역사관에 의해 이 질서를 폭파시킬 수 있다는 유토피아적·정치적 파토스를 보여주고 있다는 점뿐이다. 벤야민 특유의 멜랑콜리적 파토스는 또한 그의 개인적 삶을 지배하는 가장 강력한 요소이다. 그의 운명적 성격관(「운명과 성격」), 지나간 유년시절의 이미지를 떠올리려는 부단한 노력(「베를린의 유년시절」), 그리고 곳곳에 등장하는 주요 모티브인 행복을 향한 추구 등은 이러한 파토스의 표현이다. 초기 루카치에서도 나타나는 동경의 모티브와 비교되는 벤야민의 이러한 파토스는 루카치에서와는 달리——루카치의 경우 동경의 모티브는 그의 개념체계에 의해 그리고 마르크시즘의 이론과 실제 속에서 용해 내지 중화되고 있는 것처럼 보인다——한번도 그 실현을 보지 못하고 그의 사고와 삶을 지배하는 바가 된다.

5. 알레고리적 언어관

이러한 역사관과 함께 벤야민의 비평개념을 형성하고 있는 또 하나의 중요한 구성요소는 알레고리적 언어관이다. 언어를 그 중요매개체로 하는 예술(문학)작품은 파편과 잔해로 구성되어 있는 고통에 찬 인류역사의 기록이자 또한 인간의 의도로서는 알 수 없는 신의 뜻이 숨겨져 있는 형식이다. 그러나 창조주 신의 뜻이 숨겨져 있는 인류역사는 인간의 의도나 悟性, 다시 말해 설명적 논리나 〈개념의 의도〉로서는 규정할 수 없는 이를테면 〈무의도적 파토스〉이다. 〈피조물은 그들이 넘어서려고 하는 현재의 피조물성에 고통을 당하고 있을 뿐만 아니라 그들이 벗어나고자 하는 것이 아무런 이름도 없다는 사실에도 고통을 당하고 있는 것이다.〉 아무런 이름도 없다, 무엇이라고 꼬집어 표현할 수 없는 파토스——이것은 바꾸어 말하면 인간의 논리적 사고나 언어로는 붙잡을 수 없는 신의 〈순수한 내면성〉이다. 그럼에도 불구하고 비평의 과제는 이러한 파토스와 〈순수한 내면성 속에 의도되고 있는 바〉를 규정하려는 데 있다. 그렇다면 과연 비평은 어떻게 해서 이에 접근할 수가 있으며 또 그 수단은 무엇인가? 벤야민은 그 수단을 언어가 본래 지니고 있는 알레고리적 성격에서 찾고 있다. 벤야민은 의사소통이론을 위시한 현대의 여러 언어이론과는 달리 신학적 언어관에서 그의 언어이론을 꼬집어내고 있다. 〈태초에 말씀(말)이 있었다.〉라는 성경의 서두를 출발점으로 해서 그는 논리와 의미 이전에 이미 언어가 있었다고 말하면서 창조주의 본래의 뜻과 이에 바탕한 역사의 의미는 말 그 자체, 즉 신의 〈순수한 언어〉 속에 내재되어 있다고 주장한다. 성경의 창세기가 말해주듯 태초에는 언어와 사물간에 완전한 일치가 이루어지고 있었다. 신이 이름을 붙여줌으로써 비로소 생기게 된 최초의 언어는 〈이름의 언어 Namensprache〉였다. 언어의 원초적 형태인 사물에 부여된 〈이름의 언어〉는 의미체계나 상징체계로서의 언어가 아니라 단순한 기호 내지 표식과 같은 것이다. 거기에는 사물과 이름(언어)의 〈유사성 Ähnlichkeit〉과 交感관계 Korrespondenz만이 존재할 뿐 논리적·의미적 상관관계는 존재하지 않았다. 그러니까 언어는 그 본질상 알레고리적 성격을 지니고 있고 또 사물과 세계에 대해 알레고리적 관계를 유지하고 있다고 할 수 있다. 벤야민이 그의 여러 언어이론적 시도에서 언어의 본질을 〈유사성〉을 만들어 내는 〈모방적 능력〉에 있다고 보고 있고 또 번역의 과제를 〈순수한 언어〉(神의 言語)를 재현 내지 복원하는 데 있다고 보고 있는 것도 모두 이러한 그의 알레고리적 언어관에 바탕을 두고 있다. 벤야민의 역사관에 의하면 세계(역사)는 붕괴와 몰락의 파편 및 잔해로 구성되어 있다. 그리고 예술작품은 본질적으로 이러한 세계상의 알레고리적 기호와 이미지를 담고 있다. 그러므로 비평가의 과제가 있다면 그것은 이러한 알레고리적 기호와 이미지를 찾아내어 이를 해독하는 데 있다. 그런데 벤야민에 있어 예술작품에 나타나는 모든 사물의 알레고리적 이미지는 제각기 동일한 무게와 의미 및 독자적 성격을 지닌다. 각각의 사물이 지니는 독자적 단위는——그는 이를 라이프니츠 Leibnitz의 개념을 빌어 單子 Monade라고 부르고 있다——전우주의 무게와 맞먹는 것이고 또 거기에는 전우주의 의미가 집약적으로 응축되어 있다. 벤야민의 이러한 언어관은 그의 사고방식과 표현방식에도 그대로 반영되고 있다. 벤야민이 수집가적 정열을 가지고 사물을 하나하나 모으고——그의 병렬적 문체도 이와 결부되어 있다——각각의 사물의 내용을 여러 각도에서 조명함으로써 사물의 진리내용을 드러내는 것도 이 때문이다. 그는 결코 주관이나 개념체계를 내세워 사물이나 대상에 의미를 부여하지 않고, 다만 자신을 대상과 긴밀하게 일치시킴으로써, 그리고 사물이나 대상 그 자체를 모아 이를 나열·배열함으로써 어느 순간에(주체와 사물이 합쳐지는) 갑자기 사물의 의미가 나타나도록 만든다. 그것은 마치 星座의 배열 Konstellation과 손금에 의해서 운명이 점쳐질 수 있는 것과 같은 것이다.[5] 사물의 배열 속에서 갑자기 드러나는 의미──이를 벤야민은 신적 계시와 대비해서〈세속적 啓示 내지 깨우침 profane Erleuchtung, profane Illumination〉이라고 부른다. 사물을 배열해서 어느 한 순간, 즉〈정지상태의 변증법〉속에서 하나의 인식(깨우침)을 얻어내는 방법은 그의 후기의 비평이나 예술이론에도 그대로 나타난다. 그가「보들레르 연구」를 인용문만을 나열해서 채우려고 했다든가 영화의 몽타쥬수법과 쇼크수법을 통한 의미의 드러남에 대해 얘기하고 있는 것도 모두 이러한 그의 알레고리적 언어관과 깊은 관계를 맺고 있는 것이다.

4. 예술개념의 변화

〈형이상학적・신학적 사고의 시기〉에 보여지는 이러한 예술관의 제특징은 20년대 후반부터〈유물론적〉변화를 겪는다. 이러한 변화의 직접적 계기를 마련해준 것은 이미 언급했듯이 러시아의 여류 영화감독 라시스와 브레히트를 통한 마르크시즘적 시각의 획득이다. 그리고 30년대 이후의 독일적 정치상황과 그의 망명생활과 결부된 지식인으로서의 위기는 이러한 지적 변화를 한층 더 가속화하고 과격화하도록 만들었다. 그러면 우리는 여기서 30년대 후반에 씌어진「기술복제시대의 예술작품」,「생산자로서의 작가」,「보들레르연구」등의 논문을 중심으로 하여 후기 벤야민의 유물론적 예술관의 구체적 내용이 무엇이며 또 그것이 초기의 예술비평개념과 어떤 상관관계에 있는가를 살펴보자.

1. 분위기 Aura 의 개념

예술의 위기는 헤겔의「예술종말론」이후 계속 거론되어온 터이다. 주지하다시피 헤겔은 그의『미학강의』에서 오늘날의 역사적 상황을〈시를 생산해 내기에 불리한 산문적 시대〉라고 규정하고 또 이 산문적 시대에 보다 적합한 형식은 예술이 아니라 철학이라고 주장함으로써 철학 우위시대와 예술의 종말을 예고하였다. 헤겔의 이러한 예술철학의 근저를 이루고 있는 것은 예술은 이념 Idee의 假像 Schein이라는 기본적 생각과 이

---

5) 벤야민은 일생동안 필적감정법, 관상학과 점성술에 지대한 관심을 가졌다. 그의 이른 바〈인상학적 프로필〉에 대한 개인적 관심과 정열은 그의 신비적・알레고리적 사고를 말해주는 단적인 예이다.

러한 이념의 가상이 典範적으로 형상화되고 있는 그리이스의 서사시적 시개념 Poesiebegriff이다. 현대의 대표적 헤겔미학의 후계자라고 할 수 있는 루카치는 헤겔의 이러한 생각을 바탕으로 해서 현대예술의 위기를 진단하면서 현대예술의 특징을 그리스적인 시적 이상과 〈아름다운 가상〉의 상실에 있다고 보고 있다. 그런데 벤야민은 루카치와는 달리 헤겔적 생각이나 개념을 빌지 않고 현대예술의 위기를 진단하면서 현대예술의 특징을 〈분위기의 상실〉에 있다고 보고 있다. 그러면 벤야민 예술관의 핵심적 개념인 〈분위기〉와 현대예술의 주요 특징인 〈분위기의 상실〉이 구체적으로 무엇을 뜻하는가를 우선 살펴보도록 하자.

벤야민의 초기 비평개념이 그러하듯 〈분위기〉라는 개념 역시 설명적 언어로서는 좀처럼 파악하기 힘들다. 「기술복제시대의 예술작품」에서 벤야민은 이 개념을 〈아무리 가까이 있다고 느껴지더라도 먼 것의 일회적 나타남〉이라고 정의하면서 다음과 같은 비유를 쓰고 있다.

〈어느 여름날 오후 휴식의 상태에서 휴식자에게 그림자를 던지고 있는 먼 지평선의 산맥이나 나뭇가지를 보고 있노라면, 바로 이 순간 우리는 이 산과 나뭇가지가 숨을 쉬고 있다는 느낌을 받는다. 이러한 현상을 우리는 산이나 나뭇가지의 분위기가 숨을 쉬고 있다고 말할 수가 있는 것이다.〉

희랍어로 본래 〈숨결의 분위기 Hauch-Kreis〉의 의미를 갖는 〈분위기〉란 그러니까 먼 곳에 있는 대상이 그 대상을 보는 사람에게 와닿는 숨결과 같은 교묘한 분위기를 뜻한다. 벤야민은 〈분위기〉를 브레히트에게 다음과 같이 설명하기도 한다. 〈어떤 사람이 자신에게 시선이 주어지고 있다고(이를테면 자신의 등뒤에서) 느끼면 그는 그 시선을 되받게 된다. 관찰되고 있는 사물이 관찰자에게 응답을 하게 되리라는 기대가 분위기를 만들어낸다.〉 어떤 사람이 시선을 받게 되면 그와 그 시선 사이에는 일종의 긴장된 분위기가 생겨나고 또 어떤 사물을 유심히 들여다 보면 그 사물도 자신을 보고 있다는 막연한 느낌 내지 기대가 생겨난다는 것이다. 〈분위기〉란 사물과 관찰자 사이에 생겨나는 이러한 분위기와 느낌을 뜻한다. 이를 예술작품에 적용하면 예술작품과 예술작품의 관찰자 사이에 일종의 분위기 내지 일종의 은밀한 교감 Korrespondenz이 작용한다는 것이다. 예술작품이 우리들에게 주는 신비스러운 체험을 설명하고 있는 벤야민의 이러한 〈분위기〉개념은 그의 초기의 언어철학적·알레고리적 비평개념과 분리해서는 좀처럼 이해하기가 힘들 것이다. 여기에는 사물과 언어의 사이에는 알레고리적 관계가 존재하고 하나의 사물이나 단어를 자세히 들여다보면 하나의 의미가 저절로 떠오른다는 생각이 다시 나타나고 있다. 그런데 여기에서 주목해야할 점은 벤야민이 말하는 Aura 개념이 결코 공간적인 개념만이 아니라 시간적인 개념이라는 점이다. 〈아무리 가까이 있다고 느껴지더라도 먼 것의 일회적 나타남〉은 공간적 만남이자 또한 역사적 만남인 것이다. 그것은 〈공간과 시간이 서로 얽혀 짜여지는 교묘한 거미줄〉과 같은 것이다.

2. 분위기의 상실과 예술개념의 변화

전통적 예술작품은 이러한 〈분위기〉를 그 본질로 하고 있다. 그러면 전통적 예술작품이 지니는 분위기의 구체적 내용과 특징은 무엇인가? 벤야민은 우선 전통적 예술작품의 분위기적 성격이 종교의식 Kult에서 연원하고 있다고 주장하고 있다. 예술은 본래 예술작품이라는 대상에의 침잠을 통하여 어떤 신비적 체험이나 신과의 일체감을 맛보는 데 그 목적이 있었다. 요컨대 예술작품은 본질적으로 주술적·신비적 성격(분위기)을 띠고 있는 것이다. 그런데 예술작품이 이러한 성격을 갖게 되는 가장 중요한 원인은 〈예술작품〉이라는 오리지날이 갖는 시간적·공간적 현재성과 일회성이다. 하나의 예술작품이 Aura적 분위기를 발산하고 또 수용하는 사람이 그 속에서 아우라적 분위기를 경험하는 것은 바로 오리지날의 이러한 현재성과 일회성 때문인 것이다. 그러나 전통적 예술작품이 갖는 이러한 현재성과 일회성은 복제기술의 발달 이후 예술작품(오리지날)이 언제 어디서고 복제가능하면서부터 위축되고 붕괴되기 시작하였다. 그리고 복제기술의 발달은 무엇보다도 지각작용의 변화를 초래함으로써 예술작품을 대하는 현대인의 수용태도에 일대 변화를 가져다 주었다. 벤야민은 변화된 수용태도의 특징으로서 우선 예술작품의 상품적 가치와 전시적 가치 Ausstellungswelt를 들고 있다. 지금까지의 전통적 예술작품이 종교의식적 수용태도에 바탕을 두고 있다면 복제시대의 예술작품은 근본적으로 그것의 상품적 가치를 전시하는 데 그 목적이 있다. 새로운 수용태도의 두번째 특징은 그 집단적 성격에 있다. 전통적 수용이 개인적 차원에서 이루어진다면 현대적 수용은 집단적 차원에서 이루어진다. 영화는 이러한 집단적 수용의 대표적 예이다. 세번째 특징은 비판적 수용태도이다. 전통적 수용이 작품 속에 자신을 침잠시키고 또 자신을 작중인물과 동일시함으로써 신비적 일체감을 체험하는 태도라면 비판적 수용은 작품과 작중인물에 일정한 거리를 둠으로써 일종의 분석적·학문적 태도를 취하는 것이다. 그리고 이러한 수용태도는 정신의 집중 Sammlung으로서의 침잠 Versenkung이 아니라 정신의 분산 Zerstreuung으로서의 오락적 성격 Ablenkung을 강하게 띠고 있다. 이러한 수용태도의 대표적인 예는 브레히트의 서사극이다.

3. 예술기능의 변화와 예술의 정치화

벤야민은 위에서 말한 예술작품의 기본적 성격의 붕괴와 상실 및 이에 따른 수용태도의 변화를 출발점으로 하여 기술시대의 예술의 새로운 사회적 기능을 이론화하려고 하고 있다. 특히 그는 「생산자로서의 작가」에서 이에 대한 구체적인 방안을 제시하고 있다. 그는 우선 유물론적 예술이론이 흔히 시도하는 것처럼 상부구조와 하부구조의 상관관계, 다시 말해 예술작품이라는 상부구조가 넓은 의미의 생산관계라는 하부구조에 대해 갖는 복잡한 관계양상이라는 문제를 일단 접어두고 예술작품과 작가가 오늘날의 생산관계 속에서, 다시 말해 자본주의적 생산방식과 생산력 및 기술수준 속에서 어떠한 태도를 취해야 하는가 하는 보다 구체적인 문제를 추적하고 있다. 이러한 문제와 결부하여 그는 우선 오늘날의 생산관계에 직접 뛰어드는 적극적인 의미의 정신적 생산자로서의 작가, 그리고 현대의 예술적·문학적 기술 Technik을 실천적 목적을 위해 적극적으로 활용하는 기술적·실천적 operirende 작가를 요구하고 있다. 벤야민은 이러한 작가의 전형을 20년대와 30년대 러시아의 부르죠아 출신의 혁명작가 트레차코브 Tretjakow에서 찾으면서, 이러한 작가의 특징은 생산과 고립된 전통적 작가의 입장을 버리고 생산현장에 뛰어듦으로써 민중의 일원이 되고 또 현대의 예술적·문학적 기술을 이용함으로써 실천적으로 민중의 의식개혁에 앞장서는 데 있다고 보고 있다. 벤야민의 이러한 견해를 바꾸어 말하면 그것은 전통적인 부르죠아지의 예술이 추구해 오던 예술의 독자성과 자율성의 지양이고, 독자와 작자 사이의 간극의 극복이며 또 문학과 예술의 저변확대이자 대중화·민주화를 의미한다. 이러한 목적을 위해 벤야민은 현대의 기술적 예술수단과 형식, 예컨대 신문, 사진, 영화를 적극적으로 이용하고, 지금까지 經典的 문학형식의 변방에서 무시되어 왔던 실용적 형식(벽신문, 팜플레트 등)의 가치를 재인식하고 또 문학·예술 쟝르가 상호 긴밀한 연대를 가질 것을 강조하고 있다. 브레히트와 아이슬러 Eisler에서 이루어지는 문학과 음악의 협동, 사진에 제목을 붙이는 따위의 영상예술의 문학화, 연극에 서사적 요소를 도입하는 시도 등은 이러한 連帶의 구체적 예이다. 이러한 여러 시도는 한마디로 현존하는 예술적 기구 내지 기술의 기능을 역으로 이용하는 것 Umfunktionierung 이라고 할 수 있다.

예술기능의 전환——이는 바꾸어 말하면 예술의 정치화를 의미한다. 예술의 정치화는 예술의 정신화 내지 미학화에 정반대되는 구호이다. 이 구호를 내걸고 그는 바이마르공화국의 부르죠아적 좌파문학인과 나치즘의 예술 프로그램을 동시에 공격하고 있다. 메링, 투콜스키, 되블린, 에리히 케스트너 등의 부르죠아적 좌파지식인의 특징은 사회주의의 이념에는 동조하면서도 그 이념의 유물론적 성격과 사회주의의 실현방법 및 집단적 성격에 반대하는 데 있다. 그리고 이들의 근본입장은 정신적 엘리트주의에 있으며 그리고 일체의 기술적 수용을 거부하고 전통적 예술개념과 장르를 고수하려는 데 있다. 이러한 정신주의의 주관성과 기술적·정치적 실제의 딜레머에서 생겨나는 것이 이른바 〈좌파의 멜랑콜리〉라고 지적하면서 그는 이들의 한계를 비판하고 있다. 벤야민의 좌파지식인들에 대한 이러한 비판은, 자본주의적 생산관계 속에서 이들이 갖는 한계점과 어려움을, 이를테면 안으로부터 비판함으로써 이들로 하여금 사회주의적 실천에 대한 올바른 인식을 갖도록 하는 데 그 목적이 있다. 벤야민은 부르죠아지 지식인을 자신의 계급으로부터 교양의 특권을 부여받은, 그렇기 때문에 부르죠아지계급에 근본적으로 동조할 수밖에 없는 한계점을 지적하면서——이러한 의미에서 그는 좌파적 부르죠아 지식인을 〈부르죠아지의 배반자〉라고 규정하고 있다——이러한 한계를 극복할 수 있는 유일한 길은 자신이 지닌 부르죠아지의 생산수단과 기술을 역으로 이용하는 데 있다고 말하고 있다. 벤야민은 또 파시즘의 특징을 〈소유관계는 일체 건드리지 않고〉 사회적 모순을 정신의 강조를 통하여 제거하려는 그 특유한 정신주의 Spiritualismus에 있다고 말하면서 나치즘의 예술정책의 특징을 예술과 일체의 현대적 기술을 미화하고 신비화해서 이를 정치적 목적에 이용하는 데 있다고 보고 있다. 벤야민에 의하면 파시즘의 이러한 예술관은 세기말의 예술지상주의에서 비롯하는 유미주의의 궁극적 결과이다. 그는 이러한 파시즘의 경향을 한마디로 정치의 예술화 내지 미학화——정치의 마지막 수단으로서의 전쟁은 이러한 정치의 예술화의 극단적 표현이다——라고 정의하고 있다. 벤야민의 기술적·유물론적 예술관은 좌파지식인의 기술적대적인 정신주의적 예술관과 파시즘의 예술지상주의적 예술관을 동시에 공격하고 있다.

4. 변증법적 이미지의 이중적 성격

이상에서 우리는 〈아우라의 상실〉로부터 출발한 벤야민의 현대예술관이 어떻게 유물론화·정치화되고 있는가를 살펴보았다. 어느 의미에서는 매우 극단적이라고 할 수 있는 이러한 예술개념의 변화는 20년대와 30년대의 급격한 기술의 발전과 이러한 기술의 발전에 대한 일종의 정리되지 않은 열광 및 비관론과 깊은 관련을 맺고 있고, 또 기술의 일반적 발전과 결부된 당시의 예술적·문학적 사조(초현실주의, 다다이즘 등)도 깊이 연루되어 있는 것처럼 보인다. 기술과 기계에 대한 극단적 평가, 이를테면 기술을 해방의 수단으로 삼을 수 있으리라는 낙관론과 기술이 파시즘과 전쟁의 수단으로 전락할 수 있다는 비관론은, 당시의 유럽적 정치상황, 즉 파시즘과 소비에트공산주의의 극한적인 정치적 대립과 유럽지식인들의 파시즘에 대한 극단적 반발 및 소비에트의 발전에 대한 과도한 기대와 결부되어 있음이 분명하다. 이와 결부하여 또 한가지 지적되어야 할 점은 〈아우라〉의 개념을 통한 전통적 예술개념과 현대적 예술개념의 극단적 분리이다. 신비적 성격이 강한 초기 벤야민의 예술개념에 비추어 보면, 아우라라는 개념을 유물론화하고 또 이로부터 극단적인 예술의 기능을 추출하고 있는 후기 벤야민의 예술관은 분명 일대 전환이 아닐 수 없다. 그러나 자세히 들여다 보면 후기 벤야민의 〈아우라〉에 대한 태도가 결코 일방적·부정적인 것만은 아니다. 즉 그는 한편으로는 〈아우라〉의 붕괴로 인해 신비적·종교적 요소가 제거됨으로써 예술이 갖는 정치적·해방적 성격을 강조하면서도 다른 한편으로는 예술의 일회적·신비적 성격이 사라져 버렸다는 데 대한 일종의 멜랑콜리와 함께 아우라의 붕괴와 현대예술의 알레고리적 이미지에서 신학적·유토피아적 진리의 모멘트를 읽어내려고 하고 있다. 아우라의 붕괴에 대한 이러한 양면적·변증법적 관계가 가장 잘 나타나고 있는 것은 그의 후기 비평, 특히 「보들레르연구」에서이다. 보들레르에 등장하는 이미지는 19세기 이후의 서구부르죠아지 사회의 붕괴와 몰락을 예시하는 시대제약적인 알레고리가 아니라 〈인류역사의 엄청난 축소판〉이다. 거기에는 후기 부르죠아지의 物神化된 의식과 소외, 그리고 현대의 군중체험[6]만이 있는 것이 아

---
6) 「보들레르연구」에서 묘사하고 있는 벤야민의 군중체험은 30년대 독일의 대규모의 집단적 시위와 나치의 군중집회에 깊이 영향을 받고 있는 것처럼 보인다. 역시 이 시기와

니라 언제나 동일한 모습을 하고 나타나는 인류의 원초적·신화적 이미지도 담겨 있다. 〈현대의 기술세계와 신화의 상징세계 사이에는 교감(교응)관계〉가 지배하고, 또 이러한 교감관계를 바탕으로 해서 하나의 〈조립적 역사관〉이 세워지고 있다. 그런데 이러한 역사관을 지배하는 현재적 이미지와 신화적 이미지의 교응관계는 한순간에, 다시 말해 정지된 상태에 있는 변증법적 시간 속에서 그 모습을 드러낸다. 그것은 역사의 진리가 드러나는 순간이다. 벤야민은 이러한 순간을 현대의 군중체험과 영상예술의 쇼크효과를 통해 찾고 있다. 그리고 이러한 쇼크에서 순간적으로 나타나는 진리는 일종의 꿈의 이미지와 같은 변증법적 이미지이자 유토피아적 이미지이다. 그것은 개인이 아닌 집단의 무의식세계, 신화적 시대(前史)로부터 나오는 것이고 그렇기 때문에 〈소망의 이미지 Wunschbild〉를 담고 있다. 〈소망의 이미지에는 지나간 과거를 떨쳐버리려는 노력이 나타나고 있다. 새로운 것에서 그 자극을 얻어 나타나는 이러한 이미지의 상상력은 원초적인 것을 보여준다. 과거의 시대와 현재의 시대가 서로 엇갈리면서 이미지로서 눈앞에 나타나는 꿈 속에서는 현재의 시대는 원초적 역사의 요소, 즉 계급없는 사회의 요소와 서로 결합되어 나타난다. 집단의 무의식 세계 속에 그 창고를 가지고 있는 이러한 원초적 경험은 새로운 것과의 결합 속에서 유토피아를 만들어내며, 이 유토피아는 영구적인 건축물에서 순간적인 유행에 이르기까지 이르는 삶의 수천가지 배열 속에서 그 흔적을 남기고 있다.〉 그러니까 보들레르에 나타나는 현대적 이미지에는 언제나 동일한 인류의 좌절과 고통, 그리고 아직도 해결되지 않은 인간의 自然史와 神話만이 존재하는 것이 아니라 이러한 역사를 극복하려는 집단의 무의식적 동경과 소망도 자리잡고 있다. 융의 〈원형타입〉과 프로이트의 인류의 〈원초적 유산〉을 연상시키는 벤야민의 이러한 신화적·유토피아적 역사관은 「역사철학테제」에서 더욱 더 분명히 나타나고 있다.

5. 역사철학테제

벤야민의 전사고를 지배하는 신학과 정치의 긴장관계가 30년대 이후

군중체험의 쇼크를 바탕으로 해서 20세기의 군중현상을 하나의 초역사적 범주로 간주해서 끈질기게 추적한 E. 카네티의 『群衆과 權力』은 이러한 면에서 벤야민의 군중체험의 연장선상에 있는 것처럼 보인다.

정치화의 경향으로 치닫고 있다면 그의 생애의 마지막 순간에 가서는 다시 초기의 신학적 경향으로 기울어지고 있다. 그가 죽기 직전에 쓴 「역사철학테제」는 신학과 정치의 이러한 긴장관계를 테제형식을 빌어 정언적으로 표현하려고 한 벤야민 최후의 이론적 시도이다. 본래 〈19세기 불란서문학연구〉의 방법론적 성찰의 일부로 씌어진 이 글은 그의 표현을 따른다면, 〈전쟁과 그의 星運이, 20여년 동안이나 그가 품어 왔던 역사에 대한 생각을 문자화하도록 한 글〉로서 벤야민의 비평적·철학적 사고의 정수이자 마지막 증언이라고 할 수 있는 기록이다. 벤야민 특유의 秘義的 언어와 알레고리적 은유, 그리고 집약적 문체 때문에 이 글은 이미 벤야민연구가들에 의해 수많은 논쟁을 불러일으킨 바 있다. 이 테제에 나타난 중요한 생각들을 간단히 요약해 보면 다음과 같다.

가) 벤야민은 이미 첫번째의 테제에서 신학과 역사적 유물론과의 관계를 장기자동기계에 비유하여 설명하고 있다. 이 알레고리적 비유에 의하면 언제나 승리하는 이른바 역사적 유물론이라는 인형은 실제로는 못생기고 등이 굽은 난장이라는 신학에 의해 조종되고 있다. 여기에서 벤야민은 역사적 유물론은 신학을 자기 것으로 만듦으로써만 역사의 승리자가 될 수 있다는 생각을 펴고 있다. 이러한 생각은 이 역사테제 전체를 관류하는 하나의 기본적 프로그램이 되고 있다.

나) 역사적 유물론이 자기 것으로 만들어야하는 신학적 이념은 구원과 행복이라는 이념과 밀접한 관련을 맺고 있다. 그런데 인류의 구원과 행복은 미래를 향하고 있는 것이 아니라 과거를 향하고 있다. 인류역사의 구원은 〈해방된 후손들의 이상〉에 의해서가 아니라 〈억눌린 선조들〉의 과거 이미지와 이러한 이미지를 관통하고 있는 〈희미한 메시아적 힘〉에 의해 이루어질 수 있다. 그러나 이러한 과거의 진정한 이미지는 섬광처럼 나타났다가 곧 사라지는 순간적 이미지이다. 역사적 유물론의 과제는 이러한 순간적 이미지를 포착하는 일이다.

다) 과거의 진정한 이미지를 붙잡으려는 벤야민의 역사관은 19세기적 역사주의에 대한 비판을 포함하고 있다. 신의 이념에 비추어 보면 역사의 모든 시기는 동일한 가치와 의미, 그리고 그 나름의 특수성과 정당성을 지니며, 그렇기 때문에 역사가는 모름지기 〈과연 과거에 무슨 일이 일어났던가〉를 실증적으로 보여주기만 해야 한다는 랑케 식의 역사주의는 벤야민에 의하면 단지 과거를 절대화하고 또 감정이입 Einfühlung을 통하여 자신을 역사적 영웅들과 동일시함으로써 궁극적으로는 인류

의 역사를 지배계급의 역사가 되게 한다. 따라서 역사주의는 구원의 손길과 행복을 향한 동경이 담겨 있는 진정한 과거의 이미지에 공정하지 못할 뿐만 아니라 不義를 저지르고 있는 것이다.

라) 벤야민의 역사주의비판은 또한 문화사적 역사관과 19세기적 문화개념에 대한 비판을 내포하고 있다. 벤야민에 의하면 문화유산이란 역사에서 승리한 지배계급의 전리품이고, 또 이 전리품으로서의 문화개념은 역사에서 짓눌리고 패배한 자들의 고난과 구원의 몸짓을 조금도 고려하지 않고 있다. 〈문화사는 인류의 등에 쌓이는 보화의 무게를 증가시키고 있지만 그 보화를 뒤흔들어 자기의 것으로 만들 수 있게 하는 힘을 우리들에게 부여하고 있지는 않다.〉 그리고 오늘날 현존하는 예술작품은 천재들의 창조적 노력에도 힘입고 있지만 또한 〈이름도 없는 負役者들의 노고〉의 결과이기도 하다. 역사적 유물론자는 지금까지 지배계급의 입장에서 모아온 이러한 역사주의적·문화사적 역사관과 전통적 문화개념을 마치 천의 결에 거슬러서 옷을 손질하듯 반대로(逆으로) 관찰해서 역사의 한결같은 지속적 흐름을 중단시켜야 하고 또 문화라는 〈보화의 무게〉를 떨쳐버려야 한다.

마) 역사주의적·문화사적 역사관에 대한 비판이 보수주의적 진영을 겨냥하고 있다면 벤야민의 이른바 〈진보적 역사관〉에 대한 비판은 사회민주주의와 부르죠아적 좌파지식인을 겨냥하고 있다. 주지하다시피 라쌀에서 시작해서 카우츠키를 거쳐 오늘날의 독일社民黨으로 이어지는 독일사회민주주의——이는 마르크스, 엥겔스, 로자 룩셈부르크, 스파르타쿠스黨으로 이어지는 독일노동운동의 좌파와 대비된다——의 역사관은 과학과 기술의 무한한 발전에 대한 신뢰, 교양이념에 대한 믿음, 그리고 이와 결부된 인류의 역사발전에 대한 미래낙관론으로 특징지어진다. 노동계급의 적극적 투쟁없이도 역사발전의 도도한 흐름은 이미 우리편이라는 카우츠키식의 진보적 역사관을 벤야민은 통렬하게 비판하고 있다. 벤야민에 따르면, 이러한 진보적 역사관을 낳게 한 근본원인은 노동과 자연에 대한 이들 사회민주주의자들의 잘못된 인식 때문이다. 벤야민은, 과학과 기술의 발전에 힘입어 인간의 노동조건은 개선될 것이고 공장(기계)노동을 통해 생산될 엄청난 富는 인류를 구원할 것이며 그리고 인간의 노동은 궁극적으로 노동계급의 착취가 아닌 자연의 착취를 낳을 뿐이라는 사회민주주의자들의 〈천진난만한〉 견해가 기술의 발전만을 믿고 〈사회의 退行〉을 생각하지 못한 결과라고 말하고 있다. 과학, 기술,

노동, 자연 등의 개념이 한데 어울려 생겨난 19세기적 진보적 역사관에 대한 벤야민의 이러한 비판은, 오늘날의 세계인류가 처해 있는 상황, 즉 기술(특히 전쟁기술)의 엄청난 발달로 인한 인류 파국의 묵시록적 위기의식과 과학과 기술이 가져다 줄 인류번영과 복지에 대한 희망 사이에서 방황하고 있는 현대인류의 분열된 의식을 앞질러 이론화하고 있다고 할 수 있다.

바) 지금까지 논의된 벤야민의 역사비판의 근저를 이루는 것은 통상적인 시간에 대한 비판이다. 역사라는 구조물을 형성하는 것은 한결같이 흘러가는 지속적 시간이나 〈동질적〉 시간도 아니고 또 아무런 실체가 없는 〈공허한〉 시간도 아니다. 그것은 또한 역사주의적 역사관이 생각하고 있는 연속적 시간이나 과거의 영원한 이미지도 아니고 또 사회민주주의적 역사관이 믿고 있는 미래낙관론적 진보의 시간도 아니다. 벤야민이 생각하는 역사의 시간은 과거역사의 동질적 시간의 연속성을 폭파하는 〈희미한 메시아적 힘에 충만된 현재시간〉이고 또 미래의 낙관론적 시간을 파괴하고 언제라도 나타나 과거의 역사를 공정하게 심판할 메시아적 시간이다. 그것은 한마디로 정지된 현재의 시간 속에서 역사를 바라보는 변증법적 역사의 시간이다. 이 정지된 현재의 시간은 과거와 미래를 연결해서 역사적 시간에 생명을 불어넣는 시간이고 또 역사의 진리가 섬광처럼 나타났다가 다시 사라지는 순간적 시간이다. 벤야민에 있어 혁명의 시간은 바로 이러한 순간을 의미한다. 벤야민의 전생애를 지배해온 신학적 모티브와 정치적 모티브의 상관관계는 이러한 시간개념에 의해 그 마지막 표현을 얻고 있다.

6. 마무리

이상에서 우리는 벤야민의 예술비평과 예술이론의 특징을 여러 각도에서 살펴보았다. 그리고 이 글의 기본의도라고 할 수 있는 신학적 모티브와 유물론적(정치적) 모티브의 관계가 어떻게 생성·전개되고 있는가를 규명하고자 노력하였다. 그러나 정작 벤야민의 문예이론이 안고 있는 문제점이 무엇이며, 또 그에 대한 평가가 어떻게 이루어져야 할 것인가, 하는 문제에 대해서는 충분한 논의가 뒤따르지 않았다. 이 문제의 논의는 매우 힘든 일처럼 보이는데, 그 이유는 무엇보다도 그가 다루고 있는 문제가 오늘날 우리가 안고 있는, 그러나 해결되지 않고 있는 여러 문제와 직접적인 관련을 맺고 있기 때문이다. 따라서 우리는 이러한 현실적 어려움을 염두에 두고 그의 문예이론의 문제점과 업적을 다음과 같이 평가해 볼 수 있지 않을까 생각한다.

우선, 벤야민 예술비평과 이론을 관통하는 신학적 모티브는 현대예술이론의 중요한 쟁점 중의 하나이다. 기독교 전통에 입각한 서구의 예술철학은 예술과 종교의 상관관계를 도외시하고는 좀처럼 하나의 예술이론을 세울 수 없는 것처럼 보인다. 어쩌면 르네상스 이후의 예술개념은──특히 그 기능면에서──전통적인 기독교의 종교개념을 대치하는 역할을 하고 있는지도 모른다. 따라서 벤야민이 말하는 예술의 원천적 기능, 즉 종교의식적 기능과 〈분위기의 개념〉, 그리고 이에 바탕을 둔 예술개념의 변화는 종교와 예술의 관계라는 일반적 논의의 문맥 속에서 파악되어야 할 것이다. 그러므로 우리는 벤야민의 이론을 〈위장한 신학자〉나 〈마르크시즘의 길에 들어선 현대판 랍비〉의 이론이라고 단정적으로 규정지을 수는 없을 것이다. 그러나 한가지 분명한 점은 그의 예술이론이 유대교의 전통, 특히 카발라의 신비주의적 전통과 밀접한 관련을 맺고 있고, 또 이러한 전통을 그의 유물론적 사고와 끊임없이 연결·중재하려고 한다는 점이다. 그러나 카프카와 브레히트와의 연결이 어느 정도 성공하고 있고 또 근본적으로 서로 화합될 수 있느냐 하는 문제는, 유대교의 전통과 마르크시즘의 관계에 대한 연구와 더불어 벤야민 연구에서 계속 추적되어야 할 것이다.

다음으로, 기술시대에서 이루어지고 있는 예술개념의 변화를 천착한 벤야민의 시도는 높이 평가되어야 할 것이다. 어느 의미에서는 이 분야의 연구는 몇몇의 특수한 경우를 제외하고는 아직도 30년대에 이루어진 벤야민의 이론적 수준을 크게 능가하지 못하고 있다고 해도 과언이 아니다. 그러나 벤야민의 기술적 예술이론은 이미 위에서 잠깐 언급한 것처럼 당시의 급격한 기술적 발전과 이에 따른 예술사조의 변화 및 당시의 극단적 정치상황에 깊은 영향을 받고 있다. 오늘날의 산업사회 및 〈관리된〉 조직사회에서 기술이 갖는 범체제적 성격에 비추어 보면, 정치체제에 따른 벤야민의 기술의 의미와 기능에 대한 극단적 평가는──기술주의에 대한 근본적 비판의 정당성은 인정한다고 하더라도──다시 검토되어야 할 것이다. 그리고 전통적 예술개념과 전위적 예술개념의 분리도 동일한 맥락에서 다시 논의되어야 할 것이다. 영상예술 이후 예술전반에 일대 변화가 일어났고 또 일어나고 있다는 사실에는 의문의 여지가 없지만 벤야민이 생각했던 것처럼 전통예술과 현대예술 사이에는 명확한 분리가 이루어지지 않고 있는 것처럼 보인다. 오히려 확인할 수 있는 것은 전통적 예술개념이 현대의 기술적 요소를 수용·동화해서 이들 새로운 차원의 예술개념을 만들어 내는 데 이용하고 있다는 점이다. 특히 역사적으로 오랫동안 전통적 개념에 젖어왔고 또 20세기의 서구의 모더니즘의 영향을 비교적 덜 받은 문화권에서는 이러한 현상은 더욱 두드러지게 나타나고 있는 것처럼 보인다. 벤야민의 예술이론이——특히 우리의 문화·예술전통에서는——비판적으로 받아들여져야 하는 가장 큰 이유는 아마 여기에 있을 것이다.

마지막으로, 벤야민의 이론을 보다 정확하게 이해하기 위해서는 벤야민과 동시대에 활약했고 또 그와 직접·간접으로 관련을 맺고 있는 일련의 현대적 문예이론가들, 예컨대 아도르노, 루카치, 블로흐, 마르쿠제 등의 예술이론과 대비시켜 검토해 보는 작업이 필요하다. 벤야민과는 정반대로 처음부터 20세기의 모더니즘적 예술과 거의 담을 쌓고 독일고전주의의 예술이념을 끝까지 고수하고자 했던 루카치의 미학, 벤야민으로부터 그의 미학이론의 결정적 모티브를 구해서 이를 헤겔적 방법론과 〈부정적 변증법〉의 시각을 가지고 현대의 문화·예술을 폭넓게 다룬 아도르노의 모더니즘적 예술관, 초기의 신비주의적 모티브를 끝까지 추적해서 유토피아와 〈희망의 철학〉을 정립하고 이로부터 예술의 유토피아적 기능을 추출하고 있는 블로흐의 예술론, 기술과 조직에 의해 획일화된 〈일차원적〉 현대산업사회 속에서 억압되고 있는 개인의 내적 욕망과 감성을 해방시키기 위한 수단으로서의 예술의 사회적 기능을 강조하는 마르쿠제의 예술론——이러한 일련의 예술이론에 대한 보다 본격적인 논의는 벤야민 예술이론의 특징을 더 선명히 부각시키는 데 크게 기여할 것이다.

아뭏든 벤야민의 생애와 이론이 서구의 지식인에게 끊임없는 논의의 대상이 되고 마력적 매력을 주는 근본원인은 그 어떤 이론가들보다도 부르죠아 지식인으로서의 자신의 역사적 한계를 깊이 인식하고 그러면서도 가장 순수한 파토스로써 이러한 한계를 극복하고자 한 그의 정직한 지적 노력에 있을 것이다. 자신의 깊은 〈페시미즘〉과 멜랑콜리를 동원하여 가장 깊은 통찰력을 획득하고도 종래는 자신의 페시미즘과 멜랑콜리의 희생이 된 그의 생애와 사고는 이러한 그의 지적 순수성과 완전히 일치하는 것이다.

벤야민의 주요 저술과 논문

벤야민 생전에 출간된 몇권의 저서를 제외하고 전후에 처음 출간된 것은 1955년에 아도르노에 의해 편집된 『벤야민 選集 Schriften』 2권이 있다. 그후 이 선집을 보완해서 『조명 Illumination』(1961)과 『새로운 천사 Angelus Novus』(1966)라는 제목의 선집이 출판되었다. 지금까지 나온 벤야민 全集으로는 아도르노와 그 제자들에 의해 편집되어 1972년부터 1977년에 걸쳐 나온 12권의 『발터 벤야민 전집 Gesammelte Schriften』(Suhrkamp 社, Frankfurt am Main)이 있다. 이 전집은 아직도 완벽하다고 할 수 없는데 그 이유는 벤야민의 미발표 手稿의 많은 부분이 동독의 포츠담 Potsdam에 있는 〈벤야민 문서실〉에 보관되어 있기 때문이다. 이 전집 이외에도 벤야민의 개별적 저술이나 논문을 실은 수많은 단행본들도 출간되었다. 벤야민의 주요 저술과 에세이들을 발표된 연대별로 적어 보면 다음과 같다.

1912　Die Schulreform, eine Kulturbewegung.
1913　Romantik.
　　　Erfahrung.
1914　Erotische Erziehung.
　　　Die religiöse Stellung der neuen Jugend.
1915　Das Leben der Studenten.
　　　Zwei Gedichte von Friedrich Hölderlin
1916　Trauerspiel und Tragödie
　　　Über Sprache überhaupt und über die Sprache des Menschen
1917　*Der Idiot* von Dostojewskij
1918　Über das Programm der kommenden Philosophie
1920　*Der Begriff der Kunstkritik in der deutschen Romantik.*
1921　Zur Kritik der Gewalt.
　　　Schicksal und Charakter.
1922　Anküdigung der Zeitschrift: Angelus Novus
　　　Theologisch-politisches Fragment
1923　Charles Baudelaire, *Tableaux parisiens* (독일어 번역)

이 번역의 서문으로 「번역가의 과제 Die Aufgabe des Übersetzers」가 씌어짐.
1924 *Goethes Wahlverwandtschaften.*
1925 Die Technik des Schriftstellers in dreizehn Thesen.
1926 Kleine Illumination.
Johann Peter Hebel.
Aussicht ins Kinderbuch.
1927 Marcel Proust, Im Schatten der jungen Mädchen(번역)
Die politische Gruppierung der russischen Schriftsteller.
Zur Lage der russischen Filmkunst.
Moskau. (기행문)
Gottfried Keller.
1928 *Einbahnstraße.*
Ursprung des deutschen Trauerspiels.
Gespräch mit Andre Gide.
Louis Aragon.
Karl Kraus.
1929 Der Sürrealismus.
Marseille. (기행문)
Zum Bild Prousts.
Kurze Schatten.
Pariser Tagebuch.
Politisierung der Intelligenz. (서평)
Juden in der deutschen Kultur.
Essen.
Maulbeer-Omelette.
Theorien des deutschen Faschismus.
Wider ein Meisterwerk.
1931 Linke Melancholie. (서평)
Ich packe meine Bibliothek aus.
Kleine Geschichte der Photographie.
Paul Valéry.
Der destruktive Charakter.

Literaturwissenschaft und Literaturgeschichte.
1932 Haschisch in Marseille.
In der Sonne.
Goethebücher, aber willkommene.
Previlegiertes Denken.
1933 *Berliner Kindheit um 1900*
Erfahrung und Armut.
Lehre vom Ähnlichen.
Über das mimetische Vermögen.
1934 Zum gegenwärtigen gesellschaftlichen Standort des französischen Schriftstellers.
Franz Kafka.
Der Autor als Produzent.
1935 Probleme der Sprachsoziologie.
Johann Jakob Bachofen.
1936 Das Kunstwerk im Zeitalter seiner technischen Reproduzierbarkeit.
Deutsche Menschen. (편지선집)
Der Erzähler—Betrachtungen zum Werk Nikolai Lesskows.
Vorschläge für den Besprechungsteil der 《Zeitschrift für Sozialforschung》 (mit Th. W. Adorno).
1937 Eduard Fuchs, der Sammler und der Historiker
1938 Das Paris des Second Empire bei Baudelaire.
Max Brod, Franz Kafka. (서평)
1939 Was ist das epische Theater?
Kommentare zu Gedichten von Brecht.
Zentralpark.
Über einige Motive bei Baudelaire.
《Die Rückschritte der Poesie》 von Carl Gustav Jochmann.
1942 Über den Begriff der Geschichte.
(=Geschichtsphilosophische Thesen)

중요 연구문헌

Th.W. Adorno: *Über Walter Benjamin*, Frankfurt, 1970
Hannah Arendt: *Walter Benjamin/Brecht*, München, 1971
Rolf Tiedemann: *Studien zur Philosophie Walter Benjamins*, Frankfurt, 1965
Gershom Scholem: *Walter Benjamin-Die Geschichte einer Freundschaft*, Frankfurt, 1975
Jürgen Habermas: Bewußtmachende oder rettende Kritik Die Aktualität Walter Benjamins in: *Kultur und Kritik*, Frankfurt, 1973에 포함)
Peter Bulthaup(편): *Materialien zu Benjamins Thesen "Über den Begriff der Geschichte"*, Frankfurt, 1975
Christoph Hering: *Der Intellekuelle als Revolutionär*, München, 1979
Bernd Witte: *Der Intellektuelle als Kritiker*, Stuttgart, 1976
Peter Gebhardt외 다수(편): *Walter Benjamin-Zeitgenosse der Moderne*, Kronberg, 1980
Hans Heinz Holz외 다수(편): *Über Walter Benjamin*, Frankfurt, 1968
Heinz Ludwig Arnold(편) Text+Kritik: *Walter Benjamin*, München, 1971
Werner Kraft외 다수(편): *Zur Aktualität Walter Benjamins*, Frankfurt, 1972
Lieselotte Wiesenthal: *Zur Wissenschaftstheorie Walter Benjamins*, Frankfurt, 1973
Jürgen Naëher: *Walter Benjamins Allegorie-Begriff als Modell*, Stuttgart, 1977
Helmut Lethen: *Neue Sachlichkeit 1924~1932*, Stuttgart, 1970
Peter Bürger: *Theorie der Avantgarde*, Frankfurt, 1974
Gershom Scholem: *Die Jüdische Mystik*, Frankfurt, 1957
Georg Lukács: *Ästhetik*, Teil 1, 2,. Neuwied, 1963
Susan Buck-Moss: *The Origin of Negative Dialectics*, Sussex, 1977
Frederic Jameson: *Marxism and Form*, Princeton, 1971

벤야민 年譜

1892   베를린에서 6월 15일 유대인 상인의 장남으로 출생.
1902~5   베를린의 인문고등학교를 다니다.
1905~7   튜링겐에 있는 시골학교에 기숙하면서 정신개혁운동의 주창자 비네켄 Gustav Wyneken 으로부터 깊은 영향을 받다.
1907~12   다시 베를린의 인문고등학교로 되돌아와서 여기에서 대학자격시험을 치르다. 이 해 남독의 프라이부르크대학에서 철학·문학공부를 시작하다.
1912~13   고향으로 와서 베를린대학에서 학업을 계속.
1913   이해 부활절 처음으로 파리여행을 하다. 프라이부르크와 베를린을 왔다갔다하면서 학업 계속.
1914   〈자유학생연맹〉의 회장이 되다. 그의 부인이 될 폴라크 Dora Sophie Pollak와 알게 되다.
1915   숄렘 Gershom Scholem과 알게 되다. 그를 통해 유대주의적 전통에 깊은 관심을 갖기 시작한다. 그의 팔레스티나 이주 (1923) 이후에도 이 두 사람의 우정과 지적 유대는 지속된다.
1915~17   뮌헨에서 수업
1917   폴라크와 결혼해서 스위스의 베른으로 이주. 그 곳에서 학업 계속. 그의 첫 〈시민적〉 결혼생활은 오래 지속되지 못한다. 1924년 러시아의 여류 영화감독 라시스를 알게 되면서부터 그의 결혼생활은 완전히 파경에 이르게 된다. 그의 정치적 태도와도 결부되는 그의 성적 방황과 망설임은 그의 시민적 결혼생활의 파탄, 공산주의자였던 라시스와의 지적·성적 관계, 그리고 유리아콘이라는 어떤 여류 조각가와의 첫사랑을 재현하려는 노력 등에서 잘 나타나고 있다. 性 Sexus과 정치의 관계는 그의 유년시절을 회상하고 있는 에세이에서도 나타나고 있다.
1918   아들 슈테판 Stefan 출생. 블로흐 Ernst Bloch를 알게 되다.
1919   베른대학에서 「독일낭만주의의 예술비평개념」이라는 논문으로 박사학위를 취득하다.

1920	베를린으로 다시 오다.
1921~22	초기의 대표적 비평논문인 「괴테의 친화력」을 쓰다.
1923	아도르노와 처음 만나다. 그의 가장 가까운 친우인 숄렘이 팔레스티나로 이주하다. 보들레르의 『파리풍경』을 번역해서 발표하다. 교수자격취득 논문인 『독일비극의 원천 Ursprung des deutschen Trauerspiels』에 착수하다.
1924	이태리의 카프리에서 「독일비극」을 쓰다. 이곳에서 라시스 Asja Lacis와 알게 되면서 마르크시즘에 관심을 갖기 시작하다. 그리고 이 시기를 전후하여 브레히트를 알게 됨으로써 그의 예술관은 일대 변화를 겪게 된다.
1925	『독일비극의 원천』으로 푸랑크푸르트대학에서 교수자격증을 취득하려는 계획이 좌절되었다. 이 때부터 주로 신문의 자유 기고가로서 생계를 유지하였다.
1926~27	이해 12월과 1월 겨울에 모스크바를 방문하다. 이 방문에 대한 기행문을 쓰다. 그 밖에도 이 시기에 유럽의 여러 도시를 여행하여 도시기행문 *Städtebilder* 을 남기다.
1927	벤야민 필생의 작업인 19세기 불란서문학 연구에 착수하다. 「19세기의 수도—파리」라는 대제목하에 시작된 이 작업은 그의 생애 마지막까지 계속된다. 「보들레르論」은 이 작업의 단편적 성과이다.
1928	『독일비극의 원천』과 『일방통로 Einbahnstraße』를 출간. 『일방통로』는 『베를린의 연대기』, 『베를린의 유년시절』과 함께 19세기 말의 베를린의 어린 시절을 회상하고 있는 대표적 에세이집이다.
1930	부인과 정식으로 이혼하다. 그 후 독신으로 살다.
1932	지중해에 있는 섬 이비자에 처음 머물다. 가장 값싸게 살면서 작업을 할 수 있는 곳으로 이 섬을 택한 벤야민은 그의 파리망명시절에도 여러 차례에 걸쳐 이 곳에 머물렀다.
1933	나치가 집권하기 직전 파리로 망명하다. 파리 망명시절 그가 처한 정치적·경제적 상황은 그의 정치화를 가속화시켰다.
1934	6월에서 10월까지 당시 덴마크에 망명하고 있던 브레히트를 방문하다. 「브레히트와의 대화」는 이 방문을 토대로 하여

	씌어진 일기체의 기록이다.
1934~35	벤야민은 푸랑크푸르트학파의 〈사회문제연구소〉의 일원이 된다. 이 때부터 정기적으로 일종의 연구비를 받게 된 벤야민은 그의 연구결과를 주로 《사회문제연구지》에 기고하였다. 이 해 그의 「기술복제시대의 예술작품」이 이 연구지에 불어 번역으로 처음 발표되었다.
1936	두번째 브레히트 방문. 19세기의 서신을 편집한 『독일 사람들』이라는 책이 홀쯔 Detlev Holz라는 가명으로 스위스에서 출간되다.
1938	브레히트를 마지막 방문하다.
1938~39	이 해 말 아도르노와 이태리의 산 로메오에서 마지막으로 상봉.
1939	나치가 파리를 점령하자 불란서 정부는 불란서에 체재하는 요시찰 독일인을 감시하기 위해 니에브르에 임시 독일인수용소를 설치하였다. 벤야민도 한때 이 수용소에 감금되었으나 불란서 문인들의 도움으로 곧 석방되었다. 이 해 《사회문제연구지》에 「보들레르의 몇가지 모티브에 관해서」가 발표되다.
1940	「역사철학테제」를 쓰다. 호르크하이머가 마련해서 보내 준 보증서와 비자를 얻게 된 벤야민은 이 해 7월에 파리를 떠나 피레네산맥을 넘어 미국으로 가려고 하였으나 9월 그의 계획이 스페인 관헌들에 의해 저지되자 극약을 먹고 자살하였다.
1955	아도르노와 아도르노의 부인에 의해서 벤야민 선집 2권이 처음으로 출간되었다.
1972	벤야민의 전집(12권)이 출간되기 시작하다.

반성완

서울대 독문과 졸업.
1967년에서 1977년까지 독일 프라이부르크 대학과
베를린 자유대학에서 독문학과 철학 전공, 독문학 박사.
미국 하버드 대학 비교문학과에서 연구.
현재 한양대 독문과 교수.
저서 『루카치 미학과 독일 고전주의』(독어) 등.
역서 『문학과 예술의 사회사』(아르놀트 하우저, 공역)
　　『군중과 권력』(엘리아스 카네티)
　　『독일문학비평사』(페터 우베 호헨달)

발터 벤야민의 문예이론

1판 1쇄 펴냄 ── 1983년 8월 5일
1판 39쇄 펴냄 ── 2024년 3월 18일

지은이 ── 발터 벤야민
옮긴이 ── 반성완
발행인 ── 박근섭, 박상준
펴낸곳 ── (주)민음사

출판등록 ── 1966. 5. 19. (제16-490호)
주소 ── 서울특별시 강남구 도산대로1길 62(신사동)
　　　　강남출판문화센터 5층 (우편번호 06027)
대표전화 ── 02-515-2000
팩시밀리 ── 02-515-2007
www.minumsa.com

ⓒ 반성완, 1983. Printed in Seoul, Korea

ISBN 978-89-374-1509-8 94800
ISBN 978-89-374-1500-5 (세트)

* 잘못 만들어진 책은 구입처에서 교환해 드립니다.